# 名誉毀損の
# 法律実務［第4版］

佃 克彦◎著
*Tsukuda Katsuhiko*

弘文堂

# はじめに──第4版刊行にあたって

　初版の上梓は2005（平成17）年2月なので、それからもうすぐ20年になろうとしている。

　この間、名誉毀損のフィールドの中心は、紙媒体からインターネット媒体に移り、近時はその中でもSNSによる事件が目立つようになった。

　では従来のマスメディアはどうなっているかというと、近時の新聞・テレビは、会見の場で公人が「回答を差し控える」と答えるともはや質問が続かないというおとなしさであり、雑誌も、部数減の流れは止めようがなく、一部の雑誌を除いてかつてのような勢いが見られず、実に淋しい限りである。

　さてこのような言論空間にお届けする第4版も、公的言論が活発に行き交う世界を目指し、表現の自由を常に念頭においた解釈に努めたつもりである。その試みが成功しているかは読者の皆さんに厳しく判断していただければと思う。

　なお、第3版までは報道被害対策について1編を設けていたが、今回の版ではそれをすべて削除した。上記のような要因により、名誉毀損訴訟において報道の事案の占める割合が減少してきたからである。報道被害対策については旧版をご参照いただきたい。

　その代わりと言うわけではないが、要件事実に関する1編を新たに設けた。要件事実においても、検討にあたって依拠した視点は表現の自由である。

　今回も弘文堂の北川陽子氏にこのように立派な本にしていただいた。ここに記して謝意を表したい。

2024年11月

佃　克彦

## はじめに──第3版刊行にあたって

家は3回建てないと満足のいく家が建たないという話を聞く。

私は、家を3回も建てられるほどの財力には恵まれなかったが、本の第3版を出すくらいのしつこい性格は授かったようである。

さてそんな第3版の出来映えはというと、初版や第2版の時に気付かなかった自分の理解の浅さや思考の不十分さにようやく気付いて補うことができたところがいくつかある。なるほど「家は3回…」と言われるのもうなずける。

本書もこれまでと同様のスタンスで執筆した。表現の自由への配慮を欠いた名誉毀損法の解釈は害悪であるとさえいえる。このような視点を常に念頭に置いて書き上げたつもりである。

改訂にあたっては、目指す項目に到達しやすくなるよう、目次の構成を若干変え、更に大目次を設けて一覧性が高まるようにした。効果が出ていれば幸いである。

なお、この第3版から、本書で引用する方々の氏名につき敬称を略することとした。論文の一般的な作法に従った次第であり、私が不遜になったわけではないことをお断りしておきたい。

旧版に引き続き、少しでも皆様のお役に立てれば幸いである。

最後に、拙稿がこのような立派な本に仕上がったのは弘文堂の北川陽子氏のお蔭である。ここに記して謝意を表したい。

2017年3月

佃　克彦

# はじめに──第2版刊行にあたって

一　本書の初版を上梓してから3年が経過した。

　　この間、新しい判例が出たほか、初版時には考察が十分でなかった部分について自分の理解が進むなど、初版の内容では飽き足らなくなってしまった。そこで改訂をしたのが本書である。

　　本書は、基本的に初版の構成に依りつつ、既述の論点について説明や裁判例を補充し、また、新たな論点を書き加えたものである。本書も初版と同様、表現の自由とのバランスに留意しつつ名誉の保護を図るにはどうすればよいか、という点に心を砕いたつもりでいる。

　　少しでも皆様のお役に立てれば幸いである。

　　また、取材報道の過程で問題となる主要な人格権としては他にプライバシー権・肖像権があるが、これについては本書と同様の要領で『プライバシー権・肖像権の法律実務』（弘文堂・2006年）を公刊しているので、併せてお読みいただきたいと思う。

二　本改訂版についても、刊行の実現とその完成につき、弘文堂第一編集部の上野庸介氏に多大なるご尽力をいただいた。ここに記して心からお礼を申し上げる次第である。

2008年9月

佃　克彦

## はじめに

### 一 本書執筆の動機

**1** 本書は、名誉毀損の諸問題に関して私の理解するところをまとめたものである。

私は、報道被害に遭った人の救済に関心を持ち、弁護士として多くの事件に関与してきた。その過程で、名誉毀損法理について私なりにある程度の理解を深めてきたつもりである。

ところでここ数年私は、名誉毀損やプライバシー侵害の事案における最近の裁判所の判断が、表現の自由に対する配慮に欠ける傾向にあるのではないかという違和感を持っている。名誉毀損に基づく賠償額の高額化とそれに端を発する数々の報道機関側に厳しい判決の累積しかり、2004 (平成16) 年3月に東京地裁が雑誌「週刊文春」について出した出版差止めの仮処分決定しかりである。

そこで私は、表現の自由の尊重の観点をより一層意識しつつ報道被害の救済に役立つ活動ができれば、また、報道被害救済と表現の自由とのバランスについて何らかの問題提起ができればと思い、本書を執筆するに至った次第である。

**2** 名誉毀損法はもともと、名誉権という個人の人格権を保障するという観点から発達してきたものではなく、時の権力に対する批判の抑圧という治安・体制維持目的から発達してきたものである。たとえば、わが国の近代的な名誉毀損法制の嚆矢といわれる1875 (明治8) 年の讒謗律は、天皇・皇族・官吏に対する名誉毀損行為を一般人に対するそれよりも重く罰しており、これは明らかな治安立法であって、一般人の名誉の保護はいわば"付け足し"的に挿入されていたに過ぎないといっても過言ではなかろう。

現在の名誉毀損法理がそのような治安・体制維持を目的としているという人はおそらくいないと思われる。しかし、上記の沿革からも窺えるとおり、名誉毀損法理は常に言論弾圧法となる危険を有している。讒謗律から100年を経て1974 (昭和49) 年に法制審議会が作成した「改正刑法草案」では、名誉毀損罪の免責事由につき、「公務員又は公選による公務員の候補者に関する事実」であっても、「その事実がもっぱら私事に関するものであるとき」は、真実でも免責されないとされている (310条2項)。これは明らかに、現行刑法

の名誉毀損罪よりも、公務員等に関する言論の免責の範囲を狭めるものである。統治する側はかくも常に、自身に対する批判を制約する機会を窺っているといえる。

　かかる次第で、名誉毀損法理の解釈適用にあたっては、常に表現の自由との慎重な調整の観点が必要なのである。

　この観点を私は常に忘れないようにしたい。

## 二　本書で取り扱う領域

　名誉権は、古くから人格権を構成するものとして承認されており、憲法上は幸福追求権を規定する憲法13条を根拠とするとされている。

　かように名誉権は法的に保護される結果、名誉毀損行為は、民事上は不法行為による損害賠償責任等（民法709条、710条、723条）や出版差止め等の責任の問題を生じ、刑事上は、名誉毀損罪及び侮辱罪（刑法230条、231条）の問題を生じる。

　ところで現在は、名誉毀損行為が刑事責任を問われることは著しく少ない一方、民事責任の追及の件数は激増している。

　そこで本書では、名誉毀損の民事責任を取り扱うこととしたい。第1部で名誉毀損の成立要件に関する諸問題を、第2部で免責要件に関する諸問題を取り上げ、第3部で、名誉毀損事件に関する実務上の対処として、報道被害対策につきまとめてみた。

## 三　「はじめに」の終わりに

　本書の刊行の実現とその完成は、弘文堂編集部の上野庸介氏の多大なるご尽力の賜物である。ここに厚くお礼を申し上げたい。

2005年1月

佃　克彦

# 大目次

第1編　名誉とは・名誉毀損とは ——————————————— *1*

第2編　名誉毀損の成立要件に関する諸問題 ——————— *11*

第3編　名誉毀損に関する各論的諸問題 —————————— *237*

第4編　名誉毀損の効果論その1　損害賠償 ——————— *365*

第5編　名誉毀損の効果論その2　損害賠償以外の救済手段 — *415*

第6編　名誉毀損の免責要件に関する諸問題その1 ————— *531*

　　　　真実性・真実相当性の法理

第7編　名誉毀損の免責要件に関する諸問題その2 ————— *631*

　　　　その他の免責事由

第8編　要件事実 ————————————————————— *727*

# 目　　次

はじめに——第4版刊行にあたって　*i*

はじめに——第3版刊行にあたって　*ii*

はじめに——第2版刊行にあたって　*iii*

はじめに　*iv*

大目次　*vi*

## 第1編　名誉とは・名誉毀損とは ——————————— 1

### 第1章　名誉の意義 ········································· 2

### 第2章　名誉毀損とは ······································· 4

第1節　基本的理解　*4*

第2節　事実的名誉と規範的名誉　*5*

第3節　いくつかのポイント　*6*

## 第2編　名誉毀損の成立要件に関する諸問題 ——————— 11

### 第1章　社会的評価を低下させる事実の例 ·················· 12

### 第2章　虚名の保護が必要な理由 ·························· 25

### 第3章　反対意見の主張と人格非難との区別 ·············· 34

### 第4章　いわゆる「スラップ訴訟」について ·············· 36

第1節　スラップ訴訟とは　*36*

第2節　スラップ訴訟に対する処方　*37*

第3節　裁判例　*39*

### 第5章　名誉毀損の個数 ···································· 44

第1節　名誉毀損の個数に関する考え方　*44*

第2節　裁判例　*45*

第3節　名誉毀損行為の同一性の問題　*48*

### 第6章　名誉毀損の被害者側に関する諸問題 ················ 50

第1節　法人その他の団体　*50*

　第1款　法人　*50*

　第2款　法人格なき団体　*52*

　第3款　地方公共団体　*53*

目次　*vii*

第2節　死者に対する名誉毀損　*57*
　第1款　はじめに　*57*
　第2款　遺族自身の名誉毀損　*57*
　第3款　故人に対する敬愛追慕の情　*58*
　第4款　死者自身の名誉権侵害を認める見解　*59*
　第5款　私見　*61*
　第6款　いくつかの問題点　*62*
　　第1　敬愛追慕の情の侵害の判断手法　*62*
　　第2　不法行為の成否の判断　*63*
　　第3　摘示事実は虚偽の事実であることを要するか　*64*
　　第4　法人その他の団体に敬愛追慕の情の侵害が成立し得るか　*67*
　　第5　その他　*68*
第3節　対象の特定可能性　*68*
第4節　ヘイトスピーチ　*71*
第5節　ある者に対する言及が他の者の名誉を毀損する事例　*76*

# 第7章　名誉毀損の行為者側の属性 …………………………… *79*
第1節　名誉毀損の責任を負う者　*79*
第2節　出版社の役員の責任　*85*
第3節　発売元の責任　*89*
第4節　テレビ番組制作会社の責任　*91*
第5節　情報提供者の責任　*91*
　第1款　問題点の整理　*91*
　第2款　本論　*92*
　第3款　相当因果関係に関する判断手法や認定の例　*95*
　第4款　いくつかの裁判例について　*98*
第6節　弁護士の訴訟行為に関する依頼者本人の責任　*103*
第7節　"まとめサイト"の開設者の責任　*106*

# 第8章　名誉毀損言論の流布の範囲 …………………………… *108*
第1節　伝播する態様の必要性　*108*
第2節　"伝播性の理論"について　*109*
第3節　言論の流布の範囲と名誉毀損の成否に関する裁判例　*115*

# 第9章　社会的評価の低下の程度 …………………………… *121*
第1節　基本的な考え方　*121*
第2節　裁判例　*122*

# 第10章　故意・過失 ………………………………………… *126*

## 第11章　名誉毀損の判断基準 ……………………………………128

第1節　判例理論　*128*

第2節　参考になる裁判例　*131*

第3節　新聞と雑誌の見出しに関わる裁判例　*139*

第1款　新聞の見出しに関する裁判例　*139*

第2款　雑誌の見出しに関する裁判例　*142*

第4節　その他の裁判例　*144*

## 第12章　論評による名誉毀損 ……………………………………147

第1節　論評による名誉毀損の成否　*147*

第2節　事実言明か論評かの区別　*149*

第1款　基本的理解　*149*

第2款　いくつかの裁判例　*154*

第3款　法的見解の表明は事実摘示か論評か　*157*

## 第13章　引用による名誉毀損 ……………………………………160

## 第14章　名誉感情侵害 ……………………………………………162

第1節　問題の所在　*162*

第2節　法的保護の有無　*163*

第3節　名誉感情侵害の態様　*167*

第4節　名誉感情侵害の場合の免責事由　*170*

## 第15章　誤報されない権利 ………………………………………172

## 第16章　媒体ごとの特徴 …………………………………………175

第1節　新聞　*175*

第2節　雑誌　*177*

第3節　テレビ　*180*

第1款　媒体としての特徴　*180*

第2款　一過性の持つ問題　*181*

第3款　名誉毀損性の判断基準　*182*

第4款　生放送中の発言に対するテレビ局の責任　*184*

第5款　ネット局の責任　*187*

第6款　訂正放送請求　*188*

第4節　ラジオ　*189*

第5節　広告　*191*

第1款　広告主の責任　*191*

第1　総論　*191*

目次　ix

第2　裁判例　*192*

　　第2款　広告媒体の責任　*197*

　第6節　インターネット　*200*

　第7節　訴訟行為・提訴会見　*204*

　　第1款　訴訟行為　*204*

　　第2款　提訴会見　*205*

　第8節　非マスメディア　*209*

　　第1款　非マスメディア型事件の例　*209*

　　第2款　いくつかの論点　*211*

　　　第1　名誉毀損性の判断基準　*211*

　　　第2　不法行為の成否の判断方法　*211*

　　　第3　非マスメディアによる表現行為の重要性について　*216*

第17章　刑法上の名誉毀損との違い ･･････････････････････*219*

　第1節　事実摘示の要否　*219*

　第2節　「公然」性の要否　*220*

　第3節　故意・過失　*220*

　第4節　権利行使期間の起算点　*223*

　　第1款　民事・消滅時効の起算点　*224*

　　第2款　刑事・告訴期間の起算点　*225*

第18章　管轄・準拠法 ･･････････････････････････････････*230*

　第1節　国内裁判管轄　*230*

　第2節　国際裁判管轄　*233*

　第3節　準拠法　*235*


第3編　名誉毀損に関する各論的諸問題 ━━━━━━━ *237*

　第1章　インターネット上の名誉毀損に関する諸問題 ･･････････*238*

　　第1節　名誉毀損性の判断基準　*238*

　　第2節　表現者自身の責任　*240*

　　　第1款　概説　*240*

　　　第2款　バーチャルな世界における名誉毀損　*241*

　　　第3款　対抗言論の理論　*245*

　　　　第1　対抗言論の理論とは　*245*

　　　　第2　検討　*246*

　　　　第3　補足　*250*

　　第3節　プロバイダ、管理者等の責任　*253*

第1款　問題の所在　*253*

第2款　裁判例　*255*

第1　ニフティ「現代思想フォーラム」事件　*255*

第2　都立大学事件　*257*

第3　動物病院対2ちゃんねる事件　*258*

第4　DHC対2ちゃんねる事件　*260*

第5　産能大学事件　*261*

第3款　私見　*262*

第4款　関連問題――書き込んだ者の参加　*266*

第5款　ポータルサイトの責任　*267*

第1　問題の所在　*267*

第2　検索機能の名誉毀損性　*267*

第3　ニュース提供サービスの名誉毀損性　*271*

## 第4節　プロバイダ責任制限法　*273*

第1款　プロバイダ等の損害賠償責任の制限について　*273*

第2款　発信者情報の開示について　*277*

第1　概説　*277*

第2　経由プロバイダの「特定電気通信役務提供者」該当性　*278*

第3　発信者情報の開示の範囲　*280*

第4　権利侵害の明白性　*282*

第5　開示を受けるべき正当理由　*287*

第6　開示の手続　*288*

第7　管轄　*289*

第8　開示請求に応じなかった場合の賠償責任　*290*

# 第2章　匿名報道に関する諸問題 ……………………………………… *292*

## 第1節　匿名報道の場合の名誉毀損の成否　*292*

## 第2節　ジャーナリズム論としての匿名報道　*298*

第1款　匿名報道主義　*298*

第2款　実名報道を原則とする見解　*300*

第1　日本新聞協会の見解　*300*

第2　その他の見解　*303*

## 第3節　法律論としての匿名報道　*305*

## 第4節　少年事件報道　*314*

第1款　問題の所在　*314*

第2款　少年に匿名報道が必要な理由　*315*

第3款　少年の匿名報道原則の理論構成　*317*

第1　少年法61条との関係　*317*

目次　xi

第2　少年の「健全に成長する権利」を根拠とする見解　*319*

　　第3　子どもの「成長発達権」を根拠とする見解　*321*

　　第4　私見　*322*

　第4款　少年の匿名報道原則に疑問を呈する見解　*325*

　　第1　松井茂記説　*325*

　　第2　田島泰彦説　*329*

　　第3　駒村圭吾説　*330*

　第5款　裁判例　*331*

　　第1　「週刊文春」事件　*331*

　　第2　「新潮45」事件　*334*

　　第3　「光市母子殺害事件の陥穽」事件　*338*

　第6款　推知報道該当性の判断基準　*339*

　第7款　「絶歌」の問題について　*341*

　　第1　問題の所在　*341*

　　第2　私見　*342*

## 第3章　モデル小説による名誉毀損 ………………………… *345*

　第1節　問題の所在　*345*

　第2節　先駆的事例──「宴のあと」事件　*346*

　　第1款　モデル小説の読まれ方　*346*

　　第2款　作家が創作した部分は権利侵害性がないといえるか　*347*

　　第3款　作品の芸術性を法的にいかに評価するか　*348*

　第3節　「名もなき道を」事件　*349*

　第4節　「捜査一課長」事件　*351*

　第5節　「石に泳ぐ魚」事件　*353*

　　第1款　一審判決（東京地裁1999（平成11）年6月22日）　*353*

　　　第1　原告と「朴里花」との同定の可能性について　*353*

　　　第2　作家が創作した部分の権利侵害性　*355*

　　第2款　二審判決（東京高判2001（平成13）年2月15日）　*356*

　　　第1　同定の可能性について　*356*

　　　第2　純文学作品の読まれ方　*357*

　　第3款　最高裁判決（最3小判2002（平成14）年9月24日）　*358*

　第6節　モデル小説に関するその後の裁判例　*358*

　第7節　小説に名誉毀損を認めることは小説表現の自由を侵害するか　*361*


# 第4編　名誉毀損の効果論その1　損害賠償 ──────── *365*

## 第1章　損害賠償請求 …………………………………………… *366*

## 第2章　名誉毀損における「損害」 367

第1節　「損害」とは　*367*

第2節　損害の内容の整理　*371*

第3節　財産的損害　*374*

第4節　損害の発生時期　*379*

第5節　消滅時効　*380*

第1款　消滅時効の起算点　*380*

第2款　消滅時効の起算点としての加害者・損害の認識の程度　*381*

第1　「加害者」を知りたる時の意味　*381*

第2　「損害」を知りたる時の意味　*383*

第3款　起算点は具体的にいつか──特にインターネットの場合　*384*

第4款　既に消滅時効期間が経過している記事の引用　*387*

第6節　損害論に関する諸問題　*388*

第1款　名誉毀損後に発生した事情は損害の消長に影響を及ぼすか　*388*

第2款　いわゆる"集中砲火"報道があった場合の「損害」の考え方　*390*

## 第3章　慰謝料 393

第1節　慰謝料額の算定の方法　*393*

第2節　慰謝料額に関する近時の動き　*397*

第1款　1990年代までの状況　*397*

第2款　高額化の流れ　*398*

第3款　慰謝料額算定の考慮要素について　*401*

第1　裁判例の検討　*402*

第2　裁判所の各種研究　*407*

第3節　慰謝料請求権の一身専属性　*411*

第1款　帰属上の一身専属性（相続性）　*411*

第2款　行使上の一身専属性　*412*

# 第5編　名誉毀損の効果論その2 損害賠償以外の救済手段 ── 415

## 第1章　謝罪広告その他の回復処分 416

第1節　はじめに　*416*

第2節　謝罪広告　*417*

第1款　謝罪広告の合憲性　*417*

第2款　謝罪広告についての強制執行の可否　*419*

第3款　民法723条の「適当な処分」としての妥当性　*423*

第4款　謝罪広告の要否の判断基準　*425*

第5款　謝罪広告請求が棄却された事例　*431*

第6款　各種の論点　*434*

第1　回復処分は名誉毀損のされた当該媒体に限られるか　*435*

第2　謝罪広告の内容　*436*

第3　原告の請求した回復処分とは異なる態様の処分　*437*

第4　謝罪の広報の様々な態様　*440*

第5　謝罪広告の掲載条件　*441*

第6　謝罪広告の頒布の範囲　*444*

第7　謝罪広告請求の帰属上の一身専属性（相続性）　*445*

第3節　謝罪広告以外の回復処分　*445*

第1款　謝罪文の交付　*445*

第2款　取消広告・訂正広告　*447*

第3款　判決の結論の広告　*451*

第4款　反論文の掲載　*454*

第4節　その他の問題点　*458*

第1款　名誉感情侵害の場合の回復処分の可否　*458*

第2款　論評による名誉毀損の場合の回復処分の可否　*461*

第3款　死者に対する名誉毀損の場合の謝罪広告等の可否　*463*

第4款　訴訟物の価額　*465*

第2章　放送法に基づく請求 ……………………………………………… *467*

第1節　はじめに　*467*

第2節　訂正放送請求　*467*

第3節　放送内容の確認（閲覧）請求　*469*

第3章　事前差止め（妨害予防請求）……………………………………… *472*

第1節　はじめに　*472*

第2節　事前差止めの法的根拠　*473*

第3節　「北方ジャーナル」事件　*473*

第1款　事案の概要　*473*

第2款　最高裁判決の内容　*474*

第3款　最高裁判決の射程範囲　*476*

第4節　「北方ジャーナル」事件最高裁判決の差止めの要件について　*478*

第5節　「北方ジャーナル」事件最高裁判決以後の下級審裁判例　*482*

第1款　既に公刊されている書籍の出版差止めが問題となったケース　*483*

第2款　銀行及びその役員の名誉が問題となったケース　*484*

第3款　学校法人の理事長の名誉が問題となったケース　*486*

第4款　大学教授の名誉が問題となったケース　*487*

第5款　刑事被告人の名誉が問題となったケース　*489*

## 第6節　「石に泳ぐ魚」事件最高裁判決　*490*

第1款　最高裁判決の内容　*491*

第2款　最高裁判決の読み方　*492*

第3款　最高裁判決に対する批判について　*493*

第4款　「石に泳ぐ魚」事件の判断枠組みを採用した下級審裁判例　*497*

## 第7節　事前差止めの請求にあたり現実に記事が存在することを要するか　*499*

## 第8節　事前差止めの対象の特定　*501*

## 第9節　その他の問題点　*503*

第1款　差止請求の一身専属性　*503*

第2款　差止請求と損害賠償請求との関係　*503*

第3款　差止請求の消滅時効　*505*

第4款　名誉感情侵害に基づく差止請求　*506*

第5款　敬愛追慕の情の侵害に基づく差止めの肯否　*507*

第6款　間接強制金を実体法上請求することの可否　*508*

第7款　差止め認容判決後のシミュレーション　*509*

## 第10節　事前差止めの要件についての私見　*511*

## 第11節　事前差止めの要件に関する今後の展望　*514*

## 第12節　著作権に基づく差止めとの比較　*515*

## 第4章　削除・撤去請求（妨害排除請求）······························518

## 第1節　削除・撤去請求の根拠　*518*

## 第2節　参考となる裁判例　*518*

## 第3節　削除・撤去請求の要件　*521*

第1款　私見　*521*

第2款　参考となる裁判例　*522*

第3款　検索結果の削除　*525*

## 第4節　削除請求と訴えの利益　*529*

# 第6編　名誉毀損の免責要件に関する諸問題その1<br>真実性・真実相当性の法理 ———————— *531*

## 第1章　判例理論 ··························································532

## 第2章　公共の利害に関する事実 ······································534

## 第1節　「公共の利害に関する事実」の意味　*534*

目次　*xv*

第2節 「公共の利害に関する事実」の判断方法　*535*

第3節 判例に見る「公共の利害に関する事実」　*538*

第1款 最高裁の解釈　*538*

第2款 下級審の解釈　*540*

第3款 私行に関する事例　*543*

第4節 「公共」性が否定された事例　*544*

第5節 続報の法理　*552*

第6節 「公共」性に関する私の理解　*554*

## 第3章 目的の公益性 ……………………………………………… *560*

第1節 概説（この要件は必要か）　*560*

第2節 判断方法　*563*

第3節 表現への配慮の有無を考慮することの当否　*565*

## 第4章 「公人」概念について ……………………………………… *567*

## 第5章 真実性・真実相当性 ……………………………………… *571*

第1節 真実性の証明の範囲　*571*

第1款 基本的な考え方　*571*

第2款 「重要な部分」の判断方法　*574*

第3款 真実相当性の証明の範囲　*576*

第4款 裁判例　*578*

第2節 真実性の証明の対象　*581*

第1款 風評の摘示　*581*

第2款 疑いの摘示　*583*

第3款 提訴報道　*588*

第3節 真実性の証明の程度　*590*

第4節 真実性・真実相当性の判断基準時　*592*

第5節 立証責任の転換の可否　*596*

第6節 無過失責任論　*599*

第7節 真実相当性の認定に関する諸問題　*601*

第1款 はじめに　*601*

第2款 相当性の判断基準　*601*

第3款 相当性に関するいくつかの判断事例　*604*

第4款 取材源による相違　*607*

第1 判決を資料とした場合　*607*

第2 警察発表に基づく場合　*608*

第3 報道に基づく場合　*612*

*xvi*

第4　専門家の意見に基づく場合　*612*

第5款　取材源の秘匿の取扱い　*613*

## 第8節　記者発表した捜査当局の責任　616

第1款　問題の所在　*616*

第2款　裁判例　*616*

## 第9節　行政当局による公表行為の場合の免責法理　621

第1款　問題の所在　*621*

第2款　裁判例　*621*

第1　真実性・真実相当性の法理を採用した事例　*621*

第2　その他の方法で衡量した事例　*622*

## 第10節　商品テストによる名誉毀損の成否　626

第1款　問題の所在　*626*

第2款　名誉毀損性　*627*

第3款　免責法理　*627*


# 第7編　名誉毀損の免責要件に関する諸問題その2
# 　　　その他の免責事由 ———————————— *631*

## 第1章　配信サービスの抗弁 ···················· *632*

### 第1節　問題の所在　*632*

### 第2節　下級審における肯否双方の判断　633

第1款　相当性を認めた事例　*633*

第2款　相当性を否定した事例　*634*

### 第3節　最高裁判例　637

第1款　最3小判2002（平成14）年1月29日　*637*

第1　事案と判旨　*637*

第2　判例の解釈　*638*

第2款　最2小判2002（平成14）年3月8日　*639*

第1　事案と判旨　*639*

第2　判例の解釈　*640*

### 第4節　新たな判断～最1小判2011（平成23）年4月28日　*643*

### 第5節　今後の展望　*646*

## 第2章　公正な論評の法理 ···················· *647*

### 第1節　判例　*647*

### 第2節　いくつかの問題点　*650*

第1款　事実言明と論評との区別・法的見解の表明は事実摘示か論評か　*650*

第2款　推測による名誉毀損　*650*

第3款　論評の適切性・合理性　*654*

第4款　裸の意見言明　*654*

第5款　論評と前提事実との関連性　*658*

第6款　論評の類型ごとの考察　*660*

第7款　論評の前提事実の時的限界　*661*

第8款　論評の域——この要件をどう解釈すべきか　*662*

第9款　論評の域——裁判例　*665*

　　第1　逸脱の有無について判断基準を示した裁判例　*665*

　　第2　国会議員に関する論評の域について判断した事例　*667*

　　第3　地方自治体の首長（市長）に関する論評の域について判断した事例　*668*

　　第4　具体的な解釈として参考になる事例　*669*

第10款　証明すべき前提事実の範囲　*670*

## 第3章　現実の悪意の法理 ……………………………………………… *673*

### 第1節　現実の悪意の法理とは　*673*

### 第2節　日本における議論　*675*

## 第4章　言論の応酬の場合の免責の法理 ……………………………… *679*

### 第1節　問題の所在　*679*

### 第2節　判例　*680*

## 第5章　正当業務行為 …………………………………………………… *685*

### 第1節　会社による解雇事実の公表　*685*

### 第2節　弁護士による第三者への通知行為　*687*

### 第3節　議員、大臣、首長による議会等での発言　*688*

第1款　国会議員、国務大臣　*688*

第2款　地方議会議員、地方自治体の首長　*691*

　　第1　はじめに　*691*

　　第2　国家賠償法の解釈として議員個人の責任を否定した裁判例　*692*

　　第3　正当行為として議員個人の責任を否定した事例　*692*

　　第4　自治体の責任につき真実性・真実相当性の法理を用いた事例　*694*

　　第5　自治体の責任につき1997（平成9）年最判の基準を用いた事例　*694*

　　第6　議員個人に厳格な責任を認めた事例　*696*

　　第7　検討　*697*

　　第8　首長の発言　*697*

### 第4節　その他　*699*

## 第6章　訴訟行為における免責法理 …………………………………… *701*

### 第1節　弁護士または本人の訴訟行為　*701*

第1款　はじめに　*701*
第2款　判断基準に関する裁判例　*702*
第2節　検察官の論告　*711*

## 第7章　団体行動権としての免責 ……………………………… 713
第1節　問題の所在　*713*
第2節　裁判例　*713*

## 第8章　内部告発に関する免責事由 …………………………… 716
第1節　はじめに　*716*
第2節　裁判例　*717*

## 第9章　被害者の承諾 ……………………………………………… 722

# 第8編　要件事実 ─────────────────── 727
## 第1章　損害賠償請求 …………………………………………… 728
第1節　請求原因　*728*
第1款　本論　*728*
第2款　請求原因の記載上の注意　*729*
第2節　抗弁　*731*
第1款　真実性・真実相当性の法理　*731*
第2款　公正な論評の法理　*732*

## 第2章　回復処分請求 …………………………………………… 734
第1節　請求原因　*734*
第2節　抗弁　*735*

## 第3章　差止請求 ………………………………………………… 737

事項索引　*741*
判例索引　*745*

第 **1** 編

# 名誉とは・名誉毀損とは

第1編では、議論の出発点として、最も基本的な「名誉」及び「名誉毀損」の概念を確認する。類書とはなるべく異なるアプローチで説明を試みたつもりであるが、成功していれば幸いである。

# 第1章——名誉の意義

**1**　名誉毀損法理における「名誉」概念を探究するにあたり、多くの研究者が名誉概念を、内部的名誉・外部的名誉・名誉感情（主観的名誉）の3つに分類している[注1]ので、私もその例に倣って論を進めたい。

　　まず、内部的名誉とは、自己や他人が自身に対して下す評価から離れて、客観的にその人の内部に備わっている価値そのものをいう。

　　また、外部的名誉とは、人に対して社会が与える評価をいう。

　　そして名誉感情（主観的名誉）とは、自分が自分の価値について有している意識や感情をいう。

**2**　以上、3つの分類とそれぞれの定義を説明したが、イメージが湧きにくいかもしれないので、例を挙げよう。たとえば、A県B市に、土木建設会社社長の甲野太郎という50歳の男性がいたとする。この甲野氏は、次のような人物であった。

①　B市の土木担当課にリベートを渡して土木工事の受注をし、事業はかなりの成功を収め、今では従業員を10人雇っているほか、多くの下請け先を持っている。

②　ゆくゆくは自分がリベートをもらう立場になりたいと思っており、このため、いつかはB市の市長選に立候補しようと夢見ている。

---

（注1）　宗宮信次『増補　名誉権論』（有斐閣・1961年）234〜237頁、三島宗彦『人格権の保護』（有斐閣・1965年）253頁。
　　　　刑法上の名誉毀損の「名誉」概念も、多くの学者がこの概念整理を用いている（団藤重光『刑法綱要各論〔第3版〕』（創文社・1990年）512頁、大谷實『刑法講義各論〔新版第5版〕』（成文堂・2019年）168頁、高橋則夫『刑法各論〔第4版〕』（成文堂・2022年）171頁、山口厚『刑法各論〔第3版〕』（有斐閣・2024年）138頁など。

③　自分には市長になる度量があると思っている。

④　自分には文才があると信じており、自分が市長になった暁には、その体験談を本にして出版するつもりである。

⑤　「青少年の健全育成に寄与したい。」と言って少年野球の団体の役員をしているが、実際には子どものことは全く好きではなく、単に市長選のためにやっているだけである。

⑥　妻子はいるが女性関係にはだらしなく、何人かの女性と不倫をしている。

⑦　何らかの会合やパーティがあるときは夫人を同伴して仲むつまじいところを見せているが、家庭内では妻には冷たく、家では家事を一切しない。

　この甲野氏の内部的名誉は、経営者としてはやり手であるが（①）、カネを得るためには手段を選ばず（①）、カネ欲しさに権力の座を求め（②）、女性関係にだらしがなく（⑥）、妻には冷たい（⑦）という価値だということになろう。

　他方、外部的名誉となると、何十名もの従業員と下請業者を食べさせている真面目なやり手の経営者（①）であり、少年の健全育成に熱心でボランティアにもいそしむ人であり（⑤）、真面目で夫婦仲もよい（⑦）という評価を受けていることになろう。

　そして甲野氏は、自分には市長になる能力があり（③）、文才もある（④）、という名誉感情を持っていることになる。

　さて、このような様々な名誉のうち、いかなる名誉が名誉毀損法理によって保護されるのであろうか。この点については第2章で論じることとしたい。

第1章　名誉の意義　　3

# 第2章──名誉毀損とは

## 第1節　基本的理解

　名誉毀損で保護される「名誉」は外部的名誉を意味するということで判例は確立している。したがって名誉毀損とは、一言で言えば、他人の社会的評価を低下させることをいう。判例上は、「人の品性、徳行、名声、信用等の人格的価値について社会から受ける客観的評価である名誉を違法に侵害」すること、と表現されている(注1)。

　人は、自分が社会的に承認され得る存在だという確信を持つことができて初めて、社会において自由に行動できる。自分が承認され得る存在だとの確信を持つことができないような社会では、人は、「行動しよう」「挑戦しよう」というエネルギーを喚起されないであろう。社会における自由な行動や試行錯誤は、かような確信を背景にして初めて可能だといえる。このため、自分の価値を認めてもらい得るという確信を保障することが、人のあらゆる自由を保障することにつながる。かくして、社会的評価をむやみに低下させるような事態を許さないこと、つまり名誉毀損を許さないことは、個々人の

---

（注1）　最大判1986（昭和61）年6月11日（判タ605号42頁、判時1194号3頁）。最3小判1997（平成9）年5月27日（判タ941号128頁、判時1604号67頁）も同旨。
　　　　なお、民事上の名誉毀損概念を示す判例として、まれに、最2小判1970（昭和45）年12月18日（判タ257号139頁、判時619号53頁）を挙げる文献がある（たとえば、のぞみ総合法律事務所編『新・名誉毀損』（商事法務・2006年）6頁、松井茂記『表現の自由と名誉毀損』（有斐閣・2013年）12頁）が、正確ではない。この第2小法廷判決は、名誉回復の処分を定めた民法723条にいう「名誉」の意義を明らかにしたに過ぎず、広く不法行為の被侵害利益としての「名誉」の意義を明らかにしたものではない（幾代通「民法723条にいう名誉の意義」判タ264号43頁（1971年））。

4　　第1編　名誉とは・名誉毀損とは

自由を保障するための不可欠の前提だといえるのである[注2]。


# 第2節　　事実的名誉と規範的名誉

**1**　前述（第1章・2頁）の通り、外部的名誉とは人に対して社会が与えている評価をいう。これは、現実に存在している評価を指していることから、「事実的名誉」とも言われる。

　これに対し、"その人に対する本来あるべき社会からの評価"というものが講学上観念されており、これは「規範的名誉」と呼ばれている[注3]。本来あるべき評価とは、その人の真価に応じた評価である。

　その人の真価よりも世間の評判の方がよい場合、「規範的名誉」よりも「外部的名誉（事実的名誉）」の方が高い状態であるということになる。このように外部的名誉の方が高い場合に、その人の真価を暴くことを違法だとすべきか否かという問題があり、これは即ち、虚名を保護すべきか、という問題である。換言すれば、真実であれば言ってもよいのか、という問題である。

　日本法の解釈では、保護されている「名誉」は外部的名誉である以上、虚名であっても保護すべきだとされる。即ち真実を述べてその人の真価を暴くことは、原則として違法だとされる。

　虚名を保護すべき理由については、後に述べる（第2編第2章「虚名の保護が必要な理由」・25頁）。

**2**　外部的名誉ではなく規範的名誉の侵害を問題としているのではないかと思われる事例として大阪地判2010（平成22）年2月18日[注4]があるのでこ

---

（注2）　奥平康弘=宮台真司『憲法対論——転換期を生きぬく力』（平凡社・2002年）69頁。

（注3）　平川宗信『名誉毀損罪と表現の自由』（有斐閣・1983年）9〜10頁、高橋則夫『刑法各論〔第4版〕』（成文堂・2022年）175頁、山口厚『刑法各論〔第3版〕』（有斐閣・2024年）139頁。

　　　　他方、規範的名誉も外部的名誉を構成するものとし、"外部的名誉は事実的名誉と規範的名誉に分けられる"という位置づけの仕方をする見解もある（西田典之・橋爪隆補訂『刑法各論〔第7版〕』（弘文堂・2018年）121頁、松宮孝明『刑法各論講義〔第6版〕』（成文堂・2024年）164頁、松原芳博『刑法各論〔第3版〕』（日本評論社・2024年）152頁）。

（注4）　判タ1339号193頁、判時2078号148頁。

こで紹介しておきたい。これは、共同発明者の1人（原告）を発明者として記載しないまま被告が特許出願をしてしまったという事案につき、

「原告……の発明者としての名誉……を侵害する」

と判断された事案である。

　　原告は共同発明者の1人であり、よって本来であれば発明者として記載されるべきであるにも拘わらず記載されなかった、即ち、原告は本来は当該研究の「発明者」であると社会から評価されるべきであるのに、そのような評価を受ける機会を原告から奪った、ということが名誉の侵害だとされているのである。

　　これは、原告に対する本来あるべき社会からの評価（＝当該研究の「発明者」であるという評価）を措定した上で、そのような評価がなされていないことを問題としているという点において、事実的名誉ではなく規範的名誉の侵害を問題にしていることになる。

　　もっとも、特許法の解釈では、工業所有権の保護に関する1883年3月20日のパリ条約4条の3の「発明者は、特許証に発明者として記載される権利を有する。」との規定に基づく発明者の掲載権を「発明者名誉権」と呼んでいるようであり[注5]、したがって特許法の分野のここで議論されている「名誉」は、一般的な民事法上の「名誉」概念とはもともと異なるようである。


# 第3節　　いくつかのポイント

**1**　　名誉毀損の典型的な例は、マスメディアが特定人のスキャンダルを報じる場合がこれにあたる。たとえば、ある週刊誌が「俳優Aが妻に隠れて不倫をした」と報じたとしよう。一般に、婚姻外で親密な男女関係に及ぶことは感心したことではないとされており、とすると、そのように報じられたAの世間での評判は落ちる。これが社会的評価の低下であり、名誉毀損

---

（注5）　吉藤幸朔著・熊谷健一補訂『特許法概説〔第13版〕』（有斐閣・1998年）186頁。

6　　第1編　名誉とは・名誉毀損とは

である。

　ところで、「俳優Aは小学校時代、算数の成績が悪かった」という事実の摘示は名誉毀損にあたるであろうか。これも否定的な事実の摘示ではあるが、小学校時代の算数の成績が悪かったとしても、現在の俳優Aの評価には影響を与えないであろう。よって、俳優Aが知性派というイメージで売っているというような特段の事情がない限り、かかる事実摘示はAの社会的評価を低下させるとはいえず、よって名誉毀損にはあたらないといえよう。

**2**　個人の人格価値とは無関係な事項の摘示でも名誉毀損となるか。たとえば、被差別部落出身者であるとか、精神障害者である等の事実摘示である。

　これらの事項は本来的に人格価値とは無関係である。しかし、社会には偏見・差別がなお存在するといわざるを得ず、これらの事実を摘示されれば社会的評価が低下することは否定できない。したがってこれらの摘示をすることも名誉毀損にあたるというのが伝統的な見解である。

　かかる伝統的な見解に立脚した裁判例として以下のような裁判例がある。宇都宮地栃木支判1958（昭和33）年2月28日[注6]は、精神病者であるかのような印象を与える言説をしたケースで名誉毀損を認めた。東京地判2004（平成16）年11月24日[注7]は、知的障害者、及び精神病院隔離病棟の入院者との摘示が名誉毀損にあたるとし、また、東京高判2006（平成18）年10月18日[注8]は、同性愛の嗜好があるかのような表現につき名誉毀損性を認めた。

　他方、高知地判1992（平成4）年3月30日[注9]は、被差別部落出身者である旨の摘示につき、

　　「これらの私生活上の事実は、原告自身の私生活上の不行状と異なり、原告の社会的地位に照らし、その職責を遂行する能力や資質を判断するに際して考慮されるべきでない私的事項であり、原告に対する社会的評価を低下させる性質を持つものということはできず……」

---

（注6）　下級裁判所民事裁判例集9巻2号344頁。
（注7）　判タ1205号265頁。
（注8）　判時1946号48頁。
（注9）　判タ788号213頁、判時1456号135頁。

として、名誉毀損の成立を否定した。この高知地判は、名誉毀損でいうところの社会的評価を、人格価値と関係のある事項に限るものとしており、被差別部落出身者である等の人格価値と関係のない事項はプライバシー侵害の問題として処理している。論理的には非常にすっきりしており魅力を感じる見解である。今後の裁判例の蓄積がいずれの方向に向かうか、興味のあるところである。(注10)

**3**　なお、ここで１つ留意すべき点は、名誉毀損の成否に事実の真偽は問題とならないということである。名誉毀損の成否は、社会的評価の低下の有無のみによって判断されるのであり、事実の真偽は関係がない。即ち、本当のことであっても、他人の評判を落とすことは名誉毀損になるのであり、日本法では虚名も保護されているのである。

　上記**1**（６頁）で述べた俳優Ａの不倫の例も、たとえ誤報でなくても、つまり不倫が事実であっても、それを報じることは名誉毀損となる。第１章（２頁）の甲野太郎の設例でも、甲野が本当に役人にリベートを渡して仕事を取ってきていても、また、本当に不倫をしていても、それらを摘示することは、甲野の、「真面目なやり手の経営者。夫婦仲もよい。」という

---

(注10)　刑事に関する議論であるが、佐伯仁志は「プライヴァシーと名誉の保護（１）」法学協会雑誌101巻７号11頁（1984年）において、
　　　「名誉毀損罪の保護客体を社会的評価とすることと、すべての積極的な社会的評価を『名誉』として保護客体に含めることとの間には、論理的必然性はないと思われる。個人にとって責任のない事柄─生まれつきの身体的資質、家柄、血統、人種などはそのようなものであろう─が、なぜその人の人格的価値と関係があるのであろうか。このような事案は、『他人に知られたくない情報』であるかもしれない。従って、その公表はプライヴァシーの侵害となり得るであろう。しかし、『名誉』の侵害といえるのであろうか。名誉の保護が、その古くからの歴史においてさまざまな利益を保護してきたことは、十分に考えられる。プライヴァシーの保護という新しい考えが定着してきた今日、名誉の概念は再検討されてよいのではないであろうか。」
　　　と極めて示唆に富む指摘をしている。
　　　更に佐伯は「名誉とプライヴァシーに対する罪」芝原邦爾ほか編『刑法理論の現代的展開──各論』（日本評論社・1996年）77頁において、はっきりと、
　　　「病気であることとその人の名誉は無関係であろう。同様の意味で、身体的障害や精神的障害を持っていることも名誉とは関係ないとすべきである。……人格とは人が主体的に作り上げてゆくものであって、人格に対する評価の基礎となる事実は、その人の責任において変更することのできる事実でなければならない。人の人格的価値それ自体である内部の名誉は刑法的保護の客体に適しないと言われているが、名誉とはあくまでこのような内部の名誉に対する社会的評価なのであって、人の社会的評価即名誉であるわけではないのである。」
　　　との見解を述べている。

甲野の外部的名誉（社会的評価）を壊すことになるので、やはり名誉毀損となるのである<sup>(注11)</sup>。

**4** もっとも、コミュニティが分化し、情報が複雑に交錯し、かつ価値観も多様化している現代社会においては、「社会的評価」というものは一定とはいえない。

たとえば、「乙野花子は離婚をした」という事実は、乙野花子の名誉を毀損するといえるであろうか<sup>(注12)</sup>。昔は、「出戻り」というネガティブな表現があるように、離婚という事象は社会的評価を低下させるものだったであろう。今でも、「バツイチ」という言葉があるようにネガティブな印象はある。しかし、離婚に対する社会の評価は相当に変わってきており、今後は離婚という事実は、社会的評価を低下させるものではなくなるであろう。<sup>(注13)</sup>

もう1つ例を挙げよう。オウム真理教から改名した宗教団体（控訴人）に関し、殺人を容認する教義を再び掲げ始めた等と摘示した記事につき、東京高判2002（平成14）年9月25日<sup>(注14)</sup>は、

---

（注11） もっとも、真実性・真実相当性の法理による免責の余地はある。即ち、「民事上の不法行為たる名誉棄損については、その行為が公共の利害に関する事実に係りもっぱら公益を図る目的に出た場合には、摘示された事実が真実であることが証明されたときは、右行為には違法性がなく、不法行為は成立しない」し、また、「右事実が真実であることが証明されなくても、その行為者においてその事実を真実と信ずるについて相当の理由があるときには、右行為には故意もしくは過失がなく、結局、不法行為は成立しない」のである（最1小判1966（昭和41）年6月23日・判タ194号83頁、判時453号29頁）。
　　　この免責法理については第6編（531頁）で詳しく述べる。
（注12） もとよりこれはプライバシーに関わる事項ではあるので、プライバシー侵害の問題は生じる。
（注13） 東京地判2013（平成25）年12月24日（判時2219号81頁）は、女性タレントが離婚の危機にあると報じたスポーツ新聞の名誉毀損性が問題となった事案につき、
　　　「離婚に関する事実は、離婚する夫婦が少なくない昨今の事情等をも踏まえると、直ちにその原因のいかんにかかわらず当該両当事者の社会的評価を低下させ得るものとまでは認め難い」
　　と判示している。
　　　もっともこの判決は、
　　　「〔当該女性タレントは〕円満な夫婦関係を維持継続しながら活動している女優、タレントとして高い好感度を得ており、……そのような好感度を背景に、CM、テレビ番組、映画、舞台等への出演等の活動を幅広く行っていたことが認められる」
　　と述べた上で、離婚の危機にあるとの記事は、当該女性タレントの「女優、タレントとしての社会的評価」を低下させるとした。
（注14） 判時1813号86頁。

「オウム真理教は、……正に狂気の宗教集団である」
との認定を前提として、
　「控訴人らの当時の社会的地位ないし控訴人らに対する当時の社会的評
　価を考慮すると、……本件記事が……控訴人らの社会的評価を毀損し、
　低下させたと評価するのは相当ではない」
として、請求を棄却している。つまり、オウム真理教及び改名した現団体
は、スタートからして評価が著しく低いのであるから、当該記事によって
更に評価が低下することはない、ということである。これはこれで、地下
鉄サリン事件等を引き起こしたオウム真理教及びそれから改名をした団体
に対する1つの見方であろう。しかし他方、
　「最盛時の1995（平成7）年3月に、教団は1万人を超える信者を集め、
　その99％が事件に無関係であって、教団幹部による事件であることも知
　らないまま、日常の宗教活動に専心していた」[注15]
という捉え方もあるのであり、かかる捉え方を前提とすれば、現団体に対
する社会的評価も、上記東京高判とはだいぶ異なるものとなろう。これは
まさに、情報が複雑に交錯している現代において一定の「社会的評価」を
措定することの難しさを物語っているといえる。
　かくして現代において、一定の「社会的評価」の存在を措定し、その低
下の有無を論じることは、多分に困難を伴うものであり、ともするとフィ
クションの要素が強いといわざるを得ない。今後、社会的評価の低下の有
無の判断は、一層微妙かつ困難なものになっていくであろう。
　刑事法上の議論であるが、平川宗信は、外部的名誉は「1つのまとまっ
た社会的評価ないし名声という形では存在しえない」と指摘し、外部的名
誉概念を「人の人格的価値に関連する情報が社会的に存在している全体、
すなわち社会的な情報状態」として再構成すべきであると提唱する[注16]。
かく解すると、「社会的評価」の高低を検討する必要はなく、社会的情報
状態という一種の社会環境を乱す言説かどうかという観点から検討すれば
よいことになる。これは示唆に富む構成だと思う。

---

（注15）　渡辺脩『麻原を死刑にして、それで済むのか？』（三五館・2004年）21頁。
（注16）　平川・前掲（注3）18～19頁。

*10*　第1編　名誉とは・名誉毀損とは

第 **2** 編

# 名誉毀損の成立要件に関する諸問題

　第2編は、民事名誉毀損の成立要件に関して問題となる論点を広く取り上げ、また、名誉感情侵害や刑法上の名誉毀損等の隣接領域にも触れた。

　論点が多岐に亘っており、また細かい議論にも入り込んでいるが、各論点の体系的な位置づけは、目次を適宜参照して確認して頂きたい。

# 第1章──社会的評価を低下させる事実の例

**1**　本章では、裁判例から、社会的評価を低下させると判断された摘示内容の例を見てみる。数多くのケースを目にすることによって、「社会的評価の低下」の何たるかのイメージが明確になっていくと思われるからである。

　なお、名誉毀損訴訟においては多くの場合、摘示されている内容がそもそも何なのかが原被告間で争いになることが多い。名誉毀損的な事実が、記事の文章上は直接的な表現では明示されていなくても、記事全体のニュアンスから示唆されているということはよくあることであり、記事の意味内容の解釈がまず問題となるのである。そして、当該記事がいかなる内容を摘示しているかは結局、記事の文脈等から判断するしかない。

　この点を指摘しているものとして仙台地判2013（平成25）年8月29日<sup>(注1)</sup>がある。判決は、

> 「ある記事が他人の社会的評価を低下させるものであるか否かを判断するに当たっては、名誉毀損の成否が問題とされている記載部分の内容のみから判断するのは相当ではなく、当該記載の記事全体における位置付けや、表現の方法ないし態様、前後の文脈等を総合して判断するのが相当である。」

としている。

**2**　ではまず、社会的評価の低下の認定判断に特段問題のない裁判例を見てみよう。

　① **スケート部のコーチがハラスメント行為や嫌がらせを行なった旨の摘示。**<sup>(注2)</sup>

---

（注1）　判時2211号90頁。
（注2）　大阪地判2023（令和5）年3月2日（判タ1509号148頁）。

*12*　第2編　名誉毀損の成立要件に関する諸問題

ハラスメント行為は地位に乗じて他人を苦しめることであり、そのような行為や嫌がらせを行なった旨を摘示することは、摘示された者の社会的評価を低下させる。

② 親が子を虐待している旨の摘示。[注3]

人を虐待すること、ましてや親が子を虐待することは、法にも倫理にも悖る行為であり、その旨の事実を摘示することは、当該親の社会的評価を明らかに低下させる。

③ 市長選の候補者が選挙運動時に全町内会に100万円を交付した旨の摘示。[注4]

公選の候補者が現金を配ることは公職選挙法上犯罪となる行為であり、よって候補者が犯罪を行なったかのような摘示はその者の社会的評価を低下させるといえる。

④ 金属材料科学の研究者の論文に捏造や改竄があるとの摘示。[注5]

研究者がその論文につき内容を捏造したり改竄を加えたりすることは研究者として許されざる不正行為であり、よって捏造や改竄をした旨の摘示は当該研究者の社会的評価を低下させる。

⑤ ある生コンクリート製造業者の納入した生コンクリートが、意図的に水を加えたものであって製品の規格を充たさない旨の摘示。[注6]

生コン業者が、"水増し"をすることによって規格を充たさない製品を製造し納入したということであり、企業がこのように意図的に粗悪品を製造した旨の摘示は、当該業者の社会的評価を明らかに低下させる。

⑥ 国会議員が、通産省（当時）の官僚であった時代に、実父の経営する会社のために便宜を図ったとの摘示。[注7]

⑦ 国会議員が、市営地下鉄の建設工事に関して、ゼネコン等から環流してきた金員を不法に受け取っている旨の摘示。[注8]

⑧ 元市長が在職中、市の大規模な工事の入札につき、自身の親戚が経営

---

（注3） 東京地立川支判2016（平成28）年2月5日（判時2323号130頁）。
（注4） 大阪地決2015（平成27）年6月1日（判時2283号75頁）。
（注5） 仙台地判2013（平成25）年8月29日（判時2211号90頁）。
（注6） 横浜地判2011（平成23）年11月24日（判時2137号90頁）。
（注7） 東京高判2009（平成21）年2月5日（判時2046号85頁）。
（注8） 京都地判2002（平成14）年6月25日（判時1799号135頁）。

している会社に落札させるべく、他の入札会社に圧力をかけた旨の摘示。[注9]

⑥～⑧は、国民・住民のために職務を遂行すべき公務員がその地位や職権を濫用したということを示すものであり、これらの公務員の社会的評価を低下させるといえる。

⑨ **新聞記者が、他人のコラムを盗用してコラムを執筆したとの摘示。**[注10]

他人の執筆作品を盗用することは、著作権侵害にあたるかまたは仮にそれにあたらなくとも執筆者のモラルに反することが明らかであり、よってコラムを盗用したとの摘示は当該新聞記者の社会的評価を低下させる。

⑩ **宝石の鑑定を業とする者が、ダイヤモンドの鑑定書において「インチキ」表示を行なっている旨の摘示。**[注11]

宝石の鑑定をする者は、その正確性・公正性に対する信頼が命である。よって、その鑑定において不正をはたらいたかの如き摘示は、その者の社会的評価を低下させるといえる。

⑪ **考古学者である元大学教授が、他の遺跡から発掘された石器を予め埋めることによって遺跡を捏造した旨の摘示。**[注12]

学者は真理の探究を使命とする者であるから、その研究対象を捏造したといわれることは、当該学者の社会的評価を低下させるものといえよう。

⑫ **プロ野球選手が、暴力団組長と親密な交際をしており、かつ、野球賭博にも関与していた旨の摘示。**[注13]

暴力団は社会的に非難されている集団であるし、また、賭博は犯罪行為であるから、暴力団組長との交際や賭博への関与の事実は、社会的評価を低下させるといえる。

---

(注9) 新潟地高田支判2002（平成14）年3月29日（判時1797号98頁）。
(注10) 東京高判2005（平成17）年3月8日（判タ1194号228頁）。
(注11) 東京地判2004（平成16）年3月22日（判タ1180号248頁）。
(注12) 一審・大分地判2003（平成15）年5月15日（判時1826号103頁）。二審・福岡高判2004（平成16）年2月23日（判タ1149号224頁）。上告審・最1小判2004（平成16）年7月15日（公刊物未登載・最高裁平成16年（オ）第911号）。
(注13) 東京高判2002（平成14）年3月28日（判時1778号79頁）。

⑬　テレビ局の社会部長の地位にある者が、マンションの階上の居住者の
いびき騒音につき、自己の職業上の地位を濫用して、マンションの施工
業者に苦情を言い、さらに建設省（当時）に働きかけて施工業者に圧力
をかけた旨の摘示。[注14]

　　職業上の地位を濫用することは社会的に見て非難されるべき行為であ
るから、その旨の摘示は社会的評価を低下させるといえる。

⑭　テレビ局のアナウンサーが学生時代に、下着姿で接待等のサービスを
するランジェリーパブでアルバイトをしていた旨の摘示。[注15]

　　これはいわゆる個人の醜聞の類である。いわゆる水商売の中でも、下
着姿で接待等のサービスをするようなところで働いているという事実は、
現在の一般的な市民感覚に照らした場合に、社会的評価を低下させる事
実でないとはいえないであろう。

⑮　漫画家につき、当該漫画家には"影武者"がいて、実際にはその"影
武者"が漫画を描いている旨の摘示。[注16]

　　漫画家は自身の"腕"が評価されている仕事である。そのような漫画
家につき、実際には自身で執筆をしていないと摘示することは、当該漫
画家の"腕"を真っ向から否定するものであり、社会的評価を低下させ
るものであることは明らかである。

　　判決はその点を、

　「人気漫画家の多くは、全て一人で作業をするのではなく、その一部
をアシスタントに分担させていることは、読者の多くが認識している
ものと思われるが、その場合でもストーリーを含め少なくともその主
要部分は漫画家自身が担当していることを前提として、作品あるいは
漫画家の評価を下しているものと考えられるから、漫画家がアシスタ
ント任せにしてほとんど漫画を描いていないとすると、読者は失望し、
漫画家としての評価が低下することは明らかである。」

　と指摘している。

⑯　現住建造物等放火・詐欺で起訴され無罪となった者につき、その者の

---

（注14）　東京高判2001（平成13）年12月6日（判時1801号83頁）。
（注15）　東京地判2001（平成13）年9月5日（判タ1070号77頁、判時1773号104頁）。
（注16）　東京地判1995（平成7）年11月17日（判タ953号222頁）。

第1章　社会的評価を低下させる事実の例　　*15*

**逮捕当時の刑事一課長が、「私個人はいまでも彼女を犯人だと考えている」旨摘示したこと。**[注17]

これは、無罪判決を得た者が実際には放火・詐欺を行なっているのではないか、つまり本当は重大犯罪者なのではないかとの推測を抱かせるものであり、社会的評価を低下させるものである。

なおこの件は、当該課長が週刊誌の記者に上記のような発言をし、その談話がその週刊誌に掲載されたために当該課長がその発言の責任を問われた事案である。取材記者の質問に答えて談話を寄せても、その発言が実際に掲載されるかどうかは不確定であり、その間には出版社の編集という行為が介在する。したがって、媒体に掲載された発言につきその原発言者が責任を負うかについては、相当因果関係その他の要件の検討が必要なはずである。この判決はこの問題点について触れておらず、単に、自身の発言が週刊誌に掲載されることを承諾しているとの判断から一足飛びに名誉毀損の責任を認めているが、相当因果関係その他の慎重な検討が必要であったと思う。

情報提供者の責任については、第7章第5節（91頁）で詳しく検討する。

**3** 次に、インターネット社会において、他人に成りすまして社会に向け情報発信をすることが容易になったことから、"成りすまし"による名誉毀損が問題となるケースが目に付くようになったので、ここでまとめて検討しておきたい。

東京地判2004（平成16）年11月24日[注18]は、何者かが原告に成りすまし、原告を示すIDを用いてヤフー掲示板に、「職業；知的障害者」「（住所が）精神病院隔離病棟」等と書き込んだ行為につき、原告の社会的評価を低下させる、とした[注19]。

また、大阪地判2017（平成29）年8月30日[注20]は、被告が原告に成りすましてインターネット上の掲示板に、他人を罵倒するような投稿をしたと

---

（注17）　青森地判1993（平成5）年2月16日（判時1482号144頁）。
（注18）　判タ1205号265頁。
（注19）　なお、知的障害者であるとか精神病院隔離病棟の入院者であるとの摘示が名誉毀損にあたるといえるかの問題については、第1編第2章第3節**2**（7頁）を参照されたい。
（注20）　判タ1445号202頁、判時2364号58頁。

*16*　　第2編　名誉毀損の成立要件に関する諸問題

いう事案において、

「第三者に対し、原告が他者を根拠なく侮辱や罵倒して本件掲示板の場を乱す人間であるかのような誤解を与えるものであるといえるから、原告の社会的評価を低下させ……る。」

として名誉毀損性を認めた。

他方、名古屋地判2005（平成17）年1月21日<sup>(注21)</sup>は、ヤフー掲示板に、何者かがA株式会社（原告）の社長の名前を騙って「なめとんか？」「今更、ワンルームマンション。誤った新規事業。最低。」と書き込んだという事案において、

「通常の判断能力を有する一般人が、本件書き込みの主体が原告代表者であると誤認することは考えられない」

として名誉毀損性を認めなかった。一般読者は、本件のような品のない書き込みをA社の社長が実名を明かして書くとは思わないであろうから、本件の書き込みによってA社の評価が下がることはない、という判断である。

以上のように、何者かの成りすましによる投稿の場合も、名誉毀損の成立が認められる場合とそうでない場合とがあり、かつ、両者の境界は実に微妙である。

そこで、成りすますこと自体を不法行為と捉えることができないかが問題となり、上記の2017（平成29）年大阪地判は、この点についても判断をしている。いわく、

「個人が、自己同一性を保持することは人格的生存の前提となる行為であり、社会生活の中で自己実現を図ることも人格的生存の重要な要素であるから、他者との関係における人格的同一性を保持することも、人格的生存に不可欠というべきである。したがって、他者から見た人格の同一性に関する利益も不法行為法上保護される人格的な利益になり得ると解される。」

として、「他者から見た人格の同一性に関する利益」を「不法行為法上保護される人格的な利益」になり得るとした。つまり、"成りすまされない"ことが法的保護に値する、と判断されたわけである。

---

(注21)　判時1893号75頁。

第1章　社会的評価を低下させる事実の例　　*17*

では具体的にどの程度、どのように保護されるかというと、判決は、

「他者から見た人格の同一性に関する利益の内容、外縁は必ずしも明確ではなく、氏名や肖像を冒用されない権利・利益とは異なり、その性質上不法行為法上の利益として十分に強固なものとはいえないから、他者から見た人格の同一性が偽られたからといって直ちに不法行為が成立すると解すべきではな〔い〕」

と述べた上で、

「なりすましの意図・動機、なりすましの方法・態様、なりすまされた者がなりすましによって受ける不利益の有無・程度等を総合考慮して、その人格の同一性に関する利益の侵害が社会生活上受忍の限度を超えるものかどうかを判断して、当該行為が違法性を有するか否かを決すべきである」

とした。

　かくしてこの大阪地判は、成りすまし行為それ自体が違法となる場合があることを明らかにした点において、今後の参考になるといえよう(注22)。

**4**　続いて、判決は名誉毀損性を認めているがその判断に若干疑問がある例を挙げる。訴訟では、そもそも当該摘示が社会的評価を低下させるものであるか否かが重要な争点となることも少なくない。個別の事例における私の疑問点を明らかにすることにより、社会的評価の低下の有無に関して具体的にどのような点が争われるのかのイメージを摑んで頂けることと思う。

**①**　**著名な建築家が橋のデザインを担当したが、その建築費が巨額であり、機能やデザインに問題があることを理由に、多くの市民や市議会議員から激しい非難の声があがっている旨の摘示。**(注23)

　本件の判決は、建築家の作品に対して市民らからの非難の声があがっているという事実が、当該建築家の社会的評価を低下させるものとしている。

　しかし、かようなケースを名誉毀損と見るべきかどうかは微妙であろう。建築物にせよ絵画等の純粋な芸術作品にせよ、それに対して否定的

---

(注22)　この大阪地判については、「成りすまされない権利」の問題として、佃克彦『プライバシー権・肖像権の法律実務〔第3版〕』(弘文堂・2020年)166頁以下でも検討している。

(注23)　東京地判2001(平成13)年10月22日(判時1793号103頁)。

な論評をしたり、あるいは「市民が否定的な論評をしている」旨の事実を摘示したりすることは、当該作品に対する批判・批評にはなり得ても、その作品の制作者の社会的評価を低下させるとまでは直ちにはいえないのではないだろうか。たとえば、小説家や映画監督等に関して私たちは、「あの人は好きだけどあの人の作品は嫌い」というような会話をすることがある。一般人は通常、制作者の人格と作品とは一応切り離して把握していると思う。そうでないと、およそ作品批評というものが成り立たなくなるのではなかろうか。

伊藤正己は、批評的言論について次のように説く[注24]。

「芸術作品にしても、また学問的な研究成果にしても、それが社会のうちに発表された以上、一つの社会財ともいうべきものとなるのであって、単なる私人の所有をこえた意味をもっている。このような社会的価値をもつ文化財を客観的に評価し、一般人の判断を指導することは、重要な意味を有している。したがって、このような批評が社会的な価値をもつ表現であることはいうまでもない。」

「このような批評的表現が、たまたま創作者の名誉を棄損した事実をとりあげて、直ちに表現行為に対する法的責任をとうことは、批評に含まれる価値からみて、正しい態度とはいえないであろう。われわれとしては、批評に含まれている公の利益と、創作者に認められる名誉権という対立する社会的利益を較量しなければならず、この場合に名誉棄損である……という単純な論理は成立しないように思われる。」

伊藤の上記指摘は、作品に対する批評が創作者に対する名誉毀損になりうることを前提として、その場合でもなお利益衡量により批評的言論を免責すべき余地について説くものであり、これはこれで正鵠を射ているが、そこに至る前段階として、"作品に対する批判がそもそも創作者の社会的評価を低下させるのか"という段階から慎重に検討されるべきであると私は思う。

反対に"作品に対する批判であるから創作者の社会的評価を低下させない"と単純に断ずることももとよりできないのであって、この種のケ

---

(注24)　伊藤正己『現代社会と言論の自由』（有信堂・1974年）218頁。

第1章　社会的評価を低下させる事実の例　*19*

ースが一般論だけで片づけられないのも事実である。結局、その報道の中における摘示の具体的な態様により、ケースバイケースで結論は分かれるであろう。

② 原告の所有する著名な画家の絵画が贋作である旨の摘示。[注25]

本件の判決は、原告が所有しているある著名な画家の絵画のコレクションが贋作であると摘示した書籍につき、人が所有する絵画を贋作であると指摘することはその所有者の名誉を毀損するという。

しかし、贋作を所有しているからといってその所有者の評価が低下するとは直ちにいえないと私は思う。

たとえば、絵画に関する専門家が贋作をそれと知らずに所有しているという摘示であれば、専門家の真贋の鑑別能力を貶める記載であるとして名誉毀損になろう。また、絵画の素人が、贋作であることを知りながらそれを本物である振りをして所有しているという摘示の場合も、人を欺く人間であるという摘示として名誉毀損になると思う。

しかしそのような事情があるわけでなく、ただ贋作を所有しているという摘示だけで所有者に対する名誉毀損を肯定することは、やや短絡的なのではなかろうか。

このような判断がなされてしまうようでは、人々は、他人の所有する絵画の真贋に関して議論がしにくくなってしまうのではなかろうか。

③ 原告を揶揄するイラストの掲載。[注26]

JR東日本のある労働組合が、対立関係にある他の組合のリーダー（原告）を揶揄するイラストを掲載したビラを配布したことが問題となった事例である。

判決によると、問題となったイラストは、

「上着の両ポケットなどに多額の札束らしきものを無造作に押し込んだ姿の2人の男性が、いずれも大口を開けて笑いながら何か会話をしている様子が描かれているが、左側の男性Aについては、『乙山さん』として、『東日本の民主化しますぜ』とのセリフが書き添えられ、男性Bについては、男性Aの耳元でささやいている様子で、『いい本

---

（注25） 東京地判2002（平成14）年7月30日（判タ1160号173頁）。
（注26） 東京地判2007（平成19）年7月24日（判タ1256号136頁）。

20　第2編　名誉毀損の成立要件に関する諸問題

ありまっせぇ…ヒヒヒ…』とのセリフが書き添えられている。」
というものだそうである。

かかるイラストにつき判決は、

「原告乙山をいかにも低俗かつ下品な人物であるかのように描いて、
原告乙山を揶揄している」
として、名誉毀損性を肯定している。

しかし、上記のような内容のイラストによってこれを描かれた者の社会的評価は低下するのであろうか。本件のような、デフォルメをされたいかにも象徴的な絵が描かれたとしても、これに接した読者は、その描かれた者が本当に低俗で下品な者であるという印象を抱かないのではなかろうか。

上記のようなイラストは、描かれた者の名誉感情を侵害するということはあるかもしれないが、社会的評価を低下させるとまではいえないのではないかと私は思う。

④　北海道警の裏ガネ問題について追及されるのを逃れるため、道警の総務部長Ｓ（原告）が道職員に電話で工作をしたのに対し、その工作の方法が拙劣であったとして、同部長が道警の本部長Ａから叱責された旨の摘示。(注27)

これは、北海道新聞が継続的に追いかけて報道した北海道警の裏ガネ疑惑について、その真相究明の過程をまとめた2冊の書籍(注28)の一部のくだりの名誉毀損性が問題とされた事例である。これには多少の説明が必要であろう。

2003（平成15）年11月にテレビ朝日の報道番組で北海道警の裏ガネ疑惑が報じられた後、世間は道庁と道警に疑惑の徹底究明を求めた。そうした流れの中の翌12月、道警の総務部長Ｓ（原告）は、道知事が世論に押されて"道警の経理について調査します"と議会で約束してしまわないよう、道庁の複数の幹部に対し電話で働きかけをした。

北海道新聞はこの働きかけの事実を掴んで報じた。

---

(注27)　札幌地判2009（平成21）年4月20日（判時2055号107頁）。
(注28)　大谷昭宏＝宮崎学＝北海道新聞取材班『警察幹部を逮捕せよ——泥沼の裏金作り』（旬報社・2004年）、北海道新聞取材班『追及・北海道警「裏金」疑惑』（講談社・2004年）。

第1章　社会的評価を低下させる事実の例　　*21*

すると道警の本部長Ａが総務部長Ｓに対し、道庁への工作をマスコミに知られるような事態になったことについて叱責した。

　これが書籍の摘示である。

　この摘示に対して判決は、

　「原告が、道警の経理問題について調査されることを防ごうと道幹部に働きかけをするのであれば、その行為の性質上、マスコミ等に知られないようにすべきことは容易に推察できることから、そのような働きかけをしたと報道され、上司であるＡ本部長から叱責されたと記載された場合、原告の対応が不十分なものであったという印象を読者に与えるものと考えられる。

　　そうすると、……原告の社会的評価が低下しないとはいい難い。」

として名誉毀損性を肯定した。つまり判決は、マスコミ工作の仕方が不十分な者であったという印象を読者に与えることが名誉毀損だと言っているのである。

　しかし、Ｓ総務部長がＡ本部長から"マスコミ工作が下手だ"と叱責されたとしても、このエピソードで一般読者が非難や軽蔑をする先は、裏ガネ問題をなんとか隠そうとしているＡ本部長であってＳではなかろう。あるいはまた、仮に読者がＳ総務部長に対して非難や軽蔑の目を向けたとしても、その非難等の対象は、Ａ本部長から命じられてマスコミ工作をしたという行為それ自体であって、その工作が下手であったことではないだろう。

　一般読者は、Ａ本部長がＳを叱責したとの本件記事を読んだからといって、Ｓにつき「工作ベタな奴」と受け止めてその評価を下げるとは思えない。

　この判決はいわば、「泥棒の親分が子分に対して"もっとうまくごまかせ"と叱った」という記事につき、"泥棒の心得が足りないと叱られた"と摘示することは名誉毀損にあたると言っているのと同じである。"泥棒の心得が足りない"と叱られることは、泥棒たちの世界では評価を下げることかもしれないが、世間一般でその点が問題にされることはないであろう。

　北海道新聞の出色の調査報道が、このように実におかしな法解釈でケ

チを付けられたことは、誠に残念なことである。

**5** 最後に、判決で名誉毀損性が否定された例を挙げておく。

① **内閣総理大臣秘書官を「陰の総理」とした表現。**[(注29)]

判決は、「陰」という言葉にはネガティブなイメージがあることは認めつつも、

> 「内閣総理大臣の命を受けて機密に関する事務をつかさどることなどがその職務とされている内閣総理大臣秘書官をして、内閣総理大臣の黒衣的な存在として『陰の総理』と表現することは、政治風刺的な比喩として許容される域を超えたものとまではいえず、原告が『陰の総理』と称されているとの記載をもって直ちに原告の社会的評価を名誉毀損の不法行為を構成するほどに低下させるものと認めるのは相当でない。」

とした。

結論部分に関する判決の持って回った言い回しは、「陰の総理」との記載は原告の社会的評価を低下させなくはないけれども、不法行為を構成するほどまでに低下させるものではない、としているように読める。

名誉毀損の成立を否定した判断には賛同するが、「陰の総理」というような抽象的な記載に止まるのであれば、具体的な悪行を摘示しているわけではない以上、そもそも社会的評価を全く低下させるものではないと解してよいのではないかと私は思う。

② **離婚の危機にある旨の摘示。**[(注30)]

タレント（妻）とプロレスラー（夫）との夫婦が離婚の危機にある旨を報じたスポーツ記事につき、判決は、妻であるタレントについては、

> 「円満な夫婦関係を維持継続しながら活動している女優、タレントとして高い好感度を得ており、……そのような好感度を背景に、CM、テレビ番組、映画、舞台等への出演等の活動を幅広く行っていたことが認められる」

と述べた上で、離婚の危機にあるとの記事は、当該女性タレントの「女優、タレントとしての社会的評価」を低下させるとした。

---

(注29)　東京地判2005（平成17）年10月13日（判時1933号94頁）。
(注30)　東京地判2013（平成25）年12月24日（判時2219号81頁）。

その一方で判決は、夫のプロレスラーについては、前に離婚経験があり、かつその離婚の事実が以前に報道されていることなどをふまえると、

「直ちにその社会的評価を低下させ得るものと認めることは困難である」

と、いささか持って回った表現を用いつつも名誉毀損性を否定した。

　同じ夫婦についての離婚危機を報じたのに、妻については名誉毀損性を認め、夫についてはこれを認めなかったという、少し珍しいケースである。

　名誉毀損は人の社会的評価を低下させることであり、社会的評価は人それぞれに異なるので、同じ「離婚」という事実でも、それを摘示することによって評価が下がる人もいれば下がらない人もいるということである。本件の具体的な結論の当否はともかく、判断の手法としてはもっともだといえよう。

# 第2章──虚名の保護が必要な理由

**1**　8頁（第1編第2章第3節の**3**）で述べた通り、名誉毀損の成否に事実の真偽は問題とならないのであって、虚名も保護される。裏の顔（内部的名誉）がどうであれ、表の顔（外部的名誉）が保護されるのである。

　ところで、素朴な感情として、「本当のことなら言ったっていいじゃないか」という発想があるかもしれない。しかし、暴かれる側からすれば、真実であるからこそ一層傷つく、ということはある。たとえば、「夫婦仲が悪い」と摘示されることは、真実は仲が良い夫婦であれば（つまり摘示事実が虚偽であれば）笑い話で済むかもしれないが、本当にうまく行っていない夫婦であれば非常に傷つくであろう。4頁（第1編第2章第1節）で述べたように、自分が承認され得る存在だとの確信を持つことができないような社会では、人は安んじて自由な行動ができない。「本当のことなら何でも言ってよい」という社会では、自分の実態がいつ暴かれてしまうかと、始終ビクビクしていなければならないことになろう。これでは個々人の自由を十分に保障できない。このため法は、虚名も保護しているのである。[注1]

---

（注1）　竹田稔『名誉・プライバシー・企業秘密侵害保護の法律実務』（ダイヤモンド社・1976年）4頁は、虚名をも保護する理由につき、「虚名であるとして名誉が否定されるならば、覆される当人の生活に大きな影響を与えるだけでなく、社会全般に動揺をもたらす危険がある。」といい、これは「法の社会秩序保持の機能」の所産であるとする。中丸隆「名誉毀損」竹田稔＝堀部政男編『新・裁判実務大系9　名誉・プライバシー保護関係訴訟法』（青林書院・2001年）5頁も、「その者の生活の安定ひいては社会の安定」のため、と同旨の解説をしている。

　　しかし、かように社会秩序維持という観点を強調することは当を得ないと思う。名誉権の保護が表現の自由に対する制約と表裏の関係に立っていることを考えると、社会秩序維持のために「虚名の保護」を正当化することは、社会秩序維持のために「表現の自由の制約」を正当化することにつながるのであり、考え方の枠組みとして適切でないのではなかろうか。

**2** しかしここで注意しなければならないのは、名誉毀損を禁じるというシステムがもともと、個人の人格権の保護という観点ではなく社会秩序の維持の観点から設けられたものであって、私人より公人に対する名誉毀損を重く禁圧することによって権力批判を封じることを目的としてきたものであることである（注2）。とすると、「虚名も保護する」という法システムは、権力者の思うつぼのシステムといえなくもない（注3）。

　だからこそ名誉毀損法理の解釈適用は微妙で難しいのである。「名誉の保護」、「書かれる個人の保護」等と一方ばかりを考えていると、その先に待っているのは、何も言えない、何も書けない、何も批判できない世の中である。

　かかる観点から、「虚名は保護しない」とするのも1つの考え方であろう。つまり、虚偽の事実摘示の場合にのみ名誉毀損の成立を認めるということである。これは松井茂記が強く提唱している（注4）。しかしこれによると、全くの私人の完全なる私行も真実であれば摘示してよいということになるが、これはいささか個人の保護に欠けるであろう。たとえば、「Aさんは、洗濯していないような薄汚れた服を毎日着て町をぶらぶらしており、町の人から疎まれている」というような事実でも、これが真実である限り摘示してよいということになる。上記の例は、プライバシーで保護されるとも考え難いので、結局、松井の見解では、上記事実を公表することは何ら法的に制約を受けないということになる。しかし、かような私行を表現する自由をあえて特別に保障する必要があるとは考え難い。

　私は、公的言論か否かを問わずに表現の自由を優越させる松井の見解には、論理的にも価値判断的にも賛同し難いので、かかる見解に与することはできない（注5）。また、一実務家に過ぎない私としては、今までの判例

---

（注2）　浦部法穂『憲法学教室〔第3版〕』（日本評論社・2016年）170頁。平川宗信『名誉毀損罪と表現の自由』（有斐閣・1983年）32〜38頁。

（注3）　もとより、公共的な事項に関しては真実性ないし真実相当性を立証して免責を得ることはできるが、それは構造上はあくまでも例外に過ぎない。ここで言いたいのは、名誉毀損法制の基本的な理念の問題である。

（注4）　松井茂記「名誉毀損と表現の自由」山田卓生編集代表『新・現代損害賠償法講座2　権利侵害と被侵害利益』（日本評論社・1998年）105〜106頁、同『表現の自由と名誉毀損』（有斐閣・2013年）225頁。

（注5）　また、「名誉」概念を再構成する場合には、プライバシー概念の整理も同時に考えなけれ

の蓄積を無視して新たな概念論を展開することに実益をあまり見出すことができないし、そもそも私の唱える新たな理論など、誰も求めていないであろう。

　したがって私は、虚名も保護するという判例通説を前提として、いかに表現の自由との調整を図るべきかを常に考えていきたいと思う。

**3**　表現の自由との調整の視点から最も重要といえるのは、免責事由（抗弁）の解釈論部分である。

　免責法理に関する諸問題は第6編（531頁以下）及び第7編（631頁以下）で扱うが、ここでも少し私の問題意識を述べておきたい。

　名誉毀損の免責事由を考える場合、やはり、名誉毀損法理が治安維持の機能を有していたという歴史的背景をふまえずにはいられない。いかに名誉毀損にあたろうと、公的な言論は絶対に正当化されなければならないのであり、免責事由はかような公的言論の自由を保障するものでなければならない。[注6]

　免責事由として、いわゆる真実性・真実相当性の法理は確定判例となっている[注7]が、これは、虚名を原則として保護しつつも、一定の場合に

---

ばならない。たとえば、これまで真面目に働いてきた50歳の男性が30年以上前の少年時代に暴力事件を起こしてたった一度逮捕されたことがあるという過ちも、真実であれば摘示してよいというのでは、人は安んじて生活できないであろう。したがって、仮に名誉毀損法理につき「虚名は保護しない」とするのであれば、これまで名誉毀損法理で救済されてきた「虚名」につき、そのまま全く保護されないでよいものなのか、それともプライバシーとして保護されるべきなのか、を慎重に吟味し、保護すべき虚名については、プライバシー概念でもれなく拾えるよう、プライバシー概念の整理をセットで行なわなければならないのである。

　なお、プライバシー概念については、棟居快行の見解が示唆に富む（棟居快行『人権論の新構成』（信山社・2008年）185頁以下）。棟居は、プライバシーを、「多元的な社会関係を形成する自由」から派生するものとして捉え、「人間が多様な社会関係に応じて、多様な自己イメージを使い分ける自由」であると構成する。私はある相談者から、名誉毀損概念でも旧来型のプライバシー概念でも保護の射程に入れにくいケースの相談を受けたことがあった。棟居のこの見解は、保護の射程に入れにくかったそのケースに要保護性を与えることのできる極めて巧みな見解だと思ったものである。

(注6)　何をもって、自由を保障されるべき「公的言論」というのか、ということも問題となるが、この点についての私の考えは、第6編第2章第6節「『公共』性に関する私の理解」（554頁）に述べている。

(注7)　「民事上の不法行為たる名誉毀損については、その行為が公共の利害に関する事実に係りもっぱら公益を図る目的に出た場合には、摘示された事実が真実であることが証明されたときは、右行為には違法性がなく、不法行為は成立しないものと解するのが相当であり、もし、右事実が真実であることが証明されなくても、その行為者においてその事実を真実と信ずるにつ

第2章　虚名の保護が必要な理由　*27*

は「ホントのことだからいいじゃないか」または「ホントだと思ってしまったのだから仕方ないじゃないか」という免責を与えるものである。

　公的言論の自由を保障するためには、公的言論にできるだけ広く免責を与える必要があるが、かかる観点からいうと、現在の真実性・真実相当性の法理が表現の自由を十分に保障しているといえるかはかなり疑問である。特に、真実性・真実相当性の主張立証責任を常に表現者側が負うという点は、表現者（メディア）側には過重な負担である。記事に書かれた側は、書かれた記事の実物を甲1号証として証拠提出して訴えれば、あとはメディアの側が記事の真実性等の立証に失敗するのを待っていればよいわけであり[注8]、書かれた側は、提訴をするだけでメディアに対して十分なプレッシャーを与えることができるのである。

**4**　かように真実性・真実相当性の主張立証責任を表現者側が負わせられている事態について下田大介[注9]は、

　　「過失がなかったことの立証責任を、被告に転換するのであるから、名誉毀損は実質的に、中間責任の類型で処理されることを意味する。」

と説明する。

　そして、名誉毀損において中間責任による処理が正当化される理由は、

　　「報道機関等は、他人の社会的評価を低下させる危険性を帯びた事業を営んでいるとみることができる。あわせて、その事業によって、購読料や広告収入等の収益を上げている」

ことを根拠とする危険責任ないし報償責任の側面にある、という。

　下田は、かように中間責任の根拠を危険責任・報償責任に求めた上で、

　　「ひと口にメディアといっても、新聞や報道番組等が取扱うニュースと、

---

いて相当の理由があるときには、右行為には故意もしくは過失がなく、結局、不法行為は成立しないものと解するのが相当である（このことは、刑法230条の2の規定の趣旨からも十分窺うことができる。）」（最1小判1966（昭和41）年6月23日・判タ194号83頁、判時453号29頁）。
(注8)　しかも報道機関は取材源を保護するために取材源を秘匿しなければならない場合があり、よって報道内容が真実であることについてニュースソース自身が法廷で証言をしてくれることは限られるので、メディア側が真実性・真実相当性の立証を十分にできないということはよくあることである。真実性・真実相当性の法理の審査において取材源の秘匿の問題がどのように扱われるかについては後述する（第6編第5章第7節第5款・613頁）。
(注9)　下田大介「事実摘示型名誉毀損の要件（抗弁）枠組みと不法行為法学の混迷」福岡大学法学論叢65巻4号762頁（2021年）。

28　　第2編　名誉毀損の成立要件に関する諸問題

タウン情報誌等が取り上げるトピックとでは、定型的に他人の社会的評価を低下させる危険性の度合いに開きがある」
と、メディアによって危険責任・報償責任の性質の色濃さに差があることに着目し、そして、
「メディアの業態を、他人の社会的評価を低下させる危険性を伴う情報を取り扱うことの多いものと、そうでないものとに分け、危険責任の観点から、中間責任の妥当する射程を整理することが考えられてよい」
と言う。

つまり下田のこの論は、「他人の社会的評価を低下させる危険性を伴う情報を取り扱うことの多い」メディアには中間責任を課してよく、そうでないメディアには中間責任を課さない、という解釈を指向するのであろう。

しかしそもそも真実性・真実相当性の法理は、表現の自由の保障のためにある。表現の自由には民主主義的意義があるのであり、市民には権力批判の自由が保障されていなければならない。権力者の汚職の事実を掴んだら、その事実を伝えることこそが表現の自由の民主主義的意義に適合的な行動なのであり、そのような行動が不当に制約されるようなことがあってはならない。

権力批判をするメディアは、必然的に、下田の言う「他人の社会的評価を低下させる危険性を伴う情報を取り扱うことの多い」メディアになるが、そのように権力批判に熱心であること自体をもって中間責任が正当化されてしまうのでは、本末転倒なのではなかろうか。

下田の見解を前提とすると、反対に、グルメ誌、ファッション誌、旅行情報誌のようなメディアであれば、「他人の社会的評価を低下させる危険性を伴う情報を取り扱うことの多い」メディアにはならず、よって中間責任による処理をすることが正当化されず、書かれた側（原告）がすべての立証責任を負う、ということになるのであろう。

しかし、公的言論、権力批判をする媒体であればあるほどその言論の自由を厚く保障しなければならないのではなかろうか。グルメ誌等は、放っておいても権力からの圧力はかからないのであり、公的言論、権力批判をする媒体にこそ、真実性・真実相当性の立証責任の軽減を検討しなければならない筈である。

**5** 真実性等の主張立証責任を表現者側が負うことによる表現の自由への弊害が見られた例はいくつもある。

① まず第1に、森喜朗元首相が月刊誌「噂の眞相」の記事に関して発行社を名誉毀損で訴えた事件<sup>(注10)</sup>が挙げられる。

訴訟で問題となったのは、月刊誌「噂の眞相」の2000（平成12）年6月号に掲載された、森元首相が学生時代に売春防止法違反で検挙された前歴がある旨の記事である。森元首相はこれを事実無根だとして発行社相手に名誉毀損訴訟を提起した。これに対して発行社は、この真実性を立証すべく、裁判所に対し、森元首相の上記前歴につき警視庁への調査嘱託を申し立てた。ところが森元首相はこの調査嘱託の採用に強く反対したのである。もし本当に事実無根なのであれば、裁判所から警視庁に前歴の照会をしてもらった方が、いち早く最も明確に自己の身の潔白を証明できるにも拘わらず、森元首相はこれに反対したというのであり、かかる訴訟態度は著しく不可解といわざるを得ない。

まして森元首相は、売春防止法の前歴があるなどということはウソだと「噂の眞相」を糾弾しながら、「噂の眞相」による真実立証の妨害をしたことになる。

このようなふざけた訴訟態度がまかり通るのは、公人についても真実性の立証責任をメディア側に負わせているからであろう。

② また、化粧品・健康食品会社とその社長が週刊誌記事で名誉を毀損されたとして総額10億円の損害賠償を請求した事件があるが<sup>(注11)</sup>、これも、真実性・真実相当性の立証責任がメディア側にあることの問題性を考えさせる事例であった。

このケースで被告とされた雑誌社側は、真実性立証のために原告本人である会社社長の尋問を申請し、裁判所もこれを採用した。ところが社長は、"興味本位の尋問がなされ二次的被害を受ける"、"尋問の必要性がない"等と主張し、裁判所からの二度に亘る呼出しをいずれも拒んだ。

大企業の社長が、常識では考えられない10億円という莫大な損害賠償を求める訴訟を提起しておきながら自らが法廷に立つことを拒むという

---

（注10）　東京地判2001（平成13）年4月24日（判時1767号32頁）。
（注11）　東京地判2002（平成14）年10月15日（判タ1160号273頁）。

のは、責任のある社会人の態度とは到底思えない。このような無責任な原告の提起した訴訟であっても一応訴訟の形をとって進行してしまうのは、真実性の立証責任がメディア側に一方的に負わせられているからであろう。原告である化粧品・健康食品会社側が自ら虚偽性の立証をしなければならないという法制であれば、このような無責任な訴訟は起きなかったのではないかと思われる。

　なお判決は、社長のかかる不出頭を、「権利保護や名誉回復を求める者としては疑問といわざるを得ない訴訟態度」と断じている[注12]。

③　大手消費者金融会社が、自社を批判する「武富士の闇を暴く」と題する書籍につき名誉毀損であるとして5500万円の損害賠償等を請求した事件[注13]も同様の問題をはらむ事例であった。

　この件でも、提訴当時の社長は、上記②の化粧品・健康食品会社社長と同様、正当な理由なく尋問期日に出頭しなかった。

　この消費者金融会社はこの頃、本件のほかにも、自社を批判する雑誌記事について名誉毀損訴訟をいくつも起こしており、そこで被告とされた中には、何ら組織的バックアップのないフリーのジャーナリストもいた[注14]。こういう立場の人が大会社から高額の賠償請求をされることは、心理的にも経済的にも大変な圧力となったことであろう。このような提訴は、原告側が意図しているか否かに関わりなく、フリーのジャーナリストに対し言論を抑圧する効果を招く。

　真実性の立証責任がジャーナリスト側にある以上、提訴する側は気軽に提訴でき、言論抑圧の効果を簡単に得ることができてしまうのである。

6　提訴されることの負担を恐れてメディアが公人に関する報道に萎縮してしまうようなことがあれば、それは表現の自由の重大な危機である。このような事態はあってはならない。

---

（注12）　この化粧品・健康食品会社と社長は、その後の2014（平成26）年にも、弁護士の書いたブログが名誉毀損にあたるとして当該弁護士を相手取って訴訟を起こしたが、その請求は棄却され、却って、その訴訟提起が不当訴訟にあたるとして、反対に損害賠償を命じられた。この件の経緯は、この会社と社長から訴訟提起をされた弁護士本人の著わした澤藤統一郎『DHCスラップ訴訟──スラップされた弁護士の反撃そして全面勝利』（日本評論社・2022年）に詳しい。
（注13）　東京地判2005（平成17）年3月30日（判時1896号49頁）。
（注14）　北健一『武富士対言論──暴走する名誉毀損訴訟』（花伝社・2005年）51頁、129頁。

浦部法穂は、公的言論の保障の観点から、現在の真実性・真実相当性の法理ではなく、現実の悪意の法理を用いるべきとする。即ち、「公共性のある問題については、摘示事実が虚偽であることを知っていながら、あるいは、虚偽か否かを確かめようともせずに、事実に反することを言って他人の名誉を毀損した、というのでないかぎり、名誉毀損の責任を負わないものとすべきであ」り、かつ、その「現実の悪意」の存在については、「言論の制約を求める側（原告、または検察官）が立証すべき」であるという(注15)。吉野夏己も、「少なくとも、公務員や公的人物の公的側面に関する批判について」は現実の悪意の法理が妥当すべきだという(注16)(注17)。また喜田村洋一は、免責の要件としては真実性・真実相当性の法理を維持しつつ、その立証責任を転換することを提唱している。即ち、摘示事実が「公共の利害に関する事実」である場合には、立証責任の転換をし、書かれた側である原告の側が、公益目的の不存在または真実性・真実相当性の不存在を主張立証しなければならない、とするものである(注18)。

名誉権を保護しつつ公的言論を保障する方法としてこれらの見解は極めて的確な問題意識を有していると思われ、現在の真実性・真実相当性の抗弁には、是非メスが入れられなければならないと思う。

**7** なお、裁判例の中には、従来の判例の枠組みに依りつつも、個々の認定判断の中でできる限り表現の自由を保障するような配慮を見せているものもある。

国会議員に対する批判的記事に関する事例で東京地判2007（平成19）年8月10日(注19)は、個別の判断に入る前に、

「憲法21条1項が保障する言論、出版その他一切の表現の自由は、基本

---

(注15)　浦部法穂・憲法判例百選Ⅰ〔第4版〕145頁。

(注16)　吉野夏己「名誉毀損的表現の憲法上の価値」岡山大学法学会雑誌56巻3・4号219頁（2007年）。

(注17)　「現実の悪意の法理」については、第7編第3章（673頁）で詳しく述べる。

(注18)　喜田村洋一『報道被害者と報道の自由』（白水社・1999年）196～203頁。ただし喜田村は、犯罪報道における犯罪容疑者の場合については、「犯罪の容疑者とされたというだけで、自分が無実であることを証明しなければならないというのは不合理である」との問題意識から、立証責任を転換せず、従来通り報道機関が従来通り目的の公益性及び真実性・真実相当性の存在の立証責任を負うべきとする（同書203～206頁）。

(注19)　判タ1257号173頁。

的人権のうちでも特別に重要なものであり、特に、国権の最高機関であり、国の唯一の立法機関である国会の両議院の議員として国政に関わる国会議員が議院における演説、討論等について院外で責任を問われない憲法上の保障を受けているのも、議員が自由な表現によって批判され、評価が決定される仕組の中におかれるべきことと対応しているものと解するのが相当である。議員自身の表現の自由が最大限尊重される一方、議員の政治的姿勢、言動等に関しては、国民の自由な論評、批判が十二分に保障されなければならないことは、民主国家の基本中の基本である。不法行為としての名誉毀損は、人の社会的評価に係る問題であるが、個人の立場には様々なものがあるのであり、特に政治家、とりわけ国会議員は、単なる公人にすぎないものではない。議員は、芸能人や犯罪被疑者とは異なるのであり、その社会的評価は、自由な表現、批判の中で形成されなければならないのであって、最大限の自由な論評、批判に曝されなければならない。このことは、議員に関する表現行為が、名誉毀損の不法行為として表現者に損害賠償責任を発生させるかどうかを検討する際にも十分考慮されなければならない点であり、また、論評としての域を逸脱していないかどうかについての判断に際しても、特に留意すべき事柄であり、いやしくも裁判所が、限定のない広範な情報の中で形成されるべき自由な政治的意見の形成過程に介入し、損害賠償の名のもとにこれを阻害することはあってならないことである。」

と説示し、議員に対する市民の批判の自由に対し意を払っている。

第2章　虚名の保護が必要な理由　　33

# 第3章——反対意見の主張と人格非難との区別

　古くは思想の自由市場論<sup>(注1)</sup>として述べられてきたが、言論に対しては言論で対抗し多様な言論を確保するというのが民主主義社会の鉄則である。しかるに、本来は言論で解決されるべき領域に名誉毀損訴訟が用いられるという、首を傾げたくなるような事態が間々見られる。そのような訴訟を裁判所が適切に処理しないと、本来自由であるべき言論が訴訟によって抑圧される結果となってしまう。

　ここでは、裁判所により適切に処理された例として、横浜地判2003（平成15）年9月24日<sup>(注2)</sup>を指摘しておきたい。

　本件は、マンションの建設計画に反対する市民が自身の意見をインターネットの掲示板やミニコミ誌で公表していたところ、当該マンションのデベロッパーである会社がその市民を名誉毀損で訴えたという事例である。

　問題とされた表現は、マンション建設用地が以前に崩落のあった場所であること、マンションができれば多数の車輌が出入りすることになり危険であること、説明会が説明会の体をなしていなかったこと等を述べるものであったが、判決は、

　「近隣住民らの反対運動を受けつつ本件マンション建築計画を進めていた
　　会社としての原告が、近隣住民による近隣住民としての立場からの建築
　　反対を訴える趣旨の表現行為の対象となったからといって、その表現行
　　為の内容がマンション建築に反対する趣旨の意見の表明の範囲内にとど

---

（注1）　多様な思想が市場を流通することによって初めて人々は真理に到達できるという考え方。
　　　　アメリカ合衆国最高裁判事O・W・ホームズが判決の中で述べた意見である。奥平康弘『表現
　　　　の自由を求めて』（岩波書店・1999年）146〜150頁に詳しい記載がある。
（注2）　判タ1153号192頁。

*34*　　第2編　名誉毀損の成立要件に関する諸問題

まるものである限り、このような表現行為に接した通常の読み手は、それらは、そのような対立関係にある一方当事者の側から一方的に発信された意見表明にすぎないものと受け取るものと認められるのである。そうである以上、このような意見表明は、それがされることによって直ちに原告の社会的評価を低下させるというような性質の行為であるということはできないというべきである。」

として、会社側の請求を棄却した。妥当な結論だと思う。

第1章の**4**（18〜20頁）で私は、建築家の作品に関する言及を建築家に対する名誉毀損であるとした裁判例（①）[注3]と、絵画の贋作を指摘したことがその所有者の名誉を毀損するとした裁判例（②）[注4]につき、名誉毀損を認めることに疑問を提起したが、問題点は同じである。

ある問題に対して反対の見解を述べたからといって、その相手方の人格を貶めることにはならない。反対意見の主張と人格非難とはきちんと区別されなければならない。さもないと思想の自由市場は成り立たなくなってしまうであろう。

---

（注3）　東京地判2001（平成13）年10月22日（判時1793号103頁）。
（注4）　東京地判2002（平成14）年7月30日（判タ1160号173頁）。

# 第4章——いわゆる「スラップ訴訟」について

## 第1節　スラップ訴訟とは

　近時、「スラップ訴訟」という言葉をよく聞く。「スラップ」とは「SLAPP」をカタカナ読みしたものであり、SLAPPは「strategic lawsuit against public participation」（公的参加を妨げるための戦略的訴訟）の略だそうである[注1]。

　この概念はアメリカが発祥であり、公的関心事項に関する発言その他の表現活動がなされた場合に、そのような発言等を抑圧するために訴訟提起の手法が用いられた場合のことを指す[注2]。もっとも、日本で言われている「スラップ訴訟」は端的に、言論で批判をされた側が、そのような批判的な言論を抑圧するために発言者を被告として高額の名誉毀損訴訟を提起する場合を広く指しているようである。

　訴訟提起をされれば、「被告」とされた側は、自腹を切って弁護士に依頼をして応訴をしなければならず、よってそれだけで大きな負担である[注3]。

---

（注1）　松井茂記『表現の自由と名誉毀損』（有斐閣・2013年）403頁、宍戸常寿「インターネット上の名誉毀損・プライバシー侵害」松井茂記＝鈴木秀美＝山口いつ子編『インターネット法』（有斐閣・2015年）63頁。

（注2）　松井・前掲（注1）403頁以下には、アメリカにおけるSLAPPの成り立ちやSLAPPに対する各州の規制立法の例が詳しく論じられている。

（注3）　アメリカの場合、民事訴訟にディスカバリーの制度が採用されているが、ディスカバリー対象文書は、時代が進むにつれ、OA機器の発達等の事情に伴い量が膨大化し、その結果として弁護士費用もまた膨大化していると言われている。日本の場合、幸か不幸かディスカバリーの制度は採用されておらず、よってその観点からの弁護士費用の膨大化という問題はないが、それでも、訴訟を起こされた者にとって弁護士費用が負担であることは間違いないであろう。

私は28頁（第2章の**3**）で、「記事を書かれた側は、……メディアの側が記事の真実性等の立証に失敗するのを待っていればよい」と書いたが、スラップ訴訟の場合、提訴をした側（書かれた側）は、メディア側が真実性等の立証に失敗することさえも期待していないかもしれない。即ち、訴訟提起をするだけでメディア側（書いた側）に対して大きな負担を課することができ、それによって以後の言論活動を躊躇させることができると踏み、提訴をしただけでその目的を達成したと考えている（その結果、当該訴訟に勝とうが負けようが意に介していない）かもしれないのである。

# 第2節　　スラップ訴訟に対する処方

**1**　スラップ訴訟はいわば名誉毀損訴訟の病理現象であるといえ、スラップ訴訟から表現の自由を守るための処方をどうするかは1つの問題である。

　考えられる処方の1つは、立証責任の転換である。現実の悪意の法理（注4）や、32頁（第2章の**6**）で紹介した喜田村の見解がこれを志向するものといえる。

　真実性・真実相当性の法理は真実（相当）性の立証責任をメディア側（書いた側）に負わせるものであるのに対し、現実の悪意の法理は、書かれた側が記事の虚偽性を立証しなければならず、また喜田村説も、書かれた側が公益目的の不存在や真実（相当）性の不存在を主張立証しなければならないとするものである。このように虚偽性等の立証責任を原告側が負担しなければならないというハードルは、訴訟提起の段階で原告側に相応の根拠が求められるという意味において、名誉毀損訴訟の濫用的な提起を一定程度防ぐ一助となるであろう。またこのハードルは、記事が虚偽であることの根拠を示すよう原告側に求めることになるので、次に述べる不当訴訟であるか否かの判断も容易にすると思われる。

**2**　スラップ訴訟から表現の自由を守るための2つ目の処方として考えられ

---

（注4）「現実の悪意の法理」については、第7編第3章（673頁）で詳述する。

るのは、提訴自体が違法であるとして、反対にメディア側に損害賠償請求権を認めることである。

　訴えの提起が違法となる場合については確定判例があり、最3小判1988（昭和63）年1月26日（注5）は、

> 「訴えの提起が相手方に対する違法な行為といえるのは、当該訴訟において提訴者の主張した権利又は法律関係……が事実的、法律的根拠を欠くものであるうえ、提訴者が、そのことを知りながら又は通常人であれば容易にそのことを知りえたといえるのにあえて訴えを提起したなど、訴えの提起が裁判制度の趣旨目的に照らして著しく相当性を欠くと認められるときに限られる」

としている。これを名誉毀損訴訟に置き換えていえば、当該記事が社会的評価を低下させるものでないことを知りながら、または、真実性・真実相当性の法理の抗弁が成り立つことを知りながらあえて提訴をした場合などに、その提訴自体が違法であるとされ、提訴者の側が不法行為に基づく損害賠償の責任を負うことになる。

**3**　これに対し、スラップ訴訟については、提訴自体が違法で不法行為にあたるとして反訴を起こすよりも、訴権濫用を理由とする訴え却下を求めていくほうが有効である、とする見解がある（注6）。いわく、「SLAPPを不法行為として実体法的に構成して原告と対峙するよりも、当該訴訟においては却下を求める方が、実際には当事者をSLAPPから早期に解放できる可能性がある。」というのである（注7）。

　訴権の濫用の要件を示した裁判例としては東京地判2000（平成12）年5月30日（注8）が有名であるが、同判決は、訴権濫用にあたるか否かの判断方法につき、

> 「提訴者の意図・目的、提訴に至るまでの経過、提訴者の主張する権利又は法律関係の事実的根拠・法律的根拠の有無ないしその蓋然性、それらの法的性質・事実的背景、提訴者の訴訟追行態度、訴訟提起・追行に

---

（注5）　判タ671号119頁、判時1281号91頁。
（注6）　渡邉和道「名誉毀損訴訟におけるSLAPPの主張」金沢星稜大学論集53巻1号108頁（2019年）。
（注7）　渡邉・前掲（注6）109頁。
（注8）　判タ1038号154頁、判時1719号40頁。

よる相手方当事者の応訴の負担、相手方当事者及び訴訟関係者が訴訟上
　　又は訴訟外において被ることがある不利益・負担等その評価にかかわる
　　事実（評価根拠事実）を総合的に考慮して判断すべきである。」
とした上で、
　　「民事訴訟の提起は、本来であれば、原則として正当であるのであるか
　　ら、訴権濫用というためには、そうした制度利用を許容すべきではない
　　とするほどの不当性が認められることが必要であると解される。」
としている。

　上記の要件を見ると、訴権の濫用にあたるとして却下判決を得るには、
実体法上の請求権の帰趨を決する「提訴者の主張する権利又は法律関係の
事実的根拠・法律的根拠の有無ないしその蓋然性」という事情の他にもさ
まざまな事情が斟酌され、かつ、それらの事情をふまえた上での訴えの
「不当性」の程度も強いものが要求されている。

　しかし、このように高いハードルを設定されると、その主張立証に割か
ねばならない時間と労力は決して少ないものではないだろう。

　「当事者をSLAPPから早期に解放」することを目的とするのであれば、
かような高いハードルを越えねばならない却下判決を目指すよりも、とっ
とと実体審理に入って請求棄却の判決をもらう方が、早いし事務量も少な
くて済むのではなかろうか。

　そう考えると、スラップ訴訟の負担からの解放という観点からいえば、
訴権の濫用による却下判決を目指す実益はほとんどないのではないかと私
は思う[注9]。


# 第3節　　裁判例

　本節では、スラップ訴訟にあたると見られる事案についての裁判例を見て
みる。いずれも、名誉毀損訴訟の提起自体が不法行為にあたるとされた事例

---

（注9）　スラップ訴訟の対策として立法の必要性を述べるものとして、吉野夏己『スラップ訴訟
　　──法的論点と対策』（日本法令・2024年）328頁。

である。

**1** 1つ目は、第2章の**5③**（31頁）で紹介した大手消費者金融会社による5500万円の名誉毀損訴訟の件 (注10) である。この事件で被告とされた出版社と執筆者は、この名誉毀損訴訟の提起自体が不法行為にあたるとして、消費者金融会社に対する損害賠償請求の反訴を提起した。

この反訴について裁判所は、訴えの提起が違法となる場合に関する前節の1988（昭和63）年最高裁第3小法廷判決の規範を提示した上で、以下の通り判示し、出版社側の反訴請求を認容した。なお、以下で「原告」とは消費者金融会社であり、「被告」が出版社側である。

「本件各記述は、その枢要部分においては真実であり、ごく一部については、それらは原告の社会的評価を低下させるものではなく不法行為を構成しないものか、少なくとも真実であるとまでは認められないものの、そう信じるについては相当な理由があり、事実に反すると明らかに認められる部分は存在していないものである。原告は、このことについて……あらかじめ認識し、又は容易に認識することが可能であったにもかかわらず、本件書籍出版の直後に出版社と執筆者……を被告として訴えを提起したのは、明らかに不相当な行為であり、本件は、そのような提訴のあり方を自戒すべき事案であったことは疑いがない。

したがって、甲事件の提訴は、本件各記述の大部分について真実であり、その余の部分についても、原告の社会的評価を低下させるものではなく不法行為を構成しないか、少なくとも真実であることに相当の理由があって、請求が認容される余地のないことを知悉しながら、あえて、批判的言論を抑圧する目的で行われたものであり、裁判制度の趣旨目的に照らして不相当なものというべきであり、違法な提訴であると認められる。」

**2** 長野地伊那支判2015（平成27）年10月28日 (注11) は、太陽光発電事業者が、住民説明会における住民の反対意見が会社に対する名誉毀損にあたるとして住民相手に6000万円の損害賠償請求訴訟を提起したケースである。この件でも、被告とされた住民（被告）は、名誉毀損訴訟の提起自体が不法行

---

（注10）　東京地判2005（平成17）年3月30日（判時1896号49頁）。
（注11）　判時2291号84頁。

為にあたるとして、太陽光発電事業者（原告）に対する損害賠償請求の反訴を提起した。判決は、前述の1988（昭和63）年第3小法廷判決の規範を示した上で、

「通常、本件の被告の言動に不当性を見出すことは考えがたく、原告においてこれを違法と捉えて損害賠償請求の対象になると考えたとはにわかには信じがたいところであるし、少なくとも、通常人であれば、被告の言動を違法ということができないことを容易に知り得たといえる。」

等と判示して、太陽光発電事業者による名誉毀損訴訟の提起につき、

「裁判制度の趣旨目的に照らして著しく相当性を欠くもの」

であって違法であるといい、住民側の損害賠償請求を認容した。

前章（34〜35頁）でも述べたが、反対意見と人格非難とはきちんと区別しなければならない。太陽光発電設備の設置に反対することと当該事業者の人格を貶めることとは全く別のことである。

**3**　高知地判2012（平成24）年7月31日 [注12] は、町議会議員が町政の批判をしたのに対し、町が原告となって当該町議会議員を名誉毀損で提訴したケースである。

これに対して町議会議員（被告）側は、町（原告）が起こした名誉毀損訴訟は不当訴訟であるとして損害賠償請求の反訴を提起した。この反訴部分に関する判断において判決は、

「原告執行部は、町民を代表する町議会議員である被告らの批判に対し、町議会における討論だけでなく、町の広報を利用するなどしてその事実認識や見解等を表明し、これに反論できるのであるから、原告は、その批判が明白な事実誤認に基づくものであったとしても、原則として言論をもってこれに対抗すべきである。」

として、町は、批判をされても、またその批判がたとえ事実誤認に基づくものであったとしても原則として訴訟に訴えるべきではないという価値判断を示した。そして判決は更に、

「原告が、町議会議員である被告らの批判によって名誉等が毀損されたという理由で安易に損害賠償請求をする場合には、それ以後、被告らが

---

（注12）　判タ1385号181頁。

原告の行政執行について自由に批判することに萎縮的効果が生じ、被告らの表現の自由や政治活動の自由に対する制約となりかねない」

と、提訴による萎縮効果に対する配慮を示した上で、訴訟提起をする場合は、

「そこにきわめて高い必要性や相当性が認められなければならない」

という。

そして本件については必要性も相当性もなかったとして町による提訴は不当訴訟であったといい、議員側の反訴の損害賠償請求を認容した。

この判決は、地方自治体が原告となった名誉毀損訴訟につき、提訴に「きわめて高い必要性や相当性」を要求するものであり、前述の1988（昭和63）年第3小法廷判決とは若干異なる規範を定立したものであった。

**4**　千葉地松戸支判2019（令和元）年9月19日[注13]は、フリージャーナリストのブログの記事について市会議員が自身の名誉を毀損しているとして損害賠償請求をした事案であり、被告とされたフリージャーナリストは、議員（原告）の当該本訴が不法行為にあたるとして損害賠償請求の反訴を提起した。

判決は、

「原告は、被告が、少なくとも、本件記述を真実と信じたことについて相当な理由があることを知りながら、又は容易に知り得たにもかかわらず、あえて本訴を提起したもので、訴えの提起が裁判制度の趣旨目的に照らして著しく相当性を欠くものと認めざるを得ない。」

として、議員による本訴の提起が不法行為にあたるとした。

**5**　青森地弘前支判2008（平成20）年3月27日[注14]は、控訴の提起が違法となる場合に関する裁判例である。

本件は、商工会議所の会頭が市議会議員を記者会見で批判したのに対し、同議員が原告となって起こした名誉毀損訴訟が不当訴訟にあたるかどうかが争われた事案である。

同議員が起こした名誉毀損訴訟は一審が請求棄却となり、議員は控訴をし、その控訴も棄却された。会頭は、議員によるこの提訴と控訴がいずれ

---

（注13）　判時2437号78頁。
（注14）　判時2022号126頁。

も違法なものだとして議員に対して損害賠償請求をし、それに対する判断がこの青森地裁弘前支部判決（会頭を原告とし、議員を被告とする判決）である。

判決は、前述の1988（昭和63）年第3小法廷判決の規範を提示した上で、

「この理は、控訴の提起にも基本的に当てはまるものである」

とし、訴えが違法となる場合に関する1988（昭和63）年の第3小法廷判決の理が控訴の提起にもあてはまることを示した。

そして、かかる規範を名誉毀損訴訟に押し及ぼし、

「〔真実性・真実相当性の法理の〕抗弁事実が存在し、かつ、被告がそのことを知りながら又は通常人であれば容易にそのことを知り得たといえるのにあえて前訴事件の訴え及び控訴を提起したと認められる場合には、その訴え及び控訴の提起は、違法な行為となり、原告に対する不法行為を構成することになる。」

とした。[注15]

---

（注15）　名誉毀損訴訟の提起が不法行為にあたるとされた例としては、他に東京地判2001（平成13）年6月29日（判タ1139号184頁）が公刊物で確認できる。

# 第5章──名誉毀損の個数

## 第1節　名誉毀損の個数に関する考え方

　名誉毀損の個数という問題も、一応念頭においておかなければならない。

　たとえば、ある人に関し同一の雑誌が3回に亘ってその人の醜聞に属する記事を掲載した場合、名誉毀損の個数をどのように考えるべきか。

　ここに名誉毀損の個数とは不法行為の個数を意味し、これをどのように解するかによって法的な扱いに若干の違いが出る。即ち、3つの号に亘る週刊誌の記事がそれぞれ別の不法行為であると捉えるならば、原告は各号それぞれに損害額を主張立証しなければならない（たとえば、総額1000万円の請求の内訳として、1号目と2号目が各300万円、3号目が400万円とする等）ことになるし、また、損害の発生と同時に遅滞に陥ると判例上解されている遅延損害金（民法419条）[注1]は、各号の発行時にそれぞれ別個に起算されることになる。他方、3回に亘る記事掲載を包括して1個の不法行為と捉えるならば、原告はそれに対する損害額を1個のものとして主張立証すればよい（つまり、総額が1000万円であるとすればよく、損害につき各号ごとの内訳を示す必要がない）し、また、遅延損害金は、継続した1個の不法行為が終わった3号目の記事の発行の時点から起算されるということになろう。

　個数をどう捉えるかは結局、記事の解釈の問題であり、それぞれの記事が時期的・内容的に別個と見得るのであればそれぞれ別の不法行為即ち名誉毀

---

（注1）　最3小判1962（昭和37）年9月4日（民集16巻9号1834頁）。同判例は、「不法行為によりこうむつた損害の賠償債務……は、損害の発生と同時に、なんらの催告を要することなく、遅滞に陥るものと解するのが相当である。」としている。

44　　第2編　名誉毀損の成立要件に関する諸問題

損として扱うことになろう。

　しかし、名誉毀損行為がいくつもに分断されると、手続が煩瑣になるし、また、慰謝料額の算定の弾力性も損なわれる虞がある。

　そこで、時期的・内容的に分断されていることがはっきりしている場合でない限り、1個の不法行為として扱うことが、裁判所にとっても両当事者にとっても便宜であろう。


# 第2節　　裁判例

　本節では、名誉毀損の個数に関する裁判例を見てみる。

**1**　東京地判2010（平成22）年10月29日<sup>(注2)</sup>は、週刊誌が、11月10日号、同月17日号、12月1日号の3つの号に亘って某市長に関する記事を掲載した件に関する裁判例である。

　この判決は、3つの号に記載されたそれぞれ別の内容の記事につき、そのいずれについても名誉毀損の成立を認めた上で、

　　「本件各記事の内容、本件各記事により、原告の社会的評価が低下させられたこと、その他本件で顕れた一切の事情を考慮すると、本件各記事の掲載により原告に生じた精神的損害の額は500万円を下らないというべきである。」

とした。つまり、3つの号に亘る別々の摘示事実による名誉毀損につき、包括して1つの不法行為だと判断したということであろう。

**2**　東京高判2003（平成15）年10月30日<sup>(注3)</sup>は、ある自動車の死亡事故につき週刊誌が、保険金殺人ではないかという疑惑を12回に亘って報じた記事について、名誉毀損を認めた事案である。

　判決は、12個の記事につき、

　　「本件第1ないし第12記事……による不法行為は、一審原告らの名誉という同一の法益に対し、……同一の週刊誌の本件事故に関する記事によ

---

（注2）　判タ1359号188頁。
（注3）　公刊物未登載（東京高裁平成15年（ネ）第2728号）。

る侵害行為が行われ、1つの記事による名誉毀損状態が消滅しないうち
に、同一の週刊誌の本件事故に関する他の記事による侵害行為が引き続
いて行われ、その繰り返しが、本件第1記事ないし本件第12記事の間継
続したというものである」

と評価した上で、

「不法行為の個数としては、名誉毀損に該当する記事の個数だけあると
いうべきである」

としつつも、

「各記事ごとに別個の損害が全く新たに発生したというものでなく、先
行する記事により発生した名誉毀損状態が時間の経過とともに次第に減
少する一方で、それに続く記事により同一の法益に重複的に名誉毀損状
態が発生するという経過をたどったものと解されるから、これらの各記
事により発生した損害額の算定に当たっては、一連の名誉毀損行為を全
体的に観察し、一体のものとして算定するのが相当である。」

として、損害は1つのものとして評価すべきだとした。

　不法行為は12個であるとしつつ損害評価は一体として行なうという思考
は、結局、12個の記事をもって1個の不法行為として捉えるということと
実質的には同じことになろう。

　本件の事案は、1つの死亡事故につき12回に亘って保険金殺人疑惑を報
じたものであるので、12個の個々の記事につきそれぞれ独立に名誉毀損の
不法行為が成立するといえるし、他方、12個の記事がいずれも1つの保険
金殺人疑惑という点で一貫しているため損害を一体として評価することに
もなじむものであった。かくして上記の通り、"不法行為は12個だが損害
は一体として評価"という判断になったのではないかと思われる。

　損害額の算定は裁判官の創造的・裁量的判断に委ねられているものであ
り(注4)、要は当該不法行為について適切に損害評価ができればよいので
あるから、"12個の記事で1個の不法行為"と言うか"12個の記事で12個
の不法行為があるが損害は一体として評価する"と言うかについて、その
違いをこれ以上突き詰めることに意味はなかろう。

---

(注4)　平井宜雄『債権各論Ⅱ　不法行為』(弘文堂・1992年) 130頁。

46　第2編　名誉毀損の成立要件に関する諸問題

もっとも、損害評価の点についてはそのように鷹揚に言うことができるとしても、遅延損害金の起算点をどう考えるかの問題については、不法行為を12個だと言うか一連の１個のものだと言うかによって結論が変わってくるような気がする。

　この判決が遅延損害金の起算点についてどう判断したかというと、

　「その遅延損害金の起算点は、最終の不法行為時（本件第12記事の掲載された本件雑誌の発売日）とするのが、相当である。」

とした。

　仮に12個の記事についてそれぞれ不法行為が成立するのであれば、それぞれその時点で損害が発生することになるのであるから、遅延損害金も各損害の発生と同時に発生するはずであるが、この判決は、遅延損害金の起算点を最後の不法行為時とした。

　これは、12個の記事の各発表時点において遅延損害金を随時個別に発生させるよりも遅延損害金の起算点が遅くなり、被害者側（書かれた側）に不利な解釈をしているように見える。現に被害者側（控訴人）はこの控訴審において、遅延損害金は各記事の発行日をもってそれぞれ起算すべきだと主張していた。

　この点については控訴人の主張の方に理由があるように思えるが、損害額の算定は裁判官の創造的・裁量的判断に委ねられているものであることは前述の通りであり、また、慰謝料額は諸般の事情を考慮して算定するものなので(注5)、これも結局、事案ごとに据わりのよい結論が選ばれるのが実態であろうから、この控訴審判決の考え方についてこれ以上細かく理詰めで検討していくことにも実益はあまりないであろう。しかし、事案ごとに論理的に詰めて主張の合理性を追求することが実務家として必要であることはいうまでもなく、よって、裁判官の裁量的判断に対し論理的かつ批判的な視点で吟味をすることもまたもちろん必要なことである。

---

(注5)　慰謝料額の算定の方法については、第４編第３章第１節（393頁）参照。

# 第3節　名誉毀損行為の同一性の問題

**1**　前2節では、名誉毀損行為自体の個数について検討したが、同一の記事の頒布の態様に着目して名誉毀損の個数が問題とされるときがある。

　　過去に訴訟上問題となった事例で、朝日新聞の青森県版と岩手県版に同一の名誉毀損記事が掲載されたというケースがある。被害者である原告は、まず青森県版について東京地裁に訴訟提起をし、続いて岩手県版について大阪地裁に提訴をした。そこで、被告である朝日新聞社は、後訴である大阪地裁において、大阪地裁係属事件は二重起訴の禁止に違反するものであって不適法であると主張した。

　　後訴を担当した大阪地判1963（昭和38）年11月19日 [注6] は、

　　「右記事は、いずれも被告新聞社東京支店が、昭和三十三年二月十八日附第二五八八五号を以て、同一事実につき編集発行したものであり、基本的に同一内容の記事が単に青森版と岩手版に分れて、掲載され、一般読者に頒布されたにすぎないことが明らかであるから、右記事の公示は、社会観念上一個であるというべきであり、各地方版毎にその数に応ずる数個の公示行為があつたとは到底解することはできない。したがつて、たとえ原告が、右記事によつて、名誉を毀損されたとしても、右毀損行為は、全体として一個であり、右記事が青森版と岩手版に分れて掲載頒布されたからといつて、各版毎に各別の不法行為が成立するものとなすことはできない。」

とし、本件は東京地裁提訴事件と同一の訴訟物について提起したものであって二重起訴にあたり不適法であるとして、訴えを却下した。

　　不法行為の個数や訴訟物の同一性の判断は個別の事実認定の問題であるが、全国紙の各県版への掲載をそれぞれについて別個の不法行為であると見ることはできないと思われ、よって上記判断は当然であろう。

**2**　なお最近は、紙媒体の新聞記事がインターネット上でも公表される場合があり、この場合に、紙媒体の公表とネット上の公表との関係をどう見る

---

（注6）　判タ157号82頁、判時373号36頁。

48　第2編　名誉毀損の成立要件に関する諸問題

かはひとつの問題であろう。

　たとえば、新聞社の記事がヤフーのニュースサイトでも公表されている場合のように、紙媒体の発行者とネット上の公表者が別人である場合には、これらの名誉毀損行為は別個であると見ることができよう。したがってこの場合には、紙媒体の新聞について東京地裁で新聞社を訴え、ネット上の記事について大阪地裁でネット開設者を訴えても不適法にはならないだろう。

　他方、新聞社自身が紙媒体による公表とインターネット上の公表の両方を行なっている場合、媒体は別でも、行為としては1個と見るのが相当なのではあるまいか。

# 第6章——名誉毀損の被害者側に関する諸問題

## 第1節　法人その他の団体

### 第1款　法人

**1**　名誉毀損は、個人に対してのみ成立するものではない。法人も社会的存在として一定の評価を受けている以上、法人に対しても名誉毀損は成立する(注1)。

しかし法人の場合、感情を有しないため精神的苦痛を観念できない。このことから、法人には慰謝料請求権がないのではないかという問題が生じる。

この点、法人には精神的苦痛を観念できない以上、精神的損害はなく、物質的損害即ち財産上の損害についてのみしか金銭賠償の請求ができない、とする考え方が、以前は裁判例でも見られた(注2)。

しかし最1小判1964（昭和39）年1月28日(注3)は、この考え方を否定した。即ち、民法710条の規定する「財産以外ノ損害」の解釈として、

「民法710条は、財産以外の損害に対しても、其賠償を為すことを要すと規定するだけで、その損害の内容を限定してはいない。すなわち、その文面は……精神上の苦痛だけを意味するものとは受けとり得ず、むしろ

---

（注1）　加藤新太郎＝大熊一之「慰謝料（3）——法人の名誉毀損」篠田省二編『裁判実務大系第15巻　不法行為訴訟法（1）』（青林書院・1991年）375頁。

（注2）　たとえば東京高判1959（昭和34）年5月27日（判タ92号52頁）。後掲（注3）の最1小判1964（昭和39）年1月28日の原審である。

（注3）　判時363号10頁。

*50*　第2編　名誉毀損の成立要件に関する諸問題

すべての無形の損害を意味するものと読みとるべきである。」

といい、法人にはかかる無形の損害（注4）が発生し得るので、その損害の賠償を請求できる、とした。

**2**　この法人の無形損害に関して具体的に説示し検討した事例として東京高判2010（平成22）年3月17日（注5）がある。これは、大相撲の八百長に関する記事が日本相撲協会に対する名誉毀損にあたるとされた事例である。

判決は、

「自然人の場合には精神的損害を伴うものであるが、法人の場合にはその精神的損害がないことから、名誉毀損性の成否を検討するに当たっては、当該法人が社会からどのような社会的評価を受け、その評価がどのように低下し、これによって当該法人のどのような法的利益が侵害される可能性があるかについて具体的に検討されなければならない。」

とした上で、日本相撲協会につき、

「相撲興行を主催し、演出された見せ物（ショー）ではなく真剣勝負としての相撲による充実した土俵を愛好者はもちろん相撲を知る国民に提供する存在としての評価を受けて〔いる〕」

等とその評価を具体的に検討し、

「大相撲が八百長で汚染されているのではないかということが広まれば、これを主催する同相撲協会の信用は失墜し、大相撲人気は失われ、その興行成績も悪化するなどの実害を生じさせるおそれがあるものということを指摘することができ、そこには同相撲協会に対する無形の損害が生じているものとみることができる。」

と、無形損害の内容を示している。引用を省略したが、判決は、相撲協会の個別的な活動内容にまで遡って協会に対する評価を検討し無形損害の内容を検討しており、その具体的な検討の過程は参考になる。

**3**　名誉権と表現の自由との調整の法理である真実性・真実相当性の法理については第6編（531頁以下）で詳しく述べるが、かかる表現の自由との調整をする場合、被害者が個人であるか法人であるかによって違いが生じる

---

（注4）　最判がここでいう「無形の損害」の意味内容については、第4編第2章第2節「損害の内容の整理」（371頁）を参照されたい。

（注5）　判時2118号37頁。

わけではない。

いわゆるサンケイ新聞意見公告事件に関する最2小判1987（昭和62）年4月24日（注6）は、

「言論、出版等の表現行為により名誉が侵害された場合には、人格権としての個人の名誉の保護（憲法一三条）と表現の自由の保障（同二一条）とが衝突し、その調整を要することとなるのであり、この点については被害者が個人である場合と法人ないし権利能力のない社団、財団である場合とによつて特に差異を設けるべきものではないと考えられる」

とする。

もっとも、その法人（団体）がいかなる性質のものであるかは、真実性・真実相当性の法理における事実の公共性・目的の公益性に大きく関わってくるであろう。上記最2小判は、被害者（原告）が政党である場合につき、

「政党は、それぞれの党綱領に基づき、言論をもつて自党の主義主張を国民に訴えかけ、支持者の獲得に努めて、これを国又は地方の政治に反映させようとするものであり、そのためには互いに他党を批判しあうことも当然のことがらであつて、政党間の批判・論評は、公共性の極めて強い事項に当たり、表現の自由の濫用にわたると認められる事情のない限り、専ら公益を図る目的に出たものというべきである。」

としている。政党は、公共性（注7）のある団体の最たるものであるので、このような解釈になるのは当然であろう。

## 第2款　法人格なき団体

前款（50頁）の説明は、法人格なき団体にも全てあてはまる。法人格なき団体も、社会的存在として一定の評価を受けているからである。

東京地判1969（昭和44）年12月16日（注8）は、権利能力なき社団につき、

---

（注6）　判タ661号115頁、判時1261号74頁。
（注7）　公共性の意味内容については、第6編第2章第6節「『公共』性に関する私の理解」（554頁）を参照されたい。
（注8）　判タ242号125頁、判時579号29頁。

*52*　　第2編　名誉毀損の成立要件に関する諸問題

「権利能力を有しない社団は、権利能力を有しない点において法人とは異なるけれども、これを構成する個々の社員とは全然別個の存在を有し、それ自身が独自の社会的存在を有して活動する団体であることは、法人と同一である。それ自体が独立の社会的存在を有するから、権利能力なき社団においてもその社会において有する地位すなわち品格、名声、信用を有することは、法人又は自然人と異ならない。この品格、名声、信用は名誉に外ならないから、権利能力なき社団も名誉を有する。」

という。

権利能力なき財団については、大阪地判1978（昭和53）年9月25日[注9]が、「原告は……営利を目的としない権利能力なき財団であるが、かかる財団といえども社会的評価の対象として客観的名誉の主体であることは自然人となんら異なるところはないから、財団がその社会的評価を侵害された場合には当然それによって被った無形の損害について、民法七一〇条により、いわゆる慰謝料とは別個の損害賠償請求権を取得するといわなければならない。」

とする。

他に、法人格なき団体につき名誉毀損の成立を認めた裁判例として、前橋地判1997（平成9）年2月18日[注10]がある。

## 第3款　地方公共団体

**1**　地方公共団体の場合はどうか。

地方公共団体は公権力の行使の主体であることから、これに対する自由な批判・論評を認めることが国民主権・民主主義の根幹であるとして、地方公共団体は名誉毀損法理による保護を受け得ないのではないかということが訴訟上しばしば争われる。

この問題に関し、裁判例は一貫して、地方公共団体にも名誉毀損法理は妥当するとしている。

---

（注9）　判タ373号89頁、判時931号89頁。
（注10）　判時1630号106頁。

東京高判2003（平成15）年2月19日[注11]はこの点につき詳しく説示している。

　前記の国民主権・民主主義の観点からの問題提起に対しては、まず、国の場合について触れ、

　「民主主義国家においては、マスコミも含め、国民が国や国政を自由に批判することができることが必要不可欠であり、……国民の表現の自由や知る権利の保障もこれに奉仕するものであるところ、国の名誉権の侵害を理由にその構成員である国民に対して司法の救済手続を採ることは、……公権力の主体である国のその権力作用ともあいまって、これらの国民の権利の行使等に制約を加え、ひいては民主主義の原理を損ねる方向に作用するおそれが多分に存すことにかんがみても、制度上予定されていないものとも考えられる。」

とし、国が名誉毀損法理による保護を受けることは制度上予定されていないという[注12]。判決はその後、地方公共団体の場合につき検討し、

　「地方公共団体の場合、当該地方公共団体とその住民との関係において見る限り、国と国民との関係における場合と基本的に同一の問題状況にあるといい得る。」

としながらも、その住民以外との関係では国とは異なる、として、地方公共団体に対する名誉毀損は成立し得る、とする。即ち、

　「地方公共団体は、一定の地域とその住民とを構成要素とする団体であり、……他の地域やその住民に直接作用するものではない。したがって、地方公共団体に対する批判等が誤っている場合の対応等も、その批判等が公権力の行使に向けられたものであるかどうかによっても、また、その批判の主体が当該地方公共団体の住民であるかどうかによっても、自ずから差異が生ずることは避けられない。団体自治がいわれるゆえんであり、そこには、当然のことながら自他の区別があり、したがって、国家社会という拡がりの視座からしても、他の地方公共団体との対比による当該地方公共団体自体についての社会的評価がなり立ち得るのみなら

---

（注11）　判時1825号75頁。
（注12）　なお、宗宮信次『増補　名誉権論』（有斐閣・1961年）44頁は、国についても名誉毀損が成立するとする。

ず、当該地方公共団体が独立した団体としてその目的を十全に果たして
いく上で、このような社会的評価が少なからざる影響を及ぼすものであ
ることも否定できない。地方公共団体については、したがって、そのよ
うな社会的評価を保護すべき必要性があるのみならず、その合理性も認
められる」

というのである。(注13)

**2**　しかし、地方公共団体も公権力であることに変わりはない以上、そこの
住民か否かという関係にとらわれることなく、これに対する批判の自由の
余地は広く解されるべきである。

　東京地八王子支判2001（平成13）年10月11日(注14)はこのような点をふま
えたものと思われ、地方公共団体の場合には、

「たとえ虚偽の事実が流布されたとしても、それによってその存立その
ものが脅かされる事態は想定しにくく、また、……地方公共団体自体が
発行する公報などで自ら虚偽の事実を否定することによって信用の回復
を図る方法も有している」

とし、個人の場合よりも名誉毀損の成立を限定している。

　なおこの東京地八王子支判の事例は、市が市制施行30周年を記念して設
置を決めたモニュメントにつき、市議が盗作の疑いをビラ等で指摘したと
いう事案であった。第3章（34～35頁）で述べたが、反対意見の主張と人
格非難とはきちんと区別すべきである。市が建てようとしているモニュメ
ントにつき盗作の疑いを指摘したとしても、盗作を指摘された作家本人に
対する関係では名誉毀損が成立するかもしれないが、それを建てようとし
ている市の社会的評価が低下するとはいえないのではなかろうか(注15)。本
件は、名誉権の主体が私人か地方公共団体かということには関係なく、そ
もそも当該ビラの記載内容自体、社会的評価を低下させるものではないと
解釈すべきであったように思う。

　他に、地方公共団体に対する名誉毀損の成立を限定的に解した例として

---

（注13）　地方公共団体に名誉権の享有主体性を認めた裁判例として、他に大分地判2002（平成14）
　　　年11月19日（判タ1139号166頁）がある。

（注14）　公刊物未登載（東京地裁八王子支部平成12年（ワ）第2772号）。

（注15）　もっとも、更に時が進んで「盗作であると指摘したのに市はこれを放置している」という
　　　事実摘示に仮になったならば、市の社会的評価を低下させる余地はあるかもしれない。

第6章　名誉毀損の被害者側に関する諸問題　第1節　法人その他の団体　　55

高知地判2012（平成24）年 7 月31日[注16]がある。これは、町議会議員が町政の批判をしたのに対し、町が原告となって当該町議会議員を被告として名誉毀損で提訴した事案である。

判決は、

「地方自治は住民の意思に基づいて行われるものであるから（住民自治）、原告執行部が、その行政執行について、町民を代表する町議会議員である被告らの監視のもと、相応の批判を受けることは当然である。」

とした上で、名誉毀損性の判断手法につき、

「そうすると、その批判が原告の名誉等を毀損するものか否かについては、本件記事掲載の目的、動機、経緯、影響、表現等を考慮したうえ、それが社会通念上町政批判として許容される範囲を逸脱する場合に限り、名誉等の毀損が認められ、そうでなければ、原告執行部は被告らの批判を甘受し、行政執行に活用するなどの責任を負うべきであるということができる。」

とし、名誉毀損の成立する範囲を限定的に解している。

3　地方公共団体に対する名誉毀損に関する学説としては、森稔樹が、地方公共団体の名誉権共有主体性につき、

「私人・私法人が享有する表現の自由の保障と抵触すること、地方自治が民主主義の原理の下に置かれ、地方公共団体の日常の行政運営などは首長の指揮監督の下に首長が最終的な責任を負い、地方公共団体内において行政運営などが住民の批判と監視の下に置かれるべきであること」

を理由として、

「住民に何らかの具体的な不利益の危険が生じうるような特別の事情が存在しない限りは否定されるべきである」

と極めて限定的に解している[注17]。

また、松井茂記は、前述 **1**（54頁）の東京高判2003（平成15）年 2 月19日を「地方公共団体が名誉毀損で訴えることができる場合を認めている」と

---

（注16）　判タ1385号181頁。
（注17）　森稔樹「地方公共団体の名誉権共有主体性についての試論」早稲田法学81巻 3 号328頁（2006年）。

56　第 2 編　名誉毀損の成立要件に関する諸問題

紹介した上で、「妥当ではあるまい。」と否定的に論評している<sup>(注18)</sup>。

　吉野夏己は、「地方公共団体にも名誉毀損訴訟を認める日本の実務・裁判例」につき、

　「半世紀以上の遅れがある」

と、更に強い言葉で批判をしている<sup>(注19)</sup>。

**4**　なお、外国国家に対する名誉毀損を認めた事例として、東京地判2008（平成20）年2月22日<sup>(注20)</sup>がある。


# 第2節　　死者に対する名誉毀損


## 第1款　はじめに

　死者に関する名誉毀損がなされた場合、誰がどのようにその名誉毀損の責任を追及できるか<sup>(注21)</sup>。通常は死者の遺族が責任追及をするので、多くは「遺族はどのような権利を有するか」という検討の仕方がなされている。


## 第2款　遺族自身の名誉毀損

　まず、死者の社会的評価を低下させる事実摘示がなされている場合でも、それが遺族自身の社会的評価をも低下させるものと解釈できる場合には、端的に当該遺族自身の名誉毀損と構成することができる。したがってこの場合

---

(注18)　松井茂記『日本国憲法〔第3版〕』（有斐閣・2007年）462頁。

(注19)　吉野夏己「『現実の悪意』の法理の再構成」法学セミナー780号38頁（2020年）。

(注20)　判時2001号53頁。

(注21)　刑事法では、死者の名誉については、虚偽の事実による名誉毀損の場合にのみ罰するものとされている（刑法230条2項）。

　　虚偽の事実を摘示した場合に限る理由については、歴史的評価を定めることを可能にするため、と説明されている（平川宗信『刑法各論』（有斐閣・1995年）228頁）。つまり、歴史的評論のためには可能な限り真実の摘示を許すべきであるが、現実には名誉権との調整を免れないため、せめて死者に限ってはたとえ社会的評価を低下させる事柄であろうと真実の摘示を許し、もって歴史的評論をできるだけ容易にしよう、という発想である。

には、特段、「死者に対する名誉毀損」の理論構成を考える必要はなかろう。

　この種の事例として、新聞報道に関する静岡地判1981（昭和56）年7月17日[注22]がある。これは、ある女性（Ａ）が隣人の男性に果物ナイフで刺されて死亡したという事件につき、「三角関係のもつれ」等と報じた新聞に対し、その女性の母親（Ｂ）が、自身の名誉を毀損するとして損害賠償等を請求したケースである。判決は、当該記事がＡにつき、不倫な肉体関係を有していたかのような印象を与えると認定した上で、母である原告Ｂに関し、

　　「亡Ａの母として、本件記事によりその地域社会においてＢ自身の社会的
　　評価を低下せしめられ、名誉を毀損されたものとすることができる。」
とした。他方、この事件では、Ａの姉2名も母Ｂと共に原告となったが、2人の姉に関しては、

　　「いまだ同原告らに対する社会的評価が特記するほどには低下したと認め
　　ることができない。」
として、名誉毀損の成立は否定されている。

## 第3款　故人に対する敬愛追慕の情

　死者の名誉毀損が遺族の名誉毀損とまではいえず、あくまでも死者の名誉毀損に止まる場合、遺族自身の名誉毀損とは構成できない。このような場合に、「故人に対する敬愛追慕の情」を被侵害利益として遺族に対する不法行為の成立を認める見解がある[注23]。[注24]

---

（注22）　判タ447号104頁、判時1011号36頁。
（注23）　平井宜雄『債権各論Ⅱ　不法行為』（弘文堂・1992年）164頁、幾代通『不法行為法』（有
　　斐閣・1993年）92頁、潮見佳男『不法行為法』（信山社出版・2004年）76頁。
（注24）　たとえば第2款の静岡地判1981（昭和56）年7月17日の例の場合、Ａの姉2名は、確かに
　　姉ら自身の社会的評価が低下されたとまではいい難いであろうが、敬愛追慕の情が侵害された
　　とはいえるであろう。
　　　もっとも静岡地判は、
　　　「本件記事により亡Ａの名誉が毀損せしめられたため同人の実姉である同原告らの亡Ａに対
　　　する愛情が侵害され、これによつて精神的苦痛を味わつたことが認められるけれども、亡Ａ
　　　及び……母である原告Ｂに対し名誉毀損による損害賠償請求権を肯認しこれにより亡Ａの名
　　　誉回復も図られる結果となることを考慮すれば、右精神的苦痛の程度は社会的に妥当な受忍
　　　限度を超えるものとは認められ〔ない〕」
　　とし、姉らにはかかる観点からの不法行為の成立も認めなかった。

58　　第2編　名誉毀損の成立要件に関する諸問題

この構成は、数多くの裁判例が採用している。たとえば、「落日燃ゆ」事件（注25）に対する東京地判1977（昭和52）年7月19日（注26）は、

「現行法制の下においては、憲法21条、刑法230条2項、民法709条以下不法行為に関する法条、その他関連の諸法規諸法条に鑑み、死者の名誉を毀損する行為は、虚偽虚妄を以てその名誉毀損がなされた場合にかぎり違法行為となると解すべきであり、そして、故意又は過失に因り、虚偽、虚妄を以て死者の名誉を毀損し、これにより死者の親族又はその子孫（これと同一視すべき者をふくむ。以下同じ。以下単に遺族という）の死者に対する敬愛追慕の情等の人格的法益を、社会的に妥当な受忍の限度を越えて侵害した者は、右被害の遺族に対し、これに因って生じた損害を賠償する責に任ずべく、また裁判所は、右被害を受けた遺族の請求に因り損害賠償に代え又は損害賠償と共に死者の名誉を回復するに適当な処分を命ずることができるものというべきである。」

とした。

また、同事件の控訴審の東京高判1979（昭和54）年3月14日（注27）も、

「故人に対する遺族の敬愛追慕の情も一種の人格的法益としてこれを保護すべきものであるから、これを違法に侵害する行為は不法行為を構成するものといえよう。」

とする（注28）。

## 第4款　死者自身の名誉権侵害を認める見解

前2款の構成には不都合な部分があるとして、五十嵐清は端的に死者自身

---

(注25)　作家城山三郎の執筆した小説『落日燃ゆ』に、故人である元外交官に関し、部下と姦通したとの記載があったため、故人の甥が損害賠償等を請求した事件。

(注26)　判時857号65頁。

(注27)　判タ387号63頁、判時918号21頁。

(注28)　他に、敬愛追慕の情を被侵害利益とする構成を認めたものとして、大阪地堺支判1983（昭和58）年3月23日（実録小説「密告」事件。判タ492号180頁、判時1071号33頁）、東京地判1983（昭和58）年5月26日（判タ503号82頁、判時1094号78頁）。

なお、実録小説「密告」事件は、小説中で実在の人物を「特高スパイ」であると記したことにつき、その次男が名誉毀損等を主張した事案であるが、判決は、故人に対する敬愛追慕の情の侵害と遺族自身の名誉毀損の両方の成立を認めている。

の名誉権侵害を認める(注29)。(注30)(注31)

　五十嵐は、遺族固有の名誉毀損という構成を取ると、「落日燃ゆ」事件のように遺族の名が作品中に一度も出てこない場合に遺族の保護に欠けるとし、また、故人に対する敬愛追慕の情の侵害という構成によると、遺族のいないときに死者の人格権侵害を放置することになるという。

　しかし第1に、遺族固有の名誉毀損の成否は、作品中に遺族の名が出てくるか否かというような単純な形式的な問題ではなかろう。たとえば第2款(58頁)で紹介した静岡地判1981(昭和56)年7月17日のケースは、記事中に母親の存在が出ようが出まいが、娘に関し不倫等と摘示されれば母親の社会的評価が低下するといえるのではなかろうか。

　第2に、故人に対する敬愛追慕の情という構成であると遺族のいないときに死者の人格権侵害を放置することになるという見解に対しては、本人が死亡しかつ遺族もいない場合にあえて「死者の人格権」概念を措定してそれを保障する必要性がどこにあるのかという根本的な疑問がある。またこの見解は、遺族がいない場合に遺族以外の者に「死者の人格権」を主張させるべきだとの価値判断に立っているはずであるが、五十嵐自身、死者の人格権を侵害した場合の請求権者については一定の限定をすべきであるとし、その範囲も近親者に限っているのであり(注32)、結局、「死者の人格権」という構成をすることにどれだけのメリットがあるのかがはっきりしない。

　また五十嵐は、故人の甥が提訴した「落日燃ゆ」事件(59頁)につき、甥が故人を父の如く敬愛してやまないと主張している点を捉え、この事件では

---

(注29)　五十嵐清「死者の人格権――『事故のてんまつ』『落日燃ゆ』両事件を機縁として」ジュリスト653号58頁(1977年)。

(注30)　他に死者の名誉権を認める見解として、大島和夫「死者の名誉(1)」神戸外大論叢40巻1号87頁(1989年)、安次富哲雄「死者の人格権」石田喜久夫・西原道雄・高木多喜男先生還暦記念論文集『損害賠償法の課題と展望』(日本評論社・1990年)198頁。

(注31)　なお、刑法上の死者の名誉毀損の保護法益については、これを死者自身の名誉と解するのが通説である(大谷實『刑法講義各論〔新版第5版〕』(成文堂・2019年)185頁)。
　　　刑法上の保護法益は、故人を人格主体や権利主体と捉えるものではなく、秩序維持のために何を保護法益とすべきかという観点から定められるものであるので、民事法上の被侵害利益に関する議論と様相が異なるのは当然であろう。

(注32)　五十嵐は、死者の名誉毀損罪の告訴権者に関する刑訴法233条を参考に「死者の親族又は子孫」とするのではあまりにも広すぎるとし、著作権法(116条1項)の規定する「遺族」の範囲と順位(配偶者、子、父母、孫、祖父母、兄弟姉妹の順)はモデルになり得るという(五十嵐・前掲(注29)59頁)。

甥も請求権者に加えてよいといい（注33）、事案における実質的判断により請求権者を拡大している。かように事案ごとに実質的判断を容れるならば、「故人に対する敬愛追慕の情」という構成をし、敬愛追慕の情の侵害の有無を事実認定の問題として決する方が明快であり、かつ、事案に即した結果を得られるのではなかろうか。

## 第5款　私見

　私は、論理的に明快であること、及び、死者の人格権を認めるメリットが第4款で検討した通りよく分からないことから、多くの裁判例が採用している遺族自身の名誉毀損ないし故人に対する敬愛追慕の情という構成にシンパシーを感じる。

　なお、敬愛追慕の情という構成に対しては、「それが法的保護に値する利益といえるだけの必要性と法理論的根拠を持つかを吟味すべき」であるとし、かかる構成を否定して「遺族固有の人格権侵害として構成すれば必要かつ十分」だとする見解がある（注34）。確かに名誉毀損事案の場合には、遺族固有の名誉毀損という構成で多くのケースがカバーできると思われる。しかし、故人のプライバシー侵害がなされた場合、遺族の名誉が毀損されるわけではないし、また、遺族のプライバシー権が侵害されるとも限らないであろう。論者は、それらとは更に別の人格権が侵害されたと構成するのであろうか。私は、かかる場合には敬愛追慕の情の侵害という構成が最も端的に被害実態を表わしているのではないかと思う。たとえば大阪地判1989（平成元）年12月27日（注35）は、写真雑誌「フォーカス」が、エイズに罹患して死亡した女性に関し、女性の遺影の写真とともに同人の私事を掲載したため、女性の父母が出版社を訴えた件についての裁判例であるが、同判決は、父母の名誉毀損やプライバシー侵害の成立を否定しつつ、敬愛追慕の情の侵害を認めた。この件はまさに、敬愛追慕の情の侵害という構成によって初めて救済し得るのではないかと思われる。仮にこれを、父母自身の名誉毀損やプライバシー侵害

---

（注33）　五十嵐・前掲（注29）59頁。
（注34）　竹田稔『プライバシー侵害と民事責任〔増補改訂版〕』（判例時報社・1998年）192頁。
（注35）　判時1341号53頁。

と構成しようとすると、名誉毀損概念やプライバシー侵害概念を相当に変容しなければならないのではなかろうか。


## 第6款　いくつかの問題点

### 第1　敬愛追慕の情の侵害の判断手法

**1**　敬愛追慕の情の侵害の有無の判断手法につき、「落日燃ゆ」事件の一審判決<sup>(注36)</sup>も二審判決<sup>(注37)</sup>も、受忍限度論を採用している。

　その後の裁判例では、東京地判2011（平成23）年6月15日<sup>(注38)</sup>がやはり受忍限度論を採用している。同判決は、

　　「死者の名誉を毀損し、これにより遺族の死者に対する敬愛追慕の情を、その受忍限度を超えて侵害したときは、当該遺族に対する不法行為を構成するものと解するのが相当であ〔る〕」

としている。

**2**　受忍限度論の場合、受忍限度を超えているか否かの判断にあたって、いかなる要素がいかなる順序でいかほど考慮されるかが必ずしも明らかでなく、不法行為の成否についての予測可能性が高いとはいえない。

　私は、死者の社会的評価を低下させる言説であれば遺族の敬愛追慕の情を侵害すると判断されてよいと思っている。遺族からすれば、故人を悪く言われれば心が傷つくのは当然なのであって“受忍限度”という一線を引かれること自体を心外に思うであろう。

　そのように敬愛追慕の情の侵害があったとしても、表現の自由の保障の見地から、当該名誉毀損言論が真実性・真実相当性の法理<sup>(注39)</sup>の要件を充たせば被告は免責されると解すべきである。

　かような判断手法を採れば、敬愛追慕の情の侵害の有無も名誉毀損の有無に関する解釈論との一貫性が得られ、不法行為の成否についての予測可能性が高くなると思われる<sup>(注40)</sup>。

---

（注36）　東京地判1977（昭和52）年7月19日（判時857号65頁）。
（注37）　東京高判1979（昭和54）年3月14日（判タ387号63頁、判時918号21頁）。
（注38）　判時2123号47頁。
（注39）　真実性・真実相当性の法理については第6編（531頁以下）で詳しく述べる。
（注40）　松山地判2010（平成22）年4月14日（判タ1334号83頁、判時2080号63頁）は、故人の名誉

**3** 死者の社会的評価の低下の有無を敬愛追慕の情の侵害の有無と直結させる私見は、受忍限度論の枠組みを採用する考え方と比べて、きめ細かい "程度の問題" の判断ができないのではないかと思う向きがあるかもしれない。

しかし、一般の名誉毀損の場合であっても、社会的評価の低下の程度が僅少である場合等に不法行為の成立を認めないという判断の余地は認められているのであり（第9章第2節・122頁以下参照）、私見によっても、死者の社会的評価の低下の程度や敬愛追慕の害の程度という領域においてきめ細かな判断は可能であると考える。

したがって、私見のように解しても、原告と被告の双方から "程度の問題" に関する主張の応酬 (注41) がなされ、結局、受忍限度内か否かについての原告と被告との応酬と、具体的な内容においてさほど変わらない事態になるのではないかと思われる。

ただ、"死者の社会的評価を低下させるものは原則として敬愛追慕の情を侵害する" と位置づけることは遺族の心情と合致するであろうし、また、死者の社会的評価の低下の有無を敬愛追慕の情の侵害の有無に直結させることは、思考の整理の方法としても合理的なのではないかと思うのである。

## 第2　不法行為の成否の判断

敬愛追慕の情の侵害の判断手法について受忍限度論を採用した場合、受忍限度を超えている場合に不法行為が成立することになるので、受忍限度を超えているか否かが不法行為の成否の判断の分かれ目となる。

他方、私見のように、敬愛追慕の情の侵害の有無につき死者の社会的評価の低下の有無をもって判断する場合、あとは免責事由の有無の問題となり、摘示事実についての真実性・真実相当性の法理や、死者に対する論評についての公正な論評の法理 (注42) の成否を検討すべきことになる。

---

が毀損されたことをもって遺族の敬愛追慕の情の侵害を認めている。
(注41)　たとえば、死後数十年経過しているという事情などがここで問題となり得るであろう。
(注42)　真実性・真実相当性の法理と公正な論評の法理については第6編（531頁以下）及び第7編第2章（647頁以下）で詳しく述べる。

## 第3　摘示事実は虚偽の事実であることを要するか

　死者の名誉毀損の場合、刑法が虚偽の事実による名誉毀損の場合にのみ罰するものとしている（刑法230条2項）ことと相俟って、摘示事実は虚偽の事実であることを要するかが問題となる。

**1**　この点、「落日燃ゆ」事件の一審判決[注43]は、不法行為の成否につき受忍限度論を採用しつつ、虚偽の事実であることが必要であるとしている。つまり、通常一般の名誉毀損の場合よりも不法行為の成立要件が加重されている。

　　59頁（第3款）でも引用したが、一審判決は、
　　「死者の名誉を毀損する行為は、虚偽虚妄を以てその名誉毀損がなされた場合にかぎり違法行為となると解すべきであり、そして、故意又は過失に因り、虚偽、虚妄を以て死者の名誉を毀損し、これにより……遺族……の死者に対する敬愛追慕の情等の人格的法益を、社会的に妥当な受忍の限度を越えて侵害した者は、右被害の遺族に対し、これに因って生じた損害を賠償する責に任ず〔る〕」

とし、受忍限度論を採用した上で、更に摘示事実の虚偽性を不法行為成立のための必須の要素としている。

　　他方、二審判決[注44]は、当該事案で問題となっている作品が死後44年も経ってから発表されたものであることを指摘した上で、
　　「かような年月の経過のある場合、……行為の違法性を肯定するためには、……少なくとも摘示された事実が虚偽であることを要するものと解すべく、かつその事実が重大で、その時間的経過にかかわらず、控訴人の故人に対する敬愛追慕の情を受認し難い程度に害したといいうる場合に不法行為の成立を肯定すべきものとするのが相当である」

としている。つまり、受忍限度論を採用した上で更に摘示事実の虚偽性を不法行為の要件とする枠組みは一審判決と変わりがないが、そのような枠組みを採用する前提として、死後44年もの年月が経過している場合であることを挙げている。即ち、二審判決は、虚偽性を要するという判断をしつつ、そういった自身の判断につき、死後44年経過しているケースについて

---

（注43）　東京地判1977（昭和52）年7月19日（判時857号65頁）。
（注44）　東京高判1979（昭和54）年3月14日（判タ387号63頁、判時918号21頁）。

*64*　　第2編　名誉毀損の成立要件に関する諸問題

の判断であるという限定を付しているのである。

**2**　他方、受忍限度論のアプローチを採用しつつ摘示事実に虚偽性を要しないとする裁判例もある。62頁（第1の**1**）で紹介した東京地判2011（平成23）年6月15日<sup>(注45)</sup>がそれである。同判決は、前に引用した通り受忍限度論を採用する旨述べた上で、その受忍限度内であるか否かについては、

> 「当該行為の行われた時期（死亡後の期間）、死者と遺族との関係等のほか、当該行為の目的、態様や、摘示事実の性質、これが真実（又は虚偽）であるか否か、当該行為をした者が真実であると信ずるについて相当な理由があったか否か、当該行為による名誉毀損の程度等の諸事情を総合考慮して判断すべきである。したがって、死者の名誉を毀損する行為が不法行為となるのは、必ずしも虚偽の事実を摘示して死者の名誉を毀損した場合に限られるものではないというべきである。」

とする。つまり、摘示事実の真偽を、受忍限度内か否かに関する判断事由の1つを構成するに止まるものとし、事実の虚偽性を要件とまではしないものとしているのである。

**3**　学説では、安次富哲雄が、摘示事実は虚偽であることを要するという<sup>(注46)</sup>。<sup>(注47)</sup>

**4**　摘示事実に虚偽性を要するとすると、遺族の敬愛追慕の情は、真実の事

---

(注45)　判時2123号47頁。
(注46)　安次富・前掲（注30）184頁。
(注47)　敬愛追慕の情の侵害の場合に摘示事実に虚偽性を要求して不法行為の成立範囲を限定する見解は、真実性・真実相当性の法理による免責の余地も認めるであろう。なぜなら、摘示事実が虚偽だったとしても真実相当性がある限り免責にすることにしないと、歴史的評論の自由の保障が十分とはいえないからである。換言すれば、生存者に関する言説は虚偽であっても上記法理によって免責される余地がある以上、死者に関する言説の場合にも上記法理による免責の余地を認めないとバランスを失することになる（つまり、生存者に関する言説の場合よりも死者に関する言説の方が免責されにくいのはおかしい）からである。
　かように摘示事実が虚偽の場合でも真実相当性による免責の余地を認めることにすると、生存者に対する名誉毀損の場合と死者に対する名誉毀損の場合とで、不法行為の成立範囲に有意な差がなくなることになろう（もとより、摘示事実の虚偽性を要求すると、真実でさえあれば公共性がなくとも不法行為が成立しないことになるので、その点において生存者に対する名誉毀損の場合よりも不法行為の成立範囲が限定されることになるが、公共性を欠くとされる事例は限定的であると思われ、よって、両者の間にさほど違いは生じないだろうと思う）。
　敬愛追慕の情の侵害の場合に「摘示事実の虚偽性」を要求して不法行為の成立範囲を限定しようというのであれば、"当該「虚偽」性につき故意や現実の悪意がある場合でないと不法行為は成立しない"とでもいうような枠組みを設定しない限り、あまり意味はないことになる。

柄の摘示の場合には保護されないということになる。しかし、真実であっても故人のことはそっとしておいてほしいという感情は保護されてよいのではないか。たとえば、死者に前科がある場合を想定されたい。死者の前科は、真実である限りいくら公表されても不法行為にならないという帰結が妥当であるとは私には到底思われないのである。

したがって、真実の摘示の場合であっても不法行為は成立するとすべきだと私は思う。しかし、表現の自由の保障の見地から真実性・真実相当性の法理による免責の余地は認められねばならず、よって、公共性と公益目的がある場合には一般の名誉毀損の場合と同様に真実の公開も許されるという帰結が妥当であろう。つまり、第2（63頁）で述べた通り、死者の社会的評価を低下させる事実の摘示をもって敬愛追慕の情の侵害はあるものとし、あとは真実性・真実相当性の法理の成否の問題だと考えればよいと思うのである。犯罪報道や歴史的評論の場合にはかかる公共性・公益目的が肯定されるのがほとんどであろうから、これで不都合はないであろう。(注48)

**5** 遺族自身の名誉毀損の場合、真実性・真実相当性の法理はもちろん適用される。

遺族自身の名誉毀損のケースで、故人が公人で遺族は非公人である場合、または反対に故人が非公人で遺族が公人である場合に、それぞれ免責要件をどのように判断したらよいかは一応問題となり得るが、免責要件はあくまでも公共の利害に関する「事実」か否か、及びその「事実」を摘示する公益目的の有無で判断されるので、どちらが公人であろうと非公人であろうと、結局、摘示事実ごとに判断するしかないであろう。

たとえば、ある政治家の子が不道徳な行為を繰り返した挙げ句に死亡した場合、その子の行為を取り上げた記事が、当該政治家の資質の1つとし

---

（注48）　なお、かように敬愛追慕の情の侵害のケースにおいて真実性・真実相当性の法理が適用される場合、真実相当性の判断にあたっては、時の経過による証拠（資料）の収集の困難性という事情がきちんと勘案される必要があろう。死者に関わる事項を扱う場合、必然的に過去のことを扱うことになるため、収集可能な資料に限界がある場合が多いことが予想される。そのように資料に限界がある中でどれだけの調査・取材をしたのかが、真実相当性の判断にあたって重要になってくる、ということである。

そうすると、結果的に誤った摘示をした場合であっても、生存者に対する名誉毀損のケースと比較して、死者に対する名誉毀損のケースのほうが、資料が限られているという事情がきちんと勘案されることにより、真実相当性が認められやすいことになるのではないかと思われる。

ての教育能力を問題としているものであれば、公共性・公益性が認められるであろう。

　反対に、不道徳な行為を繰り返した挙げ句に死亡したのが政治家の親であった場合、その親の行為をただ単純に不行状として取り上げるようなものであれば、たとえ政治家であっても、親の不行状までとやかく言われる筋合いはないといえるので、公共性・公益性は認め難いであろう。しかし、その不行状に対して子である政治家がいろいろと手を尽くしたが奏功しなかった、という事実摘示であった場合には、公共性・公益性が認められる可能性は高いのではなかろうか。ただしこのケースの場合には、そもそも親の不行状が、成人して既に独立して政治家になっている子の社会的評価を低下させるものかどうかがまず問題となろう。

　更に、不道徳な行為を繰り返して死亡したのが政治家自身である場合、当該政治家を取り上げる限りにおいては、たとえその摘示によってその政治家の子やその政治家の親の社会的評価が低下することがあっても、公共性・公益性は肯定されるであろう。

## 第4　法人その他の団体に敬愛追慕の情の侵害が成立し得るか

**1**　安次富は、団体は敬愛追慕の情を侵害され得るか、ということを問題とし、

　「この法益が主観的、感情的なものだとすれば、法人には否定されるべきだろう」

という[注49]。

　敬愛追慕の情は主観的な感情を保護するものであるところ、団体には主観的な感情はない。また、団体を構成する個人の主観を観念する余地があるとしても、当該団体の心の傷を誰について判断すべきかは一概に決められるものではない。

　よって、安次富の指摘の通り、法人その他の団体については、故人に対する敬愛追慕の情の侵害は問題となる余地がないというべきであろう。

**2**　他方、故人に対する名誉毀損によって団体の社会的評価が下がるという

---

（注49）　安次富・前掲（注30）189頁。

事情が認められるならば、当該団体自体の名誉毀損が認められるとはいえよう。

　もっとも、故人が名誉毀損されることによって団体の社会的評価が下がるという場合は現実にはさほど多くないのではないか。安次富は「たとえば、設立者の社会的評価を低下させる言説により設立者の名を冠した法人の社会的評価が低下する場合」を例として挙げているが(注50)、確かにこういった限定的な場合にしか名誉毀損は成立しないであろう。ただし、団体の名誉毀損の成立する場合が、「設立者の名を冠した」団体に限定されるとまで考える必要はない。たとえ団体名に設立者の名前が付いていなくても、特定の者（故人）がずっとリーダーシップを取って運営されてきた団体であることが周知の事実であるような場合には、その当該リーダーに対する名誉毀損が当該団体の社会的評価を低下させることはあろう。

### 第5　その他

　その他、効果論の問題として、敬愛追慕の情の侵害を理由に回復処分（民法723条）が認められるかについては第5編第1章第4節第3款（463頁）で検討する。また、敬愛追慕の情の侵害を理由に差止めが認められるかについては第5編第3章第9節第5款（507頁）で検討する。

# 第3節　　対象の特定可能性

**1**　名誉毀損は特定人に対してなされる必要があり、「関西人はえげつない」とか「東京人はもやしっ子」等のように、単に漠然と集団を対象として名誉毀損的言辞をなしても、これでは対象が特定されていないといわざるを得ず、名誉毀損は成立しない(注51)。

　（1）　裁判例としては、「朝鮮征伐」という語句が使用された週刊誌の記事

---

（注50）　安次富・前掲（注30）189頁。
（注51）　宗宮・前掲（注12）282頁、五十嵐清＝田宮裕『名誉とプライバシー』（有斐閣・1968年）56頁。

68　　第2編　名誉毀損の成立要件に関する諸問題

に対し、朝鮮籍を有する原告が、朝鮮籍を有する者の一人として雑誌社に対し謝罪広告を求めた事案に関する京都地判1975（昭和50）年7月11日[注52]がある。もっともこの事案は原告が「侮辱」を請求原因として謝罪広告を求めたため、判決は、これを名誉感情侵害に基づく請求であると解釈した上、

　「民法723条……にいう名誉とは……名誉感情を含まない」

との理由で請求を棄却している。ただしその前段で、

　「原告が本訴において、朝鮮あるいは総体としての朝鮮人の名誉毀損を問題とし、その名誉回復のため謝罪広告等の処分を求めているものとすれば、原告はなぜそういうことを請求しうる地位にあるのかという当事者適格を問題とせねばならない。」

との指摘をしている。これが当事者適格の問題であるかどうかはともかく、その言わんとする趣旨は得心できる説示である。

（2）また東京地判1997（平成9）年6月23日[注53]は、消費者金融に関する週刊誌の記事に対し、大手消費者金融業者が自社の名誉を毀損するものとして提訴した事案につき、「消費者金融業界の実状を紹介する記事」であるとして、当該業者の社会的評価を低下させるものではないとした。

（3）東京地判2005（平成17）年2月24日[注54]は、東京都の石原慎太郎知事（当時）が、「"文明がもたらしたもっとも悪しき有害なものはババァ"なんだそうだ」等と言い、生殖能力を失った女性が生き続けることは無駄で地球にとり弊害である旨を述べた事案である。多数の女性が原告となって石原都知事を訴えたが、判決はこの発言につき、

　「『生殖能力を失った女性』ないし『女性』という一般的、抽象的な存在についての被告の個人的な見解ないし意見の表明であって、特に原告ら個々人を対象として言及したものとは認められない」

として原告らの請求を棄却した。ただし、この発言の内容については、

　「個人の尊重、法の下の平等について規定する憲法、男女共同参画社会基本法その他の法令や国際人権B規約、女子差別撤廃条約その他の

---

（注52）　判タ332号304頁、判時802号105頁。
（注53）　判タ961号226頁。
（注54）　判タ1186号175頁。

国際社会における取組の基本理念と相容れないことはいうまでもない。」

と指摘している。

（4）石原都知事（当時）については別の発言も名誉毀損訴訟となっている。東京地判2007（平成19）年12月14日（注55）がそれである。事案は、石原都知事が「フランス語を昔やりましたが、数勘定できない言葉ですからね。これはやっぱり国際語として失格していくのは、むべなるかなという気がするのですが……」と発言したのに対し、フランス語を母語としていたりフランス語学校を経営していたりするなどフランス語と関係している人々数十名が原告となり、「フランス語を日常生活の基盤としている原告らの社会的評価」を低下させたとして謝罪広告等を求めたものである。判決は、

「〔当該発言は〕フランス語に関するものであって、特定の個人に対するものではない……。したがって、このような発言がされたからといって、原告らを含む特定人の社会的評価を低下させることにはならない。」

として原告らの請求を棄却した。

**2**　もっとも、特定の対象を明示せず漠然と集団を対象としているように見えても、その記事の記載を一般読者の普通の注意と読み方（この判例法理については第11章「名誉毀損の判断基準」・128頁で述べる）に照らして解釈したときに特定の対象を摘示していると認められれば、当該特定人の名誉毀損の問題を生じる。

　例として、所沢産のほうれん草等の葉物野菜はダイオキシンの含有濃度が高いと報じたテレビの報道番組に関するさいたま地判2001（平成13）年5月15日（注56）が挙げられる。この事案は、この放送につき所沢市で農業を営む者約380名が原告となって放送局を名誉毀損で訴えたものであるが、判決は、「所沢市内において野菜を生産する農家」という程度で、原告らを特定するに十分であるとした。

---

（注55）　判タ1318号188頁。
（注56）　判タ1063号277頁。

この問題の類似事案として、対象を実名でなく「A氏」「某氏」というように匿名で報じた場合に名誉毀損は成立するかという問題があるが、これは後に詳しく述べる（第3編第2章第1節「匿名報道の場合の名誉毀損の成否」・292頁）。

**3**　宗宮信次は、「択一的誹謗」という用語をもって、"AかBのどちらかが窃盗した"という事実摘示の場合の名誉毀損性について論じている[注57]。宗宮は、この場合、窃盗をしたのではないかとの疑いを両名とも受けるので、両名について名誉毀損が成立するとする。

　これも結局のところ、当該言説を一般読者の普通の注意と読み方に照らして解釈し、誰についての言及かが決せられる問題である。上記の例の場合、当該言説に触れた一般読者は、AにもBにも窃盗の疑いの目を向けるであろうから、AとBの両方に名誉毀損が成立するとの解釈は正当だということになる。


# 第4節　ヘイトスピーチ

**1**　昨今、「ヘイトスピーチ」という言葉が一般概念として広まっている。これはいわば、人種・民族・国籍などで人を一括りにして罵倒するものであり[注58]、まことに見るに堪えず聞くにも堪えない、"おぞましい"という言葉がまさに妥当するものである。

　このヘイトスピーチをいかに法律上規制すべきであるかは大きな問題と

---

（注57）　宗宮・前掲（注12）282頁。
（注58）　師岡康子『ヘイト・スピーチとは何か』（岩波書店・2013年）48頁によれば、ヘイトスピーチとは、「広義では、人種、民族、国籍、性などの属性を有するマイノリティの集団もしくは個人に対し、その属性を理由とする差別的表現であり、その中核にある本質的な部分は、マイノリティに対する『差別、敵意又は暴力の煽動』（自由権規約20条）、『差別のあらゆる煽動』（人種差別撤廃条約4条本文）であり、表現による暴力、攻撃、迫害である。」とされる。
　また、桧垣伸次『ヘイト・スピーチ規制の憲法学的考察──表現の自由のジレンマ』（法律文化社・2017年）1頁は、「人種、民族、宗教、性別等の集団に対して、憎悪等を表明する表現」であると定義する。

なっており<sup>(注59)</sup>、その規制の難しさがいわれている<sup>(注60)</sup>。ヘイトスピーチの規制は表現内容の規制にならざるを得ず、表現内容規制立法は表現の自由の保障を危殆化させることが懸念されるからである。

　ここでは、ヘイトスピーチについて、名誉毀損法理によって対処できないかを検討してみる。

**2**　ヘイトスピーチの場合、特定人に向けられたものでないため、名誉毀損による民事不法行為だとすることによる規制が難しいということがしばしば言われる<sup>(注61)</sup>。

　しかし、安田浩一の著作<sup>(注62)</sup>の次の一文を読むとどうだろうか。場面は、安田が在日コリアンの女性ライター李信恵氏と、大阪における在日コリアンに対するヘイトスピーチのデモを取材しているところである。以下は、「朝鮮人死ね」等のシュプレヒコールがなされたデモがようやく終わった後のくだりである。少し長いが引用する。

　　「1時間ばかりのデモ行進だった。ゴールである鶴橋駅にたどり着いて、私は相変わらずうつむいたままの李信恵に声をかけた。

　　『これで終わったよ』

　　李信恵は無言のままだ。

　　『まあ、よかったね、名指しで攻撃されること、なかったもんね』

　　今にして思えば、私はなぜ、そんなことを口にしたのかわからない。ただ、彼女を直接に中傷する言葉が、デモ隊から飛び出さなかったことに安堵したのは事実だった。うつむいたままの彼女を少しでも元気づけたい、という気持ちもあった。

　　だからもう一度、私は言った。

　　『個人攻撃されなくて、本当によかったよ』

---

(注59)　いわゆる「ヘイトスピーチ対策法」として、2016（平成28）年5月に「本邦外出身者に対する不当な差別的言動の解消に向けた取組の推進に関する法律」が成立し、同年6月から施行されているが、この法律は、国や地方公共団体が整備すべき体制や取り組むべき活動を定めるものであって、ヘイトスピーチに対する具体的な規制法ではない。

(注60)　奈須祐治『ヘイト・スピーチ法の比較研究』（信山社・2019年）374頁以下は、ヘイトスピーチ規制の可否についての日本における議論が実に丁寧に取り上げられ検討されており、非常に参考になる。

(注61)　師岡・前掲（注58）173頁。

(注62)　安田浩一『ヘイトスピーチ──「愛国者」たちの憎悪と暴力』（文藝春秋・2015年）17頁。

その瞬間、彼女が顔を上げた。表情が強張っていた。かっと見開いた瞳の奥に、怒りと悲しみの色が見てとれた。

『なんで……』

　かすれた声が返ってきた。

『なんで……よかったの？　なにが……よかったの？』

　李信恵は私を睨みつけながら、なにか必死に言葉を探しているようだった。

　私はどう反応してよいかわからず、ただ黙って彼女の表情を見ているしかなかった。

　彼女の眼に涙があふれている。唇が小刻みに震えている。

　堪えきれなくなったのだろう。彼女は泣きじゃくった。涙声のまま、彼女は私に激しく詰め寄った。

『私、ずっと攻撃されてたやん。「死ね」って言われてた。「殺してやる」って言われてた。「朝鮮人は追い出せ」って言われてた。あれ、全部、私のことやんか。私、ずっと攻撃されてた！　いいことなんて、少しもなかった！』

　私をなじり、地団駄を踏み、泣き崩れた。

　言葉がなかった。いや、返すべき言葉など私は持っていなかった。ただ呆然と彼女を見つめることしかできなかった。

　彼女の言うとおりだった。」

**3**　衝撃を受けた。その通りだ。ヘイトスピーチに遭遇している在日コリアンにとり、そこで繰り出されている悪口雑言は、全てその場にいる彼ら彼女らに突き刺さっているものなのだ。

　だから自明である。ヘイトスピーチは、その現場にいる対象者（在日コリアンなど）に対する社会通念上許される限度を超えた名誉感情侵害なのだ<sup>(注63)</sup>。

　たとえばヘイトスピーチのデモがコリアンタウンで繰り広げられていたとすれば、それは、デモ隊が、その時コリアンタウンにいたコリアンに対して名誉感情侵害をしたものにほかならないのである<sup>(注64)</sup>。

---

(注63)　名誉感情侵害については第14章（162頁）を参照。
(注64)　ここでは、ヘイトスピーチデモにおける発言が、「死ね」等の罵詈讒謗の類であることを

もとより、このような名誉侵害行為を実際に訴訟で法的に責任追及することは、事実上の困難を伴う。その時のデモ隊の人物を特定し、その人物（被告）がそのデモに参加していたこと及び自分（原告）がその場でこのデモの悪口雑言にさらされていたことを立証するのは、かなり手間のかかることである。また、加害者相手に訴えることは、今後ヘイトスピーチの標的になるのではないかという恐怖とも戦わねばならず、その心理的負担は大変なものであろう。

　しかし原理的には、ヘイトスピーチは、たとえ具体的な名指しがなくとも、その場で標的にされた人種・民族・国籍の人々に対する不法行為であることは間違いないのである。

　なお私は別稿<sup>(注65)</sup>で、特定の被害者に向けられたものではないヘイトスピーチの場合であっても個々の特定人が加害者に対して民事責任を追及できるかの問題につき、かような名誉感情侵害構成ではなく、不法行為法上の被侵害利益として「ヘイトスピーチを受けない利益」を措定して検討しているので、ご一読いただきたい。

**4**　ヘイトスピーチにつき不法行為が認められた裁判例として、一審・京都地判2013（平成25）年10月7日<sup>(注66)</sup>、二審・大阪高判2014（平成26）年7月8日<sup>(注67)</sup>の事案がある。これは、京都朝鮮第一初級学校の周囲でヘイトスピーチがなされたものであり、当該ヘイトスピーチが当該学校に対してなされたものであることが明確に事実認定されているものである。

　また、ヘイトデモにつき仮処分による事前差止めが認められた事例として、横浜地川崎支決2016（平成28）年6月2日<sup>(注68)</sup>がある。

　ヘイトスピーチに関する裁判例としては、他に、大阪地堺支判2020（令

---

前提としている。そのような悪口雑言を聞いたからといって、周囲の人はコリアンに対する社会的評価を下げるわけではない一方、その言葉は、コリアンたち自身にとってはナイフで切りつけられ棍棒で殴りつけられるような暴力的なものなのであり、よって名誉毀損ではなく名誉感情侵害の問題となるのである。

　他方、具体的に特定人の社会的評価を低下させるような発言があれば、それは、その当該特定人がそのコリアンタウンの現場にいようといまいとその特定人に対する名誉毀損も成立することになる。

(注65)　佃克彦「ヘイトスピーチに対する民事的規制について」法律時報94巻1号115頁（2022年）。
(注66)　判時2208号74頁。
(注67)　判時2232号34頁。
(注68)　判タ1428号86頁、判時2296号14頁。

74　第2編　名誉毀損の成立要件に関する諸問題

和2）年7月2日（注69）と同事件の控訴審の大阪高判2021（令和3）年11月18日（注70）も挙げておきたい。この件は、フジ住宅という不動産会社が、職場で、中国・韓国・北朝鮮の国籍や民族的出自を有する人を侮辱等する文書を配布したことにつき、同社に勤務する在日韓国人の女性（原告）が同社に対し、これを違法であるとして慰謝料の請求をした事案である。

一審の大阪地堺支判は、当該配布文書が、原告を直接的に差別する内容ではないとしつつ、

「労働者は、就業場所において国籍によって差別的取扱いを受けない人格的利益を有している。」

とした上で、

「〔当該文書の配布が〕たとえ……従業員間の在日韓国人に対する差別的言動を誘発していないとはいっても、労働契約に基づき労働者に実施する教育としては、労働者の国籍によって差別的取扱いを受けない人格的利益を具体的に侵害するおそれがあり、その態様、程度がもはや社会的に許容できる限度を超えるものといわざるを得ず、原告の人格的利益を侵害して違法というべきである。」

としてフジ住宅に対し、不法行為に基づく損害賠償責任を認めた。

控訴審の大阪高判は、被侵害利益として、

「自己の民族的出自等に関わる差別的思想を醸成する行為が行われていない職場又はそのような差別的思想が放置されることがない職場において就労する人格的利益」

を措定した上で、上記の文書の配布行為がかかる人格的利益を侵害する、としてフジ住宅の不法行為に基づく損害賠償責任を認め、かつ、韓国の国籍や民族的出自を有する者等を侮辱する内容等の文書等を職場内で配布することの差止めを命じた。

フジ住宅事件に関するこれら2つの判決は、雇用契約のような形態で当事者の関係が固定されている状況下においては、原告を直接的に攻撃する内容のものではなくとも、ヘイトスピーチについて一定の責任を認めたものとして参考になる裁判例だといえる。

---

（注69）　労働判例1227号38頁。
（注70）　労働判例1281号58頁。

## 第5節　　ある者に対する言及が他の者の名誉を毀損する事例

**1**　死者に対する名誉毀損の箇所（第2節第2款・57頁）でも触れたが、ある者（甲）に対する言及が他の者（乙）の名誉を毀損すると認められる場合がある[注71]。

**2**　たとえば、東京地判1999（平成11）年6月22日[注72] は、父親が犯罪容疑で逮捕されたとの事実摘示につき、娘の名誉を毀損すると認定している。

　東京高判1994（平成6）年9月7日[注73] は、代表取締役会長の行為につき、会社の名誉を毀損するとしている。ただしこの判決は、一部の記載については、専ら当該会長個人の性向に関する記述であるとして、会社の名誉毀損にはならないとしている。

　東京地判2001（平成13）年10月22日[注74] は、著名な建築家の名前を冠し、当該建築家の実績で仕事を受注している会社につき、当該建築家に関する名誉毀損がその会社に対する名誉毀損にもなると認定した。

　東京地判2003（平成15）年7月25日[注75] は、会社の社長が違法に株価操作をしたとの事実摘示につき、社長の名誉を毀損するほか、当該会社の名誉も毀損するとした。

　東京地判2006（平成18）年11月7日[注76] は、団体とその長に関する記事につき、

　「当該記事の内容・構成等に照らし、団体の長に対する名誉毀損行為が、同時にその団体に対しても向けられてその団体の社会的評価をも低下させるものと認められる場合には、同団体に対する名誉毀損行為をも構成するものと解され、また、団体に対する名誉毀損行為が、同時にその長に対しても向けられてその長の社会的評価をも低下させるものと認められる場合には、その長に対する名誉毀損行為をも構成するものと解すべ

---

（注71）　宗宮・前掲（注12）283頁。
（注72）　判タ1014号280頁、判時1691号91頁。
（注73）　判タ893号175頁、判時1517号40頁。
（注74）　判時1793号103頁。
（注75）　判タ1156号185頁。
（注76）　判タ1249号156頁、判時1994号69頁。

きである。」

と判示している。当然と言えば当然の説示である。

　東京地判2009（平成21）年11月9日[注77] は、日本相撲協会の北の湖理事長（当時）についての名誉毀損が、当該協会の社会的評価も低下させるとした事例である。

　また東京地判2014（平成26）年12月18日[注78] では、読売新聞社の渡邉恒雄社長（当時）に対する名誉毀損が読売ジャイアンツと読売新聞社に対する名誉毀損にもなるとされている。

**3**　他方、東京地判2001（平成13）年9月5日[注79] は、テレビ局の従業員であるアナウンサーに関する名誉毀損につき、当該テレビ局の名誉を毀損するものではないとしている。

　札幌地判2011（平成23）年2月25日[注80] は、社長が詐欺で逮捕された旨の報道につき、社長個人に対する名誉毀損になるとしつつも、会社の社会的評価を低下させるような事実の摘示がなされたとは認められないとした。

　盛岡地判2014（平成26）年4月11日[注81] は、県警が、ある男性をいわゆる指名手配のポスターで殺人事件の「犯人」だと名指ししたのに対し、その男性の父親が、自分の名誉が毀損されたとして県を相手に損害賠償等の訴訟を起こした事例であるが、判決は、当該ポスターに、当該男性が原告の子である等の記載がないことから、原告の名誉を毀損するものではないとした。

**4**　以上、裁判例をただ羅列したようになってしまったが、解釈の仕方の基本的なところを私なりに最後に示しておきたい。

　これは結局当該記事の意味内容次第であり、"Aの社会的評価を低下させる事実の摘示がBの社会的評価の低下につながるか"という問題を個々の記事の記載から解釈するしかないのであるが、おおよその解釈の方向性を示すため、"会社の社長に関する名誉毀損が当該会社に対する名誉毀損になるか"を命題として述べる。

---

（注77）　判タ1321号149頁。
（注78）　判時2253号64頁。
（注79）　判タ1070号77頁、判時1773号104頁。
（注80）　判タ1351号201頁、判時2113号122頁。
（注81）　判時2232号80頁。

まず、社長の名誉毀損事由が、たとえば薬物事犯など、社長の極めて個人的な非行である場合、社長のそのような非行を報じたからといって会社の評判が落ちるとは限らないのではないかと思われる。他方、社長の名誉毀損事由が、"あの会社の社長はワンマンで他の取締役に対してもパワハラをしまくっている"というように、会社の運営に関わるような事由である場合には、当該会社は運営が不健全だという印象を与えることになり、会社の社会的評価も低下する可能性があるといえよう。

　東京地判2014（平成26）年3月4日[注82]は、会社の社長が部下の女性と不貞に及んだという記事につき、社長の名誉は毀損するが会社の社会的評価を低下させる事実ということはできない、としている。他方、当該社長が当該女性部下を男女関係に基づく情実人事で管理職に抜擢したという事実については、社長の名誉を毀損するとともに会社の社会的評価も低下させるとしている。

---

（注82）　判時2225号83頁。

# 第7章——名誉毀損の行為者側の属性

## 第1節　名誉毀損の責任を負う者

**1**　名誉毀損の責任を負うのは、当該名誉毀損的言辞をなした者であるのが原則である。

　　しかし、新聞・雑誌・放送などによる名誉毀損の場合、組織的な行為なので、そもそも「当該名誉毀損的言辞をなした者」とは誰なのかが問題となる。この場合、当該記事や番組の制作の過程に様々な人が関与しているので、その関与の態様により、それぞれの者が名誉毀損の責任を負う余地があることになる。

**2**　まず、新聞社や雑誌社が、その新聞記事や雑誌記事の名誉毀損の責任を負うべきことは常識であろう。これは法的には、従業員が当該記事を制作して名誉毀損をしたという不法行為につき、当該新聞社や雑誌社が使用者として使用者責任（民法715条）を負うという関係になる。

　　かような使用者責任構成に対し、法人自体の不法行為を観念する見解がある。即ち、公害事件や欠陥製品事件の発生を機に、法人内部の具体的加害者の特定や、故意・過失並びに因果関係についての被害者側の立証責任の重さを慮り、従業員個人の行為を媒介とせず、法人自体が民法709条の不法行為責任を負うとの構成が登場し<sup>(注1)</sup>、学説上も支持を得てい

---

（注1）　新潟水俣病事件に関する新潟地判1971（昭和46）年9月29日（判タ267号99頁、判時642号96頁）、熊本水俣病事件に関する熊本地判1973（昭和48）年3月20日（判タ294号108頁、判時696号15頁）、カネミ油症事件に関する福岡地判1977（昭和52）年10月5日（判タ354号140頁、判時866号21頁）など。

る<sup>(注2)</sup>。新聞・雑誌の名誉毀損事件の場合も、企業が組織として行なった新聞・雑誌の刊行の結果として名誉毀損が発生しているものなので、法人としての民法709条の責任という構成は可能であろう。

　もっとも、名誉毀損事件の場合、公害事件や欠陥製品事件とは異なり、名誉毀損言論さえ特定できれば、行為、故意・過失、及び因果関係の立証に被害者側が特段重い負担を負うことはないであろうから、どちらの法律構成を採るかによる実際上の差異はないと見てよいであろう。

**3**　記事ができあがり新聞・雑誌として発行される過程で関与した、取材者・執筆者・編集担当者、あるいはそれらの者の管理職にあたる者（しばしば「発行人」等と呼ばれている）は、法的には不法行為者本人であり、共同不法行為者としてそれぞれが名誉毀損の責任を負う可能性がある。

　編集担当者等の注意義務につき明確に述べた裁判例はあまりない。参考になり得るのは、東京高判1956（昭和31）年7月31日<sup>(注3)</sup>である。この裁判例は、新聞社の担当通信員、社会部員及び編集部員の負うべき注意義務につき、次の通り判示している。

　「担当通信員が私人の被疑事実を捜査に当つた警察署において取材した場合でも記事として新聞紙上に掲載する事実は当該警察署で署長その他責任のある地位にある者が当該警察署の発表として発表した事実の範囲内に止めるべきものであつて、いやしくもその事実を誇張したり自己の憶測又は確実でない情報などを付け加えることは許されないものと考えられる。特に『調べによると』と冒頭して記事を掲載する場合はその記事内容はあたかも警察署が捜査の結果を発表したものであるような印象を読者に与えることになるから、その事実を警察署の発表事実に限定すべき必要性は特に強調さるべきものである。このような注意は通信員についてのみならず、本社の社会部ないし編集部についても要求せらるべきものといわなければならない。本社の社会部、編集部が担当通信員の取材について別個に事実の真否を調査する時間的余裕がないとしても少

---

（注2）　四宮和夫『事務管理・不当利得・不法行為　中巻』（青林書院新社・1983年）295頁、幾代通『不法行為法』（有斐閣・1993年）219頁、潮見佳男『不法行為法Ⅰ〔第2版〕』（信山社出版・2009年）309頁。
（注3）　判タ61号70頁。

*80*　　第2編　名誉毀損の成立要件に関する諸問題

くとも担当通信員に対していわゆるニュースソースを確かめるとか、或はまた、取材態度に対する叙上説示の注意義務について日常注意を与えておくことが必要であると考える。」

**4** 取材者・執筆者・編集担当者・発行人の責任を認めた裁判例には、次のようなものがある。

① 大分地判2003（平成15）年5月15日[注4]

考古学者である元大学教授が遺跡を捏造した旨の名誉毀損記事について、週刊誌の発行社のほか、編集長と取材記者に不法行為責任を認めた事例。

② 京都地判2002（平成14）年6月25日[注5]

国会議員が市営地下鉄工事に関して不法に金銭を得た旨の雑誌記事について、雑誌の発行社のほか、編集人兼発行人に不法行為責任を認めた事例。

③ 大阪地判2001（平成13）年7月16日[注6]

大学の副学長を「大物スパイ」等と摘示した名誉毀損記事について、週刊誌の発行社のほか、取材・執筆をした者に不法行為責任を認めた事例。

④ 東京地判2000（平成12）年5月31日[注7]

大手コンビニエンスストアを批判した名誉毀損記事について、月刊誌の発行社のほか、編集担当者に不法行為責任を認めた事例。

⑤ 東京地判1999（平成11）年7月19日[注8]

宗教法人があたかも市議会議員の死亡に関与しているかのように摘示した名誉毀損記事について、週刊誌の発行社のほか、編集人兼発行人に不法行為責任を認めた事例。

⑥ 東京高判1998（平成10）年11月16日[注9]

宗教法人の名誉を毀損するとされた記事について、週刊誌の発行社の

---

（注4） 判時1826号103頁。
（注5） 判時1799号135頁。
（注6） 判タ1106号154頁、判時1779号62頁。
（注7） 判時1733号50頁。
（注8） 判タ1009号181頁。
（注9） 判時1664号63頁。

ほか、編集担当者に不法行為責任を認めた事例。

⑦　東京地判1998（平成10）年 9 月25日 (注10)

　　大蔵省（当時）官僚の名誉を毀損するとされた記事について、週刊誌の発行社のほか、「発行人」、「編集人」及び執筆者に不法行為責任を認めた事例。

　　この裁判例では、「発行人」と「編集人」につき、その内容をつまびらかにせず、単に同誌の「発行人……である」「編集人……である」と認定しているのみであるが、「発行人」「編集人」という言葉のみでは、それぞれの者の行なった行為が特定されているとはいい難い。

　　もっとも、この種の事案の場合、編集人らの代理人を出版社の代理人が兼ねていることが多く、かつ、編集人らの職務内容がどうであれいずれにしても当該名誉毀損記事の作成に関与しているという点で法的責任を負う可能性があることに変わりはないから、訴訟上の攻撃防御は当該記事の名誉毀損の成否のみについてなされ、編集人らの職務内容をこれ以上つまびらかにする実益がないということで、訴訟上これ以上細かい議論がなされないのであろう。

⑧　東京地判1998（平成10）年 3 月30日 (注11)

　　大蔵省（当時）官僚の名誉を毀損するとされた記事について、週刊誌の発行社のほか、「発行人」、「編集人」に不法行為責任を認めた事例。

⑨　大阪地判1992（平成 4 ）年10月23日 (注12)

　　弁護士の名誉を毀損するとされた記事について、月刊誌等の発行社のほか、取材・執筆者に不法行為責任を認めた事例。

⑩　東京地判2008（平成20）年10月 1 日 (注13)

　　宗教法人に関する記事が当該法人に対する名誉毀損にあたるとして、週刊誌の発行社のほか、編集長（いわゆる「デスク」）、記事の担当編集者、担当記者に不法行為責任を認めた事例。

⑪　東京地判2009（平成21）年 3 月26日 (注14)

---

（注10）　判タ1004号204頁、判時1674号88頁。
（注11）　判時1652号89頁。
（注12）　判時1474号108頁。
（注13）　判時2022号58頁。
（注14）　判タ1310号87頁、判時2039号25頁。

大相撲の八百長に関する記事が力士や日本相撲協会に対する名誉毀損にあたるとして、週刊誌の発行社のほか、「発行人」、「編集人」に不法行為責任を認めた事例。

同判決は、「発行人」及び「編集人」の関与の態様につき、「〔当該週刊誌〕の掲載内容等を決定する立場にあった」と認定している。

⑫　東京地判2009（平成21）年11月9日 [注15]

大相撲の八百長に関する記事が日本相撲協会と同協会理事長の名誉を毀損するとして、週刊誌の発行社のほか、「発行人」、「編集人」に不法行為責任を認めた事例。

⑬　東京地判2014（平成26）年3月4日 [注16]

会社の社長と女性部下との交際等に関する記事が会社や社長の名誉を毀損するとした事例において、週刊誌の発行社のほか、「発行人」、「編集人」に不法行為責任を認めた事例。

**5**　以上、いくつかの裁判例を挙げたが、発行社のほかに記者や編集者等の個人を訴えるには当該個人を特定する必要があるので、個人が訴えられているケースは、執筆者として名前が明示されていたり、雑誌において「編集人」「発行人」等として名前が明示されている場合が多い [注17]。その結果として、新聞の場合には個人が訴えられる場合が少なく、雑誌の場合にはこれが多いように思える。

なお、細かい話であるが、原稿を依頼されて雑誌などに執筆している外部のライター（多くの場合が署名原稿であろう）は、当該発行社の被用者ではない。したがって、かようなライターが名誉毀損記事を書いた場合の責任関係は、執筆者が不法行為責任を負うのは当然であるが、発行社は、そのライターの使用者責任は負わない。この場合には、執筆者と、その原稿を受け容れて掲載した発行社の被用者（編集・発行担当者等）との共同不法行為となり、この被用者の不法行為部分につき発行社が使用者責任を負

---

（注15）　判タ1321号149頁。

（注16）　判時2225号83頁。

（注17）　聞いたところによると、雑誌において「編集人」「発行人」が明示されているのは、戦前の新聞紙法で「編集人」「発行人」の明示が義務づけられていたことの名残らしい。表現の自由に対する重大な脅威ともいうべきこのような明示を、なぜ今もなお続けているのか、不思議である。

う、という関係になろう（注18）。

**6** テレビ放送に関する事例で、報道番組における名誉毀損につき、テレビ局のほか、報道局長とキャスターに責任を認めた事例がある（注19）。ただしこの事例は、キャスターが取材にも関与している事例であった。したがってこの判決があるからといって、テレビで現在「キャスター」と名乗っている人一般に放送内容について名誉毀損の責任の生じる余地があるとは限らない。責任を生じるか否かは、当該放送への関与の態様についての個別の事実認定の問題である。

また、東京地判2013（平成25）年1月29日（注20）は、テレビの報道番組につき名誉毀損性が認められた事例であるが、判決は、テレビ局のほか、プロデューサー、ディレクターの責任を認めた一方、番組のホスト役のAについては、

「番組ホストを務める者である……ものの、被告Aが本件番組の番組内容の構成及び編集に関与していることについては、何らこれを裏付ける証拠がなく、……また、原告は、本件番組内における被告Aの言動について原告に対する名誉棄損行為があると主張しているわけではない。」

と認定して、不法行為責任を認めなかった。

**7** 個別の事実認定において、取材に関わった記者の個人の責任を認めなかった事例もある。東京地判2007（平成19）年1月17日（注21）がそれである。

国会議員（原告）に関する週刊誌の名誉毀損記事につき、取材に関わった記者（B記者）も訴えられたが、判決は、

「被告Bは、……C編集者からの指示に基づいて原告に対する取材を担当したにすぎず、さらに進んで本件記事を執筆したり、編集したことをうかがわせる証拠は見当たらない。そうすると、被告Bは、せいぜい本件不法行為を幇助した可能性があるにすぎないことになるが、本件の記事内容が本件文章のようになることを同人が予見していたか、予見が可能であったと認めるに足りる証拠は見当たらない。したがって、被告B

---

（注18） いずれにしてもみな責任を負うことに変わりはないので、議論の実益はあまりないかもしれない。
（注19） 新潟地高田支判2002（平成14）年3月29日（判時1797号98頁）。
（注20） 判時2180号65頁。
（注21） 判タ1247号276頁、判時1987号31頁。

*84* 第2編 名誉毀損の成立要件に関する諸問題

については、本件の不法行為を幇助したものとはいい難く、同人には、不法行為責任は成立しない」

としている。

**8**  東京地判2023（令和5）年10月16日<sup>(注22)</sup>は、ツイッター（現「X」）への投稿が法人（被告会社）の業務として行なわれたものか否かが争点となった事例である。

　ツイッターの匿名アカウント「Dappi」による投稿（本件記事）で名誉を毀損されたとして、野党国会議員が、発信者情報開示の結果を受け、IT関連企業（被告会社）を訴えた事案である。

　被告会社は、"当該投稿は、会社の従業員が、会社の業務とは無関係に私的に行なったものである"と主張したが、判決は、「Dappi」のアカウントから記事が投稿された時間帯、回数、曜日、期間などから、投稿が被告会社の就業時間帯に行なわれていること等を認定した上で、本件記事の投稿につき、「〔代表者〕の指示の下、被告会社の業務として行われたものというほかない。」として被告会社の主張を排斥し、被告会社に損害賠償を命じた。

# 第2節　　出版社の役員の責任

出版社の取締役が個人として責任を負う場合があるか。

**1**  役員は通常、当該名誉毀損記事の作成（取材・執筆・編集・発行など）に直接具体的に関与しているわけではないので、上記の執筆者・編集担当者等のような形で、当該名誉毀損行為の共同不法行為者として責任を負う可能性は少ない。しかし、会社法429条の要件を充たす限り、取締役が責任を負う可能性はある。

　判例は、旧商法266条ノ3に関してであるが、同条に定める取締役の第三者に対する責任の法的性質等につき、次の通り明らかにしている<sup>(注23)</sup>。

---

(注22)　判タ1521号188頁。
(注23)　最大判1969（昭和44）年11月26日（判タ243号107頁、判時578号3頁）。

第7章　名誉毀損の行為者側の属性　第2節　出版社の役員の責任　　85

「もともと、会社と取締役とは委任の関係に立ち、取締役は、会社に対して受任者として善良な管理者の注意義務を負い（商法254条３項、民法644条）、また、忠実義務を負う（商法254条ノ２）ものとされている……。

……法は、株式会社が経済社会において重要な地位を占めていること、しかも株式会社の活動はその機関である取締役の職務執行に依存するものであることを考慮して、第三者保護の立場から、取締役において悪意または重大な過失により右義務に違反し、これによつて第三者に損害を被らせたときは、取締役の任務懈怠の行為と第三者の損害との間に相当の因果関係があるかぎり、……当該取締役が直接に第三者に対し損害賠償の責に任ずべきことを規定したのである。」

かくして、取締役に善管注意義務違反や忠実義務違反があり、その義務違反が当該名誉毀損行為と相当因果関係がある限り、取締役は名誉毀損の被害者に対して損害賠償の責を負うことになる。

**2**　名誉毀損言論に関する役員の責任に言及した裁判例は、公刊されたものとしては大阪地判2002（平成14）年２月19日 [注24] が最も古いであろう。事案は、写真週刊誌「フォーカス」による名誉毀損等について、新潮社の取締役及び代表取締役の責任が問題となったものである。

同判決は、出版社における取締役の注意義務につき次の通り判示する。

「取締役は、取締役会の構成員として株式会社の運営上重要な役割を果たすところ、その業務を行うに際しては、株式会社外の第三者に対しても会社の活動によって損害を与えることのないよう注意すべき義務を負うと解される。そして、出版・報道という企業活動は、その性質上、他者の社会的評価や名誉感情を侵害する危険性を常に有しているところであるから、出版ないし報道を主要な業務とする株式会社の取締役は、その業務を執行するに際して、自社の出版・報道行為が会社外の第三者に対する権利侵害を生じないように注意すべき義務を負うと解すべきである。」

そして各取締役の個別の注意義務として、まず、当該雑誌の担当取締役の注意義務については、

---

（注24）　判タ1109号170頁。

「担当取締役は、同誌の編集長と協働して教育体制や取材体制を整備し、さらに、発行前に本件写真週刊誌に掲載される予定の記事を確認するなどして、人権侵害の防止につとめるべき義務を負っていたものと解するのが相当である。」

とした。

また、代表取締役については、当該雑誌が名誉毀損等を反復していたという事情を認定した上で、

「代表取締役は、会社業務全般についての執行権限を有するから、従業員による違法行為を防止すべき注意義務を負うものというべき」

であるとし、

「被告会社の代表取締役としては、少なくとも本件写真週刊誌による違法行為の続発を防止することができる社内体制を構築・整備する義務があったものというべきである。」

と判示した。

他方、その他の取締役については、

「日常における業務内容、記事内容の判断に関する能力及び適正、業務分担の合理性という観点から、代表取締役及び本件写真週刊誌の担当役員による前記義務の履践（体制の整備等）を妨げないという消極的な義務を負うに留まる」

とした。

3　特に代表取締役の責任が問題となった裁判例としては東京地判2009（平成21）年2月4日[注25]もある。事案は、「週刊新潮」の記事に関して同じく新潮社の代表取締役の責任が問題となったものである。

同判決は、

「株式会社であろうと、出版を業とする企業は、出版物による名誉毀損等の権利侵害行為を可及的に防止する効果のある仕組、体制を作っておくべきものであり、株式会社においては、代表取締役が、業務の統括責任者として、社内に上記仕組、体制を構築すべき任務を負うといわなければならない。」

---

（注25）　判タ1299号261頁、判時2033号3頁。

と述べた上で、具体的に、従業員への教育、記事の事前チェック、公表後における記事内容の検討や研究などの仕組みや体制を構築すべきだと言及し、

「これらの仕組、体制の整備は、個々の出版企業の実情に応じて具体的に検討されるべき事柄であるが、いずれにしても、出版を業とする株式会社の代表取締役は、出版物による名誉毀損等の権利侵害行為を可及的に防止するために有効な対策を講じておく責任があるというべきであり、殊に、週刊誌を発行する出版社にあっては、しばしば名誉毀損が問題とされることがあるから、上記対策は、代表取締役として必須の任務であるというべく、いやしくもジャーナリストと称する以上、当該企業が、専ら営利に走り、自ら権利侵害行為を行ったり、権利侵害行為を容認することがあってはならないことは明らかである。」

としている。

**4**　上記**2**と**3**で挙げた裁判例は、結論としていずれも代表取締役の責任を肯定した事例である。これに対し、代表取締役の責任を否定した事例として東京地判2014（平成26）年3月4日[注26]があるので紹介しておきたい。

事案は、「週刊文春」の記事について文藝春秋（被告会社）の代表取締役（被告A）の責任が問題となったものである。

判決は、

「被告Aは、被告会社の代表取締役であって、その業務全般を統括する地位にあることは認められるものの、被告会社は多数の刊行物……を発行する会社であるところ、弁論の全趣旨によれば、週刊文春を含む定期刊行物の編集に係る責任と権限は、編集人及び発行人に委譲していることが認められる。」

と認定した上で、

「被告会社のような言論機関にあっては、経営と編集が一定の距離感を保持することは、むしろ必要な場合があるのであり、経営のトップであるからといって、編集の逐一に容喙することが求められているということもできない。」

---

（注26）　判時2225号83頁。

との立場に立ち、

「そうすると、被告Aが、被告会社の代表者として、……本件記事……
による……原告らに対する各誉毀損を是正又は制止すべき注意義務を負
っていたということはできず、当該注意義務違反を理由とする不法行為
責任又は会社法429条1項の責任を認めることはできない。」
とした。


# 第3節　　発売元の責任

　書籍の制作には関与しないがその流通にのみ関与する業者がいる。通常
「発売元」といわれるが、この発売元はいかなる責任を負うか。これは、当
該名誉毀損書籍に対するその発売元の関与の仕方によって異なるであろう。

**1**　　大阪地判1995（平成7）年12月19日[注27]は、発売元の関与の内容につき、
　　出版社から販売業務の委託を受けてその販売業務に関与しただけであって、
　　当該書籍の内容はもとより、定価・発行日・販売部数等の決定にも関与し
　　ていないという事実を認定した上で、当該発売元は不法行為責任を負わな
　　いとした。

**2**　　他方、東京地判2001（平成13）年12月25日[注28]は、発売元の責任や負う
　　べき注意義務について詳しく規範定立をした上で、当該ケースにおいて、
　　損害の一部につき発売元の責任を認めた。

　　　即ちまず、当該ケースの発売元が、書籍の保管・取次業者への引渡し・
　　在庫管理などの書籍の流通部分のみを担当し、編集や発行には実質的に関
　　与していないことを認定した上で、かように編集や発行に実質的に関与し
　　ていない発売元の責任について、

　　　「このような場合において、発売元たる出版社に対して、販売する書籍
　　　の内容について事前に第三者の名誉を毀損する部分があるかないかを確
　　　認しなければならないとすることは、実質的に不可能をしいるのと同様

---

（注27）　判タ909号74頁、判時1583号98頁。
（注28）　判時1792号79頁。

であり、書籍の出版に対して著しい萎縮効果をもたらすことが懸念されるから、このような場合には、発売元にすぎない出版社は、書籍の内容全部について事前に第三者の名誉を毀損する部分があるかないかを確認しなければならない法的義務はない」

との原則論を打ち出した。

しかし例外的に、

「書籍の内容が一見して明らかに第三者の名誉を毀損するものであるときや、発売元が何らかの事情から当該書籍が第三者の名誉を毀損するものであることを認識していたときには、発売元にすぎないとしても、当該第三者に対する不法行為責任を免れない」

とし、一定の場合に責任を負う余地を認めた。

この裁判例は更に、第三者から書籍の記載内容に誤りや不適切な部分が存在することを指摘された場合の発売元の責任を検討している。いわく、

「仮に、書籍の発売だけを担当した出版社であっても、当該書籍を流通においた以上、これによって不当に他人の権利を侵害することがないように注意し配慮する責任があるのは当然のことであるから、第三者から、当該書籍の記載内容に誤りや不適切な部分が存在し、第三者の名誉を毀損するとの指摘を受けた場合には、速やかにそのような侵害の事実の有無を確認し、事実と判明した場合には、直ちに著者や編集担当の出版者などと協議して、被害の重大性や明白性などを勘案した上、名誉毀損による被害の拡大を防止するために必要な措置や、既に発生した被害を回復するために必要な措置を検討し、そのような措置をとるのに相当と認められる期間内に必要とされる措置を講じるべき法的義務がある」

という。

この判決に対する評価には、かなり微妙なものがあるといわざるを得ない。編集に関与していない発売元は多くが大手出版社ということになるであろうが、かように流通に関して強い権限のある発売元（大手出版社）に対し、制作や編集に関与していないにも拘わらず限定的であれ内容に亘る注意義務を課すと、当該発売元（大手出版社）は、トラブルを恐れて事なかれ的に発売をとりやめる方向に流れやすいのではないか。かような場合、制作に携わった側は、発売元との関係では力が弱いため、それに従わざる

を得ず、結果的に言論の萎縮につながる危険性があるのではないだろうか。今後更に検討を要する課題であると思われる。


# 第4節　　テレビ番組制作会社の責任

　テレビ放送の番組は、テレビ局が外部の制作会社に番組の制作を委託して作られることがある。当該番組に名誉毀損が認められる場合、この制作会社にも、制作者として名誉毀損の責任がある。

　制作会社に責任を認めた裁判例としては、東京地判1994（平成6）年11月11日[注29]及び、東京地判2021（令和3）年9月1日[注30]とその控訴審の東京高判2022（令和4）年6月3日[注31]などがある。

　なお、外部の制作会社が制作した番組につきテレビ局側は、その編集等に関与している場合もあれば、関与していない場合もある。しかしいずれにしてもテレビ局は、自社が放映をする以上、当該番組が特定人の名誉を毀損していないかどうかにつき注意しなければならない義務があるといえ、放送をしたテレビ局にも名誉毀損の責任はある。


# 第5節　　情報提供者の責任

## 第1款　問題点の整理

　マスメディアによる名誉毀損の報道が第三者からの情報提供に基づく場合、その情報提供者も名誉毀損の責任を負うか。

　情報提供者も様々であり、メディアからの取材に答えた一般人の場合もあ

---

（注29）　判時1531号68頁。
（注30）　公刊物未登載（東京地裁平成30年（ワ）第24721号、同31年（ワ）第667号）。
（注31）　公刊物未登載（東京高裁令和3年（ネ）第4284号）。

れば、容疑者逮捕等を記者発表した警察当局の場合もある。

　前者の場合、一般人がメディアによる取材に答えても、当該報道機関がその一般人の発言内容をそのまま報道する確証はなく、そのような不確定な場合にも当該一般人は名誉毀損の責任を負わなければならないのか、ということが問題となる。したがって、名誉毀損の成否の段階で問題が生じる。

　後者の場合、警察職員による発表は、記者会見を開いて事実を公表するという態様からしてそれ自体既に不特定多数人への情報発信であるから、名誉毀損の成立自体は問題ない。したがって、あとは免責要件の問題となる。問題はその免責要件であるが、一般の名誉毀損の免責要件をそのまま適用してよいのかという疑問があり得る。公務員による発表行為は公権力の行使の一環としてなされる場合が多く、その場合に一般私人の表現の自由（報道等の自由）の行使と同様に保障する必要があるか疑問だからである。この後者の問題は第6編第5章第8節「記者発表した捜査当局の責任」（616頁）に譲り、本節では前者の問題について述べたい。

## 第2款　本論

**1**　情報提供者の責任については、大阪地判1998（平成10）年3月31日[注32]の判断枠組みが明快であるので、この大阪地判を題材に、問題点を明らかにしたい。

　一般人がマスメディアに情報を提供しても、メディアがそれをそのまま報じるとは限らない。報道機関は、真実を報道することを目指し、一方当事者のみの言い分を鵜呑みにすることなく、対立当事者からの聴き取りを含めた数々の独自取材をするのが普通であって、提供した情報の内容がそのまま報道に反映されるとは限らないし、またそもそも報道されること自体も不確定といえる。

　かかる次第で、結果的に情報提供者の情報と同趣旨の報道がなされたからといって、かかる不確定要素を無視して情報提供者の責任を論じることはできない。

---

（注32）　判タ998号230頁、判時1655号149頁。

これは法的には相当因果関係の問題といえる。即ち、情報提供者による情報提供行為と当該報道との間に相当因果関係が必要だということである。

　前記大阪地判は、

　「報道機関により公表された記事による名誉毀損が問題とされる場合、その情報提供者に対し不法行為責任を問うためには、当該情報提供者に故意又は過失を要すると共に、情報提供と名誉を毀損したとされる当該記事の掲載との間に相当因果関係を要する。」

としている。ここに判示された内容は、不法行為の要件を列挙した至極当然のものであるが、情報提供行為の問題がかように相当因果関係の問題であることを明確にしている点で意味があろう。

　問題は、いかなる場合に相当因果関係ありといえるかであるが、相当因果関係の判断については、不法行為による損害賠償についても民法416条が類推適用され、特別の事情によって生じた損害については、加害者が特別事情を予見しまたは予見することを得べかりしときに限ってこれを賠償する責を負うとするのが判例である[注33]ので、かかる枠組みを前提として検討する必要がある。

　仮に一般人から情報提供しても、メディアはメディアで独自取材をするのが通常であろう。したがって、相当因果関係が認められない場合がかなり多くを占めると思われる。

　しかしごく稀に、メディアが情報提供者の言い分を一方的に信頼して報道することもあるであろう。これは特別事情にあたるといえ、したがって、かようにメディアが情報を鵜呑みにしてしまうであろうことにつき、情報提供者には予見可能性が必要である。メディアが鵜呑みに近い報道をした場合には、この点に関する予見可能性の有無によって、相当因果関係の存否の判断が分かれることになる。

　前記大阪地判は、

　「〔一般人が情報提供をなしても〕極端な場合対立当事者の私怨をはらす

---

[注33]　最1小判1973（昭和48）年6月7日（民集27巻6号681頁）。
　　なお、2017（平成29）年のいわゆる債権法改正により、民法416条2項の文言が、「予見し、又は予見することができたとき」から「予見すべきであったとき」に改められたが、不法行為にも同条項が類推適用されるとの上記判例の解釈に変更はないであろう。

目的で虚偽情報を提供することもあり得ることから、報道機関による慎重な裏付け取材と独自の判断により報道がなされるのが通常であって、その反面として情報提供者としては報道機関の独自の取材と報道機関の独自の判断により報道の有無が決せられることを予見するのが通常である。」

と指摘している。

そして当該事件へのあてはめにおいて、情報提供者と原告（名誉毀損された者）との間に長年の確執があったことを報道機関は知っていたのだから、情報提供者としても、その報道機関が自分の言い分を鵜呑みにするなどとは思っておらず、よって特別事情についての予見可能性がなかった、として、因果関係を否定した。

**2**　東京地判1999（平成11）年7月19日 [注34] は、情報提供者には原則として相当因果関係が認められない旨を次の通り分かりやすく判示している。

「一般に雑誌記事の編集権はその出版社が独占的に有するものであるから、雑誌出版社の取材を受けた者がその取材に対応して何らかの発言をした場合でも、……出版社による裏付け取材や独自の編集作業による情報の取捨選択等の過程を経て記事が作成されるのが通常であり、被取材者としても、その発言内容がそのままの形で雑誌に掲載されるとは予見していないのが通常である。したがって、仮に被取材者が、取材側の雑誌出版社に対して第三者の社会的評価を低下させるような発言をした事実があっても、その発言行為と、その発言を取材資料として編集された記事の公表によって生じた第三者の社会的評価の低下との間には、原則として相当因果関係が欠けると解するのが相当である。」

としている。

そしてこの裁判例は、続くくだりで、例外的に相当因果関係が認められる場合につき、

「もっとも、出版社の取材を受けた者が、取材における自らの発言をそのまま雑誌へ掲載することについて、あらかじめ出版社と意思を通じた上で、取材において第三者の社会的評価を低下させる内容の発言をした

---

（注34）　判タ1009号181頁。

というような特段の事情が認められる場合においては、被取材者の発言と当該記事の掲載によって生じた第三者の社会的評価の低下との間に相当因果関係を認めることができるというべきである。」

とする。かように出版社と意思を通じている場合に情報提供者に予見可能性を肯定できることは結論として当然であろう。このような場合には、相当因果関係の問題というよりも、更に進んで共同不法行為の関連共同性の問題として考えることができるのではないかと私は思う。[注35]

## 第3款　相当因果関係に関する判断手法や認定の例

　裁判例は、情報提供と報道との間の相当因果関係の有無の判断手法について様々な判示をしており、また、認定例も様々であるので、参考となるものをここで紹介しておきたい。

**1**　東京地判2006（平成18）年8月29日[注36]は、

　「当該記事が作成されるに当たって情報を提供した者は、提供された情報の性質、情報と提供者の関係などに照らして出版社による裏付け取材が期待できない場合（出版社と情報提供者が意を通じた場合も含まれる。）、情報提供者が事前に当該記事を見せられ、当該記事の掲載を承諾した場合等特段の事情のない限り、情報提供者の情報提供行為と当該情報提供をもとに作成された記事の掲載との間には相当因果関係がないものというべきである。」

としている。因果関係が認められる場合として、"出版社の裏付け取材が期待できない場合"と"情報提供者が記事を見た上で記事掲載を承諾した場合"を例示している。

**2**　東京地判2011（平成23）年11月24日[注37]は、

　「情報提供者において、提供した情報の性質、取材時又はその後の記者とのやり取りに照らして、自己の発言内容がそのまま趣旨を変えずに新

---

（注35）　この説示部分が"意思を通じた場合には情報提供者は共同不法行為者と評価できるので、情報提供行為と当該報道との間に相当因果関係を認めることができる"という意味であるとしたら、特段異論はない。

（注36）　判タ1224号277頁。

（注37）　判タ1402号132頁、判時2153号109頁。

第7章　名誉毀損の行為者側の属性　　第5節　情報提供者の責任　　95

聞記事として掲載される高度の蓋然性があることについて認識又は予見
していたという特段の事情のない限り、情報提供者の情報提供行為と提
供された情報に係る新聞記事による名誉毀損との間には相当因果関係を
認めることはできないと解される。」

とする。因果関係が認められる場合についての本判決のキーワードは、
"高度の蓋然性についての認識または予見"ということになろう。

**3**　因果関係が認められる場合として"高度の蓋然性についての容認"を挙
げる一群の裁判例がある。

たとえば、東京地判1999（平成11）年2月15日[注38]は、

「情報提供者が提供した情報内容に従った記事が掲載される蓋然性が高
く、かつ、情報提供者自身がこのことを予測し容認していた場合には、
情報提供行為と記事による名誉毀損との間の相当因果関係は存在すると
言うべきである。」

という。「蓋然性が高く……このことを予測し容認」という部分は、いわ
ば"高度の蓋然性についての容認"ということであり、上記2にいう"高
度の蓋然性についての認識または予見"よりも一歩進んだ心理的状態であ
るので、相当因果関係が認められることは当然だといえよう。

また東京地判2008（平成20）年4月22日[注39]は、

「出版社からの取材に応じた者が、自己のコメント内容がそのままの形
で記事として掲載されることに同意していた場合、又は、自己のコメン
ト内容がそのままの形で記事として掲載される可能性が高いことを予測
しこれを容認しながらあえて当該出版社に対してコメントを提供した場
合は、その者が出版社からの取材に応じたことと、そのコメント内容が
そのままの形で記事として掲載されそれにより他人の社会的評価を低下
させたこととの間には、例外的に、相当因果関係があるものと解するの
が相当である。」

とする。ここでいう掲載への「同意」の部分は、**1**でいう記事掲載の承諾
の場合と同旨だといってよいであろう。そして、「可能性が高いことを予
測しこれを容認」という部分は"高度の蓋然性についての容認"と同旨と

---

（注38）　判タ1023号220頁、判時1675号107頁。
（注39）　判タ1286号178頁、判時2010号78頁。

いえよう。

東京地判2013（平成25）年11月12日<sup>(注40)</sup>も、

「特段の事情がない限り、相当因果関係がないものと解するのが相当である。」

としつつ、「特段の事情」が認められる場合として、

「情報提供者が、自己の提供した情報がそのままの形で記事として掲載されることに同意していた場合又は自己の提供した情報がそのままの形で記事として掲載される可能性が高いことを予測し、これを容認しながらあえて当該出版社に対して当該情報を提供した場合は、上記特段の事情を認めて、……相当因果関係があるものと解するのが相当である。」

と、上記2008（平成20）年東京地判とほぼ同じ判示をしている。<sup>(注41)</sup>

**4** 本款の最後に、相当因果関係の存否に関する判断の例を2つ挙げておきたい。

（1）1つ目は、東京地判2004（平成16）年7月26日<sup>(注42)</sup>である。

これは、情報提供者がテレビカメラの前でインタビューを受けたケースに関する判断事例である。判決は、

「テレビ番組の作成においても、報道機関独自の編集権が存在し、裏付け取材及び編集作業による取捨選択の過程を経るのが通常であるから、取材を受けた者が取材に応じて発言した場合でも、原則として、取材を受けた者の発言行為と番組放送により生じた第三者の社会的評価の低下との間には、原則として相当因果関係がないというべきである。」

という原則論を提示した上で、

「しかし、テレビ番組の生放送やインタビュー番組などでは、取材を受けた者が、テレビカメラの前で発言した内容がそのまま、発言の内容及び趣旨を変えずに報道される場合があり、取材を受けた者もこれを認識しているときには、取材を受けた者の発言行為であるとはいっ

---

(注40)　判タ1418号252頁、判時2216号81頁。
(注41)　東京地判2014（平成26）年12月18日（判時2253号64頁）も、"高度の蓋然性の容認"という規範に依っている。
(注42)　判タ1168号191頁、判時1886号65頁。

ても、その発言が番組で放送されたことにより生じた第三者の社会的
評価の低下との間に相当因果関係が認められるというべきである。」
として、例外にあたる場合を示した。そして、当該事案において、情報
提供者（被告）が、取材を受けるに際して顔を出さないことや声を変え
ることを報道機関に依頼していたという事情があったことをふまえ、自
身の発言部分がそのまま放映されることを認識していたと認定し、相当
因果関係を肯定した。[注43]

（2）　2つ目は、東京地判2016（平成28）年9月28日[注44]である。事案は、
オートバイ事故で負傷した情報提供者が雑誌社に、"バイクに欠陥があ
った"旨の情報提供をしたことの責任を問われたものである。
　　判決は、情報提供者に対する責任追及にあたっては、
「情報提供者の名誉毀損を主張する者において、情報提供者が自己の
提供した情報がそのままの形で記事として掲載されることを予見して
いたことを示す特段の事情を立証しなければならないものと解するの
が相当である。」
とした上で、当該事件においては、
・　雑誌社の編集長が独自取材をしていること
・　情報提供者が、当該記事の体裁や掲載時期等について雑誌社に指
　　示をしたことがなく、また、当該記事の校正紙も見たことがないこ
　　と
等の事情から、「特段の事情」があったとは認められないとして相当因
果関係を否定した。

## 第4款　いくつかの裁判例について

**1**　以上のように、情報提供者の責任は、相当因果関係の問題となるのが普
通であると思われる。

---

（注43）　情報提供行為と名誉毀損記事との相当因果関係を認めた事例として、他に、横浜地判2004
（平成16）年8月4日（判時1875号119頁）、広島地判2004（平成16）年12月21日（判タ1203号
226頁）などがある。
（注44）　判タ1440号213頁。

しかし、情報提供者の主体性がもっと強い場合や、情報提供者が報道機関をコントロールし得るほどの関係にある場合には、情報提供者と報道機関との間には関連共同性が認められるであろう。その場合には、情報提供者と報道機関は共同不法行為者といえるので、相当因果関係の検討を要することなく、情報提供者にも名誉毀損の責任を問うことができることになる。

　もちろん、以上のハードルをクリアして名誉毀損の帰責が肯定されたとしても、免責要件（真実性・真実相当性の法理等）を充たせば免責される余地はある。

**2**　以下、いくつかの裁判例を概観したい。

（１）　大阪地判1998（平成10）年３月26日 [注45] は、情報提供者の責任の要件として、

　　「自己の情報提供行為により、その内容に沿った記事が掲載される可能性の高いことを予測し、あるいは容易に予測し得たにもかかわらず、右情報の内容が真実に反することを知りながらあえて情報を提供したり、過失によってこれを知らずに情報を提供したような場合に限られると解される。」

とする。

　上記要件のうち、情報提供した内容に沿った記事が掲載される予測可能性に関する部分は相当因果関係論のうちの特別事情の予見可能性の問題であり、内容が真実に反することに関する故意ないし過失の問題は、免責要件の問題であろう。この裁判例の定立した規範は、名誉毀損の成立要件（因果関係）の問題と免責要件の問題とを一緒に論じており、分かりにくい感じがする。

（２）　東京高判2001（平成13）年５月15日 [注46] は、情報提供者が当該情報を積極的に報道機関を通じて訴えようとしていたことを縷々認定した上で、

　　「したがって、一審被告〔情報提供者〕らが一審被告〔出版社〕の本件取材に応じたのも、その見解をマスメディアによって一審原告〔名誉毀損された者〕批判として取り上げられたいとの意図に基づくもの

---

（注45）　判タ1003号225頁、判時1680号97頁。
（注46）　判タ1067号213頁、判時1752号40頁。

第７章　名誉毀損の行為者側の属性　第５節　情報提供者の責任　99

であったと推認することができる。」
とし、これを根拠に、情報提供者と出版社との共同不法行為責任を肯定した。

　しかし、仮に情報提供者がその情報を報道してくれることを強く意図し意欲していたとしても、取材に応じただけで共同不法行為の成立を認めるのは、関連共同性の要件をあまりにも緩やかに解し過ぎているのではないだろうか。私は本件は、共同不法行為の問題ではなく因果関係の問題であると思う。

（3）東京地判2001（平成13）年7月30日（注47）は、情報提供者の因果関係論につき、原則として相当因果関係がないとの説示をした後、例外的に不法行為責任を負う場合につき、
　　「①取材に対する発言が、取材当時、情報提供者が置かれた立場を考慮してもなお著しく不当であることに加えて、②情報提供者が、自らの発言を、そのまま雑誌に掲載することについて、予め出版社と意を通じた上で、敢えて第三者の名誉ないし名誉感情を毀損する発言をしたというような特段の事情が存在することを要すると解するべきである。」
とする。

　しかし第1に、「発言が……著しく不当である」ことを因果関係の存否の判断基準とすることは論理的とは思えない。これは発言の内容を問題とするものであるが、発言の内容は、社会的評価の低下の有無の判断において斟酌されるべきものであり、因果関係の存否とは別であろう。

　あるいはこの要件は、名誉毀損がひどい程度に至っていることを要求しているのかもしれない。とすると、情報提供者についてはよほどひどい名誉毀損の場合にしか責任を負わせない、という価値判断を示していることになる。いわば、情報提供者による名誉毀損の場合に一種の受忍限度論を採用していることになるが、なぜ情報提供者による名誉毀損の場合にそのような理を採用するのかが判然としない。仮にこれが、"情報提供者がむやみに責任を負わせられるようではよろしくない"という

───────────────

（注47）　判タ1118号182頁。

発想に立っているのであるとすれば、それは、相当因果関係の存否をきちんと判断すればよいことであり、内容がひどいかどうかというハードルを設けるのは、筋が違うような気がする。

更に言えば、情報提供者に報道機関との共同不法行為が成立するような深い関与の場合なら、「発言が……著しく不当」でないときでも報道機関自身と同様の責任を負わせてよいはずである。この要件は再考の必要があると思われる。

第2に、「出版社と意を通じ」ていることを要件としているが、意を通じているのであれば共同不法行為が成立するはずである。相当因果関係は、意を通じるに至っていない場合にも肯定される余地があるはずであり、境界線の引き方が適切でないように思われる。

第3に、「敢えて第三者の名誉ないし名誉感情を毀損する発言をした」という要件の意味も判然としない。これは、名誉毀損にあたることを認識・認容している場合を指すのであろうか。しかしたとえば、「Aは殺人犯だ」という発言の場合、Aを殺人者呼ばわりすることがAの社会的評価を低下させることは自明であろう。そして、発言をする者は、自身の発言の内容を理解しているのが通常であろうから、名誉毀損にあたることを認識・認容しているのが普通である。したがってこの要件には、名誉毀損事件におけるほぼ全ての発言者があてはまることになるのであり、要件として意味をなさないと思う。

あるいは、虚偽の事項を虚偽であることを知りながらあえてした、という意味なのであろうか。つまり、現実の悪意の法理のような観点から情報提供者の責任を絞ろうと意図しているのかもしれない。そういう趣旨であればそれはそれで理解できるが、そうであるならそのように書くべきであるし、また、それは免責要件の問題であるので、相当因果関係論の中で書くべきではないであろう。

東京地判2004（平成16）年7月26日[注48]も、情報提供者が不法行為責任を負う要件としてほぼ同様の要件（発言の不当性・意を通じる等の特段の事情）を挙げており、上記と同様の問題がある。

---

（注48）　判タ1168号191頁、判時1886号65頁。

（4）東京地判2007（平成19）年12月5日 [注49] は、情報提供者の因果関係論につき、原則として相当因果関係がないとの説示をした後、「他方、」とし、「他方、被取材者が、第三者の社会的評価を低下させる情報をそのままの形で記事内容とすることを、新聞社と予め意思を通じた上、取材を受けた等の特段の事情が認められる場合には、被取材者が提供した情報又は発言内容等が、そのままの形で記事内容となったということができ、また、被取材者としてもそのような事態を予見していたということができるから、上記相当因果関係を認めることができるというべきである。」

とする。相当因果関係の存否を論じるについて、新聞社と「意思を通じ」ているかどうかを問題としている点において、（3）の裁判例と同様、境界線の引き方が適切でないように思われる。

**3** 以下では、「情報提供者の責任」プロパーの問題から少し離れてはいるが興味深い裁判例を2つ紹介する。

（1）1つは福岡地小倉支判2014（平成26）年10月16日 [注50] である。これは、県警の警察官からの情報提供に基づく新聞記事について県の国家賠償責任が問題となった事例である。判決は、当該情報提供は県警の広報担当者からなされたものではなく、一捜査関係者が記者からの取材に応じて自身の見方を含む情報提供をしたに過ぎないとし、当該情報提供行為は「警察官の職務行為」として行なわれたと認めることはできないとして県の責任を否定した。

（2）もう1つは、東京高判1992（平成4）年11月17日 [注51] である。これは、「情報提供者の責任」の亜種の事例ともいうべきものであり、取材に答えてコメントをした者の責任につき判断したものである。

報道においてはしばしば、報道内容の解説や今後の予測等のために、その領域の専門家などが取材に応じてコメントをすることがある。その報じられたコメントに名誉毀損が成立する場合、コメントをした者は責任を負うか。

---

（注49）　判タ1269号226頁、判時2003号62頁。
（注50）　判時2246号72頁。
（注51）　判タ811号166頁。

*102*　第2編　名誉毀損の成立要件に関する諸問題

上記裁判例は、ある刑事事件（いわゆる「ロス疑惑」事件）の見通しについてした刑法学者のコメントにつき、刑法学者が実際は、報じられているような内容のコメントはしていないこと、また、刑法学者が報道前にその自己のコメントに接する機会もなかったことを理由として、刑法学者の責任を否定した。

　自分のコメントが勝手に趣旨を曲げられて報じられている以上、そのようなコメントに責任を負ういわれがないことは当然であろう。

　ただ、コメントのチェックを怠ったがためにこのような訴訟に巻き込まれるという危険性があることからすると、コメントをする際には、その内容を自分で事前にチェックすることが肝要だといえる。


# 第6節　　弁護士の訴訟行為に関する依頼者本人の責任

　弁護士が依頼者のためになす行為（訴訟における弁論や証拠提出等）は、その性質上、相手方に対する攻撃の要素を含むため、その内容・表現につき相手方の不興を買いやすい。弁護士の活動が名誉毀損の問題を生じる場合、その責任を依頼者は負うのであろうか。

**1**　この問題は第5節（91頁）の情報提供者の責任の問題と同様、依頼者が弁護士の弁論等に対してどのような関与をしているかの認定判断の問題である。ただし、弁護士は法律の専門家として、依頼者から独立した立場で独自の判断で弁論等をするのが一般であり、したがって、弁護士の弁論等については基本的に弁護士が責任を負うものであって、依頼者が責任を負うべき事態は多くはないであろう。

**2**　裁判例も多くが依頼者の責任を極めて限定的に解し、基本的に責任は否定されるものとしている。

　福岡地判1988（昭和63）年11月29日 [注52] は、

　「一般に弁護士は、法律の専門家として委任者とは独立した地位をもち、

――――――――――――――――――――

(注52)　判タ697号248頁、判時1318号96頁。

委任の趣旨に反しない限り相当広範な裁量権をもって行動することが許されているものであるから、弁護士が委任者から具体的な指示を受けて行動した場合ならともかく、そうでない限り、一般的に受任者たる弁護士の行為を委任者の行為と同視することは相当でないと解すべきである。」

としている。妥当な判示であると思う。

**3**　上記福岡地判によれば、弁護士が依頼者から具体的な指示を受けて行動したか否かが判断の分かれ目となる。大阪地判1960（昭和35）年3月7日 [注53] は、かかる指示の有無の具体的な認定の方法論として、

訴訟代理人たる弁護士の名に於て作成した書面は弁護士がその独自の知識と見解に基きその責任に於て記載したものと推定すべきであつて特に依頼者が弁護士に指示して作成させた証拠の存在しない限りその責を依頼者本人に転嫁することは当を得ない。」

とする。これも妥当な判示といえよう。[注54]

他方、東京地判1970（昭和45）年7月17日 [注55] は、依頼者（被控訴人）が弁護士に告げた内容が「答弁書に記載され裁判所に提出されることあるを予期していたものというべきであるから、右訴訟代理人が答弁書を作成提出した行為をも含めて被控訴人の行為として、評価されるべきである。」とし、依頼者が「予期していた」ことのみをもって依頼者が責任を負う余地を認めている。これは依頼者に対して判断が厳し過ぎると思う。[注56]

**4**　依頼者に責任を認めたケースとしては東京地判2006（平成18）年3月20日 [注57] がある。

同判決は、準備書面の作成提出に関する認定判断につき、依頼者本人が「あえて挑発的に、……準備書面……を提出して個人攻撃をしようとした」とし、弁護士は「そのような被告〔依頼者本人〕の意思を知りながら少な

---

（注53）　判タ107号67頁。
（注54）　他に依頼者の責任を否定した裁判例として、大阪地判1983（昭和58）年10月31日（判タ519号184頁、判時1105号75頁）がある。
（注55）　判タ256号229頁、判時616号83頁。
（注56）　もっともこの裁判例も、訴訟行為特有の違法性阻却事由をもってこの依頼者（被控訴人）の違法性を阻却したので、依頼者は不法行為責任を負わずに済んでいる。
（注57）　判タ1244号240頁、判時1934号65頁。

くとも幇助者（民法719条2項参照）となって、民法719条の共同不法行為
を行ってしまった」としている。

　準備書面は弁護士が作成するものであるから、依頼者本人が作成し弁護
士がこれを幇助したというのは反対なのではないかと思うのだが、本件で
は何か特有の事情があったのであろうか。

**5**　なお、仮に弁護士の行為につき依頼者による名誉毀損であると評価され
たとしても、当該名誉毀損行為につき訴訟行為特有の免責事由によって免
責される可能性はある。訴訟行為特有の免責事由については第7編第6章
「訴訟行為における免責法理」（701頁）で詳しく述べる。

**6**　最後に、弁護士の訴訟行為でない行為に関する事例を紹介したい。東京
高判2011（平成23）年5月30日 <sup>(注58)</sup> がそれであり、弁護士が依頼者のため
にした記者会見についての依頼者本人の責任が問題となった。判決は、

　　「弁護士は、受任事件に関して記者会見をするような場合には、かかる
　　記者会見を行うか否か、その場における発言をどのようにするかなど、
　　法律専門家である弁護士の職責に照らして、独自の判断に基づき適切に
　　対応することが要請されるものである。この場合において、受任事件の
　　依頼者は、一定の意向を示すのが通常であるが、弁護士としては、その
　　職責上、依頼者の意向よりも、第一次的に弁護士としての判断と責任に
　　基づいて対応すべきものである。」

と、弁護士の職務が依頼者から独立していることを示した上で、依頼者本
人の責任につき、

　　「したがって、依頼者としては、弁護士に対し意図的に虚偽の情報を提
　　供する等して、弁護士の判断を誤らせた等の特段の事情がない限り、弁
　　護士の行為について、不法行為責任（使用者責任を含む。）を負うもので
　　はないと解すべきである。」

とした <sup>(注59)</sup>。

---

（注58）　判タ1357号137頁、判時2117号6頁。
（注59）　他に、弁護士による記者会見についての依頼者本人の責任を判断した事例として、東京地
　　判2021（令和3）年9月1日（公刊物未登載。東京地裁平成30年（ワ）第24721号、同31年
　　（ワ）第667号）がある。同判決は、本文で引用した東京高判と同様の説示をし、当該事件の判
　　断としても依頼者本人の責任を否定している。この判断は、その控訴審である東京高判2022
　　（令和4）年6月3日（公刊物未登載。東京高裁令和3年（ネ）第4284号）でもそのまま引用

# 第7節　"まとめサイト"の開設者の責任

　特定のテーマについてインターネット上の記事を集めて転載するサイト（まとめサイト）を開設している者はどのような責任を負うか。

　この点について判断した裁判例として大阪地判2017（平成29）年11月16日(注60)がある。この事案は、「保守速報」と題してインターネット上の投稿を集めて掲載したブログ記事（本件ブログ記事）によって名誉等を毀損されたとして在日朝鮮人のライター（原告）が損害賠償を請求したものである。

　被告であるサイト開設者は、仮に本件ブログ記事に名誉毀損等にあたる内容があったとしてもそれは、引用元の投稿の掲載行為によって侵害されたものであって、被告による本件ブログ記事の掲載行為によって新たに侵害されたものではない、との主張をした。

　これに対して判決は、被告のかかる主張を排斥し、本件ブログ記事には独自の名誉毀損性があるものとした。

　具体的には、判決は、被告の行なった行為につき、

①　引用元の記事の全体の情報量を圧縮した

②　引用元の記事の順番を並べ替えた

③　引用元の記事につき、その表記文字を拡大したり色づけしたりして強調した

と認定した上で、

　「以上のような被告による表題の作成、情報量の圧縮、レス又は返答ツイートの並べ替え、表記文字の強調といった行為により、本件各ブログ記事は、引用元の投稿を閲覧する場合と比較すると、記載内容を容易に、かつ効果的に把握することができるようになったというべきである。」

とした。

　また判決は、

　「保守速報には相当数の読者がいると認められる」

との認定に基づいて、

---

　されて維持されている。

（注60）　判時2372号59頁。

106　第2編　名誉毀損の成立要件に関する諸問題

「本件各ブログ記事の内容は、〔引用元の記事〕の読者以外にも広く知られたものになった」
と認定した。
　そしてこれらの認定をふまえて判決は、
「これらの事情を総合考慮すると、本件各ブログ記事の掲載行為は、〔引用元の記事〕とは異なる、新たな意味合いを有するに至ったというべきである。」
として、被告による本件ブログ記事への掲載行為は、原告の社会的評価を新たに低下させるものだとした。
　判決が認定判断したこれらの事情をふまえれば、被告による"まとめサイト"の作成と公表が原告の社会的評価を新たに低下させると判断されたのは当然であろう。
　なお上記の判決では、情報量の圧縮、レスの並べ替え、表記文字の強調といった行為があったことをもふまえて当該"まとめ行為"について名誉毀損性が肯定されているが、これは当該事例における判断なのであって、要はケースバイケースであり、この判決は、情報量の圧縮や並べ替えや強調がなければ独自の名誉毀損性が肯定されないと言っているわけではない。

# 第8章——名誉毀損言論の流布の範囲

## 第1節　伝播する態様の必要性

**1**　名誉毀損とは社会的評価を低下させることをいうのであるから、いくら他人を悪し様に言ったとしても、その名誉毀損言論が相手方に対してのみなされた場合には、「社会」での評価が下がるわけではない。したがって、名誉毀損が成立するには、当該言論が一定程度他人に伝播する態様でなされる必要がある。

　　刑法上の名誉毀損では「公然」性が要件として明示されている（刑法230条1項）。ここに「公然」とは不特定または多数人の認識し得る状況をいうと解するのが通説であり、判例も同旨であるといわれている[注1]。民事法上の名誉毀損では、「公然」性は要件とはされていないが、上記の通り「社会」の評価が低下しなければ名誉毀損とはいえないので、結果的には「公然」性が要件とされているのと事実上ほぼ同じになる。法的には、公然となすという"行為"の問題なのか、社会的評価の低下という"結果"の問題なのかの違いがあるといえるかもしれないが、多くの場合、その点の区別を突き詰める実益はあまりない。

---

（注1）　学説は、団藤重光『刑法綱要各論〔第3版〕』（創文社・1990年）513頁、平川宗信『刑法各論』（有斐閣・1995年）225頁、西田典之『刑法各論〔第7版〕』（弘文堂・2018年）123頁、大谷實『刑法講義各論〔新版第5版〕』（成文堂・2019年）170頁、山口厚『刑法各論〔第3版〕』（有斐閣・2024年）136頁など。

　　　最2小判1961（昭和36）年10月13日（刑集15巻9号1586頁）は、「多数人の面前において人の名誉を毀損すべき事実を摘示した場合は、その多数人が……特定しているときであつても、刑法230条の罪を構成する」という。

**2**　東京地判2011（平成23）年4月22日(注2)は、抗議文の送付による名誉毀損が問題となった事案において、

「ある表現が原告の社会的評価を低下させるというためには、当該表現が不特定又は多数の者が知り得る状態でされることが必要である」

とした上で、

「本件文書……は、……原告あてに直接郵送された原告を名宛人とする文書であるから、その内容を不特定又は多数の者が知り得ることは想定し難……いので、その記載内容を問題とするまでもなく、本件文書……は、原告の社会的評価を低下させるものではない。」

とした。至極当然の判示である。


# 第2節　"伝播性の理論" について

**1**　第1節の1（108頁）で私は、「公然となすという"行為"の問題なのか、社会的評価の低下という"結果"の問題なのか」の区別を突き詰める実益はあまりないと述べたが、刑法上の名誉毀損において議論されてきた"伝播性の理論"の問題に言及するとき、この区別には意味があると思っている。以下、私の理解を述べておきたい。

"伝播性の理論"とは、特定少数人に対して名誉毀損的言辞をなした場合であっても、そこから不特定または多数人に伝播する可能性があれば、「公然」性があるとして名誉毀損罪の責任を問い得るという理論であり(注3)、判例はこの立場を採用している(注4)。他方、学説は、かかる理論に対しては、抽象的危険犯とされる名誉毀損罪の危険性を更に抽象化することになって処罰範囲が不当に拡張されてしまう等の理由により、反対

---

(注2)　判時2130号21頁。

(注3)　団藤・前掲（注1）513頁、佐久間修『刑法各論〔第2版〕』（成文堂・2012年）144頁、中森喜彦『刑法各論〔第4版〕』（有斐閣・2015年）87頁、井田良『講義刑法学・各論〔第3版〕』（有斐閣・2023年）203頁。

(注4)　最1小判1959（昭和34）年5月7日（刑集13巻5号641頁）。

第8章　名誉毀損言論の流布の範囲　第2節　"伝播性の理論" について　*109*

する見解が多い[注5]。

　かような"伝播性の理論"の発想は、民事法上の名誉毀損の解釈にもそのまま持ち込まれており、東京地判2009（平成21）年3月18日[注6]は、「名誉毀損による不法行為が成立するためには、公然と事実を摘示ないし意見論評を表明することにより他人の名誉を毀損することが必要であるところ、事実の摘示ないし意見論評が公然となされたといえるためには、必ずしも不特定多数人に対して事実の摘示ないし意見論評がなされることは必要とされず、特定少数人に対して事実の摘示ないし意見論評がなされた場合であっても、不特定多数人に伝播する可能性があれば足りるものと解するのが相当である。」
とする。[注7]

**2**　しかし私は、この理論の発想を民事法上の名誉毀損の解釈に持ち込むことには慎重であるべきであると考えている。

　刑事法上の議論の場合、そもそも刑法は"行為"の類型であってその行為類型上「公然」性が法律の明文で要件とされていること、しかも故意犯しか処罰されないという性質からして、「公然」性の行為態様を解釈によってきちんと特定しなければならないという要請がある。このため、「"公然"というには伝播可能性があればよいとするか否か」という問題を議論

---

（注5）　平川・前掲（注1）226頁、西田・前掲（注1）123頁、大谷・前掲（注1）171頁、山口・前掲（注1）141頁。
　　　小林憲太郎「刑法判例と実務——第51回　名誉毀損罪の周辺」判時2430号164頁（2020年）は、
　　　「人の口には戸は立てられぬといわれるように、情報が他の人へと、しかも、ゆがめられ、誇張されたかたちで伝わっていく可能性は常に存在する。そして、このような可能性を念頭におきながら会話に注意せよといわれたのでは、国民の日常生活への制限が大きくなりすぎて不当である。」
　　　という。その通りだと思う。
（注6）　判タ1298号182頁、判時2040号57頁。
（注7）　中丸隆「名誉毀損の成否」竹田稔=堀部政男編『新・裁判実務大系9　名誉・プライバシー保護関係訴訟法』（青林書院・2001年）6頁は、「表現が特定の者に対して示されたにすぎない場合には、当時の状況等からその表現の内容が他人に伝播する可能性が存在することを要すると解される」という。
　　　また最高裁判所判例解説民事篇・平成15年度156頁も「ある人の社会的評価が低下するといい得るためには、原則として名誉毀損事実が一定範囲に流布されることが必要であるが、現実に広く流布されたことまで必要ではなく、流布の可能性があればよいとされており、相手方が特定少数であっても、間接に多数人に認識可能であれば、名誉毀損が成立する。」とする。

110　第2編　名誉毀損の成立要件に関する諸問題

する実益がある。

これに対し民事法の場合、わが国の不法行為法の解釈は行為ではなく被侵害利益によって類型化するものとされており、また過失によっても責任を生じることから、そもそも行為の特定の要請がない。しかも、名誉毀損とは社会的評価を低下させることであるという点において異論を見ないのであるから、一にかかって社会的評価が低下したか否かを問題とすればよいのではないだろうか。

即ち、行為者の名誉毀損的言辞につき伝播する"可能性"があったか否かを議論することに意味はなく、"現に"伝播したか否かを問題にすればよいしそうするべきだと私は思うのである。

**3** 私がなぜこのようなある意味で細かい話をするかというと、"伝播性の理論"に引きずられ過ぎたために結論の妥当性に疑問のある裁判例が時折見られるからである。

たとえば、仮処分申立事件への疎明資料の提出を名誉毀損と認めた京都地判1990（平成2）年1月18日[注8]である。

民事保全事件は基本的に非公開であって（民保法3条）、事件記録を閲覧等できる者も限定されている（同法5条）。そのような手続に資料を提出したからといって名誉毀損を認めることは妥当であろうか。

同判決は旧法下における判断であるが、

「一般に仮処分申請事件においては、裁判を決定で行う場合でも、口頭弁論が開かれる場合があるうえ（民訴法756条、742条1項、125条1項ただし書）、決定に対しては異議の申立ができ、右異議訴訟は必ず口頭弁論を開かなければならないのである（同法756条、745条、125条1項本文）から、ある書類が仮処分申請事件の疎明資料として裁判所に提出されることによりその内容が第三者に伝播する可能性があるといえ、名誉毀損の前提たる公然性があると解するのが相当である。」

として名誉毀損の成立を認めた。

また、東京地判2017（平成29）年9月27日[注9]は、離婚調停に当事者が提出した書面につき、

---

（注8）　判タ723号151頁、判時1349号121頁。
（注9）　判タ1464号213頁、判時2379号95頁。

「本件離婚調停は、家事事件であるところ、その手続は、非公開であり、裁判所が相当と認める者の傍聴が許され得るにとどまるものであるが（家事事件手続法33条）、当事者又は利害関係を疎明した第三者は、家庭裁判所の許可を得て、裁判所書記官に対し、家事調停事件の記録の閲覧若しくは謄写、その正本、謄本若しくは抄本の交付を請求することができ（同法254条1項）、家庭裁判所が相当と認めるときには、その許可をすることができること（同条3項）に照らすと、本件離婚準備書面は、本件離婚調停について利害関係を有する者を通じるなどして不特定又は多数の者にその内容が伝播する可能性があったというべきである。」
として名誉毀損性を認めた。

　かようにこれらの判決は、問題となった疎明資料や主張書面が、現に口頭弁論が開かれたり記録を閲覧されたりしてその内容を誰かに知られたのかを特に問題にせず、前者の保全の件にあっては口頭弁論が開かれる"可能性"や、手続が公開される異議審<sup>(注10)</sup>に移行する"可能性"があることをもって、後者の家事調停の件にあっては記録が閲覧謄写される"可能性"があることをもって、それぞれ名誉毀損の成立を認めているのである。

　これらの件の具体的な事実関係は分からないが、現実には、京都地判の件も東京地判の件も、問題の書面は、当事者と裁判所以外の誰の目にも触れていないのではないか。現に他人の耳目に触れていないにも拘わらず名誉毀損の成立を認めるというのは、"伝播性の理論"に引きずられ、かつ、その"伝播可能性"を余りにも緩やかに認め、その結果として判断を誤ってしまっているのではないかと思うのである。

**4**　更に言えば私は、通常の民事訴訟の場合についても、訴訟手続が公開され（民訴法87条1項本文、憲法82条1項）また何人も訴訟記録を閲覧できる（民訴法91条1項）からといって、安易に名誉毀損の成立を認めるべきではないと思っている。民事訴訟における弁論の枢要部分は実際には書面のやりとりで終わっており、仮に法廷において現実に口頭で何らかのやりとりがあったとしても、通常は、その口頭弁論期日の最中に傍聴席にいるのは自分の事件の順番を待っている他の弁護士のみであってその口頭のやりと

---

（注10）　現行法上は、異議審も口頭弁論を開くか否かは任意的である（民事保全法3条）。

りを聞いているわけではない。また多くの場合、事件記録を閲覧・謄写するのも当事者のみであるのが現実である。そのような現実を無視して、訴訟手続の公開性や閲覧の自由性という観念のみから名誉毀損の成立を認めることは、損害が発生していないのに不法行為を認めるに等しい。

（1）たとえば上記**3**の2017（平成29）年東京地判は、口頭弁論期日における弁護士の口頭による発言につき、

「本件各発言は、随時傍聴人の出入りが自由な公開の法廷においてされたものであり、不特定又は多数の者に伝播する可能性があるものといえる。」

という。

つまりこの判決は、公開の法廷に現にいかほどの人がいたかを問わず、人の出入りが自由であるという公開の法廷の性質のみから"伝播可能性"を認めて名誉毀損性を肯定しているのである。

しかし上記東京地判のかかる解釈は、"伝播性の理論"の解釈としても間違っているのではなかろうか。

たとえば、団藤重光（前掲（注1）514頁）は、"伝播性の理論"が採用されている判例として大判1923（大正12）年6月4日[注11]と最1小判1959（昭和34）年5月7日（前掲（注4）参照）を挙げるが、前者の事例は、畔畔においてA巡査及びBほか数名が居合わせたところでの発言に名誉毀損性を認めたものであり、また、後者は、自宅でのAとBに対する発言、並びにC宅でのD、E及び近所のF、G、H等に対する同旨の発言をもって名誉毀損性を認めたものである。つまりいずれも、多数とは言えないがそれなりの数の人に対してなされた発言なのである。

上記東京地判は、そこにどれほどの人がいたかを何ら認定しないまま、"人の出入りが自由"であることのみをもって名誉毀損性を認めているのであるが、これは、伝播する「可能性」を余りにも抽象的にかつ緩やかに解し過ぎているといわざるを得ない。

かかる解釈は、人の出入りが自由なところであれば人がいようといまいと名誉毀損が成立するかのようである。駅の待合室や公衆トイレも人

(注11)　大審院刑事判例集2巻6号486頁。

の出入りが自由であるが、上記東京地判は、自分以外に誰もいない待合室や公衆トイレでの発言にも名誉毀損性があるとでも言うのであろうか。

（２）　またこの2017（平成29）年東京地判は、訴訟における準備書面（「本件婚費準備書面」）の記載の名誉毀損性につき、

「本件婚費準備書面の提出ないし陳述行為により、本件婚費準備書面の内容が不特定又は多数の者に伝播する可能性があったか否かについてみるに、本件婚費準備書面は、公開の法廷で陳述されたものであり、かつ、本件婚費準備書面は、訴訟記録として何人においても閲覧できること（民事訴訟法91条１項）に照らすと、不特定又は多数の者にその内容が伝播する可能性があったというべきである。」

とし、現に誰かが当該訴訟記録を閲覧したかと問わずに訴訟記録の閲覧可能性のみをもって名誉毀損性を認めており、これもまた結果の妥当性を失している。

　**1**（109頁）で述べた通り、一般に“伝播性の理論”とは、“特定少数人”に対して名誉毀損的言辞をなした場合であっても伝播可能性があれば「公然」性があるとする理論であり、少なくとも“特定少数人”には名誉毀損的言辞が現に伝わっていることが前提とされている。上記東京地判の判断は、記録を閲覧した者がいようといまいと閲覧可能性のみをもって名誉毀損性を認めているのであり、これは即ち、閲覧した者がいなくても、つまり“特定少数人”にすら伝わってなくても名誉毀損性を認めるものに他ならず、“伝播性の理論”をあまりにも拡張し過ぎている。

**5**　民事訴訟の法廷における行為の名誉毀損性についての問題意識を的確に指摘したものとして東京高判2007（平成19）年２月27日 [注12] がある。事案は、裁判所に書証を提出したことをもって名誉毀損が成立するかが問題とされたものであるが、判決は、

「我が国の民事訴訟の法廷では、特別に社会の注目を集める事件以外は傍聴人は事件当事者の関係者と、同じ法廷で同時刻又は近接した時刻に期日が指定された全く別の訴訟の当事者、関係者であるのが通常であり、

───────────────

（注12）　判タ1257号164頁。

それらの別の訴訟の当事者、関係者は、自分の関係する事件以外の審理内容には特別に通常と異なる事象が生じない限り関心を払わないのが実情であること、書証の内容を読み上げることは行われないのが実情であることは当裁判所に顕著である。」

「別件訴訟に世間の関心が集まり、事件当事者の関係者以外の傍聴人が相当数あり、本件記載……を含む証拠が傍聴人の前で読み上げられたことを認めるに足りる証拠はないから、別件訴訟が公開の法廷で審理されたからといって、本件記載……が、社会といえるだけの一定の広がりを有する対象に開示されたものということはできない。」

「また、別件訴訟の当事者、関係者以外の第三者が同事件の訴訟記録中本件記載……を含む部分を閲覧又は謄写したことを認めるに足りる証拠のないことによれば、本件記載……を含む本件調査報告書の一部が別件訴訟で証拠として提出され訴訟記録の一部となったことにより、社会といえるだけの一定の広がりを有する対象に開示されたものということはできない。」

として、名誉毀損の成立を認めなかった。

**6**　社会的評価の低下の有無は目に見えないのでその認定は容易ではないが、少なくとも、保全事件や訴訟事件の記録が現に他人に閲覧されたか、更に謄写までをされたかは容易に認定可能なのであるから、そのようなことを確認せずに安易に名誉毀損性を認めることには、私は賛成できない。

もとより、訴訟行為その他の裁判手続のための当事者や弁護士の活動には広汎に免責が認められるが（詳しくは第7編第6章・701頁参照）、それ以前に名誉毀損性の段階でもっと厳格にその成否の判断がなされるべきだと思うのである。

# 第3節　　言論の流布の範囲と名誉毀損の成否に関する裁判例

本節では、言論の流布の範囲と名誉毀損の成否に関し、参考となる裁判例を挙げることとしたい。

① 東京地判1992（平成4）年1月23日 [注13]

　甲との間で不動産に関し紛争状態にある乙が、甲の母Aに電話と手紙で、甲の伯父Bと弟Cに手紙で、甲に関する名誉毀損的言辞を告げた事例において、名誉毀損の成立を認めた。

② 東京地判1992（平成4）年8月31日 [注14]

　丙と丁が境界紛争をしている時に、丙が丁の地主Dに対し丁の名誉を毀損する私信を送った行為につき、名誉毀損の成立を認めた。

　①も②も、名誉毀損的言辞を受け取った者は特定少数人であるところ、判決は、その受け取った者からどこかへ現にその内容が伝播したか否かを認定せず、その伝播の可能性も検討せずに名誉毀損の成立を認めている。しかし、これらを名誉毀損であるとする解釈には疑問が残る。

　もとより、①や②の行為が不法行為上違法となる余地はあるかもしれない（名誉感情侵害であったりプライバシー侵害であったり、あるいはまた更に別の違法性を認定できることもあろう）。しかし少なくともこれらを名誉毀損であるとするのは、名誉毀損法理を混乱させることになるのではあるまいか。

③ 東京地判1997（平成9）年4月21日 [注15]

　テレビ番組出演者に関する名誉毀損言論を、当該テレビ局にファクスで送信した行為につき、名誉毀損の成立を肯定した。

　判決は、

　「大きな組織の職場に設置されたファックス機に対しファックス文書を送付したときは、たとえ当該文書に名宛人が記載されていても、不特定又は多数の者の認識し得る状態におかれるのであるから、……封書による送付の場合に見られるような秘密性は期待し得ず、その公然性を否定することはできないから、いわゆる伝播性がある」

としている。

　大きな組織の職場へのファクス送信行為の場合、そのファクス文書が多人数の目に触れてしまうことは容易に推認できることから、伝播性の

---

(注13)　判タ865号247頁。
(注14)　判タ819号167頁。
(注15)　判タ969号223頁。

理論に消極的な私の立場からしてもこの判決の結論には賛同できる。

④　東京地判2014（平成26）年7月9日 [注16]

成年後見人を務める弁護士（原告）の名誉を毀損する内容のファクス文書を家庭裁判所（後見センター）に送信した行為につき、名誉毀損の成立を肯定した。

判決は、

「家庭裁判所は、選任した後見人が後見業務を適切に行っているかを監督する責務を負っていることに照らせば、後見センターに対し、原告が成年後見業務を違法に行っている旨の事実を摘示すれば、後見センターは後見業務の監督のために、東京家庭裁判所内の関係部署の裁判官ないし職員にその摘示内容を伝達して原告の後見業務を調査することは容易に想定できるところである。したがって、被告による本件上申書の提出は、成年後見業務を行う弁護士である原告の社会的評価を低下させる」

としている。伝播する可能性を抽象的に検討するのではなく、関係部署に伝達されることを経験則に照らして認定できるものとしている。妥当な判断であろう。

⑤　東京地判2003（平成15）年8月22日 [注17]

これは、大学教授Eに関する名誉毀損的言辞を記した意見書を、26人の理事が出席した大学の理事会に提出し読み上げた行為の名誉毀損性が問題となった事例である。

この理事会は、E教授の法学部長就任を承認するか否かを審議するものであり、そこに、"E教授は法学部長として不適格である"との内容が記載された意見書が提出され読み上げられたという事実経過である。

判決は、26名という人数につき「必ずしも少数人とはいえない」としながらも、当該意見書にはその性質上高度の秘匿性が要請されていたこと、そしてその意見書が現に理事会終了後に回収されたこと等に鑑みて、「第三者に対し、流布、伝播する可能性はなかった」として名誉毀損性を否定した。

---

(注16)　判時2236号119頁。
(注17)　判時1838号83頁。

理事会自体が26名という多数の者のいる場だったことからすると、まず理事会への意見書の提出とその読み上げ自体が名誉毀損となるのではないかが問題となり得るが、E教授の法学部長就任を審議するという理事会の性質上、就任反対の意見が出されたからといってそのこと自体でE教授の評価が下がるということはないといえよう。

　したがってその26名から更に他者に対して伝播する可能性があったかどうかが名誉毀損の分かれ目となったのであるが、判決は上記のような判断で名誉毀損性を否定したのである。

　妥当な判断といえよう。

⑥　東京地判2014（平成26）年5月19日 <sup>(注18)</sup>

　本件は、労働委員会における不当労働行為事件の審査手続に証拠として鑑定書を提出した行為が会社の取締役（原告ら）の社会的評価を低下させるかどうかが問題となった事例である。

　判決は、

　「労働委員会規則によれば、不当労働行為事件の審査の手続において、当事者または関係人……は審問調書及び調査調書を閲覧できることとされているが……、これらの者以外の者の閲覧を許す定めはなく、不当労働行為事件の審査の手続に証拠として提出された本件意見書は、これと同様の扱いとされる……。」

　「そうすると、本件意見書を不特定若しくは多数の者が閲読し、又は閲読することが可能であったということはできないから、……本件記述……が原告らの社会的評価を低下させるものであるとはいえ〔ない〕。」

とした。

　これもまた妥当な判断であるといえよう。

⑦　東京地判1969（昭和44）年10月31日 <sup>(注19)</sup>

　日本料理店を営む女性（原告）に対し、隣の寿司店の店主（被告）が、原告の客数名の面前で「この馬鹿野郎、淫売婦」と怒鳴りつけた事例において、名誉毀損の成立を認めた。

───────────

(注18)　判時2254号100頁。
(注19)　判時582号83頁。

118　第2編　名誉毀損の成立要件に関する諸問題

上記⑤は26名の面前での行為につき名誉毀損性を認めなかったが、本件は「数名」の面前での行為につき名誉毀損であるとしている。

　しかし本件で社会的評価の低下を認めるのは難しいのではなかろうか。被告に賠償を認めたという判決の結論には賛成であるが、本件は名誉感情侵害というべきであろう。

⑧　さいたま地熊谷支判2013（平成25）年2月28日[注20]

　本件は、小学生の子を持つ親（被告）が、子の担任教師（原告）宛ての連絡帳に当該教師に対する中傷を記載した行為、及び、当該教師を中傷する文書を教育委員会に提出した行為の名誉毀損性が問題となった事例である。

　判決は、連絡帳への記載につき、「未だ『公然』と名誉を毀損したとはいえない。」として名誉毀損性を否定した。

　また教育委員会への書面の提出行為についても、

「本件書面が、市教委の職員等、特定の者に回覧されることはあっても、それ以外の者に、みだりに伝播するとは考えにくい。」

として名誉毀損性を否定した。

　この判決は、民事の名誉毀損事件であるのに「公然」性を問題としたり、また、伝播可能性を検討したりしており、よって論理の枠組みには賛同できないが、名誉毀損が成立しないとの結論には賛成である。

⑨　大阪地決2022（令和4）年9月26日[注21]

　泉南市議（債権者）が議会で差別的発言をしたことにつき、市議会は、当該市議に対して謝罪と反省を求める決議をした。市議会は続いてその決議を「議会だより」に掲載しようとしていたところ、当該市議が、当該「議会だより」の発行が自身の名誉を毀損するとしてその発行を禁ずる仮処分の申立てをした。

　本件では、当該「議会だより」が発行される前に当該市議自身が当該決議を自分のSNSに掲載していたという経緯があったため、市側（債務者）は、"既に自らSNS上に投稿している以上、『議会だより』が発行されたとしても市議の名誉が新たに毀損されることはない"と主張した。

---

（注20）　判時2181号113頁。
（注21）　判タ1505号189頁、判時2560号74頁。

これに対して決定は、

「この点につき、債務者は、債権者が本件決議を自らSNS上に投稿していること……をもって、新たに債権者の社会的評価が低下する余地はない旨主張する。しかしながら、……本件議会だよりが議会活動を市民に広く周知することを目的として泉南市内の全世帯に配布されることからすると、なお債権者の社会的評価を低下させるものというべきであり、債務者の主張は採用できない。」

とした。

つまり、既にインターネット上で公表されていたとしても、改めて広報されることによって社会的評価の低下が生じる、という判断である。

先行している名誉毀損言論があった場合に後行した名誉毀損言論に名誉毀損性が認められるかは事案によるであろうが、本件の議員のSNSと議会の広報という関係からすれば、裁判所の判断は妥当であろう。

# 第9章──社会的評価の低下の程度

## 第1節　基本的な考え方

　「名誉毀損を社会的評価の低下と捉えると、社会的評価が低い人には、低下させられるほどの評価がもともと存在しないから、名誉毀損の成立の余地がないのではないか？」──このようなことが真面目に議論されることがあるようである。

　このような議論を認めると、たとえば、窃盗の前科5犯を有する者が、「6件目の万引きをした」と報じられたがそれが誤報だった場合、「前科5犯の者は"大ドロボウ"であることに間違いはないのだから、6犯目が誤報だったとしても名誉毀損にはならない」ということになる。しかし、かような結論は是認すべきでない。どのような人であれむやみに人格を否定されるいわれはないのであり、これは即ち、どんな人でも一定の評価を持って生きているということである。したがって、みだりにその評価を毀損されるいわれもない。社会的評価というものは相対的なものなのであり、「6件目の万引き」を"していない"という前提での評価と、"した"という前提の評価は異なるのである。

　もっとも上記の例の場合、損害の大きさという観点では他と比較して小さいということはあり得よう。

　裁判例でも、東京高判1993（平成5）年9月29日[注1]は、

　「どのような人でも、……人として尊重されるべき一定の社会的評価を有

---

（注1）　判タ845号267頁、判時1501号109頁。

しているというべきであるから、その人に向かって何を言ってもよいなどといえるはずはない。特定の人を対象にして、その人の態度や性格などに関する消極的な事実を重ねて指摘し、あるいは暗示して、多数の人々に流布させることは、たとえその人について既に芳しからぬ評判が立っている場合であっても、さらにその社会的評価を低下させることになることは明らかである。社会から受ける評価が低いとの点は、名誉毀損に対する賠償額の認定、判断に際して斟酌されるに止まるというべきである。」
と的確に判示している。


## 第2節　　裁判例

　社会的評価を低下させ名誉毀損が成立する場合であっても、その社会的評価の低下の程度が僅少である場合その他、違法性が軽微である場合には、損害賠償が認められない場合もあり得る。参考となる裁判例をいくつか紹介したい。名誉毀損性を否定する判決の理路や表現が様々であることが分かる。

①　東京地判1998（平成10）年7月27日[注2]
　　本件は、現役の衆議院議員が、自己に関する情報誌の記載につき名誉毀損を訴えた事件である。判決は、
　　「本件問題部分による原告の社会的評価の低下はそれがあったとしてもごく僅かなものにすぎないことは明らかである。」
　　として議員の賠償請求を棄却した。

②　東京地判1998（平成10）年11月27日[注3]
　　弁護士が民事訴訟で陳述した内容が名誉毀損にあたるとする損害賠償請求事件。判決は、当該弁論が名誉毀損にあたることを認め、かつ、かかる名誉毀損行為が正当な範囲の弁護活動ともいえないとしつつ（つまり免責の余地もないとしつつ）、

---

（注2）　判タ991号200頁。
（注3）　判時1682号70頁。

*122*　第2編　名誉毀損の成立要件に関する諸問題

「原告がこれによってその名誉を毀損されたとして損害賠償（慰謝料の支払）を求めることができる程の違法性を有するものでもない」

として、賠償請求を認めなかった。

③ 横浜地判2007（平成19）年3月30日[注4]

学者によるホームページ上の記載の名誉毀損性が問題となった事案。判決は、

「本件記載……が原告について否定的な印象を与えるものであることは否めないものの、これによる原告の社会的評価に対する影響は極めて限られたものであり、原告の名誉を毀損するほどに原告の社会的評価を低下させたとまではいえない。」

とした。

④ 東京高判2007（平成19）年6月28日[注5]

原告が三井物産マニラ支店長誘拐事件に関与したとの新聞記事の名誉毀損性が問題とされた事件である。判決は、

「〔三井物産マニラ支店長誘拐事件に〕仮に関与したと報道された者が市井の一市民であれば、その者の社会的評価を低下させ、これにより名誉を毀損するものということができる。」

としつつ、原告については、

「原告は、国際テロ組織である日本赤軍の最高幹部であり、日本赤軍が組織的に敢行したテロ事件のうちドバイ事件及びダッカ事件に実行正犯として関与し、特にダッカ事件では主導的役割を果たし、これにより、無期懲役の刑を宣告され判決が確定して、服役中の者であり、市井の一市民と同等に考えることはできない。」

とした上で、

「本件記事……により、……原告の社会的評価が更に低下するとは認め難く、仮に低下するとしても法的保護に値するほどのものとは認められない。」

と結論づけた。

---

(注4) 判時1993号97頁。
(注5) 判タ1279号273頁。

⑤　東京地判2013（平成25）年10月28日[注6]

フェイスブック上の書き込みについての名誉毀損性が問題となった事案。

判決は、書き込みをした動機、記述の手法、真実性等の事情をふまえ、

「本件記事等の内容が不法行為を構成する程の違法性を有すると認めるのは相当でない。」

として不法行為の成立を否定した。

⑥　東京地判2013（平成25）年12月13日[注7]

新聞社が原告となり、週刊誌の記事により名誉毀損されたとして雑誌社（被告会社）に対し損害賠償等を請求した事例。判決は、

「本件記事は抽象的・評価的な事実とこれに対する論評が大半をしめており、全体として、言論機関である原告の報道姿勢に対する被告会社の批判を内容としていること、多くの発行部数を有する読売新聞の発行会社たる原告としては、同批判に対する反論を自ら行うことは容易であったといえること」

とし、当該記事につき、

「原告の社会的評価が、不法行為を構成するほどに低下したとは認められない」

とした。

⑦　福岡高判2015（平成27）年10月7日[注8]

ある会社（控訴人）が暴力団に関わっている旨の新聞記事の名誉毀損性が問題となった事案。判決は、本件記事が公表される1年ほど前から原告は暴力団関連企業である旨報道されていたこと等の事情をふまえ、

「本件記事により控訴人会社の社会的評価が低下したとしても、それにより、金銭賠償を相当とするほどの無形の非財産的損害が生じたとは認められない。」

とした。

---

（注6）　判タ1419号331頁。
（注7）　判時2239号71頁。
（注8）　公刊物未登載（福岡高裁平成26年（ネ）第855号）。

⑧　大阪地堺支決2019（令和元）年12月27日 <sup>(注9)</sup>

　　グーグルマップの口コミへの書き込みにより名誉が毀損されていると
して歯科クリニック（債権者）が口コミ記事の削除を求める仮処分を申
し立てた事案。決定は、

　　「歯科医院について受診した患者が発信する体験談等には公共性があ
　　り、情報として価値が高いものともいえること、債権者が公衆を対象
　　に歯科医業を営んでおり、治療技術の巧拙やサービス内容等について、
　　批評を受けることも、ある程度やむを得ないものといえることを併せ
　　ると、本件記事が債権者の受忍限度を超えてその社会的評価を低下さ
　　せるものとは認められない。」

とした。

⑨　東京地判2021（令和3）年3月5日 <sup>(注10)</sup>

　　これもグーグルマップの口コミへの書き込みが名誉毀損にあたるとす
る医師（原告）による削除請求の事案である。判決は、病院や医師につ
いての口コミにつき、

　　「ウェブサイトにおける病院又は医師についての口コミは、不特定多
　　数の患者が治療を受けるべき病院又は医師を選択するのに資する貴重
　　な情報源であり、他方、そのような不特定多数の患者の生命、身体、
　　健康等を預かる病院及び医師としても、口コミによる自由な批判に対
　　してはある程度受忍すべき立場にあるものというべきであるから、本
　　件記事が原告の名誉を毀損するというためには、本件記事による原告
　　の社会的評価の低下の程度が受忍限度の範囲を超えるものであること
　　を要すると解するのが相当である。」

とした上で、全ての記載について「受忍限度の範囲内である」として原
告の請求を棄却した。⑧と発想を同じくする判断である。

---

（注9）　判時2465・2466合併号67頁。
（注10）　判タ1491号191頁。

# 第10章―――故意・過失

**1** 刑法上の名誉毀損罪は故意犯しか罰せられない（刑法38条１項本文）と
いわれているのに対し<sup>(注1)</sup>、民法上の名誉毀損は一般不法行為であるので、
故意のみならず過失に止まる場合にも責任は発生する。

　かように、「故意のみ」の刑事責任と「故意のみならず過失」の民事責
任とを比較すると一見、前者と後者との成立範囲に相当の違いがあるよう
に見え、後者の成立範囲の方がかなり広くなるように思われるかもしれな
い。しかし実際のところ、故意・過失の責任論の問題についていえば、両
者の成立の範囲に有意な違いがあるとはいえない。

　その理由は、名誉毀損行為の行為態様の特徴にある。

　名誉毀損における故意とは、名誉毀損該当事実を認識・認容しているこ
とをいう。つまり、自己が摘示する言論の内容を認識・認容し、かつ、そ
れを公表することを認識・認容していることをいう。なお、ここに「自己
が摘示する言論の内容を認識・認容し」とは、自分が言おうとしている内
容を認識・認容していればよい。たとえば、「A議員は汚職をしている」
と言おうとしているということを認識・認容していればよく、当該言論が
名誉毀損という評価を受け得るものだということまでを認識・認容してい
る必要はない。

**2** 他方、過失による名誉毀損というのは、行為態様としては通常は想定し
難い。なぜなら、自分が摘示しようとしている内容を自分が知らないとい
うことはほとんどあり得ないからである。名誉毀損は、行為自体が相当程
度の知的行為なので、自分は何もするつもりがないのにいつの間にか「A
議員は汚職をしている」と公表していた、ということは通常起こり得ない

---

（注1）　刑法上の名誉毀損罪を純粋な故意犯と捉えてよいかについては私は疑問を持っている。こ
　　　の点については後に述べる（第17章第３節・220頁）。

126　第２編　名誉毀損の成立要件に関する諸問題

のである<sup>（注2）</sup>。過失による名誉毀損があるとすれば、公開するつもりの
ないメモに名誉毀損的内容を書いていたところ、その文書がうっかり外部
に伝わり、誰かが多数人に向けて公表してしまった、というように、公表
の過程に過失がある場合くらいであろう。かように過失による名誉毀損は
ほとんど想定されないので、結局、民事の名誉毀損には故意のみならず過
失を含むといっても、その成立範囲が広くなるということはあまりないと
いえるのである。<sup>（注3）（注4）</sup>

**3** 　過失による名誉毀損が認定された珍しい裁判例があるので紹介したい。
東京地判2014（平成26）年1月15日<sup>（注5）</sup>である。これは、警察がイスラム
教徒を監視して収集した情報を警視庁が誤って外部に流出させたという事
案である。判決は、

> 「警視総監としては、原告らの個人情報が絶対に漏えいすることのない
> よう、徹底した漏えい対策を行うべき情報管理上の注意義務を負ってい
> た」

としつつ、警視総監がかかる注意義務に違反して情報を漏えいさせ、原告
らの名誉を毀損したとし、東京都に損害賠償責任を認めた。

　インターネットを通じた情報流出事故は近時しばしば生じるようになっ
ており、「公表の過程に過失がある場合」という名誉毀損のケースは、今
後は増えていくことになろう。

---

（注2）　これは、器物損壊の場合と比較すると分かりやすい。器物損壊の場合、行為自体が"物を
壊す"という、単純でさほど知的作業を要求されないものであるため、故意に物を壊すという
類型のほか、うっかり物を壊してしまうということも十分にあり得る。むしろ過失による器物
損壊の方が、事象としては多いであろう。

（注3）　加藤一郎『不法行為』（有斐閣・1957年）64頁は、過失による不法行為の例として、「たと
えば、……十分に調べないで犯罪事実があると信じて告発したり書き立てたりして、それが間
違っていれば、過失による名誉毀損になる。」という。かような過失の捉え方は、私見とは異
なることになろう。

（注4）　下田大介「事実摘示型名誉毀損の要件（抗弁）枠組みと不法行為法学の混迷」福岡大学法
学論叢65巻4号754頁（2021年）は、「必ずしも社会的評価を下げるとはいえない事実を摘示し
たところ、摘示者の意に反して対象者の社会的評価が低下したという場合に、過失による名誉
毀損が問題となる。つまり、情報の受け手である読者や視聴者の反応を見誤ったことが、要件
としての過失であ……る。」という。この見解もまた、私見とは過失の捉え方が異なる。

（注5）　判タ1420号268頁、判時2215号30頁。

# 第11章——名誉毀損の判断基準

## 第1節　　判例理論

**1**　　ある言説が名誉毀損にあたるか否かをどのように判断するかについては、最2小判1956（昭和31）年7月20日[注1]が、

「所論新聞記事がたとえ精読すれば別個の意味に解されないことはないとしても、いやしくも一般読者の普通の注意と読み方を基準として解釈した意味内容に従う場合、その記事が事実に反し名誉を毀損するものと認められる以上、これをもつて名誉毀損の記事と目すべきことは当然である。」

と判示し、「一般読者の普通の注意と読み方」を基準とすべきことが明らかにされた。つまり、正確に精読した結果論理的に読み取れる内容を前提とするのではなく、一般的な読者の「普通の注意と読み方」を前提として名誉毀損の成否を判断すべきだというのである。

なお上記判例は「事実に反し名誉を毀損するものと認められる」としているが、事実の真偽を問わず名誉毀損が成立することは8頁（第1編第2章第3節の**3**）で述べた通りであるので、「事実に反し」との部分には規範としての意味はない。現にその後の最高裁判例では、

「ある記事の意味内容が他人の社会的評価を低下させるものであるかどうかは、当該記事についての一般の読者の普通の注意と読み方とを基準として判断すべきものであ〔る〕」

---

（注1）　民集10巻8号1059頁。

とされ<sup>(注2)</sup>、「事実に反し」という記載はなされていない。

**2**　ここで「一般読者の普通の注意と読み方」を基準に判断するということは、第1に、記事の意味内容を解釈するにあたり上記基準を用いることを意味する。記事にいかなる記載があるかという問題と、その記載がいかなる事実を摘示しているかは別個の問題であり、当該記載からいかなる事実の摘示を読み取るかを、「一般読者の普通の注意と読み方」を基準に判断するということである。

　たとえば、「A町長が町の発注工事に関して談合組織を作り、不正な入札を行ない、リベート1000万円を受け取っていた」という記載があったとしよう。この場合、この記載によって摘示されている事実は文字通り明らかといえよう。まさに、「A町の町長が談合がらみでリベートを受け取った」という事実である。しかし、「談合が噂されるA町の町長の口座に多額の入金があった」という記載の場合、この記載がいかなる事実を摘示していると捉えるかは一義的に明らかとはいえない。もちろん文脈にもよるが、この記載は、「町長が談合がらみでリベートを受け取った」という事実摘示だとの受け止め方もあろうし、他方、文字通り「A町の町長に多額の入金があった」ということを示しただけだとの見方もできよう。かような場合に、この記載を目にした「一般読者」がどのような内容として受け止めるかを、裁判所は判断するのである。

**3**　「一般読者」を基準とすることの第2の意味は、上記のように解釈して確定された意味内容につき、それが社会的評価を低下させるものか否かについても「一般読者」を基準とする、ということである。

　たとえば、「俳優の丙野三郎が妻に隠れて不倫をした」という事実摘示がなされたとしよう。この記事の意味内容が丙野三郎の社会的評価を低下させるか否かを考えるにあたり、「一般読者」を基準とするのである。

　立場によっては、「婚姻外の男女関係のどこが悪い？」とか「不倫は芸の肥やしである」という考え方もあり得ないではなく、そのような立場に立てば、「丙野三郎の不倫を報じることは芸を磨くための丙野三郎の努力を報じたものであって、丙野三郎の社会的評価を低下させるものではな

---

（注2）　最3小判1997（平成9）年5月27日（判タ942号109頁、判時1606号41頁）、最3小判1997（平成9）年9月9日（判タ955号115頁、判時1618号52頁）。

い」という理屈も、甚だ強引ではあるが一応は成り立ち得よう。しかしそれは現在の日本社会では特異な見方であるといわざるを得ず、「一般読者」は、婚姻外男女関係は感心したことではないという通念を有しているであろうから、この記事はやはり、丙野三郎の社会的評価を低下させるものである、と判断されることになる。

7頁（第1編第2章第3節の2）で述べた被差別部落出身者等の事実摘示が、個人の人格価値とは無関係であるにも拘わらず名誉毀損にあたるとされるのも、「一般読者」を基準とするからである。

裁判例としては、東京高判2006（平成18）年10月18日[注3]が、同性愛の嗜好があるかのような表現につき、

「現在の日本社会においては、同性愛者、同行為を愛好する者に対しては侮蔑の念や不潔感を抱く者がなお少なくないことは公知の事実ともいえるのであって、このような状況において、控訴人……がかかる嗜好を持つ者と誤解されることは同控訴人の社会的評価を低下させるものということができる。」

と判断しているが、これも「一般読者」を基準とするからである。

また、東京地判1998（平成10）年7月10日[注4]では、原告の経営する会社がアダルトビデオの制作に関わっているとの事実摘示が名誉毀損にあたるか否かが争われた。この点、被告出版社側は、アダルトビデオの制作も正当な経済活動であり、この摘示によって原告の社会的評価が低下することはないと反論をしたが、判決は、

「アダルトビデオ自体が、一般的に低俗でいかがわしいイメージを持たれており、……通常の感覚を有する一般人であれば右事実の公表を望まないであろうことからすると……原告……の社会的な評価が低下することは明白である。」

として名誉毀損の成立を認めた。アダルトビデオの制作も正当な経済活動であることは確かに被告の言う通りであろうが、なにぶん名誉毀損の成否の判断基準は「一般読者」である。かかる「一般読者」の見地からすれば、アダルトビデオの制作はやはり社会的評価を低下させる事実といわざるを

---

（注3）　判時1946号48頁。
（注4）　判タ998号220頁。

得ないことになろう。

# 第2節　参考になる裁判例

　本節では、一般読者の普通の注意と読み方に関して参考になる裁判例をいくつか紹介したい。

1　東京地判2014（平成26）年5月12日<sup>（注5）</sup>は、新聞による名誉毀損が問題となった事案において、記事の意味内容の解釈の仕方につき、"一般読者の普通の注意と読み方"を基準とする旨の判例の規範を示した上で、

　　「文書に記載されたある記事を読む一般の読者は、通常当該記事のうち名誉毀損の成否が問題となっている記載部分のみを取り出して読むわけではなく、記事全体及び記事の前後の文脈から当該記事の意味内容を認識又は理解し、これに評価を加えたり感想を抱いたりするものであると考えられる」

とし、その帰結として、

　　「ある記事がいかなる意味内容の事実摘示又は論評を含むものであるか、それが他人の社会的評価を低下させるものであるかについては、名誉毀損の成否が問題とされている記載部分の内容のみから判断するのではなく、当該記載の記事全体における位置付けや表現の方法又は態様、前後の文脈等を総合して判断するのが相当である。」

とした。記事の解釈手法に関する適切かつ妥当な指摘である。

　また東京地判2003（平成15）年10月20日<sup>（注6）</sup>は、月刊雑誌の名誉毀損性が問題となった事案において、

　　「記事の伝達内容は、その本文記事の内容のみならず、見出しの文言、その大きさ・配置、写真等を総合し、当該記事の一般読者がその記事を読んだ際に当該記事全体から通常受けるであろう印象によって判断するのを相当とする。」

---

（注5）　判タ1412号210頁。
（注6）　判タ1162号192頁。

第11章　名誉毀損の判断基準　第2節　参考になる裁判例　*131*

とした。これも、雑誌の記事の解釈手法に関してまっとうな指摘をしたものといえよう。

**2**　大阪地判2019（令和元）年9月12日 [注7] 及び大阪高判2020（令和2）年6月23日 [注8] は、ツイッターにおいて、他人の投稿を被告がそのままリツイート（単純リツイート）した投稿の名誉毀損性が問題となった事例であり、前者が一審、後者が控訴審の判決である。

大阪地判は、単純リツイートされたツイートの解釈に関し、

「何らのコメントも付加せず元ツイートをそのまま引用するリツイートは、ツイッターを利用する一般の閲読者の普通の注意と読み方を基準とすれば、例えば、前後のツイートの内容から投稿者が当該リツイートをした意図が読み取れる場合など、一般の閲読者をして投稿者が当該リツイートをした意図が理解できるような特段の事情の認められない限り、リツイートの投稿者が、自身のフォロワーに対し、当該元ツイートの内容に賛同する意思を示して行う表現行為と解するのが相当である。」

と判断した。

大阪高判も、

「単純リツイートに係る投稿行為は、一般閲読者の普通の注意と読み方を基準とすれば、元ツイートに係る投稿内容に上記の元ツイート主のアカウント等の表示及びリツイート主がリツイートしたことを表す表示が加わることによって、当該投稿に係る表現の意味内容が変容したと解釈される特段の事情がある場合を除いて、元ツイートに係る投稿の表現内容をそのままの形でリツイート主のフォロワーのツイッター画面のタイムラインに表示させて閲読可能な状態に置く行為に他ならない」

とした上で、

「そうであるとすれば、元ツイートの表現の意味内容が一般閲読者の普通の注意と読み方を基準として解釈すれば他人の社会的評価を低下させるものであると判断される場合、リツイート主がその投稿によって元ツイートの表現内容を自身のアカウントのフォロワーの閲読可能な状態に置くということを認識している限り、違法性阻却事由又は責任阻却事由

---

（注7）　判タ1471号121頁、判時2434号41頁。
（注8）　判タ1495号127頁。

が認められる場合を除き、当該投稿を行った経緯、意図、目的、動機等のいかんを問わず、当該投稿について不法行為責任を負うものというべきである。」
とした。

　これは結局のところ事案ごとの判断の問題なのであるが、単純リツイートの場合、元ツイートに対するリツイート者の意見や解釈が自明でない場合が多いであろうから、一般読者は、リツイートされた内容につき、元ツイートと同じ趣旨を伝えるものとして受け止めることが多いであろう。その結果、元ツイートに名誉毀損性があればリツイートにも名誉毀損が肯定されるケースが多くなろう。

**3**　東京高判1993（平成5）年9月27日 [注9] は、新聞の連載記事のある回の記載に関する名誉毀損の判断につき、その回の当該記事が名誉を毀損するものか否かの判断については、
　　「問題とされた記事のみならず、それ以外の一連の記事をも証拠資料として、その連載記事の全体を通じて判断するのが相当である。」
とする。

　大分地判2003（平成15）年5月15日 [注10] も、
　　「記事の掲載が連載でなされた場合には各回の記事の意味内容を判断する上で、それ以前の連載記事の意味内容をも考慮して判断すべきである。」
と、同旨の判断をしている。

　連載記事をずっと読んでいる読者を前提とすれば、当該被害者に対する印象は、連載記事の全体を前提として形成されるのであるから、上記判断は妥当と思われる。

　もっとも、読者の中にはその回しか読んでいない者もいるであろう。また、連載の回数や1回あたりの記事の量、あるいはまた当該媒体の特質（日刊か月刊か隔月刊か等）によって、連載記事全体を通読している者が相対的に少なくなる場合もあるであろう。とすると、連載記事を通読して初めて名誉毀損が成立するケースの場合は、当該記事のみで名誉毀損の判断

---

（注9）　判タ853号245頁。
（注10）　判時1826号103頁。

ができる場合よりも、損害は少なくなる可能性があろう。

**4**　東京地判2009（平成21）年7月28日 [注11] は、紛争の一方当事者の弁明を一般読者がどのように受け止めるかについて判断した事例である。判決は、
「紛争の一方当事者が自らの立場を弁明する内容の表現行為については、通常の読者であれば、対立関係にある者の片方から一方的に発信されたものとしてその表現行為を受け取り、事実を正確に伝えるものでない可能性があることを留保するものと解され、その表現行為によって相手方当事者に対する評価を変えるとはにわかに断定できない。」
という。紛争の一方当事者が自分の立場の正当性を主張するために他方について悪し様に言ったからといって、一般読者がそれを額面通りに受け取るとは限らないという指摘である。もとより事案によることであるが、参考になる指摘である。

**5**　東京地判2007（平成19）年8月10日 [注12] は、雑誌記事の意味内容の解釈手法につき、
「雑誌記事が名誉毀損の不法行為を構成するかどうか、それが違法であるかどうかを検討するに際しては、当該記事全体を読んだことを前提として、一般の正常な読者の普通の注意と読み方とを基準に判断すべきものであり、これを読まないまま、断片的な文言を偶々目にした者による迂闊な印象いかんを想像して、このような感じ方をする者がいるかもしれないというだけで名誉毀損の成否を判断することは許されないというべきである。」
という。

　これまでの判例が「一般読者」としてきたのに対し、この判決は一般の「正常な」読者とする。これは、想定する読者につきこれまでの判例の考え方に変更を加えていると解さざるを得ない。

　またこの判決は、読者が「当該記事全体を読んだことを前提と」すべきであるとし、「これを読まないまま、断片的な文言を偶々目にした者による迂闊な印象」で判断してはいけないという。これも、これまでの判例理論が、「精読すれば別個の意味に解され」得る場合（128頁）でもそれに依

---

（注11）　判タ1313号200頁、判時2051号3頁。
（注12）　判タ1257号173頁。

*134*　第2編　名誉毀損の成立要件に関する諸問題

らずに「一般」的な「普通」の読み方をもって判断すべきだ、としてきたのと比べて、やはり変更を加えているものだといえるのではなかろうか。

　したがってこの判決をどう位置づけるべきかは1つの問題であるが、本件の原告は大臣経験もある政治家とその所属政党であったことが解釈手法に大きく影響していると思われる。即ち、政治家や政党に対する批判の自由をマスメディアに最大限に認めようという配慮から、このように原告側に対してかなり厳しい認定の手法を採用したのではないかと思われる。この判決が別の箇所で、

　「憲法21条1項が保障する言論、出版その他一切の表現の自由は、基本的人権のうちでも特別に重要なものであ……る。議員自身の表現の自由が最大限尊重される一方、議員の政治的姿勢、言動等に関しては、国民の自由な論評、批判が十二分に保障されなければならないことは、民主国家の基本中の基本である。……特に政治家、とりわけ国会議員は、単なる公人にすぎないものではない。議員は、芸能人や犯罪被疑者とは異なるのであり、その社会的評価は、自由な表現、批判の中で形成されなければならないのであって、最大限の自由な論評、批判に曝されなければならない。」

　「このことは、議員に関する表現行為が、名誉毀損の不法行為として表現者に損害賠償責任を発生させるかどうかを検討する際にも十分考慮されなければならない点であり、……いやしくも裁判所が、限定のない広範な情報の中で形成されるべき自由な政治的意見の形成過程に介入し、損害賠償の名のもとにこれを阻害することはあってならないことである。」

と述べていることからも、かかる推測は、外れてはいないと思う。

**6**　東京地判2007（平成19）年1月23日[注13]は、黙示的な事実摘示がなされている場合の1つの解釈手法を示している。いわく、

　「単に当該記述の断片的な文言だけを見たとき、人の社会的評価を低下させるような事実を摘示していない場合や、他人の発言を引用したにすぎない場合であっても、当該記述の前後の文脈等を総合的に考慮すると、

---

（注13）　判時1982号115頁。

一般の読者をして、当該記述が間接的ないしえん曲に人の社会的評価を
　　低下させる事実をいうものと理解され得るならば、当該記述は、社会的
　　評価を低下させる事実を摘示するものというべきである。」
とする。

　　事案は雑誌記事の記載の解釈が問題となったものであり、当該記事は、
"原告が会社在籍中に2件の放火騒ぎと多数の窃盗事件が起こった"、"こ
うした騒ぎは原告が退職してからはピタリと収まった"というような断片
的な事実を挙げるのみであって、原告が放火や窃盗をしたとは明示してい
ないものであった。しかし判決は上記のような解釈手法を示した上で、当
該記事は原告が放火や窃盗の犯人だとの事実を摘示するものであると判断
した。

**7**　東京地判2004(平成16)年8月24日 (注14) は、"一般読者"基準の法的性格
を明らかにして社会的評価の低下の立証方法に言及した裁判例である。

　　一般読者を基準とした社会的評価の低下は、その有無が目に見えないた
め、多分にフィクションの要素が強い。

　　それではかように目に見えないものを、原告がアンケート等を用いて測
定し立証すれば社会的評価の低下が認められるか。本判決は、原告が社会
的評価の低下の立証としてアンケートの結果を証拠提出したことに対し、

　　「ある表現が人の社会的評価を低下させるものであるかどうかは、一般
　　の読者の普通の注意と読み方を基準として判断すべきものである……が、
　　この判断は個人の人格的利益と表現の自由を始めとする種々の利益の調
　　整を必要とする規範的価値判断である」
とした上で、

　　「仮に一般読者の総意が現実に存在し、これを覚知することができたと
　　しても、一般読者の総意が直ちに名誉毀損の有無を決するものではなく、
　　裁判所において、これを参考にしつつも、関連する全ての事由について
　　公正かつ十分な考慮を払った上で、あるべき一般読者の読み方を想定し、
　　これに基づき判断を行う必要があるものと考えられる。」
とし、アンケートはその判断の一資料となるに過ぎない、と結論づけた。

---

(注14)　判時1871号90頁。

大橋正春 [注15] はこの判決につき、「訴訟の客観化という見地からも残念である」と批判的である。大橋は、"一般読者" 基準につき、これを規範的なものと解してその内容の決定を裁判官の判断に委ねることに否定的であり、この基準の性格を「経験則と理解すべき」だという。これにより、「当事者は、経験則である『一般の読者の普通の注意と読み方』がどのようなものかを立証することができ、経験則が立証された場合は、裁判所は立証された経験則を適用すべき」ことになる。

　そして大橋は、その立証の方法として「対象となる読者のアンケート結果などが考えられる」と言い、かくしてかかる立証方法を否定した上記東京地判に批判的なのである。

　名誉毀損性の判断は解釈の余地が広いので、かように当事者に立証の途を開いてもそれによって結論に対してどれほどの影響を与えうるかは甚だ不透明であるが、立証の途を確保しようとする大橋の上記の指摘は重要であり、示唆に富む。

**8**　横浜地判2021（令和3）年12月24日 [注16] は、市議が議会外でSNSを通じてなした名誉毀損発言について市が責任を負うかが問題となった事例である。

　判例 [注17] は、国家賠償法1条1項の「職務を行うについて」の解釈につき、いわゆる外形標準説を使用しているが、本件では、市議の議会外でのSNSの発言が職務執行の外形を備えているかどうかが問題となった。

　判決は、

「SNSにおいては、実名又は匿名、公開又は非公開（投稿者が許可した者のみ閲覧が可能の状態）で、投稿ごとに異なる目的で、様々な内容の情報が投稿されるところ、このようなSNSにおける投稿の複合的特徴に照らせば、地方議会議員のSNSにおける投稿行為は、一律に職務行為に当たらないと解すべきではな〔い〕」

とした上で、

---

（注15）　大橋正春「名誉毀損の成否──『一般読者の普通の注意と読み方』について」門口正人判事退官記念『新しい時代の民事司法』（商事法務・2011年）514頁。
（注16）　判時2541号45頁。
（注17）　最2小判1956（昭和31）年11月30日（民集10巻11号1502頁）。

「地方議会議員によるSNSにおける投稿が職務執行の外形を備えている
かどうかは、当該投稿の一般の読者の普通の注意と読み方を基準に、当
該SNSの性質、実名か匿名か・公開か非公開かといった当該投稿の形式、
当該投稿の目的、内容、当該投稿に使用されたアカウントの投稿履歴等
を考慮して、当該投稿が地方議会議員としての職務執行の外形を備えて
いると認められるかどうかを個別に判断すべきである。」

とし、外形標準説の判断においても "一般読者" 基準を採用した。

**9**　最後に、少し変わった判断をした事例として広島高判2008（平成20）年
11月6日 (注18) を紹介する。

　安倍晋三首相の元秘書からの取材結果に基づいて書かれた雑誌記事が元
秘書（控訴人）の名誉を毀損するとして問題となった事例である。判決は、
当該記事が基本的に元秘書の語った内容に沿うものであることを認定した
上で、

「編集者が、その同意を得た取材対象者が現実にした発言（説明）内容
を……記事に記載したからといって、それ自体が名誉権の侵害とならな
いことは明らかである。けだし、現実にした発言内容を記事として公表
されても、そのこと自体が取材対象者の社会的地位を低下させることに
はならないといえるからである。」

「この点、取材対象者の発言内容それ自体によっては、取材対象者が社
会的に非難を受け、あるいはその人格や信用等に関する評価を低下させ
ることもあり得るが、それは自らがした発言そのものに由来するもので
あり、発言を公表した執筆者がそれにより当然に発言者に対して責任を
問われるいわれはない」

と述べて、本件につき名誉毀損性を認めなかった。

　この判決は、結論自体に問題はないが、論理的にはかなりの難がある。

　判決は、"取材対象者の発言内容を記事にしてもそのこと自体は取材対
象者の社会的地位を低下させない" というが、取材対象者の発言の内容に
よっては当該対象者の社会的評価の低下が生じることはあるはずである。
これは、"社会的評価を低下させない" のではなく、"社会的評価を低下さ

---

(注18)　判時2030号26頁。

せるかもしれないが、発言したこと自体が真実ならば真実性・真実相当性の法理によって免責される"という問題であろう。

また判決は、"発言の公表によって取材対象者の社会的評価が低下することもあり得るが、それは自己の発言に由来するものであって、それを公表した執筆者が責任を問われるいわれはない"ともいう。これはジャーナリズム論としては納得できる価値判断だといえようが、法的にはおかしな理屈だといわざるを得ない。取材対象者の発言を執筆者が公表したのであれば、その執筆者はその公表した行為につき責任があるはずである。ただ、取材対象者が発言をしたことに間違いがないなら真実性・真実相当性の法理により免責される、という問題であろう。

# 第3節　新聞と雑誌の見出しに関わる裁判例

新聞にせよ雑誌にせよ、記事は見出しと本文から成っており、その見出しや本文をどのように読むかによって読者が記事から受ける印象も変わってくる。

以下では、読者が見出しをどう読むかに関する裁判例を紹介する。

## 第1款　新聞の見出しに関する裁判例

見出しだけを読むと原告の名誉を毀損するものと解されるが、見出しと本文とを合わせて読むとそうは解されない場合、名誉毀損は成立するか。

記事の意味内容の解釈は多種多様であり、結局はケースバイケースで判断せざるを得ないが、この問題に関して参考になる裁判例をいくつか挙げてみよう。

**1**　まずは東京高判1977（昭和52）年5月31日[注19]。この件において新聞社側（被控訴人）は、読者は見出しによって注意を喚起されても本文全文を通

---

（注19）　判タ359号240頁、判時865号64頁。

読するのが通常であると主張した。これに対して判決は、

　　「仮に全文を通読したとしても、一般読者が見出しによる印象に引きず
　　られ易いことは経験則上明らかであるし、また、特別関心のある事柄で
　　ないかぎり、見出しを一べつするのみで本文の通読を省略したり、本文
　　は流し読む程度にとどめたりする新聞の読み方が読者の間で往々にして
　　行われていることも公知の事実であるから、右被控訴人の主張は採用で
　　きない。」

とし、読者は見出しによって引きずられ得るという判断を示した。

　　また、東京高判2001（平成13）年4月11日[注20]も、

　　「一般の読者の全員が、〔記事の〕すべてを読むとは限らず、見出しとリ
　　ード部分のみあるいは見出しのみを読む一般読者も少なくないことは、
　　公知の事実ということができる。そこで、一般の読者の普通の注意と読
　　み方によりこの見出し及びリード部分のみあるいは見出しのみを読んだ
　　場合に、控訴人の社会的評価の低下をもたらす印象を一般読者に与える
　　ものか否かについて検討することとする。」

とし、見出しのみ、または見出しとリード部分のみの記載につき名誉毀損
性を判断した。

**2**　他方、東京地判2007（平成19）年12月5日[注21]は、

　　「一般に、新聞記事の見出しは、読者に対し、本文記事の内容を推知さ
　　せ、読むべき本文記事の選別に資するものということができるところ、
　　読者は、見出しのみならず本文記事を全体として通読するのが通常であ
　　る。したがって、新聞記事の名誉毀損性を判断するに当たっては、原則
　　として、見出しのみならず記事本文等、記事全体から受ける印象をもっ
　　て判断すべきである。」

とする。

　　また、東京高判1997（平成9）年1月29日[注22]も、

　　「見出しだけを読んで報道内容を理解する読み方は一般の読者の通常の
　　読み方ということはできない」

---

（注20）　判時1754号89頁。
（注21）　判タ1269号226頁、判時2003号62頁。
（注22）　判時1597号71頁。

とする。そして同高判は事案のあてはめにおいて、

　「本件記事の見出しは、……それだけでは他の意味に理解することが不可能ではないという点で不用意、不適切であるという評価を免れないところではあるが、……本件記事本文の意味内容と齟齬しこれを逸脱するものともいい難い」

として、摘示事実につき、基本的に記事本文の記載に即した認定をした(注23)。

　また東京地判1997（平成9）年4月28日(注24)は、上記の1997（平成9）年東京高判よりももう少し詳しい説示をしている。即ち、

　「新聞記事のうちの見出し及び特定の記述（リード文など）のみを独立して取り上げてその部分のみを評価の対象とするのではなく、見出し、リード文及び本文などの記事全体を読み、それから受けた印象及び認識に従って名誉毀損の成否を判断するのを基本とすべきである。」

と、上記1997（平成9）年東京高判と同様の原則論を述べつつも、例外に触れ、

　「ただ、見出し又は特定の記述が記事全体の趣旨に背理したり、又はこれと何ら関連性がない内容である場合、記事全体の趣旨と関連性はあっ

---

（注23）　この事件の一審の水戸地判1995（平成7）年9月27日（判タ904号159頁、判時1573号107頁）も、新聞の見出しと本文に関する一般読者の普通の注意と読み方につき、原則論としては上記1997（平成9）年東京高判と同旨の判断をした。即ち、「見出しのみでなく、記事のリード部分や本文も一体として検討したうえ、これを判断すべき」とした。
　　　ところが水戸地判はそれに続けて、例外として、国民の参政権に影響を及ぼす事実の報道の場合、特に選挙運動期間中の報道の場合には、新聞社に対し、その正確性についてより高度の注意義務が課せられるとし、
　　「選挙運動期間中の新聞記事の見出しについては、それが立候補者の政治的、社会的評価にかかわる事実に触れるところがあったならば、通常の場合とは異なり、それ自体独立して評価の対象となるものと解すべきであって、見出しの表現のみによって、名誉毀損の成否を判断すべく、リード部分や記事本文の記述によって免責されることはないというべきである。」
　　　とした。
　　　選挙運動期間中の報道が正確であるに越したことはないのはその通りであろう。しかし、選挙期間中だからといって一般読者の読み方が変わるわけではないはずである。したがって、選挙期間中の報道における正確性の要請を読者の読み方の解釈の場面で満たそうというのは論理的に無理がある。メディアに課せられる正確性の要請（注意義務）は、真実性・真実相当性の程度や損害論において評価されるべきことだと私は思う。その意味で、水戸地判のかかる判断を改めた東京高判は妥当であると考える。
（注24）　判タ967号190頁、判時1629号93頁。

ても、その表現が過度に誇張・脚色的で、これによって一般の読者に誤った印象を与えるような不適切な表現である場合には、例外的に、見出しあるいは特定の記述のみを独立して取り上げ、それ自体を判断の対象とすることができるというべきである。」

としている。

記事全体の趣旨からかけ離れたり趣旨に反したり、過度に誇張されたりした部分があれば、読者はそこに引きずられて記事内容を感得する可能性がある。同地判はかかる観点からかような例外を設けたのであろう。

**3**　上記 **1** と **2** の判示は、一見反対のことを言っているように見える。

しかしこれらはいずれも、見出しだけを読んだ場合に、記事本文を精読した場合とは異なる印象を持つ可能性があるという事案に関する判断であり、記事本文と見出しとの間における内容や印象の離隔の程度によって判断が分かれ、かつ、その結論の分かれ方によって論証や説示の仕方が変わっているということなのだと思う。

即ち、一見反対のことを言っているようであるが、裁判官が行なっている解釈の作用は同じなのではないかと思われる。

見出しも記事も、もともと意味内容が千差万別であるのはもちろんのこと、その大きさ・位置等も事案によって区々なので、そもそもこの問題は一般化が難しい。見出しだけから判断するか本文も含めて判断するかにつき一般的な規範を定立することは難しく、結局は個別の事案における事実認定とならざるを得ないのである。<sup>(注25)</sup>

## 第 2 款　雑誌の見出しに関する裁判例

**1**　雑誌の見出しに関しては、広島高判2008（平成20）年11月6日<sup>(注26)</sup>が、「そもそも、雑誌の見出しというものは、本文の内容を簡潔に要約し、一覧性を高めることで、読者に記事本文への興味を持たせ、本文を読ませる（そのために雑誌を購入させる）ことを目的とするものであり、読者

---

（注25）　なお、新聞の見出しのみから名誉毀損を認めた事例として東京地判1991（平成 3 ）年 1 月14日（判時1378号89頁）がある。

（注26）　判時2030号26頁。

の興味を引きつけるためにある程度扇情的な表現が用いられることが多いことは周知の事実であり、読者としても、一般に見出しというものはそのようなものであることを当然の前提として目にしているものと解される。」

としている。要するに、雑誌の見出しに扇情的な表現が用いられたりしても一般読者がそれを額面通りに受け止めるとは限らないという説示である。

**2** 他方、見出しから名誉毀損を認めた裁判例もある。写真週刊誌の見出しに関する東京地判1992（平成4）年1月20日[注27]である。

この判決は、「戦慄させられた凶悪犯罪を振り返る」との見出しの下に、いわゆるロス疑惑の銃撃事件の公判経過を記述した写真週刊誌につき、

「『戦慄させられた凶悪犯罪を振り返る』という主見出しは、……一般読者に対し、原告が『「ロス疑惑」事件』という保険金殺人事件の犯人であるとの印象を強く与えるものというべきである。」

と判断した。

この点、被告出版社側は、原告が無実を主張していることに配慮し、記事の内容については極力客観的な事実関係に止め、また、有罪が確定していないことも強く示唆する記事作りをした、という主張をしていた。

しかし判決は、

「〔本件の雑誌が〕一般に精読されるというよりは、タイトルないし見出し及び掲載写真に重きを置いて読過されがちないわゆる写真週刊誌であることをも考えると、一般読者としては、前記見出しによって強く印象づけられ、その印象に導かれて記事全体を読むのが通常であると考えられるから、原告に関し前記のような印象を受けることは免れ難いものというべきである。」

として、被告出版社側の主張を排斥した。写真週刊誌の読まれ方に特に着目した判示といえよう。

もっとも、上記事件の控訴審判決である東京高判1992（平成4）年11月24日[注28]は、

「写真週刊誌が視覚的な報道を主体とするものであることを考慮しても、

---

（注27）　判タ791号193頁。
（注28）　判時1445号143頁。

右タイトルや見出しによって、一般読者が……直ちに……〔犯人である
かのような〕印象を受けるものとはいえない。」
とし、原判決を取り消した。

　かように本件は、一審と二審の結論が正反対となる微妙なケースであっ
たが、写真週刊誌に関し、写真の視覚的効果もふまえて意味内容を解釈す
るという指針は、両判決共通に見られたといえる。


# 第4節　　その他の裁判例

**1**　その他の裁判例としてはまず、新聞の記事本文に関する仙台高判1998
　（平成10）年6月26日 [注29] を紹介する。

　　これは、不動産業者が詐欺罪等で書類送検された旨を報じた新聞の名誉
毀損の成否が争われた事案である。

　　当該記事は、書類送検の容疑の内容を報じるにつき、冒頭に「調べによ
ると」と前置きし、末尾は「数回にわたり計300万円をだましとった疑
い」と、あくまでも容疑でしかない定型的文言で締めくくっているが、見
出しには「多額の担保ついた病院の売買話で」「手付金300万円取る」「石
巻の不動産業者ら2人　詐欺容疑で書類送検」とあった。

　　かかるケースで判決は、

「本件記事は、……書類送検されたというだけにとどまらず、容疑事実
の存在を断定したとまでは言えないにしても、あたかもその容疑の事実
が……裏付けられているかのような印象を読者に与えるものであり、一
般の読者が見出しにおいて強調された表現と併せて読めば、これは書類
送検されたという事実の報道ないしその限りにおける犯罪の疑いという
ものを超え、犯罪事実が調べによってそれなりに裏付けられ、容疑が濃
厚となっていることを強く印象づける報道記事であるというほかはな
い。」

――――――――――――――――
（注29）　判タ1019号166頁、判時1672号73頁。

*144*　第2編　名誉毀損の成立要件に関する諸問題

とした。

　新聞の多くは、有罪判決が確定しない限り被疑者・被告人を犯人扱いしないように、上記の如く、「調べによると……」「……疑い」と記して、あくまでも捜査側の主張に過ぎないこと、及び、今のところ"容疑"の域を出ないことを明らかにしている場合が多いが、実際の多くのメディアの認識は、被疑者・被告人を犯人視している場合が多い。したがって結果として、上記のような文言を付していてもそれは定型的形式的な処理でしかなく、記事の内容としては実質的には犯人扱いしがちである。本判決はマスコミのかかる犯人視報道を的確に批判したものといえる。

**2**　次に、小学生の子を持つ親（被告）が子の担任教師（原告）を批判した発言の名誉毀損性が問題となった横浜地判2014（平成26）年10月17日（注30）を紹介する。

　被告である親Ａは、我が子の担任を替えてもらうために教育委員会に赴き、協議の場において、教育委員会職員らの面前で担任教師（原告）に関し、「この担任は、……二重人格、多重人格なんですね。」「陰湿なんですこの担任は。跡の残らないところを選んで叩いているんですね。目つきが悪いんですね。」等と言い、かかる発言の名誉毀損性が問題となった。

　判決は、

　「被告Ａ発言は、何らの前提事実も知らない一般人の普通の注意と聴き方を基準とすれば、教師である原告が本件児童の指導において差別的、暴力的指導を行ったとの事実を摘示し、原告が児童に不当ないし違法な指導方法を行う人物であるとの印象を聞くものに与えるおそれがあるということができる。」

としつつも、

　「協議に参加していた……教育委員会の職員並びに丙川校長及び丁野教頭は、上記発言当時、既に原告が本件児童に対し不当ないし違法な指導を行っていないと結論付けた上で、本件クラスの担任あるいは本件児童のクラスを替えることを一貫して拒否していたのであるから……上記職員並びに丙川校長及び丁野教頭が被告Ａ発言を聞いた際に、原告につき

---

（注30）　判タ1415号242頁。

上記のような印象をもつおそれがあるとはいえず、被告Ａ発言が、上記
　　の者の原告に対する社会的評価を低下させたとはいえない。」
とした。
　　被告Ａの発言を聞いていた人々はみな、被告Ａの言うことが事実でない
と知っていたから、そういう人々に対して被告Ａが何を言っても原告（担
任教師）の社会的評価は下がらない、という認定である。参考になる判断
である。

# 第12章——論評による名誉毀損

## 第1節　論評による名誉毀損の成否

**1**　刑事上の名誉毀損は法律上、事実を摘示するものでなければならないとされているが（刑法230条1項）、民事法上の名誉毀損は、事実の摘示によるものに限らず、論評や意見によるものであっても成立し得る。たとえば、「A町長が談合がらみで業者からリベートを受け取った」というのは事実摘示であるが、そのような事実摘示ではなく、「A町長は意地汚い」とか「恥知らず」等の論評（評価）によっても、それが社会的評価を低下させるものである限り名誉毀損を構成するのである。

　　判例上も、最3小判1997（平成9）年9月9日[注1]が、
　　　「名誉毀損の不法行為は、問題とされる表現が、人の品性、徳行、名声、
　　　信用等の人格的価値について社会から受ける客観的評価を低下させるも
　　　のであれば、これが事実を摘示するものであるか、又は意見ないし論評
　　　を表明するものであるかを問わず、成立し得るものである。」
としてこの旨を明らかにしている。

**2**　もっとも、論評による名誉毀損の場合、事実摘示による名誉毀損の場合と比べて、人の社会的評価を違法性のあるレベルにまで低下させるという事態は、かなり限定されるのではないかと私は思う。

　　たとえば、甲が乙につき「乙には覚醒剤使用の前科がある」と事実摘示したとする。かかる事実摘示が乙の社会的評価を低下させることは明らか

---

（注1）　判タ955号115頁、判時1618号52頁。

であろう。

　他方、甲が乙につき「マヌケだ」と論評したとする。かかる論評を一般人が聞いたとしても、一般人が「へぇ～。そうなのか～。乙って"マヌケ"なのか～。なるほど～。」と印象づけられて乙に対する評価を下方に変える、ということは、通常考えにくい。甲がただ「マヌケ」と言っているだけでは、一般人は、"甲が乙を『マヌケだ』と思っている"という認識は持つであろうが、一般人が甲のその言葉につられて乙に関する評価を下げる、ということは想定し難いのである。(注2)

**3**　論評による名誉毀損は、実際上、事実摘示による名誉毀損も伴っている場合が多い。たとえば、「乙は覚醒剤の使用歴があるダーティな男だ」という言辞は、"覚醒剤の使用歴がある"という事実摘示と"ダーティ"という論評から成っている。

　このような言辞の場合、そもそも「覚醒剤の使用歴がある」という事実摘示自体が乙の社会的評価を低下させるので、「ダーティな男」という論評自体の名誉毀損性を独立に論じる実益はあまりない。「ダーティな男」に名誉毀損性があろうとなかろうと、結局のところ、訴訟における主要な争点は、免責要件における「覚醒剤の使用歴がある」という事実の真実性・真実相当性になるからである。(注3)

**4**　論評による名誉毀損の場合、"何を言うか"もさることながら、"誰が言うか"も社会的評価の低下に大きな影響を与える(注4)。たとえば、ある俳優を取り上げて私が「彼は演技がヘタだ」といくら言ったとしても、私は芝居の素人でありセンスもないので、当該俳優に対する世間の評価はびくともしないであろう。しかし、同じ俳優を取り上げて、たとえば蜷川幸雄クラスの人がその将来性について否定的なことを言うようなことがあったとすれば、世間が当該俳優に対して向ける眼は大きく変わってしまうで

---

（注2）　事実摘示のない論評のみの言明（裸の意見言明）の場合にその違法性をどのように判断すべきかについては、第7編第2章第2節第4款（654頁）で詳しく検討する。
（注3）　事実摘示による名誉毀損の場合の免責要件については真実性・真実相当性の法理に関する第6編（531頁以下）を、論評による名誉毀損の場合の免責要件については公正な論評の法理に関する第7編第2章（647頁以下）を、それぞれ参照されたい。
（注4）　小野清一郎『刑法に於ける名誉の保護〔増補版〕』（有斐閣・1970年）201頁は、否定的な論評が社会的評価を低下させる危険性につき、「表示者がその価値判断に付き第三者の目に於て権威を有すること大なるに従って大である。」という。

*148*　第2編　名誉毀損の成立要件に関する諸問題

あろう。

**5**　なお、名誉毀損に関する概説書でよく取り上げられる判決として、「チビ・ブス」事件判決がある。これは、労働組合の機関誌において、他の組合の女性組合員に関し、「チビ」「ブス」「性格ブス」「人格チビ」等と記載し、名誉毀損の責任を問われた事件である。

　この件に関する東京地判1985（昭和60）年11月27日<sup>(注5)</sup>は、これらの論評が原告らの社会的評価を低下させるとして名誉毀損の成立を認めている。

　しかし、記事の原文を読むと、当該記載は何の根拠もない単なる下品な中傷であり、これを読む者が、原告らについて、容姿や性格・人格が劣っているというような印象を持つとは考え難い。これは、名誉毀損というよりも名誉感情侵害と捉えた方が実態に即するケースだったのではないかと思われる。


# 第2節　　事実言明か論評かの区別


## 第1款　基本的理解

**1**　名誉毀損は、およそ社会的評価を低下させるものであれば足り、事実の摘示であるか論評であるかを問わないため、名誉毀損の成否という観点からは、事実言明であるか論評であるかを区別する実益はない。

　しかし、事実言明であるか論評であるかによって適用される免責要件が異なるので<sup>(注6)</sup>、免責要件との関係では、事実言明であるか論評である

---

（注5）　判タ578号45頁、判時1174号34頁。
（注6）　免責要件については第6編（531頁以下）及び第7編（631頁以下）で詳しく述べるが、ここでも免責要件に関する判例を引用しておく。
　　　事実言明に関する免責要件はいわゆる「真実性・真実相当性の法理」であり、最高裁はこの件につき次の通り判示している。
　　　「民事上の不法行為たる名誉棄損については、その行為が公共の利害に関する事実に係りもっぱら公益を図る目的に出た場合には、摘示された事実が真実であることが証明されたときは、右行為には違法性がなく、不法行為は成立しないものと解するのが相当であり、もし、右事実が真実であることが証明されなくても、その行為者においてその事実を真実と信ずる

第12章　論評による名誉毀損　第2節　事実言明か論評かの区別　*149*

かを区別する実益がある<sup>(注7)</sup>。

　問題は両者の区別の方法であるが、要は、事実であるか評価であるかの違いなのだから、その存否の判断ができるものが事実言明であり、それができないものが論評であるといえよう。たとえば、「乙野二郎が道路工事現場のマンホールに落ちた」というのは事実の摘示であるが、「乙野二郎はマヌケだ」というのは論評である。乙野がマンホールに落ちたか否かは事実の存否の問題でありその存否の判断はできるが、乙野が「マヌケ」か否かは、それを言明した者の主観的な判断に過ぎず、「マヌケ」か否かなどということは存否ないし真偽の判断のしようがないからである。

　この点、判例は、最2小判1998（平成10）年1月30日<sup>(注8)</sup>が、

　　「証拠等をもってその存否を決することが可能な他人に関する特定の事項を……主張するものと理解されるときには、同部分は、事実を摘示するものと見るのが相当である。」

と判示している。

　そして、かように当該言辞が事実言明か論評かの判断、即ち、証拠等をもってその存否を決することが可能な事項なのか否かの判断についても、一般読者の普通の注意と読み方を基準として判断するものとされる。最3

---

　について相当の理由があるときには、右行為には故意もしくは過失がなく、結局、不法行為は成立しないものと解するのが相当である」（最1小判1966（昭和41）年6月23日・判タ194号83頁、判時453号29頁）。

　また、論評に関する免責要件は一般に「公正な論評の法理」といわれ、この点についての最高裁の判示は次の通りである。

　「ある事実を基礎としての意見ないし論評の表明による名誉毀損にあっては、その行為が公共の利害に関する事実に係り、かつ、その目的が専ら公益を図ることにあった場合に、右意見ないし論評の前提としている事実が重要な部分について真実であることの証明があったときには、人身攻撃に及ぶなど意見ないし論評の域を逸脱したものでない限り、右行為は違法性を欠くものというべきである……。そして、仮に右意見ないし論評の前提としている事実が真実であることの証明がないときにも、事実を摘示しての名誉毀損における場合と対比すると、行為者において右事実を真実と信ずるについて相当の理由があれば、その故意又は過失は否定されると解するのが相当である」（最3小判1997（平成9）年9月9日・判タ955号115頁、判時1618号52頁）。

（注7）　なお、理論的・観念的には"事実"の範疇に属する事柄であっても、真実性・真実相当性の法理が妥当せず、公正な論評の法理が妥当する場合があることについては、652頁（第7編第2章第2節第2款**2**）を参照されたい。

（注8）　判タ967号120頁、判時1631号68頁。

150　第2編　名誉毀損の成立要件に関する諸問題

小判1997（平成9）年9月9日[注9]はこの点につき、

「事実を摘示しての名誉毀損と意見ないし論評による名誉毀損とでは、不法行為責任の成否に関する要件が異なるため、問題とされている表現が、事実を摘示するものであるか、意見ないし論評の表明であるかを区別することが必要となる。ところで、ある記事の意味内容が他人の社会的評価を低下させるものであるかどうかは、当該記事についての一般の読者の普通の注意と読み方とを基準として判断すべきものであり……、そのことは、前記区別に当たっても妥当するものというべきである。」

という。[注10]

そしてこの1997（平成9）年最3小判は、事実言明か論評かの区別について更に詳しい説明をしている。即ち、一般読者の普通の注意と読み方に照らすと証拠等をもってその存否を決することが可能な事項とは直ちに解せないときでも、

「当該部分の前後の文脈や、記事の公表当時に一般の読者が有していた知識ないし経験等を考慮し、右部分が、修辞上の誇張ないし強調を行うか、比喩的表現方法を用いるか、又は第三者からの伝聞内容の紹介や推論の形式を採用するなどによりつつ、間接的ないしえん曲に前記事項を主張するものと理解されるならば、同部分は、事実を摘示するものと見るのが相当である。」

とし、更に、

「間接的な言及は欠けるにせよ、当該部分の前後の文脈等の事情を総合的に考慮すると、当該部分の叙述の前提として前記事項を黙示的に主張するものと理解されるならば、同部分は、やはり、事実を摘示するものと見るのが相当である。」

とした。

敷衍しよう。たとえば、「奴は死刑だ」という発言も、その発言の状況や文脈によって、事実言明となる場合もあるし、論評となる場合もある。

---

（注9）　判タ955号115頁、判時1618号52頁。
（注10）　このように、事実か意見かの区別を「一般の読者の普通の注意と読み方」を基準として判断してよいのかについては、私は若干の疑問を持っている。この点については第7編第2章第2節第2款の3（652頁以下）で触れる。

かつて「天才バカボン」というTVアニメーションにおいて、主人公の
バカボンのパパは、番組最後の次週予告の終わりに「来週見ない奴は死刑
なのダ」と言っていたが、この場合の「死刑だ」との言明は、当該アニメ
を見ない視聴者はよろしくない、という趣旨の否定的な論評であって事実
言明ではない、と解釈できる。

　他方、殺人事件で訴追されている被告人Aにつき、Aの知人が「Aは死
刑だ」と発言したのを新聞が報じた場合、この発言は、あいつはワルだと
いうような単なる戯言というよりも、Aが死刑を法定刑として有する犯罪、
即ち殺人を犯したという事実を述べるものと解するのが条理にかなってい
るということになろう。

**2**　以上、事実言明と論評との区別があたかも自明であるかのように述べて
きたが、ことは必ずしもそう簡単ではない。訴訟の現場では、両者のいず
れであるかが実に微妙な事案もある。

　伊藤滋夫は、要件事実論における事実的要件と評価的要件との区別に関
する議論についてではあるが、次のように言う(注11)。

　「〔事実命題と評価命題〕の区別はいつも明確であるとは限らない。その
理由は、そもそも事実と評価の区別というのは、ギリギリ原理的に考え
ていくと、本質として明確に区別できるとはいい難いものがあり、ある
意味で程度の差による区別というほかはないものであるからである。両
者は、一種の連続線上にある観念であるともいえる。

　仮に客観的な事実というものがあり、その事実は人の評価と区別され
たものとして存在するものとしても……、そうした事実を人が言葉で表
現した際には、厳格には、その段階において、現実に存在する現象を言
葉的表現に置き換えるための評価が常に行われている。その意味では、
理論上は、純粋に事実のみを述べた命題というものはないというべきで
ある。

　例えば、最も単純な事実を述べた命題であると考えられる『ここに机
がある。』という命題にしても、理論上は、ある人の目の前に、四本の
木製の脚の上に平板が取り付けてあり筆記などのための用具である物が

---

(注11)　伊藤滋夫『要件事実の基礎〔新版〕』（有斐閣・2015年）286頁。

*152*　第2編　名誉毀損の成立要件に関する諸問題

存在するとすると、その人が、それを自分の頭の中にある辞書に照らして、そこに存在する物は、例えば『椅子』ではなく、『机』という物であると評価して、そのように認識した全体の状況を言葉で『ここに机がある。』と表現しているわけである。このように考えると、『ここに机がある。』という命題は、厳密には、事実を表現した命題ではなく、その命題を述べている人の評価を述べた命題であることになる。」

なるほどと思う。

何やら話をややこしくしてしまったような気もするが、事実言明と論評との区別が必ずしも自明ではない場合があることを指摘したかったとともに[注12]、それが自明でない理由が那辺にあるのかを述べておきたかったために伊藤の指摘を引用させてもらった次第である。[注13]

**3**　**1**（149頁）で述べた通り、事実言明であるか論評であるかによって免責要件は異なる。そして、論評の場合にはその論評部分の"真実性"は原理的に問題となり得ず、よってその部分の真実性の立証の負担はないので、"事実言明だというよりも論評だとされる方が被告側（表現者側）に有利だ"ということを言う人がたまにいる。

しかしこれは漠然としたイメージに基づく思い込みに過ぎず、必ずしもそのようには言えないと思う。実際の事案では、事実言明だとされようが論評だとされようが、被告側の立証の負担はほとんど変わらない場合もあるのである。

例を挙げよう。

---

[注12]　瀬川信久「新聞記事が意見を公表したときの、名誉毀損の成否」判タ871号64頁（1995年）は、
「事実言明と意見言明の違いは程度の差だから、名誉毀損の免責要件が質的に異なるべきでない」
と言う。瀬川のこの問題意識のとおり、真実性・真実相当性の法理と公正な論評の法理はよく似ている（649～650頁）。
[注13]　事実言明と論評との区別が必ずしも自明ではない場合があることについては、次のような例も挙げられよう。
　　a　双葉山は強い。
　　b　双葉山は横綱である。
　このような言辞があった場合、aは論評であり、bは事実摘示であると解するのが一般であろう。
　しかしbも、「横綱」という強さのタイトルに値すると評価された結果であるという点に着目すれば、論評であるということもできる。

「盗作した」という記載は事実言明か論評か。たとえば、ライターＡが、「作家Ｂは私の作品を盗作した」とエッセーに書き、Ｂから名誉毀損で訴えられたとする。

この場合、訴えられたＡは、「盗作」が事実言明とされた場合はもちろんのこと、論評であるとされた場合でも、抗弁（「真実性・真実相当性の法理」または「公正な論評の法理」）として、

　a　Ｂの作品が自分（Ａ）の作品と類似していること

　b　Ｂが創作時に自分（Ａ）の作品を知っていたこと

を立証しなければならないだろう。ａやｂは、「盗作」が事実摘示だとすれば「盗作」という事実を推認させる間接事実だということになるし、「盗作」が論評だとすれば論評の前提事実だということになり、いずれにしても被告はこれらａやｂを立証しなければならないのである。

つまり、事実言明とされようが論評とされようが、被告側の立証の負担は変わらないのである。むしろ、論評の方が、公正な論評の法理(注14)の「論評としての域を逸脱したものでない限り」という要件の縛りを受けるので、事実言明の場合よりも自由の範囲が狭いとさえいえるかもしれない。

畢竟これは、**2**（152頁）で述べたように事実言明と論評との区別が必ずしも自明ではない場合があることから、その結果として、被告側（表現者側）の負担にほとんど差が生じない場合があるということなのであろう。換言すれば、論評の中には、事実言明に近い論評があるということである。


## 第2款　いくつかの裁判例

本款では裁判例をいくつか紹介する。

**1**　事実言明と論評との区別に関する分かりやすい判断例として東京地判2005（平成17）年3月17日(注15)がある。

能楽協会（被告）が、和泉流二十世宗家を称する原告につき、記者会見において、″原告が公演の遅刻・早退等を繰り返し、また協会に対する誹謗中傷を繰り返したことが協会所定の除名・退会事由に該当するので、除

---

（注14）　前掲（注6）を参照。
（注15）　判タ1182号226頁。

154　第2編　名誉毀損の成立要件に関する諸問題

名・退会の可否を問う臨時総会を招集することにした"旨述べたという事案である。原告は、記者会見のこの発言が名誉毀損であるとして訴えた。

判決は、

「個々の遅刻等及び協会誹謗の発言が存在したかどうかは証拠によって確定することができるが、原告がこれらを繰り返し、除名又は退会命令事由に当たるような行為をしたとする……発言……はこれに対する評価を含むものというべきであり、前者を前提事実とする論評であるというべきである。」

とした。的確な判断であると思われる。

2　次に、事実言明か論評かで一審と二審で判断が分かれた例を紹介する。

（1）　1つ目の事案は、クリーニング業者（原告・控訴人）が採用している「オゾン＆アクアドライ」というクリーニング方法に関する週刊誌の記事につき、事実摘示なのか論評なのかが争われたものである。

一審の福岡地判2006（平成18）年3月7日 [注16] は、当該記事の見出し及び本文の体裁や内容から、当該記事は、

「『オゾン＆アクアドライ』には普通のドライクリーニング以上の洗浄効果がないとの意見ないし論評を表明したものと解するのが相当である」

とした。

これに対し控訴審の福岡高判2007（平成19）年4月27日 [注17] は、

「『オゾン＆アクアドライ』に普通のドライクリーニング以上の洗浄効果が認められないという事実」

が摘示されたものとして、週刊誌側はその真実性ないし真実相当性を立証しなければならないとした。

つまり、「ドライクリーニング以上の洗浄効果」の有りや無しやにつき、一審は論評だとし、控訴審は事実摘示だとしたのである。

思うに、洗浄効果の有無や程度は、微妙な計測や観測が必要かもしれずその結果として立証が難しいかもしれないが、性質としては立証が可能なことであり、よって事実の存否であるといえよう。しかし、その洗

（注16）　判タ1252号290頁。
（注17）　判タ1252号285頁。

浄効果が「ドライクリーニング以上」かどうかは、場合によっては見方・見解が分かれるところがあるのではなかろうか。そういう意味では、事実か論評かにつき一審と控訴審とで見解が分かれたのももっともだと思われる。

　事実摘示か論評かは、事案によっては微妙なものもある、という分かりやすい例であろう。

（2）　2つ目の事案は、A（町会議員。原告・被控訴人）が、東日本大震災の被災者宛ての義援金を不正に取得した旨の文書を被災者に流布されたとして、これを作成・配布したB（同じ町会議員でありかつ市民オンブズマンの代表。被控訴人・控訴人）に対して損害賠償等を請求した事案である。

　一審の福島地いわき支判2016（平成28）年3月30日[注18]は、当該文書につき、

　　「そのような疑惑が存在するとの趣旨で摘示したものではなく、真実存在するものとして摘示したものと理解することが適当である。」

と述べて義援金不正取得問題につき事実摘示であるとした上で、当該摘示事実について真実性・真実相当性が認められないとして名誉毀損の成立を認めた。

　他方、控訴審の仙台高判2016（平成28）年12月7日[注19]は、当該文書につき、

　　「被控訴人に義援金に係る不正疑惑（可能性）があるという事実を前提として、疑惑の解明を捜査機関に求めることを主たる内容とする意見ないし論評（感情、要望等）にすぎない」

とした上で、不正疑惑があるとの事実については真実性・真実相当性の抗弁が成立し、かつ、論評については公正な論評の抗弁が成立するとして原判決を取り消し、Aの請求を棄却した。

　本件の控訴審判決は、当該文書の内容をどのように解釈したかという点を参考にするよりも、市民オンブズマンによる疑惑の追及に対して議員が名誉毀損訴訟の提起という形で応戦をしてきた紛争につき、裁判所

（注18）　判時2333号83頁。
（注19）　判時2333号78頁。

が、市民オンブズマンの表現の自由を尊重する判断をしたものとして見るのが妥当だろう。

## 第3款　法的見解の表明は事実摘示か論評か

法的見解の表明は事実摘示か論評か。

**1**　この点が争われた事案に対する判決として最1小判2004（平成16）年7月15日<sup>(注20)</sup>がある。

　事件は、大学講師（原告）と漫画家（被告）との、従軍慰安婦問題に関する論争の過程で起きたものである。原告が被告の漫画を著書に採録して被告を批判したのに対し、被告が自著（漫画）でその採録行為を「ドロボー」等と表現し、原告の採録行為が著作権侵害であって違法である旨の批判をした。訴訟では、著作権侵害である旨のかかる表明が事実摘示か論評かが争われた。

　この点、原審の東京高判2003（平成15）年7月31日<sup>(注21)</sup>は、法的評価も訴えを提起することによって裁判所の判断が示されるのだから、「証拠等をもってその存否を決することか可能な他人に関する特定の事項」に類するとして、事実摘示にあたるとした。

　これに対し上記の最1小判は、

　　「当該表現が証拠等をもってその存否を決することが可能な他人に関する特定の事項を明示的又は黙示的に主張するものと理解されるときは、当該表現は、上記特定の事項についての事実を摘示するものと解するのが相当である……。そして、上記のような証拠等による証明になじまない物事の価値、善悪、優劣についての批評や論議などは、意見ないし論評の表明に属するというべきである。」

とした上で、

　　「法的な見解の正当性それ自体は、証明の対象とはなり得ないものであり、法的な見解の表明が証拠等をもってその存否を決することが可能な他人に関する特定の事項ということができないことは明らかであるから、

---

（注20）　判タ1163号116頁、判時1870号15頁。
（注21）　判時1831号107頁。

第12章　論評による名誉毀損　第2節　事実言明か論評かの区別　*157*

法的な見解の表明は、事実を摘示するものではなく、意見ないし論評の表明の範ちゅうに属するものというべきである。……そして、裁判所が判決等により判断を示すことができる事項であるかどうかは、上記の判別に関係しないから、裁判所が具体的な紛争の解決のために当該法的な見解の正当性について公権的判断を示すことがあるからといって、そのことを理由に、法的な見解の表明が事実の摘示ないしそれに類するものに当たると解することはできない。

したがって、一般的に、法的な見解の表明には、その前提として、上記特定の事項を明示的又は黙示的に主張するものと解されるため事実の摘示を含むものというべき場合があることは否定し得ないが、法的な見解の表明それ自体は、それが判決等により裁判所が判断を示すことができる事項に係るものであっても、そのことを理由に事実を摘示するものとはいえず、意見ないし論評の表明に当たるものというべきである。」として、法的な見解の表明それ自体は意見ないし論評であるとした。妥当な判断であると思われる。

**2** なお、上記の判示のうち、「一般的に、法的な見解の表明には、……事実の摘示を含むものというべき場合があることは否定し得ないが」とある部分について若干説明しておく。

この判示部分をかみ砕いて言うと、たとえば「Aは人殺しだ」という言明があった場合、この言明は、"Aがした行為は殺人罪に該当する"という論評であるという側面を有するほか、"人を殺したのはAだ"という事実摘示の側面もある、ということである。"人を殺す"という行為は基本的に、その行為態様が一義的で明確であることが通常であるため、「人殺し」という言明が、法的評価の側面とともに事実摘示の側面を内在するわけである。他方、同じ"人殺し"であっても、Aが被害者に対して何もしなかったことを問題とし（つまり不作為犯を問題とし）、何もしなかったAについて「Aは人殺しだ」と言った場合には、それは論評の側面しか有しないといえよう。なぜなら、"人を殺す"行為として不作為という態様は、行為態様として一義的に明確であるとはいえず、評価の作用を媒介としてしか「人殺し」という言明にたどり着けないであろうからである。

かように「人殺し」という言葉ひとつ取っても、事実摘示といえる場合

もあれば論評に止まる場合もある。第1款の**2**（152頁）で伊藤滋夫の説示を引用したが、事実摘示と論評とは、「一種の連続線上にある観念であるともいえる」のである。

**3**　類似の問題として、医学に関する専門家がある人を「病気だ」と言った場合、その「病気だ」という言明が事実摘示なのか論評なのかも、ケースによる。

たとえば、風邪か否かは、医師による診断を経るという"評価"の部分はあるものの、その症状（咳・鼻水・発熱等）が明確であるため、事実摘示の側面を有するといえる。

他方、精神疾患のような場合には、医師の診断は多分に評価の側面を有しており、その結果、風邪のような身体的疾患よりも、論評であるとされる余地の方が多くなるであろう。(注22)

**4**　記事中の「横領」という文言が事実摘示か論評かが争われた事例として東京地判2019（令和元）年12月2日(注23)がある。

判決は、

「『横領』という文言は、刑事的・民事的責任を問う場面で使用されるような法律用語としての意味に加え、より一般的に、他人のものを不正な方法により横取りする行為自体を表現する場合にも使用されるものであって、一般の読者の普通の注意と読み方に従って本件記事等を読むと、……原告甲が原告乙から不正な手段により金員を横取りした旨が記載されていると理解するのが通常であって、本件記事等が、原告甲に対して、横領罪又は民事上の不法行為責任が成立するか否かの法的見解を表明したものとは解されない。」

として、"不正な手段により金員を横取りした"旨の事実摘示であるとした。

控訴審の東京高判2020（令和2）年7月22日(注24)も、この判断を是認している。

---

（注22）　医師による「病気」だとの言明が事実摘示であるか論評であるかが争われた事例として、大阪地判2015（平成27）年9月29日（判時2304号76頁）がある。
（注23）　判タ1495号119頁。
（注24）　判タ1495号111頁。

# 第13章——引用による名誉毀損

　公開済みの記事を引用した別の記事の名誉毀損性が問題となった事例がある。大阪地判2017（平成29）年11月16日<sup>(注1)</sup>である。

　事案は、フリーライターである原告に関する「2ちゃんねる」の書き込み等を被告がまとめてブログ記事にしたもの（いわゆる“まとめサイト”）が原告の名誉毀損等にあたるとして、原告が被告に対して損害賠償請求をしたものである。

　このような“まとめサイト”につき被告は、原告の名誉等は「2ちゃんねる」に掲載された時点で既に毀損されているのであって、被告の“まとめサイト”によって新たに毀損されたものではない、と主張した。

　この点について判決は、被告による“まとめ”の態様や被告のブログの読者数等を認定した上で、

　　「これらの事情を総合考慮すると、本件各ブログ記事の掲載行為は、引用
　　元の2ちゃんねるのスレッド等とは異なる、新たな意味合いを有するに
　　至ったというべきである。」

として、被告のブログは原告の社会的評価を新たに低下させるものであるとした。

　そもそも、既に公開されている事実でも、別の媒体であらためて摘示すれば、名誉毀損の権利侵害は別途発生するといえるのであり、被告の前記主張はもともと若干苦しいものであったと言わざるを得ない。

　よって問題は、当該引用による言辞が原告の名誉を毀損するものか否かに関する、摘示事実の解釈如何に収斂される。

　これは結局のところ、当該“まとめサイト”が、引用元の名誉毀損的な記述を、事実であるという前提で引用しているか否かによって結論が異なるで

---

（注1）　判時2372号59頁。

*160*　第2編　名誉毀損の成立要件に関する諸問題

あろう。

　一般読者の普通の注意と読み方に照らして、当該"まとめサイト"の記述が、引用元の記述を事実であるという前提で引用してまとめていると認められるのであれば、当該サイトは、引用元が摘示している名誉毀損事実をあらためて摘示したと評価できることになるのであろう。

　上記判決の判断は、当該"まとめサイト"の態様に照らし、畢竟妥当であったと思う。

# 第14章—— 名誉感情侵害

## 第1節　　問題の所在

　前述の通り、名誉概念は内部的名誉・外部的名誉・名誉感情の３つに分類でき（第１編第１章・２頁）、名誉毀損で保護される「名誉」はこのうち外部的名誉を指す（第１編第２章第１節・４頁）。

　上記のうち、内部的名誉は、他人や自分自身が自己に対して下す評価から離れて、客観的に<sup>(注1)</sup>その人の内部に備わっている価値そのものである。かように内部に備わっている価値そのものであるため、これを毀損できるのはその内部的名誉を有している主体自身である。自らが恥ずべき行為をするなどしてこれを下げる以外に、毀損の方法はない。したがって、かかる内部的名誉の法的保護の必要性は、論じる必要はない。

　他方、名誉感情は、自分が自分の価値について有している意識や感情であり、言い換えればプライドや自尊心である。かようなプライドや自尊心を他人が傷つけることは、当然のことながらあり得る。かかる名誉感情は法的に保護されるか。

---

（注1）「客観的」という言葉のこういう使い方は、法学の世界特有のものであろう。「その人内部に備わっている価値」など、実際のところ全く「客観的」ではない。

*162*　第２編　名誉毀損の成立要件に関する諸問題

# 第2節　　法的保護の有無

**1**　　2頁（第1編第1章）の設例における甲野太郎をここでまた登場させよ
う。甲野太郎は自分のことを、市長になる度量があり（③）、文才もある
（④）と思っている。そんな甲野氏に対して友人が「お前は市長の器では
ないよ」「君の小説はおもしろくないねえ」等と言ったとしよう。このよ
うに言われた甲野氏は、自尊心がひどく傷つけられるであろう。つまり名
誉感情が侵害されるということである。この場合に、名誉感情を法的に保
護すべきだとして、かかる発言をした友人に損害賠償責任を認めるべきで
あるか、というのがここでの問題である。(注2)

　　この程度の発言に損害賠償責任を負わせたら、言論表現を非常に窮屈に
するであろう。友人知人間の発言もたやすくはできなくなってしまう。ま
た、プライドや自尊心には、高慢きわまりない本人の思いこみなどもある
はずである。とすると、名誉感情は、プライドが異常に高い高慢な人ほど
侵害されやすいということになり、保護されやすいということになってし
まうであろう。

　　このような理由から、名誉感情が直ちに法的に保護されるとする見解は
存在しないといってよい。

　　しかし、名誉感情侵害にも許容される限度があり、その限度を超えた場
合には不法行為となるとするのが一般的な学説(注3)であり、同旨の裁判
例も多数ある。東京地判1990（平成2）年7月16日(注4)、名古屋地判1994
（平成6）年9月26日(注5)は、

---

（注2）　もっとも、この設例における「お前は市長の器ではないよ」との発言を、第三者の前で発
　　　言した場合には、名誉毀損（外部的名誉の毀損）の問題が生じ得る。甲野氏は、会社代表者と
　　　いう社会的に認知された責任ある地位にある人であり、かつ、野心を持って社会的公益的活動
　　　にも参加したりして市長の座を狙っている人なのであるから、市長選への出馬の可能性はそれ
　　　なりにあるといえる以上、「市長の器でない」という論評は、甲野氏の社会的評価に影響を与
　　　える発言といえるからである。
　　　　もちろん、この程度の発言で損害賠償を認めるべきほどの社会的評価の低下や違法性（第9
　　　章第2節・122頁参照）があるかはなお問題となるが。
（注3）　四宮和夫『事務管理・不当利得・不法行為　中巻』（青林書院・1983年）397頁。
（注4）　判時1380号116頁。
（注5）　判時1525号99頁。

「名誉感情も、法的保護に値する利益であり、社会通念上許される限度
を超える侮辱行為は、人格権の侵害として、慰謝料請求の事由となる」
としている(注6)。

ここに「侮辱」とは、人格に対する否定的価値判断をいい、「バカ」「あ
ほ」「まぬけ」等の悪態がこれにあたる。かような侮辱的発言をされたら、
言われた側は名誉感情を侵害されるであろう。かような侮辱のうち社会通
念上許される限度を超えるものについて不法行為の成立を認めたのが上記
の裁判例である。

もっとも、名誉感情は侮辱行為以外によっても侵害され得るのであり、
よって、法的に保護されるのは侮辱による名誉感情侵害のみではない。こ
の点は第3節（167頁）で述べる。

**2** 問題は、「社会通念上許される限度」を具体的にどのように判断するか
である。この点については、東京地判1996（平成8）年12月24日(注7)が、
名誉感情侵害の要保護性とその判断基準について詳しく判示しており、参
考になる。

同判決はまず、名誉感情侵害の要保護性につき、
「名誉感情がおよそ法的保護に値せずこれを害されても不法行為が成立
する余地が全くないと解するのは相当ではない。人が自らの人格的価値
について誇りを持っているのに、それが主観的な評価にすぎないことだ
けを理由に、他人が、正当な理由なく、これを全く無価値なものとして
否定して精神的苦痛を与えることが、何らの制約なく許されると解する
理由はないからである。」
としている。

他方、あらゆる名誉感情侵害を違法とすべきでない理由についても詳し
く論じている。即ち、

---

(注6)　本文では下級審判例を挙げているが、最3小判2010（平成22）年4月13日（判タ1326号
121頁、判時2082号59頁）は、インターネット上の掲示板に対する書き込みの権利侵害性が問
題となった事案において、「本件書き込みは、……被上告人の名誉感情を侵害するにとどまる
ものであって、これが社会通念上許される限度を超える侮辱行為であると認められる場合に初
めて被上告人の人格的利益の侵害が認められ得るにすぎない。」とし、社会通念上許される限
度を超える侮辱行為が名誉感情侵害として人格的利益の侵害となる旨が示されている。
(注7)　判タ955号195頁。

「〔名誉感情〕は内心の問題であり、個人差が大きい上、他人のいかなる言動によって名誉感情が害されることになるか、害されるとしてどの程度かという点についても個人差が著しく、他人からは容易にうかがい知ることができないから、名誉感情の侵害の有無、その程度を把握することは、侵害行為の内容、状況等の外形的、客観的要素に基づいてこれを行うのでない限り、困難なことであるといわなければならない。のみならず、もともと社会生活を送る以上人との摩擦は免れ難いし、何気なく言った言葉が人の感情を害してしまうことはありがちなことであり、その大多数は法的な責任の問題として取り上げるのではなく、個人の良識と寛容の精神によって解決していくべき問題であろう。」

というのである。

そして同判決は、名誉感情侵害が不法行為を構成する場合として、

「誰であっても名誉感情を害されることになるような、看過し難い、明確、かつ、程度の甚だしい侵害行為がされた場合」

がこれにあたるとし、続けて、

「換言すれば、当該行為がされた状況下においてそれが持つ客観的な意味が、相手方の人格的価値等を全く無価値なものであるとしてこれを否定するものであるか、その程度が著しいなど、違法性が強度で、社会通念上到底容認し得ないものである場合」

であるという。

同判決は「換言すれば」としているが、むしろ換言する前の規範、つまり、「誰であっても名誉感情を害されることになるような、看過し難い、明確、かつ、程度の甚だしい侵害」という方が分かりやすいであろう。

**3**　福岡地判2019（令和元）年9月26日 (注8) は、「社会通念上許される限度」の判断につき、

「名誉感情侵害については、一般の読者の普通の注意と読み方を基準にして、当該表現が社会通念上許容される限度を超える侮辱行為か否かを判断することによって、その成立範囲を合理的な範囲で確定することができる。」

---

（注8）　判時2444号44頁。

と言う。

　この説示によれば、まず、記載内容を「一般読者の普通の注意と読み方」に基づいて確定し、そのように確定した内容を前提として、当該記載内容が「社会通念上許容される限度を超える侮辱行為か否か」についても「一般読者の普通の注意と読み方」に基づいて判断する、ということになるのであろう。

　具体例を挙げる。私が実際に担当した事件で、「クソ野郎」という文言の名誉感情侵害性が問題となったものがあった。そしてその争点において、この文言のうちの「クソ」が、糞便を意味するものか、否定的価値判断を強める修飾語に過ぎないのかが問題となった。

　この場合、上記の福岡地判の説示を前提とすれば、「クソ野郎」の「クソ」が、糞便を意味するのか否定的価値判断を強める修飾語に過ぎないのかについて、「一般読者の普通の注意と読み方」に照らして判断することになろう。世上、「クソじじい」とか「クソ忙しい」という表現はよく使われていてそこにおける「クソ」は糞便を意味するものではなく単に修飾の程度を強める役割しか果たしていないのであり、よって一般読者は、「クソ野郎」における「クソ」も、糞便を意味するものと受け止めることはしないであろう。かかる点からすれば、この「クソ」が、糞便ではなく否定的価値判断を強める修飾語に過ぎないことが、「一般読者の普通の注意と読み方」から導き出されることになる。

　そしてそのように導き出された内容を前提として、次に、「社会通念上許容される限度を超える侮辱行為」か否かという"程度の問題"がやはり「一般読者の普通の注意と読み方」に基づいて判断されることになり、それはより具体的には**2**（164頁）で示した裁判例のような基準に照らして判断される、ということになるのであろう。

**4**　裁判例上名誉感情侵害が認められた事例として、たとえば東京高判2013（平成25）年8月23日<sup>(注9)</sup>は、警察署に訪れた市民に対して警察官が「あなたは頭がおかしい。」「頭がおかしいからしょうがねえじゃねえかよ。」と発言したことにつき、名誉感情侵害を認めている。

---

（注9）　判時2212号33頁。

*166*　第2編　名誉毀損の成立要件に関する諸問題

**5** 名誉感情侵害の場合に同定可能性は必要か。即ち、他人の名誉感情を侵害する記事があった場合において、当該記事で指弾されている対象が自分であると本人のみが認識できるに過ぎず一般読者から見ると被害者を特定できないときに、名誉感情侵害の不法行為は成立するか。

**3**（165頁）で挙げた2019（令和元）年福岡地判ではこの点も問題となった。判決は、

「名誉感情侵害はその性質上、対象者が当該表現をどのように受け止めるのかが決定的に重要であることからすれば、対象者が自己に関する表現であると認識することができれば成立し得ると解するのが相当である」

とし、同定可能性は不要であるとした。妥当な判断であろう。

それでは、名誉感情侵害の事案において同定可能性はいかなる場面で問題となりうるかというと、判決は、

「一般の読者が普通の注意と読み方で表現に接した場合に対象者を同定できるかどうかは、表現が社会通念上許容される限度を超える侮辱行為か否かの考慮要素となるにすぎない」

と指摘する。これも妥当な指摘であろう。

**6** 法人その他の団体には、名誉毀損は成立するが（第6章第1節・50頁）、法人その他の団体は感情を有していないので、名誉感情侵害が成立する余地はない。


# 第3節　　名誉感情侵害の態様

名誉感情侵害が問題となった事例の多くは、侮辱行為によるものである。前節の名古屋地判1994（平成6）年9月26日[注10]は、生徒の死亡事故等で問題となったヨットスクールの代表者のことを「カエル顔とカッパ頭」と表現した雑誌につき、社会通念上許される限度を超える侮辱行為であるとして名

---

（注10）　判時1525号99頁。

誉感情侵害の成立を認めたケースである。

しかし、名誉感情侵害行為は侮辱行為に限られるわけではない。侮辱行為によらずとも被害者の名誉感情を侵害するものであればこれにあたる。侮辱以外の方法による名誉感情侵害の例としては、以下のような裁判例がある。

① 青森地判1995（平成7）年3月28日<sup>(注11)</sup>は、六ケ所村の核燃料サイクル施設の建設に反対する者（原告）が漁をしている姿を撮影した写真が、核燃料サイクルのPR誌の表紙に使用された事案につき、意に反して核燃料サイクルのPR誌に写真が掲載されたことにより原告の名誉感情を侵害したと認定した。

② 「石に泳ぐ魚」事件の各判決（東京地判1999（平成11）年6月22日、東京高判2001（平成13）年2月15日、及び最3小判2002（平成14）年9月24日）<sup>(注12)</sup>は、顔面に腫瘍を持った者が、その容貌を戯曲の形で苛烈な表現により描写された事案につき、それらの苛烈な表現がその者の名誉感情を侵害するとした。

③ 浦和地判1991（平成3）年10月2日<sup>(注13)</sup>は、隣人を、何ら合理的根拠なく精神保健法<sup>(注14)</sup>上の「精神障害者又はその疑いのある者」にあたるとして診察及び保護の申請をした行為につき、当該隣人の名誉感情を侵害するものとした。

④ 東京地判1986（昭和61）年5月6日<sup>(注15)</sup>は、写真と見出しで構成された記事に名誉感情侵害を認めたケースである。即ち、週刊誌の1ページのほぼ全面に原告の顔のアップの写真を掲載し、「顔は悪の履歴書」との見出しを付けたグラビア記事につき、原告に対する名誉感情侵害を認めた。

⑤ 東京地判2001（平成13）年4月24日<sup>(注16)</sup>及び最1小判2005（平成17）

---

（注11）　判タ891号213頁、判時1546号88頁。
（注12）　地裁判決は判タ1014号280頁、判時1691号91頁。高裁判決は判タ1061号289頁、判時1741号68頁。最高裁判決は判タ1106号72頁、判時1802号60頁。
（注13）　判タ774号203頁、判時1417号103頁。
（注14）　事件当時の名称である。現在は法改正により、「精神保健及び精神障害者福祉に関する法律」となっている。
（注15）　判タ630号165頁、判時1223号71頁。
（注16）　判時1767号32頁。

*168*　第2編　名誉毀損の成立要件に関する諸問題

年11月10日[注17] は、それぞれイラスト画による名誉感情侵害を認めた。

前者は、原告を指すことが明らかな裸体の男性のイラストにつき、後者は、刑事訴追されている原告が法廷で手錠・腰縄により身体の拘束を受けている状態を描いたイラストにつき、それぞれ名誉感情侵害を認めたものである。

⑥ 上記⑤のイラスト画による名誉感情侵害と類似するが、東京地判2010（平成22）年7月28日[注18] は、原告に似た風貌で作画されたキャラクターを漫画に登場させ、犯罪行為をしたり中学生にたたきのめされたりする者として描写したことにつき、原告に対する名誉感情侵害を認めた。

⑦ 神戸地尼崎支判2008（平成20）年11月13日[注19] は、政治家に関する記事において月刊誌が、その氏名と出身地につき虚偽の記載をしたことに関し、名誉感情侵害であると認めた。

事案は、土井たか子氏に関し、月刊誌が、その出生地は朝鮮半島であり、本名が「李高順」だと虚偽の記載をしたものである。

判決は、

「氏名は、人が個人として尊重される基礎であり、その個人の人格の象徴であって、人格権の一内容として構成するものというべきであることや、人は、自己の氏名や出身地を人格の重要な構成要素として捉え、これらに強い愛着を抱くことが自然であること……などによれば、本件記載が氏名や出身地について価値中立的な事実を摘示するものであるとしても、明らかに虚偽の事実を記述するものである以上、本件記載は原告の名誉感情……を侵害するものということができる。」

とした。

⑧ 東京高判2022（令和4）年10月20日[注20] は、ツイッター（現「X」）において原告や原告の支持者のことを中傷する25件ものツイートに対して被告が悉く「いいね」を押した行為につき、原告の名誉感情を侵害するとして不法行為の成立を認めた。

---

(注17)　判タ1203号74頁、判時1925号84頁。
(注18)　判タ1362号168頁。
(注19)　判時2035号122頁。
(注20)　判タ1511号138頁。

⑨　東京地判2021（令和 3 ）年11月30日 [注21] 及びその控訴審の東京高判
2022（令和 4 ）年11月10日 [注22] は、イラストによる名誉感情侵害を認め
た事例である。

　　ただし、本件で問題とされている各イラストには、そもそも原告の社
会的評価を低下させる事実摘示があり、原告に対する名誉毀損の成立が
肯定されている。判決は、各イラストがかように名誉毀損にあたるとい
うことを前提とした上で、名誉感情侵害の成立をも肯定しているもので
ある。

　　原告の名誉を毀損する事実摘示が原告の名誉感情をも侵害するのはあ
る意味で当然であり、その意味では本件は、イラスト自体に名誉感情侵
害性を認めた⑤・⑥の事例とは一線を画しており、イラストによる名誉
感情侵害の典型ではない。


# 第 4 節　　名誉感情侵害の場合の免責事由

　第 3 節（167頁）で見た通り、名誉感情侵害には様々な態様があり、この
ため、名誉感情侵害が不法行為を構成するかについては、事案ごとの個別の
事情を衡量して判断されることが多いと思われる。

　しかし、侮辱による名誉感情侵害の場合、侮辱とは否定的な価値判断の披
瀝なのであるから、論評による名誉毀損と行為態様が共通する。

　このため、論評による名誉毀損に関する公正な論評の法理 [注23] を名誉感情
侵害の判断にも用いた事例がある。東京高判2003（平成15）年12月25日 [注24]
は、政治家（原告）に関する「ウソつき常習男」という週刊誌記事の表現に
つき、原告の名誉を毀損するとともに名誉感情も侵害すると認定した上で、
抗弁事由として公正な論評の法理の成否の判断に入り、同法理の要件を充た

---

（注21）　判タ1521号99頁。
（注22）　判タ1521号81頁。
（注23）　公正な論評の法理については詳しくは第 7 編第 2 章（647頁）で述べる。
（注24）　判タ1157号175頁、判時1844号58頁。

*170*　第 2 編　名誉毀損の成立要件に関する諸問題

すとして名誉毀損の成立を否定し、その上で「名誉感情の侵害についても同様と判断される。」と、いずれについても不法行為が成立しないものとした[注25]。

---

(注25)　名誉感情侵害の場合に公正な論評の法理を適用した裁判例は、他にも多数ある。

# 第15章——誤報されない権利

**1**　8頁（第1編第2章第3節の3）で述べた通り、名誉毀損は、その成否につき事実の真偽は問題とならず、社会的評価の低下の有無のみによって判断される。つまり、本当のことを述べても名誉毀損になり得るのであり、反対に、虚偽を述べたとしてもそれによって社会的評価の低下を招かなければ名誉毀損にはならない。即ち、名誉毀損法理は、"誤報されない"という利益を守っているわけではなく、よって名誉権は"誤報されない権利"ではないのである。

**2**　しかし、"誤報されない権利"を認めたのではないかと思われる裁判例がある。東京高判2009（平成21）年5月13日[注1]である。

　　これは、テレビ出演で有名な弁護士（控訴人）が、自身の行なったダイエットに関し、実際とは異なる内容を週刊誌に書かれたとして雑誌社を訴えた事案である。

　　判決は、

「個人に関する誤った情報をみだりに、開示又は公表されない利益」

という標題を付けた項において、

「個人に関する情報として真実と異なる情報が開示又は公表された場合には、その受領者は、特段の事情がない限り、それを当該個人に関する真実の情報として認識することになるから、人は、自らの個人に関する誤った情報をみだりに開示又は公表されないことについても、不法行為法上の保護を受け得る人格的な利益を有するものということができる」

とし、誤報されないことについて一定の法的保護の余地を認めた。そして、いかなる場合に不法行為が成立するかにつき、

「個人に関する誤った情報が開示又は公表されたからといって、直ちに

---

（注1）　公刊物未登載（東京高裁平成20年（ネ）第6087号）。

172　第2編　名誉毀損の成立要件に関する諸問題

不法行為が成立するということはできない」

と前置きした上で、

「それが『みだりに』された場合、すなわち、当該情報の内容、開示・
公表の目的、態様、範囲、当該個人の立場等に照らして、当該誤った情
報を開示又は公表されない法的利益が、当該情報を開示又は公表するこ
とによる法的利益を優越する場合には、当該開示又は公表が不法行為を
構成するものというべきである」

とした。

そして判決は、かれこれ衡量した上で、ダイエット法について誤った情
報が流れると「控訴人が自らのダイエット体験を語る内容の真実性を疑わ
せることにもなりかねない」等と述べて、不法行為の成立を認めた。

**3**　さて、この東京高判をどう見るべきであろうか。

誤報がよろしくないことは言うまでもなく、よって、"誤報されない権
利"は当然に法律上保護されてよいように思える。

しかし、ただ単に「誤報」と言えば、ありとあらゆる誤りがこの範疇に
入るのであり、たとえば、本当は横浜出身であるのに神戸出身と書かれた
だけでも、あるいは、職業「家事手伝い」を「主婦」と書かれただけでも、
これらは立派な（？）「誤報」である。こういった類の誤報をされただけ
で不法行為が成立するというのは、いかにも窮屈であり、報道機関を相当
に萎縮させてしまうことが懸念される。

かく言うと、上記東京高判を推す見解からは、「いや、この東京高判は
その程度の誤報までも違法だとは言っていない筈だ。現に判決は『個人に
関する誤った情報が開示又は公表されたからといって、直ちに不法行為が
成立するということはできない』と言っているではないか。」との反論が
来るであろう。

それでは一体どの程度の誤報なら不法行為になるというのであろうか？

この点につき東京高判は前記の通り、"誤った情報を公開されない法的
利益が、誤った情報を公開することによる法的利益を優越する場合"に不
法行為になると言う。しかし、誤報されないことよりも誤報を公開する利
益の方が優越するなどという事態は到底観念できないのであり、よって、
あらゆる誤報は"誤報されない利益"の方が優越することになるであろう。

第15章　誤報されない権利　*173*

となると、東京高判の提示する前記の衡量手法は、衡量手法としてほとんど機能せず、ほぼ自動的に不法行為が成立することになるのではないかと思われる。

　つまり、東京高判の考え方を前提とすれば、結局、ほとんどの誤報に不法行為が成立してしまうことになり、そうなると、これまでは紙誌面で訂正することで済んでいた誤報が、次から次へと不法行為責任を問われることになりかねない (注2)。

　もちろん、書かれた者にとって看過できない誤報というものはあろう。しかし、それはおそらく、"真実と違う"というファクターとは異なる要素が加わって看過できないのではなかろうか。結局、看過できない誤報は、「誤報」か否かというファクター以外の要素で一線が画されるべきであり、畢竟それは、当該摘示事実が社会的評価を低下させる（名誉毀損）か否か、とか通常公開を欲しない事柄（プライバシー）か否か、というファクターで画されるべき問題なのではないかと思う。

---

（注2）　かように不法行為責任が問われる可能性が浮上することの不利益は、報道機関側にのみ一方的に生じるわけではない。誤報が不法行為責任を伴うことになると、これまで報道機関が速やかに行なっていた誤報の訂正も、不法行為責任を自認することになってしまうとして、なかなか行なわれなくなるかもしれない。そういう事態は、誤報された者にとっても不利益であろう。

# 第16章 ── 媒体ごとの特徴

## 第1節　新聞

**1**　新聞、特に日刊新聞についてはこれまで、第1に、速報性が要求されるため、十分な事実確認ができないままに報道に至り、結果として誤報・名誉毀損の問題を生じさせやすいこと、第2に、他紙との競争があるため、見出しや記事がセンセーショナリズムに走りやすいこと等の特徴がしばしば指摘されてきた [注1]。

しかし、速報性の点でいえば、テレビ・ラジオの方が圧倒的に上なのであり、これは新聞に関して顕著な特徴とはいえなくなっている。

また、競争原理の点は、新聞の中でも、宅配に多くを依存している日刊紙と、駅売り等に多くを依存しているいわゆる夕刊紙やスポーツ紙とで実情を異にするといえる。

前者の日刊紙は、宅配制の確立により、日々の記事の内容が部数（つまり売り上げ）に直接関わることがほとんどない。むしろこれらの新聞社の間の競争は、部数に現われる読者獲得競争よりも、同業者間の「抜いた」「抜かれた」というスクープ競争の要素の方が強いといえよう。ここから先はジャーナリズム論になるのかもしれないが、私の希望としては、日刊紙は、しょせん速報性では放送媒体にかなわないのであるし、他方、内容と部数（売り上げ）との関連をさほど心配する必要がないのであるから、緻密で正確な調査報道に力を入れていってほしいと思っている。なお、調

---

（注1）　竹田稔『名誉・プライバシー・企業秘密侵害保護の法律実務』（ダイヤモンド社・1976年）47頁、五十嵐清『人格権法概説』（有斐閣・2003年）46頁。

査報道を緻密にすればするほど、報道される側の名誉やプライバシーとの相克の問題が増すであろう。かかる事態への対応策として匿名報道の手法を縦横に利用すべきであると私は考える。匿名報道の問題については後に述べる（第3編第2章・292頁）。

　他方、駅売り等に依存している後者の夕刊紙やスポーツ紙は、見出しや記事内容が売り上げに直接関わる要素が極めて強い。このため、読者を惹きつけるためのセンセーショナリズムに走りやすい傾向があることは否定し難い。

**2**　読者を惹きつけるためにセンセーショナリズムに走るということは、結果として、誤報や憶測記事による名誉毀損という事態を発生させやすいことになろうが、かようにセンセーショナリズムに走る媒体だという特性が、名誉毀損の免責の方便として用いられたケースがある。

　東京地判1992（平成4）年9月24日 [注2] は、「東京スポーツ」に掲載された芸能レポーター（被告）の執筆記事につき、

　　「被告……のリポート記事の類は社会的事象を専ら読者の世俗的関心を引くようにおもしろおかしく書き立てるものであり、東京スポーツの本件記事欄もそのような記事を掲載するものであるとの世人の評価が定着しているものであって、読者は右欄の記事を真実であるかどうかなどには関心がなく、専ら通俗的な興味をそそる娯楽記事として一読しているのが衆人の認めるところである。」

として、名誉毀損の成立を認めなかった。

　しかし、かかる理屈が通るならば、普段から事実無根の記事を書けば書くほど免責の余地が拡がることになる。そもそも新聞が、内容を信頼されている新聞と、端から内容を信頼されていない新聞とに二分されるという前提に無理があろう。「東京スポーツ」が時おり荒唐無稽な記事作りをすることは半ば笑い話としてよく話題にされていることであるが、そうはいっても同紙も紙面のほとんどはスポーツを中心とした通常の報道記事なのである。実名で書かれている記事に対し、およそ読者が全く荒唐無稽な話であると思っているとはいい難い。その意味で、上記判決には著しい事実

---

（注2）　判時1474号77頁。

誤認があるというべきである。

　同じような判決が「夕刊フジ」に対してもなされたことがある。東京地判1992（平成4）年10月26日<sup>（注3）</sup>である。判決は、

「本件記事の掲載された夕刊フジはいわゆる夕刊紙であって、帰宅途上のサラリーマンなどを対象として専ら読者の関心を引くように見出し等を工夫し、主に興味本位の内容の記事を掲載しているものであって、そのような記事については一般読者もそのような娯楽本位の記事として一読しているところである。」

として、名誉毀損の成立を否定した。

　この件に関する最高裁の判決が最3小判1997（平成9）年5月27日<sup>（注4）</sup>である。判決は、

「たとい、当該新聞が主に興味本位の内容の記事を掲載することを編集の方針とし、読者層もその編集方針に対応するものであったとしても、当該新聞が報道媒体としての性格を有している以上は、その読者も当該新聞に掲載される記事がおしなべて根も葉もないものと認識しているものではなく、当該記事に幾分かの真実も含まれているものと考えるのが通常であろうから、その掲載記事により記事の対象とされた者の社会的評価が低下させられる危険性が生ずることを否定することはできない」

として、名誉毀損の成立を認めた。当然の判断だといえよう。<sup>（注5）</sup>


# 第2節　　雑誌

**1**　週刊誌・月刊誌などの雑誌は、駅売店、書店やコンビニエンスストアの

---

（注3）　民集51巻5号2019頁。
（注4）　判タ942号109頁、判時1606号41頁。
（注5）　報道によると、大阪地判2006（平成18）年12月22日（公刊物未登載）は、テレビの娯楽番組におけるタレントの発言につき名誉毀損を認めた。被告側は、娯楽番組での発言や表現は許容範囲は広いと主張していたが、判決は、「番組の性質をもって違法性がなくなるとは言えない」としたそうである。本文で触れた1997（平成9）年最3小判の判示に沿う判断だといえよう。

店頭で毎週・毎月販売競争にさらされていることから、記事内容が部数に
ダイレクトに反映されやすい。このため、部数獲得のために読者の好奇心
に訴えるという手法が採られがちといえる。かつて「3FET」（注6）といわ
れた1980年代ほどではないにせよ、写真週刊誌が著名人のプライバシーに
関わる写真を目玉商品としている状態は相変わらずである。また、雑誌の
中には、少年による重大犯罪が起こったときに、あえて少年の実名や肖像
写真を掲載する等の行為に出るものもあり（注7）、「報道と人権」の問題に
日々新たな波紋を投じ続けている。

　しかし、1999（平成11）年に起こった「桶川ストーカー殺人事件」の犯
人を特定したスクープ写真のような、フォトジャーナリズムの神髄を行く
記事を掲載したのもほかならぬ雑誌である（注8）。

　雑誌には、少なくとも全国紙の新聞には全く見られないダイナミズムが
あり、それが一方では数多くの権利侵害を生みながらも、他方ではジャー
ナリズムとしての面目躍如たる記事を生んでいるのであろう。（注9）

**2**　雑誌の場合、記事の見出しを新聞広告で大きく記すものが多い。最近は
大幅に縮小されているが、かつては電車内の吊り広告にも雑誌の広告が沢
山あった。これらの広告の文言は、読者の購買意欲をそそるべく刺激的な

---

（注6）　当時発行されていた写真週刊誌「FOCUS」「FRIDAY」「FLASH」「EMMA」「TOUCH」
　　の頭文字を取って名付けられた言葉。当時は写真週刊誌による度を超したプライバシー侵害記
　　事がしばしば問題となっていた。
（注7）　少年法61条は、非行少年の氏名、容貌等本人であることを推知できるような記事や写真の
　　掲載を禁止している。
　　　もっとも、2022（令和4）年4月1日に施行された改正法では、18・19歳の「特定少年」の
　　時の行為につき起訴された場合について、この推知報道禁止規定の適用が排除されている（同
　　法68条本文）。
　　　少年事件の匿名報道の問題については、第3編第2章第4節（314頁以下）で詳しく検討する。
（注8）　写真雑誌「FOCUS」の2000（平成12）年第1号である。このスクープを捉えたジャーナ
　　リストが「桶川ストーカー殺人事件」と交錯し、犯人を追いつめるまでの様子は、ジャーナリ
　　スト清水潔本人によるルポ『遺言──桶川ストーカー殺人事件の深層』（新潮社・2000年）に
　　詳しい。同書は、この事件に関する上尾警察署の捜査の怠慢も鋭く追及しており、出色のルポ
　　ルタージュである。
（注9）　近時、「週刊文春」が数々のスクープをものにして「文春砲」と呼ばれているが、それら
　　のスクープは、日頃から方々に情報網を張り巡らせた地道な取材、長期に亘る粘り強い取材が
　　実を結んだものであろう。記者クラブ内で省庁の"発表もの"の報道に日々追われている新
　　聞・テレビは、このようなスクープをものにすることはもはや物理的・構造的に不可能なので
　　はないかという気がしてくる。

表現が用いられることが往々にしてあり、このことによって、その広告の文言それ自体による名誉毀損の問題も生じている。

　広告による名誉毀損の問題については第5節（191頁以下）で詳しく述べる。

**3**　雑誌の表紙の名誉毀損性が争われる事例もある。表紙の見出しそれ自体につき、記事本文とは別に名誉毀損が成立するのではないか、という問題である。

　この点につき東京地判2008（平成20）年12月25日[注10]は、

> 「書店等で雑誌の表紙は目にしても、記事本文には目を通さない者……が多数存在するという現実を踏まえると、表紙部分……は、記事本文と一体となって読まれるのが通常であるということはできないから、表紙部分……の記載それ自体が原告らの社会的評価を低下させるかどうかを判断する必要がある。そして、それらの名誉毀損性の有無も、一般の読者の通常の注意と読み方を基準として判断するのが相当である。」

とする。そして具体的な判断の仕方として、

> 「記事本文とは異なり、雑誌の表紙……に記載される見出しは、当該記事の内容を一目で理解できるようにし、当該記事に対する一般公衆の関心をひいて雑誌の購買意欲を高めようとするものであるという特殊性がある。よって、雑誌の表紙……等に記載される見出しについては、記事の内容に関する読者の理解を誤導しない範囲内で、ある程度の言葉の省略・要約や誇張表現をすることは、その性質上やむを得ないところがあるし、一般公衆の側も、表紙……がこのような性質を有することを了解して見るのが通常であると考えられるから、上記のような表現も、社会通念上相当な範囲においては許容されるものと解される。」

とした上で、

> 「ただし、上記社会通念上相当な範囲を逸脱した省略や誇張が、名誉毀損行為として違法性を帯びることがあり得ることはいうまでもない。」

という。[注11]

---

（注10）　判時2033号26頁。
（注11）　同事件の控訴審の東京高判2009（平成21）年7月15日（判時2057号21頁）もほぼ同趣旨の判示をしている。

# 第3節　テレビ

## 第1款　媒体としての特徴

　媒体としてのテレビの特徴の筆頭に挙げるべきは、速報性であろう。テレビは、速報性の点ではラジオとともに他の追随を許さない媒体である[注12]。テレビ・ラジオに次いで速報性を有するのは日刊新聞であろうが、それでさえ情報発信は多くて朝・夕刊の1日2回に限られる。これに対し、テレビ・ラジオは一日中情報を発信しており、その優位性には圧倒的なものがある。特に生放送であれば、視聴者はその場の出来事を同時に受け取ることができるのである[注13]。かかる速報性は、テレビのメリットである反面、情報につき十分な吟味がなされる前に放送されてしまう危険性があるという側面も胚胎している。

　他方、テレビは、音だけの媒体であるラジオとは異なり映像を伴うので、迫真性の点でラジオを凌駕する。「百聞は一見に如かず」とのことわざ通り、文字や音声のみの場合とは異なり、映像の伝達能力のもたらす視聴者への影響力には多大なものがある。かかる迫真力・影響力は、視聴者の興味を喚起する反面、被取材者のプライバシーを侵害する危険を有し、また、誤報などの事態が起きた場合に甚大な被害を及ぼす原因にもなるといえる。

　また、テレビという媒体を問題とする場合に無視できないのが視聴率である。視聴率は現在、分単位で測定されており、民間放送の場合はその視聴率によってコマーシャル収入に大きな違いが出るため、視聴率を獲得するため

---

(注12)　速報性の点でいえば、後述のインターネットも負けていないであろう。

(注13)　生放送についていうと、これもまたインターネットが負けていない。テレビ・ラジオは、番組編成上の問題から、そう簡単になんでもかんでも生放送はできない。しかしインターネットの場合、たとえば議会での審議や記者会見の模様をずっと中継し続けるということがよく行なわれている。東京電力福島第1原子力発電所の事故発生後の東京電力の記者会見の模様は、インターネットメディアの「ニコニコ動画」などで生中継され、大手メディアの記者がただ黙々と東電の発表をパソコンに打ち込むだけの中、フリーのジャーナリストが東電の隠蔽体質を徹底的に追及する姿が報じられた。日隅一雄＝木野龍逸『検証福島原発事故記者会見——東電・政府は何を隠したのか』（岩波書店・2012年）は、畏友日隅一雄が木野龍逸とともに、東電の記者会見に通い続け、東電の情報隠しと誤情報の垂れ流しの実態を論点ごとに明らかにし解説した労作である。

180　第2編　名誉毀損の成立要件に関する諸問題

にセンセーショナリズムに走りやすいという傾向が否めない。少しでもおもしろい、迫力のある、興味を引く映像を……というように、視聴率はテレビ放送を興味本位の方向へエスカレートさせるに十分な要因である。

更に、テレビ放送の場合、伝播力の大きさも特徴的である。地上波の全国ネットの番組であれば、瞬時にして日本中の人が目にすることになるという点で、一旦名誉毀損やプライバシー侵害が起こったときの被害者のダメージは甚大である。

## 第2款　一過性の持つ問題

かような特質を有するテレビであるが、紙媒体の新聞等と異なって記録に残らないという一過性を持っている。かかる一過性は、次の2つの点で独自の問題を持っている。

第1に、記録に残らないため、視聴し直すことが難しい。文書媒体の場合は「読み返し」ができるが、放送の場合は、あえて録画をしてその映像の再生をするという手間をかけない限り「見返し」はできない[注14]。その結果、一般視聴者は、前後の文脈や言語的説明の正確な意味をしっかり理解しないまま、放送の流れに任せて漠然とした印象で意味を読み取ってしまうきらいがある。これは、当該放送によっていかなる事実が摘示されたのかの解釈にあたり、無視できない特質である。

第2に、同じく記録に残らないということの帰結として、証拠の保全が難しく、加害者（テレビ局等）に対する責任追及がしにくいという問題がある。これは、録画機器の普及によって昔よりは事態が改善されたといえるかもしれないが、そもそも権利侵害の事態は予期せぬことであろうから、予め録画の準備をすることは到底望めない。放送を逐一録画している人はいないと思われるので、結局、証拠の保全の難しさはほとんど変わっていないといわざ

---

(注14)　近時は、デジタル録画技術の発達・普及により、1つのチャンネルを丸ごと録画できる（しかもいくつものチャンネルにつき同時に丸ごと録画を残せる）という家電製品も生まれており、録画を残すこと自体のハードルはかなり低くなっている。しかしそれでも結局、「見返す」ためにはその録画につき機械を操作して再生するという手間をかけなければならないので、紙媒体の「読み返し」よりも手間がかかることに変わりはない。

第16章　媒体ごとの特徴　第3節　テレビ　*181*

るを得ない。(注15)

## 第3款　名誉毀損性の判断基準

**1**　上記のようにテレビ放送に関する責任追及には一定の困難があるが、過
去、テレビ放送における名誉毀損が訴訟上問題となった件はもちろんある。
その裁判例の蓄積により、テレビ放送の場合における名誉毀損の判断基準
も判例法理が確立されてきた。

　そして2003（平成15）年、いわゆる「ダイオキシン報道」事件に関し、
テレビ放送における名誉毀損についての最高裁としての判断基準が初めて
明らかにされた(注16)。いわく、

　①　「新聞記事等の報道の内容が人の社会的評価を低下させるか否かに
　　　ついては、一般の読者の普通の注意と読み方とを基準として判断すべ
　　　きものであり……、テレビジョン放送をされた報道番組の内容が人の
　　　社会的評価を低下させるか否かについても、同様に、一般の視聴者の
　　　普通の注意と視聴の仕方とを基準として判断すべきである。」

　②　「テレビジョン放送をされた報道番組によって摘示された事実がど
　　　のようなものであるかという点についても、一般の視聴者の普通の注
　　　意と視聴の仕方とを基準として判断するのが相当である。」

とのことであり、つまり、摘示事実がどのようなものであるか、及び、当
該摘示事実が社会的評価を低下させるものであるか否かのいずれについて
も、「一般の視聴者の普通の注意と視聴の仕方」を基準とすべきというの
である。紙媒体における「一般読者」基準の考え方をそのままテレビ媒体
に応用したものといえよう。

　しかしテレビ媒体の「一般の視聴者」には、紙媒体における「一般読
者」とは異なる特質があり、その点を考慮しなければならない。その点に
つきこの最1小判は次の通り補足している。

---

(注15)　この問題に対しては、前掲（注14）で触れた家電製品の登場は大きなインパクトがある。
　　　今後この家電製品が普及するようなことになった場合には、この問題は大幅に改善されること
　　　になろう。
(注16)　最1小判2003（平成15）年10月16日（判タ1140号58頁、判時1845号26頁）。

*182*　第2編　名誉毀損の成立要件に関する諸問題

「テレビジョン放送をされる報道番組においては、新聞記事等の場合とは異なり、視聴者は、音声及び映像により次々と提供される情報を瞬時に理解することを余儀なくされるのであり、録画等の特別の方法を講じない限り、提供された情報の意味内容を十分に検討したり、再確認したりすることができないものであることからすると、当該報道番組により摘示された事実がどのようなものであるかという点については、当該報道番組の全体的な構成、これに登場した者の発言の内容や、画面に表示されたフリップやテロップ等の文字情報の内容を重視すべきことはもとより、映像の内容、効果音、ナレーション等の映像及び音声に係る情報の内容並びに放送内容全体から受ける印象等を総合的に考慮して、判断すべきである。」

これは、前述したテレビ放送の「一過性」に着目したものといえる。

**2** 以上の「一般視聴者」基準に基づく認定の実例として東京地判2006（平成18）年4月28日[注17]を紹介する。

事案は、息子（原告）が父親を死亡させた傷害致死事件を報じるテレビニュースの事実摘示の内容が問題となったものであり、アナウンサーの読み上げた原稿は、"息子が、父の腹部を殴打して死亡させたという傷害致死の疑いで逮捕された"と傷害致死事件として報じていたのに対し、テレビ画面のスーパーでは、「息子が父親を殺害」「就職を巡って父親を殺す」等と表示されていた、という事件である。

判決は、

「本件報道は、一般の視聴者にタイトルスーパーからの文字情報により、原告が父親を殺害した疑いで逮捕されたことを本件報道の要旨として印象づけるものといえる。」

とし、

「本件報道は、要するに、原告が実父であるAを殺害し、Aに対する殺人の被疑者として逮捕され〔た〕……との事実を摘示したものといわざるを得ず、原告が殺意なく足蹴りをしたところ父親が死亡したとの事実を摘示したにとどまるものとは見られない」

---

（注17） 判タ1236号262頁。

第16章　媒体ごとの特徴　第3節　テレビ　*183*

とした。(注18)

**3**　東京地判2021（令和3）年9月1日(注19)及びその控訴審の東京高判2022（令和4）年6月3日(注20)は、電波を通じた放映ではなくインターネットを通じて放映されているテレビ番組（『ニュース女子』）の名誉毀損性が問題となった事案である。

　電波を通じたものであろうとインターネットを通じたものであろうと法解釈上の違いはないが、強いて違いを想定するとすれば、後者の場合には端末（スマートフォンやPC）の操作によって小まめに見返すことが放送の場合よりも比較的容易であることから、この"見返しのしやすさ"が摘示事実の解釈において結論に影響を与える可能性がある。

　もっとも、上記の東京地判・高判の件はその点の違いが解釈上の結論に影響を与えているものではない。両判決は、取材VTR、そのVTR中のナレーションやテロップ、スタジオトーク、そのトーク中のテロップ等、様々な要素を検討して摘示事実の解釈をしており、「一般視聴者の普通の注意と視聴の仕方」に基づく解釈例として参考になると思う。

## 第4款　生放送中の発言に対するテレビ局の責任

**1**　生放送は究極の速報である。生放送の場合、テレビ局側は当然のことながら事前に編集をする暇がないが、生放送中に番組出演者が任意に行なった名誉毀損発言につき、テレビ局は責任を負わねばならないか。(注21)

　まず、当該テレビ局の被用者つまり所属のアナウンサーの発言であれば、

---

(注18)　テレビの名誉毀損の事例に関し、最高裁の「一般視聴者」基準に従って判断をした事例としては、本文で紹介したもののほか、
　　　・東京地判2006（平成18）年10月27日（判タ1248号262頁）
　　　・横浜地判2008（平成20）年11月28日（判タ1304号237頁、判時2033号52頁）
　　　・札幌地判2011（平成23）年2月25日（判タ1351号201頁、判時2113号122頁）
　　　・最1小判2016（平成28）年1月21日（判タ1422号68頁、判時2305号13頁）
　　　・東京地判2023（令和5）年3月24日（判タ1522号209頁、判時2599号60頁）
　　　などがある。
(注19)　公刊物未登載（東京地裁平成30年（ワ）第24721号、同31年（ワ）第667号）。
(注20)　公刊物未登載（東京高裁令和3年（ネ）第4284号）。
(注21)　もとより、任意に名誉毀損発言を行なった本人に不法行為責任が成立するのは当然であるが、それを放映したテレビ局も責任を負うのかがここでの問題である。

184　第2編　名誉毀損の成立要件に関する諸問題

そのアナウンサーの不法行為につきテレビ局が使用者責任（民法715条）の規定によって責任を負うことに問題はなかろう。[注22]

　次に、テレビ局の被用者でない者、たとえばゲストコメンテーターによる発言の場合はどうか。この場合は、当該テレビ局が、名誉毀損を発生させないためにいかに注意義務を尽くしたかの個別の認定の問題となろう。テーマに照らして名誉毀損をしそうな人物を漫然出演させ発言させた場合にテレビ局が免責されるいわれはないし、反対に、事前に万全の注意を尽くしたにも拘わらず生放送で名誉毀損的発言がなされた場合にテレビ局が責任を負うというのは無過失責任を課することになってしまう。よって結局、コメントを求めるテーマ、当該テーマに対する当該ゲストコメンテーターの見解、事前の打ち合わせにおけるコメンテーターに対する注意喚起の有無、注意喚起の内容等を総合して判断することになろう。つまり、テーマに照らして人選に気を付けるべきであるし、選んだ後にも不用意な発言に及ばないように気を付けるべきだということである。それらの注意義務を尽くしてもなおコメンテーターが名誉毀損に及んだ場合は、テレビ局に過失はないということになろう。

　最後は、全く予期せぬ第三者の場合。たとえば、祭りや台風等の現場の実況中継において、実況中継者の背後の群衆の中から名誉毀損的言辞を叫ぶ者がいた場合などであるが、かかる場合には、テレビ局には過失はないといえよう。

**2**　東京地判2009（平成21）年4月14日[注23] は、プライバシー侵害に関する事案であるが、生放送に関するテレビ局側の責任について検討したものであり、参考になるのでここで紹介する。

　事案は、産業廃棄物収集に従事している人（原告）をTBSテレビが撮影し全国ネットで生放送したことがプライバシー侵害にあたるとされた事案

---

（注22）　これは、アナウンサーが自分の判断で任意に発言した場合についての議論である。
　　　　他方、用意された原稿をアナウンサーが読んだだけの場合は、当該アナウンサーは義務に基づく行為を行なっただけであるので過失があるとはいえず、アナウンサーには不法行為は成立しないであろう。しかしその原稿を用意した者に過失が認められようから、原稿を用意した被用者の不法行為についての使用者責任をテレビ局が負う、という構造になり、いずれにしてもテレビ局が責任を負うことに変わりはない。
（注23）　判タ1305号183頁、判時2047号136頁。

第16章　媒体ごとの特徴　第3節　テレビ　*185*

において、テレビ局と番組司会者の責任が問題となった事例である。

判決は、当該番組の制作体制を縷々認定した上で、

「このような本件番組の制作体制からすれば、現場のカメラマンは、副調整室に在室していたスタッフの指示に基づいて撮影する映像を判断し、これを撮影するものであり、スタジオでの映像を含めて撮影された映像の中から、どの映像を放送するかは、曜日プロデューサーやコーディネーターなどが決定するものであり、これらの副調整室にいる制作スタッフが放送される画面を適宜選択して決定し、いつでも画面を切り替えることができたのである。」

とし、その帰結として、

「本件放送において原告の肖像権やプライバシーを侵害するような放送がなされてしまったことについては、副調整室等に在室していた製作スタッフ等に過失がある」

とした。(注24)

他方、番組司会者の被告Aについては、

「司会者である被告Aにはそのような映像や画面の選択権限はなく、また、〔現場で中継をした〕Bアナウンサーやカメラマンに対して指示を行う権限もないことが明らかである」

として、被告Aは不法行為責任を負わないとした。

また、テレビ局の責任については、

「本件放送の番組プロデューサーであったCプロデューサーや現場から中継して原告にインタビューをしたBアナウンサーが、いずれも被告東京放送の社員であることは、弁論の全趣旨により、これを認めることができる。したがって、被告東京放送には民法715条に基づく使用者としての責任も生じていることが明らかである。」

とした。

以上、当該放送に従事した関係者の責任関係がよく分かる判示である。

---

(注24)　本件では直接問題となっていないが、かかる認定判断からすれば、現場のカメラマン個人は、副調整室にいる制作スタッフの指示に従う義務を負いその指示に従って撮影していたものであるので、プライバシー侵害となる撮影をしたことについて不法行為責任を負う余地はないことになろう。

186　第2編　名誉毀損の成立要件に関する諸問題

## 第5款 ネット局の責任

テレビでは、東京や大阪のキー局の番組を地方のネット局がそのまま放送する場合がある。そのような番組中において名誉毀損がなされた場合、ネット局にも責任が発生するか。ネット局は番組の制作に関与していないので責任を負ういわれはないのではないか、というのが問題の所在である。

この問題は、新聞における「配信サービスの抗弁」[注25] に類似する問題をはらんでいる。しかし、通信社と地方紙との関係と異なるところは、配信記事の場合、配信記事であることを明確にするクレジットが付されることがほとんどないのに対し、テレビ放送の場合には、キー局の制作であることが番組で明示されるのがほとんどであることである。かかる点に鑑みれば、通信社と地方紙との関係の場合（配信記事の場合）よりも、キー局とネット局との関係の場合の方が、キー局に責任を負わせてネット局を免責する余地が広いようにも思える。

しかし、当該地方での放映に関与しているのはほかならぬネット局である。番組内容を認識・認容しながら放映している以上、直ちにネット局を免責させてよいことにはならないと思う。私はこの問題は、端的に共同不法行為の問題として考えるべきだと思う。キー局とネット局との関係は、被害者の側からいえば、しょせん「あちら側（テレビ局側）」の問題なのであって自身には関係のないことであり、名誉毀損を含む番組をキー局が制作してネット局が放映したという意味で、被害者に対する関係では両局は共同不法行為の責任を負うといえる。かかる名誉毀損番組に関しネット局とキー局のどちらにどれほど責任があるかは、テレビ局側の内部問題に過ぎないといえよう。

裁判例としては、東京地判1998（平成10）年3月4日[注26] がある。これは、キー局の制作した生放送番組をリアルタイムで放送したネット局の責任が問

---

（注25） 配信サービスの抗弁とは、最高裁の定義によれば、「報道機関が定評ある通信社から配信された記事を実質的な変更を加えずに掲載した場合に、その掲載記事が他人の名誉を毀損するものであったとしても、配信記事の文面上一見してその内容が真実でないと分かる場合や掲載紙自身が誤報であることを知っている等の事情がある場合を除き、当該他人に対する損害賠償義務を負わないとする法理」をいう（最3小判2002（平成14）年1月29日・判タ1086号96頁、判時1778号28頁）。この抗弁については第7編第1章（632頁）で詳しく検討する。

（注26） 判タ999号270頁。

題となった事例である。つまり、制作に関与していないネット局であるという問題と、生放送であるという前款（184頁）の問題の2つが重なり合った事例であった。判決は、

　　「ネット局といえども、マスメディアとして社会的公器としての性格を持つ一個の独立した放送局である以上、その放送内容については、自社制作のものでなくても責任を負うべきである。」

とし、続けて過失の有無の認定に入った。そして、

　　「ネット局といえども、放映前に番組内容がどのようなものであるかについてキー局に照会して知ることは可能であること、放送内容について責任を持つためにもキー局から送られてくる番組内容について事前に調査すべきであること、特に本件テレビ放映はいわゆる〔ロス疑惑〕事件についてのものであり、生放送であったとしても、その内容が、原告個人を攻撃する内容になるものであることは容易に予測し得たといえることからするならば、本件テレビ放映をしたことについて過失がないとする被告らの主張は採用することはできない。」

として、ネット局の不法行為責任を認めた。このケースは、ワイドショー番組でいわゆる「ロス疑惑」事件が取り上げられたものであり、放送当時の状況に照らし、当該番組が疑惑の渦中の男性（原告）を攻撃する内容となることはネット局において容易に予測可能だったということが過失を認定する事情の1つとなっている。

## 第6款　訂正放送請求

　放送法は、放送事業者が真実でない事項の放送をしたことにより他人の権利の侵害をした場合につき、訂正ないし取消しの放送をしなければならない旨規定し（放送法9条1項）、また、放送事業者に対し、訂正等の放送を求める者が当該番組を確認できるように必要な措置をなすべき義務を規定している（同法10条）。かようにメディアに訂正の義務を課す規定は、新聞その他のメディアには見られないものであり、放送事業特有のものである。なぜ放送事業についてのみかような義務が法定されているのか、その法的性質をいかなるものとして捉えるか、また、かかる訂正放送制度が放送事業者の表

現の自由を侵害しないか等、議論の種は尽きないが、この訂正放送制度については、第5編第2章「放送法に基づく請求」（467頁）で取り上げる。


# 第4節　ラジオ

**1**　ラジオは、媒体の特徴として、テレビと同じく速報性があることを挙げることができる。

　ところでラジオの名誉毀損が問題となった事例は非常に少ない。その原因は、テレビと同様記録に残らないため責任追及しにくいという要素や、テレビに匹敵するほどの聴取者がいないため、名誉毀損があっても被害者が被害に気付かないという面があるのであろう[注27]。

**2**　ラジオの場合の名誉毀損の判断基準も、テレビにおける基準と同旨の基準が用いられる。事例が少ないため下級審裁判例しか確認できないが、大阪地判1963（昭和38）年11月21日[注28]は、ラジオの名誉毀損性の判断につき、いわゆる一般読者基準と同様の発想で、

　　「放送に対する聴取者の一般的な聴取態度から考え、一般聴取者の通常の聴き方を標準として、放送が名誉毀損的性質を有するものと認められるときは、かりに注意深い聴取者あるいは注意深い聴き方を標準とするとき〔に〕これと反対のものと認められる場合であつても、なお名誉毀損的内容を有するものと認めなければならない。」

としている。そしてかかる判断における留意点として、

　　「放送は、聴取者にとつて一過的なものであつて、この点では、新聞記事が、これを流し読みする読者に対する関係とある程度共通しているけれども、絶対に聞き返しができない点でより一過性が強く、しかも活きた言葉により、相手に積極的に語りかけるものであつてみれば、新聞の

---

（注27）　もっとも近時は、放送済みの番組をインターネットを通じて提供するサービス（聴き逃し配信サービス）が充実してきており、これは、本文で述べた状況に対する変化の萌芽と言ってよいであろう。

（注28）　判タ156号179頁。

記事に較べて、ニュースの全体的印象をより鮮明に与えることができるものであるとともに、この印象は、その用語なり内容の配列順序如何により著しく左右されるものであるから、放送のこの点の特殊性をも十分に考慮しなければならない。」

と、一過性を有していて「聞き返し」ができない点を強調している。

**3** ラジオ媒体の名誉毀損の事例において、ラジオの座談会における出席者の発言につきラジオ局が責任を負うかという点が問題となったケースがある。東京地判1990（平成2）年8月27日[注29]がそれである。

これは、ラジオ番組で座談会を催したところ、その出席者である投資顧問業者と元新聞記者が、ある株式評論家に関し名誉毀損的発言をしたという事案である。かような出席者の発言についてもラジオ局が責任を負うかの問題につき判決は、

「いやしくも放送に携わるものは、放送の内容によって他人の名誉を不当に毀損しないようにする注意義務を負っているというべきであり、放送される発言内容が事前に分かっている場合には、これにより他人の社会的評価を低下させるおそれがないかどうか、仮にそのおそれがあると判断される場合は、右の発言内容が真実であるか又は確実な根拠に基づくものであるかを調査し、その調査の結果、虚偽あるいは不確実な情報に基づくものであると判断した場合は、その放送を差し控える義務が存するというべきである。」

と、放送する主体（ラジオ局）の遵守すべき注意義務につき明らかにした上で、金曜日に収録して編集し、日曜日に放送した本件につき、

「本件の各発言の真否及び根拠につき調査確認する時間的余裕があったにも拘らず、なんら前記調査義務を尽くさなかった」

として、ラジオ局の責任を認めた。

座談会を企画し人選しているのはラジオ局自身であるし、その内容を放送前に十分認識しながら放送している以上、出席者の発言であることをもってラジオ局が責任を免れるいわれはない。第3節のテレビのケースにおける生放送中の発言の項（第4款・184頁）やネット局の責任の問題の項

---

（注29）　判タ751号168頁。

（第5款・187頁）において述べたところに照らしても、ラジオ局に責任を認めた上記判決は妥当な判断であったといえよう。

# 第5節　　広告

## 第1款　広告主の責任

### 第1　総論

1　広告の内容が他人の名誉を毀損するものである場合、その広告主が名誉毀損の責任を負うことになる。たとえば、週刊誌の出版社が、その週の発売号の広告を新聞に掲載したり車内吊り広告で告知した場合に、その広告内容が名誉毀損にあたるのであれば、週刊誌の当該出版社は名誉毀損の責任を負う。

　東京地判2008（平成20）年10月1日[注30]は、広告の名誉毀損性の判断の仕方につき、

　　「本件週刊誌の広告においては、本件見出しのみが掲載されており、当該広告を読んだ者すべてが本件週刊誌を購入して本件記事を読むとは限らないのであるから、本件週刊誌の広告が原告の社会的評価を低下させたといえるか否かについては、本件見出しの内容のみから判断するのが相当である。」

と、記事とは関係なく広告のみから判断すべきだという。当然のことではあるが重要な指摘である。

　東京地判2009（平成21）年4月15日[注31]も同旨のことを述べる。即ち、

　　「電車内の中吊り広告や新聞に掲載された広告における見出しは、当該広告を読んだ者すべてが当該雑誌の記事を読むのでなく、そのうちの一部の者が雑誌を購入するなどして当該記事を読むにとどまるのは公知の事実である。そうすると、電車内の中吊り広告や新聞広告の見出しが人

---

(注30)　判時2022号58頁。
(注31)　判タ1303号180頁。

の社会的評価を低下させるものであるかどうかは、雑誌記事本文と切り離して、専ら当該見出しの内容だけで判断するのが相当である。」

という。

**2**　ところで広告の場合、これを見る者の目を引く必要上、その表現は誇張や簡略化がなされやすく、見る者に正確な意味内容が伝わるとは限らない。東京高判2006（平成18）年10月18日[注32]は、広告のそのような性質を指摘した上で広告の場合の名誉毀損の判断につき指針を示している。即ち、

「雑誌の広告に記載される見出しや吊り広告等の見出し（キャッチコピー）は、当該記事の内容を一目で理解するようにし、当該記事に対する一般公衆の関心をひいて雑誌の購買意欲を高めようとするものであるから、記事の内容に関する読者の理解を誤導しない範囲内である程度の言葉の省略（簡潔表現）や、やゆを含む誇張表現をすることはその性質上やむを得ないものとして許容されるべきである。また、それらの広告文言が多義的にとらえ得るものであったとしても、広告を見る者は、広告がこのような性質を有することを了解して見るのが通常であると考えられるから、社会通念上相当な範囲内においては許容されるものと解される。」

と、広告を見る者は予め広告文言の多義性を了解しているとした上で、

「しかし、上記省略や誇張は、社会通念上相当な範囲内においてなされる場合に限り適法になるものであって、これを逸脱する場合には、名誉毀損行為として違法性を帯びるものといわなければならない。」

という。[注33]


## 第2　裁判例

**1**　以下、広告による名誉毀損の具体例を見てみる。

　①　東京高判1998（平成10）年1月28日[注34]は、新聞広告における「キタ新地のママが○○○○〔原文は実名〕の子供を宿して閉店」という文言

---

(注32)　判時1946号48頁。

(注33)　東京地判2008（平成20）年12月25日（判時2033号26頁）及びその控訴審判決の東京高判2009（平成21）年7月15日（判時2057号21頁）も同旨の判示をしている。

(注34)　判タ1001号183頁、判時1647号101頁。

が、某有名俳優の名誉を毀損するものと判断した。
② 東京高判2002（平成14）年3月28日（注35）は、読売ジャイアンツ所属の
プロ野球選手につき、「スクープ！『八百長疑惑』の核心を衝く ○○
○○〔原文は実名〕と関西暴力団大物組長『黒い交際』の決定的証拠」
との新聞広告の見出しが名誉毀損にあたるとした。
③ 東京地判2004（平成16）年11月25日（注36）は、全国紙を発行する新聞社
に関する記事につき、「○○新聞〔原文は実名〕の伏魔殿『販売局』に
国税のメスが入った 裏ガネスキャンダル」とした新聞広告につき、当
該新聞社の名誉を毀損するものとした。
　以上の3件はいずれも、広告の文言の意味するところが比較的明確なの
で、名誉毀損が成立することに問題はないであろう。
**2**　他方、広告による名誉毀損の成立が認められなかった例として、東京地
判2011（平成23）年11月16日（注37）がある。
　これは、著名な冤罪事件であるいわゆる「郵便不正事件」でA（厚生労
働省女性局長）が逮捕されたばかりの2009（平成21）年6月に「週刊新潮」
に掲載された記事につき、民主党の議員（原告）が名誉毀損だと提訴した
事案である。
　問題となったのは、「堕ちた『キャリアウーマンの星』 ○○○○〔原文
は原告の実名〕・民主党副代表に背けなかった『厚労省女性局長』の心の
引け目」という広告の文言である。原告はこの広告文言が、自分と「女性
局長」との間に醜聞に属する男女関係があるかのような事実を摘示するも
のであって名誉を毀損すると主張した。
　判決は、
　　「本件見出し……には、原告とAとの間に男女関係などの醜聞に属する
　　個人的関係があることを具体的に摘示する部分はなく、本件見出し……
　　のみを読んだ一般の読者の普通の注意と読み方を基準とすれば、……原
　　告とAとの間に男女関係などの醜聞に属する個人的関係があるとまでの
　　摘示をしたものとは認められない。」

(注35)　判時1778号79頁。
(注36)　判タ1191号309頁、判時1910号106頁。
(注37)　判タ1388号244頁。

第16章　媒体ごとの特徴　第5節　広告　*193*

とし、名誉毀損性を認めなかった。

　この広告文言は、確かに何やら曰く付きの関係が記事に書かれているのではないかという印象を受けるが、判決の言う通り、「男女関係などの醜聞に属する個人的関係」があるとまで読み取ることはできないであろう。前記第１の**2**（192頁）で触れた東京高判2006（平成18）年10月18日<sup>(注38)</sup>の言葉を借りれば、「多義的にとらえ得る」言葉を用いた広告であって、原告の主張するような名誉毀損が成立するとまではいえないということになる。

**3**　名誉毀損の成立が認められなかった例をもう１つ挙げる。東京地判1996（平成８）年２月29日<sup>(注39)</sup>である。これは、週刊誌の新聞広告として、「特集・東京都税金Ｇメンが逆に怒鳴られた『2300億』滞納者」との見出しとともに原告の顔写真が掲載されたケースである。週刊誌の記事本文には、東京都の滞納税額が総額2300億円に達していること、そのうち多額滞納者のワーストテンに原告の会社が入っていること、滞納者の中には、都の職員を反対に怒鳴りつけるなど対応の悪い者もいること等が記載されているが、もとより、原告自身が2300億円の滞納をしてＧメンを怒鳴りつけたという記載はない。原告は、この広告の見出しと写真によると、あたかも自分が2300億円ないしそれに近い額の都税を滞納しておきながら開き直って税金Ｇメンを怒鳴ったかの如き印象を読者に与えるとして、広告主である週刊誌の出版社を訴えた。

　判決は、

「確かに、本件広告自体についてみると、原告の顔写真と相まって、2300億円の都税を滞納していながら、開き直って逆に都の税金Ｇメンを怒鳴りつけた者がおり、その中の一人が原告であるかも知れないという程度の印象を与えることは否定できない。」

と、原告の主張する通りの印象を受ける者がいる可能性を肯定しながらも、

「この種の週刊誌の広告が、読者の購買意欲をそそるため、しばしばある程度の誇張や曖昧な表現をもってなされるものと、一般的に認識されているところからすれば、広告の見出しや写真のみを見て事実の有無を

---

（注38）　判時1946号48頁。
（注39）　判タ915号190頁。

断定的に判断することはむしろ少ないと考えられる。」

と述べ、結論として、

「本件広告の意味内容が原告主張のとおりに一義的であるとは必ずしも
いえず、本件広告が原告について前記のような印象を与えるからといっ
て、いまだ原告の社会的評価を低下させるものとまでは認めることがで
きない。」

とし、名誉毀損の成立を否定した。

判決は、一般に広告は「誇張」や「曖昧な表現」がなされることを根拠
として広告主を救済しているが、本件の場合は、「誇張」や「曖昧な表
現」というよりもむしろ、明らかに誤解を招く表現だというべきではない
だろうか。「誇張」とはたとえば、少し腹を立てたに過ぎないものを「激
怒」と書くような場合であって、怒ったという前提事実自体には誤りや歪
曲がない場合をいうはずである。また、「曖昧な表現」とは、それによっ
て意味するところが分かりにくく多義的な解釈の余地を残す場合を指すの
であろう[注40]が、本件の見出しは一般読者に対し、原告が2300億円を滞納
してGメンを怒鳴りつけたという印象を与えるのではないか。名誉毀損の
成立を否定した判決の判断には疑問が残る。

**4**　車内吊り広告に名誉毀損を認めた事例としては、東京地判2001（平成
13）年10月22日[注41]、東京地判2005（平成17）年 4 月19日[注42]、京都地判
2005（平成17）年10月18日[注43]などがある。

2005（平成17）年の東京地判は、テレビ番組「開運！なんでも鑑定団」
の制作会社が原告となった事案であるが、広告自体には原告の実名は表記
されていないため、広告のみからは原告を特定できない。しかし判決は、
本件のテレビ番組を見ればテロップで制作会社の名前が出るし、また、本

---

(注40)　東京地判1996（平成 8 ）年 7 月30日（判タ935号166頁、判時1595号96頁）は、建設政務次
官に関する週刊誌記事の新聞広告と車内吊り広告に「『○○』〔原文は実名〕政務次官の名誉毀
損『訴訟』は自爆」と記載された件につき、「その文言のみでは、原告が名誉毀損訴訟を提起
していることは理解し得るとしても、『自爆』の趣旨が判然とせず、これにより原告の社会的
評価が低下するものとは認められない」として名誉毀損の成立を否定した。曖昧な表現とは、
このようなケースをいうのであろう。

(注41)　判時1793号103頁。

(注42)　判タ1243号190頁、判時1905号108頁。

(注43)　判時1916号122頁。

件の番組に関わった人にはこれが原告を指すことが明らかであるとして、名誉毀損性を認めた。

2005（平成17）年の京都地判も原告（被害者）の実名表記がなく、広告のみからは被害者を特定できないものであった。事案は、「週刊新潮」が、新聞雑誌広告や車内吊り広告に「『裸婦画はセクハラ』と取り外しを要求した無粋な女性弁護士」と掲載したというものであり、広告中に実名がないのに原告の名誉を毀損するといえるのかが問題となった。

判決は、

「本件広告も本件記事と相まって原告の社会的評価を低下させるものというべきである。」

とした。控訴審の大阪高判2006（平成18）年6月14日[注44]も同様の判断をしている。

しかし、広告を目にした者は、当該週刊誌の記事（本件記事）を読まない限り、広告文言中の「女性弁護士」が原告であることは認識できないのであるから、原告の名誉を毀損しているのは、あくまでも本件記事の方であって本件広告ではないはずである。

判決は本件広告につき、いともたやすく「本件記事と相まって」などというが、社会的事実として"本件広告を見る"ことと"本件記事を読む"こととの間には相当の径庭があるといわざるを得ない。本件広告を目にしたからといって、本誌を手にして本件記事を読むとは限らないのである。

もっとも、本件広告を見て「この『女性弁護士』って誰だ？」と思って本誌を買い、本件記事を読む人がいるのも事実であろう。

こうした実態は本来は、本件広告を見て本誌を買った人がどれだけいるのかを計測して損害の評価をすべきことである。しかしそのような計測は実際上不可能なので、結局、本件広告が出されたという事情を、本件記事による名誉毀損の慰謝料額の算定にあたって斟酌するということになるのだろう。

つまり、本件広告はあくまでも、本件記事による名誉毀損の損害拡大をもたらし得る事情に過ぎず、本件広告が原告の名誉を毀損しているわけで

---

（注44）　判時1950号94頁。

はないのである。

　それにも拘わらず判決は本件広告につき、「本件記事と相まって」原告の名誉を毀損するとしており、事態の把握を誤っているのではないかと思う。

**5**　東京高判2020（令和2）年7月22日[注45]は、週刊誌の記事と新聞広告の名誉毀損性に関する事案で、広告（本件広告）の記載からは原告が特定できないケースに関し、

　　「本件広告自体からは、これが第一審原告Aや第一審原告Bの記事であるかどうかも不明であるから、第一審原告らに対する名誉毀損の成否について検討するに当たっては、本件広告のみを独立して検討する必要はなく、本件記事等を全体として検討するのが相当である。」

としている。

　196頁で述べた私の問題意識と合致する判断であり、妥当であると思う。


## 第2款　広告媒体の責任

**1**　広告につき、広告媒体も責任を負うか。たとえば、新聞に掲載された某雑誌の広告に名誉毀損的言辞がある場合、広告主である某雑誌社のほかに、その広告を掲載した新聞社も責任を負うであろうか。

　広告媒体の責任に関してこれまで主に裁判上問題とされてきたのは、広告による消費者被害の場合である。たとえば、

①　分譲マンションに関する新聞広告を信頼してマンションを購入したところ、竣工前にマンション業者が倒産したために損害を被った場合に、当該マンションの広告を掲載した新聞社が何らかの責任を負うかが問題となった事例[注46]

②　投資ジャーナル社（1980年代に、株式取引を仮装して一般投資家から金

---

(注45)　判タ1495号111頁。
(注46)　一審・東京地判1978（昭和53）年5月29日（判タ374号126頁、判時909号13頁）、二審・東京高判1984（昭和59）年5月31日（判タ532号141頁、判時1125号113頁）、上告審・最3小判1989（平成元）年9月19日（最高裁判所判例集民事157号601頁）。

員を騙取したいわゆる「投資ジャーナル事件」を起こした会社）の提供するテレビ番組を放映したテレビ局の責任が問われた事例[注47]

③　2005（平成17）年に事業破綻した平成電電の出資金商法について新聞広告を掲載していた新聞社の責任が追及された事例[注48]

などである。かように取引関係に入った消費者の被害の場合には、広告媒体業者の注意義務をいかに解するかのほか、当該広告と消費者の受けた損害とに相当因果関係があるかも問題となる。しかし名誉毀損の場合は、広告の名誉毀損文言と被害者の社会的評価の低下との間に因果関係があるのは明らかなので、一にかかって広告媒体業者の注意義務をいかに解するかが問題となる。

**2**　ところで日本新聞協会は、広告内容に関する責任は広告主にあるとの立場に立ちつつも、「新聞広告の及ぼす社会的影響を考え、不当な広告を排除し、読者の利益を守り、新聞広告の信用を維持、高揚する」ことを目的として『新聞広告倫理綱領』を設けている。これには、「真実を伝えるものでなければならない」「紙面の品位を損なうものであってはならない」「関係諸法規に違反するものであってはならない」との３原則が掲げられており、更にこの倫理綱領の趣旨を実現するために、21項目からなる『新聞広告掲載基準』を定めている。そしてこの『新聞広告掲載基準』の第10項に、掲載しない広告として、「名誉棄損、プライバシーの侵害、信用棄損……となるおそれがある表現のもの」が挙げられている[注49]。

**3**　さて、広告媒体は広告の掲載に関し、いかなる注意義務を負うか。

日本新聞協会は上述の如く広告主に全責任があるとしているが、これは広告媒体と広告主との内部的な問題をいうものであって、被害者に対する責任は別論である。広告媒体も、当該媒体を利用させて利益を得ている以上、当該広告によって生じさせた損害について被害者に対し一切責任を負わないということは公平を失するのであり、よって被害者に対しては一定の場合には責任を免れないというべきである。

---

（注47）　東京地判1989（平成元）年12月25日（判タ731号208頁）。
（注48）　東京地判2010（平成22）年２月17日（判タ1329号171頁、判時2079号52頁）。
（注49）　『新聞広告倫理綱領』及び『新聞広告掲載基準』は、日本新聞協会のウェブサイト（https://www.pressnet.or.jp/）で公開されている。

問題は課されるべき注意義務の程度である。この点、広告内容の真偽、表現等について広告主と同程度の確認義務を課してよいとする見解がある（注50）が、これは広告媒体に対して過大な負担を課するものではないか。広告媒体は、そこで広告されている記事の内容につき特に取材等をしているわけではないし、広告のゲラが来た後掲載までの限られた時間でそれらの事項の確認をするだけの人的、物的余裕があるとは思えない。また、その確認ができるだけの体制を今後整えろというのは窮屈に過ぎる。

　思うに、広告媒体に重い責任を課すると、広告媒体はその責任の負担を恐れるがために抑制的にならざるを得ず、広告掲載が萎縮することになるであろう。すると結局、事前抑制を加速することになり、広告表現全体が自由度を失っていくことになる。広告表現も表現の自由の保障が及ぶ表現行為の1つである以上、かような事態は妥当とはいえまい。

　広告媒体に対しては、その萎縮を招かない範囲でしかるべき注意義務を負わせればよく、とすれば、広告媒体が責任を負うのは、特定人に対する名誉毀損であること及び免責の余地のないことが明白であるにも拘わらず漫然掲載した場合とすればよいと考える。したがってたとえば、曖昧な表現であって社会的評価を低下させるかどうか微妙である場合には「特定人に対する名誉毀損であること」が明白とはいえない。また、公人に関する事項とはいえ虚偽であることが明らかだったり、あるいは全くの私人の全くの私行である場合などは、「免責の余地のないこと」が明白といえるであろう。

　日本新聞協会は、広告媒体の責任につき、

「①広告の文言等が『公正な論評』（フェア・コメント）の法理に照らしても、明らかに逸脱と考えられるような名誉棄損的・侮辱的表現を含んでいるか、②広告の事実に関する部分に、媒体社としてその真実性に疑問を抱くのが当然と考えられるような内容を含んでいる場合を除き、新聞社には、原則として出版広告の内容を真実と信じて掲載することについて『相当の理由』があると考える」

としている（注51）。全くの私人の全くの私行が広告に掲載されている場合に

---

（注50）　山川洋一郎「意見広告と政党に対する名誉毀損」判タ311号17頁（1974年）。
（注51）　日本新聞協会研究所編『新・法と新聞』（日本新聞協会・1990年）182頁。

第16章　媒体ごとの特徴　第5節　広告　*199*

この要件がどう機能するかが不明であるが、それ以外のケースでは、私の
上記の基準とほぼ同じ結果になると思われる。


# 第6節　　インターネット

**1**　インターネットは今や、通信手段としても情報発信の媒体としても、こ
れを無視して考えることはできないものとなった[注52]。そしてインターネ
ットは多数人に開かれた通信手段であるため、インターネット上に記載さ
れた内容が名誉毀損の問題を生じることがある。

　ひと口にインターネット上の言論と言っても、名誉毀損が問題となる態
様にはいろいろある。プロバイダが設けているコンテンツにおいてプロバ
イダ自身が誤報をした場合、プロバイダ等が設けている電子掲示板[注53]に
アクセスした者がそこに名誉毀損的な書き込みをした場合、プロバイダが

---

[注52]　インターネットと似て非なる概念としてパソコン通信という概念がかつてあった。これも
　　　　インターネットと同様、コンピュータと通信回線を用いた通信手段であるが、会員制の閉ざ
　　　　されたネットワークである点で、世界に向けて開かれているインターネットとは異なる。以前の
　　　　パソコン通信業者（「ニフティサーブ」や「PC‐VAN」等）は、現在ではインターネット・サー
　　　　ビスのプロバイダとして発展的に変容しているので、パソコン通信はその役目を終えたとい
　　　　える。
　　　　　インターネット特有の論点に関して参考になる裁判例はパソコン通信時代のものもあるが、
　　　　インターネットもパソコン通信も多数人に開かれた通信手段である点で共通するため特に両者
　　　　を区別する実益に乏しく、よって本書では特に両者を区別せず、みな「インターネット」とい
　　　　うこととする。
[注53]　ここに「電子掲示板」とは、インターネット上でしばしば設けられている掲示板を指す。
　　　　「BBS」（Bulletin Board System）とも言われる。以下、単に「掲示板」という。これは、そ
　　　　こにアクセスした者が、掲示板を模した画面に書かれている内容を読み、また、その掲示板に
　　　　自分で書き込みができるシステムとなっているものである。「2ちゃんねる」「5ちゃんねる」
　　　　などが良くも悪くも有名である。
　　　　　掲示板では、前の発言を受けて新たな発言が書き込まれ、次々に言論が累積していくことが
　　　　あり、そのような過程で発言者間で情報交換がなされたり、あるいは言論の応酬がなされ、ひ
　　　　いては名誉毀損に至る場合がある。
　　　　　なお、同種のシステムにつき「電子会議室」という呼び方をされることがある。
　　　　　また、インターネット言論で同種の特質を有するものに「チャット」と呼ばれるものもある。

200　第2編　名誉毀損の成立要件に関する諸問題

ユーザーに対してホームページ[注54]やブログを開設できるようなサービスを提供し、それに応じてユーザーがホームページやブログを開設して他人の名誉を毀損した場合、あるいは、そのようにユーザーによって開設されたホームページやブログにアクセスした他人が名誉毀損的な書き込みをした場合などである。これらの場合に誰がいかなる責任を負うかが問題となる。

**2** これらの責任の問題を検討する前提として、インターネット上の言論の特徴を把握する必要がある。

① 第1に挙げられる特徴は、双方向性である。情報発信の交替の容易性と言い換えてもよい。新聞、雑誌、放送等の伝統的なメディアは、情報の送り手と受け手が完全に分離しており、読者、視聴者はあくまでも情報の受け手でしかなかった。しかしインターネットの場合、たとえば掲示板などでは、アクセスした者が閲覧するとともに自らもその掲示板に書き込むことができるし、また、自らがホームページやブログを開設することによって誰でも容易に送り手の側に立つことができる。現在ほとんどのプロバイダが会員に対してホームページの開設用にサーバーの一部を利用させており、また、無料でブログの開設ができるサービスを提供している業者も数多くある。更にはフェイスブック、ツイッター（現「X」）、インスタグラムなどのSNSの隆盛は言わずもがなであり、現在は、インターネットによって容易に情報発信できる途が万人に開かれているといえる。

② 第2に、匿名性である。掲示板への書き込みやホームページの開設は、匿名で行なうことが容易に可能である。このため、インターネットの世界では匿名の言論を誘発しやすく、かかる匿名性が無責任な言論に結び

---

これは、インターネット回線を通じてリアルタイムで、文字を用いて会話をするシステムである。これも掲示板と同じく、次々と言論が累積していくものといえる。

(注54)「ホームページ」とは正確には、ウェブサイトのブラウザを起動したときに最初に表示されるページをいうが、徐々に意味が変容してきており、各ウェブサイトの最初のページ（トップページ）を指す場合もあるし、また、およそウェブサイトのことを指す場合もある。日本では、おしなべてウェブサイトのことを「ホームページ」と呼ぶ場合が多いようである。本書では、わが国の流行りの用語例に従い、ウェブサイトのことを「ホームページ」と呼ぶことがある。

つく要因の1つとなっている[注55]。また、かように匿名の言論であるため、当該名誉毀損言論をした者に対して責任追及をすることが困難である[注56]という性質も否定できない。

③　第3に、損害の拡大の容易性も挙げられよう。インターネット上の情報は全てデジタル化された電子情報であるため、コピーや転送が容易であり、情報を簡単に拡大再送信できる。このため、一部サイトに掲載された情報が、コピーや転送の連続によってあっという間に広汎な領域に伝播する可能性がある。

④　第4に、表現者と管理者の分離という問題もある。プロバイダが自らコンテンツを設けて情報発信している場合、その発信情報に名誉毀損的言辞があれば、その作成をした当該プロバイダが責任を負うのは当然である。これは、伝統的な新聞・雑誌・放送等の場合と同様に作成者イコール発信者であるため、責任の所在に特段の独自性はない。しかし、プロバイダの設けた掲示板に何者かがアクセスして名誉毀損的な書き込みをした場合、名誉毀損表現をしたのは当該アクセス者であるが、それを閲覧可能な状態にしているのはプロバイダである。また、個人が自己のホームページで立ち上げた掲示板に何者かがアクセスして名誉毀損的な書き込みをした場合も同様の問題を生じる。名誉毀損表現をしたのは当該アクセス者であるが、それを閲覧可能にしているのは当該掲示板を管理している者、つまりホームページの開設者なのである。かかる場合に、プロバイダやホームページの管理者はいかなる責任を負うか。伝統的な新聞その他の媒体の場合には、当該新聞社自身が、新聞に掲載する情報を予め取捨選択（編集）しているのに対し、上記プロバイダや管理者は、

---

（注55）　ただし、インターネットを介した発信は、匿名性が完全に保障されているわけではない。インターネットを通じて情報を発信するとサーバーにアクセスログという形で記録が残るので、その記録を辿ることによって発信者を特定することが技術的には可能である。
　　　　　そういった意味では、原始的な紙媒体の怪文書の方が匿名性が高いという考え方も成り立ち得ると思われる。
（注56）　発信者の特定は、（注55）で述べた通り技術的には可能であるが、それには手間がかかる上、その手間をかけたとしても法律的な限界（発信者情報の開示が法律上認められないこと）や技術的な限界（発信者情報の開示が法律的に認められても、時間の経過によってその情報が消去されていたり、発信者を特定できるほどの情報が記録されていなかったりすること）により発信者の特定に至らないことがある。

かかる事前の取捨選択には通常は関与していない。かような場合にも責任を負わせることができるかという問題があるのである。

**3** ここで裁判例として、大阪地決2015（平成27）年 6 月 1 日 [注57] を紹介しておく。これは、インターネット動画の名誉毀損性が問題となった事案である。

判決は、インターネット動画の名誉毀損性の判断基準として、

「インターネット上で視聴可能となった本件各動画において本件各発言を視聴する場合においては、一般の視聴者の普通の注意と視聴の仕方を基準として判断するのが相当である」

とした。

ところでインターネット上の動画の場合、テレビとは違って"見返す"ことが可能なのが一般である（たとえばユーチューブがその典型である）。インターネット動画の「一般の視聴者の普通の注意と視聴の仕方」の何たるかを検討する場合、この"見返す"ことができる点をどう考慮するかも本件では 1 つの問題となった。しかし本件の裁判所は、

「繰り返し視聴すれば本件各発言について別個の意味に解されないことはないにしても、提供された情報の意味内容を再生によって十分に検討したり再確認したりすることが、通常であるとも一般的に期待されているともいうことはできない」

として、"見返す"ことが可能である点をさほど重視しなかった。

インターネット動画は、見返すことが可能であるとしても、その動画が長時間に及ぶ場合、視聴者の"見返し"という行為が必然的に随伴すると解するのは困難であろう。その意味で、上記決定の判示は納得できる。他方、当該動画が再生時間の短いものであるならば、視聴者が何度も見返すことはあり得ることであると思われ、よって、動画がいかなるものであるかによって「一般の視聴者の普通の注意と視聴の仕方」は変わってくることになろう。

**4** インターネットの問題は論点が多岐に亘るので、他の点は第 3 編「名誉毀損に関する各論的諸問題」の第 1 章（238頁以下）で詳しく論じる。

---

（注57） 判時2283号75頁。

# 第7節　訴訟行為・提訴会見

## 第1款　訴訟行為

　弁護士や当事者本人が法廷で陳述したり裁判所に提出したりした書面について名誉毀損の責任を問われることがある。

　訴訟その他の裁判手続は、対立当事者がそれぞれ自己の主張立証を尽くすことによって真実を発見するものであるから、その目的を達し得るよう、当事者やそれに関わる弁護士には相当の自由が保障されなければならず、その主張立証手続の過程で名誉毀損的言辞がなされたとしても、免責の余地を広汎に確保する必要がある。かかる観点から訴訟行為独自の免責事由が認められているが、免責事由に関する問題については第7編第6章（701頁以下）で述べる。

　このように訴訟行為における名誉毀損の問題は主に免責事由の領域で語られているが、第8章第2節の**3 ～ 6**（111 ～ 115頁）でも少し触れた通り、私は、それ以前の名誉毀損性の段階での議論がきちんとなされる必要があると思っている。

　たとえば、民事訴訟における準備書面の記載について名誉毀損が問題となることがある。

　この点、多くの裁判例は、その準備書面の内容が現実にどう流布したかを問うことなく、その名誉毀損的言辞の内容のみをもって名誉毀損性の判断をしている。

　しかし、多くの場合、事件記録を閲覧・謄写するのは当事者のみである。では法廷ではどう扱われているかというと、民事訴訟における弁論の枢要部分は実際には書面のやりとりで終わっており、法廷で細かいやりとりがなされるわけではない。仮に法廷において現実に口頭で何らかのやりとりがあったとしても、通常は傍聴席には人はほとんどいない。仮に傍聴席に人がいたとしてもそれは、自分の事件の順番を待っている他の弁護士のみであってその口頭のやりとりを聞いているわけではない。

　つまり、くだんの準備書面の内容に現に接するのは、担当裁判官と相手方

204　第2編　名誉毀損の成立要件に関する諸問題

しかいないのがほとんどのケースなのである。

　もとより、訴訟手続は公開されており（民訴法87条1項本文、憲法82条1項）、また何人も訴訟記録を閲覧できることとされている（民訴法91条1項）から、裁判所に提出された準備書面が外部の目に触れる可能性はある。いわゆる"伝播可能性"があるということである。しかしそれはあくまでも可能性があるのみであって、現にその内容が外部に流布されるかどうかは分からない。

　名誉毀損とは社会的評価を低下させることである。社会的評価は、名誉毀損的言辞が外部に流布されることによって初めて低下するものであるはずである。とすると、名誉毀損的言辞にいくら伝播可能性があったとしても、現にそれが外部に流布されなければ、社会的評価の低下が生じたとはいえないのではないだろうか。

　私は、訴訟行為の名誉毀損性の有無の判断においては、現実の傍聴者の有無や訴訟記録の現実の閲覧・謄写の有無をきちんと吟味すべきであると思う。[注58]

## 第2款　提訴会見

**1**　弁護士が、依頼を受けた事件につき訴訟提起をした旨の記者会見をすることがある。その提訴会見中の事実摘示が被告となるべき人の社会的評価を低下させる場合、記者会見をした弁護士は名誉毀損の責任を負うか。

**2**　まずは名誉毀損該当性であるが、この点については、同一事件の一審・二審判決が異なる判断をしている例がある。

　東京地判2005（平成17）年3月14日[注59]は、

　「事実が広く報道関係者に知られること自体で原告の社会的評価は低下

---

（注58）　中島秀二も、訴訟行為による名誉毀損を認めた裁判例のほとんどにおいて、その言説が現実に流布したかを意に介していない点を疑問視する。そして、損害賠償請求の審理において原告に対し、「当該言説の『陳述』が行なわれた弁論期日に現実に傍聴者等があり、しかも（準備書面等の書面の交換にとどまらず）その内容が実際に朗読されるなどして在廷者に覚知されたこと、または、第三者が訴訟記録を現に閲覧した事実があること」の立証を求めるべきであるという（同「弁論による名誉侵害」判タ841号56頁（1994年））。この程度の立証は原告にとって困難ではないはずであり、この見解に私も賛成である。
（注59）　判タ1179号149頁、判時1893号54頁。

するものと認められる」
とし、記者会見を開いて多数の記者に知られることをもって名誉毀損の成
立を認めた。

これに対しその控訴審の東京高判2006（平成18）年8月31日[注60]は、会
見に接する司法記者クラブの記者の特性を根拠に、提訴会見自体の名誉毀
損性を認めなかった。即ち、

「民事訴訟を提起すること自体は、何人も自由にできるのであるが、原
告の請求が必ずしも裁判所によって正当として認容されるわけではない。
そのことは、……法律専門家及び民事裁判に継続的に関わる者にとって
自明の事実である。

そして、訴状に請求原因として記載された事実は、その段階での原告
の主張、証明できると考えている事実に過ぎず、訴え提起当時報道され
た事件であっても、最終的には原告の敗訴に終わる事件は多数あること
は公知の事実であり、司法記者クラブに属する記者はそのことを熟知し
ているものと推認される。」
とした上で、

「〔司法記者のこのような認識を前提にすれば〕本件記者会見等による
……事実の摘示は、直接これに接した司法記者との関係では……一審原
告の名誉を毀損するものではない。」
とした。つまり、司法記者は、提訴会見の内容を真実であると単純に思い
こんだりはしないから、提訴会見で被告となる人を貶める事実摘示をした
としても被告となる人の評価は下がらない、ということである。

事案にもよるであろうが、提訴者側は、やはり提訴事実を真実であると
して訴えかつ記者会見を開いているわけであるし、これを扱う記者が、お
しなべて「これは必ずしも真実とは限らない」という受け止め方をするわ
けでもないと思う。したがって私は、一審の判断のように、提訴会見自体
で名誉毀損を肯定し得る場合の方が多いと思う。

**3**　同一事件で一審・二審の判断が異なった事例をもう1つ挙げよう。東京
地判2018（平成30）年9月11日[注61]と東京高判2019（令和元）年11月28

(注60)　判タ1246号227頁、判時1950号76頁。
(注61)　労働判例1195号28頁。

206　第2編　名誉毀損の成立要件に関する諸問題

日 (注62) である。

　本件は、労働契約上の地位確認を求める訴訟（甲事件本訴）を提起した際に原告が行なった記者会見における発言（本件発言）の名誉毀損性が問題となったものである。

（1）東京地判は、

　「本件発言は、本件記者会見に出席した報道関係者あるいは同人らによる報道を見聞した一般人において、甲事件本訴における原告の認識のみを元にした主張や同事件に係る事実経過に対する原告の感想や所見を述べたものと理解されるにとどまるものであって、これが訴訟の一方当事者の一方的な言い分と受け止められるべきものであることは明らかである。したがって、本件発言がそれのみによって被告の名誉や信用が毀損される行為であるとは認められない。」

　として名誉毀損性を否定した。

（2）これに対して東京高判は、

　「報道機関に対する記者会見は、弁論主義が適用される民事訴訟手続における主張、立証とは異なり、一方的に報道機関に情報を提供するものであり、相手方の反論の機会も保障されているわけではないから、記者会見における発言によって摘示した事実が、訴訟の相手方の社会的評価を低下させるものであった場合には、名誉毀損、信用毀損の不法行為が成立する余地がある。」

　とした上で、当該事案についての判断として、

　「一審原告らは、報道機関からの取材に応じるのとは異なり、自ら積極的に広く社会に報道されることを期待して、本件記者会見を実施し、本件各発言をしており、報道に接した一般人の普通の注意と読み方を基準とすると、それが単に一方当事者の主張にとどまるものではなく、その発言には法律上、事実上の根拠があり、その発言にあるような事実が存在したものと受け止める者が相当程度あることは否定できない」

　と述べて名誉毀損性を肯定した。

（3）一審の東京地判は、会見における発言の名誉毀損性を判断するにつ

---

(注62)　労働判例1215号 5 頁。

第16章　媒体ごとの特徴　第 7 節　訴訟行為・提訴会見　*207*

き、「会見に出席した報道関係者」のみならず「報道を見聞した一般人」の受け止め方を基準にして判断した。それに対し二審の東京高判は、「報道に接した一般人」つまり東京地判における後者のみを判断の基準としている。

つまり、一審も二審も、会見の名誉毀損性の判断にあたり、報道された結果（記事の内容）を判断材料としている。しかし私は、会見の名誉毀損性は、当該発言を聞いた会見出席者（つまり東京地判における前者のみ）を基準として判断すべきだと思う。報道された結果を基準にして名誉毀損性を判断するのであれば、会見での発言と結果としての記事の内容との間の因果関係の検討も必要となる筈である。

ともあれ、本件ではかように、会見における同一の発言について一審と二審の判断が分かれているわけであり、名誉毀損性の判断が裁判官の顔ぶれによって大きく揺れ動くことをまざまざと見せられた思いである。

**4** なお提訴会見に名誉毀損性が認められたとしてもその後に免責事由が検討される必要があるが、前記の一審・二審判決はいずれも、その免責事由は通常の真実性・真実相当性の法理[注63]が妥当するものとしている。

他方、東京地判2005（平成17）年3月31日[注64]は、真実性・真実相当性の法理ではなく、個別的比較衡量によってその違法性を判断している。

いずれの裁判例も、弁護士の正当業務行為であるとか、訴訟活動の範疇に属する等の理由による特段の広い免責事由は採用していないが、提訴会見は弁護士業務に必要不可欠なわけではないので、これは当然であろう。

かように広い免責事由が採用されなくとも、プロである弁護士が提訴に値すると判断したような事案であれば、真実性・真実相当性の抗弁が成立する場合が多いであろう。

---

（注63）　同法理については詳しくは第6編（531頁）を参照されたい。
（注64）　判タ1189号267頁。

# 第8節　非マスメディア

## 第1款　非マスメディア型事件の例

**1** 名誉毀損的言辞を書籍・新聞・雑誌・放送等の媒体を通じて広めた場合、これは広く対社会的な情報発信であるので、社会的評価が低下することに問題はない。他方、たとえば多数人の面前での発言やビラの配布のようにマスメディアを用いない行為によっても、それが広く伝播する態様でなされていれば社会的評価の低下は生じ得る。

公刊物に登載され我われの目に触れる判例・裁判例はマスメディアによる名誉毀損事件が多いが、名誉毀損事件として実際に提起されている訴訟は、非マスメディア型の事件の方が多いようである[注65]。

公刊物で確認できた非マスメディア型の名誉毀損の主な例としては、

- 職場の朝礼での発言[注66]
- 大学の学内における会議の席上での発言[注67]
- 各戸をまわって口コミをした行為[注68]
- ビラを町内の各戸に配布した行為[注69]
- ビラを路上で配布する行為[注70]
- 立て看板を大学構内に立てた行為[注71]
- 看板をフェンスに掲示した行為[注72]
- 看板を他人の土地上に設置した行為[注73]

---

[注65]　和久一彦ほか（大阪地方裁判所判事補・57期・民事部）「名誉毀損関係訴訟について——非マスメディア型事件を中心として」判タ1223号50頁（2007年）によれば、1990（平成2）年以降に大阪地裁民事部で言い渡された名誉毀損関係訴訟約120件のうち、マスメディア型事件は数件に止まり、圧倒的多数が非マスメディア型事件だったそうである。

[注66]　京都地判1997（平成9）年4月17日（判タ951号214頁）。

[注67]　仙台地判2001（平成13）年2月20日（判時1756号113頁）。

[注68]　静岡地沼津支判2016（平成28）年9月29日（判時2332号83頁）。

[注69]　新潟地判1999（平成11）年10月29日（判タ1040号232頁）。

[注70]　名古屋地決2002（平成14）年7月5日（判タ1110号235頁、判時1812号123頁）。

[注71]　東京地判2000（平成12）年11月13日（判タ1068号193頁）。

[注72]　東京地判2006（平成18）年9月14日（判タ1247号231頁）。

[注73]　熊本地玉名支判2016（平成28）年9月28日（判時2341号120頁）。

- ・　横断幕、垂れ幕の掲示 (注74)
- ・　ビラを会社施設内の掲示板に掲示した行為 (注75)
- ・　「督促状」「催告状」と題した書面をマンションの督促相手の玄関ドアに貼り付けた行為 (注76)
- ・　名誉毀損文言を大書した紙を自動車に貼り付けて公道に駐停車した行為 (注77)
- ・　会社の取引先、株主、役員、従業員らに文書を送付した行為 (注78)

などがある。第7節第1款（204頁）で述べた訴訟行為による名誉毀損も、カテゴリーとしてはこの非マスメディア型にあたる。

**2**　なお、不作為による名誉毀損が問題となった珍しい事例があり、それは非マスメディア型事件であるのでここで紹介する。大阪地判2010（平成22）年2月18日 (注79) である。

　事案は、研究開発の成果の特許出願につき、被告が、共同発明者のうちの1人（原告A）を発明者として記載しないまま出願したというものであり、判決は、そのように原告を発明者として記載しないまました出願は、原告Aの「発明者としての名誉」を侵害するとした。

　本件の場合、被告は本来、Aを「共同発明者」として記載するべきであるにも拘わらず、それをしなかったことがAに対する名誉侵害だとされているのであり、ここで問題とされている被告の名誉毀損行為は被告の不作為によるものである。

　もっとも、ここで問題とされている「名誉」が事実的名誉ではなく規範的名誉であること、及び、その「名誉」が一般的な民事法上の「名誉」概念と異なるものであることについては、第1編第2章第2節の**2**（5～6頁）で述べた通りである。

---

（注74）　大阪地判2020（令和2）年2月28日（判時2504号91頁）、大阪高判2020（令和2）年9月10日（判時2504号88頁）。
（注75）　東京地判2007（平成19）年7月24日（判タ1256号136頁）。
（注76）　大阪地判2010（平成22）年5月28日（判時2089号112頁）。
（注77）　東京地判2014（平成26）年7月7日（判タ1421号323頁、判時2239号82頁）。
（注78）　東京地判2015（平成27）年6月29日（判時2278号73頁）。
（注79）　判タ1339号193頁、判時2078号148頁。

## 第2款　いくつかの論点

### 第1　名誉毀損性の判断基準

　非マスメディア型事件において名誉毀損性の判断基準に触れた裁判例として東京地判2006（平成18）年9月14日 [注80] がある。

　判決は、

　「本件看板……の本件掲載文言が、原告の名誉を毀損するか否かを検討するに、……ある表現行為によって人の社会的評価が低下するかどうかは、一般人の普通の注意と読み方とを基準として、当該部分の前後の文脈等の事情を総合的に考慮して判断すべきである。」

としている。要するに、いわゆる"一般読者"基準の延長で解釈するということであろう。

### 第2　不法行為の成否の判断方法

**1**　非マスメディア型の言論の場合、ビラの配布のように市民による公的言論の方法としてよく用いられるものもあれば、全く私的な集まりにおける発言の場合もあり、その態様は様々である。

　このため、非マスメディア型の事件の場合、免責事由として真実性・真実相当性の法理 [注81] を用いることがしっくりとこないものもあるのではないかという問題が指摘されている。大阪地裁民事部の判事補による研究 [注82] は、

　「非マスメディア型事件においては、表現行為の目的や内容の真実性などとともに、表現の流布の範囲（ひいては社会的評価の低下の程度）や、表現に至る経緯、原被告間の関係といった事情を考慮して不法行為の成否を決すべきと考えられるにもかかわらず、定型的な真実性・相当性の抗弁では、これらの事情を考慮することが困難である。このため、真実性・相当性の抗弁は、市民生活や団体運営に密着してなされた言論についての判断になじまないのではないか」

---

（注80）　判タ1247号231頁。
（注81）　同法理については詳しくは第6編（531頁）を参照されたい。
（注82）　和久ほか・前掲（注65）64頁。

第16章　媒体ごとの特徴　第8節　非マスメディア　*211*

との問題意識を提示している。

**2**　名誉毀損の不法行為の成否について真実性・真実相当性の法理のような定義的衡量が用いられている理由は、執筆者側の言論の自由に配慮をしたものである。即ち、不法行為の成否の判断を個別的比較衡量のアプローチによって行なうとすると、いかなる事情がどのようにどの程度衡量されるかにつき不確定要素が強く、言論者側からすると、当該言論が違法と判断されるかどうかについての予測可能性が立ちにくいため、予め衡量すべき事由を決めた定義的衡量のアプローチを採用することにより、言論者側の予測可能性を高め、言論の萎縮を生じないように配慮しているわけである。

　しかしここで「萎縮」が想定されているのは、報道を典型例とする、"第三者の立場からの"事実摘示及び論評である。たとえば事件報道の場合、報道機関は当該事件の当事者ではなく、事件が発生した後に初めてその事件について取材をして報道をするという立場にある。そのような立場の者が当該事件について報じたものについては、当該報道の内容に光を当てるだけで適切な衡量をすることが可能だといえる。しかし非マスメディア型事件の場合、言論者自身が紛争の当事者である場合があり、またその中でも、長年の紛争・怨嗟の末にやむにやまれずなされた言論である場合もある。即ち、当該言論の内容に光を当てるだけでは適切な衡量をすることが難しく、そのような言論に至った道行きをきちんと見る必要がある場合があるわけである。

　かかる観点から、なんでもかんでも真実性・真実相当性の法理によって衡量しようという考え方に疑問を提示した大阪地裁の前記研究の問題意識は、もっともな指摘だと思う。

**3**　他方、非マスメディア型事件の不法行為の成否をおしなべて個別的比較衡量によって判断することもまた妥当でないであろう。では、いかなる場合に個別的比較衡量をし、いかなる場合に真実性・真実相当性の法理などの定義的衡量をすればよいのであろうか。

　私なりの視点は上記2で述べた。即ち、言論者自身が紛争の当事者であるのか、あるいはそうではなく第三者の立場にあるのか、が重要な分かれ目であろう。言及されている事項との関係において言論者が第三者の立場にある場合であれば、それがビラまきであろうと立て看板であろうと、報

道機関による報道と同様に真実性・真実相当性の法理その他の定義的衡量のアプローチによるべきであろう。これに対し、言論者自身が、言及されている事項との関係で当事者の立場にある場合であれば、（前述2の通り、長年の紛争・怨嗟の末にやむにやまれずなされた言論である可能性もあるのであるから）そのような言論に至る道行きも考慮する必要があり、したがってそのような事情も衡量の対象に含めることができるように個別的比較衡量のアプローチによるべきだと思うのである。

**4** ここで、個別的比較衡量によって違法性の判断をした裁判例を紹介する。

① 東京地判1999（平成11）年12月24日[注83]は、別荘地の団地管理組合（区分所有法65条）の組合員（原告）が管理費を滞納しているのに対し、組合の長（被告）が、滞納者の氏名等を記載した「管理費長期滞納者一覧表」と題する立て看板を別荘地に設置したという事案である。判決は、看板記載の内容が虚偽ではないこと、看板設置前に一応の手段を講じていること、看板の設置は不当な目的に出でたものでないこと、管理費が一部でも支払われれば看板からその氏名を削除する対応をしていたこと等をふまえ、

「本件立看板の設置に至るまでの経緯、その文言、内容、設置状況、設置の動機、目的、設置する際に採られた手続等に照らすと、……管理費の支払を促す正当な管理行為の範囲を著しく逸脱したものとはいえず、原告……らの名誉を害する不法行為にはならないものと解するのが相当である。」

とした。

② 東京高判1999（平成11）年11月24日[注84]は、労働組合が使用者の不当労働行為を訴える内容の文書を使用者の取引先に送付した行為が名誉毀損として問題とされた事例である。

判決は、

「労働組合が使用者の取引先に対して配布した要望書の内容・表現が、結果的に使用者の名誉・信用を毀損する場合であっても、表現内容の真実性、表現自体の相当性、表現活動の動機、態様、影響等一切の事

---

（注83） 判時1712号159頁。
（注84） 判時1712号153頁。

情を総合し、正当な組合活動として社会通念上許容された範囲内のものであると判断される場合には、違法性が阻却されると解すべきである。」

とし、個別的比較衡量のアプローチを採用している。

③　長野地伊那支判2015（平成27）年10月28日 [注85] は、太陽光発電事業者（原告）が、発電設備設置計画に関する住民説明会において住民（被告）から出された反対意見が会社に対する名誉毀損にあたるとして訴訟提起した事案である。スラップ訴訟の例として40 〜 41頁（第4章第3節の2）で紹介した事案であるが、判決は、住民の発言の内容、具体的な文言、発言の態様をふまえて、被告の発言につき「違法ということができない」とした。

以上の事例はいずれも、言論者が紛争の当事者である場合にあたり、個別的比較衡量のアプローチが採用されたことは妥当だといえよう。

**5**　個別的比較衡量の適用場面も、細かく見るといろいろである。

4②で挙げた東京高判は、要望書の配布行為についてまず名誉毀損性を肯定した上で、当該名誉毀損行為の違法性阻却の可否の判断の場面で個別的比較衡量のアプローチを採用している。

これに対し、4①で挙げた東京地判は、名誉毀損による不法行為という、不法行為全体の成否を個別的比較衡量によって判断している。

両者の違いは、単なる裁判所の個性の違いに過ぎないかもしれないが、強いて両者の違いに理論的な理由を見出すならば、以下のように言えるであろう。

即ち、当該言論行為のみに着目して名誉毀損性を肯定できるのであれば、"原則として違法"ということになるので、あと必要なのは違法性阻却の可否の検討であり、よって、個別的比較衡量のアプローチは違法性阻却の可否の場面で採用されることになる。これに対し、当該言論行為のみを見るだけでは名誉毀損性が弱い場合には"原則として違法"ということにならないため、その他の事情を勘案する必要があり、その結果として、個別的比較衡量のアプローチは、不法行為の成立を肯定できるほどの違法性が

---

（注85）　判時2291号84頁。

あるかという場面で採用されることになる。

これは、不法行為の違法性を被侵害利益の種類・性質と侵害行為の態様との相関関係で判断する相関関係説（注86）の発想そのままである。

たとえば、非マスメディア事案の場合、事案によって、名誉毀損言論の流布の範囲は区々であろう。そしてその流布の範囲を相関関係説的に勘案するならば、

a　言論の流布の範囲が狭いならば、内容がかなりひどいものでない限り不法行為は成立させない

b　言論の流布の範囲が広いならば、aほどひどい内容でなくとも不法行為を成立させる

という判断はあり得るのではないか。換言すれば、同じ言論でも、言論の流布の範囲の広狭によって不法行為の成否が変わってくるのではないか。（注87）

**6**　名誉毀損の違法性を受忍限度論で判断した事例もある。たとえば、東京高判2009（平成21）年6月17日（注88）である。

事案は、ボートを購入したA（被告）が、当該ボートの製造販売業者B（原告）との間で民事紛争になった際、自らホームページを開設し掲示板を立ち上げてBに対する不満を書き込み、また、その掲示板を閲覧した他の者（被告）もBに対する批判を書き込み、Bから名誉毀損で訴えられたものである。

判決は、

「当該記事が……名誉や信用を毀損する行為に該当すると判断された場合、通常は当該行為の違法性が推定される。ただし、当該行為に至った

---

（注86）　我妻榮『事務管理・不当利得・不法行為』（日本評論社・1937年）126頁。
（注87）　土平英俊「相関関係説からみた名誉毀損・プライバシー侵害の違法性判断」創価ロージャーナル13号156頁（2020年）は、名誉毀損事案における相関関係説的な発想を、次のように説明している。
　　「相関関係説の観点からすれば、たとえ名誉毀損の場合であっても、被侵害利益が弱く、加害行為の態様も違法性の弱い類型の事案では、原則としてその侵害が違法と判断されるはずはないから、被告が『違法性阻却事由』を立証するという判断枠組みにはならない。
　　このように相関関係説の観点からすれば、名誉であろうと……、被侵害利益の内容及び侵害行為の態様の点で違法性が弱い事案の場合には、比較衡量によって不法行為の成否が決せられ、被侵害利益の内容及び侵害行為の態様の点で違法性が強い類型の場合には、原則として違法と評価され、違法性阻却事由の有無が検討されることになる。」
（注88）　判時2065号50頁。

背景事情等を併せ考慮したときに、被侵害者においてこれを受忍すべき事情が認められる場合がないわけではなく、そのような場合には上記の違法性の推定が覆ることもある。」
として受忍限度論を採用した。

　この東京高判は、なぜ受忍限度論を採用したのであろうか。

　以下は私の勝手な推測であるが、インターネットの掲示板の場合、そこに書き込む第三者は、そこで議論となっている事件（本件でいえば、AとBとの民事紛争）については確たることは何も分からない。したがって、もし仮に真実性・真実相当性の法理によって名誉毀損の成否を判断したら、第三者はみな真実性・真実相当性を立証できないであろう。しかし、表現することは人の本性であり、様々な人々が「ああでもない」「こうでもない」と言い合う場が設けられることは決して否定されるべきものではなく、そのように言い合う場が、真実性・真実相当性の立証ができない限り書き込みができないというのでは窮屈に過ぎる。そこで東京高判は、“社会的評価の低下”をもって直ちに“名誉毀損の成立”とすることはせず、受忍限度というバッファーを設けたのではないか。[注89]

## 第3　非マスメディアによる表現行為の重要性について

　非マスメディアによる表現行為は、民主主義社会における市民の草の根からの表現活動として、表現の自由の保障を十分に及ぼさなければならない。その観点からすると極めて残念なのが、いわゆる立川反戦ビラ事件における最2小判2008（平成20）年4月11日[注90]である。

　これは、自衛隊のイラク派遣に反対する市民がそれを訴える内容のビラを防衛庁宿舎の各戸の新聞受けに投函したことをもって住居侵入罪の罪責を問われた事例である。

　一審の東京地八王子支判2004（平成16）年12月16日[注91]は、

　「被告人らによるビラの投函自体は、憲法21条1項の保障する政治的表現

---

（注89）　他に受忍限度論をもって名誉毀損の成否を判断した事例として、東京高判2000（平成12）年9月21日（判タ1094号181頁）などがある。
（注90）　判タ1289号90頁、判時2033号142頁。
（注91）　判タ1177号133頁、判時1892号150頁。

216　第2編　名誉毀損の成立要件に関する諸問題

活動の一態様であり、民主主義社会の根幹を成すものとして、同法22条
1項により保障されると解される営業活動の一類型である商業的宣伝ビ
ラの投函に比して、いわゆる優越的地位が認められている。そして、立
川宿舎への商業的宣伝ビラの投函に伴う立ち入り行為が何ら刑事責任を
問われずに放置されていることに照らすと、被告人らの各立ち入り行為
につき、従前長きにわたり同種の行為を不問に付してきた経緯がありな
がら、防衛庁ないし自衛隊又は警察から……正式な抗議や警告といった
事前連絡なしに、いきなり検挙して刑事責任を問うことは、憲法21条1
項の趣旨に照らして疑問の余地なしとしない。」

と、抑制の利いた表現ながら表現の自由の重要性を指摘してこの市民を無罪
とした。

　ところが控訴審の東京高判2005（平成17）年12月9日 <sup>(注92)</sup> はこの無罪判決
を破棄して有罪とし、上告審で最2小判はこの有罪の結論を維持した。

　最2小判は、

「憲法21条1項も、表現の自由を絶対無制限に保障したものではなく、公
共の福祉のため必要かつ合理的な制限を是認するものであって、たとえ
思想を外部に発表するための手段であっても、その手段が他人の権利を
不当に害するようなものは許されない」

という実に古色蒼然とした一般論と、

「本件では、表現そのものを処罰することの憲法適合性が問われているの
ではなく、表現の手段すなわちビラの配布のために『人の看守する邸
宅』に管理権者の承諾なく立ち入ったことを処罰することの憲法適合性
が問われている」

という論理のすり替え <sup>(注93)</sup> によって有罪の結論を導いた。<sup>(注94)</sup>

　憲法による表現の自由の保障は、刑法その他の法律による締め付けから表

---

(注92)　判時1949号169頁。
(注93)　"ビラ配り"という行為は、分けることが不可能な1つの表現行為であるにも拘わらず、
　　　それを表現"内容"と表現"手段"という2つのものに人為的に分けるのは、すり替え以外の
　　　何ものでもない。
(注94)　表現内容に対する規制と表現手段に対する規制とで違憲審査基準を異にすることの問題性
　　　については、市川正人が『表現の自由の法理』（日本評論社・2003年）75頁以下において実に
　　　緻密に説得的に論じている。

現行為を解放することの保障であるはずである。そうでなければ憲法ではない。本件のビラ配りが住居侵入の罪責を問われるようであれば、わが国の憲法21条は空文であるといわざるを得ない。

坂口正二郎はこの事件に関し「政治的表現のビラは、すしやピザの商業的ビラよりも、人によっては不安や不快を感じる度合いが強いからこそ、民主主義社会に不可欠なものとして優先的に保護されねばならない。」とコメントしている（注95）。これこそまさに表現の自由を保障することの意味であり、憲法による人権保障の意味である。

上記最２小判の有罪判決は全員一致であり、反対意見は一人も出ていない。わが国の表現の自由は今、重大な危機を迎えているという感を強くする。（注96）（注97）

---

（注95）　朝日新聞2004（平成16）年12月14日朝刊。

（注96）　最２小判2009（平成21）年11月30日（判タ1331号79頁、判時2090号149頁）も、政党ビラ投函のためのマンション共用部分立ち入り行為を住居侵入により有罪とした。本件も立川反戦ビラ事件と同様、一審は無罪としていた。そして、この最判に反対意見が１つもないこともまた立川反戦ビラ事件と同様である。

（注97）　藤田宙靖『裁判と法律学――『最高裁回想録』補遺』（有斐閣・2016年）は、藤田が最高裁判事退官後に行なった講演と対談をまとめたものであるが、藤田は書籍の中で、裁判官の究極的な務めは当該具体的な紛争の「最も適正な解決」を図ることだと繰り返し述べている。なるほどそれは素晴らしいと思える話である。しかし、立川反戦ビラ事件に関与した最高裁判事全員が、一審の無罪判決を破棄して有罪を言い渡すことがあの事件の「最も適正な解決」だと考えたのかと想像すると、心底ぞっとする（ちなみに藤田がこの事件の審理に関わっているわけではない）。

# 第17章──刑法上の名誉毀損との違い

　本章では、刑法上の名誉毀損と民事上の名誉毀損との違いを比較する。[注1]

## 第1節　　事実摘示の要否

　民事上の名誉毀損は、他人の社会的評価を低下させることをいう。かように社会的評価を低下させるものであれば足りるので、事実を摘示する場合に限らず、論評によって社会的評価を低下させる場合もこれにあたる。このことは前述した（第12章第1節・147頁以下）。

　他方、刑法上の名誉毀損罪は、「事実を摘示」するものでなければならない（刑法230条1項）。事実を摘示しない行為は、あとは侮辱罪（刑法231条）の該当性が問題となるのみである。「侮辱」とは、他人の人格に対する軽蔑の価値判断を表示することをいうとするのが通説であり[注2]、たとえば、「あほ」「まぬけ」「無能」等の言辞がこれにあたる。また、名誉毀損罪の保護法益と侮辱罪の保護法益はいずれも外部的名誉であるというのが判例・通

---

（注1）　検察統計年報によると、2022（令和4）年における名誉に対する罪の起訴件数は合計で280件（内訳は、名誉毀損罪が236件、死者名誉毀損罪が1件、侮辱罪が43件）だとのことである。

（注2）　団藤重光『刑法綱要各論〔第3版〕』（創文社・1990年）530頁、西田典之『刑法各論〔第7版〕』（弘文堂・2018年）135頁、大谷實『刑法講義各論〔新版第5版〕』（成文堂・2019年）187頁、山口厚『刑法各論〔第3版〕』（有斐閣・2024年）154頁。

説である<sup>(注3)</sup>ので、結局、刑法上、名誉毀損罪と侮辱罪とは、事実の摘示の有無によって、つまり行為によって区別されることになる。


## 第2節　「公然」性の要否

　刑法上の名誉毀損罪は、「公然」と事実を摘示する必要がある。ここに「公然」とは、不特定または多数人の認識し得る状況をいうと解するのが通説であり、また判例も同旨であるといわれている<sup>(注4)</sup>。

　他方、民事上の名誉毀損では「公然」性は要件とされていない。

　「公然」性の要件の有無は、刑事と民事の名誉毀損の間で多くの場合決定的な違いを生じさせるものではないが、民事法の解釈上、刑法の「公然」性の解釈の場面で唱えられている"伝播性の理論"に引きずられ過ぎると、損害が発生していないのに不法行為責任を認めることになりかねず妥当でない。このことは、第8章の第1節・第2節（108〜115頁）で述べた通りである。


## 第3節　故意・過失

　刑事上の名誉毀損罪は故意犯であり、過失によっても成立する民事上の名

---

（注3）　判例は最1小決1983（昭和58）年11月1日（判タ515号126頁、判時1099号35頁）。これは、法人に対する侮辱罪の成立を認めた事例である。侮辱罪の保護法益を名誉感情と解すると、感情を有しない法人には侮辱罪は成立しないことになるが、上記決定が法人に対する侮辱罪の成立を認めたことによって、最高裁が、侮辱罪の保護法益を名誉感情ではなく外部的名誉であるとする立場を採っていることが明らかになった。この決定には、かかる保護法益論に関し、中村治朗裁判官の補足意見、団藤重光、谷口正孝両裁判官の意見が付されている。
　　学説は、西田・前掲（注2）134頁、大谷・前掲（注2）168頁、山口・前掲（注2）154頁。
（注4）　学説は、団藤・前掲（注2）513頁、平川宗信『刑法各論』（有斐閣・1995年）225頁、西田・前掲（注2）123頁、大谷・前掲（注2）170頁、山口・前掲（注2）140頁。
　　最2小判1961（昭和36）年10月13日（刑集15巻9号1586頁）は、「多数人の面前において人の名誉を毀損すべき事実を摘示した場合は、その多数人が……特定しているときであつても、刑法230条の罪を構成する」という。

誉毀損とはこの点でも区別される、といわれることがある<sup>(注5)</sup>。しかし、刑事上の名誉毀損罪が純粋な故意犯であるといえるかについては、私は大きな疑問を持っている。以下、私の疑問を述べたい。

**1**　刑法230条の２は、事実の公共性・目的の公益性がある言論（以下「公的言論」という）につき、真実性の証明があったときにこれを刑事罰から解放する規定である。名誉毀損罪は、民事上の名誉毀損と同じく原則として摘示事実の真否を問わず、真実であっても社会的評価を低下させる限り成立するとされ<sup>(注6)</sup>、虚名も保護されているが、公的言論については、同条によって真実である限り刑事罰を科されないということである。

　刑法230条の２が公的言論につき真実性を条件としてこれを刑罰から解放した理由につき最大判1969（昭和44）年６月25日<sup>(注7)</sup>は、

　　「刑法230条ノ２の規定は、人格権としての個人の名誉の保護と、憲法21条による正当な言論の保障との調和をはかつたもの」

と判示している。つまり公的言論は表現の自由の１つとして憲法上保障されているということである。かように表現の自由の保障が及んでいるのであれば、刑法230条の２の要件を充たす行為はそもそも違法性がないと解するべきである。かかる解釈は通説である<sup>(注8)</sup>。

　かようにそもそも違法性がないというのであれば、公的言論に関する限り、もともと虚名は名誉毀損罪で保護されていない、つまり虚偽の摘示の場合しか犯罪にならないということになろう。

**2**　このあたりから、名誉毀損罪を故意犯であるとするテーゼに対する疑問が頭をもたげてくる。

　公的言論については虚偽の摘示の場合しか犯罪にならないというのであれば、公的言論につき名誉毀損罪の故意犯が成立するには、虚偽であることを認識・認容して当該言論をしなければならないはずである。つまり、虚偽であることを知りながらあえてなした場合にしか犯罪にならないので

---

（注5）　竹田稔『名誉・プライバシー・企業秘密侵害保護の法律実務』（ダイヤモンド社・1976年）12頁。
（注6）　刑法上の名誉毀損においてはこの点が刑法230条１項に「その事実の有無にかかわらず」と明文化されている。
（注7）　判タ236号224頁、判時559号25頁。
（注8）　大谷・前掲（注２）180頁。

はなかろうか。

しかしそのように唱える見解はほとんど聞かない（注9）。

かえって上記1の1969（昭和44）年最大判は、前記のフレーズに続けて、「〔個人の名誉の保護と正当な言論の保障との〕これら両者間の調和と均衡を考慮するならば、たとい刑法230条ノ2第1項にいう事実が真実であることの証明がない場合でも、行為者がその事実を真実であると誤信し、その誤信したことについて、確実な資料、根拠に照らし相当の理由があるときは、犯罪の故意がなく、名誉毀損の罪は成立しないものと解するのが相当である。」

という。

つまり、摘示事実が真実でなかった場合には、真実であると誤信したことにつき「確実な資料、根拠に照らし相当の理由があるとき」にのみ免責するというのである。

「相当の理由」があるときにのみ免責するということは、相当の理由がないときには免責しない、つまり、軽率に虚偽の事実を真実であると誤信した場合には処罰するということにほかならない。

これはまさに、公的言論につき虚偽の摘示をした場合に、過失犯を処罰するということであろう。名誉毀損罪が故意犯であるという捉え方は、誤っていると思う。少なくとも本来的な意味での故意犯と異なることは銘記されてよいだろう（注10）。

---

（注9）　牧野英一がかかる見解を採っている。牧野は、「単に事実の真実であることを信じていただけで、すなわち善意であるだけで、犯意の成立が阻却されるか」との問題提起に対し、「善意であることを以つて足りるものと解するのである。……善意であることが十分の理由に因るものでないにおいては、そこに過失はあるであろうけれども、その故を以つて犯意の成立を肯定するわけにはゆかないのである。犯意と過失とは全然区別して考えられねばならぬ。」と言う（同『刑法各論（下）』（有斐閣・1951年）513頁）。

近時の同旨の見解として、斎藤信治『刑法各論〔第4版〕』（有斐閣・2014年）79頁、松宮孝明『刑法各論講義〔第6版〕』（成文堂・2024年）179頁、松原芳博『刑法各論〔第3版〕』（日本評論社・2024年）165頁。

（注10）　名誉毀損罪を、故意犯と過失犯の結合したものだと正面から認める見解もある（佐伯仁志「名誉とプライヴァシーに対する罪」芝原邦爾ほか編『刑法理論の現代的展開——各論』（日本評論社・1996年）84頁、西田・前掲（注2）131頁）。この見解によると、刑法230条の2が、過失犯処罰を基礎づける「特別の規定」（刑法38条1項但書）になるとのことである。

また山口・前掲（注2）151頁は、これとは法律構成を異にするがやはり名誉毀損罪を故意犯と過失犯の結合したものであるとする。

222　第2編　名誉毀損の成立要件に関する諸問題

**3** 表現の自由の重要性に鑑みるとき、かように故意のみならず過失による行為までを処罰することは妥当であろうか。国家が強制捜査権や刑罰権を背景に言論の責任を追及するという事態は、表現の自由に対するこれ以上ないほどの脅威である。まして対象は公的言論なのである。公的言論の自由を可及的に保障するという観点からすると、前記最高裁の免責要件は厳し過ぎるといわざるを得ない。今後再考されなければならない事柄であると私は思う。

この点、浦部法穂は、免責要件につき、「公共性のある問題については、摘示事実が虚偽であることを知っていながら、あるいは、虚偽か否かを確かめようともせずに、事実に反することを言って他人の名誉を毀損した、というのでないかぎり、名誉毀損の責任を負わないものとすべきである」と、いわゆる「現実の悪意の法理」に依るべきことを提唱し、かつ、「現実の悪意」の存在については、検察官が立証すべきであるとする[注11]。極めて妥当な見解だと思う[注12]。

# 第4節　権利行使期間の起算点

名誉毀損の被害を受けた場合、法的責任の追及の方途としては民事及び刑事があるが、その民事・刑事の権利行使ができる期間は、それぞれ法律の規

---

[注11]　浦部法穂・憲法判例百選Ⅰ〔第4版〕145頁（2000年）。なお「現実の悪意の法理」については、第7編第3章（673頁）で詳しく述べる。

[注12]　かように表現の自由の重要性という観点からすると、そもそも名誉毀損が刑法上犯罪とされていること自体の当否も顧みずにはいられない。名誉毀損が刑事責任を問われるということは、国家が強制捜査権や刑罰権を背景に言論の責任を追及するという事態であり、このような事態が頻繁に起こるようではそれはまさに明治時代の讒謗律の世界と同じだといわざるを得ず、表現の自由に対する脅威以外の何ものでもないからである。

三井誠「マスコミ判例百選」別冊ジュリスト31号44頁（1971年）は、

「個人の名誉という人格権を刑事制裁という手立てをかりて保護することには、いぜん謙抑であるべきだろう。」

と言い、奥平康弘『ジャーナリズムと法』（新世社・1997年）141頁はもっと端的に、

「名誉……という個人の人格にかかわる利益の保護のためには、……民事訴訟一本で争わせるという一元的な制度がふさわしく、そしてそれで十分ではなかろうかと思う。」

と指摘する。かかる見解に私は非常にシンパシーを感じる。

定によって限界が設けられている。その期間の起算点が民事と刑事とで似て
非なる状態になっているのでその点を説明しておきたい。

## 第1款 民事・消滅時効の起算点

まずは民事の場合。損害賠償請求の消滅時効の起算点について説明する。

不法行為に基づく損害賠償請求権は、被害者等が「損害及び加害者を知っ
た時」から3年を経過すると消滅時効にかかる（民法724条）[注13]。

たとえば、新聞記事による名誉毀損の場合、被害者が、自己の名誉を毀損
している記事の存在を知れば「損害」を知ったことになる。また、新聞の場
合にはその「加害者」が当該新聞社であることは自明である。よって、新聞
記事による名誉毀損の場合には、記事の存在を知れば「損害」も「加害者」
も知ったことになり、3年の消滅時効期間はそこから起算される。

他方、インターネット上の記載による名誉毀損の場合、書き込んだ者が誰
であるかが分からないことがあり、その場合には、新聞記事による名誉毀損
の場合と消滅時効の起算点が若干変わる。たとえば、匿名で書き込みができ
る掲示板による名誉毀損の場合、自身を中傷する掲示板上の書き込みの存在
を知ればそれをもって「損害」を知ったことにはなるが、当該書き込みをし
たのが誰であるのかが掲示板上の記載からは明らかでなく、よって「加害
者」は未だ知らない状態である。この場合、いわゆるプロバイダ責任制限法
（特定電気通信役務提供者の損害賠償責任の制限及び発信者情報の開示に関する法
律）5条に基づく発信者情報開示請求により発信者情報の開示を受け、書き
込みをした者を特定できた時に初めて「加害者」を知ったことになる。よっ
て、少なくともその時までは消滅時効期間は起算されない。

それでは、この発信者情報の開示を受けて書き込み者を特定できた時から
消滅時効期間が起算されることになるのかというと、この点については更な
る考察を要する。詳しくは384頁（第4編第2章第5節第3款）を参照された
い。

---

（注13） 消滅時効の問題については第4編第2章第5節（380頁以下）で改めて詳しく述べる。

224 第2編 名誉毀損の成立要件に関する諸問題

## 第2款　刑事・告訴期間の起算点

**1**　次に刑事の場合。名誉毀損罪は親告罪であり（刑法232条1項）、告訴は、「犯人を知った日」から6か月を経過したときはもはやできない（刑訴法235条）。

そして、ここにいう「犯人を知った日」とは、

「犯罪行為終了後の日を指すものであり、告訴権者が犯罪の継続中に犯人を知つたとしても、その日を親告罪における告訴の起算日とすることはできない」

というのが最高裁の判例であり[注14]、そこで、名誉毀損の場合に「犯罪行為終了後の日」をいつと解するべきかが問題となる。

この点については、インターネット上の名誉毀損の場合に関して裁判例がある。大阪高判2004（平成16）年4月22日[注15]である。判決はまず、

「刑訴法235条1項にいう『犯人を知った日』とは、犯罪終了後において、告訴権者が犯人が誰であるかを知った日をいい、犯罪の継続中に告訴権者が犯人を知ったとしても、その日をもって告訴期間の起算日とされることはない。」

との一般論を指摘した後、

「名誉毀損罪は抽象的危険犯である」

とした上で、インターネット上の書き込みによる名誉毀損がなされた当該事件につき、

「本件記事は、少なくとも平成15年6月末ころまで、サーバーコンピュータから削除されることなく、利用者の閲覧可能な状態に置かれたままであったもので、被害発生の抽象的危険が維持されていたといえるから、このような類型の名誉毀損罪においては、既遂に達した後も、未だ犯罪は終了せず、継続していると解される。」

とし、インターネット上に書き込みが残っている限り原則として犯罪行為は終了していないものとした。かかる帰結として、書き込みが残っている限り6か月の告訴期間制限のカウントが始まることもないことになる。

---

（注14）　最2小決1970（昭和45）年12月17日（判タ257号215頁、判時619号91頁）。
（注15）　判タ1169号316頁。

第17章　刑法上の名誉毀損との違い　　第4節　権利行使期間の起算点　　*225*

ところでこの件では、同年3月に被告人が警察を介して当該ホームページの管理者に対し、自己のした書き込みの削除を要請したという事実があった。そのような事実に対し、判決は、

「この事実は、被告人が、自らの先行行為により惹起させた被害発生の抽象的危険を解消するために課せられていた義務を果たしたと評価できるから、爾後も本件記事が削除されずに残っていたとはいえ、被告人が上記申入れをした時点をもって、本件名誉毀損の犯罪は終了したと解するのが相当である。」

とし、インターネット上の記載は6月まで残っていたけれども例外的にその前の3月で犯罪は終了した、と評価した。

**2**　この大阪高判は実に分かりにくい。

　この判決は前段で、名誉毀損罪についてわざわざ「抽象的危険犯である」と断わった上で、“その抽象的危険が残っているから犯罪行為は終了していない”という論理に依っていたはずである。しかるに後段では“抽象的危険が残っているけれども、それを解消するために動けば犯罪行為の終了を認める”としているのであり、これは、危険の残存の有無とは関係なく犯罪行為の終了を認めているのであって、あまりにも場当たり的な解釈であり、論理的とは言い難い。

**3**　告訴期間の起算点であるところの犯罪の終了時期については、構成要件的結果発生の態様に基づく分類に応じて区別し、継続犯であれば法益侵害が継続している限り犯罪は終了しないと解する一方、即成犯・状態犯については、結果の発生とともに犯罪も終了すると解するのが一般的である(注16)。

　かくして、名誉毀損罪は状態犯なのか継続犯なのかが問題となる(注17)。

　この点、名誉毀損罪が状態犯か継続犯かについては、従前はほとんど議論されてこなかったようである(注18)。議論がなかった理由は、従来型の名

---

(注16)　平場安治ほか『注解刑事訴訟法中巻』(青林書院新社・1974年) 181頁〔高田卓爾執筆〕は、告訴期間につき、「継続犯」は犯罪終了時が起算日となるとする一方、「通常の結果犯」については構成要件的結果の発生した時が起算日となるとする。継続犯も結果犯の1つであるが、後者の「通常の結果犯」とは、即成犯・状態犯を指しているのだろう。

(注17)　即成犯であると解する余地はなかろう。

(注18)　大塚仁ほか編『大コンメンタール刑法〔第二版〕第12巻』(青林書院・2003年) の第34章

誉毀損である出版物の公刊のような行為態様の場合、公刊によって結果が発生するとともに犯罪が終了するものとし、その後の名誉毀損状態を犯罪事実と見ないこと、即ち状態犯と解することで異論がなかったからであろう。

　そうしたところインターネットが出現し、これが、サーバーに情報がある限り容易に閲覧可能な状態が継続する行為態様であることから、上記の大阪高判のケースのように問題となったわけである。

　学説は、これを状態犯であるとし、インターネット上にアップすることによって既遂となると共に犯罪行為は終了したものとして告訴期間が起算されると解する見解の方が多いようであり〔注19〕、私もその見解に賛成である。

**4**　これに対し、西田典之はこれを「継続犯であるともいえる」として、上記1の大阪高判の判断は妥当であるという〔注20〕。

　しかし、名誉毀損罪を継続犯だとすると、これがもし出版物による名誉毀損だった場合、行為者は、世の中に出回っている出版物を全て回収して"抽象的危険"を払拭しなければ犯罪行為は終了しないことになるが、そのようなことは実際上不可能であろう。つまり、継続犯であると解すると、出版物による名誉毀損の場合、永遠に告訴期間が起算されることはなく、よって永久に告訴が可能となってしまう。

　この点、西田は、「書物の場合であれば新刊本としてのピークが過ぎた時点で犯罪は終了すると考えてよい」と言うが、「新刊本としてのピークが過ぎた時点」というものをどうやって認定・判断するのか甚だ疑問である。

---

「名誉に対する罪」の前注と230条の項（3〜37頁〔中森喜彦執筆〕）を見ても、名誉毀損罪が状態犯か継続犯かに関する記述はない。中森喜彦『刑法各論〔第4版〕』（有斐閣・2015年）88頁は、「名誉毀損の終了時期、状態犯か継続犯かという点については、かつては、ほとんど議論がなかったといってよい。」とする。

（注19）　山口厚「インターネット上の名誉毀損罪における犯罪の終了時期」ジュリスト臨時増刊「平成17年度重要判例解説」159頁（2006年）、中森・前掲（注18）88頁、松宮・前掲（注9）168頁、大谷・前掲（注2）174頁、小林憲太郎「刑法判例と実務──第51回　名誉毀損罪の周辺」判時2430号164頁（2020年）、高橋則夫『刑法各論〔第4版〕』（成文堂・2022年）174頁、松原・前掲（注9）157頁。

（注20）　西田・前掲（注2）134頁。

**5** 他方、井田良は、名誉毀損罪につき状態犯であると解しつつも、記事が削除されないかぎり被害発生の抽象的危険が維持されているので犯罪は終了しておらず、よって告訴期間も起算されないとする[注21]。

つまり井田は、犯罪の終了時期（即ち告訴期間の起算日）を、状態犯か継続犯かという問題とは切り離して検討するわけである。

たしかに、ある犯罪の性質につき、即成犯・状態犯・継続犯のどれにあたるかが截然と区別できないものもある。たとえば、ほかならぬ名誉毀損罪でも、私は、出版物の公刊もインターネット上の公表も状態犯であると言ってよいと思っているが、他方、立て看板を立てるという行為態様だと、継続犯であるような気がしてこなくもない[注22]。

しかし、ことは刑罰法規である。処罰範囲の明確化の観点からして、解釈はできるだけシンプルであるべきだと思う。そうすると、特定の犯罪類型について固有の性質を見出し、そこから統一的な解釈を導くことが、できる限り望まれるのではないか。

だから、告訴期間の起算日についても、状態犯か継続犯かという区別から結論を出すのがよいと思う。

**6** 私は、名誉毀損罪は状態犯だと見て、インターネット上の名誉毀損であれば、インターネット上にアップロードした時点で実行行為は終了し、その後にインターネット上に残っている名誉毀損状態は犯罪を構成しないと見るべきだと思う。出版による名誉毀損も同様である[注23]。書籍の出版をした時点で実行行為は終了し、その後その出版物がどれだけ市場に残っていても、それは名誉毀損の結果の残存に過ぎず、その残存状態が犯罪を構成しているわけではないと見るべきである。

かく解すれば、あとは被害者が「犯人」を実際に知った日から告訴期間

---

（注21）　井田良『講義刑法学・各論〔第3版〕』（有斐閣・2023年）205頁。

（注22）　古田祐紀「犯罪の既遂と終了」判タ550号91頁（1985年）は、
　　「ある犯罪をただ、即成犯とか継続犯とか呼んでみても、実際問題としては余り問題の解決にはならず、結局は、現実の行為の形態に着目して考えて行かなければならない〔。〕このことは、状態犯についても同様である。」
　　と指摘する。なるほどとは思う。

（注23）　民事の消滅時効の起算点の解釈についても出版物の公刊による場合とインターネット上の公表の場合とで解釈を同じくすべきかはまた別の問題である。この点については、第4編第2章第5節第3款（384頁）で検討する。

が起算されることになり、"いつまでも告訴期間のカウントが始まらない"という事態が生じるのを避けることができる。

# 第18章——管轄・準拠法

## 第1節　　国内裁判管轄

**1**　　訴訟の土地管轄は、被告の普通裁判籍の所在地を管轄する裁判所の管轄
に属し（民訴法4条1項）、法人の普通裁判籍はその主たる事務所等によっ
て定まる（同法4条4項）。

　　よって、マスメディア相手に名誉毀損の訴訟を起こす場合、当該メディ
アの本社所在地を管轄する裁判所が土地管轄を有することになる。多くの
場合は東京や大阪などの大都市の裁判所がこれにあたることになろう。

　　しかし、財産権上の訴えについては「義務履行地」も特別に裁判籍を有
するものとされているので（民訴法5条1号）、当該訴訟で損害賠償を請求
していれば、金銭債務は持参債務であるから（民法484条1項）、原告の住
居所を管轄する裁判所も管轄を有することになる。要するに、損害賠償請
求をしている限り、原告の地元の裁判所に訴訟提起できるということである。

**2**　　民訴法5条9号は、不法行為に関する訴えにつき「不法行為があった
地」に裁判籍を認めているが、マスメディアによる名誉毀損の場合、この
不法行為地をいかに解するべきか。これは、原告・被告いずれの住居所地
でもない裁判所に訴訟提起された場合などに問題となり得る。

　　この点については、旧民訴法15条1項（現5条9号）に関する事例であ
るが、新聞について甲府地判1956（昭和31）年2月2日[注1]、雑誌につい
て大阪地決1995（平成7）年7月19日[注2]があり、いずれも、新聞・雑誌

---

（注1）　下級裁判所民事裁判例集7巻2号200頁。
（注2）　判タ903号238頁。

230　第2編　名誉毀損の成立要件に関する諸問題

の販売頒布行為も不法行為の一部を構成するから頒布地も不法行為地となる、としている。

上記大阪地決は、

「不法行為に関する訴えの裁判管轄について定めている民事訴訟法15条にいう『其ノ行為アリタル地』とは、不法行為の実行行為がなされた土地とその結果が発生した土地の双方を含むものであり、日本全国で発売頒布される週刊誌等の定期刊行物の発行による名誉毀損等の不法行為の場合のみ別個に考えなければならない理由はない。本件訴訟において、相手方は、右週刊誌が発行、発売、頒布されたことにより精神的損害を被ったと主張しているのであるから、右週刊誌の発行行為のみならず発売頒布行為も不法行為の一部を構成するものというべきであり、このことは、申立人ら主張のように右の発売頒布行為が取次業者及び販売店を介して行われたとしても何ら左右されるものではない。」

としている。

上記判示の最後の「取次業者及び販売店……」のくだりは、雑誌社側が、"自分らは雑誌を発行して取次業者に卸しただけであって、全国に販売頒布したのは取次業者である"と主張していたことに対する決定の応答である。現実の頒布が取次業者によって行なわれているとしても、そのように頒布させているのは雑誌社自身であり、相当因果関係があることは明らかなのであって、大阪地決の前記結論は当然といえよう。

**3** 民法723条に基づく謝罪広告その他の回復処分の請求も、不法行為に関する訴えであるから、前項の議論がそのまま妥当する。

**4** 差止請求の土地管轄はどうなるか。

この点、最1小決2004（平成16）年4月8日[注3]は、不正競争防止法3条1項に基づく差止請求の事案につき、

「民訴法5条9号は、『不法行為に関する訴え』につき、当事者の立証の便宜等を考慮して、『不法行為があった地』を管轄する裁判所に訴えを提起することを認めている。同号の規定の趣旨等にかんがみると、この『不法行為に関する訴え』の意義については、民法所定の不法行為に基

---

（注3）　判タ1151号297頁、判時1860号62頁。

づく訴えに限られるものではなく、違法行為により権利利益を侵害され、又は侵害されるおそれがある者が提起する侵害の停止又は予防を求める差止請求に関する訴えをも含むものと解するのが相当である。」
とし、民訴法5条9号の「不法行為に関する訴え」にあたるとした。

この最決はあくまでも不正競争防止法3条1項の差止請求に関する判断であり、この最決の最判解説も「本決定は、……人格権等に基づく差止請求権が『不法行為に関する訴え』に当たるかどうかについてまで判断したものではない」と言う(注4)。

もっとも、この最決の射程範囲が最判解説の言うとおりであるとしても、人格権に基づく差止請求について裁判所があえてこの最決と異なる判断をするとも思われないので、名誉権に基づく差止請求についても民訴法5条9号の適用があると解してよいであろう(注5)。

よってここでも2（230頁）の議論がそのまま妥当する。

なお、2で述べたように新聞・雑誌の頒布地も不法行為地になるとすると、これをインターネットによる名誉毀損の場合に敷衍すれば、ネットの記事は日本全国どこでも閲覧できるので、日本全国が不法行為地となることになる。かかる事態につき野村昌也は、全ての裁判所に管轄が認められることになって適当でない、との問題意識を提示する(注6)。もっとも野村は、少なくとも原告（保全事件の「債権者」）の住所地は損害の発生した土地と解してよいとして、インターネットによる名誉毀損の場合に、原告（債権者）の住所地を管轄する裁判所を不法行為地として管轄を認めてよいとする。

かく解することにより、損害賠償請求をせずに差止請求のみをする場合であっても、原告が地元の裁判所に訴訟提起をすることができることになる。

**5**　出版差止めの仮処分の管轄はどうなるか。

仮処分は本案の管轄裁判所が管轄するが（民事保全法12条1項）、出版等

---

(注4)　最高裁判例解説・民事篇平成16年度（上）250頁。
(注5)　野村昌也「東京地方裁判所民事第9部におけるインターネット関係仮処分の処理の実情」判タ1395号26頁（2014年）も同旨。
(注6)　野村・前掲（注5）26頁。

の差止めの仮処分は、人格権に基づく請求であるためその本案は「財産権
上の訴え」(民訴法5条1号)ではない。

　ただし、4で検討したとおり、人格権に基づく差止請求にも民訴法5条
9号の適用があると解され、結局、債権者の住居所地が不法行為地とされ、
債権者の地元の裁判所に申立てをすることができることになる。

**6**　プロバイダ責任制限法に基づく発信者情報開示請求の管轄については、
289頁を参照されたい。


# 第2節　　国際裁判管轄

**1**　インターネット媒体による名誉毀損の場合、海外にいる被告が海外のサー
バーに名誉毀損情報をアップロードするという行為態様もあり得るとこ
ろであり、かかる場合に、そもそも日本の裁判所に裁判権があるかどうか
が問題となる。

　民訴法3条の3第8号は、不法行為に関する訴えにつき、原則として
「不法行為があった地が日本国内にあるとき」には日本の裁判所に訴えを
提起することができる旨定めており、ここに「不法行為があった地」とは、
国内裁判管轄に関する民訴法5条9号の規定の解釈と同様、加害行為その
ものが行なわれた地(原因行為地)と、加害行為によって惹起された結果
が発生した地(結果発生地)の両方を含むものと解されている[注7]。

　そして、日本の国際管轄裁判籍が肯定されるために証明すべき事項につ
いては、最1小判2014(平成26)年4月24日[注8]が、
　「民訴法3条の3第8号の規定に依拠して我が国の国際裁判管轄を肯定
　するためには、不法行為に基づく損害賠償請求訴訟の場合、原則として、
　被告が日本国内でした行為により原告の権利利益について損害が生じた
　か、被告がした行為により原告の権利利益について日本国内で損害が生

---

[注7]　日暮直子「契約上の債務に関する訴え等の管轄権」加藤新太郎ほか編『新基本法コンメン
　　　タール　民事訴訟法1』(日本評論社・2018年)26頁。
[注8]　判タ1401号157頁、判時2221号35頁。

じたとの客観的事実関係が証明されれば足りる」

と、いわゆる"客観的要件証明説"を採用することを明らかにしている。

　これをインターネット媒体による名誉毀損で見ると、名誉毀損情報のアップロード行為（原因行為）が日本国内でなされたか、または、名誉毀損情報の閲覧（結果発生）が日本国内でなされれば、日本の国際管轄裁判籍が肯定されることになろう。

**2**　以上は不法行為責任に関する議論であるが、名誉権（人格権）に基づく差止請求の場合に国際裁判管轄がどうなるかというと、上記**1**の2014（平成26）年最1小判はこの点についても判断し、

　「民訴法3条の3第8号の『不法行為に関する訴え』は、民訴法5条9号の『不法行為に関する訴え』と同じく、民法所定の不法行為に基づく訴えに限られるものではなく、違法行為により権利利益を侵害され、又は侵害されるおそれがある者が提起する差止請求に関する訴えをも含むものと解される」

としており、この結果、**1**の議論は全て、名誉権に基づく差止請求にもあてはまることになる。

　ところで差止請求の場合、当然のことながら、既に結果が発生している場合のみならず、未だ結果が発生していない段階で将来の結果発生を防止するために提訴される場合もあるのであり、したがって、既に原因行為がなされていたり結果が発生したりしていることを要件としていては、差止請求権者（名誉毀損をされた者）の保護に欠ける。

　そこで上記2014（平成26）年最1小判は、差止請求の場合に関し、

　「このような差止請求に関する訴えについては、違法行為により権利利益を侵害されるおそれがあるにすぎない者も提起することができる以上は、民訴法3条の3第8号の『不法行為があった地』は、違法行為が行われるおそれのある地や、権利利益を侵害されるおそれのある地をも含むものと解するのが相当である。」

とし、原因行為や結果発生の「おそれ」のある地があれば足りるものとした。

　そしてその帰結として、差止請求について日本の国際管轄裁判籍が肯定されるために証明すべき事項についても、

「違法行為により権利利益を侵害され、又は侵害されるおそれがある者が提起する差止請求に関する訴えの場合は、現実の損害が生じたことは必ずしも請求権発生の要件とされていないのであるから、このような訴えの場合において、民訴法3条の3第8号の『不法行為があった地』が判決国内にあるというためには、仮に被告が原告の権利利益を侵害する行為を判決国内では行っておらず、また原告の権利利益が判決国内では現実に侵害されていないとしても、被告が原告の権利利益を侵害する行為を判決国内で行うおそれがあるか、原告の権利利益が判決国内で侵害されるおそれがあるとの客観的事実関係が証明されれば足りるというべきである。」

としている。

**3** 東京地判2016（平成28）年11月30日[注9] は、アメリカの法人（被告）が、海外のサーバーを経由して行なったインターネット上の書き込みについて名誉毀損の成否が争われ、その国際裁判管轄が判断された例である。

**4** 最1小判2016（平成28）年3月10日[注10] は、インターネットによる名誉毀損の場合における国際裁判管轄が問題となった事案において、民訴法3条の9にいう「特別の事情」があるとして原告の訴えが却下された事例である。


# 第3節　準拠法

法の適用に関する通則法17条は、不法行為の場合の準拠法を結果発生地法によることを原則としている。

しかし同法19条は名誉毀損に関して特別の規定を設けており、名誉毀損の場合には「被害者の常居所地法」が準拠法になるとされている。名誉毀損の場合にこのような例外規定が設けられた趣旨は、名誉権の場合、被侵害利益が無形のものであることから、同法17条本文のように結果発生地法

---

（注9）　判タ1438号186頁。
（注10）　判タ1424号110頁、判時2297号40頁。

によるとすると、結果発生地の一義的な決定が困難となるため、そのことが考慮されたものだと言われている[注11]。

　ただしこれには更に例外があり、同法22条1項は、外国法が準拠法となる場合であっても、その事実が日本法によれば不法とならないときには、当該外国法に基づく損害賠償等の請求はすることができないものとされている。

　これらの規定の適用関係が明らかにされた裁判例として東京地判2013（平成25）年10月28日[注12]がある。これは、シンガポールに在住する日本人男性（本訴原告）が、東京に在住するフィリピン人女性（本訴被告）からインターネット上の書き込みにより名誉を毀損されたとして、東京地裁に損害賠償請求訴訟を提起した事案である。

　判決は、

　「原告の本訴請求は、被告の不法行為によって原告の名誉等が毀損されたことを請求原因とするものであるところ、通則法19条の規定によれば、『他人の名誉又は信用を毀損する不法行為によって生ずる債権の成立及び効力は、被害者の常居所地法による。』とされているから、原告の常居所地であるシンガポールの法律が適用されることとなる」

として、準拠法をシンガポール法だと確定した上で、

　「他方、同法22条1項によれば、『当該外国法を適用すべき事実が日本法によれば不法とならないときは、当該外国法に基づく損害賠償その他の処分の請求は、することができない。』とされている。そこで、本訴請求の当否については、まず、本件記事等を掲載する行為が民法709条の不法行為を構成するかどうかを検討する。」

とし、日本の不法行為法上違法な名誉毀損にあたるかの認定判断をした。そして結論として、名誉毀損の違法性が認められないとして不法行為の成立を否定した。

---

（注11）　櫻田嘉章ほか編『注釈国際私法　第1巻』（有斐閣・2011年）479頁〔出口耕自執筆〕。
（注12）　判タ1419号331頁。

236　第2編　名誉毀損の成立要件に関する諸問題

第 **3** 編

# 名誉毀損に関する各論的諸問題

　第3編は、インターネット、匿名報道、モデル小説の問題について取り上げる。これらはそれぞれ多岐に亘る論点を含んでいるため、特に編を独立させて各々につきじっくりと論じることとした。

# 第1章——インターネット上の名誉毀損に関する諸問題

インターネット上の言論の特徴は第2編第16章第6節（200頁）で述べたが、本章では、インターネット上の名誉毀損に関して問題となる点を順に検討してゆきたい。

## 第1節　名誉毀損性の判断基準

**1**　これまで、新聞（128頁）、テレビ（182頁）、ラジオ（189頁）などにつき、判例や裁判例が説示した名誉毀損性の判断基準を紹介してきた。

インターネットの事案においては、最2小判2012（平成24）年3月23日[注1]が、インターネット上の報道記事の判断基準につき、新聞記事の名誉毀損性に関する最2小判1956（昭和31）年7月20日を引用しつつ、

「ある記事の意味内容が他人の社会的評価を低下させるものであるかどうかは、一般の読者の普通の注意と読み方を基準として判断すべきものである（最高裁昭和29年（オ）第634号同31年7月20日第二小法廷判決・民集10巻8号1059頁参照）。」

と、いわゆる一般読者基準を採用している。

その後の下級審裁判例では、「一般の閲覧者の普通の注意と読み方」という表現を用いているものが多い[注2]。

---

（注1）　判タ1369号121頁、判時2147号61頁。
（注2）　「一般の閲覧者の普通の注意と読み方」を基準として明示しているものとしては、大阪地判2017（平成29）年8月30日（判タ1445号202頁、判時2364号58頁）、東京地決2018（平成30）

*238*　第3編　名誉毀損に関する各論的諸問題

名誉毀損事件ではないが、最高裁も、裁判官によるツイッターの投稿が懲戒事由にあたるかが問題となった件[注3]において、当該ツイートの解釈の仕方につき、

「一般の閲覧者の普通の注意と閲覧の仕方を基準とす〔る〕」

としている。

**2** インターネット媒体といっても個々のホームページごとに内容は区々であるから、ここで想定する「一般の閲覧者」は、"個々の"ホームページにおける"一般の"閲覧者である。

インターネット媒体の場合、当該ホームページの特質によって、アクセスする者に一定の傾向があることが、新聞・テレビ・ラジオ媒体よりも多いように思う。掲示板のような場合にそういった傾向が顕著であり、当該ホームページや当該掲示板特有の言葉遣いや表現がなされていることもある。また、掲示板の場合、発言が累積していくという特質上、それまでの掲示板上のやりとりを把握していないと、その次の書き込みの意味が分からないということも起こり得る。

東京地判2001（平成13）年8月27日[注4]は、パソコン通信に関する裁判例であるが、かような特質を指摘して名誉毀損の成否を判断すべきものとしている。即ち、

「パソコン通信上の発言が人の名誉ないし名誉感情を毀損するか否かを判断するに当たっては、発言内容の具体的吟味とともに、当該発言がされた経緯、前後の文脈、被害者からの反論をも併せ考慮した上で、パソコン通信に参加している一般の読者を基準として、当該発言が、人の社会的評価を低下させる危険性を有するか否か……を検討すべきである。」

としている。

この裁判例が言うような、「当該発言がされた経緯」や「前後の文脈」を考慮する必要があるという傾向は、その後に発達したSNSにも見られる。たとえば、現「X」（旧ツイッター）の場合、リポスト（リツイート）やリ

---

年4月26日（判時2416号21頁）、大阪地判2018（平成30）年9月20日（判タ1457号163頁）、大阪地堺支決2019（令和元）年12月27日（判時2465・2466合併号67頁）、東京地判2021（令和3）年3月16日（判タ1490号216頁）などがある。

（注3）　最大決2018（平成30）年10月17日（判タ1456号39頁、判時2391号5頁）。

（注4）　判タ1086号181頁、判時1778号90頁。

プライなどの機能を通じて、1つの話題について人びとの発言が続いてゆくことがあり、そのようなときも、「当該発言がされた経緯」や「前後の文脈」をふまえないと、いかなる話題について何を言っているのかが分からないことがある。

**3**　なお、これは言葉の問題であるが、インターネット上の動画の名誉毀損性の判断基準については、一般の「視聴者」の普通の注意と「視聴の仕方」という表現がなされている[注5]。

　この場合も、"当該特定の"ホームページの"一般の"視聴者を基準にすることになる。

　たとえば、いわゆるユーチューバーが投稿した動画のような場合、アクセスする者に一定の傾向があることがあるので、そういった場合にこの基準による検討が重要になってくるであろう。


# 第2節　　表現者自身の責任


## 第1款　概説

　インターネット上で名誉毀損的言辞に及んだ者自身が名誉毀損の法的責任を負うことについては、構造上特段目新しいことはない。社会的評価を低下させる事実摘示ないし論評を行なった者は、その責任を負わねばならない。たとえば、プロバイダが、自ら情報発信しているコンテンツにおいて名誉毀損を行なった場合にはそのプロバイダが責任を負うべきであるし、ホームページの開設者が自身のページに名誉毀損的文章を掲載した場合にはその開設者が責任を負うべきであるし、また、他人の開設している掲示板に名誉毀損的な書き込みをした者は、その書き込みにつき責任を負うべきである[注6]。

---

（注5）　東京地判2011（平成23）年4月22日（判時2130号21頁）、大阪地決2015（平成27）年6月1日（判時2283号75頁）。

（注6）　かかる書き込みをした者が匿名である場合、その責任追及が難しいことは201頁（第2編第16章第6節の**2**）で述べた。かかる責任追及の困難性を克服するため、インターネット上で権利侵害された者のために、当該権利侵害情報の発信者に関する情報の開示請求権を法定した

240　第3編　名誉毀損に関する各論的諸問題

## 第2款　バーチャルな世界における名誉毀損

**1**　インターネットの世界は「バーチャル」な世界であるとよく言われる。かかる観点から、インターネット上の出来事は現実社会とは別であり、インターネット上で名誉毀損をしても法的責任は問題とならないのではないかということがまことしやかに議論されることがある。

　しかし、「バーチャル」だというのは比喩に過ぎず、インターネット上の言論も現実社会の出来事であって、法的責任から自由ではあり得ない。したがって、他の言論の場合と同じく、インターネット上で他人の実名を挙げて名誉毀損した場合はもとより、仮名（ハンドル・ネーム、ニックネーム）を用いたとしても、当該ホームページの一般の読者を基準としてある人物を特定できる場合には、当該特定人に対する名誉毀損が成立する。このことに問題はない。

　問題となるのは、当該仮名から現実の具体的人物を特定できない場合である。たとえば私がある掲示板に「丁野四郎」という仮名で書き込みをし参加していたとしよう。その掲示板で「丁野」こと私が、自分の社会的属性はそのままに意見を述べた（しかし「丁野」から私を特定することはできないというのがここでの前提である）ところ、その「丁野」に対して名誉毀損的言辞が浴びせられたとする。この場合に「丁野」こと私の名誉が毀損されたと評価すべきであろうか。

　この点、「パソコン通信上のハンドル名も独自の『社会的存在』性をもつのであり、このヴァーチャル・ソサエティにおける評価の侵害として名誉毀損を捉えることができるであろう」として、名誉毀損の成立を肯定する見解がある[注7]。

---

　のが「特定電気通信役務提供者の損害賠償責任の制限及び発信者情報の開示に関する法律」（いわゆる「プロバイダ責任制限法」）である。

　同法は2021（令和3）年に大幅な改正が行われ、開示に関わる制度の充実が図られた。その概略は第4節（273頁以下）で述べる。

(注7)　高橋和之「パソコン通信と名誉毀損」ジュリスト1120号90頁（1997年）。

　この高橋説に賛成するものとして加藤新太郎「パソコン通信と名誉毀損――ニフティサーブ事件第1審判決」判タ965号70頁（1998年）。

　和田真一「インターネット上の名誉毀損における当事者の匿名性をめぐる問題」立命館法學292号490頁（2003年）も、「ハンドルネーム宛ての名誉毀損であって本人と結びつく要素がな

確かに掲示板内で名誉毀損をされた私としては気分はよくないであろう。しかし、現実社会での評価に低下はもたらされていないのであり、かかる場合にもなおそのような言論を法的責任の追及をもって禁圧すべきなのであろうか。掲示板内で仮名を用いて自らの実体を現わさないことの根底には、現実社会に実在する自分の権利（人格）が侵されないための防衛が含まれていると思われる。とすれば、掲示板内で名誉を毀損されたからといって、掲示板外の現実世界において名誉毀損行為者に対する法的責任追及を肯定してまで仮名の保持者に手厚い保護をする必要は、ないのではないかと私は思う。

　実際上も、掲示板内の人格が現実世界の実在人をどれだけ現わしたものといえるかは相対的であって、それをどこまで保護するかの線引きは難しいと思う。たとえば私が、「戊野花子」という仮名で20歳の女性会社員として掲示板に参加した場合はどうか。この「花子」はもはや明らかに私によって創作されたキャラクターであって別人格といわざるを得ないであろう。かような別人格の名誉が毀損されたからといって、「花子」こと私の名誉が毀損されたとはいえないことは異論の余地はなかろう。他方、前述の「丁野四郎」の例において私が、年齢と職業を変えていた場合はどうか。更に居住地をも変容していた場合はどうか。このように考えていくと、具体的個人が特定されない仮名を用いている場合というのは、どこまで現実の人格とリンクさせて保護すべきかは甚だ流動的だといわざるを得ないのではなかろうか。

**2**　以上は「社会的評価の低下」たる名誉毀損の成否に関する考察である。名誉感情侵害の場合はまた別途の考察を要すると思う。

　たとえば、当初の私の「丁野四郎」の例の場合（つまり、年齢等は変えずに仮名のみ使用した場合であって、仮名から私が特定されない場合）において、「丁野」に対して「ばか」「あほ」等の名誉感情侵害言論がなされたときを想起されたい。

　これはまず、現実社会の評価の低下の有無の問題ではない。

　また、私にとって「丁野」は、表向きの名前を変えただけであって私自

──────────

　いときであっても名誉毀損の成立は認めてよい」とする。

身であり、よって私は、「丁野」に対する攻撃を私自身に対する攻撃であると認識する。そうするとこれは、当該掲示板のその書き込みを読んだ「丁野」こと私の名誉感情が侵害されたかどうかの問題となるので、理論的には、名誉感情侵害の成立の余地はあると思われる。[注8]

福岡地判2019（令和元）年9月26日[注9]は、名誉感情侵害の場合に同定可能性が必要かどうかの点につき、

「名誉感情侵害はその性質上、対象者が当該表現をどのように受け止めるのかが決定的に重要であることからすれば、対象者が自己に関する表現であると認識することができれば成立し得ると解するのが相当である。」

とし、同定可能性は不要であるとしている。

もっとも、第2編第14章第2節の1（163頁）で述べた通り、名誉感情侵害は、社会通念上許される限度を超えるものでなければ法的責任は追及できない。仮名から自分が特定されない場合、侮辱を受けたとしても、現実世界で自分を自分と特定されながら侮辱される場合とはやはりその衝撃の度合いが異なるであろう。そうすると、仮名から自分が特定されない状態での名誉感情侵害行為によって現実に権利侵害ありと認められるケースは、かなり限定されるのではないかと思う。

上記福岡地判は、名誉感情侵害の事案における同定の可否の問題につき、

「一般の読者が普通の注意と読み方で表現に接した場合に対象者を同定できるかどうかは、表現が社会通念上許容される限度を超える侮辱行為か否かの考慮要素となるにすぎない。」

と指摘している。枠組みとしてはその通りだと思う。

**3** 大阪地判2022（令和4）年8月31日[注10]は、上記の丁野四郎・戊野花子の例に類似した事案の裁判例である。

事案は、「宝鐘マリン」という名のアバターを用いてYouTuber（いわゆ

---

（注8） 他方、前述の「戊野花子」の例の場合、戊野花子は私からかけ離れたキャラクターであるので、戊野花子がたとえば掲示板内で「不美人」等と中傷されたとしても、私は、気分はよくないではあろうがこの「戊野花子」を自分から距離を置いた存在として見ることができるであろうから、名誉感情侵害は成立しないのではないかと思う。

（注9） 判時2444号44頁。

（注10） 判タ1501号202頁、判時2564号24頁。

る「バーチャルYouTuber」「VTuber」）として活動していた原告が、電子掲
示板「５ちゃんねる」になされた「仕方ねぇよバカ女なんだから　母親が
いないせいで精神が未熟なんだろ」との投稿につき、自身の名誉感情が侵
害されたとして、当該投稿の発信者情報の開示請求をしたものである。

　こうやって実際の事案に遭遇すると、この種の事案における検討のポイ
ントが分かってくる。本件では、当該書き込みが「宝鐘マリン」というキ
ャラクターを攻撃しているものなのか、その背後にいる原告を攻撃してい
るものなのかにより結論が異なってくることが想像できよう。即ち、当該
投稿がその内容においてキャラクターを攻撃するものであるなら、その背
後にいる原告の権利利益が侵害されているとはいえないのに対し、背後に
いる原告が攻撃されていると受け止められるものなら、原告の権利利益の
侵害が問題となるということである。

　判決は、「仕方ねぇよバカ女なんだから　母親がいないせいで精神が未
熟なんだろ」という投稿の内容や、その投稿がなされた経緯をふまえた上
で、

　「本件投稿は、『宝鐘マリン』の名称で活動する者に向けられたものであ
　ると認められる」
とし、投稿内容の名誉感情侵害性も認めて発信者情報の開示を命じた。[注11]

　つまるところ、VTuberを法的にどのように捉えるかもケースバイケー
スの事実認定の問題だということである。[注12]

---

(注11)　(注８) で考察した「戊野花子」の例も、中傷文言が「不美人」というような、キャラク
　　　ターを攻撃対象としたものではなく、「キャラ作りが下手」等といった、キャラクターの作者
　　　（＝私）を中傷するようなものであれば、キャラクターの背後にいる私が攻撃されたものとし
　　　て私に対する名誉感情侵害性が問題となるであろう。
(注12)　原田伸一朗「バーチャルYouTuberの人格権・著作者人格権・実演家人格権」静岡大学情
　　　報学研究26巻56頁（2021年）は、VTuberを、「パーソン型」（自然人がキャラクター・アバタ
　　　ーの表象を衣装のようにまとって活動しているもの）と「キャラクター型」（キャラクター自
　　　体がVTuberとして活動しているかのようにふるまっているもの）とに大きく分け、理念型と
　　　してのこの二極の中間に０～100％の割合で「パーソン」性と「キャラクター」性が混在・融
　　　合しているという。

244　第３編　名誉毀損に関する各論的諸問題

## 第3款　対抗言論の理論

### 第1　対抗言論の理論とは

**1**　"対抗言論の理論" という考え方がある。

この法理を主唱する高橋和之によれば、対抗言論の理論とは、

「対等な討論の場に自らの意思で身を置いた以上は、そこで名誉毀損的な攻撃がなされても、それが自己の発言に対する反撃としてなされた場合には、原則として対抗言論で応ずることを引き受けたものとして、名誉毀損の違法阻却を認めようという考え」

だという<sup>(注13)</sup>。

名誉毀損訴訟の "被害者"（原告）、"加害者"（被告）という立場を明確にしつつ言い直すと、「"被害者"（原告）は、対等な討論の場に自らの意思で身を置いた以上は、"加害者"（被告）から名誉毀損をされても、それが自己の発言に対する反撃としてなされた場合には、原則として対抗言論で応じることを引き受けたものとし、加害者（被告）の名誉毀損行為は違法性が阻却される」という理論だということができる。

この理論の根本には、"表現には表現で対抗すべきだ" という発想がある。

そして高橋によると、この理論は、この被害者（原告）が、加害者（被告）の名誉毀損的な攻撃に対して現に言論で対抗したかどうか（被害者が対抗言論を実行したかどうか）を問うこともなく、ただそういう討論の場に身を置いたことをもって加害者（被告）の行為の違法性を阻却し、被害者に名誉毀損言論を甘受させる理論だとのことである。

**2**　この "対抗言論の理論" は「言論の場」が「対等」であることを前提としているところ、インターネット上の言論の場合、第2編第16章第6節「インターネット」2①（201頁）の「双方向性」のところで述べた通り、誰にも情報発信の可能性が開かれているため、新聞やテレビのように情報の送り手と受け手が完全に分離している媒体とは異なって、この理論が妥

---

（注13）　高橋和之「インターネット上の名誉毀損と表現の自由」高橋和之＝松井茂記＝鈴木秀美編『インターネットと法〔第4版〕』（有斐閣・2010年）70頁。

第1章　インターネット上の名誉毀損に関する諸問題　　第2節　表現者自身の責任　*245*

当すべき領域が広いのではないかといわれている（注14）。このため、このインターネットの章で取り上げることにした。

## 第2　検討

1　高橋は、"対抗言論の理論"の適用が認められるための事情として第1に、「被害者が自らの責任で名誉毀損的表現を誘発する立場に身を置いた場合」であることが必要だという（注15）。これは第1（245頁）で紹介した高橋の定義に照らして当然の要件であろう。

ただし、ここでいう「名誉毀損的表現を誘発する立場に身を置いた場合」とはいかなる場合をいうのかを検討する必要がある。

この点について高橋は「例えば」として、

「掲示板やホームページで、論争点に関する自己の見解を発信したような場合」

を挙げ、

「このような場合には、発信した見解に対する反論の中で名誉毀損にわたるような人格攻撃がなされたとしても、その人格攻撃が論点に関連している限り、論争の仕方として許容される必要がある」

と言う。

しかし、「掲示板」はともかく、自己の見解をおよそ「ホームページ」で発信したら人格攻撃を許容すべきだというのは、広すぎるのではないだろうか？

たとえば、被害者Aが、自分の開設するホームページでBのことを批判したとする。かようにBを批判した以上、Aは「自らの責任で名誉毀損的表現を誘発する立場に身を置いた」とされるのであろうか？　たとえその後Bから名誉毀損をされたとしても、"Aは自身のホームページで再反論すればよいのであってBによる名誉毀損行為は違法阻却を認めてよい"……と言ってよいのであろうか？

私はそうは思わない。理由は以下の通りである。

まず、仮に上記の設例で「身を置いた」と肯定されるとすると、"およ

---

（注14）　高橋・前掲（注13）67頁。
（注15）　高橋・前掲（注13）67頁。

そ他人を批判した以上名誉を毀損されても仕方がない"ということになりかねないが、そのようなことは価値判断として賛成し難い。

　また、仮にこれを肯定すると、AはBのことをA自身のホームページで批判し、これに対してBはAのことをB自身のホームページで名誉毀損をし……という言論のやりとりについてBの名誉毀損の違法性阻却を認めることになる。しかし、AとBとの言論のやりとりについて読者がAとB双方のホームページを逐一参照しているとは限らず、BのホームページしかI閲覧していない者もいるはずである。とすると、いくらAが自身のホームページでBに対して再反論をしてもそれをB自身のホームページの読者が見ているとは限らないのであるから、そもそも"表現に対しては表現で対抗する"と言うことのできる前提自体が成り立っていないことになり、"対抗言論の理論"が妥当する前提がないことになってしまう。

　かような次第であり、Aが自身の開設したホームページを有していてそこで他人を批判したというだけでは、「自らの責任で名誉毀損的表現を誘発する立場に身を置いた」とはいえないのではなかろうか。(注16)(注17)

　「自らの責任で名誉毀損的表現を誘発する立場に身を置いた」といえる場合とは、たとえば、発言が同時進行しているチャットでAとBとが出くわしている場合であるとか、同じ電子掲示板でAとBが言論のやりとりをしている場合などに限られるであろう。

---

(注16)　かかる観点から問題であるといわざるを得ない事例として、東京地判2007(平成19)年7月24日(判タ1256号136頁)がある。
　　　　事案は、激しく対立している2つの労働組合間の紛争に関わるものであり、A組合がその作成にかかるビラにおいてB組合の中央執行委員長(原告)の名誉を毀損したというものである。判決は、原告につき、
　　　　「B組合の中央執行委員長であり、対抗言論など自ら名誉回復のために必要かつ相当と考える措置をとることが可能な立場にある」
　　　　ことを理由として謝罪広告を認めなかった。
　　　　かように判決は「対抗言論」という言葉を用いて謝罪広告請求を棄却しているが、A・B両組合は激しく対立しているのであり、各組合が作成配布する文書の読者に重なり合いが大きいとは考えられず、したがって、"対抗言論の理論"が妥当する前提があるとはいえないであろう。
(注17)　高橋は、近時公刊された『人権研究1　表現の自由』(有斐閣・2022年)397頁では、前掲(注13)とほぼ同様の筆致を用いつつ、「論争の仕方として許容される必要がある」という部分につき、「論争の仕方としてある程度許容される必要がある」と、傍点付きで「ある程度」という文言を挿入している。これは、違法性阻却を無限定に許容する趣旨ではないことを明らかにしているものと思われるが、そうなると今度は、「ある程度」とはどの程度なのか、という点が明らかにされる必要があろう。

第1章　インターネット上の名誉毀損に関する諸問題　　第2節　表現者自身の責任　　247

**2**　次に高橋は、「名誉毀損的表現を誘発する立場に身を置いた場合」であっても、「争点の深化に役立つところのない事実無根の中傷まで許容する必要はない。」という（注18）。つまり、事実無根の中傷であれば"対抗言論の理論"によっても違法性が阻却されない、ということであろう。

　しかし、これが要件としてどう機能するかが今ひとつ分かりにくい。つまるところ、"対抗言論の理論"を適用するといっても、被告（加害者）側は、「事実無根」でないことは立証しなければならないということであろうか。そうだとすると、被告が真実相当性の立証責任を免れないということになるのであろうから（注19）、被告の立証責任の負担という点からすると、"対抗言論の理論"というものを取り立てて持ち出すことにどれほどの実益があるのか疑問なしとしない。

　他方、吉野夏己は、対抗言論の理論につき、この理論そのものから具体的法的効果が導かれるわけではなく、「公的人物テストを導出するための、思想の自由市場論に内包する価値原理」だと捉えるべきだという（注20）。このように位置づけてもらえると、私もこの理論をなるほどと理解しやすい。

　かかる「価値原理」としてその存在意義を発揮した裁判例がある。名誉毀損罪の刑事被告事件に対する判決であるが、東京地判2008（平成20）年2月29日（注21）である。この判決は、"対抗言論の理論"をもって被告人の立証の負担を軽減しており、表現の自由に配慮した解釈の手法として参考になる。

　判決は、

　　「加害者からの一方的な名誉毀損的表現に対して被害者に常に反論を期
　　待することはもちろん相当とはいえないものの、被害者が、自ら進んで
　　加害者からの名誉毀損的表現を誘発する情報をインターネット上で先に
　　発信した……ような特段の事情があるときには、被害者による反論を要

---

（注18）　高橋・前掲（注13）68頁。
（注19）　高橋・前掲（注13）68頁は、対抗言論の理論につき、「ここでも『相当の理由』基準は適用
　　してよいであろう。」という。つまり、対抗言論についても真実性・真実相当性の立証責任を
　　被告（加害者側）が負うということのようである。
（注20）　吉野夏己「民事名誉毀損訴訟と表現の自由」岡山大学法学会雑誌71巻3・4号95頁（2022
　　年）。
（注21）　判タ1277号46頁、判時2009号151頁。

求しても不当とはいえないと思われる。」

と、高橋の挙げた1つ目の前提とほぼ同じ条件を「特段の事情」として設定した上で、

「このような特段の事情が認められるときには、被害者が実際に反論したかどうかは問わずに、そのような反論の可能性があることをもって加害者の名誉毀損罪の成立を妨げる前提状況とすることが許されるものと考えられる。」

とし、この条件を「名誉毀損罪の成立を妨げる前提状況」だとした。

そしてかかる「前提状況」がある場合には、

「加害者が、摘示した事実が真実でないことを知りながら発信したか、あるいは、インターネットの個人利用者に対して要求される水準を満たす調査を行わず真実かどうか確かめないで発信したといえるときにはじめて同罪に問擬するのが相当と考える。」

とし、摘示事実の真実性・真実相当性の要件を被告人側に有利に変容し、あたかも現実の悪意の法理を想起させるような緩やかな要件を提示した。

この判示は、"対抗言論の理論"をもって"真実性・真実相当性の法理"の要件の緩和を導くものであり、表現の自由の保障の観点から非常によく考えられたものだと思う。(注22)

**3** 更に高橋は、"対抗言論の理論"の適用場面につき、「再反論を続けても、執拗に同じ内容の人格攻撃を受けたような場合……被害者に対し対抗言論の責務を解除すべき」だという(注23)。これもまた実務の場で具体的にどのような要件として把握すればよいかが今ひとつ分かりにくいが、要するに、同理論がその定義において想定している「討論の場」という大前提が全く成り立っていないかの如き中傷の繰り返しのような場合を想定しているの

---

(注22)　もっともこの判決は、控訴審の東京高判2009（平成21）年1月30日（判タ1309号91頁）であっさりと破棄され、また、上告審の最1小決2010（平成22）年3月15日（判タ1321号93頁、判時2075号160頁）も、

「インターネットの個人利用者による表現行為の場合においても、他の場合と同様に、行為者が摘示した事実を真実であると誤信したことについて、確実な資料、根拠に照らして相当の理由があると認められるときに限り、名誉毀損罪は成立しないものと解するのが相当であって、より緩やかな要件で同罪の成立を否定すべきものとは解されない」

として、高裁の破棄判決の結論を維持した。

(注23)　高橋・前掲（注13）68頁。

であろう。

このような問題意識は裁判例でも示されたことがある。東京高判2001（平成13）年9月5日[注24]は、パソコン通信におけるあるフォーラム（いわゆる「電子掲示板」）における名誉毀損が問題となった事案において、

「各発言は、……言葉汚く罵っているに過ぎないのであり、言論の名においてこのような発言が許容されることはない。フォーラムにおいては、批判や非難の対象となった者が反論することは容易であるが、言葉汚く罵られることに対しては、反論する価値も認め難く、反論が可能であるからといって、罵倒することが言論として許容されることになるものでもない。」

とし、当該フォーラムについては、対等な討論の場があって反論可能性があるように見えても名誉毀損の成否に影響を与えることはないとされた。

**4**　最後に、高橋の唱える対抗言論の理論で簡易に処理されるべきだった事案として、大阪地判2018（平成30）年9月20日[注25]を挙げよう。

事案は、米山隆一新潟県知事（当時）のツイートにつき、松井一郎大阪府知事（同）が名誉毀損であるとして損害賠償請求をしたものである。

本件で問題となっている原被告双方のツイッター上のやりとりがいかに不毛であるかについては上記裁判例をあたって確認して頂きたい。やりとりの内容は、"異論を出した党員を松井知事が叩き潰した"と米山知事がツイートで言ったかどうか、ただそれだけである。

双方とも知事であり、両者がツイッターで衆人環視の下で"言ったか否か"について言い合いをしているのである。このようなことは裁判所に持ち込まずに本人同士で言い合っていればよかろう。

こういう事案こそ、対抗言論の理論で片付けられるべきだったといえる。

## 第3　補足

**1**　対抗言論の理論は、危険の引受けの法理に衡量要素が類似する。

大阪地判2018（平成30）年8月8日[注26]は、有田芳生参議院議員（当時）

---

（注24）　判タ1088号94頁、判時1786号80頁。
（注25）　判タ1457号163頁。
（注26）　公刊物未登載（大阪地裁平成29年（ワ）第7547号）。

がツイッターで橋下徹元大阪府知事に言及したことに関して橋下元知事が
損害賠償請求をした件につき、

> 「インターネット上やテレビ番組等不特定多数の者が見聞することが可
> 能な環境において、自分と政治的意見や信条を異にする相手方を非難す
> るに当たり、ときに相手を蔑み、感情的又は挑発的な言辞を用いる表現
> 手法は、これに接する不特定多数の者に対して、自己の意見等の正当性
> を強く印象付ける一定の効果が得られることは否定できない。しかし、
> 反面、非難された相手方をして意見や論評の枠を超えた悪感情を抱かせ
> るおそれがあることもまた見やすい道理である。」

とした上で、

> 「そうであれば、表現者が上記の表現手法をもって相手方を非難する場
> 合には、一定の限度で、相手方から逆に名誉棄損や侮辱に当たるような
> 表現による反論を被る危険性を自ら引き受けているものというべきであ
> る。」

との規範を定立した上で、橋下元知事はこの危険を引き受けていたものと
して橋下元知事の請求を棄却した。

**2**　また、「対抗言論」という言葉は、"対抗言論の理論"の話でのみ用いら
れる言葉ではなく、時として正反対の側（加害者側即ち被告側）の言論に
ついて言われることがある。むしろこちらの場合の方が多いかもしれない。

　たとえば、東京地判2001（平成13）年8月27日[注27]。パソコン通信におけ
るあるフォーラム内の名誉毀損が問題となった事例であるが、判決は、

> 「被害者が、加害者に対し、相当性を欠く発言をし、それに誘発される
> 形で、加害者が、被害者に対し、問題となる発言をしたような場合には、
> その発言が、対抗言論として許された範囲内のものと認められる限り、
> 違法性を欠くこともあるというべきである。」

とし、「対抗言論」という言葉を用いながら違法性阻却の余地に言及して
いる。

　しかしここで「対抗言論」を発する者として想定されているのは"加害
者"（被告）の側である。他方、高橋の唱える"対抗言論の理論"は、平

---

(注27)　判タ1086号181頁、判時1778号90頁。

たく言えば“対抗言論を発することのできる立場にあるのだから名誉毀損をされても甘受せよ”という理論であり、同理論で「対抗言論」を発する者として想定されているのは“被害者”（原告）の側である。つまり上記の東京地判が言及している違法性阻却の余地は、“対抗言論の理論”とは異なるものである[注28]。

東京地判2008（平成20）年10月1日[注29]も同様である。判決は、

「言論による侵害に対しては、言論で対抗することが、表現の自由の基本原理であり、……相対する当事者間において、被害者が、加害者の名誉毀損発言を誘発するような発言をし、加害者がそれに対抗して被害者の名誉を毀損する発言をした場合……、被害者の発言内容、加害者による発言がされるに至った経緯及び加害者の発言内容等を勘案して、加害者の発言が、対抗言論として許される範囲内のものである限り、違法性が阻却されるものと解される。」

とするが、ここでも、「対抗言論」を発する者として想定されているのは“加害者”（被告）の側である。

これらの裁判例は、最3小判1963（昭和38）年4月16日[注30]が、

「自己の正当な利益を擁護するためやむをえず他人の名誉、信用を毀損するがごとき言動をなすも、かかる行為はその他人が行つた言動に対比して、その方法、内容において適当と認められる限度をこえないかぎり違法性を欠くとすべきものである」

としていることと発想を同じくしていると思われる。この最3小判の法理は免責事由に関するものなので、第7編第4章（679頁以下）で述べる。

---

（注28）　高橋・前掲（注13）70頁は、この東京地判2001（平成13）年8月27日を引用した上で、「私がここで使う意味での対抗言論ではない。」としている。
（注29）　判タ1288号134頁、判時2034号60頁。
（注30）　民集17巻3号476頁。

252　第3編　名誉毀損に関する各論的諸問題

# 第3節　プロバイダ、管理者等の責任

## 第1款　問題の所在

**1**　202頁（第2編第16章第6節の2④）で述べた通り、「表現者と管理者の分離」の問題は、プロバイダや掲示板の管理者に名誉毀損の責任を負わせることができるか、という問題を生じさせる。

　掲示板やSNSに名誉毀損の書き込みがなされた場合、書かれた被害者の立場からすれば、その書き込みをした発言者自身に対し、損害賠償請求や当該書き込みの削除の請求をしたくなるであろう。しかし、掲示板やSNSの発言は匿名で行なわれているものも多く、その場合、書き込みをした表現者が誰かを知ることはできない。少なくともすぐには分からない。とすれば被害者としては、自分の名誉の防衛のために、発言者に対する何らかの請求を考えるよりも、その掲示板やSNSを設置させているプロバイダやそれを管理している者に対して削除等の対応を求めるのが、迅速かつ実効性の高い方法であるといえる。そして、かかる被害者の被害の拡大を最小限に止めるため、プロバイダらは、当該書き込みを早急に削除することを期待されることになる。しかし、プロバイダらが書き込みを安易に削除すると、他方で、当該書き込みをした者の表現の自由を侵害することになりかねず、また、掲示板等における自由な言論を阻害することにもなる。掲示板やSNSは市民の自由な言論の場として重要であり、特に公的言論が萎縮するような事態は避けなければならない。その上そもそも、当該書き込みが名誉毀損といえるかということ自体、自明のことではない。当該書き込みが社会的評価を低下させるものであるか否かという問題は定型的な判断が困難な事柄であるし、加えて、名誉毀損は真実性・真実相当性の法理の免責要件を充たすものであれば違法視されないところ、かかる免責要件の成否を吟味することは一層困難である。プロバイダらは当該書き込みをした本人ではない以上、当該書き込みが真実であるかとか真実相当性があるか等については全く分からないからである。

　以上の次第であり、プロバイダや管理者の負うべき責任の内容は、書か

れた者の名誉の保護と書き込みをした者の表現の自由の保護（この背景には、公的言論は保護されなければならないとの価値判断がある）とを適切に調整するものでなければならないし、また、プロバイダらに対する要求として難きを強いるものであってもいけない。プロバイダらの責任の解釈にあたっては、以上のようなファクターに留意しなければならないのである。

**2**　なお、ひと口に「プロバイダ」とか「管理者」と言っても、ホームページごと、掲示板ごとに関与の態様や度合いは異なるので、その点の考慮も必要である。プロバイダや管理者が、掲示板等に掲載される書き込みにつき事前に取捨選択、加除訂正できるシステムを採っているならば（つまり、新聞や雑誌における「編集」に該当する行為をしているならば）、当該書き込みそれ自体について通常の名誉毀損法理によりプロバイダらに責任を問うことが可能であろう。[(注31)]

**3**　以下で検討するのは、プロバイダや管理者が負う削除義務の違反に基づく不法行為責任である。

　削除義務は、削除しないという不作為による不法行為において認められる作為義務である。

　作為義務は一般に、法令、契約、慣習ないし条理に基づいて発生するといわれているところ[(注32)]、掲示板等における発言の削除義務は、これらのうち条理に基づいて認められるものといえる。

　プロバイダや管理者は、いかなる場合に削除義務を課せられることになるのであろうか。以下で裁判例を見て行きたい。

---

（注31）　東京地判2008（平成20）年10月1日（判タ1288号134頁、判時2034号60頁）は、インターネット上の掲示板につき、投稿内容を管理者が事前に確認してから公開されるというシステムが採られている場合、その管理者は、「自ら投稿した者と同等の責任を甘受すべきである。」としている。

（注32）　四宮和夫『事務管理・不当利得・不法行為　中巻』（青林書院・1983年）292頁。

## 第2款　裁判例

### 第1　ニフティ「現代思想フォーラム」事件（東京地判1997（平成9）年5月26日）[注33]

これは、ニフティの主宰するパソコン通信における「現代思想フォーラム」の中の電子会議室において、参加者Aが別の参加者Bの名誉を毀損する書き込みをしたという事案である。Bは、発言をしたA、当該フォーラムの管理をニフティから委託されていたシステム・オペレーター（以下「シスオペ」という）、及び、パソコン通信の主宰者であるニフティの三者を被告として、損害賠償等を求める訴訟を提起した。

これはパソコン通信時代の裁判例であるため、これをインターネット上の法的責任の問題として参考にするために読み替えると、上記ニフティは、プロバイダの地位にある者として捉えるか、あるいは、あるホームページの主宰者として捉えればよかろう。

なおシスオペとニフティとの間には、判決の認定によれば実質的な指揮監督関係があるとのことであり、よってニフティはシスオペの不法行為について使用者責任を負うべき関係にある。

シスオペは、当該名誉毀損言論を書き込んだ者ではない以上、シスオペの行為として法律上問題となるのは、当該名誉毀損言論を放置した、つまり削除しなかったこと、である。削除をしなかった不作為につき法律上責任を問うには、削除をすべき作為義務がシスオペに存することが前提となる。かくしてシスオペはどのような場合に書き込みの削除義務を負うかが争点の1つとなった。

この点につき上記判決は、かかる作為義務の検討の前提として、シスオペの置かれている難しい状況を的確に認定している。即ち、

「シスオペは、フォーラムを円滑に運営・管理し、もって、当該フォーラムを利用する権限のある会員に対し、十分にフォーラムを利用させることをその重要な責務とするから、自己の行為により、フォーラムの円滑な運営・管理や、会員のフォーラムを利用する権利が、不当に害され

---

（注33）　判タ947号125頁、判時1610号22頁。

ないかを常に考慮する必要があるというべきところ、発言削除等の措置
は、会員のフォーラムを利用する権利に重大な影響を与えるものであり、
当該フォーラムの個性を無視した対応をすれば、フォーラムの円滑な運
営・管理を害し、ひいては、会員に、十分にフォーラムを利用させるこ
とができない状況に陥ってしまうこともあり得る。また、当該発言の内
容によっては、名誉毀損にあたるか否かの判断が困難な場合も少なくな
い」

としている。

　しかし、かようにシスオペの難しい位置づけをふまえつつも、この判決
はシスオペについては、

「少なくともシスオペにおいて、その運営・管理するフォーラムに、他
人の名誉を毀損する発言が書き込まれていることを具体的に知ったと認
められる場合には、当該シスオペには、その地位と権限に照らし、その
者の名誉が不当に害されることがないよう必要な措置をとるべき条理上
の作為義務があったと解するべきである。」

とした。

　さすがに判決はシスオペに対し、名誉毀損的な書き込みがなされていな
いかどうかを常時監視すべきというような義務までは課さなかったが、そ
れでもこの判決は、名誉毀損発言を「具体的に知った」場合に作為義務を
認めている。

　しかしこれでは公的言論の自由は到底保障されないだろう。

　たとえば、ある政治家に関し「賄賂を受け取っている」というスキャン
ダルが書き込まれ、その政治家から、「あの書き込みは名誉毀損だ。削除
しろ。」と請求された場合を想定されたい。

　真実性・真実相当性の法理に照らせば、真実性または真実相当性のある
公的言論が削除させられるいわれはないが、シスオペは電子会議室を管理
しているだけであって当該書き込みをした本人ではなく、賄賂の授受につ
いて取材も何もしていない以上、シスオペが真実性・真実相当性を立証す
ることはまず不可能である。

　そうするとシスオペとしては、不法行為責任を回避するためには政治家
のスキャンダルを削除するしかないことになってしまう。かかる事態は公

256　第3編　名誉毀損に関する各論的諸問題

的言論の保障の観点からは到底容認し難い。(注34)

## 第2　都立大学事件（東京地判1999（平成11）年9月24日）(注35)

　このケースは、都立大学が管理しているコンピュータネットワーク内の
ホームページに、ある学生の名誉を毀損する書き込みがなされたものであ
り、管理者である都立大学の責任が問題となった。

　この判決は、名誉毀損言論をネットワーク管理者が管理することの難し
さにつき、

「管理者においては当該文書が名誉毀損に当たるかどうかの判断も困難
なことが多いものである。」

と端的に言い当てている。

　そして、ネットワーク管理者の負うべき作為義務につき、

「ネットワークの管理者が名誉毀損文書が発信されていることを現実に
発生した事実であると認識した場合においても、右発信を妨げるべき義
務を被害者に対する関係においても負うのは、名誉毀損文書に該当する
こと、加害行為の態様が甚だしく悪質であること及び被害の程度も甚大
であることなどが一見して明白であるような極めて例外的な場合に限ら
れるものというべきである。」

と、かなり限定的に解した。

　ここに「名誉毀損文書に該当すること……が一見して明白である」とい
うことの意味は、社会的評価を低下させる記載であることのみならず真実
性・真実相当性の抗弁が成立しないことの明白性までが要求されているも
のと見るべきであろう。なぜなら、社会的評価を低下させる記載であって
も真実性・真実相当性の抗弁が成立する言論であれば表現の自由の保障の
見地から禁圧されてはならないからである。

　名誉毀損の成否の判断が困難であるという実態に照らし、かように、名
誉毀損性等に関し「一見して明白」であることを要求することは、妥当な

---

（注34）　なお、二審の東京高判2001（平成13）年9月5日（判タ1088号94頁、判時1786号80頁）は、
　　　　シスオペが会員の間に入って様々な調整をしていた事情等を勘案し、シスオペの不法行為責任
　　　　を否定した。
（注35）　判タ1054号228頁、判時1707号139頁。

第1章　インターネット上の名誉毀損に関する諸問題　第3節　プロバイダ、管理者等の責任　*257*

ものといえよう（注36）。

## 第3　動物病院対2ちゃんねる事件（東京地判2002（平成14）年6月26日）（注37）

　本件は、掲示板専門の大規模なホームページとして有名な「2ちゃんねる」における言論が問題となった事例である。「2ちゃんねる」の掲示板中に、動物病院を業としている原告の名誉を毀損する書き込みがなされたため、2ちゃんねるの管理運営者に対して、その発言の削除や損害賠償を請求した事案である。

　本件における特徴的な事情は、「2ちゃんねる」が本件当時、アクセスをして書き込みをした者のIPアドレス等の接続情報を原則として保存していなかったということである。このため、書かれた被害者としては、匿名による書き込みにつき、書き込んだ本人が誰かを知る方法がないためその者に対する責任追及ができず、「2ちゃんねる」の管理者に対する責任追及しかできないことになる。

　判決は、管理者の削除義務につき、

　　「遅くとも本件掲示板において他人の名誉を毀損する発言がなされたことを知り、又は、知り得た場合には、直ちに削除するなどの措置を講ずべき条理上の義務を負っているものというべきである。」

と、単に名誉毀損の書き込みの認識可能性のみをもって削除義務を生ずるとしている。第1の裁判例は名誉毀損発言の書き込みを具体的に知った場合に削除義務を認めるとしていたのに対し、この裁判例は、それのみならず「知り得た場合」にも削除義務が発生するものとしており、第1よりも削除義務の発生する場合が広くなっている。もちろん第2の裁判例よりも広い。

　しかし、管理者は書き込んだ本人ではないのだから、当該書き込みの真実性や真実相当性は知りようがない。この点、被告である管理者側も、

---

（注36）　住友隆行「インターネット利用による不法行為をめぐる裁判例と問題点」判タ1182号85頁（2005年）は、このような限定的な解釈につき、「責任追及要件としては限定的に過ぎる」と批判している。

（注37）　判タ1110号92頁、判時1810号78頁。

「当該情報の公共性、公益目的、真実性の有無が不明な段階では、他人の権利を侵害する違法な情報であるか否かも不明であ〔る〕」と、免責事由が成立するか否か分からないのに削除義務を負ういわれはない旨主張していた。

これに対し判決は、

「本件掲示板における発言によって名誉権等の権利を侵害された者は、……被告が、利用者のIPアドレス等の接続情報を原則として保存していないから、当該発言者を特定して責任を追及することが事実上不可能であり、しかも、被告が定めた削除ガイドラインもあいまい、不明確であり、また、他に本件掲示板において違法な発言を防止するための適切な措置を講じているものとも認められないから、設置・運営・管理している被告の責任を追及するほかないのであって、このような被告を相手方とする訴訟において、発言の公共性、目的の公益性及び真実性が存在しないことを削除を求める者が立証しない限り削除を請求できないのでは、被害者が被害の回復を図る方途が著しく狭められ、公平を失する結果となる。」

との価値判断の下、真実性・真実相当性の抗弁について管理者側がその存在を主張立証しなければならない、とした。

もとより管理者は、真実性・真実相当性の抗弁の成否などは知る由もないであろうから、この判決は管理者に対し、結果責任にほぼ等しいほどの極めて厳しい削除義務を課していることになる。これは、書き込みをした者のアクセス情報を保存していない旨標榜していることが重視されたものと思われる。つまり、"書き込んだ者が誰であるかを調べる方途のない掲示板"のように"危険"なホームページを開設している者に対し、名誉権保護の見地から厳しい義務を課したのであろう。比喩に飛躍があるかもしれないが、工作物責任（民法717条）のような厳格な責任を課したものという感がある。

表現の自由の真理発見機能（開かれた議論によって真理への到達を容易にするという機能）に照らせば、掲示板上の名誉毀損は、本来的には書かれた者と書き込んだ者とで解決するのが望ましいといえる。とすると、"書き込んだ者が誰であるかを調べる方途のない掲示板"というものは、匿名

による無責任な言論を誘発し、名誉権保護の見地からは問題がないとはいえない。しかし、匿名言論を制限すると公益的な通報の途を閉ざすことになりかねず、よって、匿名言論であるからといって保護の程度に差をつけることには慎重であるべきだと思う。したがって、"書き込んだ者が誰であるかを調べる方途のない掲示板"だからといって本判決のように厳しい削除義務を課することには、私は賛同できない。<sup>(注38)</sup>

## 第4　DHC対2ちゃんねる事件（東京地判2003（平成15）年7月17日）<sup>(注39)</sup>

本件も2ちゃんねるの管理運営者が被告となった事件である。

本件でも掲示板「2ちゃんねる」につき、

「本件ホームページ上に書き込まれた発言により名誉や信用を毀損された者は、本件ホームページを閲覧しても、発言者に関する情報を得ることができず、被告に問い合わせても、IPアドレス等の接続情報が保存されていないため、これを入手できないことから、当該発言を書き込んだ者を特定することができず、事実上、その者に対する責任追及の途が閉ざされることにならざるを得ない。」

との事実認定を前提として、

「被告は、本件ホームページにおいて他人の名誉や信用を毀損する発言が書き込まれたことを知り、又は、知り得た場合には、直ちに当該発言を削除すべき条理上の義務を負っているものというべきである。」

と、管理者に対して厳しい削除義務を課した。

---

(注38)　二審の東京高判2002（平成14）年12月25日（判時1816号52頁）も、
「控訴人は、単に第三者に発言の場を提供する者ではなく、電子掲示板を開設して、管理運営していることから、控訴人は名誉毀損発言について削除義務を負うものであり、控訴人が発言者そのものではないからといって、被害者側が発言の公共性、目的の公益性及び内容の真実性が存在しないことまで主張立証しなければならないとは解されない。
　したがって、本件において、控訴人が、本件各発言の公共性、目的の公益性、内容の真実性が明らかではないことを理由に、削除義務の負担を免れることはできないというべきである。」
とし、一審判決と同様に、当該書き込みの真実性や真実相当性を知りようのない管理者に対し、真実性・真実相当性の抗弁の主張立証責任をそのまま課している。
(注39)　判時1869号46頁。

260　第3編　名誉毀損に関する各論的諸問題

かように厳しい削除義務を課することが表現の自由に対して大きな制約ではないかとの問題については判決は、

　　「これらの発言によって被害を受けた者といえども、当該発言をした者に対して直接的に責任の追及を行うことが事実上できないことから、本件ホームページの管理人である被告に対してその削除を求めることしか実効的な救済手段がなく、削除義務を認める必要性が高いと考えられる一方、当該発言をした者は、削除の対象になることを予見することができる立場にありながら、あえて本件ホームページ上に当該発言を書き込んだものであるといえるから、これが削除されることになったとしても、予測可能の範囲内にあり、当該発言者の表現の自由を不当に制約することにはならない」

としている。

## 第5　産能大学事件（東京地判2008（平成20）年10月1日）<sup>(注40)</sup>

　本件は、労働組合が開設した電子掲示板になされた名誉毀損的書き込みについて管理者の削除義務が問題となった事例である。

　判決は、管理者に削除義務が発生する場合を2つに分け、まず、

　　「一見して第三者に対する誹謗中傷を含むなど第三者の名誉を毀損することが明らかな内容の投稿については、上記内容の投稿を具体的に知ったときには、第三者による削除要求なくして削除義務を負うとするのが条理に適うというべきである」

とし、また、

　　「これに至らない内容の投稿については、第三者から削除を求める投稿を特定した削除要求があって初めて削除義務を負うというのが相当である。」

とした。

　この判決は、削除義務の発生する場合を2段階に分けている点において管理者側の事情を巧みに斟酌しているかというと、必ずしもそうとは言えない。

---

（注40）　判タ1288号134頁、判時2034号60頁。

第1章　インターネット上の名誉毀損に関する諸問題　第3節　プロバイダ、管理者等の責任　　*261*

まず前段についてコメントする。ここに「名誉を毀損することが明らか
な内容の投稿」とは、「一見して第三者に対する誹謗中傷を含む」ことが
例とされていることからすると、文言上名誉毀損性が明らかである場合を
指しているのであって、真実性・真実相当性の抗弁が成立しないことが明
らかであることまでを要求するものではないと思われる。とすると、もと
もと書き込んだ本人ではなく真実性・真実相当性の立証をすることなどで
きない管理者は、不法行為責任を免れるためには、文言上名誉毀損性が明
らかな書き込みに気付いたら直ちに削除をするという対応をせざるを得な
いことになろう。この規範は、公的言論の保障の観点は全く顧慮されてい
ないに等しく、第1（255頁）の1997（平成9）年東京地判と同様に問題の
ある規範である。

　また後段も、第三者から削除請求があったら即削除義務が発生するもの
としており、これもまた真実性・真実相当性の法理の立証の負担を、その
立証のできるはずのない管理者自身に挙げて負わせているものであって、
やはり第1の1997（平成9）年東京地判と同様の問題があるといわざるを
得ない。

## 第3款　私見

**1**　プロバイダや管理者の不法行為法上の注意義務としての削除義務につき、
私は次のように考える。

　なお前提として、ここにいう「プロバイダ」や「管理者」は、当該書き
込み自体に何ら関与していない者であることとする。当該書き込みにつき
共謀していたり、あるいは、自身が編集してアップロードしている場合で
あれば、そもそも書き込んだ者との共同不法行為責任を想定することが可
能だからである。また、当該書き込みを削除することが技術的に可能な地
位にある者であることも前提とする。単に他のサーバー内にあるホームペ
ージへのアクセスを経由したプロバイダである等、そもそも当該書き込み
を削除することが不可能な者であれば、結果回避可能性がなく、およそ法
的責任を問える地位にはいないからである。かくして、自らホームページ
を設けているプロバイダや、ホームページを主宰して掲示板を設けている

者、ホームページの主宰者から掲示板の管理を委託されている者等であり、かつ、書き込みそれ自体には一切関与していない場合が、ここで考察する削除義務の対象者である。くどくどと書いたが、要するに通常の掲示板の管理者のケースを想定して頂けばよいということである。

　繰り返し述べているように、プロバイダや管理者は当該書き込みをした者でなく真実性・真実相当性の抗弁の成否を知る由もない以上、私は、単に"名誉毀損"性の認識ないし認識可能性の存在のみで削除義務を負担させることには反対である。都立大学事件判決が述べているように、削除義務は、名誉毀損であることの「一見して明白」性があって初めて課することができるものと考える。

　私なりの整理としては、

　①　社会的評価を低下させる記載であること、

及び、

　②　真実性・真実相当性の法理が成立しないこと、

につきいずれも一見して明白である場合に初めてプロバイダ等は不法行為法上の注意義務としての作為義務を負うと考えるべきだと思う。かようにプロバイダ等の削除義務につき緩やかに解するのは、当該書き込みの法的責任関係については基本的には書き込んだ本人との間で決着すべき事柄であるという思いが前提としてあるからである。(注41)(注42)

───────────────

(注41)　松井茂記「インターネット上の表現行為と表現の自由」高橋=松井=鈴木編・前掲（注13）46頁は、

　　　「問題とされた表現が違法なものかどうかは、最終的に裁判所で確定するまでは分からない。それにもかかわらず、プロバイダーに表現が違法かどうかを判断させ、自らのリスクで違法と考えられる表現の排除を義務づけることは、結果的に、あぶない表現をすべてインターネットから排除する結果をもたらす。インターネット上の表現の自由は大きく萎縮してしまうであろう。

　　　このような観点からは、憲法上は、プロバイダーが問題とされた表現を違法であると知っていたか、あるいは少なくとも違法性を全く顧慮しなかったような『現実の悪意』が存在する場合に限って、プロバイダーの責任を認めるべきであ〔る〕」

　　　という。

　　　前段の問題意識は極めて妥当であると思う。そして後段の「現実の悪意」については、真実性・真実相当性の法理が成立しないことを知っていたか、あるいはその点について全く顧慮しなかった場合を指しているのであれば、私も同じ見解であり賛成である。

(注42)　岡根好彦「コンピューター・ネットワーク上の名誉毀損表現の二次的責任」法学政治学研究93号60頁（2012年）は、更に進んで、「プロバイダー等に対しては、……完全な免責を認めるべきであろう。」という。

第1章　インターネット上の名誉毀損に関する諸問題　　第3節　プロバイダ、管理者等の責任　　*263*

**2** かかる価値判断は、前述の一連の「２ちゃんねる」事件のように、書き込んだ者が誰かを知ることができない掲示板の場合も同様である<sup>(注43)</sup>。書き込んだ者を知ることができない掲示板を設けているプロバイダ等も、名誉毀損の"一見明白"性がない限り不法行為法上の削除義務を負わないとすべきだと私は思う。

　かく解すると、名誉毀損的な書き込みをされた者の保護に欠けるという考え方もあるかもしれない。しかし被害者には、人格権に基づく削除請求（第５編第４章・518頁以下）によって当該書き込みの削除を求める途がある。名誉権の保護はかかる削除請求によって図る、というのが表現の自由とのバランスとして妥当なのではないかと私は思う。

**3** たとえば、Ａの管理運営する掲示板にＢの名誉を毀損する匿名の書き込みがなされたとする。

　この場合、Ｂはまず、訴訟外でＡに対し、人格権（名誉権）に基づいて当該書き込みの削除を求めるであろう。

　その削除請求に対し、Ａは、真実性・真実相当性の有無が明らかでないのでこれを放置したとする。

　となるとＢはその後は、訴訟をもって、削除義務違反を理由とする不法行為に基づく損害賠償請求と、名誉権に基づく当該書き込みの削除請求とをすることになろう。

　かくして、

　　Ⅰ　削除をしなかったＢの不作為についての損害賠償責任の成否

　　Ⅱ　人格権に基づく削除請求の成否

が論点となる。

　まずⅠについて検討すると、私見によれば、Ａは、Ｂから訴訟外で事前に削除を求められた当時、真実性・真実相当性の有無が明らかでなかった、即ち名誉毀損が成立することが"一見して明白"ではなかったのであるから、当時削除をしなかったことは削除義務違反があったとはいえず、よって不法行為責任は負わないことになる。

---

（注43）　この部分は、東京地判2002（平成14）年６月26日（判タ1110号92頁、判時1810号78頁）に関する町村泰貴の論考（「判例批評：動物病院対２ちゃんねる事件第１審判決」判タ1104号85頁（2002年））を読み直して触発され、第２版から見解を改めている。

続いてⅡについて検討すると、私見によれば、名誉権に基づく書き込みの削除は、

① 当該表現が公共の利害に関する事実にあたらないことが明白であること、または、当該摘示事実が真実でないことが明白であること、

② 当該表現によって被害者が重大にして著しく回復困難な損害を被るおそれが明白であること、

の要件の下に認められる（第5編第4章第3節第1款・522頁）。

名誉権に基づく削除の要件でいう「明白」性は、いうまでもなく判決の時点での事後客観的な判断である。つまり訴訟における審理の結果、公共性がないことや真実でないこと等が「明白」になることを指している。

他方、不法行為法上の削除義務を基礎づける"一見明白"性は、AがBから訴訟外で事前に削除を求められた時点での"一見明白"性であるから、判断の基準が異なる。これは、名誉毀損の成立することが、Bから削除を求められた時点において「一見して明らか」でなければならないのであるから、よほどひどい事例に限られると思う。他方、訴訟の場で審理を尽くした結果、公共性がないことや虚偽であることが「明白」になるということはままあることである。したがって、不法行為責任を基礎づける"明白"性と名誉権に基づく削除の要件としての"明白"性とは、その内容において相当の違いがあることに留意されたい。

以上のようにAは、Bから訴訟外で事前に削除を求められた当時、名誉毀損が成立することが"一見して明白"でない限り、当該書き込みを削除しなくても不法行為責任は負わない。ただ、訴訟において、真実でないことが明白であることが事後的に明らかになる等により差止めの要件を充たし、判決で削除を命じられたら削除をしなければならない。

Bとしては、削除を急ぐのであれば、削除請求を仮処分によってなしても目的を達し得る。

このあたりが、名誉権と表現の自由との衡量として妥当なところなのではあるまいか。

## 第4款　関連問題──書き込んだ者の参加

　Aから掲示板に書き込みをされた者（B）が、書き込んだA本人を訴えずに、掲示板の管理者（C）に対して書き込みの削除と損害賠償を求める訴訟を提起した場合、管理者Cは当該書き込みをした本人ではないので、当該書き込みの真実性や真実相当性の立証に窮するであろう。そして、仮にCが真実性等の立証に失敗してBに敗訴をした場合、Cとしては、当該書き込みをした張本人であるAに求償をしたくなるであろう。

　他方Aとしては、「自分が訴訟の場に出れば真実性立証はできる。Cが不十分な訴訟で勝手に負けて書き込みを削除されたりCから求償をされたりするよりも、B・C間の訴訟手続に積極的に参加して自分に不法行為責任がないことを明らかにしたい。」と思うかもしれない。

　かような場合に書き込みをした本人（参加人）に独立当事者参加を認めた裁判例がある。神戸地判2009（平成21）年2月26日[注44]である。判決は、

　　「被告に応訴を委ねたままでは、その点に関する被告の主張立証が貧弱なものとなるおそれが強いが、その結果として、被告が本件訴訟で敗訴した場合、参加人らは、〔当該書き込みをした〕サイトでの表現活動の一部を物理的に制限されることになる。

　　　そうすると、参加人らを当事者として訴訟に参加させ、本件訴訟の審理の対象（判決主文における判断の対象）を拡張し、参加人らの不法行為責任の存否の問題を正面から取り上げることが必要であり、そうすることが民事訴訟法47条1項前段の趣旨に合致するというべきである。」

と述べた上で、

　　「参加人らは『訴訟の結果によって権利が害される』として、民事訴訟法47条1項前段により、当事者として本件訴訟に参加することができると解され、本判決では参加人らの請求の当否も判断すべきことになる。」

とし、書き込みをした本人の独立当事者参加（原告を相手方として損害賠償債務の不存在確認を求めるもの）を認めた。

---

（注44）　判タ1303号190頁、判時2038号84頁。

## 第5款　ポータルサイトの責任

### 第1　問題の所在

　ポータルサイトは、検索エンジン、フリーメール、ニュースその他のサービスを提供しているが、多様な情報の流通に関与しているため、その情報に対するポータルサイトの責任が問題となることがある。

　ここでは、検索エンジンの検索結果による名誉毀損の責任の問題と、ポータルサイトが提供しているニュース報道による名誉毀損の問題を取り上げる。

### 第2　検索機能の名誉毀損性

**1**　ポータルサイトの代表的な機能として、検索エンジンによる検索サービスがある。検索エンジンに随意に言葉を入れて検索をかけると、その言葉に関連するホームページへのリンクがズラズラっと出てくる、あのサービスである。

　このサービスの検索能力は甚大であり、過去に非行が報道されるなどして不名誉な情報がインターネット上に載せられたことがあると、その情報は、この検索機能によっていつでも誰でも簡単に引っ張り出すことができてしまう。

　このため、この検索機能によって、過去の非行や忘れたいプライバシーをいつまでも引き出されてしまうという深刻な訴えが絶えない。

　いくらひどい名誉毀損をしているホームページがあったとしても、人々がそのホームページにたどり着かなければ、そのホームページは存在しないのも同然である。しかし検索エンジンは、そのようなホームページをも見つけ出してリンクを表示してしまう。むしろ、世の中のほとんどのホームページは検索エンジンがない限りたどり着けないものであり、検索エンジンこそが名誉毀損記事の発掘公開の最大の原動力ではないかという見方さえ可能である。

　かくして、名誉毀損記事を載せている当のホームページもさることながら、そのようなホームページを検索してしまう検索エンジンの検索結果こそが名誉毀損にあたるとして訴訟上争われている。

**2**　まずは、「ヤフージャパン」の検索機能の名誉毀損性に関する京都地判

2014（平成26）年8月7日[注45]とその控訴審の大阪高判2015（平成27）年
2月18日[注46]とを紹介する。

　事案は、過去に迷惑防止条例違反で逮捕され有罪となった者（原告・控
訴人）が、ヤフーの検索エンジンで検索をすると自身の逮捕に関する事実
が検索画面上に表示されてしまうことから、かかる機能により名誉を毀損
されているとして、ヤフー（被告・被控訴人）を相手取って損害賠償等を
請求した事案である。

　ヤフーの検索エンジンは、任意にワードを入力して検索をすると、①当
該検索ワードをその記載内容に含むホームページのタイトル（かつ、この
部分をクリックするとリンク先ホームページを開くことができるもの）、②リ
ンク先ホームページの記載内容の一部（この記載部分は「スニペット」と呼
ばれている）、及び③リンク先ホームページのURL、が画面上に現われる。

　ヤフーの検索機能は、これらを表示することによって他人の名誉を毀損
していることになるのかどうかが問題となったものである。

3　一審の京都地判は、①（判決では「リンク部分」と呼ばれている）が表示
される点に関し、

　「本件検索結果の表示のうちリンク部分は、リンク先サイトの存在を示
　すものにすぎず、本件検索サービスの利用者がリンク部分をクリックす
　ることでリンク先サイトを開くことができるからといって、被告自身が
　リンク先サイトに記載されている本件逮捕事実を摘示したものとみるこ
　とはできない。」

とした。続いて②（スニペット部分）に逮捕の事実が表示される点につい
ては、

　「本件逮捕事実も、検索ワード（原告の氏名）を含んでいたことから検索
　ワード（原告の氏名）に付随して、無数のウェブサイトの情報の中から
　抽出され、スニペット部分に表示されたにすぎないのであるから、被告
　がスニペット部分の表示によって本件逮捕事実を自ら摘示したとみるこ
　とはできない。」

---

（注45）　判時2264号79頁。
（注46）　公刊物未登載（大阪高裁平成26年（ネ）第2415号）。

268　第3編　名誉毀損に関する各論的諸問題

とした上で、以上をふまえて、

　「被告が本件検索結果の表示によって摘示する事実は、検索ワードである原告の氏名が含まれている複数のウェブサイトの存在及び所在（URL）並びに当該サイトの記載内容の一部という事実であって、被告がスニペット部分の表示に含まれている本件逮捕事実自体を摘示しているとはいえない」

と、ヤフーの検索エンジンの検索結果の名誉毀損性を否定した。

**4**　これに対して、控訴審の大阪高判は、スニペット部分に関し、

　「被控訴人の提供する本件検索サービスによる検索結果が被控訴人において左右できない複数の条件の組合せによって自動的かつ機械的に定まるとしても、その提供すべき検索サービスの内容（ウェブサイトの存在及び所在（URL）に止めるか、スニペットを表示するにしてもどのように表示するかなど）を決めるのは被控訴人であり、スニペットの表示方法如何によっては、人の社会的評価を低下させる事実が表示される可能性があることをも予見した上で現行のシステムを採用したものと推認されることからすると、本件検索結果は、被控訴人の意思に基づいて表示されたものというべきである。」

とし、更に、

　「一般公衆の普通の注意と読み方で検索結果に係るスニペット部分を読んだ場合には、スニペット部分は、検索結果に係るウェブサイトの内容の特定方法の１つに止まらず、そこに記載された内容に即した事実があるとの印象を閲覧者である一般公衆に与えるものというべきである。」

との認定を前提として、

　「そうすると、本件検索結果に係るスニペット部分に記載された本件逮捕事実は、一般公衆に、そこに記載された本件逮捕事実があるとの印象を与えるものであるから、被控訴人がその事実を摘示したものではないとしても、被控訴人がインターネット上に本件検索結果を表示することにより広く一般公衆の閲覧に供したものであり、かつ、控訴人の社会的評価を低下させる事実であるから、本件検索結果に係るスニペット部分にある本件逮捕事実の表示は、原則として、控訴人の名誉を毀損するものであって違法であると評価される。」

とし、検索結果に対してヤフーに責任が生じ得るとの判断を示した[注47]。

**5** 以上のほか、東京高決2016（平成28）年7月12日[注48]は、グーグルの検索機能の名誉毀損性が問題となった仮処分事件の抗告審である。

グーグル（抗告人）側は、検索の結果は自動的かつ機械的に生成されるものであり、自身は原則として編集をしていないから情報伝達の媒介者に過ぎず、名誉毀損の責任を負わないと主張した。

これに対し決定は、

「本件検索結果が自動的かつ機械的に生成されるものであるとしても、それは抗告人が決めたアルゴリズムを備えたプログラムによるものであり、また、抗告人は、その提供する検索サービスの魅力（一覧性、信頼性、検索語との関連性等）を高めるため、検索語に関連する部分を正確かつ端的に抜き出してタイトル及びスニペットを生成するようプログラムを作成し作動させていると認められる。すなわち、抗告人は、例えば人の氏名により検索した場合には、その者に関する情報であればそれがその者に有利であろうと不利であろうと正確かつ端的に抜き出し表示されることを当然に認識していることは明らかである。また、抗告人が、その提供する検索サービスにおいてタイトル及びスニペットを表示することについて、リンク先のウェブページを参照するか否かの利用者の判断に資する意味もあると認められる。そうすると、実際の利用態様からは、タイトル及びスニペットが独立した表現として機能することが通常であるということができる。」

として、

「抗告人は単なる媒介者で、名誉侵害の責任を負うものではないという抗告人の主張を採用することはできない。」

とした。

**6** 5の東京高決に対する許可抗告審である最3小決2017（平成29）年1月31日[注49]も、

---

(注47) もっとも、判決は結論としては、真実性・真実相当性の抗弁が成立するものとしてヤフーを免責している。

(注48) 判タ1429号112頁、判時2318号24頁。

(注49) 判タ1434号48頁、判時2328号10頁。

「検索事業者は、インターネット上のウェブサイトに掲載されている情報を網羅的に収集してその複製を保存し、同複製を基にした索引を作成するなどして情報を整理し、利用者から示された一定の条件に対応する情報を同索引に基づいて検索結果として提供するものであるが、この情報の収集、整理及び提供はプログラムにより自動的に行われるものの、同プログラムは検索結果の提供に関する検索事業者の方針に沿った結果を得ることができるように作成されたものであるから、検索結果の提供は検索事業者自身による表現行為という側面を有する。」

と判示している。

　これにより、検索エンジンによる表示が情報の単なる媒介ではなく表現行為であることは、判例上決着がついたといえよう。

　したがってこの帰結として、検索サービスの事業者は、検索結果の表示により名誉毀損やプライバシー侵害の責任を負う可能性を生じることになる。

## 第3　ニュース提供サービスの名誉毀損性

**1**　ポータルサイトの多くはニュースの提供サービスも行なっている。その提供のシステムはポータルサイトによって異なるようであるが、いずれにしても、ポータルサイトを通じてある報道機関の報道に接した場合において、当該報道に名誉毀損が成立するとき、報道機関とともに当該ポータルサイトもその責任を負うか、がここでの問題である。

**2**　公刊されている裁判例としては、「ヤフージャパン」のニュースに関する東京地判2011（平成23）年6月15日 [注50] がある。

　事案は、いわゆる「ロス疑惑」事件でマスコミに頻繁に取り上げられ、銃撃事件について無罪となったにも拘わらずサイパンで逮捕されその後死亡したA氏に関する産経新聞社の記事についてのものである。当該記事はポータルサイト「ヤフージャパン」のニュース提供サービスで広く配信された。

　訴訟では、当該記事がA氏の社会的評価を低下させ、もってA氏に対す

---

（注50）　判時2123号47頁。

る遺族の敬愛追慕の情を侵害するかが問題となり、当該記事についてヤフーも責任を負うかどうかが問題となった。

判決は、そもそも当該記事につき遺族のＡ氏に対する敬愛追慕の情の侵害を認めなかったため、記事の名誉毀損性に対するヤフーの責任の有無については判断されなかった。

他方、判決は、記事にＡ氏の写真が掲載されたことについては遺族の敬愛追慕の情の侵害を認めた。そしてその侵害行為に関するヤフーの責任につき、

「被告ヤフーは、本件サイトに人の人格的利益を侵害するような写真が掲載されないよう注意すべき義務を怠り、同月12日に本件サイトに本件写真を掲載させ……たものと認められるから、被告ヤフーには、本件写真を公表したことについて過失があるものと認められる」

としてヤフーの責任を認めた。

かように判決は、掲載された写真の内容に関してヤフーの注意義務を認めている。この判決の論理を前提とすれば、掲載された記事の内容についてもヤフーに注意義務があることを認め、報道機関のニュース記事による名誉毀損に関し、ポータルサイトも責任を負う余地があることになろう。

**3**　他方、同じ「ヤフージャパン」のニュースに関して**2**の裁判例とは異なる判断がなされたものとして、東京地判2023（令和５）年３月29日[注51]がある。

事案は、俳優Ａ（原告）に関する東京スポーツの記事の名誉毀損性が問題となったものであり、原告は、東京スポーツと、その記事を「ヤフージャパン」のニュース欄（ヤフーニュース）に掲載したヤフーに対し、損害賠償請求をした。

この件について裁判所は、東京スポーツについては名誉毀損の責任を認めたものの、ヤフーについては、プロバイダ責任制限法３条１項の要件を充たすとして不法行為責任を否定した。

この論点はプロバイダ責任制限法に関わる問題であるので、この判決については第４節第１款（273頁）であらためて詳しく述べる。

---

（注51）　判タ1521号201頁。

# 第4節　プロバイダ責任制限法

　2001（平成13）年11月、「特定電気通信役務提供者の損害賠償責任の制限及び発信者情報の開示に関する法律」が公布され、2002（平成14）年5月に施行された。

　「特定電気通信役務提供者」とはプロバイダ等を指すものであり、この法律は文字通り、プロバイダ等の負うべき損害賠償責任の制限と、発信者情報の開示について、その要件を定めたものである。通常、「プロバイダ責任制限法」と略称されているので、本書でもこの略称に従う。

## 第1款　プロバイダ等の損害賠償責任の制限について

**1**　プロバイダ制限責任法3条1項本文は、掲示板への書き込み等による名誉毀損等があった場合における、書かれた者に対するプロバイダ等の責任につき、「他人の権利が侵害されていることを知っていたとき」（1号）か、または、書き込みの存在を認識しかつ「他人の権利が侵害されていることを知ることができたと認めるに足りる相当の理由があるとき」（2号）にしか、賠償責任を負わない旨規定している。

　同条項は「いずれかに該当するときでなければ、賠償の責めに任じない」と規定しているが、これは、「該当するときは、賠償の責めに任ずる」という規定の仕方でないことからも分かる通り、賠償責任を負う場合の要件を定めたものではなく（つまり責任根拠規定ではなく）、賠償責任を負わない場合を明確にしたものであるといわれている[注52]。つまり、この

---

（注52）　松本恒雄「ネット上の権利侵害とプロバイダー責任制限法」自由と正義639号62頁（2002年）、岡村久道「プロバイダ責任制限法の現在」情報ネットワーク法学会ほか編『インターネット上の誹謗中傷と責任』（商事法務・2005年）49頁、大村真一「プロバイダ責任制限法の概要——法の概要と制定10年後の検証の概要」堀部政男監修『プロバイダ責任制限法　実務と理論——施行10年の軌跡と展望』（商事法務・2012年）15頁。

　なお、大村真一＝大須賀寛之＝田中晋「特定電気通信役務提供者の損害賠償責任の制限及び発信者情報の開示に関する法律の概要」NBL730号29頁（2002年）は、同条項につき、「これにより、特定電気通信役務提供者が不作為責任を負う場合が明確化される」と説明しているが、これは不正確な説明であるといわざるを得ない。

要件を充たしているならば責任を負うことはないということを定めるに過ぎず、責任が肯定されるかどうかはまた別の問題、つまり一般不法行為法の解釈の問題だということである。

この1号・2号の権利侵害の認識またはその認識可能性については、権利を侵害されたと主張する被害者の側に主張立証責任がある[注53]。

**2** 本項の責任制限規定は、当該プロバイダ等が「当該権利を侵害した情報の発信者である場合」には適用されない（同法3条1項但書）。

当該プロバイダ等が当該情報の発信者であるなら、その内容に対して責任を負うべきことは当然だからである。

**3** なお、文言上は「賠償の責めに任じない」とされているが、ここに「賠償の責め」とは、民法723条の回復処分の責任も含むものと解されている[注54]。当然の解釈といえよう。

**4** プロバイダ責任制限法3条1項に照らしてウェブサイトの管理者の損害賠償責任を否定した裁判例として、東京高判2010（平成22）年8月26日[注55]がある。

事案は、ウェブサイト上の掲示板の管理者（被控訴人）が、名誉毀損的な書き込みをされた者（控訴人）からの削除請求に応じなかったことが削除義務違反であるとして損害賠償請求を受けたものである。

判決は、当該サイトに1日平均800〜1000件の投稿がある等の事情をふまえ、

「こうした本件サイトの運営の実情からすれば、本件サイトにおける投稿に関して、削除要請があったなどの格別の事情がない限り、被控訴人が控訴人らの権利が侵害されることを知っていたか、若しくは、知ることができたと認めるに足りる相当の理由があるとの事情が存在したと認めることはできないというべきである。」

とした。

**5** 272頁でも触れたが、「ヤフージャパン」のニュース欄（ヤフーニュー

---

（注53）　総務省総合通信基盤局消費者行政第二課『プロバイダ責任制限法〔第3版〕』（第一法規・2022年）45頁。
（注54）　総務省総合通信基盤局消費者行政第二課・前掲（注53）42頁。
（注55）　判時2101号39頁。

ス）について、東京地判2023（令和5）年3月29日[注56]が、プロバイダ責任制限法3条1項の要件を充たすとしてヤフーの不法行為責任を否定したのでここで説明したい。

事案は、俳優A（原告）に関する東京スポーツの記事がヤフーニュースで配信された件に関し、原告が東京スポーツとヤフーに対して損害賠償請求をしたものである。

判決は、東京スポーツについては名誉毀損の責任を認めて165万円の損害賠償を命じた。

他方、ヤフーについては、プロバイダ責任制限法3条1項が適用されるか否かが争点となった。主たる争点は、ヤフーが同条項但書の「発信者」に該当するかである。

この点、原告は、ヤフーにつき、

① 記事を作成する会社と記事配信契約を締結し、自社が管理するサーバーを通じてヤフーニュースでこれを配信していること

② ヤフーニュースから広告収入等を得ていること

③ 社内に編集部を設けて独自の掲載基準のもとに配信する記事を選定していること

などの事情から、「記事を作成する会社との共同事業として主体的かつ積極的に記事配信を行っていると評価すべき」であるとし、ヤフーは「発信者」にあたる、と主張した。

原告のかかる主張に対して判決は、

「確かに、被告ヤフーは、記事を作成する会社と配信契約を締結し、同契約に基づいて、ニュースを配信し、これにより広告収入等を得ており、ヤフーニュースにおける記事の配信は記事を作成する会社と被告ヤフーとの共同事業であるとの評価はあり得るところである」

としつつも、

「どのような役割分担で事業を行うかは様々であり、そのことのみをもって、被告ヤフーが本件記事に係る情報を記録媒体に入力したと評価することは困難である。」

---

（注56） 判タ1521号201頁。

とした。更に判決は、

「そして、本件では、被告東京スポーツが本件記事を作成してその原稿データを被告ヤフーが管理するサーバに入稿したものが自動的にヤフーニュースで配信されており、被告ヤフーが本件記事について確認等を行っていない。被告ヤフーは、社内編集部を設けて独自の掲載基準のもとに配信する記事を選定しているが、当該編集部が選定するのは、トピックスとしてヤフーニュースのトップページに掲載する記事であり、本件記事はトピックスとして掲載されたものではなく、その他、おすすめ記事やアクセスランキング上位の記事として掲載されたものでもない。」

と認定した上で、

「これらの事情等に鑑みれば、本件記事が被告ヤフーの意思により流通過程に置かれたと評価することは困難であ……る。」

として、ヤフーはプロバイダ責任制限法3条1項但書の「発信者」にはあたらず、同条項本文が適用される、とした。

そして本件では、原告がプロバイダ責任制限法3条1項1号・2号の権利侵害の認識またはその認識可能性の点について主張立証をしていなかったため、判決は、ヤフーにつき「不法行為責任を認めることはできない。」と結論づけた。

**6** この判決について2点ほどコメントをする。

第1に、結果の妥当性について。判決は、「ヤフーが本件記事について確認等を行っていない」ことをヤフーに有利な事情として解釈しているが、そもそも東京スポーツをビジネスパートナーとして選んで契約をしているのはヤフーである。また、東京スポーツとの内部的な役割分担をどうするかはヤフーと東京スポーツとで決めている問題なのであって（むしろおそらく、プラットフォーマーであるヤフーの方が主体的に決めているのではなかろうか）、「確認等を行っていない」というのはヤフーが自分でそのようにサボることに決めただけであり、そのようなサボりを被害者（本件の原告）に不利益に働く方向で解釈することについては、強い抵抗感がある。

第2に、本判決の射程範囲について。本件では、原告が、ヤフーの権利侵害の認識やその認識可能性について主張立証をしなかったためにプロバイダ責任制限法3条1項に基づく不法行為の成立阻却が肯定されたが、そ

もそも東京スポーツを契約相手に選んだのはヤフーなのであり、契約相手からどのような類の記事が来るかにつきヤフーはそれなりに留意すべきなのであって、場合によってはこの権利侵害の認識やその認識可能性（1号・2号）が認められることもあるであろう。[注57]

即ち本判決を、「ヤフーニュース」についてヤフーに責任がないことを認めた事例であると理解するのは捉え方が広すぎる。本件は、原告が権利侵害の認識や認識可能性について主張立証をしなかったためにその点についての究明が先送りになった事例であると捉えるべきであろう。

**7** プロバイダ責任制限法3条2項は、掲示板への書き込み等を名誉毀損等の理由により削除した場合における、当該書き込みをした者に対する責任に関して規定しているが、本書では特に触れない。

## 第2款　発信者情報の開示について

### 第1　概説

プロバイダ責任制限法は、その正式名称（273頁）から分かるとおり、「特定電気通信役務提供者の損害賠償責任の制限」と「発信者情報の開示」に関する法律であり、前段の「特定電気通信役務提供者の損害賠償責任の制限」については第1款（273頁以下）で述べた。

後段の「発信者情報の開示」の制度は、電子掲示板やSNSにおける匿名言論によって名誉毀損をされた者が当該書き込みをした者を特定できるように、プロバイダ等に対する発信者情報の開示請求権を実体法として定めたものである。この制度により被害者は、発言者を特定して法的責任追及等による被害回復を図れることになる。

この「発信者情報の開示」の制度については、2021（令和3）年に大幅な改正があった。

改正前のこの制度については、コンテンツプロバイダに対してアクセスロ

---

（注57）　曽我部真裕「ニュースプラットフォームの配信責任について——ヤフーニュース事件を素材として」野坂泰司先生古稀記念『現代憲法学の理論と課題』（信山社・2023年）232頁以下は、「ヤフーニュース」に関するヤフーの責任につき、プロバイダ責任制限法3条1項2号の「相当の理由」を従来のプロバイダよりも厳格に判断すべきである、として実質的妥当性を図ろうとしている。

グの開示請求をした上でアクセスプロバイダ（経由プロバイダ）に対して発
信者の氏名・住所等の開示請求をする、という２本立ての手続を践まねばな
らない点で手続的負担感が強く、改善の必要性が言われていた。また、いわ
ゆるログイン型[注58]の場合に、名誉毀損的言辞を書き込んだ際の発信者情報
ではなくログイン時の情報を開示請求できるかという問題があってその点に
ついて裁判例が分かれており、法制定時に想定されていなかったかような問
題について対応する必要があった。

　これらの問題について所要の改正をしたのが2021（令和３）年改正法であ
り、2022（令和４）年10月１日から施行されている。[注59]

## 第2　経由プロバイダの「特定電気通信役務提供者」該当性

　発信者に対して名誉毀損等の責任追及をするには発信者の住所・氏名を知
ることが最低限必要であり、プロバイダ責任制限法５条１項はその開示請求
権を認めているが、実際に発信者の住所氏名の開示を受けるのは、容易では
ない。

　たとえば、プロバイダ「甲」が、会員に対し、その管理するサーバーにホー
ムページを設けさせていたとする。そして甲の会員「乙」が同サーバー内
でホームページを主宰し、そのホームページの中の掲示板を「丙」が管理し
ていたとする。そしてその掲示板に、発信者「Ｂ」が、「Ａ」の名誉を毀損
する書き込みをした。ただし、Ｂの契約プロバイダは「丁」であるとしよう。
したがってＢは、「丁」のサーバーを経由して「甲」のサーバー中のホーム
ページ（「乙」主宰）の更にその中の掲示板（「丙」管理）にアクセスしたとい
う経緯になる（かかる経緯から、「丁」の位置づけにあるプロバイダは「アクセ
スプロバイダ」または「経由プロバイダ」と呼ばれる）。

　この場合、当該掲示板中に名誉毀損言論を発見したＡとしては、発信者を
捜すためにはまず、当該掲示板を手がかりにするしかない。Ａとしては最初
は、掲示板（「丙」管理）、それを設けているホームページ（「乙」主宰）、及
び、そのページを設けさせているプロバイダ（甲）までは捕捉可能であろう。

---

（注58）　ツイッター（現「Ｘ」）やフェイスブックなど、投稿するに先立ってログインが必要な方
　　　式が採用されている場合に一般にこのように言われている。
（注59）　改正法の詳細については、総務省総合通信基盤局消費者行政第二課・前掲（注53）を参照。

278　第３編　名誉毀損に関する各論的諸問題

掲示板やホームページに管理者や主宰者が明記されていなくても、少なくともプロバイダは分かるであろう。したがってAは、甲・乙・丙の全員もしくは一部に対し、当該書き込みの発信者情報の開示を請求することになる。

　しかし甲・乙・丙は、Bの住所・氏名は把握していないのが普通である。Bは、単に「丁」（経由プロバイダ）を介して「甲」のサーバーにアクセスしてきただけであり、甲・乙・丙らが把握しているのは、Bのアクセス時のIPアドレスやタイムスタンプ程度に止まるからである。したがってAとしては、甲・乙・丙から開示を受けたIPアドレスやタイムスタンプから「丁」のサーバーを特定し、「丁」に対してさらに発信者情報の開示を請求しなければならない。「丁」は、Bの契約プロバイダであろうから、Bの住所・氏名等は把握しているはずである。したがって、「丁」に至って初めて、Bの住所・氏名が分かることになる。

　ところが、甲・乙・丙に対する発信者情報の開示請求は認められても、戊に対する開示請求は認められないのではないか、という問題がかつてあった。

　同法2条1号は「特定電気通信」につき、「不特定の者によって受信されることを目的とする電気通信……の送信……をいう」としているところ、「丁」が行なっているのは、Bから「甲」のサーバーへの1対1の電気通信の媒介に過ぎず、不特定の者への送信ではないので、不特定の者によって受信されることを目的とする電気通信の送信を行なう特定電気通信役務提供者にはあたらず、よって同法5条1項（改正前の4条1項）の開示義務の名宛て人にはあたらないのではないか、という問題である。

　この点について、かつて下級審の裁判例は分かれていたが、最1小判2010（平成22）年4月8日 <sup>(注60)</sup> は、
「経由プロバイダは、法2条3号にいう『特定電気通信役務提供者』に該
　当すると解するのが相当である。」
として経由プロバイダも特定電気通信役務提供者にあたるものとし、下級審での争いに決着をつけた。経由プロバイダに対する開示請求が認められなければ発信者情報開示請求制度は絵に描いた餅のようなものであり、最高裁のかかる解釈は至極妥当である。

---

(注60)　判タ1323号118頁、判時2079号42頁。

## 第3　発信者情報の開示の範囲

**1**　発信者情報開示の制度では、典型的には、書き込み主が自身のアクセスプロバイダを通じて掲示板に匿名で書き込んだ場合に、その書き込み主の住所氏名等がアクセスプロバイダから開示されることとなるが、以下で、そのような典型例ではないケースについて述べる。

**2**　第1は、いわゆるログイン型のサイトの場合の発信者情報の開示である。

一旦ユーザーIDやパスワードを入力してログインをしてから書き込みをするツイッター（現「X」）やフェイスブックなどのSNSでは、それを運営するプロバイダは、投稿者が権利侵害情報を書き込んだ際のIPアドレス等を保有しておらず、ログインをした際のIPアドレス等しか保有していない場合が多いという。

このため、名誉毀損的書き込みの被害者（開示請求者）にとっては、権利侵害情報を書き込んだ際の発信者情報のみならずログインをした際の発信者情報の開示が認められる必要が生じる。

かかる次第で、法改正前には、権利侵害情報を書き込んだ際の発信者情報ではなくログインをした際の発信者情報につき、発信者情報開示請求の対象になるのかが裁判例上争われていた。

この点がプロバイダ責任制限法の2021（令和3）年改正によって、ログイン時の発信者情報の開示を認める方向で立法的に解決された。

条文の説明をすると長くなるので省略するが、法5条1項はログインに関する発信者情報を「特定発信者情報」と定め、一定の場合にこの特定発信者情報（ログイン時のIPアドレス等）の開示請求を可能にした。

**3**　第2は、インターネットカフェからインターネット上の掲示板に書き込みがなされた場合の開示請求の可否の問題である。

裁判例として東京地判2007（平成19）年11月29日[注61]とその控訴審の東京高判2008（平成20）年5月28日[注62]があり、事案は次の通りである。

インターネット上の掲示板にAの名誉を毀損する匿名の書き込みがなされ、Aがその発信者情報の開示請求をしたところ、インターネットカフェの端末の1つが送信源であった。当該ネットカフェを経営するB社は、当

---

（注61）　判タ1297号287頁。
（注62）　判タ1297号283頁。

該端末を使用した者（会員）を特定する情報を有していた。そこでAはB社を被告として、改正前のプロバイダ責任制限法4条1項に基づき、B社が把握している当該端末の使用者に関する情報の開示を請求した。

　ここでの問題は、B社が把握している書き込み者に関する情報は、当該権利侵害情報の送信行為とは直接関係なく、B社による顧客管理の結果判明している情報だということである。このような情報でも改正前の法4条1項にいう「発信者情報」にあたるのかが訴訟では争われた。

　結論は一審と二審で分かれた。

　一審判決は、

「法4条1項の『発信者情報』とは、氏名、住所その他侵害情報の発信者の特定に資する情報であって、総務省令で定めるものとされているところ、法は、情報の取得の目的や取得の方法、保有の形態によって、発信者情報に当たるか否かを区別してない。」

と、情報の「取得の方法」を問わないとし、そこから、

「したがって、法律上、事実上、情報が自己の支配下に入っていれば、発信者情報を保有していると解するのが相当である。」

とし、B社が顧客管理の結果として把握している当該書き込み者に関する氏名・住所も「発信者情報」にあたるものとした。

　これに対して二審判決は、

「法4条では、『発信者情報』に続く括弧書内において『氏名、住所その他の侵害情報の発信者の特定に資する情報』という文言が使われているが、この部分は、特定電気通信の過程で具体的に把握された発信者について、住所、氏名等で特定するようにするという趣旨をいっているだけである。ここで『特定に資する情報』という文言が使われていることは、本件のように、特定電気通信の過程においては発信者が不明の場合に、他で発信者発見の手がかりになるような情報の開示を求めることの根拠にはならないものである」

と述べ、

「この店舗を利用したかどうかの情報は発信者を突き止めるのに役立つものであるが、そのような情報の開示は法4条の枠外である」

として、当該情報は「発信者情報」にあたらないものとし、原判決を取り

消してAの請求を棄却した。

　この問題については、かような法解釈上の問題があるほか、ネットカフェではそもそも発信者情報が特定できないという技術的・物理的な問題があるとのことであり<sup>(注63)</sup>、こうなるともはや特定の術がなく、これは発信者情報開示制度の限界であると言わざるを得ない。

## 第4　権利侵害の明白性

**1**　発信者情報の開示請求が認められるためには、

① 　侵害情報の流通によって当該開示の請求をする者の権利が侵害されたことが明らかであるとき（権利侵害の明白性―5条1項1号）、

② 　当該発信者情報が当該開示の請求をする者の損害賠償請求権の行使のために必要である場合その他発信者情報の開示を受けるべき正当な理由があるとき（開示を受けるべき正当理由―同2号）、

の2つの要件を充たす必要がある<sup>(注64)</sup>。

**2**　プロバイダ責任制限法5条1項1号（改正前の法4条1項1号）の権利侵害の明白性は、いずれの当事者がどこまで主張立証しなければならないか。名誉毀損の場合、社会的評価を低下させる記載でも、真実性・真実相当性の要件を充たすならば適法な言論であるので、開示請求者は、名誉毀損的書き込みの存在のみを主張立証すればよいのか、それとも免責事由（真実性・真実相当性の法理）の不存在までを主張立証しなければならないのかが問題となる。

　この点について東京地判2003（平成15）年3月31日<sup>(注65)</sup>は、

　「当該侵害情報によりその社会的評価が低下した等の権利の侵害に係る

---

（注63）　中澤佑一『プロバイダ責任制限法と誹謗中傷の法律相談』（青林書院・2023年）111頁によれば、

　　「オフィスやネットカフェなど複数人が同時にインターネットを利用する場合、ルーターを用いて複数の端末が同時にインターネットに接続できるようネットワークを構築します。しかし、現在広く普及しているルーターには、事後的に発信者を判別するための記録を保持し続けるような機能はなく、特に発信者情報開示請求を経て特定するなど既に長期間が経過してしまっている場合には、通信記録からの発信者特定は不可能です。」

　　とのことである。

（注64）　いわゆるログイン型について「特定発信者情報」の開示を受けるには更に同法5条1項3号の要件も充たす必要がある。

（注65）　判時1817号84頁。

282　第3編　名誉毀損に関する各論的諸問題

客観的事実はもとより、その侵害行為の違法性を阻却する事由が存在し
ないことについても主張、立証する必要がある」
としつつ、
「主観的要件に係る阻却事由については、……主張、立証をするまでの
必要性はない」
という。即ち、名誉毀損言論の存在と、公共性・公益性または真実性の要
件の欠如は主張立証しなければならないが、真実相当性の欠如までは主張
立証しないでよい、ということである。

判決は、そのように解する理由につき、次の通り判示している。

「〔2021（令和3）年改正前の〕プロバイダ責任制限法4条1項1号は、
同項所定の発信者情報の開示請求の要件の1つとして、『侵害情報の流
通によって当該開示の請求をする者の権利が侵害されたことが明らかで
あるとき』と定めている（以下、この要件を「権利侵害要件」という。）。
この権利侵害要件は、発信者の有するプライバシー及び表現の自由と被
害者の権利回復の必要性との調和を図るため、その権利の侵害が『明ら
か』である場合に限って発信者情報の開示請求を認めるものとしたので
ある。したがって、同項に基づく発信者情報開示請求訴訟においては、
原告（被害者）は、この権利侵害要件につき、当該侵害情報によりその
社会的評価が低下した等の権利の侵害に係る客観的事実はもとより、そ
の侵害行為の違法性を阻却する事由が存在しないことについても主張、
立証する必要があると解すべきである。

もっとも、同号の規定と不法行為の成立要件を定めた民法709条の規
定とを比較すると、同号の規定には『故意又は過失により』との不法行
為の主観的要件が定められていないことが明らかであり、また、このよ
うな主観的要件に係る阻却事由についてまでも、原告（被害者）に、そ
の不存在についての主張、立証の負担を負わせることは相当ではないの
で、原告（被害者）は、その不存在についての主張、立証をするまでの
必要性はないものと解するのが相当である。

すなわち、名誉毀損行為を理由とする不法行為については、その行為
が〔1〕公共の利害に関する事実に係り、〔2〕専ら公益を図る目的に
出た場合には、〔3〕摘示された事実がその重要な部分について真実で

第1章 インターネット上の名誉毀損に関する諸問題 第4節 プロバイダ責任制限法 283

あることの証明があったときには、上記行為の違法性が阻却され、不法
行為は成立しないものと解されているが、発信者情報開示請求訴訟にお
いては、権利侵害要件の充足のためには、当該侵害情報により原告（被
害者）の社会的評価が低下した等の権利の侵害に係る客観的事実のほか、
当該侵害情報による侵害行為には、上記の〔1〕から〔3〕までの違法
性阻却事由……のうち、そのいずれかが欠けており、違法性阻却の主張
が成り立たないことについても主張、立証する必要があるものと解すべ
きである。しかしながら、名誉毀損行為を理由とする不法行為訴訟にお
いては、主観的要件に係る阻却事由として、〔4〕摘示された事実が真
実であることが証明されなくとも、その行為者においてその事実を真実
と信ずるについて相当の理由があるときには、当該行為には、故意又は
過失がなく、不法行為の成立が否定されると解されているが、このよう
な主観的要件に係る阻却事由については、発信者情報開示請求訴訟にお
ける原告（被害者）において、その不存在についての主張、立証をする
までの必要性はないものと解すべきである。」(注66)

他方、東京地判2008（平成20）年9月9日 (注67) は、

「この権利侵害の明白性とは、一般に、当該権利の侵害について、すな
わち名誉毀損や信用毀損等について、当該情報を発信した者に違法性阻
却事由が存在しないことを指すものと理解されているところである。
……このような違法性阻却事由が存在しないというためには、原告は、
（ア）本件書込の内容が真実ではなく、かつ、発信者が真実と信じるにつ
いて相当の理由が存在するとはいえないこと、又は、（イ）本件書込が公
益目的などによってなされたものではないこと、のいずれかの要件が欠
けていることを主張、立証しなければならないこととなる。」

とし、真実相当性の不存在についても被害者側が立証すべきであるとして
いる (注68)。

　しかし、見知らぬ発信者の主観（真実相当性の不存在）についてまで原

(注66)　東京地判2015（平成27）年8月29日（判タ1200号286頁）も同旨の判示をしている。また、
　　　結論において同旨の裁判例として、東京地判2003（平成15）年9月17日（判タ1152号276頁）。
(注67)　判タ1305号193頁、判時2049号40頁。
(注68)　東京地判2003（平成15）年11月28日（金融・商事判例1183号51頁）も同様に真実相当性の
　　　不存在についても被害者側に立証責任を負わせているようである。

告（被害者）に立証させることは著しい困難を強いるものであり、この解釈は妥当とは思われない。2003（平成15）年東京地判の方が妥当であると思う（注69）。

**3**　最近、経由プロバイダ（アクセスプロバイダ）に対する発信者情報開示請求の本訴において、プロバイダ側の応訴が精緻化してきており、原告側（開示請求者側）による違法性阻却事由の"不存在"の主張立証に対し、被告（プロバイダ）側が、背後にいる発信者の作成した匿名の陳述書を乙号証として提出してきて違法性阻却事由の"存在"を主張する例が多くなっているように思われる。

しかし、匿名の陳述書では原告側が反対尋問をする余地もなく、ややもすると"書いた者勝ち"のような状況を呈することもある。

この点に関し、発信者作成の陳述書の信用性を限定的に解した裁判例があるので紹介する。東京高判2020（令和2）年11月11日（注70）である。

事案は、化粧品会社（控訴人）がソフトバンク（被控訴人）を相手に、転職総合サイト上への書き込みをした者の発信者情報の開示請求をしたものである。当該事案では、被控訴人側が、違法性阻却事由の"存在"を証するものとして、発信者作成の匿名の「回答書」を乙号証として提出していた。

判決はこの「回答書」につき、

「被控訴人提出の上記回答書に表れた発信者の記載内容は自己の体験を述べた形式で一応の具体性はあるものの、抽象的な事実にとどまり、日時や人物の特定もないことから、控訴人において反論をすることができる内容となっていない。」

と評価した上で、

「法4条1項〔改正後の法5条1項〕が、発信者の匿名性を維持し、発信者自身の手続参加が認められていない手続法の枠組みの中で、発信者の有するプライバシー権や表現の自由等の権利ないし利益と権利を侵害されたとする者の権利回復の利益をどのように調整するかという観点から、

---

（注69）　長谷部由起子「メディア判例百選〔第2版〕」別冊ジュリスト241号231頁（2018年）も、2003（平成15）年東京地判に「異論を差し挟む余地はない」と賛成する。
（注70）　判タ1481号64頁。

……権利侵害の明白性の要件が設けられ、違法性阻却事由の存在をうか
　がわせる事情がないことが必要であるとされていることからすれば、上
　記の回答書……の提出があったことをもって、本件投稿に摘示された事
　実が真実であることをうかがわせるような事情があるということはでき
　ない。」
と発信者作成の「回答書」の証明力について限定的に解し、その理由とし
て、

　「立証責任を転換したことによって、上記回答書に応じて事実の不存在
　まで厳密な立証を求めると、本来、被害者と発信者との間で争われるべ
　き事項について、発信者からの日時、場所等の特定がなく、抽象的な事
　実に止まる、中途半端な上記回答書に対して、およそそのような事実は
　ないという不可能に近い立証を強いることになり、相当でないからであ
　る。」
とし、最終的に発信者情報開示請求を認容した。

　この裁判例と同様に開示請求者側の立証の負担が過重にならないように
との問題意識が現われているものとして、東京高判2020（令和2）年12月
9日(注71)がある。

　事案は、塗装業者（控訴人）がグーグルマップの口コミ投稿欄への書き
込みにつき、グーグル（被控訴人）を相手に発信者情報の開示を請求した
ものである。

　訴訟では、勧誘を断った者に対しても控訴人が勧誘の電話を再度した旨
の事実についての名誉毀損の成否が問題となり、控訴人が再度の電話勧誘
をした事実の真実性の存否が争点となった。

　この事案の一審判決(注72)では、「再度の電話勧誘が存在しないこと」を
窺わせる事情が証拠上認められないとし、違法性阻却事由の"不存在"の
立証がないものとして控訴人（原告）は請求を棄却されていた。

　これに対し本控訴審判決は、プロバイダ責任制限法4条1項（現5条1
項）において、違法性阻却事由の存否につき立証責任が開示請求者側に転
換されている点について、

---

（注71）　判タ1481号70頁。
（注72）　東京地判2020（令和2）年3月19日（公刊物未登載・東京地裁令和元年（ワ）第14308号）。

「この立証責任の転換によって、被害者である控訴人におよそ再度の電話勧誘をすることはなかったという不可能に近い立証まで強いることは相当でない。その意味で、プロバイダ法4条1項で定める『権利侵害が明らか』という要件について、権利侵害された被害者が発信者に対して損害賠償請求をする訴訟における違法性阻却事由の判断と完全に重なるものではないと解され、再勧誘の可能性が全くないことまで請求原因として立証することを要しないというべきである。」

として、違法性阻却事由の"不存在"については控訴人の立証があったものとし、こちらも最終的に発信者情報開示請求を認容した。

そもそも発信者情報開示請求は名誉毀損訴訟の前段階のものに過ぎない。インターネット上の名誉毀損の問題は、本来は、書いた者と書かれた者という当事者同士で解決すべきものなのではなかろうか。裁判所にはそのような問題意識をもって事案に臨んで頂きたいと思う。[注73]

## 第5　開示を受けるべき正当理由

プロバイダ責任制限法5条1項2号に定める「開示を受けるべき正当な理由」とは、開示請求者が発信者情報を入手することにつき合理的な必要性が認められることをいう。

たとえば、既に賠償金が支払われている場合などは、損害賠償請求権が消滅しているので、もはや発信者情報を入手する必要性はないと判断されてこの正当理由を欠くことになる。また、発信者を突き止めて暴力的に報復しようとしている場合などもこの正当理由がない例の1つである[注74]。

---

（注73）　本文で挙げた2つの2020（令和2）年東京高判の裁判長は論稿で、
「プロバイダ責任制限法4条〔現5条〕の『権利侵害が明らか』の中の『摘示された事実が真実でないこと』については、権利侵害と発信者間の損害賠償請求訴訟とは異なるもので、一応の証明で足りると解し、立証命題の立証責任を下げることを検討すべきであり、真実性の本格的な争訟は、権利侵害者と発信者との間で行われることが、紛争の適切な解決をするための枠組みではないかと考えている。」
と言う（近藤昌昭「民事事実認定の基本的構造と証明度について」判タ1481号12頁（2021年））。賛成である。
（注74）　総務省総合通信基盤局消費者行政第二課・前掲（注53）107頁。

## 第6　開示の手続

**1**　プロバイダが接続情報を保存している期間は極めて短い[注75]。

とすると、発信者情報開示請求を本案訴訟で行なっていたのでは間に合わない。特に、第2（278頁）で述べた例で甲・乙・丙に対する請求で戊を特定し、あらためて戊に対して発信者情報の開示を請求しなければならない場合（つまり、2つの段階を経なければならない場合）は絶望的である。

そこでかかる発信者情報の開示を仮処分によって求めることが考えられるが、これはいわゆる満足的仮処分である上、一旦住所氏名が開示された場合、それを"なかった状態に戻す"ことは不可能である（いわば"不可逆的な"満足的仮処分といえる）。このため、仮の手続で拙速に進めてしまった場合に発信者の被る不利益をも勘案しなければならない。

かかる観点から実務上の運用では、コンテンツプロバイダに対してIPアドレス及びタイムスタンプの開示を命じる手続には仮処分の手続が認められる一方で、アクセスプロバイダ（経由プロバイダ）に対する発信者情報開示請求は、住所氏名というまさに人物を最終的に特定する個人情報が明らかになる手続であることから、発信者情報の消去禁止請求のみしか仮処分手続が認められず、開示の当否については本案訴訟によるべきものとされている[注76]。

**2**　以上が2021（令和3）年の法改正前のオーソドックスな開示請求の方法であった。

これに対し、2021（令和3）年改正法は、8条以下で、発信者情報開示命令という新たな裁判手続を創設した。これは、実体法上の要件はそのままに、それが非訟手続で審理されるものである。

この手続は、法改正前のように本案訴訟をすることにはならないため、スピード感があって非常に使い勝手がよいとの評価がなされている[注77]。

---

（注75）　神田知宏『インターネット削除請求・発信者情報開示請求の実務と書式〔第2版〕』（日本加除出版・2023年）340頁では、プロバイダ各社のログ保存期間が明らかにされており、概ね3〜6か月程度となっている。

（注76）　江原健志ほか「インターネット関係仮処分（2）発信者情報開示仮処分・発信者情報消去禁止仮処分」同ほか編著『民事保全の実務〔第4版〕（上）』（金融財政事情研究会・2021年）379〜380頁、382頁。

（注77）　神田・前掲（注75）160頁。

また改正法は、開示命令申立の手続に加えて、提供命令（15条）と消去禁止命令（16条）という２つの付随的な申立手続を設けた。

　後者の消去禁止命令は、改正前から実務上行なわれていた発信者情報の消去禁止の仮処分と同様のことを発信者情報開示命令の手続に持ち込んだ制度である。

　他方、前者の提供命令の制度は、2021（令和３）年改正法の目玉商品の１つであり、コンテンツプロバイダに対する開示請求とアクセスプロバイダに対する開示請求を一体的な手続で実現する制度である。

　この手続では、コンテンツプロバイダからアクセスプロバイダに対してIPアドレス等の情報を直接提供することとなっているが、この提供に時間がかかることが多い実態があるとのことであり、標準的な手続としては推奨しないとの評価がなされている[注78]。つまり、コンテンツプロバイダに対してとアクセスプロバイダに対してそれぞれ順番に発信者情報開示命令申立をした方が安全に情報を入手できる、とのことである。

## 第7　管轄

発信者情報開示の手続の管轄はどうなるか。

1　まず、発信者情報開示の仮処分及び発信者情報の保存を命じる仮処分についていえば、本案の管轄裁判所（民保法12条１項）を検討すると、これらの仮処分の被保全債権は、プロバイダ責任制限法５条１項に基づく発信者情報開示請求権であり、これは経済的利益を内容とする権利ではないので民訴法５条１号の「財産権上の訴え」にはあたらず、他に特段の特別裁判籍も見当たらないので、原則であるところの債務者の普通裁判籍の所在地を管轄する裁判所が本案の管轄裁判所となり、ここが保全事件の管轄裁判所にもなる[注79]。

2　発信者情報開示命令の管轄についてはプロバイダ責任制限法10条が定めており、その内容は基本的に民訴法４条の普通裁判籍と同様である。

　ただし、プロバイダ責任制限法10条３項は、発信者情報開示命令の手続

---

（注78）　中澤祐一『令和３年改正法対応　発信者情報開示命令活用マニュアル』（中央経済社・2023年）62頁。

（注79）　総務省総合通信基盤局消費者行政第二課・前掲（注53）96頁。

第1章　インターネット上の名誉毀損に関する諸問題　第4節　プロバイダ責任制限法　*289*

につき、上記の管轄に加えて、東京地裁及び大阪地裁にも管轄（競合管轄）を認めている。即ち、東京・名古屋・仙台・札幌の各高裁管内の地裁が管轄を有すべき場合には東京地裁に競合管轄を認め（1号）、また、大阪・広島・福岡・高松の各高裁管内の地裁が管轄を有すべき場合には大阪地裁に競合管轄を認めている（2号）。

## 第8　開示請求に応じなかった場合の賠償責任

**1**　プロバイダ責任制限法6条4項本文は、発信者情報に関し、プロバイダ等が任意の開示請求に応じなかった場合でも、故意または重過失がない限り、開示請求者に対して損害賠償責任を負わないことを定めている。

　本条項は、権利侵害の明白性等の複雑な判断を迫られるプロバイダ等の負担を考えて、損害賠償責任を負うべき場合を限定したものである。[注80]

　最3小判2010（平成22）年4月13日[注81]は、2021（令和3）年改正前の同じ条項（4条4項本文）に関し、開示請求に応じなかったプロバイダ等が損害賠償責任を負う場合につき、

　　「開示関係役務提供者は、侵害情報の流通による開示請求者の権利侵害が明白であることなど当該開示請求が同条1項各号所定の要件のいずれにも該当することを認識し、又は上記要件のいずれにも該当することが一見明白であり、その旨認識することができなかったことにつき重大な過失がある場合にのみ、損害賠償責任を負う」

とその内容を明らかにしている。

**2**　この重過失がないとしてプロバイダ等の損害賠償責任が否定された裁判例がいくつかあるのでここで紹介する。

　①　東京地判2004（平成16）年11月24日[注82]は、原告に関し「きちがい」等の書き込みがなされたという事案において、開示請求訴訟で原告が主

---

（注80）　プロバイダ責任制限法は、開示すべきところを開示しなかった場合についてはかように損害賠償責任を負う場合を限定しているが、開示すべきでないところを開示してしまった場合については特段責任制限規定を置いていない。
　　　　高橋・前掲（注13）84頁は、この点を指して「要件を充足するかどうかに確信がもてない限界的事例の場合には、法は不開示を選択するよう誘導している」と評している。
（注81）　判タ1326号121頁、判時2082号59頁。
（注82）　判タ1205号265頁。

290　第3編　名誉毀損に関する各論的諸問題

張立証を尽くしたことによって初めて権利侵害の明白性が明らかになったものであるとし、原告が発信者情報の開示請求をした当初の時点では権利侵害性が明らかであったとまでは認められないとして重過失の存在を否定した。

② 大阪地判2006（平成18）年6月23日[注83]は、"ホストである原告と性交をしたところ原告は性病だった"旨の書き込みがなされたという事案において、名誉毀損の成否の判断が容易ではないこと、被告（プロバイダ）が開示の可否について慎重に検討したということができること等から、「重過失があったとまでは認められない」とした。

③ 大阪地判2008（平成20）年6月26日[注84]は、任意の開示請求があった段階で被告（プロバイダ）が発信者Aに対し法4条2項（現6条1項）に基づく意見聴取をしたところ、発信者Aから"もし発信者情報を原告に開示したら原告から身体的危害を加えられる可能性がある"旨の回答があり、その具体的な根拠も示されていたこと等の事情をふまえ、

「裁判外での開示請求の段階では、被告としては、Aの上記指摘が虚偽と断じるまでの根拠もなかったのであるから、Aの意見を尊重して、原告の開示請求に応じることはできないとの判断に至ったとしてもやむを得なかったというべきである。よって、その余の点（権利侵害の明白性の判断の当否）について判断するまでもなく、被告には故意・重過失は認められず、原告の損害賠償請求は理由がない」

とした。

　本件は、発信者に対する身体的危害の可能性を理由にプロバイダが"開示しない"という対応をしたわけであるが、この"発信者に対する身体的危害の可能性"が改正後の5条1項のどの要件に位置づけられるのかというと、2号の「正当な理由」の不存在、という位置づけとなる。つまり、本件開示請求は、損害賠償請求等の法的手続を採るためになしたのではなくAの住所氏名を割り出してAに身体的危害を加えるためになしているのであって、発信者情報の開示を受けるべき「正当な理由」を欠く、という位置づけである。

---

（注83）　判タ1222号207頁、判時1956号130頁。
（注84）　判タ1289号294頁、判時2033号40頁。

# 第2章── 匿名報道に関する諸問題

## 第1節　匿名報道の場合の名誉毀損の成否

**1**　実名ではなく匿名（仮名）で名誉毀損事実を報道された場合にも、名誉毀損の責任は発生し得る。匿名の記事であっても、一般読者の普通の注意と読み方に照らして当該記事を解釈すると特定の人物を指すと受け止められるようなものであれば、当該特定人に対する名誉毀損にあたることになる。

　　東京地判2006（平成18）年9月28日<sup>(注1)</sup>は、匿名記事であっても名誉毀損が成立する余地につき、

　　「当該記事が匿名記事であるときには、その記載に係る人物の属性等を総合することにより、不特定多数の者が、匿名であってもなお当該特定人について記載されたものと認識することが可能であることを要すると解される。そして、匿名記事の場合には、実名を挙げるなどして客観的に当該記事の対象者を特定した場合と比較すると、対象者を特定できる読者の範囲は限定されるが、実名が記載されていなくとも、記事の記載内容から、当該対象者の属性等について一定の知識、情報を有している者らによって、対象者の特定がなされる可能性があり、さらに、これらの者から、特定された対象者が不特定多数の第三者に伝播する可能性があれば、名誉毀損における対象者の特定については十分であるというべきである。」

---

（注1）　判タ1250号228頁。

292　第3編　名誉毀損に関する各論的諸問題

としている。

大阪地判2010（平成22）年10月19日[注2]も、

「ある匿名記事が特定の個人の名誉を毀損するか否かについては、当該
記事に記載された対象人物に関する情報等を総合考慮することにより、
不特定多数の者が、匿名であってもなお当該特定人について記載された
ものと認識することが可能であるか否かとの観点から判断すべきであ
る。」

とし、上記の東京地判と同様の判示をしている。

上記の東京地判も大阪地判も、「不特定多数」の者が認識可能であるこ
とを要求しているが、「不特定」であることは必要であろうか？　「不特
定」でなくとも「多数」の者が認識可能であれば当該特定人の社会的評価
は下がるであろうから、「不特定」であることは必須の要件ではないので
はないかと私は思う。

2　大阪地判2017（平成29）年6月29日[注3]は、匿名報道の場合の人物の特
定可能性（同定可能性）について一定の判断基準を示しており、参考にな
る。

事案は、プロボクシングの元世界チャンピオンであった渡辺二郎氏（原
告）がテレビのニュースで「元プロボクサーで世界チャンピオンを取った
人」として名誉毀損事実を摘示されたというものであり、かかる報道で原
告が特定されているかが争点となった。

判決は、

「テレビジョン放送をされた報道番組によって摘示された事実がどのよ
うなものであるかについては、一般の視聴者の普通の注意と視聴の仕方
とを基準とし、その番組の全体的な構成、これに登場した者の発言の内
容、画面に表示された文字情報の内容を重視し、映像及び音声に係る情
報の内容並びに放送内容全体から受ける印象等を総合的に考慮して判断
すべきである」

と、テレビ放送に関するいわゆる"一般視聴者基準"（182頁）を示した上
で、

「報道番組において、ある人物を対象として匿名での報道がされた場合、

---

（注2）　判タ1361号210頁、判時2117号37頁。
（注3）　判タ1446号226頁。

第2章　匿名報道に関する諸問題　第1節　匿名報道の場合の名誉毀損の成否　*293*

上記見地により摘示されたと判断される当該番組における匿名の人物の
　　属性等に関する情報を総合することにより、当該対象者を知る視聴者に
　　おいて、当該対象者について報道されたものと推知したことに合理性が
　　ある場合には、当該対象者の特定として足りると解するのが相当であ
　　る。」

とした。特定可能性は、渡辺氏のことを知っている視聴者が当該放送を見
て"これは渡辺氏のことだな"と思ってしまうかどうかで判断される、と
いうことである。

**3**　匿名であっても名誉毀損性が認められた事例は枚挙にいとまがないが、
ここでいくつか挙げてみる。

（1）　千葉地判1996（平成8）年9月25日[注4]は、テレビの政見放送にお
　　いてある候補者が"「共産党所属の市会議員」がスキー場建設会社から
　　金員を受け取った"と摘示して名誉毀損をしたケースにつき、原告が当
　　該スキー場の建設問題に対する住民運動で中心的な働きをしていたこと
　　から、

　　　　「本件発言にいう『共産党所属の市会議員』が、原告を指すと受取る
　　　　者は、……地域・関心により限定された範囲の者ではあったといえる
　　　　けれども、……不特定多数の者というに足りるものといえる。」

　　として、当該特定人である原告に対する名誉毀損性を認めた。

（2）　東京地判2006（平成18）年11月7日[注5]は、大学のイベントサーク
　　ルのメンバーによる準強姦事件が大きく報道された時期に、月刊誌が、
　　同サークルのOBである原告のことを原告と同じイニシャルで表記し、
　　会社の所属部署もほとんど似たような記載をして同人が同事件に関与し
　　たかの如き記事を掲載した件について、

　　　　「原告と面識がある者や、原告の属性のいくつかを知る者が本件記事
　　　　を見れば、〔本件記事中のイニシャル〕を原告と認識することは容易
　　　　である。」

　　として、原告に対する名誉毀損を認めた。

---

（注4）　判タ944号216頁、判時1602号109頁。
（注5）　判タ1242号224頁。

（3） 東京地判2013（平成25）年8月30日[注6]が、「かい人21面相は生きて
いる　グリコ森永事件二七年目の真実」と題し仮名を用いてグリコ森永
事件の犯人である人物を報じた週刊誌記事につき、身長・年令・家族関
係・実家のマンションの存在及び名称・赤い車の所有・勤務先に刑事2
人が来たこと等の情報が原告に関する情報と一致していること及びこれ
らの情報がいずれも他者において十分に知り得る性質の外形的事実であ
ることなどから、仮名の記事でも原告に対する社会的評価を低下させる
とした。

**4**　ところで、多くのマスコミの中で一紙が匿名報道をして人物の特定を避
ける努力をしても、他の紙誌が実名報道をすれば、一紙の匿名報道の努力
は水泡に帰してしまう。かような場合にも、匿名報道をした一紙は名誉毀
損の責任を負うか。

東京地判1994（平成6）年4月12日[注7]ではこの点が正面から問題とな
った。

このケースは、北朝鮮工作員のスパイであるとの疑いで有印私文書偽造
等の容疑で逮捕された原告に関し、被告である共同通信社は匿名報道をし
たが、その後に他紙やテレビ局が当該原告を実名報道するに至り、結局原
告が特定可能となってしまったものである。

判決はまず、対象の特定可能性については、基本的に当該報道自体から
判断すべきであり、

「仮に他の報道と併せて考察すれば報道対象が明らかとなる場合であっ
ても、そのことから、直ちに当該報道が報道対象を特定して報じたもの
と認めるのは相当でない。」

という。かく解する根拠としてこの判決は、

「裁判所がそのような事後的な総合認定により、匿名で書かれた記事の
匿名性を否定するとすれば、報道の任に当たる者の匿名記事を作成しよ
うとする意欲を著しく減殺することとなり、結果として、不当な実名記
事の作成を助長しかねない。

報道、とりわけ犯罪事実に関する報道による人権侵害の問題を真剣に

---

（注6）　判時2212号52頁。
（注7）　判タ842号271頁。

第2章　匿名報道に関する諸問題　第1節　匿名報道の場合の名誉毀損の成否　*295*

検討する場合の１つの論点として、不必要な実名報道を避けるべきでは
ないかという問題があり、報道の任に当たる者は、匿名と実名の選択に
慎重な配慮をすることが要求される。匿名記事は、それによって特定人
と記事に係る事実の関係が明らかにならないのみならず、実名記事に比
べて、読者に対し実名で報道するには何らかの問題がある事案であるこ
とを示唆し、報道が興味本位に流れる傾向を制限する効用があるからで
ある。にもかかわらず、裁判所が匿名報道について、安易に、他の報道
と合わせて匿名性なしと判断するようなことになれば、事後的に実名報
道がなされると、それ以前の匿名報道の努力が意味をなさないことにな
り、あるいは、ある報道媒体により、いったん実名での報道がなされて
しまった後は、筋を通して匿名を貫くことが意味をなさなくなり、結果
として、安易な実名報道を助長することになりかねないのである。

　したがって、当裁判所は、……他の報道媒体による報道と合わせ読ん
　で本件各記事の匿名性の有無を決するような手法は採るべきではないと
　考える。」
と政策的な理由をもって説明している。3（1）で述べた千葉地判のケー
スでは、原告の活発な住民運動それ自体が、匿名記事であっても原告を特
定し得る結果をもたらしていたのであるが、この東京地判のケースでは、
原告は一市井の人であり、共同通信の匿名記事のみでは原告を特定できな
い事案であった。一般の読者は一紙しか読まないのが通常であろうから、
他紙と併せて考察する必要がないという東京地裁のかかる解釈は、政策的
な理由を挙げずとも、妥当といえよう。

　しかしその後に他の紙誌やテレビで原告が実名報道されてしまい、それ
が一般読者（視聴者）の共通の認識になってしまえば、そうなった後に匿
名報道をしても、名誉毀損の責任は免れない。この点もこの判決は、

　　「ただし、当該報道媒体以外の実名報道が多数に上り、国民の多くが当
　　該事件に関わる人物の実名を認識した後は、それが一般の読者の客観的
　　な認識の水準となるから、多くの実名報道と同一性のある報道であると
　　容易に判明する態様での匿名報道は、匿名性を実質的に失うものといわ
　　ざるをえない。」
と判示している。

ただし、かように匿名報道が骨抜きになってしまったとしても、あえて匿名報道を継続していることは、違法性を軽減する事由になるとしている。いわく、

　「匿名とする扱いは、読者に対し実名で報道するには何らかの問題がある事案であることを示唆し、報道が興味本位に流れる傾向を制限する効用を持つという意味で、違法性の程度の判断の際に、これを軽減する一要素として考慮されるべきものである。」

という。妥当な判断であるといえよう。

**5**　匿名報道における人物の特定可能性（同定可能性）について裁判例をいくつか見てきたが、裁判所は、人物の特定可能性を判断するにつき、読者（視聴者）の判断材料の範囲をどのように考えているのだろうか。換言すると、特定可能性は、当該記事の記載のみ（＝当該テレビ放送の内容のみ、当該ツイートのみ）から判断するのか、それとも、読者（視聴者）が、記事（放送）の内容を手掛かりにネットで検索することによって人物が特定できてしまえば特定可能性は肯定されるのか。

　実際のところ、このネット社会においては、ネット検索をすれば実に多くのケースで特定可能性が肯定されるであろう。このため、特定可能性の判断材料の範囲を前者に限るか後者の余地も認めるかは結論に大きな違いをもたらす。

　この点についての裁判所の判断はどうかというと、区々であり、なんとも言えない。

　畢竟裁判所は、この特定可能性の問題を、

　"本件の場合は人物を特定できるか"

という事実認定の問題として扱っておらず、

　"どこまで匿名化の努力をしていれば『特定可能性なし』と言ってよいか（＝免責してよいか）"

ということを規範的に判断しているのではないか。そしてこの"どこまで匿名化の努力をすれば……"という問題について裁判所は、

　"この名誉毀損を許してよいか"

という感覚的なところ（よく言えば「リーガルマインド」、悪く言えば「腹一つ」）で判断しているのではないか。それが私の実感である。

**6** 匿名報道の場合、実名報道よりも人物の特定は容易ではない。氏名以外の情報により人物を特定するのであるから、その人物について氏名以外のある程度の情報を有していないと特定はできないことになる。したがって一般に、実名報道する場合よりも人物の特定可能性が低いことになるので、匿名報道では損害の発生が抑えられる可能性がある。

この点を明確に判示したのが仙台高判1998（平成10）年6月26日 [注8] である。

この件は、ある人物が詐欺等の容疑で書類送検された事実を、朝日新聞がその宮城県版と埼玉県版に掲載した事案である。

判決は、当該被疑事件の主要な舞台が宮城県であり、関連事件が以前から宮城県内で報じられていたという経緯をふまえ、埼玉県版については「その読者において、記事の対象となっている人物や病院を特定することが困難であるから、名誉毀損には当たらない」とし、宮城県版の記事についてのみ、読者が記事と被控訴人（原告）との結びつきを認識することができる、として名誉毀損性を認めた。


# 第2節　ジャーナリズム論としての匿名報道


## 第1款　匿名報道主義

報道される側の立場に立ち、犯罪報道を匿名にすべきだとする議論がある。

報道される側の人権に対し報道機関に配慮がなさ過ぎるのではないかという指摘は、ずっと以前からなされてきている。著名な新聞記者である本多勝一は、入社1年目の1959（昭和34）年に既に「ベタ記事に疑問」と題する文章を朝日新聞の社内報に寄せ、問題提起している [注9]。本多はこの一文において、事故で目に怪我をして失職した自動車運転手による万引き事件がベ

---

（注8）　判タ1019号166頁、判時1672号73頁。
（注9）　本多勝一「ベタ記事に疑問」朝日新聞社「通信部報」1959（昭和34）年12月号。同『職業としてのジャーナリスト』（朝日新聞社・1984年）44頁。

*298*　第3編　名誉毀損に関する各論的諸問題

夕記事で掲載されたところ、この運転手が世間の白眼視を苦にして自殺してしまい、残された家族もその後に後追い自殺をしたという悲劇を例に引き、軽微犯罪を報ずるベタ記事にいかなる意味があるのか、単なる紙面整理の都合上載せているだけではないか、無益ならまだしも害悪でさえある、と厳しい指摘をしている。加えて、逮捕されたに止まる段階では「疑わしきは罰せず」と同様に「疑わしきは書かず」とできないものか、また、警察発表に頼らずに容疑者の立場を聴くべきである、等の極めて的確な指摘もしている。

　1976（昭和51）年9月には、同じく朝日新聞の新聞記者で「天声人語」も担当していた疋田桂一郎が、1975（昭和50）年に起きた幼女の死亡事件に関し、殺人罪で起訴された父親が、執行猶予判決を受けた日に自殺をした事件を題材に、事件報道に関する考察をした文章を社内報に寄せた[注10]。ここで疋田は、警察発表を一度は必ず疑うこと、裏付け取材をすること、分からないところは「わからない」とはっきり書くこと等7つの提言をしている。

　そして1984（昭和59）年、共同通信社記者の浅野健一が、単行本『犯罪報道の犯罪』（学陽書房）を公刊し、同書において、書かれた人に対して報道がもたらした数々の悲劇を紹介した上で、犯罪報道は原則匿名にすべき、との「匿名報道主義」を提唱した[注11]。浅野は同書で、人権軽視の報道を改革するために事件報道は匿名を原則とすべきであり、どの場合に例外的に顕名にすればよいかを検討すればよい、とする。そして顕名にすべき場合について、公的な任務にある者（政治家、高級官僚、労組幹部、企業役員等）がその任務の適正を疑われるような行為をした場合には顕名とすべきというスウェーデンのプレスオンブズマンの見解や、同旨のフィンランドの報道基準等を紹介し、日本もこれに学ぶべきであると提案している。

　日本弁護士連合会も、1987（昭和62）年11月の人権擁護大会で採択した「人権と報道に関する宣言」において、マスメディアが興味本位または営利主義に流され、個人の名誉・プライバシーを不当に侵害する事例が多発しているとの認識に立ち、マスメディアに対し、「犯罪報道においては、捜査情報へ

──────────

（注10）　疋田桂一郎「ある事件記事の間違い」朝日新聞社「調研室報」1976（昭和51）年9月号2頁。柴田鉄治＝外岡秀俊編『新聞記者──疋田桂一郎とその仕事』（朝日新聞社・2007年）177頁。
（注11）　同書はその後加筆されて講談社文庫版（1987年）が公刊された。また2004（平成16）年には新風舎から『新版　犯罪報道の犯罪』が公刊されている。

第2章　匿名報道に関する諸問題　第2節　ジャーナリズム論としての匿名報道　　299

の安易な依存をやめ、報道の要否を慎重に判断し、客観的かつ公正な報道を行うとともに、原則匿名報道の実現に向けて匿名の範囲を拡大すること。」を要望している<sup>(注12)</sup>。

## 第2款　実名報道を原則とする見解

### 第1　日本新聞協会の見解

　以上のような問題提起や匿名報道主義の提唱にも拘わらず、マスメディアの主流は依然として実名報道を原則とすべきとする見解を維持している。その理由はいくつか主張されているが、ここでは日本新聞協会の見解<sup>(注13)</sup>を紹介し、それに対する私の意見を述べたい。

1　同協会は実名の必要性としてまず、「記事の正確さと読者に与える説得力」を挙げる。これは裏からいうと「匿名になると取材が甘くなる、手抜きになる」ということなのだそうである。

　　しかしまず、記事が正確かどうかと、その事件の被疑者や被害者の氏名を出すか否かは全く別のものである。「記事の正確さ」は、事件に関しどれだけ正確な情報をどれだけ多く保持し、それをいかに適切に解釈しているかという全体的な問題である。他方、匿名にするか実名にするかは、そのような取材・分析を経た後それを報道する際に、個人を特定するか否かという最後の技術的な問題に過ぎない。それを実名でなく匿名にすることによって、それ以前の取材や分析が遡って不正確になるということはあり得ない。したがって、「読者に与える説得力」という理由も理由にならない。事件に対する取材や分析が正確であれば、読者に与える説得力は自ずと獲得できるはずである。たとえば、先に触れた本多勝一が執筆した『子供たちの復讐』<sup>(注14)</sup>は特に実名を顕されていないし、齊藤茂男の数々のルポルタージュも同様に仮名のものが多いが、いずれも読者に対する説得力

---

(注12)　宣言の全文は、日弁連のウェブサイト（https://www.nichibenren.or.jp/）で閲覧可能である。

(注13)　日本新聞協会研究所編『新・法と新聞』（日本新聞協会・1990年）145頁。

(注14)　本多勝一編『子供たちの復讐（上）（下）』（朝日新聞社・1979年）。家庭内暴力を重ねた末に父親に殺害された少年と、祖母を殺害して自殺した少年に関するルポルタージュ。第2版（朝日文庫版）は1989年刊行。

300　第3編　名誉毀損に関する各論的諸問題

に全く影響がないことに異論はないであろう(注15)。

　以上をふまえれば、匿名にすると取材が甘くなる、手抜きになる、という主張に合理性がないことは明らかであろう。匿名にするかどうかは最終的に公表する際の問題であるのに対し、取材や分析はそれ以前の作業の問題である。作業の問題であるということは、能力や熱意の問題であるということでもある。両者に全く関係はないのである。

　更に言えば、実名報道を原則とするマスコミ各社も、事件の被疑者を報じるにあたり、その責任能力に問題がある場合や被疑者が少年の場合には匿名としているが、その場合に、取材が甘くなったり手抜きになっているのであろうか。また、強制捜査着手前も今やほとんどのメディアが被疑者を匿名にしているが、その場合に取材が甘くなったり手抜きになっているのであろうか。そのようなことはあるまい。要は、全く関係がないということである。

**2**　また、実名報道には「犯罪の予防、抑止効果がある」という。

　そもそも実名報道にこのような効果を求めること自体、私の価値観と異なるが、価値観の相違は議論して解決するものではないのでその点はさておき、報道機関が「犯罪の予防、抑止」を目的として実名報道しているとはとても思えない。よってこの見解は、いかにも"後付けの理屈"の感を強くする。

　実際のところ、その時どきの事件の発生の仕方、トピックの繁閑、大小によって、同種の事件でも記事として掲載されたりされなかったりする。記事作りというのはそのようにうつろうものなのであって、「犯罪の予防、抑止が必要だから載せよう」などという目的意識で紙面作りがなされているとは思えない。(注16)

---

(注15)　本文に挙げた本多・齊藤は、今となっては例としては古くなってしまっているかもしれないが、本多・齊藤の作品に限らず、登場人物に実名を用いていないルポルタージュであっても事実の重みが読者にひしひしと伝わってくる作品が数多くあることは、皆さんも経験しているところであろう。

(注16)　日隅一雄『マスコミはなぜ「マスゴミ」と呼ばれるのか〔補訂版〕』(現代人文社・2012年)10頁は、2004(平成16)年に問題となったある自動車メーカーの火災事故隠し(リコール隠し)の件を例に挙げ、リコール隠しが報道された後は連日のように自動車炎上事件が報道されたが、実際には車両火災は年間6000件以上も発生しており、そのうち車両に問題があって発生した火災も相当数に上ることを指摘している。そして、「いったんリコール隠しが発覚した

第2章　匿名報道に関する諸問題　第2節　ジャーナリズム論としての匿名報道　*301*

またそもそも、実名報道が犯罪の予防・抑止効果を有しているということは科学的に実証されていないはずである。少なくとも信頼するに足りるそのような調査研究を私は知らない(注17)。

**3** 続いて、実名報道は公権力の行使に対する監視機能を果たしているという。これは、捜査当局が被逮捕者を実名で公表し、新聞が実名で報道することによって、公権力が正当に行使されているかどうかについて社会的に監視し得るのだという。

しかしこれは明らかに論理的に飛躍している。逮捕の適法性・妥当性を監視するについては、捜査当局が被逮捕者を実名で報道機関に公表すれば十分なはずである。被逮捕者には弁護人が就いて弁護活動がなされるのであり、捜査当局が公表した実名を新聞が世の中に隅々まで知らせる必要はない。

被疑者・弁護人が捜査当局の行為の違法性・不当性を世に訴えたいと思えば、被疑者・弁護人自身がその意思に基づいて名前を明らかにしてアピールするであろうから、その時にメディアはそれを報じればよいであろう。もっとも、私のこれまでの刑事弁護の経験からいえば、被疑者・弁護人がいくら捜査の違法性をメディアに訴えても、少なくとも大手マスコミは、被疑者・弁護人の言い分を全く報じようとしない(注18)。明らかに捜査当局

---

後、毎日のように報道されたくらい多発していた車両火災が、なぜリコール隠し発覚以前には報道されなかったのか。」と鋭い追及をしている。

マスメディアの報道はかくも恣意的だということである。そのような恣意的な取捨をしていながら「犯罪の予防、抑止」と言われても、私は説得力を感じない。

(注17) この議論は、死刑存廃論に通じるものがある。つまり、死刑の存在が犯罪抑止効果を有しているかどうかという議論である。ちなみに、死刑に犯罪抑止力がないとする見解は極めて有力である(三原憲三『死刑存廃論の系譜〔第6版〕』(成文堂・2008年)168頁)。

(注18) たとえば私は、1997(平成9)年に発生した「東電女性社員殺人事件」の犯人として疑われたネパール人ゴビンダ・プラサド・マイナリ氏の刑事弁護人を務めた。その間に検察当局が、弁護人である私と被告人との接見を妨害した事件が起きたが、メディアはそれには全く関心を示さなかった。私はこの接見妨害事件について国家賠償請求訴訟を提起し、勝訴判決を得た(東京地判1999(平成11)年3月23日・判タ1001号294頁)が、メディア(端的に言えば記者クラブ出入りの大手マスコミ)は、「提訴」の事実と「判決」の事実しか報じなかった。かように大手マスコミは、被疑者・弁護人の訴えることについては、提訴や判決等の公的な動きがない限り書こうとしない。しかしその同じメディアも、捜査機関によるリークについては、反対取材もそこそこに報道し続けるのであるから、その報道姿勢を疑われても仕方がないであろう。

なお、マイナリ氏に対しては2012(平成24)年11月に再審無罪判決がなされている(東京高判2012(平成24)年11月7日・判タ1400号372頁)。

の顔色を窺っているのであり、「公権力の行使に対する監視機能を果たしている」などというのは、全くのお題目に過ぎないのではないかと言いたくなる。

**4**　なお日本新聞協会は、2006（平成18）年に新たに『実名と報道』と題する書籍を発行し、そこで「実名を報道する意味」と題して具体的なケースをいくつか挙げ、「実名報道には大きな意味がある」としている[注19]。しかしそこで挙げられている例は、片山隼君事件[注20]や桶川ストーカー殺人事件[注21]など、被害者の遺族自身が被害者の実名を報じることを求めている例ばかりであり、私たちが原則匿名報道を主張している場面とは議論が完全にすれ違っている。同書については、2016（平成28）年に改訂版として『実名報道——事実を伝えるために』が刊行されているが、議論のすれ違いは相変わらずである。

## 第2　その他の見解

**1**　東京新聞・中日新聞論説委員（当時）の飯室勝彦は、変わった視点から実名報道原則を主張する[注22]。

　飯室は、森喜朗元首相が学生時代に売春防止法違反で検挙された前歴があるのではないかとのニュース（このトピックは30頁でも触れた）を引き合いに出す。新聞は一学生に過ぎない者のこのような非違行為をわざわざ報

---

（注19）　日本新聞協会編集委員会『実名と報道』（日本新聞協会・2006年）51頁。
（注20）　1997（平成9）年、当時小学生の片山隼君がダンプカーにひき逃げをされ死亡した事件につき、検察庁はダンプカーの運転手を不起訴にした。この処分について隼君の親が検察庁に詳細の問い合わせをしたところ、検察庁の回答は「教える義務はない」という、けんもほろろのものであった。両親は、検察庁のこの処分と対応に納得できず、署名運動等を行なって再捜査を求め、その動きに突き動かされた検察庁は再捜査をして運転手を起訴し、運転手は有罪となった。この一連の出来事が「片山隼君事件」と呼ばれている。
（注21）　1999（平成11）年に埼玉県のJR桶川駅前で女子大生が刺殺された事件。被害者女性は殺害されるまでに元交際相手とその取り巻きから執拗な嫌がらせを受けており、女性は親とともに被害を埼玉県警上尾警察署に相談し、嫌がらせ行為について刑事告訴までした。しかし上尾署はこれにきちんと取り合わずまともな捜査をしなかったばかりか告訴の取下げまで迫るような対応をし、最終的に最悪の事態に至ってしまった。事件後、上尾署は更に、告訴取下げを迫った事実を否定するなど、殺人事件に至るまでの自身の対応の問題性について隠蔽に走った。この事件は、ストーカーが最終的には殺人にまで至ってしまうことの怖さと、全く頼りにならないばかりかスキャンダルの隠蔽に走る警察の恐ろしさを世間に印象づけた事件であった。
（注22）　飯室勝彦「報道の自由と名誉・プライバシーの調整」青弓社編集部編『プライバシーと出版・報道の自由』（青弓社・2001年）92頁。

じはしないが、何気なく見過ごしてしまう小さな事件もその後に当事者が
就く地位によって重要な意味を持つことがあると指摘した上で、「もし、
このような場合に法律的にも『容疑者の氏名は国民にとって意味のない情
報だから報道の自由で保護されない』となれば、歴史の検証の資料となり
うる記録を残せなくなる」といい、実名を報道する自由を主張する。つま
り飯室は、小さな事件でも後に重要な意味を持つかもしれないから、とい
う理由で実名報道を肯定するのである。新聞のアーカイブとしての機能を
強調する見解といえよう。

　しかし、森元首相の一件は当時の新聞では報じられていないのであり、
したがって論証の前提にそもそも問題がある。その点は措くとしても、こ
の論理を前提とすれば、市井の人のいかなる犯罪についても、その人がそ
の後いつどのような公的地位に就くかもしれないしその事件がいついかな
る意味を持つか分からない以上、全て実名報道する、という帰結になろう。
しかしこれでは、微罪を含めた市井の人の全ての実名報道を肯定すること
になってしまうのであり、明らかに行き過ぎである。

　森元首相のケースのような事例が闇から闇に葬られてはならないという
飯室の問題意識はもっともであるが、それは、公人の情報に関する情報公
開をどうするかという問題として議論すべきものだと思う。新聞のアーカ
イブとしての機能を強調して公人になるか否か分からない人の実名報道を
主張することは、的外れであるのみならず、市井の人の名誉・プライバシ
ー保護の観点から有害であるといわざるを得ない。

**2**　朝日新聞の河原理子は、2018（平成30）年に日弁連で開催された会内の
勉強会で、実名報道をする理由につき、"記事の訴求力・説得力というこ
とがよく言われるが、自分は、後の検証可能性を確保する点にあると思
う"と話していた。

　報道記録の文献的・歴史的な価値を考えるとき、"後の検証可能性の確
保"という理由付けには一定の説得力がある。

　しかし、"後の検証可能性を確保するために実名報道するのだ"という
ことは、報道される側に、それを理由として受忍を強いることになるので
あるから、"どこまでなら受忍を強いることが認められるのか"という議
論が必要であり、検証可能性の確保の必要性と報道の受忍を強いられる程

度との間で利益衡量がなされなければならない。

　では、第1款（298頁）で本多・疋田が挙げた例のような場合に、"後の検証可能性の確保"を理由として被疑者・被告人の実名を報道することが許容されるのか。

　私は、全く許容されないと思う。

**3**　河原の上記勉強会の発言があった翌年の2019（令和元）年、いわゆる京アニ事件 (注23) が起きた。この時は、亡くなった人たちの実名を警察がマスメディアに発表することの是非、及び、マスメディアがその実名を報道することの是非について方々で議論が起こった。

　この京アニ事件は、これまで述べてきた匿名報道問題とは問題状況が異なっている。即ち、これまでの議論は、たとえば、罪を犯した人を実名で報じるとその人の名誉やプライバシーを侵害する、性犯罪被害者を実名で報じるとその人のプライバシーを侵害する、というように、実名報道が人格権侵害を引き起こすことが明らかなものを前提とした議論であった。これに対して京アニ事件の場合、被害に遭った人びとは、日本を代表するアニメーションを制作してきた人たちであって、実名で報じたとしてもこの人たちの名誉やプライバシーを侵すことにはならない。報道する側はむしろ、無念にも亡くなってしまったこの人たちを顕彰しようという動機に突き動かされて実名を報じようとしていたのであろう。

　河原が言う"後の検証可能性の確保"の必要性は、この京アニ事件のような場合にはピタリとあてはまるといえよう。(注24)


# 第3節　法律論としての匿名報道

**1**　匿名報道推進の立場を法的に構成しようとする場合、実名報道すること

---

(注23)　アニメーション制作会社である京都アニメーション（京アニ）のスタジオが放火され、同社の36名ものスタッフが死亡した事件。

(注24)　京アニ事件が、従前の匿名報道問題とは問題場面が異なっていることについては、佃克彦『プライバシー権・肖像権の法律実務〔第3版〕』（弘文堂・2020年）214頁でも考察している。

第2章　匿名報道に関する諸問題　第3節　法律論としての匿名報道　　305

それ自体を違法視するという考え方があり得る。訴訟においてもかかる主張がなされた例がある。

たとえば、東京地判1990（平成2）年3月23日[注25]は、公正証書原本等不実記載などの容疑で逮捕・勾留されたがその後不起訴となった原告が、容疑の内容を実名報道されたことにつき、新聞各社に対し、実名報道をしたことそれ自体の責任を追及したケースである。これに対し判決は、

> 「犯罪の報道において、公共の利害に関するものとみなされるのは、犯罪事実自体のみならず、これと一定の関連性を有する事実も含まれ、被疑者の氏名や顔写真が関連性を有しないとまではいえないのであるから、所論は独自の見解というべきで採用できない。」

として原告の主張を一蹴している。

また名古屋高判1990（平成2）年12月13日[注26]は、原告（控訴人）が業務上過失致死容疑で書類送検されたことについて新聞社が実名報道したケースである。この件で原告（控訴人）は、実名報道は公益目的のためには何の必要もない、として実名報道したことそれ自体をもって違法であるとの主張をした。これに対し判決は、

> 「一般に犯罪報道については、書かれる方特に犯罪主体とされる側からすると、匿名又は仮名でなされることが望ましいことは言うまでもないが、現在においても社会一般の意識からみて右報道における被疑者の特定は、犯罪ニュースの基本的要素であって、犯罪事実自体と並んで公共の重要な関心事であると観念されているのである……から、被疑者を実名にするかどうかを含めてその特定の方法、程度の問題は、一義的には決められず、結局は犯罪事実の態様、程度及び被疑者の社会的地位、特質（公人たる性格を有しているか）、被害者側の被害の心情、読者の意識、感情等を比較考量し、かつ、人権の尊重と報道の自由ないし知る権利の擁護とのバランスを勘案しつつ、慎重に決定していくほかない。」

とした上で、種々の要素を衡量し、結論としては、

> 「以上の各事実を総合すれば、実名による各社の本件報道は、当時の報道の実情、本件報道の態様、被疑事実の程度、態様、控訴人の責任ある

---

（注25）　判タ744号157頁、判時1373号73頁。
（注26）　判タ758号228頁、判時1381号51頁。

社会的地位、被害者側の心情、社会感情等からみて、控訴人にとって名
誉なものでなかったことは分かるが、これのみで直ちに違法なものと解
することは困難である。」

として、原告（控訴人）の主張を排斥した。この裁判例は、前記の東京地
判1990（平成2）年3月23日がつれなく原告の主張を排斥したのに対し、
諸要素の衡量次第では、実名報道したことそれ自体を違法視し得る場合が
あることを示したものと解することができる。

**2** 実名報道することそれ自体を違法視することの法的構成として、「実名
報道されない人格的利益」という被侵害利益を措定する見解があり、竹田
稔がこの見解を詳しく掘り下げている[注27]。竹田は、「人格権には、社会生
活を営む上において自己に不利益な事実に関して、みだりに実名を公開さ
れない人格的利益も含まれている」という。ただしこの人格的利益は、一
般的には保護の程度は弱く、「社会生活上特別に保護されるべき事情」が
ある場合に限って保護されるとし、その「事情」とは、第1に少年犯罪の
場合であり、第2に精神障害者の犯罪の場合であるという。その他には、
「社会的関心事といえない人物の自殺」「軽微犯罪の容疑者」「犯罪容疑者
の家族」についても、実名をもって報道されない人格的利益を承認できる
「場合がある」とする。

　私は、実名報道の合法的な範囲を限定しようとするこの見解の価値判断
には賛成するが、保護される範囲をかように限定的に画するのであれば、
あえてかような人格的利益を措定することにいかほどの意味があるのか、
という疑問を禁じ得ない。

　あえて「人格的利益」と構成するということは、人格主体にそのような
利益が備わっているとすることになるはずである。しかしこの見解によれ
ば、等しく全ての人格主体がこの「人格的利益」を享有するわけではない。
主体としては、原則として、少年や精神障害者しかこの「人格的利益」を
享有しないというのである。もう少し拡げたとしても、社会的に関心を呼
ばない地位にありながら自殺をした者、軽微犯罪の容疑者となった者、被
疑者の家族にあたる者、が含まれるに過ぎないという。しかしこれらは、

---

(注27)　竹田稔『プライバシー侵害と民事責任〔増補改訂版〕』（判例時報社・1998年）325頁。

人格主体に備わったものというよりも、個別のケースにおいて、“摘示される事実に照らし実名までを公表すべきでない”という価値判断がなされているだけであり、結局、主体と摘示事実（客体）との相互関係で決めているにほかならない。

付言すると第1に、少年に関していえば、誰が「少年」にあたるか否かは法律で定められる事項なのであり、「人格的利益」の享有主体の範囲が法律によって画されるというのは、「人格的利益」の本質とそぐわないのではないだろうか[注28]。

第2に、精神障害者に関していうと、（そもそも「精神障害者」性をどのように判断するのかという根本的な疑問があるがその点は措くとしても）ある犯罪が起きたときにそれが精神障害と関係があるかどうかは直ちには分からない。本来は、障害と事件とに関係があるのかが先に究明されなければならないにも拘わらず、精神障害者であることから直ちにこの「人格的利益」の享有主体とすることは、事柄の実態を正しく反映しているとはいえないのではあるまいか[注29]。

[注28]　実際に、2021（令和3）年に少年法が改正されて18・19歳の少年は「特定少年」として17歳以下の少年とは異なる取扱いがなされることになった（同法62条以下）。次に改正がなされるときには18・19歳の少年はもはや「少年」ではなくなるかもしれない。

[注29]　なお、障害と事件とが関係ないかもしれないのに精神障害者や精神科への通院歴を有する者に関し一律匿名報道とすると、障害者等への偏見が助長されるから、障害者等についても実名報道すべきだ、という論理を展開する人が一部にいる（たとえば精神科医の町沢静夫の論考「精神病の容疑者にも裁判を受ける権利がある」論座55号184頁（1999年）など）。善意から出た論理なのだろうが、これは本末転倒だと思う。私はもちろんそのような見解には与しない。私は、一般人も含めて原則匿名報道とすべきという見解であり、上記論者が言うような問題点は反対に、一般人も含めて原則匿名報道とすることによって解決すべき問題だと思う。

なお、精神障害者や精神科への通院歴を有する者に関する報道の問題点については、財団法人全国精神障害者家族会連合会（「全家連」）が、的確な指摘をしている。私は1999（平成11）年に職員の方のお話を伺う機会があったが、その際にその方は、次のように極めて示唆に富む話をして下さった。

「精神障害者の報道の問題点の本質は、『実名か匿名か』ではない。一行のみの病歴報道が問題なのである。事件の背景や病歴と事件との関係の有無を詳しく論じることなく『何某は精神科に通院していた』と報じられることによって、『精神障害者は危険、何をするか分からない』というイメージが世間に広められてしまう。この問題は、匿名報道によって解決する問題ではない。匿名にしたとしても、『病歴一行報道』であれば、およそ精神障害者や通院経験者一般に対する偏見が助長される点に変わりはない。但し全家連は、病歴に一切触れるなと言っているのではない。精神障害者等による事件の場合、妄想や幻聴などが犯行の背景となっていたり、医療機関や友人・知人から孤立し追いつめられている場合が多い。そのような背景を掘り下げて詳しく報じるのであれば、偏見を助長せず、かつ意味のある報道とな

308　第3編　名誉毀損に関する各論的諸問題

以上の諸点に鑑みると私は、論者が言うような限定的な範囲に止まる限り、「実名報道されない人格的利益」という被侵害利益を措定することには、さほど実益を感じないし、また、論理的にも、更に事実上の取扱いの点からも妥当性を見出せないのである。

　私は、実名報道されない権利ないし利益は、名誉権やプライバシー権等の人格権の一部を成すものと考えることで十分だと思う。そして、実名報道の肯否は、その名誉毀損法理ないしプライバシー保護法理の中の免責事由としての公共性の有無（その事件の被疑者・被告人ないし犯人の氏名が何であるか、被害者の氏名が何であるか、という事実が公共の利害に関するといえるか否か）の判断で行なえば足りると思う。そしてそれが判断の実態（結局は主体と摘示事実との相互関係で決めているという実態）にも適合し、論理的にも据わりがよいように思うのだが、いかがであろうか。以下、項を改めて付言したい。

**3**　実名報道の肯否を公共性の問題として扱うということは、事件報道の本質をいかに捉えるかに関わる問題である。私は、事件報道が有意義であるゆえんは、「その事件から社会が何を学ぶべきか」の情報を与えてくれる点にあるのだと思う。そのような事件が起きた原因（個人的要因及び社会的要因と言い換えてもよい）を究明してくれて初めて、事件報道は我われに役立つといえるのである。市井の人による犯罪の場合、「事件を起こしたのがどこの誰か」という程度の報道であれば、それは単に書かれた者をさらし者にする意味しかなく、我われにとってそのような情報は、酒の肴として雑談で消費する程度の意味しかないと思われる。つまり、事件報道の意義に照らせば、その事件を起こしたのがどこの誰か、被害者がどこの誰かは、本質的には全く必要とされていないと私は思う。

　私は175頁において、新聞は調査報道に力を入れてほしいと書いたが、これは、「事件を起こしたのがどこの誰か」などということに関心を向けるような報道ではなく、その事件から学ぶべき情報を提供してほしいから、

---

るだろう。なお、当面の現実的な解決策としては、入通院歴があったとしてもそれが事件とどれだけ関係があるか分からない以上、入通院歴を報じることには慎重であるべきだ。他の通常事件でも、被疑者につき、事件と関係のない医療情報を報道しないであろう。それと同じことだ。」

事件の背景を深く掘り下げてほしいと言っているのである。そして、事件の背景を掘り下げれば掘り下げるほど、関係者の名誉・プライバシーとの相克の事態を避けられないので、匿名報道が必要とされるのである。

　以上の次第であり、事件報道の本質に鑑みれば、当該事件の犯人の氏名が何であるか、被害者の氏名が何であるか等の事実は、摘示する意味のある事柄とはいえず、公共の利害に関する事実とはいえないのではないか、という法律構成に帰着するのである。(注30)

　なお、政治家がその地位を逸脱濫用して汚職等を行なった場合や公務員犯罪その他、市民による監視が必要な領域については、行為者の氏名を特定することがもとより肯定されるばかりか、むしろ積極的に氏名を明らかにすべきである。これは即ち、「汚職をした者がどこの誰であるか」という事実が公共の利害に関する事実にあたる、ということである。

**4**　福岡高那覇支判2008（平成20）年10月28日(注31)は、逮捕の事実を実名で報じられたことの名誉毀損性が争われた事案において、当該報道の違法性を判断するにつきこれをプライバシー侵害の問題であると捉え、プライバシー侵害の違法性判断に関する最高裁の規範(注32)を前提に、「実名を公表されない法的利益」を基礎づける事情と「実名を公表する理由」を基礎づける事情とをそれぞれ挙げて両者を衡量するという手法を採っている。

---

(注30)　なお、この匿名報道の必要性を唱える理由の1つに、無罪推定の原則を挙げる見解がある。浅野健一も、『犯罪報道の犯罪〔新版〕』（新風舎・2004年）26頁において、「冤罪を生み出さないためには、すべての被疑者・被告人は無罪を推定されていると言い切る以外に確実な方法はない。そして、この法律の根本原則を守りながら犯罪報道を行うには、……犯罪関係者の匿名報道主義が考えられる最善の方法といえる。」という。
　　　確かに一理はあるが、無罪推定の原則は、匿名報道の必要性を論じる決め手ではない。なぜなら、かかる根拠によっては、有罪確定者について匿名報道すべきことは導かれないからである。有罪確定者であっても、その改善更生の機会を保障するために匿名報道に止める必要性は大きいのであり、「犯人か否か」とか「有罪確定前か否か」というファクターは、匿名報道の可否の判断基準にはならないというべきである。
　　　とすると、匿名報道原則を支える法的根拠は何かということになるが、当該本人の名誉権・プライバシー権その他の人格権それ自体が根拠であると私は考える。かかる人格権の保障が及んでいるからこそ、公共性がない限り実名報道を認めない、という法的帰結になるのである。
(注31)　判時2035号48頁。
(注32)　「プライバシーの侵害については、その事実を公表されない法的利益とこれを公表する理由とを比較衡量し、前者が後者に優越する場合に不法行為が成立する」（最2小判2003（平成15）年3月14日・判タ1126号97頁、判時1825号63頁）。

310　第3編　名誉毀損に関する各論的諸問題

私は、本件のような事案は端的に名誉毀損の問題とし、“当該刑事事件において被疑者がどこの誰であるかという情報が『公共の利害に関する事実』にあたるか”という観点から判断するのが妥当であると考えるが、現在の判例の流れからすると、かようにプライバシーの問題として「公表されない法的利益」と「公表する理由」とを衡量するという手法は、1つの判断手法としてあり得るところであろう。

　なお、判例は名誉毀損とプライバシー侵害とで免責事由（表現の自由との調整の法理）の判断手法を異にしているが、私は、名誉毀損のみならずプライバシー侵害についても表現の自由との調整は真実性・真実相当性の法理によって判断することが妥当であると考えている [(注33)]。

**5**　本節の最後に、最2小判2022（令和4）年6月24日 [(注34)] における草野耕一裁判官の補足意見について触れたい。

　本件の事案は、建造物侵入の容疑で逮捕された旨の事実をツイッター（現「Ｘ」）上に投稿された原告が、ツイッター社に対してその投稿（本件各ツイート）の削除を求めたものである。

　判決（法廷意見）は、削除の可否については、「本件事実を公表されない法的利益」と「本件各ツイートを一般の閲覧に供し続ける理由」とを比較衡量して判断すべきであるとした上で、本件の諸事情を衡量し、本件各ツイートの削除を認容した。

　草野意見は、この両者の比較衡量について独自の見解を詳しく述べたものであり、後者の「本件各ツイートを一般の閲覧に供し続ける理由」の検討において、実名報道の効用と機能を考察する。

　草野意見によれば、犯罪者が公的立場にあるわけではない場合において実名報道をする社会的意義として、以下の3つの「実名報道の効用」を考え得るとのことである。

　①　「実名報道がもたらす第一の効用は、実名報道の制裁としての働きの中に求めることができる。実名報道に、一般予防、特別予防及び応報感情の充足という制裁に固有の効用があることは否定し難い事実であろう（この効用をもたらす実名報道の機能を、以下、「実名報道の制裁

---

(注33)　佃・前掲（注24）328〜332頁。
(注34)　判タ1507号49頁、判時2561・2562合併号63頁。

的機能」という。)。」

② 「実名報道がもたらす第二の効用は、犯罪者の実名を公表することによって、当該犯罪者が他者に対して更なる害悪を及ぼす可能性を減少させ得る点に求めることができる（この効用をもたらす実名報道の機能を、以下、「実名報道の社会防衛機能」という。)。」

③ 「第三に、実名報道がなされることにより犯罪者やその家族が受けるであろう精神的ないしは経済的苦しみを想像することに快楽を見出す人の存在を指摘せねばならない。人間には他人の不幸に嗜虐的快楽を覚える心性があることは不幸な事実であり……、実名報道がインターネット上で拡散しやすいとすれば、その背景にはこのような人間の心性が少なからぬ役割を果たしているように思われる（この心性ないしはそれがもたらす快楽のことを社会科学の用語を使って、以下、「負の外的選好」といい、負の外的選好をもたらす実名報道の機能を、以下、「実名報道の外的選好機能」という。)。」

（１）そもそも、草野意見の言うこの３つの「効用」なるものが、事実認識として言っているのか当為（あるべき効用）として言っているのかが分かりにくいのだが、仮にこれらを当為として言っているのであれば、①～③いずれについても賛同できない。実名報道について、制裁（①）・再犯の抑止（②）・嗜虐的快楽（③）という効果を発揮すべきだとは私は思わない。

　他方、仮にこれが事実認識として言っているのだとした場合でも問題点は同じである。即ち、仮に事実認識として言っている場合、草野意見は、これらの「効用」を、「一般の閲覧に供し続ける理由」として挙げているのであって、それはつまりこれらの効果を、実名報道が正当化される事情として検討していることになるが、これらの事情をそのように正当化できる事情として捉えるという事実認識と価値判断に私は賛同できない。

（２）個別に見てみよう。

　草野意見は、実名報道の効用についてこれら３つを挙げた上で、①については、本件の場合は、

「実名報道の制裁的機能がもたらす効用をプライバシー侵害の可否を

はかるうえでの比較衡量の対象となる社会的利益として評価する余地は全くないか、あるとしても僅少である。」

とし、②については、

「実名報道の社会防衛機能がもたらす効用をプライバシー侵害の可否をはかるうえでの比較衡量の対象となる社会的利益として評価し得ることがあるとしても、それは、再犯可能性を危惧すべき具体的理由がある場合や凶悪事件によって被害を受けた者（又はその遺族）のトラウマが未だ癒されていない場合、あるいは、犯罪者が公職に就く現実的可能性がある場合など、しかるべき事情が認められる場合に限られると解するのが相当であるところ、本事件にはそのような事情は見出し難い。」

とし、③については、

「実名報道がもたらす負の外的選好をもってプライバシー侵害の可否をはかるうえでの比較衡量の対象となる社会的利益と考えることはできない」

として、結論において、本件各ツイートを「一般の閲覧に供し続ける理由」が優越することはないとして法廷意見に賛成する。

　しかし、①〜③の効用・機能は、私の感覚からすれば、実名報道の効用・機能として採用するに値しないものなのであり、これら①〜③の観点からする比較衡量は、衡量のポイントがずれていると言わざるを得ない。

（3）犯罪者が公的立場にあるわけではない場合に実名報道を肯定する余地があり得るとすればそれは、316頁で日本新聞協会の見解を紹介して述べる通り、犯人が逃走中で放火・殺人等の凶悪な累犯が明白に予想されるような緊急避難的な場合など、相当に限定される筈である。

　私は、上記2022（令和4）年最2小判の結論には賛成なのだが、草野補足意見は、その検討にどれほどの有用性があるのか、疑問を禁じ得ない。

# 第4節　少年事件報道

## 第1款　問題の所在

　少年事件が起きた場合、マスメディアは通常、少年の氏名を伏せ、匿名にする扱いをしている。これは、少年法61条が「家庭裁判所の審判に付された少年」と「少年のとき犯した罪により公訴を提起された者」につき、「氏名……等によりその者が当該事件の本人であることを推知することができるような記事」等の掲載を禁じていることをメディア側がふまえ、同条の精神を尊重してかかる扱いをしていると思われる[（注35）][（注36）]。少年法自体は上記の通り、審判開始決定後ないし起訴後についてしか規定していないが、審判開始決定後ないし起訴後のみ氏名等を伏せても意味がないので、メディアは運用として、それ以前の段階（捜査段階等）から氏名等を伏せているのである。

　しかし、少年犯罪について一部メディアがあえて少年の氏名を明らかにしたり容貌の写真を掲載したりする事態はしばしば起こっている。著名な事件としては、1997（平成9）年に神戸市で起きた連続児童殺傷事件が挙げられる。この事件の被疑者は当時中学生であったところ、写真週刊誌「FOCUS」は、被疑者として逮捕されたこの中学生の写真をあえて掲載し、社会に大きな反響を呼んだ。またその翌1998（平成10）年に堺市で起きた19歳の少年による殺傷事件（「堺通り魔事件」といわれている）でも、「FOCUS」と同じ新潮社の月刊誌「新潮45」が、少年の実名と顔写真を掲載した。この件については、実名と顔写真を掲載された少年自身が新潮社らを相手に損害賠償等を求める訴訟を提起し、更に話題を呼んだ。

　「週刊新潮」はその後も、2005（平成17）年に、連続リンチ殺人事件で名

---

（注35）　朝日新聞事件報道小委員会『事件の取材と報道2012』（朝日新聞出版・2012年）71頁は、「審判前については規定されていないが、報道機関は、この規定の趣旨を尊重し、逮捕や補導など最初の時点から匿名報道をしている」という。
（注36）　少年法は2021（令和3）年に改正され、同法68条で、18・19歳の「特定少年」の時の行為につき起訴された場合については、同法61条の推知報道禁止規定の適用が排除されることとなった。

314　第3編　名誉毀損に関する各論的諸問題

古屋高裁から死刑判決<sup>（注37）</sup>を受けた行為時未成年の被告人についてその実名
と顔写真を掲載した。更にその後も、2015（平成27）年には、名古屋市で起
きた殺人事件で19歳の少年の氏名と顔写真を、川崎市で起きた殺人事件で18
歳の少年の実名と顔写真を、それぞれ掲載し、2018（平成30）年には、滋賀
県で起きた殺人事件で19歳の少年の氏名と顔写真を掲載し、2021（令和3）
年には、東京都立川市で発生した殺傷事件で19歳の少年の氏名と顔写真を、
甲府で発生した放火殺人事件で19歳の少年の氏名と顔写真を、それぞれ掲載
し、2023（令和5）年には、岐阜県で発生した殺人事件で19歳の少年の氏名
と顔写真を掲載している。

　このような実名掲載の事件が起こるたびに、少年の実名報道の可否につい
て、ジャーナリズムの観点から、あるいは法的な観点から様々な議論がなさ
れるようになった<sup>（注38）</sup>。

　本節では、それらの議論をふまえて、私なりに少年事件報道に関する問題
点を整理したい。

## 第2款　少年に匿名報道が必要な理由

　私は少年についてももちろん、原則として実名報道はなされるべきでない
と考えている。

　少年には良くも悪くも可塑性があるのであり、少年の更生可能性を考える
と、実名報道を回避すべき必要性は、成人の場合より格段高い。したがって、
成人の場合よりも一層強い意味で匿名報道原則が守られなければならないと
思う。

　なお、かような主張に対してはいつも、「加害者の人権ばかりが保護され
て被害者の権利が蔑ろにされている」という論調がマスメディアを通して流
される。被害者の権利の保護が不十分であることは、私もその通りだと思う。

---

（注37）　名古屋高判2005（平成17）年10月14日（高等裁判所刑事裁判速報集（平17）270頁）。
（注38）　もっとも、2015（平成27）年に「週刊新潮」が立て続けに少年の実名や肖像を掲載した際、
　　　評論家の德岡孝夫が「酒鬼薔薇事件から18年経ち、今回の実名報道に対する批判が大人しいよ
　　　うに思われます」と取材に答えている（「週刊新潮」2015（平成27）年3月19日号141頁）よう
　　　に、少年が実名報道されることに対する問題性の指摘や議論は、時を経るにつれて低調になっ
　　　ているように感じる。

第2章　匿名報道に関する諸問題　第4節　少年事件報道　　315

たとえば犯罪被害者給付金支給制度などは補償の範囲が限定的であるし[注39]、カウンセリングその他の事後のケアをなし得る公的環境も不備は著しい。しかしかような事情は、加害者の人権を侵害してよい理由にはならない。そもそも加害者の人権と被害者の人権を対峙させること自体が論理的に誤っているのであり、両者をきちんと区別した上で、それぞれに対し最良の環境を実現していく努力が必要であると思う。

なお私は実名報道すべきでないことを「原則として」と述べたが、例外的に実名を出すことがやむを得ない場合はあると考える。この点については、日本新聞協会がまとめた「新聞協会の少年法第61条の扱いの方針」[注40]が参考になる。この「方針」は、「20歳未満の非行少年」の氏名等は紙面に掲載すべきではないことを原則としつつ、例外的に、「逃走中で、放火、殺人など凶悪な累犯が明白に予想される場合」や「指名手配中の犯人捜査に協力する場合」などには氏名等の掲載を認めるべきであるとしている。

前者は、重大な被害が発生する具体的危険性が差し迫っている場合であり、当該少年のプライバシー等の保護の必要性よりも被害防止の必要性の方が明らかに上回っている場合といえ、顕名とすることが是認される。

後者の場合、そもそも捜査機関が少年につき公開捜査に踏み切るという事態は相当に限定されるであろうし、メディア側としては捜査機関の見込みに乗ってよいかについて慎重な判断を迫られるであろうが、原理的には、適正

---

(注39) 「犯罪被害者等給付金の支給等による犯罪被害者等の支援に関する法律」(1980(昭和55)年に制定され、2008(平成20)年に名称が「犯罪被害者等給付金の支給等に関する法律」から変わったもの)は、犯罪被害者等に対して給付金を支給することなどを定めた法律である。

その支給の実状を見ると、1989(平成元)年版犯罪白書(以下、各年の犯罪白書は法務省のウェブサイトで公表されている)によれば、1988(昭和63)年に犯罪被害者給付金の支給裁定があったのは233人に対して総額約5億8900万円だった。この頃私は司法試験の受験のために刑事政策の勉強をしていたのであるが、この頃この支給制度は、補償の範囲も額も低すぎると批判されていた。

他方、2023(令和5)年版犯罪白書によると、2022(令和4)年度に犯罪被害者等給付金の支給裁定があったのは368人に対して総額14億8447万円であったという。

支給裁定のあった人数も支給総額も増えてはいるが、この間に30年以上の時が経っていることを思うと増加の程度は大したものとはいえず、制度が充実しているとは言い難い。

2024(令和6)年2月の報道によれば、給付金の支給額の引き上げが検討されているようであり、是非とも補償の充実が図られるべきであると思う。

(注40) これは、1958(昭和33)年に日本新聞協会がとりまとめて公表したものであり、日本新聞協会のウェブサイト(https://www.pressnet.or.jp/)で公開されている。

な刑事司法手続の実現のみならず当該少年の改善更生の機会の保障という観
点から、顕名とすることを是認する余地があると思われる。

## 第3款　少年の匿名報道原則の理論構成

問題は、かかる少年の匿名原則をいかに理論構成するかである。

### 第1　少年法61条との関係

まず、少年法61条の法的性質をいかに解するかを決する必要がある。

この点につき、同条を不法行為法の違法判断の根拠とし、「少年法61条違
反」を即不法行為法上の違法とする見解がある。

たとえば名古屋地判1999（平成11）年6月30日（注41）は、

「少年の健全育成を目的とする少年法全体の意義・目的、及び少年法61条
の趣旨」

を根拠に、いわゆる推知報道については、

「原則として、少年法61条に反し違法である」

とし、かように少年法61条に違反する推知報道は、

「『当該行為が公共の利害に関する事実に係り、かつ、専ら公益を図る目
的に出た場合において』も、単に『摘示された事実が真実であることが
証明された』だけでは違法性を阻却するものとはいえ〔ない〕」

とし、少年法61条に違反する限り原則として違法視され、名誉毀損の通常の
免責事由を充足するのみでは免責されないこととしている。

また、同事件の控訴審である名古屋高判2000（平成12）年6月29日（注42）も、

「少年法61条……に違反して実名等の推知報道をする者は、当該少年に対
する人権侵害行為として、民法709条に基づき本人に対し不法行為責任を
負うものといわなければならない。」

と、少年法61条が直ちに不法行為法上の違法事由になることを明言している。

しかし私は、少年法61条に私法上の違法性を基礎づける規範としての意味
を与える解釈には賛同できない。少年法61条は、少年の健全育成という同法

---

（注41）　判タ1060号209頁、判時1688号151頁。
（注42）　判タ1060号197頁、判時1736号35頁。

1条の目的を達成するために報道機関に対し刑事政策的観点から配慮を求めたものであって、報道機関に対する協力要請に過ぎず、同条をもって報道機関に対し何らかの義務を課するものではないと考えるべきだと私は思う。なぜなら、同条が報道機関に対して何らかの義務を課するものと解するには、あまりにも規定の"穴"が多くかつ大きすぎるといわざるを得ないからである。

即ち、少年法61条につき、これを私法上の違法根拠とし、報道機関に対して何らかの義務を課するものと捉えると、同条は報道の自由を制約するものになるが、報道の自由は優越的地位を有する表現の自由の一態様であり可及的にその自由を保障すべきである点に鑑みると、少年法61条の射程範囲は厳格に解釈すべきだということになる[注43]。

ところが少年法61条は前述の如く、「家庭裁判所の審判に付された少年」及び「少年のとき犯した罪により公訴を提起された者」についてしか推知報道を禁止しておらず、審判開始決定前や公訴提起前の者については禁じていない。また、報道の態様も、出版物への掲載しか禁じていないのである。しかし、少年の匿名報道の実効性を確保するためには審判開始決定前及び公訴提起前から匿名である必要がある。また、報道は、出版物への掲載のみならず放送やインターネットによることもあるので、報道の態様を出版物への掲載に限定してしまっては、推知報道禁止の趣旨が骨抜きになってしまう。

とすると、少年法61条を私法上の違法根拠とすることは、却って、少年の匿名報道原則を骨抜きにするし、また、規制上も著しくバランスを欠くものとなってしまう。

したがって、法解釈をするにあたり少年法61条の趣旨をふまえ参考にすることは大切かもしれないが、少年の匿名報道原則を法的に構成するについては、同条とは別の法理に基づく必要があると私は思う。[注44]

---

(注43)　もとより、刑罰法規ではないので類推解釈を全く許さないわけではないが、類推解釈や拡張解釈は当該法律の予測可能性を減殺するので、表現の自由の規制立法としてはそのような解釈はできるだけ避けるべきであろう。

(注44)　広島地判2012（平成24）年5月23日（判時2166号92頁）は、少年事件に関して記した書籍の出版差止め等が問題となった事案において、少年法61条に関し、
　　　「少年法61条は、……その目的が少年の名誉とプライバシーを保護し、少年の健全な成長を促すことにあるとしても、名誉又はプライバシーとは異なる被侵害利益（成長発達権）を予定するものではないと解するのが相当である。」

## 第2　少年の「健全に成長する権利」を根拠とする見解

**1**　この点、少年法61条の背景に少年特有の憲法上の人権を読み込み、少年の匿名報道原則につき、少年には「健全に成長する権利」があるから推知報道は許されない、とする見解がある[注45]。この見解は、憲法13条及び26条から子どもの「成長発達権」なる権利が導かれ、この「成長発達権」が加害少年について具体化されたものが「健全に成長する権利」であるとする。

　この見解は、少年の匿名報道原則に憲法上の基礎を見出すべく工夫された見解だとは思う。しかし、「実名報道はなぜ許されないのか？」という問いに対して「"健全に成長する権利"があるから」とするのは、新しい権利を独自に発明してそれを答えにしているに過ぎないとの感を否めず、トートロジーの域を脱していないのではないかと思われる。

　確かにこの見解は、「成長発達権」についても「健全に成長する権利」についてもその根拠を論証している。しかしその論証がどこまで説得的であるかは疑問なしとしないのである。

**2**　この見解は、「成長発達権」がなぜ導かれるかについては、いわゆる旭川学力テスト事件の最高裁判決[注46]がこれを認めているという。これは、この最高裁判決がいわゆる"学習権"に言及している判示部分を捉えての主張だと思われる。しかしこの最高裁判決の該当部分は、

　　「憲法26条……の背後には、①国民各自が、一個の人間として、また、一市民として、成長、発達し、自己の人格を完成、実現するために必要な学習をする固有の権利を有すること、②特に、みずから学習することのできない子どもは、その学習要求を充足するための教育を自己に施すことを大人一般に対して要求する権利を有するとの観念が存在していると考えられる。」

というに過ぎない（「①」「②」の番号は筆者が挿入）。

　①の通り、学習権をいう部分は、「国民各自」を享有主体とするもので

---

とした。賛成である。
（注45）　大沼和子＝中村秀一「少年事件報道について」自由と正義51巻3号111頁以下（2000年）、中村秀一「少年事件報道と成長発達権」東京弁護士会子どもの人権と少年法に関する特別委員会・第二東京弁護士会子どもの権利に関する委員会編『少年事件報道と子どもの成長発達権——少年の実名・推知報道を考える』（現代人文社・2002年）46頁以下。
（注46）　最大判1976（昭和51）年5月21日（判タ336号138頁、判時814号33頁）。

あって、子どもに限ってはいない。他方、②の部分は「子ども」の「大人」に対する権利について述べているが、これは、判決の表現から明らかなように、一定の作為を要求する社会権的権利を述べていると解される。

つまり、上記最高裁判決は、学習権については、およそ大人も子どもも有するものとして捉えているのであり、子ども固有の権利としては社会権的性格の「その学習要求を充足するための教育を自己に施すことを……要求する権利」しか述べていない。論者は「成長発達権」を子ども固有の権利として述べているが、子ども固有の権利としては最高裁は社会権的性格の権利しか述べていないのである[注47]。

実名報道されない権利（ないし利益）は、不作為を要求するものであって、いわゆる消極的権利（ないし利益）なのであり、かかる消極的権利（ないし利益）の根拠としては最高裁は、大人も子どもも有する学習権しか述べておらず、子ども固有の権利としては消極的権利（ないし利益）は述べていない。

以上の次第であり、旭川学力テスト事件最高裁判決を根拠に、消極的権利（ないし利益）である実名報道されない権利（ないし利益）の前提となる「成長発達権」を基礎づけることには、私は疑問を禁じ得ない。

**3**　この見解は続いて、団藤重光が児童の権利に関する条約40条１項の「刑法を犯したと申し立てられ、訴追され又は認定されたすべての児童が……社会に復帰し及び社会において建設的な役割を担うことがなるべく促進されることを配慮した方法により取り扱われる権利」を根拠として「健全に成長する権利」を提唱していることを挙げている[注48]。

しかし、仮に同条項により「健全に成長する権利」が基礎づけられるとしても、「社会に復帰し及び社会において建設的な役割を担うことがなるべく促進されることを配慮した方法により取り扱われる権利」から匿名報道原則を導き出すことには飛躍があると思う。

---

（注47）　最高裁が「学習権」の解釈上の根拠とする憲法26条も、１項の「教育を受ける権利」は「すべて国民」を享有主体としており、２項の普通教育に関する社会権的性格のものについてのみ「子女」を権利の享有主体としている。

（注48）　大沼＝中村・前掲（注45）112頁、中村・前掲（注45）47頁。

320　第３編　名誉毀損に関する各論的諸問題

## 第3　子どもの「成長発達権」を根拠とする見解

**1**　少年の匿名報道原則の根拠を、端的に子どもの「成長発達権」に求める見解がある。

たとえば山口直也は、子どもの成長発達権につき、「いままさに成長発達の途上にある人格がそのままで認められ、将来成人して完全な自己決定主体となることが援助・保障される権利」であるとし[注49]、少年事件の匿名報道は成長発達権の観点から理解されるべきであるという[注50]。

また淵野貴生も山口の上記の定義を引用した上で[注51]、少年の本人特定報道は、「成長発達権と結びつく社会復帰の利益」を侵害するものであるという[注52]。

**2**　かように「子ども」であることに意味を見出して一定の権利を措定する場合、少年時代の犯罪に関して成人後に報道する場合をどう考えるのかが気になるところである。

この点、山口は、「成人年齢に達すると同時に成長発達権は消滅する」と言いつつ、「しかしながら、その効果は残存する場合がある」という。そしてその理由は、「成人と同時に成長発達権が保障されてきた状態そのものがその利益を失うとすると子ども期の健全な成長を支援した意味がなくなる場合があるからである」と説明する[注53]。

しかし、"権利は消滅するのに効果は残存する"という状態が、法的に一体いかなる性質のいかなる状態であるのかが明らかでなく、単に恣意的にそのように言っているようにしか感じられない。

また、そのように"効果は残存する"とする理由として、"効果がなくなると意味がないから"というのでは、ただ価値判断を述べているだけであって法理論とは言い難い。

この問題は淵野の見解にも同様に見られる。淵野も、「少年法61条の規

---

（注49）　山口直也「子どもの成長発達権と少年法61条の意義」山梨学院大学法学論集48号85頁（2001年）。
（注50）　山口・前掲（注49）104頁。
（注51）　淵野貴生「少年事件における本人特定報道禁止の意義」静岡大学法政研究5巻3 = 4号316頁（2001年）。
（注52）　淵野・前掲（注51）326 〜 327頁。
（注53）　山口・前掲（注49）87頁。

制は、成人後にも及ぶべきであると考える」と言い、その理由として、「少年が成人に達したから実名報道が許されるというのでは……少年について本人特定報道を禁じた意味はほとんどなくなってしまう」からだとする(注54)。これもただ価値判断を述べるに止まっているといわざるを得ない。(注55)

## 第4　私見

**1**　私は、少年の匿名報道原則についても成人と同様に、人格権を直接の根拠とすべき、つまり名誉権・プライバシー権等を直接の根拠とすべきであると考える。

　子どもについて特に「健全に成長する権利」という概念を措定するのは、その権利の射程が社会権的性格の事柄であれば納得できるが、自由権的性格のものを含ませることには躊躇を感じる。「成長発達権」もしかりである。なぜなら、「少年」「未成年」等の概念を決めるのは法律であって憲法ではなく、とすると、権利の享有主体性（＝ "匿名報道原則の及ぶ範囲"）が法律事項となってしまうからである。2021（令和3）年の少年法改正によって同法61条の推知報道禁止の範囲に変更がもたらされたことは第1款の（注36）（314頁）で見た通りである。つまり、17歳と364日までは実名報道されない権利ないし利益を有している一方、18歳の誕生日の時報とともに、「特定少年」時の行為により起訴された場合にはその権利利益を喪失し、また、20歳の誕生日の時報と同時に皆がかかる権利利益を喪失することになる。社会権的な（国家等による作為の）請求権であれば、かように一定の年齢によってその享有主体性を画することにそれなりの合理性は認められようが、実名報道されない権利ないし利益について、かような線引

---

(注54)　淵野・前掲（注51）322頁。
(注55)　廣瀬健二『少年法』（成文堂・2021年）518頁は、成長発達権につき、
　　　　「成長発達権の概念は、未成熟な子どもに対する特別な配慮を求める理念として有用な面もあると思われるが、それを具体的な法的権利として構成することができるかについては疑問がある」
　　　　と言い、推知報道禁止を基礎付け得るかにつき消極的な見解を示している。
　　　　また丸山雅夫『少年法の理論と実務』（日本評論社・2022年）405頁は、
　　　　「成長発達権は、61条の存在を根拠づけるものではあるが、それ自体として61条違反に対する法的救済を当然に導きうるものではない。」
　　　　とする。

きをするのは困難であろう。

更に言うと、少年法61条は「少年の時犯した罪により公訴を提起された者」について推知報道を禁止している。これはたとえば、17歳の時の行為につき22歳の時に起訴されたとしても推知報道を禁じるという意味である。「健全に成長する権利」や「成長発達権」に基づく匿名報道を主張する論者によればかかる扱いはこれらの権利の保障の効果として説明するのであろう。これに対し、犯罪行為時に20歳だった者が20歳の時にすぐに起訴された場合、少年法61条も「健全に成長する権利」も「成長発達権」も、この20歳の被告人の匿名報道を基礎づけることはできない。私は、この20歳の被告人の更生環境整備の必要性は、22歳で起訴された元少年に負けず劣らず大きいと思うのだが、「健全に成長する権利」や「成長発達権」という法律構成では、両者の取扱いに差等が生じてしまうことを避けられないのではなかろうか。

「健全に成長する権利」や「成長発達権」という構成は、実名報道を原則とするマスメディアに対し、せめて行為当時少年の事件については匿名報道を固守させようとの熱意に基づいて工夫されたものとして敬意を表するが、境界がはっきりしているだけに却って現実の適用場面での不合理もまた目立ってしまうのである。

かかる観点からも、少年について成人と異なる特別の権利をもって匿名報道原則を根拠づけることには賛同し難い。

かくして私は少年の匿名報道原則についても成人と同様に名誉権・プライバシー権等を根拠とすべきと考えている[注56]。

しかし、成人よりも少年の方が侵害に弱くかつ可塑性にも富む点に鑑みれば、成人の改善更生のための配慮の必要性よりも少年の健全育成のための配慮の必要性の方が高いといえ、よって、匿名報道の要請は成人よりも

---

(注56)　葛野尋之「犯罪報道の公共性と少年事件報道」立命館法学271・272号（上）963頁（2000年）は、

　　　「少年法六一条が少年の成長発達権の保障によって基礎づけられ、その違反が少年の成長発達権の保障の趣旨に反するにしても、少年法六一条に違反した本人特定事実の公表がただちに少年の成長発達権の侵害を構成する、とはいえないように思われる。具体的な権利侵害の問題としては、少年の名誉・プライバシーの侵害として構成すべきである。」

　　　とする。

少年の方が強くなる。したがって、「当該犯罪行為をなした者の氏名が何
であるか」が公共の利害に関わるといえるケースは、成人の場合よりも少
年の場合の方が一層限定されるといえ、かかる意味で結果的に少年の方が
成人よりも保護は厚くなると思う。(注57)

**2**　2006（平成18）年、山口県の高等専門学校生が遺体で発見された事件に
つき、殺人容疑で指名手配中の少年が遺体で発見された。一部マスメディ
アは少年の死亡が確認された後、少年につき匿名報道から実名報道に切り
替えた。実名に切り替えたメディアは理由として、死亡によって少年の更
生可能性を顧慮する必要がなくなったという説明をしていた。

　同様の観点から、少年に死刑が確定した場合についても、更生可能性を
顧慮する必要がなくなったから実名報道が是認されるという議論も出てき
ている。

　匿名報道の根拠を少年の「健全に成長する権利」や「成長発達権」に求
める限り、この種の議論に悩まされなければならないだろう(注58)。

　私は、少年の死亡後の例については、遺族の故人に対する敬愛追慕の情
が法益となってなお匿名報道を求め得ると思うし、後者の死刑確定の例に
ついては、元少年自身の名誉権・プライバシー権から同じく匿名報道を求
め得ると考える。(注59)

---

（注57）　丸山・前掲（注55）は、
　　　「少年法61条……の違反は、名誉毀損またはプライバシー侵害として法的救済の対象となる
　　　（べき）ものである。」（同書409頁）
　　　と言い、また、
　　　「同一性推知情報を公表することは、そもそも、〔刑法〕230条の2第1項にいう『公共の利
　　　害に関する事実』にも該当しないものと言わなければならない」（同書406頁）
　　　との解釈を端的に示している。
（注58）　本庄武「成長発達権の内実と少年法61条における推知報道規制の射程」一橋法学10巻3号
　　　133頁（2011年）は、本人が死亡した場合に関し、「成長発達権論から匿名報道の維持を根拠づ
　　　けることは難しい」とするが、本人に対し死刑が確定した場合については、「確かに現実的な
　　　社会復帰の見込みを前提とした通常の成長発達権保障は望むべくもないが、なお失われないわ
　　　ずかな可能性を前提とした成長発達の機会はなお保障されなければならない」という。
（注59）　日本弁護士連合会は2007（平成19）年、「少年の実名・顔写真報道についての意見書」を公
　　　表した。意見書の全文は日弁連のホームページ（https://www.nichibenren.or.jp/）で閲覧でき
　　　る。同意見書は少年法61条の「趣旨」や「精神」に基づいて少年に関する匿名報道原則の厳守
　　　を主張するものであるが、少年の死刑判決確定後や死亡後になお匿名報道とすべきとする論理
　　　に難があるといわざるを得ない。
　　　意見書は、少年の死刑確定後も匿名とすべき理由として、「再審や恩赦制度があり、少年が

# 第4款　少年の匿名報道原則に疑問を呈する見解

少年の匿名報道原則については、一部にこれを批判的に捉える見解がある。

## 第1　松井茂記説

松井茂記は2000（平成12）に単行本<sup>(注60)</sup>を著わし、その中で、匿名報道の範囲を限定し実名報道の許容範囲を拡げるべきである旨の論理を展開している。

**1**　松井は、少年保護のための氏名等の秘匿は、家庭裁判所の個別の裁判によってなされるべきであるという<sup>(注61)</sup>。いわく、「家庭裁判所が、具体的な事例で、少年保護と報道の自由を利益衡量し、少年保護という利益を達成するために必要不可欠な限度で報道を制限すべきであろう」という。そしてその判断基準としては、「少年の犯した罪の重大性、それが社会に与えた影響、国民がその事件に強い関心を抱くことが正当かどうかを考慮」して、「殺人や強姦などの重大な犯罪については、国民の強い関心があるのは当然であるから、原則としては少年の氏名等の公表を禁止すべきではない」とする。

しかし第1に、裁判所による個別の公表禁止の裁判を導入するという発想自体、私には抵抗がある。これこそまさに表現行為への公権力の介入であり、かような介入の契機をわざわざ制度化することは、却って表現の自由・報道の自由に対する脅威であるといわざるを得ない。

第2に、少年報道の規制は家庭裁判所が個別具体的になすべきというが、かような個別具体的な判断、まして個別事情による利益衡量によるとするならば、表現者側にとっては予測可能性に欠け、やはり表現の自由・報道

---

社会に復帰する可能性は残っている。」という。しかし、これらの極めて少ない可能性を根拠とすることに説得力があるとは思えない。

また意見書は、死亡後も匿名とする理由として、「少年法61条の精神は、憲法13条から導かれるものであり、少年の個人としての尊厳及び幸福追求権は、少年が死亡した後といえども全て失われるものではない。」とする。しかし、人が死亡後もなお人権を享有するとの見解は極めて特異なものであり、かような特異な見解を特段の説明もなく唐突に持ち出すことは、これまた説得力がない。

(注60)　松井茂記『少年事件の実名報道は許されないのか』（日本評論社・2000年）。

(注61)　松井・前掲（注60）133頁。

の自由の保障の観点から問題だと思う。

第3に、松井の提唱するかようなシステムが実際上効果的に機能するとは思えないし、また、これが効果的に機能したら、それこそ表現の自由に対する脅威以外の何ものでもないと思われる。事件報道は、事件が発生した時から、つまり裁判所が動き出す前に既に始まるのである。かような場合、家庭裁判所の判断がなされるまでの間について松井はどう考えているのであろうか。家庭裁判所の判断の前に人物特定事項が報道されてしまえば制度趣旨は没却されるであろう。あるいは松井は、家庭裁判所の判断がなされるまで各メディアは報道を自制すべきであるというのであろうか。それこそまさに、"お上"である裁判所の判断が出るまでともかく抑制するということであり、"法的な事前抑制システム"なのではなかろうか。

第4に松井は価値判断として、「殺人や強姦などの重大な犯罪」につき氏名等を公表することを是認しているが、なぜ「殺人や強姦などの重大な犯罪」について氏名等の公表が是認されるかについての説得的な説明がないように思われる。松井は、「国民の強い関心があるのは当然である」というが、ここにおける「国民」の「関心」なるものが、少年の氏名等を公表してまでも尊重されなければならないものなのかがまさに問われているのである。この点に関しては、棟居快行の次の発言<sup>(注62)</sup>が問題点を的確に指摘していると思われる。

「本来の『知る権利』は、事件報道のいわゆる『知る権利』とは逆を向いているんですよ。事件報道の場合は、個別化・特殊化です。『犯人はこいつや。私らの近所のやつではない。ああよかったな。』とかいうふうに、自分と切り離すのがまずこの手の事件報道のポイントだと思っているんですよ。関係ない、そうしたら他人の不幸はおもしろい。

　そうすると、本来の知る権利、つまりわがことのように考えていく、一般化して問題を考えていくという方向とは逆ですね。〔中略〕

　だから、知る権利と言っても、のぞき見的な知る権利は、本来の一般に議論するための知る権利とは正反対です。そこが理論と現実とのずれということだろうと思うんです。」

---

（注62）新倉修編著『少年「犯罪」被害者と情報開示』（現代人文社・2001年）37頁。

326　第3編　名誉毀損に関する各論的諸問題

棟居の指摘する「わがことのように考えていく、一般化して問題を考えていく」ためには、少年の人物特定事項は必要ないであろう。また、浅野健一が匿名報道理論を提唱したのも、人物を匿名化することにより、「事件の表面的事実である個人のレベルから、その犯罪がなぜ起こったのかという社会的解明に、犯罪報道の力点が移る」[注63]という点に着目しているのである。私は、棟居と浅野の指摘に強い説得力を感じる。

付言すれば、本多勝一編『子供たちの復讐』[注64]は、少年の関わる2つの事件を終始匿名によって深く掘り下げ、事件の実態に迫ったものとして最高のルポルタージュだと思うが、ルポにおいて少年の実名というものがいかに非本質的なものであるかは、これを読むと非常によく分かる。

**2** また松井は、「検察官に送致されて裁判所で刑事事件として訴追された少年については、いかなる場合であれ、その氏名の公表を禁止しうる根拠はない……。刑事裁判は、憲法の規定により公開であり、被告人の氏名は公開されなければならない。それを公表することに対しては、いかなる制約も許されるべきではない。」という[注65]。

しかし、裁判の公開の要請と報道の自由とはその制度趣旨を異にするのであり、裁判が公開されているからといって氏名等人物特定事項の報道が許されることにはならない。松井の見解は両者を混同している。

**3** 松井は、「容疑者の段階で、氏名等を報道することに問題があっても、審判で非行事実が認定された場合には、もはやそのような配慮は必要ではない」ともいう[注66]。

つまり犯罪者であれば実名報道をしてよいということなのであろうが、犯罪者であるとなぜ実名報道をしてよいことになるのかという肝心な点についての論証が欠落している。罪を犯したという事実はむしろ名誉やプライバシーの内容を構成するのであって、犯罪者であれば実名報道をしてよいということにはならないはずである。あくまでも名誉毀損やプライバシー侵害の免責事由をクリアする必要がある。そして私見によれば、「当該

---

（注63）　浅野・前掲（注30）361頁。
（注64）　本多編・前掲（注14）。
（注65）　松井・前掲（注60）134頁。
（注66）　松井・前掲（注60）134頁。

犯罪を犯したのがどこの誰であるか」を摘示することに公共性はないと思われ、よって、非行事実が認定されても公表は認められない。

**4**　また松井は、「FOCUS」が神戸市の児童殺傷事件の被疑者少年の肖像を掲載した件につき、「その実名報道が妥当であったかどうかは別問題である」と述べつつ、かような当否は、「最終的には国民が判断すべきである」という(注67)。

　ここで「国民が判断すべき」というのが具体的にどのような方策を指しているのかは明らかでない。「FOCUS」のした行為等を事後的に市民が批判すればよいということであろうか。しかし、そもそも「FOCUS」のした行為は、一般の人々ののぞき見的な「見たい」という気持ちと合致しているからこそ自制が求められるのである。市民が判断すればよいというような単純な問題ではない。しかも、仮に、事後的に市民が判断して批判したとしても、一旦掲載・公表されてしまった当人及びその家族等にとっては全く意味のないことである。これは結局、メディアにフリーハンドで少年の人物特定報道を認めるに帰するものであって当を得ないものといわざるを得ない。

**5**　松井は、事件の背景等を報道するときには容疑者の氏名が不可欠であるという前提に立っている。即ち、「事件の事実や背景を報道し論評するときには、容疑者の氏名は結果的に不可欠である。事件の事実や背景を報道し論評する以上、結局は少年の氏名は明らかになってしまうからである。」(注68)、「討論を意味あるものにするためには、十分な事実が報道されなければならない。そのためには、どうしても少年の氏名は明らかになってしまうものである」(注69)等と述べる。

　確かに一般論としては、当該関係者に関する事実を詳細に掘り下げれば掘り下げるほど、当該関係者が特定される可能性は高まるであろう。しかし、それは、何ら配慮をしなければその可能性は高まる、というに過ぎないし、もとより、「氏名が不可欠」ということには絶対にならない。「可能性がある」という問題と「必要性がある」という問題は論理的には全く別

---

(注67)　松井・前掲（注60）136頁。
(注68)　松井・前掲（注60）142頁。
(注69)　松井・前掲（注60）151頁。

のことである。また、繰り返しになるが、本多編『子供たちの復讐』は、匿名のまま実に深く掘り下げられている。

　もとより、関係者の周囲にいる者は、匿名のルポルタージュを読んでも人物を特定できてしまうであろうが、それは、周囲の者はそのルポを読む以前に風聞によって既に事件を知っているからである。問題とされるべき対象は、事件が報じられるまでその関係者について全く知らなかった者である。これらの者（つまり「一般読者」）に対してまで、当該関係者を特定できるに至るような事態を容認するのか、を問題にすべきなのである。

**6**　更に松井は、被害者保護の観点から、容疑者少年の実名報道を正当化する。即ち、「被害者およびその家族……が知りたいのは、加害者の氏名であり、犯罪の具体的事実であり、なぜそのような犯罪が起きてしまったのか、少年の保護者の責任はないのか、などの事実である。たとえそのために少年の更生の妨げとなったとしても、被害者およびその家族の立場では、知る権利のほうが優先するであろう」(注70)という。

　被害者及びその家族には加害者の氏名等を知る権利があるという指摘はもっともである。しかしこの指摘の帰結として実名報道を正当化することには論理の飛躍がある。

　被害者保護の必要性は、被害者に対する情報開示によって解決できる問題なのであって、それを越えて他の不特定多数人に対して少年の人物特定事項を報道することは正当化できないはずである。


## 第2　田島泰彦説

　田島泰彦も、少年法61条が過剰な報道規制措置となっているという(注71)。

　しかしその批判の根拠としては、「報道の自由と知る権利の保障などの憲法的要請に適うとはとうてい言いがた」い、と抽象的に述べるに止まる。

　また田島は、「重大事案については身元の特定を認めたり、……『公共の利益』に適う場合の例外規定を設け、身元の特定が認められる余地を明示する（イギリスでは青少年裁判所での手続の場合）ことが求められよう」とい

---

(注70)　松井・前掲（注60）154頁。
(注71)　田島泰彦「少年事件と表現の自由」田島泰彦=新倉修編『少年事件報道と法——表現の自由と少年の人権』（日本評論社・1999年）12頁。

う（注72）。

　しかし第1に、「重大事案」についてなぜ人物特定事項の報道が是認でき
るのかの論証がない。この点については、松井の見解に対して述べたところ
と同じ反論（第1の1・326頁）が妥当する。

　第2に田島は、「『公共の利益』に適う場合」にも人物特定事項の報道を是
認すべきとし、その「公共の利益」の意味として、「イギリスでは青少年裁
判所での手続の場合」という。ここでは結局、田島がいかなる場合を「公共
の利益」に該当すると主張したいのかが明らかでないが、仮にわが国の少年
法に置き換えて、少年が刑事処分相当として公訴提起された場合を指してい
るのであるとすれば、やはり松井の見解に対して述べたところと同じ反論
（第1の2・327頁）が妥当する。

## 第3　駒村圭吾説

　駒村圭吾は、人物特定化報道は、公共性がない限り不法行為を構成すると
いうが、その「公共」性を広く捉える。具体的には、「重大凶悪犯罪や、歴
史的に明白な特異性がある場合などは、少年の実名・顔写真の公表を含め、
特定化報道が許容される」という（注73）。

　その根拠として駒村は第1に、将来の類似事件に対する社会防衛のため、
という。即ち、「凶悪犯罪の犠牲にならないように一般人が対処するには、
……事件の全容についての知識が不可欠」だからという。確かに一般人が類
似事件の被害防止のために事件の詳細を知る必要はあるかもしれない。しか
し、そうであるからといって当該具体的人物の氏名や顔写真までが必要であ
ることにはならないであろう。つまり一般人に必要なのは、当該事件の加
害・被害の環境や加害・被害に至る原因・経緯、犯行の手口等を知ることな
のであって、その事件をどこの誰が起こしたかを知ったところで一般人の被
害防止の役には立たないのである。

　駒村は第2に、特定化報道を通じ少年を知ることによって、少年の育成環
境を社会全体が反省する契機とするため、という。少年犯罪から社会が反省

---

（注72）　田島・前掲（注71）13頁。
（注73）　駒村圭吾『ジャーナリズムの法理——表現の自由の公共的使用』（嵯峨野書院・2001年）
　　　　249頁。

330　第3編　名誉毀損に関する各論的諸問題

の契機を得ようという目的はもっともであり賛同するが、これもまたこれまで述べてきたところと同様、そのような反省の契機を得るにあたり、少年の実名や肖像を知る必要があるという論理には飛躍がある。

## 第5款　裁判例

　本款では、少年の実名報道が問題となった裁判例に触れておきたい。

### 第1　「週刊文春」事件

　第3款の第1（317頁）で挙げた名古屋地判1999（平成11）年6月30日[注74]と名古屋高判2000（平成12）年6月29日[注75]は、いわゆる「長良川リンチ殺人」その他の事件を起こした被告人の少年に関し、週刊誌「週刊文春」が、仮名ではあるが報道をした件につき、当該少年が名誉毀損・プライバシー侵害を主張して損害賠償等を請求したケースである。

**1**　前述（317頁）の通り、一審・二審判決とも、少年法61条を不法行為法の違法判断の根拠とし、「少年法61条違反」を即不法行為法上の違法としている。

　　もう少し詳しく見ると、一審の名古屋地裁判決は、

　　「少年の健全育成を目的とする少年法の意義・目的、及び少年法61条の趣旨からすると、少年のとき犯した罪により公訴を提起された者について、たとえ仮名を用いたとしても、記載された仮名、年齢、職業、住居、容ぼう等によりその者が当該事件の本人であることを容易に推知することができるような記事を出版物に掲載することは、その者の将来の更生という観点からは実名による報道と同様に大きな障害になると認められるから、原則として、少年法61条に反し違法であると解するのが相当である。」

　　と、少年法61条違反が不法行為法上の違法を来す旨指摘している。

　　そしてその帰結として、

　　「〔少年法61条に違反する〕推知報道については、『当該行為が公共の利

---

（注74）　判タ1060号209頁、判時1688号151頁。
（注75）　判タ1060号197頁、判時1736号35頁。

害に関する事実に係り、かつ、専ら公益を図る目的に出た場合におい
て』も、単に『摘示された事実が真実であることが証明された』だけで
は違法性を阻却するものとはいえ〔ない〕」

とし、名誉毀損の通常の免責事由を充足するのみでは免責されないとして
いる。

ただし、

「①逃走中で、放火、殺人など凶悪な累犯が明白に予想される場合、②
指名手配中の犯人捜査に協力する場合など、少年保護よりも社会的利益
の擁護が強く優先する特殊な場合」のように、「その者の保護、将来の
更生の観点から事件を起こした本人と推知できるような記事を掲載され
ない利益よりも、明らかに社会的利益の擁護が強く優先されるなどの特
段の事情が存する〔場合〕」

のみ、当該推知報道は免責されるとした。

また、二審の名古屋高裁判決も、

「少年法61条……に違反して実名等の推知報道をする者は、当該少年に
対する人権侵害行為として、民法709条に基づき本人に対し不法行為責
任を負うものといわなければならない。」

と、少年法61条が直ちに不法行為法上の違法事由になることを明言する。

ただし、免責事由として、

「少年法61条に違反する実名等の推知報道については、報道の内容が真
実で、それが公共の利益に関する事項に係り、かつ、専ら公益を図る目
的に出た場合においても、成人の犯罪事実報道の場合と異なり、違法性
を阻却されることにはならないが、ただ、……保護されるべき少年の権
利ないし法的利益よりも、明らかに社会的利益を擁護する要請が強く優
先されるべきであるなどの特段の事情が存する場合に限って違法性が阻
却され、免責されるものと解するのが相当である。」

とし、一審判決と同様の基準による免責事由を認めている。

**2** また二審判決は、少年の享有する権利につき、名誉権・プライバシー権
のみならず、「成長発達の過程にあり、健全に成長するためにより配慮し
た取扱いを受けるという基本的人権」を措定し、少年法61条はその権利の
保護を図っているものであるという解釈論を展開している。

**3** これに対する上告審判決が、最 2 小判2003（平成15）年 3 月14日 [注76] である。

この最高裁判決は、仮名による本件記事につき、少年法61条で禁止されている推知報道にはあたらないが、元少年（被上告人）を知る者は当該記事から元少年を特定できるから、名誉毀損・プライバシー侵害の問題は生じ得るとし、名誉毀損・プライバシー侵害それぞれの通常の免責事由について一切吟味がなされていない点を審理不尽であるとして、原判決を破棄し、原審に差し戻した。

即ち、判決は、

「少年法61条に違反する推知報道かどうかは、その記事等により、不特定多数の一般人がその者を当該事件の本人であると推知することができるかどうかを基準にして判断すべきところ、本件記事は、被上告人について、当時の実名と類似する仮名が用いられ、その経歴等が記載されているものの、被上告人と特定するに足りる事項の記載はないから、被上告人と面識等のない不特定多数の一般人が、本件記事により、被上告人が当該事件の本人であることを推知することができるとはいえない。」

とし、本件記事は少年法61条で禁じられている推知報道にはあたらないとした。このため同判決は、少年法61条の解釈についてはこれ以上触れていない。

他方、

「被上告人と面識があり、又は犯人情報あるいは被上告人の履歴情報を知る者は、その知識を手がかりに本件記事が被上告人に関する記事であると推知することが可能であり、本件記事の読者の中にこれらの者が存在した可能性を否定することはできない。そして、これらの読者の中に、本件記事を読んで初めて、被上告人についてのそれまで知っていた以上の犯人情報や履歴情報を知った者がいた可能性も否定することはできない。」

とし、本件記事は、元少年を特定することが可能な記事であるとして、名誉毀損・プライバシー侵害の問題が生じ得るとしたのである。

---

（注76）　判タ1126号97頁、判時1825号63頁。

私は、前述（第3款第4・322頁）の通り、少年の匿名報道原則を基礎づけるにあたって少年固有の法律構成をすることには賛成できないので、本件につき、成人と同様の名誉権・プライバシー権の問題として扱った最高裁のこの判断枠組みには賛成である[注77]。

**4**　上記最高裁判決に基づく差戻審の判決が、名古屋高判2004（平成16）年5月12日[注78]である。

　判決は、

　「公共の利害に関する事実とは、その事実を公衆に知らせ、これに対する批判や評価の資料とすることが公共の利益増進に役立つと認められるものであって、私人の私生活上の行状であっても、社会への影響力の程度によって公共的な観点から必要な批判ないし評価の一資料となり、公共の利害に関する事実にあたる場合があり、その当否は、摘示された事実自体の内容・性質に照らして客観的に判断されるべきものである」

との規範を定立した上で、

　「本件のような凶悪かつ残忍で重大な犯罪事実及びこれに関連する事実は、客観的に見て社会への影響力が大であり、一般市民において関心を抱くことがもっともな事柄であると考えられるから、まさに公共の利害に関する事実というべきであり、犯人特定情報についても、……犯人が犯行時に少年であったことをもって、直ちに公共の利害に関する事実であることが否定されるものではない。」

として、人物特定事項は公共の利害に関する事実にあたるとした。

　「凶悪かつ残忍で重大な犯罪事実及びこれに関連する事実」が公共の利害に関する事実にあたるというのはよいとしても、なぜ人物特定事項までが公共性を有するといえるのかについてこの判決は説明しておらず、説得力に欠けると私は思う。

## 第2　「新潮45」事件

　これは、いわゆる「堺通り魔事件」に関し、月刊誌「新潮45」が、加害少年の実名、住所及び肖像写真等を明らかにしたルポルタージュを掲載したケ

---

（注77）　最高裁のこの判断枠組みについては、第6款（339頁）も参照されたい。
（注78）　判タ1198号220頁、判時1870号29頁。

334　第3編　名誉毀損に関する各論的諸問題

ースである。

この事件で原告（加害少年側）は、名誉権・プライバシー権・肖像権から派生する人格的利益として「実名報道されない人格的利益」があり、「家庭裁判所の審判に付された少年」については、少年法61条の規定の存在に鑑み、上記「利益」が「実名で報道されない権利」にまで高められている、と主張した。

**1** 一審の大阪地判1999（平成11）年6月9日[注79]は、まず被侵害利益について、およそ自然人は、成年か未成年かを問わず「他人に知られたくない私生活上の事実や情報を広く公表されないこと、及び、自己の容ぼう・姿態をその意に反して広く公表されないことにつき、法的保護に値する利益」を有するとし、その中でも「刑事事件につき被疑者とされたという事実」については、「みだりに右事実を公表されないことにつき法的保護に値する利益」を有するという。

「刑事事件につき被疑者とされたという事実」を端的にプライバシーと言ったり、「容ぼう・姿態を……公表」したことを肖像権侵害と言ってしまって全く構わないと思うのだが、この判決がかように持って回った表現をしたのは、1999（平成11）年当時の最高裁が、「プライバシー」「肖像権」という語を使用することに慎重だった点をふまえてのことなのかもしれない[注80]。

**2** 続いて同判決は、上記利益も一定の場合には公表を受忍せねばならないとし、

「その公表が、公共的利害に関する事実の報道として公益を図る目的の下に行われたものか否か、手段・方法が右目的からみて必要性・相当性

---

(注79)　判時1679号54頁。

(注80)　いわゆる博多駅テレビフィルム提出命令事件において最大判1969（昭和44）年12月24日（判タ242号119頁、判時577号18頁）は、「何人も、その承諾なしに、みだりにその容ぼう・姿態……を撮影されない自由を有する」といいつつ、「これを肖像権と称するかどうかは別として」と、直ちに「肖像権」と呼ぶことに対して留保をした。

　また、いわゆる「逆転」事件において最3小判1994（平成6）年2月8日（判タ933号90頁、判時1594号56頁）は、「前科等にかかわる事実……を公表されない利益が法的保護に値する場合がある」としているが、これを特に「プライバシー」とは呼んでいない。もっとも、2003（平成15）年に出された前述の「週刊文春」事件の最2小判は、この「逆転」事件最高裁判決を、「プライバシーの侵害」に関する判例として引用している。

を有するか否かという観点から検討し、その結果、前示のような事項及び写真を掲載されない利益が優越する場合には、その公表が不法行為を構成〔する〕」

という。

つまり免責事由として、公共利害関係性・公益目的性に該当するのみならず手段・方法の必要性・相当性の観点からの比較衡量のテストを受ける必要があるということである。

**3**　更に同判決は、少年法61条については、

「推知報道を禁止することにより、非行を犯したとされる少年について、氏名、年齢、職業、住居、容ぼう等がみだりに公表されないという法的保護に値する利益を保護するとともに、公共の福祉や社会正義の観点から、少年の有する利益の保護や少年の更生につき優越的な地位を与え強い保障を与えようとするもの」

と判示している。つまり、同条は少年に関し、推知事項をみだりに公表されないという法的保護に値する利益を保護したものとするものであり、よって、同条違反をもって不法行為法上の違法事由とするものといえる。

そして同判決は同条違反の行為につき、「少年の有する利益の保護や少年の更生といった優越的な利益を上廻るような特段の公益上の必要性を図る目的」と「手段・方法が右目的からみてやむを得ないと認められること」が立証されない限り、不法行為を構成するとした。

そして原告の主張を認容し、出版社側の損害賠償責任を認めた。

**4**　これに対し、同事件の控訴審判決である大阪高判2000（平成12）年2月29日[注81]は、一審判決を取り消し、出版社側を勝訴させた。

二審判決は、実名報道されない権利ないし利益については、

「人格権には、社会生活を営む上において自己に不利益な事実に関し、みだりに実名を公開されない人格的利益も含まれているということができる。」

とし、これを正面から認めている。

---

（注81）　判時1710号121頁。

しかしその保護範囲については、

「みだりに実名を公開されない人格的利益が法的保護に値する利益として認められるのは、その報道の対象となる当該個人について、社会生活上特別保護されるべき事情がある場合に限られるのであって、そうでない限り、実名報道は違法性のない行為として認容されるというべきである。」

とし、基本的に広く実名報道の余地を認めている。

5　また二審判決は、少年法61条の法的性格については、

「少年の健全育成を図るという少年法の目的を達成するという公益目的と少年の社会復帰を容易にし、特別予防の実効性を確保するという刑事政策的配慮に根拠を置く規定である」

とし、不法行為法上の違法事由を構成するとはしていない。

6　二審判決は、これらの解釈を前提として、

「表現の自由とプライバシー権等の侵害との調整においては、少年法61条の存在を尊重しつつも、なお、表現行為が社会の正当な関心事であり、かつその表現内容・方法が不当なものでない場合には、その表現行為は違法性を欠き、違法なプライバシー権等の侵害とはならない」

とし、「表現内容・方法」の判断において、実名報道の肯否につき、「社会一般の意識としては、右報道における被疑者等の特定は、犯罪ニュースの基本的要素であって犯罪事実と並んで重要な関心事である」ことを根拠として、「実名報道が許容されることはあり得る」とし、

「少なくとも、凶悪重大な事件において、現行犯逮捕されたような場合には、実名報道も正当として是認される」

という。

7　二審判決は、少年法61条をもって不法行為法上の違法事由を構成するものではないという解釈については私と見解を同じくするが、実名報道の肯否に関する判断については私は全く賛同できない。

　二審判決は結局、今までのメディアの実名報道の運用や、重大事件について加害者を糾弾する世間の反応をそのまま是認するに止まっている。「被疑者等の特定」がなぜ「犯罪ニュースの基本的要素」といえるのか、なぜ法的な意味での「重要な関心事」といってよいのかについての考察と

論証が全くなされておらず、説得性に欠けるといわざるを得ない <sup>(注82)</sup>。

### 第3　「光市母子殺害事件の陥穽」事件

　本件は、いわゆる「光市母子殺害事件」について被告人の男性を実名で記した単行本につき、当該男性（本件の原告。なおこの男性は提訴後に同殺人事件について死刑判決が確定している）が、同書籍の著作者及び出版者を被告として、損害賠償等を求めた事案である。

　この件で原告（被告人の男性）は、少年法61条は成長発達権を保護しているところ、本件書籍は少年法61条に違反しているので原告の成長発達権を侵害していると主張した。

**1**　一審の広島地判2012（平成24）年5月23日 <sup>(注83)</sup> は、少年法61条につき、

「少年法61条は、家庭裁判所の審判に付された少年又は少年のとき犯した罪により公訴を提起された者について、当該事件の本人であることを推知できるような記事、写真の掲載を禁止し、犯人情報の開示により生ずる少年の更生、発達への悪影響を排除しようとするものであり、その目的が少年の名誉とプライバシーを保護し、少年の健全な成長を促すことにあるとしても、名誉又はプライバシーとは異なる被侵害利益（成長発達権）を予定するものではないと解するのが相当である。」

とし、

「したがって、本件書籍の出版、販売等が原告の成長発達権を違法に侵害するとの原告の主張は理由がない。」

とした。

**2**　控訴審の広島高判2013（平成25）年5月30日 <sup>(注84)</sup> も、この論点につき、

「一審原告は、成長発達権（少年法61条違反）が侵害されたと主張するが、少年法61条からそのような権利を認めることは困難である。」

とし、原告の主張を認めなかった。

　この判決は、2014（平成26）年9月25日、上告棄却、上告不受理で確定

---

（注82）　本件で問題となった「新潮45」のルポルタージュの執筆者がこの件につき書籍にまとめている（高山文彦編著『少年犯罪実名報道』（文藝春秋・2002年））。私とは立場が異なるが、ジャーナリストとしての真摯な姿勢が伝わってくる1冊である。

（注83）　判時2166号92頁。

（注84）　判時2202号28頁。

している<sup>(注85)</sup>。

## 第6款　推知報道該当性の判断基準

**1**　317頁で述べた通り、私は、少年法61条に私法上の違法性を基礎付ける規範としての意味を与える解釈には賛成しない。同条は、報道機関に対して刑事政策的観点から配慮を要請しているに止まるものと考える。したがって私の立場からは、少年法61条の推知報道に該当するか否かについて細かく究明する実益はない。

しかし、同条が不法行為法上の違法事由になると解する見解からは、同条の推知報道に該当するか否かは違法性の境界を決することになり得るので、それを究明する実益がある。

では推知報道にあたるか否かはいかなる基準で判断すべきか。

この点については、前述（333頁）の「週刊文春」事件に関する最2小判2003（平成15）年3月14日<sup>(注86)</sup>が、原告となった元少年（被上告人）による少年法61条違反の主張に対し、

「少年法61条に違反する推知報道かどうかは、その記事等により、不特定多数の一般人がその者を当該事件の本人であると推知することができるかどうかを基準にして判断すべき」

であるとした上で、本件については、

「被上告人と面識等のない不特定多数の一般人が、本件記事により、被上告人が当該事件の本人であることを推知することができるとはいえない。」

と認定し、少年法61条違反にはならないとした。

**2**　第2章第1節（292頁）で述べた"匿名であっても名誉毀損が成立する"という意味での匿名報道における人物の特定可能性（同定可能性）は、本人について知っている者を判断の基礎としてその特定可能性を検討する

---

(注85)　最1小決2014（平成26）年9月25日（公刊物未登載・最高裁平成25年（オ）第1765号、同年（受）第2158号）。

(注86)　判タ1126号97頁、判時1825号63頁。

必要がある（注87）。

　　上記最2小判も、匿名報道の問題としての特定可能性については、「被上告人と面識があり、又は犯人情報あるいは被上告人の履歴情報を知る者は、その知識を手がかりに本件記事が被上告人に関する記事であると推知することが可能であり、本件記事の読者の中にこれらの者が存在した可能性を否定することはできない。そして、これらの読者の中に、本件記事を読んで初めて、被上告人についてのそれまで知っていた以上の犯人情報や履歴情報を知った者がいた可能性も否定することはできない。

　　　　したがって、上告人の本件記事の掲載行為は、被上告人の名誉を毀損し、プライバシーを侵害するものであるとした原審の判断は、その限りにおいて是認することができる。」
として、本人の特定可能性を肯定している。

　　他方、少年法61条の推知報道にあたるか否かについて最2小判は上記の通り、本人と面識がなかったり本人について予備知識がなかったりする一般人が推知できるかという観点から判断すべきだとする。川出敏裕によれば、最2小判のこの判断基準を前提とした場合、推知報道該当性が実際上肯定されるのは、当該記事に「実名や顔写真が掲載されたような事例に限られることになろう」とのことであるが（注88）、その通りだと思う。

**3**　かくして一般の匿名報道の場合は本人について知っている者を判断の基礎とする（＝実名を報じなくとも特定可能性があり、名誉毀損になり得る）一方で、少年法61条の推知報道該当性の判断の場合には本人について知らない者を判断の基礎とする（＝実名を報じない限り実際上推知可能性はなく、少年法61条違反とはならない）こととなるが、この両者の違いをどう考えたらよいのか。

　　前者の場合、公共性・公益性・真実（相当）性がある限り、人物の特定可能性があっても違法にならないので、特定可能性があるからといって報道が封じられることにはならない。

---

（注87）　この点については、モデル小説の登場人物と実在人物との同定可能性に関する考察（353〜355頁）も参照されたい。
（注88）　川出敏裕『少年法〔第2版〕』（有斐閣・2022年）386頁。

*340*　第3編　名誉毀損に関する各論的諸問題

他方、後者の場合、少年法61条は法文上、推知報道を例外的に許容する
余地を認めていない。とすると、推知可能性の判断の基礎につき "本人に
ついて知っている者" とした場合、およそほとんどの少年事件報道におい
て少年を推知できることになるであろうから少年法61条違反となり、そも
そも少年事件を取り上げることができなくなってしまう。

　このため最 2 小判は、推知可能性の判断につき、"本人について知って
いる者" を基礎とせず、"本人について知らない者" を基礎とするのであ
ろう[(注89)]。

**4**　なお、上記最 2 小判は、かように少年法61条の推知報道の判断基準を示
すものの、推知報道に該当した場合即ち少年法61条に違反した場合に不法
行為法上どうなるのかについては特に何も言っていない。

　この点について同事件の最高裁判例解説は、「少年法61条と少年固有の
成長発達権という権利、同条違反の記事の違法性判断基準等に関する原判
決の判断の当否」という「原判決が残した問題点は、今後、実名を用いた
犯罪事件が報じられた少年が、この報道により健全に成長発達する権利、
実名を報道されないという権利を侵害されたなどと主張して損害賠償を求
めるというような事件において、判断が示されるものであろう」とい
う[(注90)]。

　私は、実名報道につき、少年法61条や成長発達権をもって違法性を基礎
づけることはおよそ相当でないと考えているのだが、最高裁はそこまで言
っているわけではないのである。

# 第 7 款　「絶歌」の問題について

## 第 1　問題の所在

　1997（平成 9 ）年に発生した神戸市の連続児童殺傷事件の加害者の男性が、
2015（平成27）年 6 月に「元少年Ａ」とのペンネームで『絶歌』と題する書
籍を出した。私は書籍の内容を見ていないが、事件に言及したものであるら

---

(注89)　この最 2 小判の調査官解説も同旨の説明をしている（最高裁判所判例解説民事篇・平成15
　　　年度153頁）。
(注90)　前掲（注89）163頁。

第 2 章　匿名報道に関する諸問題　第 4 節　少年事件報道　*341*

しい。またこの男性は、「元少年Ａ公式ホームページ」と謳った自身のホームページを開設し、そのホームページの開設を知らせる手紙を複数の雑誌メディアに送ったという。

『絶歌』の出版の件について、メディアでは、当該男性がこういう書籍を出版することの当否が議論されたりしていたが、私はここで、この男性の現在を報じるにつき、実名で報じることが法律上認められるかどうかについて検討してみたい。(注91)

### 第2　私見

1　条件設定をしよう。『絶歌』の出版後、メディアが、筆者である「元少年Ａ」が現在何をして生計を立てているかを取材報道したとする。そしてその記事において「元少年Ａ」の現在の実名を記載しているほかは、特段、当該男性の名誉を毀損したりプライバシーを侵害したりするものではなかったとする。

　　この場合、当該男性の現在を実名で報じたことは、法律上いかなる問題を生じるか。

2　まず、私見によれば、少年法61条の該当性は問題とならない。第3款の第1（317頁）で述べた通り、私は、少年法61条は私法上の違法性を根拠づけるものと捉えるべきでないと考えているからである。

　　他方、当該男性の現在を実名で報じることは、当該男性が連続児童殺傷事件の行為者であるという事実を摘示することになるので、当該男性の社会的評価を低下させるものとして名誉毀損性が問題となり、また、過去に殺傷事件を起こしたという、人が通常公開を欲しない情報を公開したという意味でプライバシー侵害性が問題となる。

　　そこで以下、当該実名報道が違法な名誉毀損やプライバシー侵害となるかを検討することとする。

3　この問題を検討するにあたっては、「実名を知りたい」という人がいる場合において、以前のそれらの人々の関心と、現在の人々の関心とが違う

---

(注91)　なお、「週刊文春」2016（平成28）年2月25日号は、この男性の現在の状況を写真とともに報じたが、その記事中で当該男性は「元少年Ａ」と表記され、また、男性の顔写真は目の部分に黒い線を入れられたものであり、人物を特定できない形とされたものであった。

ことをはっきりさせておく必要がある。

　以前において「実名を知りたい」と思っていた人の関心は、"あの事件を起こしたのは誰か？"というものだったであろう。これに対し、現在において実名を知りたいと思っている人の関心は、"過去にあの事件を起こした「元少年Ａ」であるとしてこの情報発信行為をしているのはどこの誰か？"という関心であると思う。

　後者の関心に応える情報（「元少年Ａ」名義で情報発信している人の実名）は前者の関心に応える情報（殺傷事件を起こした人の実名）を必然的に含むことになるが、この両者の情報には有意な違いがあると私は思う。

　その違いは、現在において世間の関心を呼んでいる原因が、「元少年Ａ」自身による情報発信行為（書籍の刊行等）にあるという点である。

**4**　匿名言論の自由は保障されて然るべきであると思うが、他方で言論は責任を伴うものであり、匿名言論の自由にも保障の限界はある。かかる観点からすれば、匿名言論の自由があるのと同様に、"匿名言論をしている者が誰であるのかを探索し公表する自由"も表現の自由の一環として認められるであろう。

　もとよりこの"探索し公表する自由"もまた無制限ではなく、徒に探索し公表することが許されるわけではない。そこには一定の限界があるであろう。

　そして、この"探索し公表する自由"は知る権利と表現の自由の範疇にあるのであり、よってその限界を画するのは、その探索・公表に「公共」性があるか否かだということになろう。

**5**　本件の男性は、過去において殺傷事件を起こし、現在においては、そういう事件を起こしたことを前提として自ら「元少年Ａ」を名乗って書籍を刊行し、ホームページで情報発信し、かつ雑誌メディアにホームページを宣伝している。書籍とホームページによるこの情報発信は、過去に極めて重大で特異な事件を起こした者から我われ一般人に向けて直接になされている情報発信なのであるから、その情報を吟味するにあたりその発信者がどこで何をしている誰なのかという情報は、必要不可欠（少なくとも「有益」）であって、これは公共性を有するといえよう。

　つまり、そのような問題関心を持ち、かつそのような問題関心が明らか

にされた記事である限り、その記事で「元少年Ａ」の実名が明らかになっていたとしても、その実名を明らかにした行為は公共性を有するものとして免責の対象になる<sup>(注92)</sup>といえよう。<sup>(注93)</sup>

**6**　この実名の公表によって、「過去に殺傷事件を起こしたのがこの人物だ」という事実も明らかになってしまうことになるが、以前とは異なり、事ここに至っては、問題は、「あの殺傷事件を起こしたのはどこの誰か？」ということに止まっていないのであり、よって、「あの殺傷事件を起こしたのはどこの誰か」という事実のみをもって公共性の有無を判断することは、判断の前提事実として狭きに失すると私は思う。

**7**　なお「週刊ポスト」は、「元少年Ａ」による「絶歌」の公表とホームページの開設を受け、2015（平成27）年９月、「少年Ａの『実名』と『顔写真』を公開する」と題する記事で、この男性の1997（平成９）年の事件当時の写真と実名を公表した<sup>(注94)</sup>。

　しかし私の感覚からすると、書籍刊行やホームページ開設という現在の動きをふまえて過去の実名を公表することは、見当違いであって何ら「公共」性がないように思える。

　「元少年Ａ」は現在は氏名を変えて生活しているのであり、そうであるにも拘わらず過去の氏名を明らかにすることは、前記の現在の読者の問題関心に応えていないばかりか、「元少年Ａ」の親族に対する関係で重大な人格権侵害をもたらしているのではないかと思われるのである。

---

（注92）　具体的に言えば、真実性・真実相当性の法理のうち公共性の要件を充たすといえる、ということである。そして、本文で示したような問題関心があれば公益目的性も充たすであろうから、実名に誤りがない限り、真実性・真実相当性の法理の要件を充たして免責されるということになる。

（注93）　いかなる場合に「公共」性が認められるかについては私は第６編第２章第６節（554頁）の「『公共』性に関する私の理解」で私なりの考え方を述べているが、ここで私が「公共」性を肯定する要因として、「第５」の反論可能性のファクターが大きいと思う。「元少年Ａ」は、自らの著名性が大きなアドバンテージとなって自己の発信する情報の波及力は大きなものであろうから、反論可能性が十分に認められるのである。

（注94）　「週刊ポスト」2015（平成27）年９月25日・10月２日号。

# 第3章——モデル小説による名誉毀損

## 第1節　問題の所在

　文学には、実在人物をモデルにしたモデル小説というジャンルがある。モデル小説によって実在人物に対する名誉毀損が成立するのか、がここでの問題である。

　報道記事やルポルタージュの場合、事実がありのままに書かれていることが前提であり、かつ、通常は実在人物が実名で記載されているため、記事やルポに出てくる人物に関して名誉毀損的な記載がある場合、その人物に関する名誉毀損が成立することに問題はない。たとえ記事やルポ中で仮名が使用されていても、一般読者が当該記載から人物を特定できる場合には、やはり名誉毀損は成立する。

　しかし、モデル小説の場合、作家は、「実在人物をモチーフにはしたが、作中人物は自分が独自に変容して創作したものだ」という感覚を持っている。また、ストーリー展開も実際の出来事から適宜変容させているのが普通である。

　このため、モデルにされた側は「自分のことを書かれた」という感覚を持つ一方、作家は、「もともとこれは作家による創作世界であって実在人物とは関係がない」と主張することとなり、両者の主張が真っ向から対立する。

　そこで、モデル小説にも名誉毀損が成立するのか、が問題となるのである。

# 第2節　　先駆的事例──「宴のあと」事件

　モデル小説の権利侵害性が問題となった先駆的事例は、東京地判1964（昭和39）年9月28日[注1]の「宴のあと」事件である[注2]。

　これは、1959（昭和34）年の東京都知事選で敗れた元外務大臣とその妻で料亭の経営者でもある女性をモデルとして三島由紀夫氏が執筆した「宴のあと」が、元外務大臣のプライバシーを侵害するとして訴訟となったケースである[注3]。

　この事件の判決は、モデル小説の権利侵害性が初めて問題となったケースでありながら、想定される問題点に関し、あますところなく回答を出しており、今なお極めて高い先例的意義を持っているといえる。

## 第1款　モデル小説の読まれ方

　モデル小説につき、作家がいくら「作中人物は自分が独自に変容して創作したものだ」と主張しても、権利侵害性の判断にあたっては、これを読む読者がどのように受け止めるかこそが重要となる。このため、モデル小説なるものが一般にどのような読まれ方をするのかが解明される必要がある。

　この点、判決は、

---

（注1）　判タ165号184頁、判時385号12頁。

（注2）　モデル小説の権利侵害性が問題となった事例としては、「宴のあと」事件の前に、岐阜地判1959（昭和34）年3月28日の「白い魔魚」事件（判タ89号75頁、判時182号17頁）がある。

　　しかしこの事件では、被告である作家側は、"自分は原告のことは知らなかった"と、原告をモデルにしたこと自体を否定した。「宴のあと」及びその後のいくつかのモデル小説の事件の作家がみな、原告をモデルにしたこと自体は認め、"ただし変容させているから原告の権利は侵害していない"と主張しているのに対し、この件では、そもそもモデル小説ではない、という争い方がなされたのである。このため、"変容の度合いや態様"が問題となるような他のモデル小説のケースとは趣を異にするので、先例性はあまりないといえる。

　　なお訴訟の結果は、「被告が原告を本件小説のモデルにしたことを認めるに足る直接の証拠はなく、又これを推認せしめるに足る事実を認むべき証拠もない」として、原告の請求が棄却されている。

（注3）　この事件は、裁判例上プライバシーの権利が初めて承認された事例としても極めて有名である。詳しくは佃克彦『プライバシー権・肖像権の法律実務〔第3版〕』（弘文堂・2020年）11頁以下を参照されたい。

346　第3編　名誉毀損に関する各論的諸問題

「小説が写真や報道記事などと異り作家のフイクション（創作）によつて
支えられているものであるとしても、いわゆるモデル小説と呼ばれるも
のについて、そのモデルを探索し考証することが１つの文学的研究とさ
えなつていることは公知の事実であり、まして小説の一般の読者にとつ
てはモデルとされるものが読者の記憶に生々しければ生々しいほどその
小説によせるモデル的興味（実話的興味と言い換えることもできよう）も大
きくならざるを得ないのが実情であり、そうなればなるほどモデル小説
といわれるものは小説としての文芸的価値以外のモデル的興味に対して
読者の関心が向けられるという宿命にあることもみやすいところである。」
と、読者が作中人物につき、実在するモデルを想起しながら読みがちである
ことを的確に認定している。

## 第２款　作家が創作した部分は権利侵害性がないといえるか

　事実報道やルポルタージュでは事実をありのままに書くことが前提となっ
ているが、小説はストーリーを作者が創作するものである。そしてモデル小
説の場合も、ある部分は実在のモデルや実在の出来事に依拠しつつも、ある
部分は作家が創作している。とすると、作家が創作した部分はそもそも、実
在人物に関するものではなく作中人物に関する記載でしかないのであって実
在人物に対する権利侵害は成立しないのではないかが問題となる。
　この点について判決は、
　「モデル小説の一般の読者にとつて、当該モデル小説のどの叙述がフイク
　ションであり、どの叙述が現実に生起した事象に依拠しているものであ
　るかは必ずしも明らかではないところから、読者の脳裏にあるモデルに
　関する知識、印象から推して当該小説に描写されているような主人公の
　行動が現実にあり得べきことと判断されるかぎり、そのあり得べきこと
　に関する叙述が現実に生起した事象に依拠したものすなわちフイクシヨ
　ンではなく実際にもあつた事実と誤解される危険性は常に胚胎している
　ものとみなければならない。」
　「叙述された事象が読者のモデルに関する知識イメージなどから推して信
　じ難いようなものであれば別であるが、あり得べきことであるかぎり一

第３章　モデル小説による名誉毀損　　第２節　先駆的事例——「宴のあと」事件　　*347*

般的には読者のモデルに対する好奇心、詮索心によつて助長されてフイ
　クションと事実の判別は極めて難しくなるであろうことは明らかである。」
と判示した。つまり、創作部分であっても、読者は通常はそれを創作である
と判断できない以上、その創作部分についても実在人物に対する権利侵害性
は問題となり得るのだということである。

## 第3款　作品の芸術性を法的にいかに評価するか

　三島氏はこの小説を、実在する元外務大臣の私事を暴き糾弾するために書
いたわけではなく、その生き方から触発されて純粋に小説を書いたのであろ
う。かように芸術的動機に出でた場合、そもそも法的責任を問われるいわれ
はないのではないか。法的に言えば、芸術作品であることが利益衡量上有利
に衡量されたり、あるいは違法性阻却事由とされるべきなのではないか、が
問題となる。

　この点について判決は、

　　「小説なり映画なりがいかに芸術的価値においてみるべきものがあるとし
　　ても、そのことが当然にプライバシー侵害の違法性を阻却するものとは
　　考えられない。それはプライバシーの価値と芸術的価値（客観的な基準が
　　得られるとして）の基準とは全く異質のものであり、法はそのいずれが優
　　位に立つものとも決定できないからである。」

と、芸術作品であっても法的責任から全く自由であることはあり得ない旨指
摘している。

　更に判決は、法的責任が問題とならない余地につき、

　　「小説としてのフイクションが豊富で、モデルの起居行動といつた生の事
　　実から解放される度合が大きければ大きいほど特定のモデルを想起させ
　　ることが少くなり、それが進めばモデルの私生活を描いているという認
　　識をもたれなくなるから、……〔権利〕侵害が否定されるがそのような
　　例が芸術的に昇華が十分な場合に多いであらうことは首肯できるとして
　　も、それは芸術的価値がプライバシーに優越するからではなく、プライ
　　バシーの侵害がないからにほかならない。」

と、権利侵害性の有無の判断と違法性阻却事由の判断とを明確に分けて論じ

348　第3編　名誉毀損に関する各論的諸問題

ている。


# 第3節　「名もなき道を」事件

　1990年代に、モデル小説の権利侵害性が問題となる事件について立て続けに判決が出た。「名もなき道を」事件もその1つである。これは、作家高橋治氏の執筆した同名小説が問題となった事案である。高橋氏は、高校時代の同級生で46歳の若さで死亡した男性をモデルにした小説『名もなき道を』を執筆・出版した。同モデルの妹夫婦が、同小説につき自分たちの名誉権等を侵害するとして提訴したのがこのケースであり、判決は東京地判1995（平成7）年5月19日<sup>（注4）</sup>である。

**1**　この判決は、作家が創作した部分が権利侵害性にどのように影響を与えるかにつき、「宴のあと」判決とは正反対の判示をしている。

　いわく、

「実在の人物を素材としており、登場人物が誰を素材として描かれたものであるかが一応特定し得るような小説であっても、実在人物の行動や性格が作者の内面における芸術的創造過程においてデフォルム（変容）され、それが芸術的に表現された結果、一般読者をして作中人物が実在人物とは全く異なる人格であると認識させるに至っている場合はもとより、右の程度に至っていなくても、実在人物の行動や性格が小説の主題に沿って取捨選択ないしは変容されて、事実とは意味や価値を異にするものとして作品中に表現され、あるいは実在しない想像上の人物が設定されてその人物との絡みの中で主題が展開されるなど、一般読者をして小説全体が作者の芸術的想像力の生み出した創作であって虚構（フィクション）であると受け取らせるに至っているような場合には、当該小説は、実在人物に対する名誉毀損あるいはプライバシー侵害の問題は生じない」

---

（注4）　判タ883号103頁、判時1550号49頁。

というのである。

　そしてその理由として、

　「けだし、右のような場合には、一般読者は、作中人物と実在人物との
　同一性についてさほどの注意を払わずに読み進むのが通常であり、実在
　人物の行動ないし性格がそのまま叙述されていて、それが真実であると
　受け取るような読み方をすることはないと考えられるからである。」
とする。

　しかし、実在人物の行動や性格が「小説の主題に沿って取捨選択ないし
は変容」されているかどうかは、モデルとされた実在人物以外の者（つま
り真相を知らない者）には分からないであろう。作者がいくら「取捨選
択」し「変容」させて「事実とは意味や価値を異にするものとして作品中
に表現」したとしても、読者は、現実の事実がどうであるかを知らない以
上、作家が現実の事実のどこをどう取捨選択し、変容させ、意味や価値を
変えたのかは全く分からないはずである。「実在しない想像上の人物が設
定されてその人物との絡みの中で主題が展開される」との点も同様である。
モデルとされた関係者以外の者は、どの登場人物が想像上の者であるかは
分かりようがない。

　作家による「取捨選択」や「変容」をもって権利侵害性を否定する上記
判断は、現実には起こり得ない事態を述べているに過ぎないように思われ
る。

　前述の「宴のあと」判決は、

　「モデル小説の一般の読者にとつて、当該モデル小説のどの叙述がフィ
　クションであり、どの叙述が現実に生起した事象に依拠しているもので
　あるかは必ずしも明らかではない」
としており、「名もなき道を」判決とは正反対の判断をしている。「宴のあ
と」判決の方が、読者の受け止め方の実態に即した判断をしていると私は
思うが、いかがであろうか。

　なお「名もなき道を」判決は、結果として「一般読者をして小説全体が
作者の芸術的想像力の生み出した創作であって虚構（フィクション）であ
ると受け取らせるに至っているような場合」には権利侵害の問題は生じな
いと言うが、真実を知らない読者がフィクションであると分かるストーリ

350　第3編　名誉毀損に関する各論的諸問題

ーとは、登場人物が空を飛ぶなどよほど荒唐無稽なものである場合などに限定されるはずである。

**2**　この判決につき、「モデル小説の自由を推し進めた画期的判決」と評する見解もあるが<sup>(注5)</sup>、私はこの判決は、現実の読まれ方に対する理解が不足しており、事実誤認のきらいがあるのではないかと受け止めている。


# 第4節　「捜査一課長」事件

これは、作家清水一行氏が、いわゆる「甲山事件」<sup>(注6)</sup>を題材に執筆した小説「捜査一課長」が、甲山事件の被告人として冤罪と闘っている原告の名誉毀損等にあたるとして訴訟となったケースであり、一審判決は、大阪地判1995（平成7）年12月19日<sup>(注7)</sup>である。

**1**　一審判決は、実在の事件にヒントを得た小説の構成要素を「素材事実」（作者の資料・取材等に基づく事実）と「虚構事実」（作者がその想像で補った虚構の事実）とに分類し、その小説を、創作類型により次の通り分類する。

　A　小説の描写中において、素材事実が、本来の事件をもはや具体的に想起させないほどに完全に消化され、作家の想像・虚構に基づく小説の構成要素に換骨奪胎されてしまった場合。

───────────────────

（注5）　五十嵐清『人格権法概説』（有斐閣・2003年）88頁。

（注6）　「甲山事件」とは、1974（昭和49）年に兵庫県の精神発達遅滞児施設「甲山学園」の園児2名が同園内の浄化槽から遺体で発見されたという事件である。
　　　この件については、うち1名の死亡につき同園の保母が殺人犯と疑われて逮捕・勾留されたが、1975（昭和50）年に同保母は一旦不起訴処分となった。しかしその後、検察審査会が不起訴不当の議決を行ない、1978（昭和53）年に保母は再び逮捕・勾留され、起訴された。
　　　一審の神戸地裁は7年の審理を経て、1985（昭和60）年に同保母に無罪を言い渡したが、検察側が控訴、二審の大阪高裁は1990（平成2）年に破棄差戻しの判決をした。1992（平成4）年には保母の上告が棄却され、事件は神戸地裁に差し戻されたが、神戸地裁は1998（平成10）年、再度無罪を言い渡した。これに対して検察側がまたも控訴したが、大阪高裁は1999（平成11）年に検察側の控訴を棄却し、事件から25年目でようやく保母の無罪が確定した。
　　　かくして今では「甲山事件」の名称は、園児の死亡事件というよりも同保母を25年間苦しめた冤罪事件として著名となっている。

（注7）　判タ909号74頁、判時1583号98頁。

B　小説の描写中において、素材事実の重要な一部ないし全部が、本来の事件を容易に具体的に想起させる程度に原形を留めた形で、使用された場合。

そしてこのBの類型を更に、

a　素材事実と虚構事実（及び作者の意見表明）との間が截然と区別されている場合

b　素材事実と虚構事実とが渾然一体となって、区別できない場合

の2つに分類し、このBの類型を「モデル小説」であるという。

このBの類型は、「名もなき道を」判決にいう「実在の人物を素材としており、登場人物が誰を素材として描かれたものであるかが一応特定し得るような小説」に対応するものであろう。しかし「名もなき道を」判決と本判決とは、その後の分類処理の仕方が異なる。「名もなき道を」判決は、そこから作家側が実在人物の行動等を「取捨選択」したり「変容」したり、あるいは「実在しない想像上の人物が設定」されるなどした場合に「虚構（フィクション）であると受け取らせるに至」る場合があるという。これに対して本判決は、作家側がどう「取捨選択」し「変容」し、あるいはどのような「想像上の人物」を設定したかというファクターではなく、結果的に当該小説の記載上「素材事実」と「虚構事実」とが区別可能かという、いわば読者側に重点を置いた判断基準を設定している。

**2**　そして一審判決は、Bの「モデル小説」のうち、素材事実と虚構事実とが渾然一体となっているBb類型の「モデル小説」につき、

「虚構事実又は単なる仮定的事実に過ぎないものを、あたかも素材事実であるか、又は素材事実同様の事実であるかのように、当該小説の一般読者に誤信させる結果となる」

と、読者が虚構事実を現実の事実であると誤信してしまう危険性を的確に指摘している。これは「宴のあと」判決が指摘したところと同様である。

この結果、上記Bb類型の「モデル小説」の名誉毀損性の判断につきこの判決は、

「摘示事実が素材事実か虚構事実かを問うことなく、……当該摘示事実が当該個人の社会的評価を低下させるような事実である場合には名誉の侵害となる」

と判示している。

**3**　上記**1**と**2**の判断枠組みは、二審判決の大阪高判1997（平成9）年10月8日<sup>(注8)</sup>もそのまま援用して採用している。


# 第5節　「石に泳ぐ魚」事件

　作家柳美里氏は、知人である大学院生との交友関係を「石に泳ぐ魚」と題する小説中に描いた。小説では、モデルとした知人女性を「朴里花」として登場させた。ところがその描写中にその知人女性の名誉権等を侵害する記載があったため、その知人女性が小説の出版差止め等を求めて訴訟提起したのが本件である。

　この事件は最高裁まで争われたが、3審とも原告女性の勝訴で確定した。この件の各判決は、小説の出版差止めを認めた点がとりわけ大きくクローズアップされ話題となったが、出版差止めの問題については第5編第3章第6節（490頁以下）で取り上げることとし、ここでは「モデル小説」プロパーの問題について触れる。


## 第1款　一審判決（東京地判1999（平成11）年6月22日）<sup>(注9)</sup>

### 第1　原告と「朴里花」との同定の可能性について

　本件が「宴のあと」事件や「捜査一課長」事件と異なるのは、モデルとされた人物が著名人ではなく、題材も著名事件ではないことである。「宴のあと」の場合には、都知事選に立候補した元外務大臣という著名人がモデルとなっていたものであり、世間一般の人々が、登場人物から実在人物を想起できた。また、「捜査一課長」の場合も、「甲山事件」が著名であったため、やはり登場人物から実在人物を想起するのは容易であった。また「名もなき道を」事件のモデルとなった男性も、その死亡の経緯につき地元でよく知られ

---

（注8）　判時1631号80頁。
（注9）　判タ1014号280頁、判時1691号91頁。

第3章　モデル小説による名誉毀損　第5節　「石に泳ぐ魚」事件　353

ていたらしく、やはりある程度の著名性があったようである。

これに対し本件の場合、モデルとされたのは単に柳美里氏と友人関係にあった一学生に過ぎず、世間一般の人々は当該原告女性を知らない。

かような場合、世間一般の読者は「朴里花」から原告女性を特定できない以上、モデル小説であるといっても、原告女性に対する名誉権等侵害の問題が生じる余地はないのではないか、が問題となった。

この点、一審判決は、原告女性に関する属性と、小説中で「朴里花」に与えられた属性とがいくつもの点で一致することを挙げた上で、

「原告と面識がある者又は右に摘示した原告の属性の幾つかを知る者が本件小説を読んだ場合、かかる読者にとって、『朴里花』と原告とを同定することは容易に可能である」

とし、同定可能性を肯定した。

つまり、「朴里花」と原告女性との同定可能性は、原告女性を知らない世間一般人を判断の基礎とするのではなく、原告女性を知る者を判断の基礎として、本件小説を読んだときに「朴里花」から原告女性を想起し特定し得るか、という観点から判断すべきだというのである。

これは一見、記事や記載の意味内容を「一般読者の普通の注意と読み方」に照らして判断すべきとの判例法理とは矛盾する判示のように見えるが、そのようなことはない。

「一般読者の普通の注意と読み方」とはありていにいえば、名誉毀損言論の解釈にあたっては社会通念に従った「注意と読み方」で判断すべきということを表わしているのであって、「判断の基礎」を一般人にしろと言っているのではない。

それにそもそも、作中人物とモデルとの同一性は、モデルを知る者を想定してしか判断できないのであるから、原告女性を知る者を判断の基礎とするのは当然である。しかし、かように原告女性を知る者を判断の基礎とした上で、原告女性を知る者が本件小説を読んだときに「朴里花」から原告女性を同定し得るかどうかについては、社会通念（即ち一般読者の普通の注意と読み方）に照らして判断すべき、ということを判示しているのである。判断の基礎を誰とするかの問題と、判断それ自体をどのように行なうかは区別されなければならない。

よくお考え頂けば分かると思うが、著名人のケースと市井人の本件とで、判断の枠組みに違いは全くない。「宴のあと」の元外務大臣の場合、単に、「当該モデルを知る者」の人数が、「石に泳ぐ魚」の原告女性を知る者の場合よりも多いというに過ぎない。つまり両者は、判断の基礎になり得る人数の多さに違いがあるだけであって、質的には何ら変わりはないのである。

　更に言えば、世間一般の人が「石に泳ぐ魚」から原告女性を特定できないとの理由で権利侵害性を否定できるのであれば、仮に実名報道の名誉毀損事例であっても、実名報道された被害者が無名であれば、「世間一般の人は当該実名記事からその被害者を特定できないから名誉毀損は成立しない」という理屈が成り立ってしまう。これが結論としておかしいことに異論はないであろう。同定可能性は、いかなる場合においてもあくまでも当該被害者を知る者を基準に判断しなければならないのである。

　そして一審判決は、前述の通り原告と「朴里花」との同定可能性を肯定した上で、

　「原告と面識があり、又は、……原告の属性の幾つかを知る読者が不特定
　　多数存在することは推認するに難くない」

とし、原告と「朴里花」とを同定できる者は不特定多数いるとした。

　これにより、本件小説中に「朴里花」の社会的評価を低下させる性質の記載がある場合には、不特定多数の者がその記載を原告に関するものと読んでしまうことになり、その結果として原告の名誉が毀損される、という判断につながっていく。

## 第2　作家が創作した部分の権利侵害性

　本件でも、作中人物「朴里花」は作家の創作によるものであって、「朴里花」に関する記載が原告女性の権利を侵害することはない、とのモデル小説特有の主張が作家側からなされている。

　これに対し判決は、

　「小説中の登場人物（本件においては「朴里花」）が虚構の人物であるとし
　　ても、その人物にモデルとなった実在の人物（本件においては原告）の属
　　性が与えられることにより、不特定多数の読者が小説中の登場人物とモ
　　デルとを同定することができ、小説中の登場人物についての記述におい

て、モデルが現実に体験したと同じ事実が摘示されており、かつ、読者
にとって、右の記述が、モデルに関わる現実の事実であるか、作者……
が創作した虚構の事実であるかを截然と区別することができない場合に
おいては、小説中の登場人物についての記述がモデルの名誉を毀損……
する場合がある」

と指摘した。

　これは「捜査一課長」判決が、素材事実と虚構事実とが渾然一体となった
モデル小説の場合に、

「摘示事実が素材事実か虚構事実かを問うことなく、……当該摘示事実が
当該個人の社会的評価を低下させるような事実である場合には名誉の侵
害となる」

と指摘したのと同じ判断の枠組みに立っているといえる。


## 第2款　二審判決（東京高判2001（平成13）年2月15日）[注10]

### 第1　同定の可能性について

**1**　同定の可能性は控訴審でも問題となったが、控訴審判決も、モデルとさ
れた女性（被控訴人）と「朴里花」の属性とを比較対照した後、

「このような被控訴人の属性からすると、〔被控訴人の通う大学〕の多く
の学生や被控訴人が日常的に接する人々のみならず、被控訴人の幼いこ
ろからの知人らにとっても、本件小説中の『朴里花』を被控訴人と同定
することは容易なことである。したがって、本件小説中の『朴里花』と
被控訴人との同定可能性が肯定される。」

と、同定可能性を肯定している。

**2**　そして出版社（控訴人）側が、被控訴人は一介の無名の留学生なので不
特定多数の読者が本件小説中の「朴里花」と被控訴人とを同定することは
できないから、本件小説が被控訴人の権利を侵害することはあり得ない、
と主張したのに対し、二審判決は、

「表現の対象となったある事実を知らない者には当該表現から誰を指す

（注10）　判タ1061号289頁、判時1741号68頁。

356　第3編　名誉毀損に関する各論的諸問題

のか不明であっても、その事実を知る者が多数おり、その者らにとって、
　当該表現が誰を指すのかが明らかであれば、それで公然性の要件は充足
　されている。」
とし、権利侵害性があり得ることを肯定している。

　なお、二審判決はこの問題を「公然性」の要件の問題として議論してい
るが、公刊物中の記載から実在の被害者を特定できる者がいるか、いると
してどれくらいいるかを民事上の名誉毀損の問題において議論するのであ
れば、それは、因果関係の存否と損害の多寡の問題になるのであり、「公
然」性という問題提起は適切でないと思う。

## 第2　純文学作品の読まれ方

　控訴審では出版社側は、"純文学の読まれ方"論を展開した。いわく、純
文学作品の読者は、小説の登場人物を、モデルとされた実在人物と区別して
読むのであり、虚構の事実を全て事実と認識してしまうような読者は一部に
過ぎない、として、かような一部の読者が存在することをもって作中人物と
実在人物とを同定できるとすべきではない、というのである。

　これに対して二審判決は、

　　「本件小説には現実に即する記述部分のほか、控訴人柳が私的現実からの
　　異化と称する虚構に属する記述部分もある」

と言いつつも、

　　「小説の読者にとって、実在の人物の行動・性格がどのようなものである
　　かは必ずしも明らかではないから、むしろ、描かれているシチュエーシ
　　ョンが実在の人物に係るシチュエーションと同一と認識され、かつ、小
　　説中の人物にモデルとされた実在の人物の属性が多く与えられていると、
　　現実とは客観的に異なる行動・性格も、現実と同様又はこれに近いもの
　　と誤解されてしまう可能性がある。それを一部の読者が誤った読み方を
　　したためであるということはできない」

として、出版社側の主張を排斥した。

　もともと、「純文学」概念も「読まれ方」自体も定まったものはない以上、
「純文学の読まれ方」に一定の傾向も形式もないのであり、出版社側の主張
は証拠に基づかない独自の観念論に過ぎないものであった。したがって、か

かる判示はもっともなものといえよう。


### 第3款　最高裁判決（最3小判2002（平成14）年9月24日）<sup>(注11)</sup>

最高裁判決は、二審の判断を要約した上で、

「原審の確定した事実関係の下において、原審の上記各判断がいずれも憲
法21条1項に違反するものでないことは、当裁判所の判例……の趣旨に
照らして明らかである。所論のその余の違憲の主張は、その実質は事実
誤認又は単なる法令違反を主張するものにすぎない。論旨はいずれも採
用することができない。」

との短い判示により、二審判決を是認するものであった。

　上告審では柳美里氏側は、同定可能性の論点につき、小説の表現形式をふ
まえて判断すべきとの主張を展開していたが、最高裁は上記の通りのいわゆ
る三行半の判示でこれを退けた。つまり最高裁は、"同定可能性"論や"小
説の読み方"論はいずれも、小説中の記載から原告女性を特定できるかどう
かの、記載内容の解釈、即ち事実認定の問題であると考え、特に判断を示さ
ず上告を棄却したのであろうと思われる。


# 第6節　　モデル小説に関するその後の裁判例

　本節では、モデル小説に関するその後の裁判例を紹介する。

**1**　東京地判2004（平成16）年5月31日<sup>(注12)</sup>は、「XO醬男と杏仁女」と題す
る小説が、中国の著名な詩人Aの名誉を毀損するものであるとしてAの相
続人が原告となって提起された訴訟である。

　　判決は、当該小説につき、Aを素材としたモデル小説であると認定した
上で、

---

(注11)　ここに記載したのは柳美里氏の上告に対する判断であり、公刊物未登載（最高裁平成13年
　　　　（オ）第852号）である。出版社の上告に対する判断は、判タ1106号72頁、判時1802号60頁。
(注12)　判タ1175号265頁、判時1936号140頁。

358　第3編　名誉毀損に関する各論的諸問題

「このようなモデル小説においては、実在の人物を素材としても、不特定多数の読者に小説全体が作者の創造力の生み出した創作で虚構と受け取らせるに至っている場合には実在の人物に対する名誉毀損には当たらない」

とする一方、

「不特定多数の読者が登場人物とモデルとを同定することができ、登場人物の記述において、モデルの体験した事実と同じ事実が摘示されており、かつ、不特定多数の読者にとって上記記述がモデルに係わる現実の事実であるか、作者が創作した虚構の事実であるかを明確に区別することができない場合には、小説中の登場人物についての記述が実在の人物に対する名誉毀損となる場合があるものと解される。」

としている。これは「石に泳ぐ魚」事件の一審判決の説示（355頁・第5節第1款第2）とほぼ同趣旨の説示である。“作者が創作した部分であっても、それが創作であると読者が判断できないのであればその創作部分についても実在人物に対する権利侵害性が問題とならざるを得ない”というこれまで説明してきた問題意識が反映された判示だといえる。

**2** 　東京地判2007（平成19）年4月11日[注13]は、高杉良氏の執筆した小説「乱気流　小説　巨大経済新聞」が、日本経済新聞社の元社長らの名誉を毀損するものであるとして訴訟となったケースである。

判決は、原告と作中人物との同定可能性の判断につき、「捜査一課長」事件の二審判決[注14]及び「石に泳ぐ魚」事件の二審判決[注15]を引用して、

「小説中の登場人物が虚構の人物であるとしても、その人物にモデルとなった実在の人物の属性が付与されることにより、相当数の読者が小説中の登場人物と実在人物とを同定することができ、小説中の登場人物についての記述において、実在人物が現実に体験したと同じ事実が摘示されており、かつ、読者にとって、当該記述が、実在人物に関わる現実の事実であるか、作者が創作した虚構の事実であるかを截然と区別することができない場合においては、小説中の登場人物についての記述が実在

---

（注13）　判タ1238号151頁、判時1993号24頁。
（注14）　大阪高判1997（平成9）年10月8日（判時1631号80頁）。
（注15）　東京高判2001（平成13）年2月15日（判タ1061号289頁、判時1741号68頁）。

第3章　モデル小説による名誉毀損　　第6節　モデル小説に関するその後の裁判例　　*359*

人物の社会的評価を低下させる場合があるというべきである」
としている。これも上記**1**の判決と同様の問題意識である。

**3**　熊本地判2007（平成19）年3月23日<sup>(注16)</sup>及びその控訴審の福岡高判2008（平成20）年4月24日<sup>(注17)</sup>は、熊本刑務所が、受刑者の執筆にかかる小説を所内誌「大阿蘇」に掲載したところ、他の受刑者（原告）が、当該小説は自身の名誉権等を侵害しているとして、刑務所職員による当該小説の所内誌への掲載等の行為につき国に対し国家賠償請求をした事案である。

　　一審判決は、名誉毀損の成立は認めなかったものの、当該小説が所内誌に掲載されることにより"刑務所内で改善更生に向けた取り組みを不当に妨害されない法的利益"を原告は侵害されたとして、慰謝料5万円の範囲で請求を認容した。

　　これに対し二審判決は、当該小説の記載が原告のプライバシーを侵害するとともに名誉を毀損するとして、一審と同額の慰謝料5万円を認めた。同判決は、プライバシー侵害性の判断の部分においてではあるが、

「小説において、読者が小説中の登場人物とモデルとを同定することができ、登場人物の記述につき、現実の事実と虚構の事実が渾然として記載されているため、虚構の事実を現実の事実と誤解する危険性が高く、このような誤解を避ける十分な配慮がされていないときは、小説中の事実は虚構であると現実であるとに関わらず、現実の事実と誤解される可能性があるから、そのような小説中に登場人物のモデルとなった者のプライバシーにかかる事実が記載されている場合には、当該小説はモデルのプライバシーを侵害するというべきである。」

と、**1**及び**2**の判決と同様の問題意識を判示している。

**4**　東京地判2009（平成21）年8月26日<sup>(注18)</sup>は、「小説　会計監査」と題する小説が、元新聞記者である原告の名誉を毀損するものであるとして損害賠償等が請求された事案である。

　　判決は、

---

(注16)　判タ1297号142頁。
(注17)　判タ1297号130頁。
(注18)　判タ1342号202頁。

「小説中の登場人物が虚構の人物であるとしても、その人物にモデルと
なった実在の人物の属性が付与されることにより、相当数の読者が小説
中の登場人物と実在人物とを同定することができ、かつ、小説中の登場
人物についての記述が、読者にとって、実在人物に関わる現実の事実で
あるのか、作者が創作した虚構の事実であるのかを判然と区別すること
ができないものである場合や、小説中の登場人物に対する評価やその行
動に対する論評等に関する記述の前提とされている事実についての記述
が実在人物に関わる事実に基づくものである場合には、読者は、当該記
述が実在人物に関わる事実であると読むの〔が〕通常であると考えられ
るから、これらの小説中の登場人物についての記述が他人の社会的評価
を低下させる内容のものであるときには、当該記述をもって実在人物の
社会的評価を低下させるものと評価されることがあり得るというべきで
ある。」

とした。これまで挙げてきた判決と同様の問題意識である。

なお、この判決は、

「小説中の登場人物に対する評価やその行動に対する論評等に関する記
述の前提とされている事実についての記述が実在人物に関わる事実に基
づくものである場合」

と、これまでの判決にはなかった判示をしているが、これも要するに、小
説中の事実の記述と実在人物に関わる事実とを対照すべきことを述べてい
るのであり、これまでの判決と異なる判断がなされていると解する必要は
ない。

# 第7節　小説に名誉毀損を認めることは小説表現の自由を侵害するか

**1**　モデル小説などに対して裁判所が名誉毀損等を認めて作家側敗訴の判決
を出すと、作家側の表現の自由を擁護する立場から判決に対し、小説表現
に対する脅威であるとの論評がよくなされる。私が原告代理人を担当した
「石に泳ぐ魚」事件に関しても、柳美里氏を敗訴させた判決に対し、「文学

第3章　モデル小説による名誉毀損　第7節　小説に名誉毀損を認めることは小説表現の自由を侵害するか　*361*

性を無視した判決」(注19)、「このままでは文学がたたき潰されるであろう」(注20)、「モデル小説という文学の一ジャンルの存在を否定し、結局のところそれを窒息させるものである」(注21)等の種々のコメントがなされた。

　確かに純粋に創作的意欲を持って執筆したにも拘わらずそれが裁判所から違法だと指弾された場合、作家が筆を制約されているとの気持ちになることは理解できる。しかし、真に文学に対する脅威と言わねばならないほどに看過し難いことであるのかについては、私は異論を持っている。以下、私の考えについて簡単に触れておきたい。

**2**　文学表現の自由を考える際、事実報道やルポルタージュとの違いを意識していただくと、話を進めやすい。

　報道やルポの場合、その報じている内容が名誉毀損にあたる場合であっても、いわゆる真実性・真実相当性の法理により免責が与えられる。かかる免責法理が設けられているのは、免責を与えなければ有益な事実報道を抑圧することになってしまうからである。

　報道やルポの場合、事実を事実通りに伝えるところに本質がある。たとえば、報道機関やルポライターがとある権力者の汚職の事実を掴んだ場合、その事実を報じれば当該権力者の社会的評価を低下させざるを得ないが、報道やルポはその事実を報じる点にこそ存在意義がある以上、事実をそのまま報じるしかない。しかしこの場合にその報道・ルポが名誉毀損の責を負わせられるようでは、まさに表現の自由の趣旨、つまり、自由な言論による民主的社会の実現という趣旨に反する事態になってしまう。そうであるがゆえに公共性等を斟酌した免責の余地が不可欠なのである。

　他方、小説表現の場合、自己の描きたい本質を何に託すかは表現者の全くの自由であり、そこには何の制約もない。事実を事実通りに書かねばならないという制約（報道やルポには不可避の制約）が全くない。たとえば「石に泳ぐ魚」事件のように、原告女性の属性をそのまま踏襲した副主人

---

（注19）「石に泳ぐ魚」事件の一審判決に対する文芸評論家清水良典のコメント。毎日新聞1999（平成11）年7月5日朝刊。
（注20）「石に泳ぐ魚」事件の二審判決に対する小説家車谷長吉の文章中の記載。月刊新潮2001（平成13）年8月号211頁。
（注21）大石泰彦「プライバシー等の侵害を理由とする小説の出版差止め——『石に泳ぐ魚』事件」ジュリスト1246号14頁（2003年）。

公「朴里花」を登場させなければならないということはなく、書きたい本質を表現するために全く新たな小説世界を自由に創造することが、小説表現者には許されているのである。

もっとも、作家が現実の何かに触発され、現実の出来事にモチーフを求めることはあるであろう。しかし、現実の出来事にモチーフを求めたとしても、その現実の出来事をそのまま小説に表現しなければならないという制約はない。

「石に泳ぐ魚」事件の場合でも、原告女性の属性をそのまま小説に表現しなければならないという制約はない。

原告女性の属性をそのまま小説に表現しない方法として最も単純な方法は、原告女性の属性に関する記号（出身・学歴・性別など）を付け替える、という方法があり得るが、しかし、自己の体験に基づいて感じた"伝えたい本質"をより多くの読者に伝えるためには、その"伝えたい本質"を普遍化する必要があるであろう。そしてその体験を読者に向けて普遍化する場合、単なる記号の付け替えをするのでは読者に伝えることは難しいのではないだろうか。普遍化するためにはその時の体験を、全く別の類比物・類比事象に託すのが最も有効であり、また、通常行なわれていることなのではあるまいか (注22)。ある表現者は、自分の体験を、「納屋を焼くことを趣味とする男性」に託すかもしれないし、あるいは、「踊る小人の夢を見た

---

（注22）　福田和也は、改訂版『石に泳ぐ魚』の新潮文庫版の解説（2005年）において、「石に泳ぐ魚」事件の一審判決につき、
　　「きわめて傲慢な判決としかいい様がない」
　と強い言葉で非難した上、
　　「『表現』について云々するにとどまらず、『真の友情』を『プライベートな世界』に限定すべきだという旨の裁断は、もっとも個人的な感情を普遍に表現するという文学の本質を否定するものであろう」
　と言う（同書241頁）。
　　福田のかかる記述は、一審判決の、
　　「被告柳が原告に対する真の友情の発露として、原告の顔面の腫瘍に言及するというのであれば、それは、本来、同被告と原告の全くプライベートな世界で行なわれるべき性質のものである。」
　との説示に対する反応であろう。
　　福田は「もっとも個人的な感情を普遍に表現する」のが「文学の本質」だと言うが、そのようなことを一審判決は何ら否定していない。
　　一審判決はただ、当該小説ではそれが「普遍に表現」されていないと感じたというだけであろう。私もそう感じる。

人」に託すかもしれない<sup>(注23)</sup>。小説表現はかくも全く自由なのである。事実報道とは異なり、事実に縛られる必要は全くない。<sup>(注24)</sup>

以上の次第であるから、小説表現が実在人物の権利と抵触する可能性が起きるという事態は、極めて希有な事例なのである。

時折起こる希有なケースは、事実に縛られる必要が全くないにも拘わらず、小説家の方で、わざわざ特定の人物の現実世界の領域に入り込んで来て執筆したがために起こるものだといえる。つまり、小説家自身が、書かれる側の人格権と交錯する領域に自発的積極的に入って来たとしか言いようがないのである。そのようにわざわざ入って来た場合に一定の制約を受け得るとしても、それは表現の自由に対する不当な制約とはいえないであろう。なぜなら小説家の前には、その領域に入り込まずに表現できる無限の広大な領域が広がっているからである。これを不当な制約だという小説家は、私の感覚からすると、広大な空港の中の、猫の額のような喫煙室にわざわざ入って来て、「タバコの煙がけむたい」と言っているように感じられてならない。

---

(注23)　これらはいずれも、村上春樹の小説が出典である。

(注24)　大石・前掲（注21）14頁は、「石に泳ぐ魚」事件の控訴審判決が「現実に題材を求めた場合も、これを小説的表現に昇華させる過程において、現実との切断を図り、他者に対する視点から名誉やプライバシーを損なわない表現の方法をとることができないはずはない」と指摘したことに対し、「このような考え方は……容易に受け入れることはできない」と言い、更に、「こういう考え方に立てば、『ノンフィクションの自由』も大きく制限されることになることは言うまでもない」と言う。

　　　　ここに「ノンフィクション」とはルポルタージュと同義かそれに似たものを指していると見てよいであろうが、控訴審判決の上記判示は、一から百まで創作することが許される小説に関するものである。小説に関して「一から創ってよいのだから他人の名誉やプライバシーを損なわないことはできるでしょう？」と言うことが、どうしてノンフィクションやルポルタージュに対する大きな制限になるのだろうか。私には理解しかねる。少なくとも、「言うまでもない」ほど明らかな「大きな制限」があるとは思われない。

　　　　なお念のために言うと、ノンフィクションやルポルタージュは、実在人物の権利との交錯の可能性を免れない以上、実在人物に対する配慮を要するのは当然であり、よって相応の制約があるのはやむを得ない筈である。それが「大きな制限」になるかどうかは免責要件の解釈適用の問題であって、控訴審判決の上記判示に問題があるわけではない。

第 **4** 編

# 名誉毀損の効果論その1　損害賠償

　第4編と第5編は、名誉毀損の法律効果についてまとめたものである。第4編は、効果論として最も基本的な損害賠償について取り上げた。

　名誉毀損訴訟の場合、損害賠償請求の部分は、名誉毀損さえ認められればとりあえずいくばくかの慰謝料が間違いなく認容されるので、他の不法行為訴訟と比べ、訴訟追行上、損害の主張・立証にあまり重きが置かれないように思われる。しかし、突き詰めて考えるとここにも様々な論点があり、各論点に、名誉毀損訴訟の適正な解決のための鍵が隠れているような気がする。

　引き続き勉強を続けていきたい領域である。

# 第1章――損害賠償請求

**1**　名誉権は人格権の中の1つであり<sup>(注1)</sup>、不法行為法における保護法益となることに争いはない。特に名誉は民法710条で「名誉を侵害した場合」において財産的損害のみならず非財産的損害の賠償請求もなし得る旨規定されており、名誉毀損をされた場合に損害賠償請求できることに疑いはない。

　　名誉を毀損された場合の効果として、かかる損害賠償請求のほかに、民法723条に基づく謝罪広告等の回復処分や、人格権としての名誉権に基づく差止めの請求が認められるが、これらについては第5編（415頁以下）で取り上げることとし、ここでは損害賠償請求に関する各種の論点を検討する。

**2**　不法行為に基づく損害賠償については債務不履行に関する民法417条が準用される（同法722条1項）ので、金銭賠償の原則が妥当する。

---

（注1）　最大判1986（昭和61）年6月11日（判夕605号42頁、判時1194号3頁）参照。

# 第2章——名誉毀損における「損害」

## 第1節　「損害」とは

名誉毀損における「損害」にはいかなるものがあるか。

**1**　これを検討するにあたり、最3小判1997（平成9）年5月27日[注1]の判示を引用したい。

「不法行為の被侵害利益としての名誉（民法710条、723条）とは、人の品性、徳行、名声、信用等の人格的価値について社会から受ける客観的評価のことであり……、名誉毀損とは、この客観的な社会的評価を低下させる行為のことにほかならない。新聞記事による名誉毀損にあっては、これを掲載した新聞が発行され、読者がこれを閲読し得る状態になった時点で、右記事により事実を摘示された人の客観的な社会的評価が低下するのであるから、その人が当該記事の掲載を知ったかどうかにかかわらず、名誉毀損による損害はその時点で発生していることになる。」

名誉毀損とは社会的な評価を低下させることであるから、社会的評価が低下した時に「損害」が発生している、との明快な判示である。

かくして、名誉毀損の「損害」として、「社会的評価の低下」を挙げることができる。

**2**　これに対し、藤原弘道[注2]は、「社会的評価の低下」は侵害行為そのものであって、「損害」ではないという。

---

（注1）　判タ941号128頁、判時1604号67頁。
（注2）　藤原弘道「不法行為2　名誉毀損」伊藤滋夫総括編集・藤原弘道＝松山恒昭編『民事要件事実講座4　物権・不当利得・不法行為』（青林書院・2007年）237頁。

なるほどそういう考え方もあるのかもしれない。

しかし、仮にそうだとすると、社会的評価の低下とは別個に「損害」を観念するというのであるから、社会的評価を低下させる行為即ち名誉毀損文書の頒布という行為はあっても「損害」が発生しないという事態も観念的にはあり得ることになってしまう。

つまり、名誉毀損文書の頒布による社会的評価の低下という事態を観念するだけでは「損害」が発生したとはいえず、それ以外に何か「損害」が発生したといえる事実が存在しないと「損害」がないことになってしまう。

たとえば（"いかにも"な机上の設例で申し訳ないが）社会と交流を完全に断っている人（A）に関して名誉毀損文書が頒布された場合を想定されたい。この場合、その文書が頒布されたからといって、（Aは仕事をしていないから）Aには減収もないし、（Aは人と接していないから）Aに対する周囲の人の接し方が変わるという事態もないし、（当該文書の存在をA自身は知らないから）A自身が外を歩きにくくなるということもない……ということになろう。このような場合、藤原の見解を前提とすると、名誉毀損の「損害」は発生していないことになってしまうのではなかろうか。

しかしそれは妥当ではあるまい。減収があったとか、周囲の人が自分に接してくれなくなったとか、自分が外を歩きにくくなったとかいう事態が発生していなくても、Aの社会的評価を低下させたといえる事態が起きている以上、それによってAに「損害」は生じているというべきであろう。それはとりもなおさず、社会的評価の低下自体を「損害」だと捉えるということである。[注3]

もっとも、藤原自身、社会的評価の低下があれば何らかの「損害」は発生していると見て裁判官は賠償を命じるべきであるとしている。即ち、

「〔損害の発生を基礎づける具体的事実の主張がなくても〕原告が慰謝料を請求している以上、裁判所は、諸般の事情を斟酌してその裁量で一定額の慰謝料を認めるであろうし、また、認めなければならない。」

という[注4]。

---

（注3）　宗宮信次『増補　名誉権論』（有斐閣・1961年）416頁は、「名誉毀損の為めの社会上の評価の減少」は「無形的損害の好例」だという。

（注4）　藤原・前掲（注2）237頁。

しかし、かように"原告が主張しなくても社会的評価の低下があれば裁判所は賠償を認める"というのであれば、それは即ち、「社会的評価の低下」自体を「損害」と見ることと同義なのではなかろうか。更に疑問なのはその次である。藤原は、上記指摘に続けて、

　　「とすると、原告としては、非財産的損害に関する限り、『損害の発生』に該当する具体的事実を主張しなくても請求を棄却される不利益は負っていないということになり、その点についての主張責任はないということになるのではあるまいか。」(注5)

とまでいう。藤原の解釈は「社会的評価の低下」を「損害」とは見ずにあくまでも「利益の侵害」であると見るものであり、かかる解釈を前提として、"『損害』については原告には主張責任がない"という、不法行為法上のオドロキの例外を出現させているのであるが、かかる例外の登場はいかにも唐突であり、解釈上無理があるように思える。本来「損害」と見るべきものを「損害」と見ないことがこのような解釈上の無理を招来しているのではなかろうか。

**3**　話を1997（平成9）年の最3小判に戻そう。同最判は「社会的評価の低下」をもって名誉毀損の「損害」だとしているが、名誉毀損の「損害」はこれに尽きるものであろうか。

　　この点に関し、上記最3小判の解説(注6)は、「新聞記事により事実を摘示された人（被害者）が当該記事を知ったことによって具体的に精神的苦痛を被ったことをもって損害の発生とするという見解もあり得るところであ……るが、名誉毀損における『損害』をこのように主観的なものとしてとらえるのは、……判例理論に抵触するものといわざるを得ない」とする。即ち、精神的苦痛（主観的な心痛）は名誉毀損の「損害」ではなく、名誉毀損の「損害」は社会的評価の低下に尽きる、ということのようである。

　　しかしかかる解釈には賛同し難い。

　　実質的な価値判断の観点からいえば、たとえば、名誉毀損をした後に、加害者が被害者に対し、直接面前で、事実誤認を認めて謝罪したとしよう。この謝罪は、世間に対する広告ではなく、1対1でなしたものであったと

---

(注5)　藤原・前掲（注2）237頁。
(注6)　最高裁判所判例解説民事篇・平成9年度648頁。

第2章　名誉毀損における「損害」　第1節　「損害」とは　369

する。これによって被害者側は、ある程度溜飲が下がるであろう。かように1対1で謝罪をしたという事態は、損害賠償額の算定にあたって考慮されてよいのではないだろうか（注7）。これを考慮してよいというのであれば、「損害」概念につき、「社会的評価の低下」のみならず、「被害者の心痛」をも想定しないと賠償額減額の結論を導けないと思われる。つまり、1対1で謝罪をしたとしても、低下している社会的評価の回復には全く寄与をしていないのだから、賠償額を減額させることは論理的には帰結されないのである。「損害」概念に「被害者の心痛」を含めて初めて、1対1での謝罪が、賠償額の減額事由となり得るといえるのだと思う。

　「損害」を「社会的評価の低下」のみと解する場合でも、加害者の謝罪は、「社会的評価の低下」という「損害」を慰謝料額に算定する場合の考慮事由という位置づけでこれを斟酌するのであろうが、「損害」が「社会的評価の低下」に尽きるのであれば、「謝罪」を慰謝料額において考慮する余地はないのではないかと私は思う次第である。

　実際のところ、それまでの最高裁判決も、たとえば最1小判1983（昭和58）年10月6日（注8）は、

　　「名誉を侵害されたことを理由とする被害者の加害者に対する慰藉料請
　　求権は、……名誉という被害者の人格的価値を毀損せられたことによる
　　損害の回復の方法として、被害者が受けた精神的苦痛を金銭に見積つて
　　これを加害者に支払わせることを目的とするものである」

としており、精神的苦痛を「損害」に含ませているのであるし、また、更にその前の最1小判1964（昭和39）年1月28日（注9）は、法人に対する名誉毀損が問題となったケースにおいて、

　　「民法710条は、……その文面は……いわゆる慰藉料を支払うことによつ
　　て、和らげられる精神上の苦痛だけを意味するものとは受けとり得ず」

と、むしろ精神的苦痛がこれまでの「損害」概念の中心であったかのよう

---

（注7）　幾代通『不法行為法』（有斐閣・1993年）312頁は、「加害者による……『土下座してあやまる行為』などがなされれば、被害者の精神的苦痛が多少ともやわらげられることは否定できない。……そうした行為があったために、裁判で命ぜられる慰謝料がいくぶん低くなる、ということはありうる。」という。

（注8）　判タ513号148頁、判時1099号51頁。

（注9）　判時363号10頁。

370　第4編　名誉毀損の効果論その1　損害賠償

な言い回しをしているのである。

　以上の次第であり、名誉毀損の「損害」を社会的評価の低下のみと解する見解には賛同し難く、主観的心痛そのものも「損害」として捉えるべきであると考える。[注10]


# 第2節　　損害の内容の整理

**1**　名誉毀損によって発生する「損害」につき、その内容をここで少し整理したい。それにあたっては、法人に対する名誉毀損が問題となった最1小判1964（昭和39）年1月28日[注11]の判示が重要であるのでそれを紹介する。

　民法710条は、民法709条の規定によって損害賠償責任を負う者は「財産以外の損害」も賠償せねばならない旨規定しているが、判決はこの民法710条につき、

> 「民法710条は、財産以外の損害に対しても、其賠償を為すことを要すと規定するだけで、その損害の内容を限定してはいない。すなわち、その文面は判示のようにいわゆる慰藉料を支払うことによって、和らげられる精神上の苦痛だけを意味するものとは受けとり得ず、むしろすべての無形の損害を意味するものと読みとるべきである。」

とし、民法710条はすべての無形損害の賠償を認めた規定であるとした。

　判決は続いて、有形損害と無形損害について、

> 「民法上のいわゆる損害……のうち、数理的に算定できるものが、有形の損害すなわち財産上の損害であり、その然らざるものが無形の損害である。」

と説明する。

　そして無形損害につき、

---

（注10）　合田智子「損害の発生」竹田稔=堀部政男編『新・裁判実務大系9　名誉・プライバシー保護関係訴訟法』（青林書院・2001年）95頁は、「被害者の精神的苦痛もまた名誉毀損による損害と認めてよいと考える」という。

（注11）　判時363号10頁。

「無形の損害と雖も法律の上では金銭評価の途が全くとざされているわけのものではない。侵害行為の程度、加害者、被害者の年令資産その社会的環境等各般の情況を斟酌して右金銭の評価は可能である。その顕著な事例は判示にいうところの精神上の苦痛を和らげるであろうところの慰藉料支払の場合である。しかし、無形の損害に対する賠償はその場合以外にないものと考うべきではない。……被害者が自然人であろうと、いわゆる無形の損害が精神上の苦痛であろうと、何んであろうとかかわりないわけであり、判示のような法人の名誉権に対する侵害の場合たると否とを問うところではない」

とし、その内容が精神的損害に限られないことを述べ、また、自然人のみならず法人にも発生することを明らかにしている。

**2**　以上をまとめると、名誉毀損（に限らず全ての不法行為についていえることであるが）における「損害」の内容は、

　①　有形損害──財産上の損害、

　②　無形損害──非財産的損害。精神的損害を含むがそれに限られない、

と整理できる。

　そして②については、法人については精神的苦痛は観念できないので、精神的損害以外の無形損害しか問題にならないが、自然人については、精神的損害という無形損害と、精神的損害以外の無形損害の2つとも問題になり得るということになろう。

**3**　以上の通り上記判決は、「数理的に算定できるもの」を有形損害（財産的損害）だとし、「然らざるもの」つまり数理的に算定できないものを無形損害だとしている[注12]。

　これに対し、幾代通[注13]は、上記判決が法人についていう「無形損害」は、「実は財産的損害に含まれるものであって、ただ、その損害の発生を具体的に証明することのきわめて困難であるかほとんど不可能であるような類型のもの」だという。

---

（注12）　念のための注意喚起だが、「無形損害」は数理的に算定できないものではあるけれども、金銭的な評価は可能である。自然人における慰謝料を想起されたい。慰謝料は、数理的な算定は不可能だが、諸般の事情を考慮して金銭的な評価がなされるものである。

（注13）　幾代・前掲（注7）279頁。

372　第4編　名誉毀損の効果論その1　損害賠償

判決が、「無形損害」を「数理的に算定」できないものだと規定しているのに、幾代は"いやいや違う。それは原理的には数理的に算定できるのであって、ただ証明が難しいだけなのだ"と言っているのである(注14)。この点をどう解したらよいか。

幾代が言うような範疇があるのはその通りである。自然人の場合に"慰謝料の補完的機能"で認容されている部分がそれである。

たとえば、雑誌の名誉毀損記事により、俳優が、予定していた映画への出演を降板させられた場合を想定されたい。この場合における当該映画への出演料(ギャラ)をもらえなくなったという損害は、ギャラ相当額が損害であり、よって「数理的に算定」できるので、財産的損害だといえる。

他方、名誉毀損記事によって俳優のイメージに傷が付き、以後、映画その他の仕事の声がかからなくなったという損害はどうか。これは逸失利益が生じたものであり、したがってこの損害も観念的には(要するに"神様の目から見れば")「数理的な算定」は可能であり財産的損害だといえる。しかし、"仕事の声がかからない"ということは、当該俳優のところに話が来る前に立ち消えになっているわけであり、当該俳優にとってはそれを認識・把握する術がないのであって、その逸失利益を算出することも証明することも実際上は不可能に近い。このため、本来は財産的損害なのであるが慰謝料額を決める際にこの事情を斟酌して損害の填補を図ることがなされている。

幾代は、上記判決が法人についていう「無形損害」につき、かように"財産的損害だが立証困難なもの"だと言い切ってしまっているわけである。しかし、法人の「無形損害」についても、自然人における精神的損害と同様に、数理的算定が不可能な領域があるのではなかろうか。

たとえば、弁護士会が名誉毀損をされて世間の信用を失った場合を想定されたい。かかる信用失墜のため、弁護士会が市民から寄せられた人権救済申立の調査のために官公署等に事実関係の照会をしたのに対し、回答へ

---

(注14) 平井宜雄『債権各論Ⅱ　不法行為』(弘文堂・1992年) 163頁も、判決のいう法人の「無形損害」という概念につき、「意味不明確な概念」だとし、「これは損害額の証明度を緩和して財産的損害の発生を認めさせることによって対処すべき問題であ」るといい、これを財産的損害の範疇のものであると捉えている。

第2章　名誉毀損における「損害」　第2節　損害の内容の整理　*373*

の協力をしてもらえず調査に支障を生じたとする。かような支障も財産的損害なのだろうか。私にはそうは思えない。これはやはり、財産的損害ではない、つまり原理的に数理的算定が不可能な無形損害なのではなかろうか。<sup>(注15)</sup>

# 第3節　財産的損害

**1**　本節では名誉毀損の財産的損害について触れる。

　　たとえば、企業が評判を低下させられるような事実を摘示されたことによって取引先を失う等の事態が生じたとき、それは、賠償すべき財産的損害といえよう。

　　しかし実際には、名誉毀損言論と取引先の喪失との因果関係の立証は困難なので、「財産的損害」として主張され認容されることは少ないであろう（前節で述べた、"原理的・観念的には数理的に算定できるがその算定が著しく困難"な財産的損害である）。多くの場合、取引先を失ったという事情を無形損害の損害額算定の際に斟酌してもらう場合が多いと思われる。

**2**　東京高判1996（平成8）年10月2日<sup>(注16)</sup>は、自社の発行する英和辞典につき、誤りがある等と指摘する批判がされたケースにおいて、その批判書に対する反論の冊子等を作成し各所に配布するに要した費用を「損害」として認めた。これは財産的損害の賠償を認容した事例にあたる。

**3**　また、東京地判2016（平成28）年12月16日<sup>(注17)</sup>は、週刊誌によって名誉を毀損された食品販売会社が自社の名誉回復のために全国紙等に社告（本件社告）と意見広告（本件意見広告）を掲載した事案において、その社告

---

(注15)　加藤新太郎＝大熊一之「慰謝料（3）——法人の名誉毀損」篠田省二編『裁判実務大系　第15巻　不法行為訴訟法（1）』（青林書院・1991年）386頁は、「無形損害」の内容として、「財産的損害で捉えきれない客観的評価としての社会的名誉が侵害されたことによる信用の失墜、その法人における事業遂行及び目的達成の困難さの増大、構成員の脱退等が考えられる」

と言う。
(注16)　判タ923号156頁。
(注17)　判時2384号39頁。

374　第4編　名誉毀損の効果論その1　損害賠償

と意見広告の掲載費用を「損害」として認めた。これは全国紙への掲載費用であるため金額が大きく、認容額は約1666万円に上った。

これに対してその控訴審の東京高判2017（平成29）年11月22日[注18]は、「〔名誉毀損とされた記述〕の内容及び……有意な売上げの減少が見られなかったことに照らすと、第1審原告において名誉回復のために本件社告及び本件意見広告をしたことが、第1審被告の違法行為により通常生じる損害であるとはいえない。したがって、第1審原告が本件社告及び本件意見広告をするために支出した費用と第1審被告の不法行為との間に相当因果関係があるとは認められない。」

として、社告・意見広告の掲載費用について相当因果関係を否定した。この判決は、かかる判断に続けて、

「表現の自由が保障された日本国憲法の下においては、訴訟を提起して言論や表現を萎縮させるのではなく、言論の場で良質の言論の応酬を行うことにより、互いに論争を深めていくことが望まれる。反論記事を別の雑誌等に寄稿したり、本件偽装問題が発覚した直後……に『お客様へのお詫びとお知らせ』を公表したように、記者会見、プレスリリースや自社ウェブサイトへの掲載などの方法により、自ら必要と考える意見や反論等を発信する方法が考えられる。他方において、言論に要した巨額の費用を訴訟を提起して相手方に請求することは、言論や表現を萎縮させる結果を産むので好ましくないと考えられる。」

とした。

確かに、名誉毀損記事について多額の費用をかけて意見広告を出し、その費用を表現者側に訴訟で請求することは、巨大な資本力を有する者のみができることであり、そのような請求をすること自体、表現者側に対する相当な圧力となる。これは一歩間違えるとスラップ訴訟に悪用されかねない請求手法であり、相当因果関係の判断は慎重になされる必要があろう。

**4**　東京地判2012（平成24）年1月31日[注19]は、インターネット掲示板「2ちゃんねる」に名誉毀損的な書き込みをされた者が、発信者情報開示仮処分等の手続を経て発信者を突き止め、その発信者に対して名誉毀損に基づ

---

（注18）　判タ1453号103頁、判時2384号30頁。
（注19）　判時2154号80頁。

く損害賠償請求をした事案であるが、判決は、この手続に要した費用63万円を、賠償すべき損害として認容した。

　発信者情報の取得に要した費用を「損害」として認容した事例は枚挙にいとまがない。公刊物で目に付いたものとして、

- 　大阪地判2017（平成29）年8月30日[注20]
- 　水戸地判2020（令和2）年11月4日[注21]
- 　東京地判2021（令和3）年3月16日[注22]

を挙げることができる。

　今や名誉毀損の主な舞台はインターネットであり、また、裁判所におけるインターネット関係仮処分の件数も極めて多い[注23]。発信者を突き止めて名誉毀損訴訟を起こす場合、発信者の調査費用を財産的損害として請求することは必須であろう。

**5**　東京高判2020（令和2）年1月23日[注24]は、発信者情報の開示に要した費用を「損害」として認容するに際し、丁寧な説示をしている。いわく、

　「インターネット上の電子掲示板に掲載された匿名の投稿によって名誉等を毀損された者としては、発信者情報の開示を得なければ、名誉等毀損の加害者を特定して損害賠償等の請求をすることができないのであるから、発信者情報開示請求訴訟の弁護士報酬は、その加害者に対して民事上の損害賠償請求をするために必要不可欠の費用であり、通常の損害賠償請求訴訟の弁護士費用とは異なり、特段の事情のない限り、その全額を名誉等毀損の不法行為と相当因果関係のある損害と認めるのが相当である。」

とのことである。

　他方、同判決は、刑事告訴と被害届の費用については、

　「刑事告訴及び被害届の提出については、名誉等の毀損による不法行為

---

（注20）　判タ1445号202頁、判時2364号58頁。
（注21）　判時2497号73頁。
（注22）　判タ1490号216頁。
（注23）　小川直人「平成29年度の東京地方裁判所民事第9部における民事保全事件の概況」金融法務事情2092号6頁（2018年）によると、東京地裁民事第9部（民事保全事件専門部）では、仮の地位を定める仮処分のうち、インターネット関係仮処分の割合は、2012（平成24）年以降、常に6割を上回っているとのことである。
（注24）　判タ1490号109頁。

376　第4編　名誉毀損の効果論その1　損害賠償

について民事上の損害賠償請求をするに当たって当然に必要となる手続であるとはいえず、また、これらの手続を行うに当たって弁護士に委任することが当然に必要となるものともいえず、本件の損害賠償請求において特にこれらを必要とする特段の事情の存在もうかがわれない。」として、名誉毀損と相当因果関係のある「損害」とは認めなかった。

刑事告訴の費用を「損害」として認めなかった裁判例としては他に名古屋地判2020（令和2）年10月1日[注25]もある。

**6** 東京地判2014（平成26）年9月26日[注26]は、財産的損害を細かく認定した事例として参考になる。

これは、幼稚園で園児への虐待があったと報じた週刊誌記事について名誉毀損性が認められた事案である。判決は、当該名誉毀損記事によって幼稚園を経営する法人（原告）に生じた損害として、当該記事のために入園辞退者が出たことにより辞退者に返戻した入園金相当額、幼稚園の定員割れによって喪失した入園金相当額、園児等を保護するために要した警備費用を損害として認めた。[注27]

**7** なお、不法行為訴訟の場合、弁護士費用は、「事案の難易、請求額、認容された額その他諸般の事情を斟酌して相当と認められる額の範囲内のもの」は不法行為と相当因果関係に立つ損害にあたるとされており（最1小判1969（昭和44）年2月27日）[注28]、よって、名誉毀損訴訟においても弁護士費用を加害者に請求できるが、この弁護士費用は、「財産的損害」に分類されるものといえる。

この弁護士費用は、認容した慰謝料額の1割程度を認めるのが通常である。もともと名誉毀損によって認容される慰謝料額は長年著しく低額であり、認められても数十万円に止まるケースが多かったため[注29]、認容される弁護士費用は更にその1桁少ない数万円に止まってきた。

---

（注25） 判タ1494号162頁。
（注26） 判時2244号55頁。
（注27） なおこの一審判決は、控訴審で摘示事実の真実性が認められて取り消されている（東京高判2015（平成27）年6月29日・判時2287号45頁）。
（注28） 判タ232号276頁、判時548号19頁。
（注29） 名誉毀損事件の慰謝料額が長らく極めて低額であったこと、その後、認容される慰謝料額が高額になってきたこと、そのような高額化の流れに対する評価、及び現在の状況については、第3章第2節「慰謝料額に関する近時の動き」（397頁以下）を参照されたい。

極端な例では、東京地判2007（平成19）年 7 月24日（注30）は、認容した慰謝料額は弁護士費用も含めて全部で 1 万円という認定であった。

　私自身が弁護士であるのでなかなか言いにくいことであるが、かような弁護士費用の評価の仕方とその低さは妥当とは思われない。

　そもそも弁護士費用は財産的損害であって、精神的損害その他の無形損害とは別個独立の損害なのであるから、弁護士費用額を慰謝料額とリンクさせることは論理的には帰結されないはずである。したがって、弁護士費用を“慰謝料額に照らしてその 1 割程度”とすることは論理的ではない。

　もっとも、弁護士は依頼者の得る経済的利益を基準として弁護士費用を定めるのが原則であるため、一般に、請求額や認容額が大きいと、弁護士費用もそれに合わせて大きくなるという関係がある。かような弁護士費用の定め方の実態をふまえて、判決は慰謝料額に対する一定割合を弁護士費用と認めるという判断をしているのかもしれない。

　しかし、実務を担う弁護士の立場からいえば、賠償請求額や判決での認容額が小さいからといって訴訟追行に投入する時間やエネルギーが小さくなるわけではない。また、もともと慰謝料額の算定というものは法的擬制の産物に過ぎず、語弊を恐れずにあえていえば最終的には裁判所の胸先三寸で定まるものでしかないのであって、そのように胸先三寸で決められる認容額が数万円、数十万円レベルに止まる場合に弁護士費用が更にその10分の 1 とされるということは、結局、裁判官が弁護士に対し、長期間の訴訟を終えた時点で「あんたの仕事の価値は数千円、数万円だ」と言っているに等しいような気がする。

　現在は廃止されているが、かつて日本弁護士連合会が定めていた「報酬等基準規程」（注31）では、訴訟事件の着手金につき、最低金額を10万円と定めていた。裁判所は、たとえ認容慰謝料額が数万円に止まったとしても、少なくとも弁護士費用として10万円くらいは認容してもよいのではないかと私は思う。金銭的な満足というよりも弁護士の仕事に対する評価として、裁判所にはもう少し考えてほしいと思うのである。これは弁護士側の勝手

---

（注30）　判タ1256号136頁。
（注31）　1995（平成 7 ）年10月 1 日施行。これは2004（平成16）年 3 月いっぱいで廃止され、現在は弁護士の報酬基準は自由化されている。

378　第 4 編　名誉毀損の効果論その 1 　損害賠償

な理屈であろうか。<sup>（注32）</sup>

# 第4節　　損害の発生時期

**1**　名誉毀損の損害の発生時期については、前記の最３小判1997（平成９）年５月27日<sup>（注33）</sup>が示す通りであり、

　　「新聞記事による名誉毀損にあっては、これを掲載した新聞が発行され、読者がこれを閲読し得る状態になった時点で、右記事により事実を摘示された人の客観的な社会的評価が低下するのであるから、その人が当該記事の掲載を知ったかどうかにかかわらず、名誉毀損による損害はその時点で発生していることになる。」

のである。

　　種々の「損害」のうち、社会的評価の低下の部分については、かかる見解は当然の帰結である。

**2**　他方、「損害」のうち被害者の心痛はいつ発生すると解するべきであろうか。心痛である以上、被害者が当該報道を知り、また、その報道による社会の反応を知ることによって発生するというのが素直な解釈であろう。

　　しかし、かかる心痛もまた、名誉毀損行為時に発生すると擬制すべきだとする見解がある<sup>（注34）</sup>。即ち、「損害が実際に発生した時期を特定してとらえることは不可能であるから、現実損害説が交通事故の場合における被害者の精神的損害について事故発生時に生じたと擬制して考えるのにならい、損害発生の危険が生じた最初の時点、すなわち名誉毀損行為がなされた時点をもって損害発生時と認めるのが妥当である。」というのである。

---

（注32）　なお、数百万円単位の損害賠償を認容する場合に弁護士費用をその１割程度と認定することには私は反対しない。
　　　　　私が問題としているのは、慰謝料額が数万円から数十万円程度の場合にも弁護士費用を自動的にその１割程度に止めていることである。弁護士の仕事に対する正当な評価とは思われないからである。

（注33）　判タ941号128頁、判時1604号67頁。

（注34）　合田・前掲（注10）95頁。

この論者の論拠は、交通事故の場合における被害者の精神的損害が事故発生時に生じたと擬制することとパラレルに考えるとの点にあるようである。交通事故の場合には、ともかくも本人がその事故に現に遭遇している以上、その時を心痛の発生の始期と捉えることに問題はない。他方、たとえば犯罪報道の場合、実際に報道がなされている時に報道の被害者自身は逮捕・勾留されていてその報道に接する機会がない場合もあるのであるから、交通事故の場合と単純にパラレルに考えるのは困難であると思われる。

　しかし、心痛という損害の発生時期を、社会的評価の低下という損害の発生時期と別個に考えるとすると、遅延損害金の発生時期を別個に考えざるを得ず、それはそれで必要以上に煩瑣であるとの感を否めない。また、遅延損害金の発生時期を分けるということは、慰謝料額の算定にあたり、「社会的評価の低下」の損害部分と「心痛」の損害部分とを分けて認定しなければならないが、かように分けた認定を強いることは慰謝料額の算定の弾力性を損なってしまう。

　ここは、実態に符合しなくとも、心痛もまた名誉毀損行為時に発生すると解釈するのが穏当だということになるのであろう。


# 第5節　　消滅時効


## 第1款　消滅時効の起算点

　名誉毀損の消滅時効の起算点についても、前記最3小判1997（平成9）年5月27日[注35]が、その損害の発生時期との関係を明確に判示している。

　即ち前掲の、

「これを掲載した新聞が発行され、読者がこれを閲読し得る状態になった時点で、……その人が当該記事の掲載を知ったかどうかにかかわらず、名誉毀損による損害はその時点で発生していることになる。」

---

（注35）　判タ941号128頁、判時1604号67頁。

380　第4編　名誉毀損の効果論その1　損害賠償

とのフレーズに続けて、

「被害者が損害を知ったことは、不法行為による損害賠償請求権の消滅時
効の起算点（〔民〕法七二四条）としての意味を有するにすぎないのであ
る。」

という。

つまり、名誉毀損の損害は、記事等が閲読可能になった時点で発生し、被
害者が当該記事の掲載を知ったかどうかは損害発生とは関係ないのであって、
被害者が記事の掲載を知ることは、消滅時効の起算点としての意味を有する
に過ぎないというのである。

名誉毀損の「損害」を社会的評価の低下のみと考えれば、かような説明に
なるであろう。しかし、被害者の心痛も「損害」の１つであると考えると、
被害者が記事内容を知ることは、消滅時効の起算点となると同時に、心痛と
いう損害の発生原因にもなる、という解釈になろう。

## 第２款　消滅時効の起算点としての加害者・損害の認識の程度

不法行為の損害賠償請求権は、被害者等が「損害及び加害者を知った時」
から３年間で消滅時効にかかるが（民法724条）、ここに「損害及び加害者を
知った時」とはいかなる場合をいうか。

条文上は明らかに「損害」と「加害者」を現実に知ることを要求している
ように読めるが、学説や一部の下級審裁判例には、現実の認識を要せず認識
可能性で足りるとしているものがある[注36]ので、この点について本款で述べ
たい。

### 第１　「加害者」を知りたる時の意味

**1**　この点については、戦中に警察官から拷問を受けた原告が、戦後にその
警察官を特定して損害賠償請求したという事案において最２小判1973（昭

---

（注36）　学説の状況については、橋本恭宏「民法724条にいう被害者が損害を知った時の意義」金
融・商事判例1150号64頁（2002年）以下にまとめられている。下級審裁判例としては、大阪地
判1970（昭和45）年12月17日（交通事故民事裁判例集３巻６号1891頁）など。

第２章　名誉毀損における「損害」　第５節　消滅時効　*381*

和48）年11月16日（注37）が、

> 「民法724条にいう『加害者ヲ知リタル時』とは、……加害者に対する賠償請求が事実上可能な状況のもとに、その可能な程度にこれを知つた時を意味するものと解するのが相当であ〔る〕」

とし、賠償請求可能な程度の現実の認識を要するとした上で、

> 「被害者が不法行為の当時加害者の住所氏名を的確に知らず、しかも当時の状況においてこれに対する賠償請求権を行使することが事実上不可能な場合においては、その状況が止み、被害者が加害者の住所氏名を確認したとき、初めて『加害者ヲ知リタル時』にあたるものというべきである。」

とした。

**2**　判決の「加害者に対する賠償請求が事実上可能な状況のもとに、その可能な程度にこれを知つた時」の具体的な意味について松久三四彦（注38）は、

> 「被害者の現実的提訴可能性を確保すべきであることからは、認識対象一般（損害、加害者とも）につき、『確知』することが必要であると解してよいであろう。」

という。

　他方、同判例の最高裁判例解説はこの点に関し、「社会通念上、調査すれば容易にその姓名、住所が判明し得るような場合には、その段階で加害者を知ったことになるとしてよいであろう」とし（注39）、一定の調査をすることにより初めて加害者を特定できる状態であれば（つまり未だ知らない状態でも）消滅時効の進行を認めるかのような説明をしている。しかし条文は加害者を「知った」時としているのであり、この文言を、「調査すれば容易に……判明しうるような場合」にまで拡げる解釈は、解釈の限界を超えているのではなかろうか。事の良否は別として実務家はとかくこの最高裁判例解説を重視しがちなのであり、解説者には、自身の書いた解説の影響力を考えてもらいたいのであって、判例の文言とは異なる表現で被害

---

（注37）　判時633号1頁。
（注38）　松久三四彦「消滅時効」山田卓生編集代表『新・現代損害賠償法講座1　総論』（日本評論社・1997年）271頁。
（注39）　最高裁判所判例解説民事篇・昭和48年度565頁。

者の権利行使を制限するような解釈を開陳することには慎重であるべきだと思う<sup>(注40)</sup>。

## 第2　「損害」を知りたる時の意味

**1**　この点については、最3小判2002（平成14）年1月29日<sup>(注41)</sup>が、

> 「民法724条……にいう被害者が損害を知った時とは、被害者が損害の発生を現実に認識した時をいうと解すべきである。」

と、現実の認識を要する旨明確に判示し、その理由を次の通り詳細に示している。即ち、

> 「不法行為の被害者は、損害の発生を現実に認識していない場合がある。……被害者が、損害の発生を現実に認識していない場合には、被害者が加害者に対して損害賠償請求に及ぶことを期待することができないが、このような場合にまで、被害者が損害の発生を容易に認識し得ることを理由に消滅時効の進行を認めることにすると、被害者は、自己に対する不法行為が存在する可能性のあることを知った時点において、自己の権利を消滅させないために、損害の発生の有無を調査せざるを得なくなるが、不法行為によって損害を被った者に対し、このような負担を課することは不当である。他方、損害の発生や加害者を現実に認識していれば、消滅時効の進行を認めても、被害者の権利を不当に侵害することにはならない。」

というのである。

特に犯罪報道による名誉毀損の場合、報道被害者は逮捕・勾留されていて当該報道に接する機会が極めて限られることがあり得るのであり、認識可能性のみならず現実の認識を要するとする上記最3小判は、文理に忠実でありかつ妥当な解釈だといえよう。

**2**　ちなみに、この最3小判の原判決である東京高判1996（平成8）年9月

---

（注40）　最高裁判所判例解説民事篇・平成14年度（上）155頁は、この1973（昭和48）年最2小判の読み方につき、「加害者について現実の認識がない場合にも消滅時効の進行が開始することを判示した判例であると解することができるかどうかについては、疑問がある。」と言う。

非常に上品な言い回しである。もっと端的に「解することはできない」と言ってもらってよかったと思う。

（注41）　判タ1086号108頁、判時1778号59頁。

第2章　名誉毀損における「損害」　第5節　消滅時効　　*383*

11日 [注42] は、

> 「民法724条にいう『損害及ビ加害者ヲ知リタル時』とは、被害者において、加害者に対する賠償請求が事実上可能な状況のもとに、その可能な程度にこれを知った時を意味するものと解するのが相当であ〔る〕」

と、上記第1（381頁）で触れた1973（昭和48）年の最2小判を引用した上で、

> 「被害者に現実の認識が欠けていたとしても、その立場、知識、能力などから、僅かな努力によって損害や加害者を容易に認識し得るような状況にある場合には、その段階で、損害及び加害者を知ったものと解するのが前同条が短期消滅時効の起算点に関する特則を設けた趣旨に適うというべきである。」

とし、（「僅かな努力」と限定しているにせよ）「認識し得るような状況」があるに過ぎない場合であっても損害を「知った」ものとすると断じた。

　"僅かな努力を払えば『損害』は認識し得るはずだ"という発想は、自分に損害がないかどうかを、"「僅かな努力」の範囲において常に気にし続けろ"と言っているに等しい。そのような発想の不当性については上告審判決がきちんと判示して正してくれているが、私はこの高裁判決は、1973（昭和48）年最2小判の最判解説について私が第1で引用した部分から芳しくない方向への影響を受けたのではないかという気がしてならない。


## 第3款　起算点は具体的にいつか——特にインターネットの場合

**1**　消滅時効の起算点は、紙媒体の場合には、第1款（380頁）で挙げた、新聞に関する最3小判1997（平成9）年5月27日 [注43] の判断の通りであり、記事の掲載を知った時点が消滅時効の起算点となる。

　それではインターネットによる公表の場合はどうか。

　この点を考察するについては、2つの視点をここで提示したい。まず第1は、紙媒体の場合とパラレルに考えるか否かであり、第2は、刑事告訴の問題とパラレルに考えるかどうかである。

---

（注42）　金融・商事判例1145号12頁。
（注43）　判タ941号128頁、判時1604号67頁。

**2**　まず第1に、インターネットの場合を紙媒体の場合とパラレルに考える
ならば、被害者がインターネット上の記事の存在を知った時点で消滅時効
が起算されることになる。

　つまり、当該ネット記事がその後ずっと公表された状態にあったとして
も、被害者が記事の存在を知って3年を経過すればその時点で不法行為債
権は時効消滅する、ということになる。

**3**　第2に、刑事告訴との関係をどう考えるか。

　刑事告訴期間の起算点の問題については第2編第17章第4節第2款
（225頁）で検討した。

　この点、名誉毀損罪を継続犯と解するならば、ネット上に名誉毀損の書
き込みが残っている限り6か月の告訴期間は起算されないことになる。大
阪高判2004（平成16）年4月22日 <sup>(注44)</sup> は基本的にかかる判断枠組みに立脚
しているが、私はかかる解釈を批判した。

　即ち、私は、名誉毀損罪は状態犯だと解するべきだと思っており、その
帰結として、実行行為者がネット上にアップロードした時点で実行行為は
終了し、その後にネット上に残っている名誉毀損状態は犯罪を構成しない
ということになる。

　かく解すると、ネット上に記事があったとしてもその残存状態は犯罪を
構成しているわけではないので、あとは被害者が「犯人」を実際に知った
日から告訴期間が起算され、被害者が「犯人」を実際に知った日から6か
月で告訴期間が満了することになる。

**4**　かように2つの視点を提示しておきながら恐縮であるが、この問題は、
紙媒体との関係や刑事告訴との関係には囚われず、不法行為の短期消滅時
効において加害者と被害者の利益をどのように調整するかという観点から
決めるしかないのではないかと思う。

　インターネットによる名誉毀損は、ネット上に名誉毀損記事が掲載され
続けているのであるから継続的不法行為の範疇にあると解してよいと思わ
れるが、内池慶四郎は、継続的不法行為の短期消滅時効の起算点の解釈に
つき、

---

（注44）　判タ1169号316頁。

第2章　名誉毀損における「損害」　　第5節　消滅時効　　*385*

「〔民法〕724条の短期時効に際しては、継続的不法行為の種々の類型について、権利行使が現実に期待できる被害者の認識があるか否かという、本来の時効起算点確定の問題と併行して、行為を継続する加害者に、その時効援用を許容するに足りる正当な事情があるか否かという、客観的妥当性の検討が必要であると考える（加害行為の態容としては、直接の加害原因たる行為だけでなく、損害発生後の行為継続……等が広く顧慮されるべきである）。」

という[注45]。

　かかる視点を参考に検討すると、ネット上の名誉毀損記事の場合、紙媒体による記事と比較して、昔の記事でも検索エンジンによって比較的容易に引っ張り出すことができる以上、それによる「損害」は日々発生していると見てよいであろう。

　他方、加害者は、一旦世間に向けて発行した紙媒体の記事を回収することは至難の業である一方、自らアップロードしたネット上の記事を削除することは比較的容易であろう。

　とすると、被害者に損害が日々発生している一方で、加害者が、削除をしようと思えば比較的容易にそれができるのにそれをしないというのであれば、そのネット上のアップロード状態について、被害者による不法行為責任の追及の余地はきちんと確保されるべきであろう。

　しかし更に検討すると、被害者としても、ネット上の名誉毀損記事の存在に気づいたのであれば、権利行使をするならしてしかるべきであり、徒に（３年間以上）放置していた場合にその放置していた部分（３年以上前の部分）についても権利行使の余地を確保するというのは、今度は加害者の保護に欠ける（被害者の保護に厚すぎる）ということがいえよう。被害者の立場からすれば、ネット記事の存在自体から、自身に発生した「損害」の全体像を想定することはできなくはないであろう。とすれば、被害者に対し、"権利行使をするなら記事の存在を知ってから３年を経過する前にするべきである"と要求しても酷とはいえないであろう。この点は、公害や鉱害のように損害に累積進行性がある場合（被害発生から３年経った時点で

[注45]　内池慶四郎『不法行為責任の消滅時効』（成文堂・1993年）133頁。

はまだ軽傷であった場合にその時点で提訴することを期待することが酷であること）と、有意に違いがあるところである。

　そうすると、インターネットによる名誉毀損の場合、損害は日々発生し、3年経過時に日々時効消滅して行く（いわゆる"日々進行説"。被害者は、ネット上に記事がある限り過去3年間分の請求はできる）と解するのが穏当なのではなかろうか。

**5**　東京地判2012（平成24）年1月12日[注46]は、インターネット記事による名誉毀損の事案の消滅時効の成否につき、

　　「ホームページにおける言辞の公開のように、インターネットを通じて電磁的記録を継続的に公開することによってした名誉毀損に該当する言辞の公開であって、その言辞を公開した者が容易にこれを削除することができるものについての不法行為は、日々継続的に行われているものと解すべきである。この点において、書籍、雑誌、新聞等の紙媒体で名誉毀損に該当する言辞が公表される場合には、その発行時に不法行為が成立するというのとは、その不法行為の性質が全く異なるものであるというべきである。」

とする。この裁判例が、いわゆる"日々進行説"を採っているのであれば、賛成である。


## 第4款　既に消滅時効期間が経過している記事の引用

　既に消滅時効期間が経過している古い記事を改めて引用された場合、古い記事について改めて不法行為責任を問えるか。東京地判2001（平成13）年10月26日[注47]ではこの点が問題となった。

　事案は、ある薬害事件に関して医学部教授（原告）の責任を追及する新聞記事が1988（昭和63）年に掲載された後、1996（平成8）年に同じ新聞が1988（昭和63）年の記事を引用して改めてその医学部教授の責任問題に触れたというものである。

　新聞社は、1988（昭和63）年の記事については消滅時効の成立を主張した

---

（注46）　公刊物未登載（東京地裁平成22年（ワ）第8739号）。
（注47）　判タ1138号153頁。

が、原告側は、同記事を1996（平成8）年に改めて引用している以上消滅時効は完成しないと主張した。

これに対して判決は、

「引用記事によって名誉が毀損されたならば、その引用記事による名誉毀損行為について不法行為責任を追及すべきであり、引用行為があったことから、既に一旦時効期間が経過した名誉毀損行為について、消滅時効が完成していないものとすることはできない。」

として消滅時効の成立を認めた。論理的に正当な判断であろう。


# 第6節　損害論に関する諸問題

## 第1款　名誉毀損後に発生した事情は損害の消長に影響を及ぼすか

名誉毀損行為があった後に、他の事情によって被害者の社会的評価を低下させる事実が生じたとき、その事情は、名誉毀損の損害の消長に影響を及ぼすか。これは、いわゆる「ロス疑惑」事件の被告人となった男性に関する名誉毀損事件で、名誉毀損報道があった後に被告人男性に対し刑事裁判で有罪判決が出たケースにおいて問題となった。

**1**　東京高判1995（平成7）年9月5日[注48]で問題となったケースは、次のような事実経過があった。即ち、1985（昭和60）年及び1986（昭和61）年に、被告人男性に関し、同氏があたかも妻（一美さん）を殺した犯人であるかのような名誉毀損記事（本件記事）が掲載された後、1988（昭和63）年に一美さん殴打事件につき有罪の一審判決が出て、1994（平成6）年には一美さん銃撃事件について有罪の一審判決が出た。

かような経緯をふまえた上で、1995（平成7）年に上記高裁判決は本件記事の名誉毀損責任につき、

「控訴人の名誉が本件記事が発行された当時これによりある程度毀損さ

---

（注48）　判タ889号284頁、判時1552号59頁。

388　第4編　名誉毀損の効果論その1　損害賠償

れたことは認められないわけではない。」

と、名誉毀損の損害発生を認めつつも、

「控訴人に対する有罪判決がなされている現在の時点では、控訴人の名誉すなわち社会的評価は、本件記事の新聞報道によって低下しているというよりは、このような有罪判決が出されたこと自体によって低下しているものというべきである。」

といい、その帰結として、

「このように控訴人に対する社会的評価が、有罪判決のようにより影響力のある事柄によって形成されており、遠い過去の新聞記事は一般国民の記憶の外におかれて控訴人の社会的評価に影響するところがほとんどない状況のもとでは、その過去の新聞記事による社会的評価の低下を回復する裁判をすることは無意味であり、そのような裁判を求める請求を認容することができない。」

として、被告人男性の請求を棄却した。

つまり、一旦名誉毀損があったとしても、その後に他の事由により被害者の社会的評価を低下させる事情があると、先に発生した名誉毀損の損害の消長に影響を及ぼすというのである。

**2**　他方、東京地判1996（平成8）年3月25日 [注49] は、やはりロス疑惑事件の被告人男性に関する事案であり、同男性がテレビ局を名誉毀損で訴えた件であるが、上記**1**の東京高裁判決とは正反対の結論を出した。

この事件で被告となったテレビ局側は、同高裁判決をふまえ、同高裁判決の判示そのままに、答弁として、「原告は、本件放送後、殺人未遂罪及び殺人罪で有罪判決を受け、右各有罪判決の報道等により、現時点ではその名誉は著しく低下し、遠い過去の本件放送は、一般国民の記憶の外にあって原告の社会的評価に影響するものではなく、本件放送による社会的評価の低下を回復する裁判を求めることはできない。」との主張を展開した。

これに対して判決は、

「本件放送が、放送当時の原告の社会的評価を低下させ、原告に損害を与えたというべきであることは、〔前記〕のとおりである。原告は、本

---

(注49)　判タ935号189頁。

第2章　名誉毀損における「損害」　第6節　損害論に関する諸問題　*389*

件訴訟において、本件放送が行われた時点において原告が有していた社会的評価について、その低下させられた評価にかかる損害の賠償を求めているのであるから、その後、原告の刑事事件につき複数の有罪判決が出されたこと……によって原告の社会的評価が低下したとしても、本件放送当時に被った社会的評価の低下という損害の賠償を求められなくなるものではない」

といい、一旦発生した名誉毀損の損害の消長には影響を及ぼさないとした。

**3** そしてかかる論点に関する決着をつけたのが、これまで何度も登場している最3小判1997（平成9）年5月27日<sup>(注50)</sup>である。

この最判は、前述（367頁）の通り、「新聞が発行され、読者がこれを閲読し得る状態になった時点」で名誉毀損による損害が発生していると判示したのだが、それに続けて、

「新聞の発行によって名誉毀損による損害が生じた後に被害者が有罪判決を受けたとしても、これによって新聞発行の時点において被害者の客観的な社会的評価が低下したという事実自体に消長を来すわけではないから、被害者が有罪判決を受けたという事実は、これによって損害が消滅したものとして、既に生じている名誉毀損による損害賠償請求権を消滅させるものではない。」

と判示し、上記**2**の東京地裁判決と同様の立場に立つことを明らかにした。

名誉毀損の損害は新聞発行時に既に発生する以上、その後の事情が遡って損害を消滅させるということはあり得ないのであって、上記最判は当然の論理的帰結を示したものだといえる。

## 第2款　いわゆる"集中砲火"報道があった場合の「損害」の考え方

**1** 日本の、という言い方が正しいかどうかは分からないが、マスメディアは、1つの事件が起こると、みな雪崩を打ってその取材・報道に集中し過熱する。かくしてメディアはこれまで、ロス疑惑事件、松本サリン事

---

（注50）　判タ941号128頁、判時1604号67頁。

390　第4編　名誉毀損の効果論その1　損害賠償

件（注51）、電力会社女性社員殺人事件（注52）など、幾多の深刻な報道被害を生んできた。

　かように集中過熱報道があった場合、その一つ一つの名誉毀損報道を提訴していくと、被害者の受け取る慰謝料が千万単位の多額になることが起こり得る。現にロス疑惑事件の被告人男性は、多くの名誉毀損訴訟を自ら行ない、多数の勝訴判決を得、賠償金も相当額を受け取っている。

　このような事態に対し、被害者が受け取るべき賠償金には限界があるはずだと唱える見解がある（注53）。そして訴訟上も、ロス疑惑事件の被告人男性から訴えられたメディア側から、"名誉毀損の慰謝料の額には被害者の「全人格的な総量」に基づく限界があるはずであり、それを超えた賠償金を既に受け取っている場合にはそれ以上はメディアに支払い義務はない"、との主張がなされた。

**2**　かかる主張に対する裁判所の判断は、概ね批判的である。

　即ち、東京高判1993（平成5）年9月27日（注54）は、

　「名誉棄損の被害者は加害者に対して精神的苦痛を慰謝するための損害賠償を請求することができるものであり、回を重ねて名誉を棄損された被害者が取得する慰謝料の総額が多額に上ったとしても、その後の名誉棄損により被害者に精神的苦痛が生じなくなったとはいえない。個々の名誉棄損による慰謝料の額は、個々の事案の特質、加害者及び被害者に認められる諸般の事情など一切の事情を斟酌して決められるべきもので

---

（注51）　松本サリン事件については河野義行氏自身も書籍を公刊しているが、河野氏以外の人の著書としては、弁護人を務めた永田恒治弁護士の著書『松本サリン事件──弁護記録が明かす7年目の真相』（明石書店・2001年）が印象深い。

（注52）　電力会社女性社員殺人事件における報道被害に関する新聞メディアからの検証として、小川一「メディア荒廃の系譜」飯室勝彦＝田島泰彦＝渡邊眞次編『新版　報道される側の人権』（明石書店・1999年）78頁。また、テレビメディアからの検証として、杉尾英哉「被害者のプライバシーとテレビ報道」同書96頁。

（注53）　たとえば野村好弘＝小賀野晶一「名誉毀損賠償論の新しい問題点」判タ859号25頁（1994年）は、同一事件について複数の報道がなされた場合、報道を行なった数社のうち1社から損害賠償金が支払われた場合には、他社との間の訴訟において考慮されなければならないという。また、同27〜28頁では、1つの事件に関して複数の報道機関に対し次々と訴えを起こしている場合、「損害の同一性」があるものと見るべきであるとし、現在、「総額」という考え方もなく「ドンブリ勘定的」に定められている慰謝料につき、「侵害の中身と人の社会的価値の総額とについてもっと議論」すべきだという。

（注54）　判タ853号245頁。

ある。したがって、交通事故の場合の死亡慰謝料の額と単純に比較すべきものでもない。」

として、メディア側の主張を排斥した。

また、東京高判1993（平成5）年9月29日<sup>(注55)</sup>も、

「人格そのものは一個であるとしても、社会的評価を形成する基礎となる人間の社会的活動は多面的であり、したがって、これに対する評価もまた、時及び場所を異にすると別個のものが形成され、あるいは、変化する余地があると考えられる。そうすると、第一審原告のいうように全人格的な総量なるものを措定すると、本来多面的かつ流動的なものである社会的評価を固定してとらえることになり相当でないというべきである。」

とし、やはりメディア側の主張を排斥した。

仮にある被害者が、特定の事件に関して様々な報道を受けて名誉毀損の損害を被ったとしても、個々の報道は内容的には全く別であり、また、量的にみても、記事数が多ければ多いほど名誉毀損報道の量も多いのであり、その損害に限界があろうはずがない。「ロス疑惑」事件の場合にも、被告人男性が新聞・週刊誌・テレビで大量に報道された契機は「ロス疑惑事件」だったとしても、個々に書かれている内容は全く異なるのであり、本題とは全く離れた事実無根の中傷もあるのである。そう簡単に損害の同一性だとか、「全人格的総量」などという限界があるとはいえないはずである。かような集中砲火報道はいわば、毎日継続的に殴られ続けている場合に相当するというべきである。暴行が毎日続くのであれば、暴行による慰謝料は毎日発生し、それがたとえ交通事故の死亡慰謝料の金額を超えたとしても賠償は認められるであろう。それと同じなのである。

---

（注55）　判タ853号243頁。

# 第3章―――慰謝料

## 第1節　慰謝料額の算定の方法

**1**　慰謝料額は、判例通説上、事実審の口頭弁論終結時までに生じた諸般の事情を考慮して、当該口頭弁論終結時を基準に算定するものとされているが[注1]、最高裁としての立場は、前章で何度も出てきた最3小判1997（平成9）年5月27日[注2]で明確にされた。即ち、

> 「名誉毀損による損害について加害者が被害者に支払うべき慰謝料の額は、事実審の口頭弁論終結時までに生じた諸般の事情を斟酌して裁判所が裁量によって算定するものであ〔る〕」

という。

　ここでは「名誉毀損による損害」と特定しているが、不法行為による損害一般について同旨であると解してよいであろう。

　また上記最判は、かように口頭弁論終結時までに生じた諸般の事情を斟酌し得ることの帰結として、名誉毀損後に被害者が有罪判決を受けたという事実も慰謝料額の算定に斟酌し得るとする。

　名誉毀損後に発生した事情は、388頁（第2章第6節第1款）で述べた通り「損害」の消長には影響を及ぼさないが、当該「損害」から慰謝料額を算定するにあたって斟酌すべき事情には勘案し得るということである。

---

（注1）　植林弘「精神的損害に対する慰謝料」加藤一郎編『注釈民法19　債権10』（有斐閣・1965年）211頁。
（注2）　判タ941号128頁、判時1604号67頁。

**2** ここで大阪地判2010（平成22）年10月19日[注3]を紹介しておきたい。

事案は、スポーツ新聞が漫才師（原告）の名誉を毀損する記事を掲載した事案である。当該スポーツ紙は、5月26日の記事（本件記事1）では漫才師を仮名にし、翌27日には実名の記事（本件記事2）を掲載した。

訴訟では、本件記事1と同2の両方につき名誉毀損の成否が問題となったが、判決は、本件記事1については、仮名の記事から原告を特定できないとして名誉毀損の成立を否定し、本件記事2についてのみ名誉毀損の成立を認めた。

この点、原告は、本件記事1と同2とは一体として評価すべきであって、本件記事2によって原告の実名が報じられている以上、本件記事1についても原告の名誉を毀損することになると主張した。原告のかかる主張に対して判決はまず、

「新聞記事による名誉毀損にあっては、これを掲載した新聞が発行され、読者がこれを閲読し得る状態になった時点で、右記事により事実を摘示された人の客観的な社会的評価が低下する」

と、これまで何度も出てきている最3小判1997（平成9）年5月27日を引用した上で、その帰結として、

「当該記事の対象者の名誉が毀損されたかどうかは、当該新聞が掲載された時期を基準に判断すべきである。そうすると、本件記事1が掲載された時点では、……同記事によっては原告の名誉は毀損されていないのであるから、本件記事2によって、結果的に本件記事1の大物漫才師甲が原告であると特定されたとしても、それによって、本件記事1が遡及的に原告の名誉を毀損するものになるとはいえない。」

とした。論理的であり正当な解釈である。

もっとも、本件記事2の「損害」について慰謝料額を算定する際に、その前日に本件記事1が被告自身によって公表されていることは斟酌されるであろう。現に本件判決は、慰謝料額を算定する場面において、本件記事1が匿名報道だったことを取り上げ、被告につき「一応は慎重な報道を心がけていた」と評価している。

---

（注3）　判タ1361号210頁、判時2117号37頁。

本件判決はかように、前日の匿名報道を被告に有利に斟酌しているが、前日の匿名報道がどちらに有利に斟酌されるかは記事の内容次第でありケースバイケースであろう。即ち、匿名の第1記事と実名の第2記事とが日を空けずに連日で報じられている場合、実名の第2記事は、既に第1記事を放っている情報環境の中に投下するものなのであるから、その投下によって一般読者が第1記事についても本人に結びつけることが可能となるのであり、第1記事の権利侵害の危険性が高まる事態を呼び起こしているともいえるのであって、かかる事情を第2記事の慰謝料額の算定の際に斟酌（つまり被告側に不利に斟酌）することはあり得よう。

**3**　話を1からの流れに戻そう。名誉毀損の「損害」は名誉毀損時に発生するとしつつ、なぜ慰謝料額の算定は口頭弁論終結時までの諸事情を勘案できるのだろうか。

　東京地判1957（昭和32）年12月23日<sup></sup>[注4]はこの点について詳細に論じているので参考になる。いわく、

> 「不法行為による損害賠償の額は行為当時を基準として金銭をもつて算定するのが原則であるから、この原則によれば、慰藉料請求権も亦行為当時を基準として算定され、その算定されたところに従つて一定額の金銭債権として定立し、爾後は弁済や免除等の債務消滅原因によつてのみ消滅すると解する外はないようにみえるが、当裁判所は、こうした考え方は慰藉料の特殊性を無視した不合理なものであると考える。不法行為によつて生命を失つた被害者の遺族に対して加害者が誠意を披瀝して有形無形の慰藉方法を講じた場合には、社会的な標準からすれば、それによつて遺族の精神的苦痛は軽減されたものと認めるのが相当である。……慰藉料請求権は当該の不法行為によつて通常生じ又は生ずるべき精神的苦痛を標準として、口頭弁論終結の時までに生じた各般の事情を斟酌して弁論終結の時を基準として社会的標準によつてその額を定めるのが相当であることがわかる。従来の裁判例もとりたてゝはこの点を明示してはいないが、右のような考〔え〕方を当然の前提としているものと思われる。」

---

（注4）　判時136号10頁。

とのことである。

　思うに、損害賠償請求に対して被告は、口頭弁論終結時まで弁済の抗弁を出すことができる。つまり、損害の存否・多寡に関わる主張立証をすることが口頭弁論終結時まで可能だということである。

　そして、慰謝料額を基礎づける諸般の事情も、損害の存否・多寡に関わるものなのであり、そうであるならばこの事情も、弁済の抗弁と同じように、口頭弁論終結時まで出すことができるはずである。

　かかる次第であり、慰謝料額を基礎づける事情を口頭弁論終結時まで出すことができることは、当然のこととして是認できるといえよう。そしてまた、口頭弁論終結時まで出すことを認めることこそが、慰謝料額の算定の適正化に資するものと考える。

**4**　なお、損害賠償額を適正に判断するには、できるだけ、「慰謝料」のみならず実額の賠償も認容していく努力をすべきだと思う。思いつきの提案で恐縮だが、具体的には、弁護士費用につき、これまでの「相当と認められる額の範囲内」(注5)に限らず、可及的に実際にかかった費用の賠償を認容するとか(注6)、あるいは本人が訴訟の準備等に要した労力を金銭に換算してその賠償を認める等、今後検討されてよいのではないかと思われる(注7)。

---

(注5)　最１小判1969（昭和44）年２月27日（判タ232号276頁、判時548号19頁）。
(注6)　これは、一時期大問題となった「弁護士費用の敗訴者負担」とは全く別の問題である。私が言いたいのは、不法行為の「損害」の中に、弁護士費用の実額をできるだけ反映させるべきであるとの提唱であるに過ぎず、およそ訴訟一般において弁護士費用を敗訴者が負担すべきとの理念を述べているのではない。
(注7)　労力を時間に換算してそれを金銭的に評価するという方法もあるが、投入時間を原告が立証すること、そしてそれを裁判所が認定することは、いずれも容易ではないだろう。しかし、訴訟において期日が設けられた回数からおおよその労力を推認することは可能ではないか。
　　また、交通事故損害賠償における「通院」概念とパラレルに考え、期日の回数を参考にして弁護士と事務所で打合せをしたり法廷に行った労力を推認し、交通事故損害賠償における「通院交通費」や「通院慰謝料」と同趣旨の賠償費目を想定することも考えられてよいのではないだろうか。名誉毀損の被害者が法律事務所や裁判所に通うことを、交通事故による負傷者が病院に通うことと同列に考えることは、あながち的外れなことではないと私は思う。

396　第４編　名誉毀損の効果論その１　損害賠償

# 第2節　慰謝料額に関する近時の動き

## 第1款　1990年代までの状況

**1**　名誉毀損訴訟で認容される慰謝料額については長らく、著しく低廉であることがつとに指摘されてきた。

　　幾代通は1957（昭和32）年に「名誉毀損につき従来裁判所で認定される金銭賠償額……が如何にも少額だと感ぜられる」と言い[注8]、三島宗彦は1965（昭和40）年に「賠償額は通常驚くべき低額に過ぎず、訴訟費用すら償わず単に勝訴による精神的満足を得るに止まるといった場合が少なくない」と指摘し[注9]、1986（昭和61）年のいわゆる「北方ジャーナル」事件最高裁判決[注10]では大橋進裁判官が「わが国において名誉毀損に対する損害賠償は、それが認容される場合においても、しばしば名目的な低額に失するとの非難を受けているのが実情と考えられるのであるが、これが本来表現の自由の保障の範囲外ともいうべき言論の横行を許す結果となつているのであつて、この点は、関係者の深く思いを致すべきところと考えられる」との補足意見を付している。

　　その後1990年代に入っても認容額の低廉性が指摘される状況は相変わらずであり[注11]、慰謝料額を高額化させることが被害者保護となりかつ無責任な言論を抑止するゆえんであるという論調がかなりの数を占めるようになった[注12]。

**2**　かように慰謝料額の低廉性は長期にわたり全く微動だにしなかったため、

---

（注8）　幾代通「名誉毀損につき謝罪広告を命じる判決」我妻榮先生還暦記念『損害賠償責任の研究　上』（有斐閣・1957年）421頁。

（注9）　三島宗彦『人格権の保護』（有斐閣・1965年）286頁。

（注10）　最大判1986（昭和61）年6月11日（判タ605号42頁、判時1194号3頁）。

（注11）　たとえば加藤雅信「名誉・プライバシー侵害の救済論——マスコミ・出版事例を中心に」ジュリスト1038号61頁（1994年）。

（注12）　著書『犯罪報道の犯罪』によって報道被害の実態を強く訴えた浅野健一は、しかし独自の主張をする。浅野は、慰謝料額を大幅にアップさせることが、権力悪を暴くというジャーナリズムの使命に支障を招くおそれを懸念し、スウェーデンにおけるプレスオンブズマンや報道評議会のような自主規制システムが望ましいとする（『新版　犯罪報道の犯罪』（新風舎・2004年）356頁）。

損害賠償法理自体にメスを入れ、懲罰的損害賠償法理によってメディアに対し高額の慰謝料を支払わせるべきだとの見解も出るようになったが、最2小判1997（平成9）年7月11日 (注13) は、懲罰的損害賠償法理を明確に否定している。

　　もっともこの問題は、人格権侵害に対する慰謝料額の評価を見直せば解決するのであって、わざわざ懲罰的損害賠償の法理を採用しなければならないようなことではない。


## 第2款　高額化の流れ

**1**　2000（平成12）年頃から、名誉毀損訴訟において認容される慰謝料額が高額化してきた。

　　たとえば東京地判2001（平成13）年3月27日 (注14) は、プロ野球読売ジャイアンツの清原和博選手（当時）が、アメリカでのトレーニング中にストリップに通ったとの週刊誌の名誉毀損記事につき1000万円の慰謝料を認容した (注15)。また、東京地判2001（平成13）年2月26日 (注16) は、女優大原麗子氏が自宅の近所でトラブルを起こしている等の週刊誌の記事につき、500万円を認容した。

　　この2件はいずれも原告が著名人であったため注目度も高く、高額化の

---

(注13)　これは、外国裁判所が懲罰的損害賠償を命じた判決をわが国で執行できるか否かが問題となった事案に関するものであり、判決は、

　　　　「我が国の不法行為に基づく損害賠償制度は、被害者に生じた現実の損害を金銭的に評価し、加害者にこれを賠償させることにより、被害者が被った不利益を補てんして、不法行為がなかったときの状態に回復させることを目的とするものであり……、加害者に対する制裁や、将来における同様の行為の抑止、すなわち一般予防を目的とするものではない。……不法行為の当事者間において、被害者が加害者に対し、実際に生じた損害の賠償に加えて、制裁及び一般予防を目的とする賠償金の支払を受け得るとすることは、右に見た我が国における不法行為に基づく損害賠償制度の基本原則ないし基本理念と相いれないものである」

　　　　とした（判タ958号93頁、判時1624号90頁）。

(注14)　判タ1055号29頁、判時1754号93頁。

(注15)　この認容額は、控訴審の東京高判2001（平成13）年12月26日（判タ1092号100頁、判時1778号73頁）で600万円に減額されているが、それでも従前の例に比較して高額であることに変わりはない。

(注16)　判タ1055号24頁。

嚆矢となるケースと捉えられている[注17]。

　もっとも、その１年前に出された東京高判2000（平成12）年２月23日[注18]は、一審が慰謝料額を50万円としていたものを、特に新たな事実や主張を認めたわけでもないのに６倍の300万円へと大幅に増額しており、実際にはこのあたりから慰謝料額に対する裁判所の見方が変わってきたのではないかと思われる。

**2**　かかる高額の認容事例の登場と呼応するように、2001（平成13）年頃から、慰謝料の算定に関する裁判官や裁判所による研究が公表され始めた[注19]。これらの研究報告でもほぼ一致して、これまでの慰謝料額が低すぎたこと、及び、近時の裁判例における慰謝料額の高額化の動きを基本的に是認できることが確認されている。とりわけ司法研修所の研究では、名誉毀損の慰謝料額につき、「500万円程度を平均基準額とすることも１つの考え方である〔る〕」と、はっきりと金額を明示して推している[注20]。

　かような高額化の動きを、名誉権その他の人格権に対する理解が深まったと素直に喜べるかどうかは以後の裁判例の動向次第であろう。中には、最高裁が自民党・公明党等の政治家の圧力に屈して下級審を高額化へ誘導したという見方もあるし[注21]、私も、この頃の裁判例の中には、単に慰謝料の認容額が高くなったばかりでなく、名誉毀損の成否それ自体において名誉毀損を緩やかに認め過ぎるのではないかと首を傾げたくなるケースがあると感じていた。

　名誉毀損法制というものがもともとは体制維持のための言論弾圧として機能していたことを思うと、慰謝料額の高額化については、表現の自由の

---

（注17）　たとえば、飯室勝彦「最高裁が誘導した慰謝料の高騰」飯室勝彦＝赤尾光史編『包囲されたメディア──表現・報道の自由と規制三法』（現代書館・2002年）45頁。

（注18）　判タ1089号209頁。

（注19）　山地修「名誉毀損の損害額の算定について──諸外国の状況の実証的分析」判タ1055号14頁（2001年）。

　　　司法研修所「損害賠償請求訴訟における損害額の算定」判タ1070号４頁（2001年）。

　　　東京地方裁判所損害賠償訴訟研究会「マスメディアによる名誉毀損訴訟の研究と提言」ジュリスト1209号63頁（2001年）。

　　　大阪地方裁判所損害賠償実務研究会「名誉毀損による損害賠償額の算定」NBL731号６頁（2002年）。

（注20）　司法研修所・前掲（注19）８頁。

（注21）　飯室・前掲（注17）63頁。

保障との微妙なバランスを常に意識しながらその射程範囲を研究し深めていく必要があろう[注22]。

**3**　以上の記載は基本的に2005（平成17）年の本書初版刊行時のものである。その後の慰謝料額に関する考察として注目されるのは西口元＝小賀野晶一＝眞田範行編著『名誉毀損の慰謝料算定』（学陽書房・2015年）である。

　同書は、民事の名誉毀損等事件について2003（平成15）年以降に言い渡された判決を検討対象とし[注23]、慰謝料についての判決の傾向を考察したものである。同書は、被害者の属性ごとに、判決で認容された慰謝料額の中央値を割り出しているが、それによれば、名誉毀損事案における慰謝料額の中央値は次の通りだったという。

| | |
|---|---|
| 公人 | 110万円 |
| 著名人 | 100万円 |
| 大学教授・医師・弁護士 | 160万円 |
| 被疑者・被告人・受刑者 | 200万円 |
| 一般人 | 50万円 |
| 企業の代表者 | 100万円 |
| 団体 | 200万円 |

　これを見ると、2000年代に入って慫慂された「高額化」は、その流れがほとんど定着していないという総括がふさわしいように思う。特に市井の人に関する慰謝料額の突出した低廉さは目を覆うばかりであり、これは私の実務上の実感とも符合している。[注24][注25]

───────────

（注22）　渡邊眞次＝真田範行「名誉毀損訴訟における慰謝料額の高額化の提案について──弁護士の立場からの考察」法律時報74巻12号64頁（2002年）は、名誉毀損の免責法理の拡大の検討が行なわれないままでの賠償額の高額化は、表現活動を萎縮させる危険があると指摘している。

（注23）　同書で検討の対象とされた判決は、具体的には、名誉、信用、プライバシー権、肖像権及びパブリシティ権に関する事件で2003（平成15）年以降に言い渡された判決のうち、「公的な判例集」、「判例タイムズ」または「判例時報」に掲載されたもの、及び、それ以外で「特に注目すべきもの」であり（同書3頁）、全部で137件だという（同書244頁参照）。更に具体的に言うと、検討対象はほとんどが「判例タイムズ」または「判例時報」に掲載されたものであり、それ以外に検討対象とされているのは5件のみである。

（注24）　同書の44頁も、慰謝料額の「一般的傾向についてのまとめ」として、
　　　「名誉毀損の慰謝料額の算定について、裁判所では一時裁判官の示した論考や研究会の論考などの影響を受けて、その金額が上昇した。しかし、その後落ち着きを見せており、一般的な慰謝料の増額については、裁判所は、依然として慎重な姿勢であることを指摘できる」
　　　としている。

昨今は、インターネットによって市井の人も容易に名誉毀損の被害に遭う世の中であるが、市井の人の場合、ほとんど壊滅的ともいうべきほどの名誉毀損・プライバシー侵害をされても、裁判所の認容する慰謝料額は、被害者に対して非常に冷たい低水準に止まっているというのが私の実感である。裁判所は、著名人が全国紙誌に書かれる場合における言論の流布の広範さに目を奪われ、それとは対照的に無名の人の場合にインターネット等に何を書かれても、それを気に留める人は少数であると考え、慰謝料額は50万円前後で十分だと考えているのではなかろうか[注26]。しかし権力も財力も適切な反論の場もない市井の人の場合、自分と実生活上直接間接に関係している人に名誉毀損ないしプライバシー侵害情報が伝わってしまえばもはや"それでおしまい"なのであり、それ以上に全国的に当該情報が知れ渡っているか否かはほとんど検討する意味のないことである。つまり、その人の人生が破壊されるという意味においては、著名人が全国紙誌に書かれる場合と全く変わらぬ被害が生じているのであり（むしろ著名人の方が、権力・財力・反論可能性その他の条件に恵まれていて名誉毀損等から自力で立ち直る術がある場合が相対的に多いであろう）、その点に対するイマジネーションが裁判所には欠けているように私には思われる。

## 第3款　慰謝料額算定の考慮要素について

　本款では、慰謝料額の算定にあたっていかなる要素が考慮されるか、また、考慮されるべきかについて検討したい。

---

（注25）　千葉県弁護士会が慰謝料に関する判例の研究成果をまとめた『慰謝料算定の実務〔第2版〕』（ぎょうせい・2013年）76～77頁によれば、名誉毀損の慰謝料額の年ごとの平均額を見ると、2001（平成13）年に平均額が424万円と最高を記録したが、2002（平成14）年以降の慰謝料の平均額は「150万円弱」、2010（平成22）年以降は「100万円強」となっており、「再び低額に抑えられる傾向にある」とのことである。
（注26）　前述1で高額化の嚆矢として紹介した事案の清原氏・大原氏が著名人であるのはもちろんのこと、慰謝料額が一審認容額の6倍の300万円になった東京高判の事案も、区議会議員でかつ都議会議員候補者だった者である。いずれも市井の人の事案ではない。そういう意味では、裁判所の感覚は、市井の人に関しては実はもともと目立った変化は見せていなかったのかもしれない。

## 第1　裁判例の検討

**1**　慰謝料額算定の際の考慮要素について詳細に触れている裁判例がある。

398頁（第2款の1）で述べた清原和博氏のケースの控訴審である東京高判2001（平成13）年12月26日[注27]は、

「その報道がされた場所的範囲の広狭や密度、当該報道の影響力の程度、その情報の内容や事実摘示の方法、被害者が被った現実的な不利益あるいは損害、その年齢、職業、経歴、情報の真実性の程度やこれを真実と信じたことの相当性の程度、取材対象や方法の相当性、被害者自らの持つ名誉回復の可能性等諸般の事情を考慮して個別具体的に判断すべきものである。」

とし、また、プロ野球巨人軍の桑田真澄投手についての週刊誌記事に関する東京高判2002（平成14）年3月28日[注28]は、

「名誉毀損とされた報道の内容及び表現の態様、報道が流布された範囲の広狭、報道機関の影響力の大小、被害者の職業、社会的地位、年齢、経歴等、被害者が被った現実的不利益の程度、報道の真実性の程度、事後的事情による名誉回復の度合等、諸般の事情を考慮して個別具体的に判断されるべきものである」

という。

**2**　上記の両判決ではほぼ同内容の要因が挙げられており、これをまとめると以下のようになろう。なお、上記の両判決はいずれも報道に関する事案であったため「報道」「報道機関」等の言葉が用いられているが、以下では、「報道」に限らない、より一般的な用語でまとめてみた。

　　①　流布された情報に関わる要因

　　　　a　流布の範囲の広狭、密度

　　　　b　流布された情報の影響力の大小

　　　　c　流布された情報の内容や表現の態様

　　　　d　流布された情報の真実性の程度

　　②　表現者側の要因

　　　　a　表現者の影響力の大小

---

（注27）　判タ1092号100頁、判時1778号73頁。
（注28）　判時1778号79頁。

*402*　第4編　名誉毀損の効果論その1　損害賠償

b 取材対象や取材方法の相当性

c 真実相当性の程度

③ 被害者側の要因

a 被害者が被った現実的な不利益や損害

b 被害者の職業、年齢、社会的地位、経歴

c 被害者自身の持つ名誉回復の可能性

④ その他の要因

a 事後的事情による名誉回復の度合い

**3** ①の、「流布された情報に関わる要因」は、情報の流布の範囲や程度の要因と、流布された内容それ自体のダメージの大きさの要因から成っている。この中の、d「流布された情報の真実性の程度」というファクターは、公的言論に関し真実性の度合いが低ければそれだけダメージも大きい、というように考慮されるものであろう。

**4** ②のうち、b「取材対象や取材方法の相当性」やc「真実相当性の程度」は体系的には、表現者側の過失の度合いを考慮するファクターということになろう。

ところで、表現者側の過失の度合いはなぜ被害者側の損害ないし慰謝料額に関わってくるのであろうか。

名誉毀損の「損害」は、情報の流布の結果としての社会的評価の低下や、その低下を知った結果としての心痛なのであるから、表現者側の過失の度合いが軽かろうと重かろうと関係がないように私には思える。取材が著しく拙劣であったことは表現者側の過失が重いことを徴表するであろうが、それは結果としての誤報の程度（①dの「情報の真実性の程度」）で計られるべきであって、過失の程度それ自体で計るというのは、論理的には直ちに帰結されないと思われる。

と言いつつも私は、上記各ファクターを慰謝料額の考慮要素と考えることには反対しない。

その理由は、表現の自由の保障の観点である。即ち、表現の自由の保障の観点から、「過失が軽微なら表現者側に多くの損害を負担させるべきでない」という規範が考えられるのであって、かように表現者側の表現の自由の保障を勘案して初めて、表現者側の過失の度合いを考慮すること、即

ち「取材対象や取材方法の相当性」や「真実相当性の程度」を考慮することが正当化されると思うのである。

また、かかる表現の自由の重要性に鑑みれば、事実の公共性の有無・程度（これは①ｃの「情報の内容」に含まれると思うが、独立したファクターとしてもよいであろう）と、目的の公益性の有無・程度（これは②の１つとして本来列挙されるべきものだと考える）も勘案されるべきであり、公共性が高いもの、目的の公益性が強いものについては、そのような言論を萎縮させないために、大きな減額要素として勘案すべきであろう。これも、結果的に誤報であれば、公共性があろうと公益目的であろうと、被害者の受ける「損害」の大きさには変わりはないが、慰謝料額の算定にあたっては表現の自由を萎縮させないための考慮が必要だ、という立場に立つということである。

**5**　③の被害者側の要因で列挙されている事項は、概ね正当であろう。問題は、被害者側の職業や社会的地位を"どのように"考慮するかであるが、この点については第２の**2**（409頁）で触れたい。

**6**　④ａの「事後的事情による名誉回復の度合い」を考慮することも問題なかろう。たとえば、報道機関が事後に自発的に謝罪広告を掲載すれば一定の名誉回復は図られるのであり、賠償すべき慰謝料額に当然に影響を与える。

東京地判1991（平成３）年４月23日[注29]は、週刊誌が誤報直後の号で訂正及び謝罪文を掲載した事案において、原告の名誉が回復され、その精神的苦痛も慰謝された、と認定している。

東京地判1993（平成５）年１月22日[注30]も、新聞が、名誉毀損記事を出した３日後に訂正記事を掲載した事例で、

「訂正記事による訂正と謝罪とによって、その名誉、信用は回復され、原告の精神的苦痛も慰謝されたものと認めるのが相当である」

として、原告の請求を棄却している[注31]。

---

（注29）　判時1385号91頁。
（注30）　判タ851号260頁。
（注31）　比較的珍しい事例として、東京地判2019（令和元）年11月29日（判タ1480号249頁）がある。これは、新聞に掲載された政治評論家のコラムによる名誉毀損の事案である。同事案では、コラム掲載の３日後に新聞本紙が訂正記事を掲載したが、肝心の執筆者であるところの政治評論

**7**　東京高判2012（平成24）年 8 月29日 [注32] も、慰謝料額算定の際の考慮要
素について参考になる裁判例である。これは、フリージャーナリストがホ
ームページに掲載した記事の名誉毀損性が問題となった事案であり、判決
は、損害額の算定にあたり、

　「名誉毀損の内容、表現の方法と態様、流布された範囲と態様、流布さ
　れるに至った経緯、加害者の属性、被害者の属性、被害者の被った不利
　益の内容・程度、名誉回復の可能性など諸般の事情を考慮して個別具体
　的に判断することが相当である。」

としている。ここで触れられているもののうち、

　ア　流布の態様

　イ　流布されるに至った経緯

　ウ　加害者の属性

　エ　名誉回復の可能性

は、**2** で集約した要因に挙げられていないように思えるので、以下、これ
らの事情につき簡単に検討する。

　まず、ア「流布の態様」は、たとえば、新聞なのかビラなのかインター
ネットなのか……という問題である。この判決の事案がインターネットに
よる流布であったためこういう形で挙げられたのかもしれないが、性質と
しては、**2** の①ａの「流布の範囲の広狭、密度」を計る事情として位置づ
けられるものであろう。したがって、①ａを「流布の態様並びに流布の範
囲の広狭及び程度」と改めてもよいであろう。

　次に、イ「流布されるに至った経緯」は、**2** で述べたところと同様に、
表現者側の主観的事情である目的の公益性の有無・程度や真実相当性の程
度（②ｃ）に関わる事情であるといえよう。したがって、②に「流布され
るに至った経緯」を加えてもよいであろう。

　また、ウ「加害者の属性」は、②ａの「表現者の影響力の大小」を計る
事情と位置づけることができよう [注33]。したがって、表現者の影響力の大

---

　　家は誤りについて言及も訂正も全くしなかった。そうしたところ、判決は、政治評論家に対す
　　る損害賠償請求につき、原告の請求通り満額の330万円の賠償を認めた。

（注32）　判タ1407号99頁、判時2189号63頁。

（注33）　宗宮信次『増補　名誉権論』（有斐閣・1961年）418頁は、（時代を感じさせる表現ではあ
　　るが）次のように言う。

小を計るために加害者の属性を検討するという意味において、②aを「表現者側の属性（表現者の影響力の大小）」と改めると分かりやすいかもしれない。

エの「名誉回復の可能性」は、③cで「被害者自身の持つ名誉回復の可能性」が挙げられているが、この事情は被害者自身の持つもの以外にもあり得る上、重要なファクターだと思うので、④に新たに書き加えた上で③cもそれに吸収してよいと思う。名誉回復が可能であれば民法723条に基づく回復処分を認容してそれとの相関関係で慰謝料額を調整する必要が生じるであろうし、また、回復処分を認めるかどうかはともかくとして、一旦毀損された名誉が時の経過とともに回復していくことが期待できるかどうかは損害の大小に直接関わるからである。これは結局、①のa〜dや②aや③のa〜cと関連するものであり、バラバラに各所で検討しようと思えばできなくもないが、「名誉回復の可能性」の有無、程度という観点でまとめて明示的に意識して検討することは有益だと思う。

**8** 以上、3つの裁判例の検討をふまえ、かつ私見を加味して、慰謝料額算定の際の考慮要素を改めて整理すると次の通りとなる（順序も多少入れ替えている）。

① 流布された情報に関わる要因
- 流布の態様、並びに流布の範囲の広狭及び密度
- 流布された情報の影響力の大小
- 流布された情報の内容や表現の態様
- 流布された情報の公共性の有無、程度
- 流布された情報の真実性の程度

② 表現者側の要因
- 表現者側の属性（表現者の影響力の大小）
- 流布されるに至った経緯
- 取材対象や取材方法の相当性

---

「田夫野人の言は一笑に付せらるるも、相当の地位のある者の言は社会の人も之を信ずるにより、無形的損害も従って大なり。宛かも小刀にて打つと大刀にて打つとにより損害の程度を異にするが如くなれば、加害者の地位、身分、職業等も、無形的損害の認定の資料と為し得」。

- 目的の公益性の有無、程度
- 真実相当性の程度
③ 被害者側の要因
- 被害者側の属性（被害者の職業、年齢、社会的地位、経歴）
- 被害者が被った現実的な不利益や損害
④ その他の要因
- 事後的事情による名誉回復の度合い
- 名誉回復の可能性の有無、程度

## 第2　裁判所の各種研究

　第2款の2（399頁）で述べた裁判官や裁判所の各種研究[注34]も、慰謝料額の考慮要素や考慮方法について検討をしており、参考になる。以下ではこの各種研究に対してコメントをしたい。

**1**　加害者側の事情として、「配布による利益」を勘案し、この利益が大きければそれを慰謝料額の加算要素とすべきとする見解がある[注35]。

　しかし「配布による利益」を勘案するについては、以下の点に十分に留意すべきであると考える。

　まず理論的観点から述べると、名誉毀損は「社会的評価の低下」なのであり、よって、加害者が当該名誉毀損言論の記載された文書を配布したことによって得た利益の大小は「損害」の大小とは関係がない。知的財産権の場合には、加害者が権利者に無断で当該権利を実施・使用した場合、それによって加害者が得た利益は本来は権利者に入るべきものであったという意味で、加害者が得た利益を権利者の「損害」と見ることは正当化されるが、名誉毀損の場合にはそのような関係には立たないのである。このように、本来論理的には関係のない事柄を評価に組み入れようとしているこ

---

(注34)　山地修「名誉毀損の損害額の算定について──諸外国の状況の実証的分析」判タ1055号14頁（2001年）、司法研修所「損害賠償請求訴訟における損害額の算定」判タ1070号4頁（2001年）、東京地方裁判所損害賠償訴訟研究会「マスメディアによる名誉毀損訴訟の研究と提言」ジュリスト1209号63頁（2001年）、大阪地方裁判所損害賠償実務研究会「名誉毀損による損害賠償額の算定」NBL731号6頁（2002年）。

(注35)　司法研修所・前掲（注34）24頁。算定基準として、「配布により得た利益」を加算要素としている。大阪地方裁判所損害賠償実務研究会・前掲（注34）12頁。

とを自覚すべきである。もとより、発行部数の大小は「損害」の大小と関係はあるが、それはあくまでも当該報道の流布の大小の問題であって、加害者側の利益の大小は論理的には関係がない。

　前記のような発想は、「写真週刊誌等の一部のメディアの中には、言いたい放題、書きたい放題で、それによって利益を上げられればよいと考えているのではないかと評価されているものがあ〔る〕」(注36) というような問題意識に支えられているのであろう。また、女性週刊誌に関する事件で「控訴人〔雑誌社〕が本件記事等を載せた本件週刊誌で相当な利益を揚げていると推認され、多少の損害賠償金の支払では本件のような違法行為の自制が期待されない」と指摘している裁判例もある (注37) が、これも同じ発想であろう。被害者側の立場から見ればこのような発想と価値観は理解できるところである。

　しかし、上記の発想が問題としているのは種々雑多な情報が盛り込まれた一般的な雑誌であるところ、当該雑誌の当該号の売上げにつき、当該名誉毀損言論を含む記事がどれだけ寄与したかを判断するのは難しい。また、仮に当該名誉毀損言論を含む記事が掲載されていることを動機として当該号を購入した読者がいたとしても、当該記事のうちの当該名誉毀損言論部分がどれだけその動機付けに寄与したかも的確な認定ができるとは思われない（つまり、当該名誉毀損がなかったとしてもその記事に惹かれて購入したかもしれないという可能性もあり得る）。

　とすると、種々雑多な情報が盛り込まれた書籍・雑誌において「配布による利益」を勘案することは、よほど当該名誉毀損記事が"目玉商品"となっているものでない限り慎重であるべきだろう。

　他方、特定の人をテーマとして取り上げた書籍で、内容の中心がその特定人に関する虚偽のスキャンダルで彩られているようなものであれば、「配布による利益」を勘案することには、いま見たような問題は少ない。しかしそれでもなお、配布による「利益」を名誉毀損の被害者の「損害」にどのように結びつけることができるのかという論理的な問題は残る。お

---

(注36)　司法研修所・前掲（注34）8頁。
(注37)　東京高判2001（平成13）年7月5日（判タ1070号29頁、判時1760号93頁）。これは、第2款（398頁）で触れた大原麗子氏のケースの控訴審判決である。

408　第4編　名誉毀損の効果論その1　損害賠償

そらく、誤報が現実の悪意をもって（虚偽であることを知りながら、または、虚偽であるかどうかに頓着することなく）なされたような場合に、そのような悪意に及んだ動機を推認（そのような利益を得られるからこそ真実に無頓着な報道に及んだのであろうと推認）させるものとして位置づけることができ、その配布による利益が多額であると評価できる場合にそのことを慰謝料額算定にあたって勘案することが正当化されるのであろう。

**2**　交通事故の損害賠償の例に倣い、慰謝料額の定額化、迅速化、予測可能性の確保、被害者間の公平等を図る目的から、慰謝料額の算定基準を定型化する試みが提案され[注38]、その斬新さが多くの関心を呼んだ[注39]。

この算定基準は、慰謝料額につき一定の基準額を設定し（司法研修所は、「500万円程度を平均基準額とすることも１つの考え方であり……」と、婉曲的な表現ながら「500万円」と提唱している）、それに対して１点10万円換算で、加点要素・減点要素を表にしたものである。

この表では、「(7)社会的地位」として、「タレント等」に10点の加点、つまり100万円の加算をしている。この発想は著名人の慰謝料を多額にしたというものであろうが、なぜ著名人であると一般人よりも慰謝料を多額とすることが正当化されるのかは、きちんと検討されなければならないであろう。著名人であれば、誤報等の名誉毀損に対して反論する機会に恵まれる場合もあるであろうし、また、摘示される内容によっては、むしろ市井の人の方が損害が甚大になる可能性もある。たとえば398頁の清原和博氏の事例の場合、"ストリップに通った"などという記事は確かにひどいが、そのような報道によって清原氏がプロ野球選手生命を絶たれるということは考え難い。しかし、市井の人の場合、たとえば、出張先で仕事をせずにストリップに通ったなどと書かれたら、会社を解雇されることもあり得るであろう。事はそう単純ではないのである。[注40]

---

(注38)　司法研修所・前掲（注34）９頁。

(注39)　渡邊眞次＝真田範行「名誉毀損訴訟における慰謝料額の高額化の提案について──弁護士の立場からの考察」法律時報74巻12号65頁（2002年）もこの試みに一定の評価をしており、また、東京弁護士会人権擁護委員会報告と人権部会は、この点数表試案に対する研究結果を「名誉毀損における500万円基準と点数表試案について」（2003年）との小冊子にまとめている。

(注40)　京野哲也「私人の名誉は公人の名誉より軽いか」判タ1251号76頁（2007）は、2001（平成13）年頃に盛んに議論された慰謝料額の高額化・定額化の問題に触れ、公人・著名人に比較して無名私人の慰謝料額が高額に算定されにくい構造を指摘し、「無名私人の被る社会的生活

他方、東京高判2010（平成22）年３月17日[注41]が、慰謝料額につき、

「慰謝料が人が被る精神的苦痛に対する損害賠償金であるという性質に
照らすと、その額は結局は被った上記苦痛の程度により判断されるべき
ものであるから、著名人である等のいわば社会的属性により本来左右さ
れるべきものではない」

というのは、これはこれでやや言い過ぎであろう。著名性が慰謝料の額を
直ちに左右するものではないというのはその通りであろうが、著名である
と損害が甚大になるということもある。たとえば、お笑い芸人のスマイリ
ーキクチ氏は、インターネット上で突然、殺人事件の犯人であるとの根も
葉もない噂を流された[注42]。同氏は著名であるから、日本中どこに行って
も"そういう目"で見られたであろうことを考えるとその苦しみたるや甚
大なものだったであろう。また、そのような噂がなければテレビ局などか
ら同氏に対する出演要請がもっとあったであろうことは想像に難くなく、
その潜在的な財産的損害（本人には分かりようがない逸失利益）もまた甚大
だったはずであり、かように算定困難な財産的損害は慰謝料額の算定にお
いて斟酌されるべきものであろう。

　結局、一定の社会的地位を加算要素とするか減算要素とするかは、摘示
事実の内容それ自体、被害者の地位の性質、摘示事実と当該地位との関連
性、反論可能性などと無関係ではあり得ないのであり、算定基準を設ける
についてはその点を考慮する必要があると考える。もっとも、この本書第
４版を執筆している2024（令和６）年現在、名誉毀損事件においてこのよ
うな算定基準が活用されているという話は寡聞にして知らない。算定基準
の定型化の試みは現在は沙汰止みになっていると見てよいのかもしれない。

---

　　上の不利益や精神的苦痛といった損害を小さく捉えており妥当な認識に至らないおそれがあ
　　る」と述べている。
（注41）　判時2118号37頁。
（注42）　スマイリーキクチ氏がどのような被害に遭い、その被害をどう克服していったかは、同氏
　　の著作『突然、僕は殺人犯にされた』（竹書房・2011年）に克明に記されている。

*410*　第４編　名誉毀損の効果論その１　損害賠償

# 第3節　慰謝料請求権の一身専属性

## 第1款　帰属上の一身専属性（相続性）

　「被相続人の一身に専属した」権利は相続の対象とならない（民法896条但書）ので、慰謝料請求権が相続の対象になるかにつき解釈上議論の余地がある。

　この点、学説上は、人身損害賠償に関する議論において、負傷による慰謝料と死亡自体についての慰謝料とを分け、それぞれについていかに解するかにつき議論が錯綜しているが[43]、判例上は、最大判1967（昭和42）年11月1日[44]により、原則として相続性を肯定する（即ち、帰属上の一身専属性を否定する）ことで議論が一応決着している。即ち、

　「ある者が他人の故意過失によって財産以外の損害を被つた場合には、その者は、財産上の損害を被つた場合と同様、損害の発生と同時にその賠償を請求する権利すなわち慰藉料請求権を取得し、右請求権を放棄したものと解しうる特別の事情がないかぎり、これを行使することができ、その損害の賠償を請求する意思を表明するなど格別の行為をすることを必要とするものではない。そして、当該被害者が死亡したときは、その相続人は当然に慰藉料請求権を相続するものと解するのが相当である。」

という。そしてその理由は、

　「損害賠償請求権発生の時点について、民法は、その損害が財産上のものであるか、財産以外のものであるかによつて、別異の取扱いをしていないし、慰藉料請求権が発生する場合における被害法益は当該被害者の一身に専属するものであるけれども、これを侵害したことによつて生ずる慰藉料請求権そのものは、財産上の損害賠償請求権と同様、単純な金銭債権であり、相続の対象となりえないものと解すべき法的根拠はな〔い

---

（注43）　太田知行「死者の慰謝料請求権の相続性」交通事故判例百選〔第4版〕140頁（1999年）、田井義信「慰謝料請求権の相続性」民法判例百選・債権〔第6版〕194頁（2009年）、米村滋人「慰謝料請求権の相続性」民法判例百選Ⅲ親族・相続〔第2版〕122頁（2018年）など参照。

（注44）　判タ211号224頁、判時497号13頁。

から]」

というのである。

　これは学説上のいわゆる「当然相続説」を採用したものであるとされている[注45]。

## 第2款　行使上の一身専属性

**1**　かように慰謝料請求権は原則として帰属上の一身専属性が否定されるが、行使上の一身専属性（民法423条1項但書参照）はどうか。

　この問題については、まさに名誉毀損に基づく慰謝料請求権につき、最1小判1983（昭和58）年10月6日[注46]が明らかにしている。

　同最判は次のように述べて、名誉毀損に基づく慰謝料請求権が行使上の一身専属性を有するとしている。

　「思うに、名誉を侵害されたことを理由とする被害者の加害者に対する慰藉料請求権は、金銭の支払を目的とする債権である点においては一般の金銭債権と異なるところはないが、本来、右の財産的価値それ自体の取得を目的とするものではなく、名誉という被害者の人格的価値を毀損せられたことによる損害の回復の方法として、被害者が受けた精神的苦痛を金銭に見積つてこれを加害者に支払わせることを目的とするものであるから、これを行使するかどうかは専ら被害者自身の意思によつて決せられるべきものと解すべきである」。

　そして判決は、かかる行使上の一身専属性がなくなる場合についても明らかにしており、

　　①　「加害者が被害者に対し一定額の慰藉料を支払うことを内容とする合意又はかかる支払を命ずる債務名義が成立したなど、具体的な金額の慰藉料請求権が当事者間において客観的に確定したとき」

　または、

　　②　「被害者がそれ以前の段階において死亡したとき」

　に、これがなくなるという。つまり、上記①または②の事情が発生した後

---

（注45）　最高裁判例解説・民事篇昭和42年度559頁。
（注46）　判タ513号148頁、判時1099号51頁。

412　第4編　名誉毀損の効果論その1　損害賠償

は、債権者がこれを差し押さえることもできるし、また、債権者代位の目的とすることもできるというのである。

**2**　上記①の場合に行使上の一身専属性がなくなる理由として判決は、

「〔①のような場合には〕右請求権についてはもはや単に加害者の現実の履行を残すだけであつて、その受領についてまで被害者の自律的判断に委ねるべき特段の理由はない」

からだという。①の場合に行使上の一身専属性がなくなる理由はかかる説示からよく分かる。

　しかし、②の場合になぜ行使上の一身専属性を喪失させてよいのかは多少分かりにくい面がある。判決が「これを行使するかどうかは専ら被害者自身の意思によつて決せられるべき」というのであれば、それを行使しないまま死亡してしまったのならもはや行使の余地はないという考え方もあり得るところであろう。①で“債務名義がなければ他人が行使してはダメ”と言っておきながら、被害者が死亡したならあとは他人が行使してもよい（②）というのはどういう料簡なのだろうか。

　畢竟これは、第1款の相続性の問題で最高裁大法廷判決が当然相続説を採っていることの結果であろう。即ち、②の場合に行使上の一身専属性がなくなるとしているのは、論理的にそうなるというよりも、慰謝料請求権につき判例が当然相続説を採ってしまっていることからの価値判断に基づく解釈なのだと思う。慰謝料請求権の当然相続を認めておきながら、被相続人（被害者）が生前に①を充たしていなければ相続人はその権利を行使できないという事態は相当でない（当然相続説を採った意味がない）と考えて、最高裁は、相続人が慰謝料請求権を行使できるように、死亡の場合も行使上の一身専属性の喪失原因としたのであろう。

第 **5** 編

# 名誉毀損の効果論その2
# 損害賠償以外の救済手段

　第5編は、効果論のうち、損害賠償以外の救済手段をまとめ
たものであり、謝罪広告を中心とする損害の「回復」に関する
手段、損害の発生を事前に「予防」する事前差止め、更に、今
ある損害発生原因を除去する削除等の請求から成る。

　ここで挙げている救済手段は総じて、認容される割合が損害
賠償よりも低い。当該言論が違法であっても、金銭賠償を超え
た処置をすることに裁判所が慎重な態度をとっていることがこ
の点から窺える。

# 第1章——謝罪広告その他の回復処分

## 第1節　はじめに

　民法723条は、名誉毀損があった場合に、「名誉を回復するのに適当な処分」をすることができる旨定める。

　数ある不法行為類型の中で民法があえて名誉毀損のみにつきかような回復処分を設けた理由について幾代通は、

　　「この種の不法行為においては、被害者の蒙った損害の範囲及びその金銭的評価を具体的に立証することがきわめて困難であり、ために、金銭賠償のみをもってしては被害者の救済が実質的に不十分・不完全とならざるをえない場合が珍しくなく、また、これに対して適切な原状回復処分を加害者に命ずるならば、右の欠陥はかなり大幅に回復させられうる、という場合が多いから」

と説明している[注1]。

　損害立証が困難なのは名誉毀損に限らないし、また、適切な原状回復によって金銭賠償主義の欠陥を回復できるのも名誉毀損に限らないのではないかという思いは浮かぶが、とりあえず民法723条が設けられた趣旨はこの通りだそうであり、それはそれで一応理解できるところである。

　かかる回復処分の典型で、訴訟でも最も多く認容されているのは謝罪広告である。そこで、まず第2節で謝罪広告に関する諸問題を取り上げ、第3節以降でその他の類型の回復処分に言及することとしたい。

---

（注1）　幾代通「謝罪広告」有泉亨監修『現代損害賠償法講座2』（日本評論社・1972年）244頁。

416　第5編　名誉毀損の効果論その2　損害賠償以外の救済手段

# 第2節　謝罪広告

## 第1款　謝罪広告の合憲性

**1**　謝罪広告とは、民法723条に基づく回復処分として行なわれる広告であって、その広告において、陳謝、謝罪の意が表されているものをいう。

　かように謝罪広告は、陳謝、謝罪の意を表することを裁判所が強制するものであるため、本人の意思に関わりなく判決によって謝罪広告を命じることは憲法19条で保障されている思想・良心の自由を侵害するものではないかが問題となる。

　この点については1950年代に、「右放送及記事は真相に相違しており、貴下の名誉を傷け御迷惑をおかけいたしました。ここに陳謝の意を表します」との謝罪広告を命じることが憲法19条に違反しないかが訴訟上争われ、最大判1956（昭和31）年7月4日<sup>(注2)</sup>は、2人の裁判官から反対意見が出たものの、多数意見はこれを憲法に違反しないとした。

　多数意見は、

　「時には〔謝罪広告の掲載〕を強制することが債務者の人格を無視し著しくその名誉を毀損し意思決定の自由乃至良心の自由を不当に制限することとなり、いわゆる強制執行に適さない場合に該当することもありうるであろう」

という留保を付しつつも、「単に事態の真相を告白し陳謝の意を表明するに止まる程度のもの」については強制執行も可能であるとし、本件で問題となっている程度の広告の内容は、

　「上告人に屈辱的若くは苦役的労苦を科し、又は上告人の有する倫理的な意思、良心の自由を侵害することを要求するものとは解せられない」

といい、憲法に違反しないとした。つまり、違憲かどうかは当該判決で命じる謝罪の程度の問題だということである。

　しかしこの判決には反対意見があり、藤田八郎裁判官は、心にもない陳

---

（注2）　判タ62号83頁、判時80号3頁。

謝の念の発露を判決をもって命じることは「良心の外的自由」、つまりいわゆる沈黙の自由を侵害するものであるという。

また、垂水克己裁判官は、真実に反していることを確認させ「ご迷惑をおかけいたしました」と言明させることは憲法19条に違反しないが、本人が欲しない場合にも「陳謝」を命じることは憲法19条に違反するという。これはつまり、沈黙の自由の侵害というよりも、一定の思想の強制という意味での違憲をいうものであろう。

学説上も、謝罪広告を命じることが憲法19条に違反するとの見解は多い(注3)。

私も、"程度の問題だ"とする最高裁の多数意見には賛同し難い。土下座して謝罪させるものであろうが陳謝の意を表明させるに止まるものであろうが、要は判決という強制力をもって、当該名宛て人に対し、自己の行為が倫理的非難可能性のあるものであったことを自認させようとするものなのであるから、一定の思想の強制という意味において憲法19条に違反するというべきだと思う。

**2**　さて、「陳謝の意を表明するに止まる程度のもの」は憲法19条に反しないというのが上記最大判の説示であり、謝罪広告が認容された事例は、「お詫びいたします」という程度のものが多い(注4)。

しかし東京地判1987(昭和62)年10月21日(注5)は、

「ここに同氏に対し、衷心よりおわび申し上げ、深く謝罪の意を表します。」

という謝罪広告を被告に命じ、また東京地判2005(平成17)年4月19日(注6)も、

「貴社の名誉・信用を毀損しましたことをここにお詫びし、本件記事内容を訂正して謝罪いたします。」

との謝罪広告を被告に命じている。

---

(注3)　幾代通「名誉毀損につき謝罪広告を命じる判決」我妻榮先生還暦記念『損害賠償責任の研究　上』(有斐閣・1957年)412頁、浦部法穂『憲法学教室〔第3版〕』(日本評論社・2016年)138頁。

(注4)　たとえば東京地判2010(平成22)年10月29日(判タ1359号188頁)など。

(注5)　判タ652号92頁、判時1252号108頁。

(注6)　判タ1243号190頁、判時1905号108頁。

これらは文字通りの「謝罪」を被告に命じているものであり、最大判の
いう「陳謝の意を表明するに止まる」という程度を逸脱しているのではな
かろうか。

## 第2款　謝罪広告についての強制執行の可否

**1**　謝罪広告は、強制執行の可能性の観点からも検討をする必要がある。

　強制執行には、その給付義務の特質上、執行による強制的実現の許され
ない執行不当のものがあると言われる[注7]。例としてよく挙げられるの
が夫婦の同居義務である。かような義務を強制することは債務者の人格を
侵害するものとして認められないというのである。

　謝罪広告の場合も、夫婦の同居義務と同様に、判決で命じながらも債務
者（被告）の人格を侵害しないよう強制執行を許さない、という余地を認
めるべきか。

　この点、幾代通[注8]は、

　　「名誉回復処分なるものは、金銭賠償に代え、またはこれと並んで裁判
　　所の裁量によって命ぜられるものであり、金銭賠償の有無や金額との相
　　関関係に立つ。だから、判決を受けた被告が気が向けば謝罪広告をする
　　し気が向かなければしなくてよいというのは、原告（被害者）のための
　　法的救済の内容や量を不安定・不確実なものとする」

と言い、民法723条の回復処分の判決は常に執行可能なものとしてなされ
なければならないという。賛成である。

**2**　それでは、執行可能な回復処分とは、どのようなものを観念すればよい
のか。

　第1款（417頁）で挙げた1956（昭和31）年最大判[注9]は、強制執行の許
容性・可能性という観点から次の通り判示している。即ち、

　　「謝罪広告を命ずる判決にもその内容上、これを新聞紙に掲載すること
　　が謝罪者の意思決定に委ねるを相当とし、これを命ずる場合の執行も債

---

（注7）　兼子一『強制執行法』（弘文堂・1949年）71頁。
（注8）　幾代・前掲（注3）417頁。
（注9）　最大判1956（昭和31）年7月4日（判タ62号83頁、判時80号3頁）。

第1章　謝罪広告その他の回復処分　第2節　謝罪広告　*419*

務者の意思のみに係る不代替作為として民訴734条に基〔づ〕き間接強
制によるを相当とするものもあるべく、時にはこれを強制することが債
務者の人格を無視し著しくその名誉を毀損し意思決定の自由乃至良心の
自由を不当に制限することとなり、いわゆる強制執行に適さない場合に
該当することもありうるであろうけれど、単に事態の真相を告白し陳謝
の意を表明するに止まる程度のものにあつては、これが強制執行も代替
作為として民訴733条の手続によることを得るものといわなければなら
ない。」

という。ここに「民訴734条」とは間接強制について定めた規定であり、
現在の民事執行法172条にあたる。また、「民訴733条」とは代替執行につ
いての規定であり、現民事執行法171条がこれにあたる。

つまりここで最大判は、謝罪広告には、

a　間接強制によることが相当であるもの

b　間接強制が相当でなく、そもそも強制執行に適さないもの

c　代替執行が可能なもの

があるのだ、と分析している。

かようように最大判は、判決でそもそも強制執行に適さない回復処分が命じ
られる余地（b）を認めるが、1で挙げた幾代の指摘の通りかかる解釈は
妥当でないので、あり得べき判決としては、aまたはcを観念すればよい
ことになる（現在の実務も、強制執行を前提としない回復処分を命じる例はな
いであろう）。

**3**　強制執行の方法として間接強制（a）と代替執行（c）のいずれを選択
すべきかについては、債務者の人格の尊重の観点[注10]から、間接強制が可
能なものであっても代替執行が可能なものはできるだけ代替執行の方法に
よるべきであるとするのがかつての通説的な考え方であった[注11]が、2003

---

(注10)　ここでいう「債務者の人格の尊重」とは、間接強制が債務者に対する威嚇となっている点
を問題としているのであるが、代替執行の方が債務者の人格を尊重しているのかというと、直
ちにそうとも言えない。代替執行の場合、債務者を無視して勝手に債務者名義の広告を掲載す
るわけであり、債務者の沈黙の自由を完全に無視しているという点において、むしろ代替執行
の方が問題であるという見方もできる（草野真人「名誉回復処分」篠田省二編『裁判実務大系
15　不法行為訴訟法（1）』（青林書院・1991年）312頁）。

(注11)　我妻榮『民法講義IV　新訂債権総論』（岩波書店・1964年）93頁、於保不二雄『債権総論
〔新版〕』（有斐閣・1972年）133頁。

（平成15）年改正後の民事執行法173条は、代替執行が可能な場合でも間接強制の方法を選択できるものとしている。

　かかる現行法と最大判の上記判示をふまえると、謝罪広告の強制執行の方法としては、

　　　　・代替執行が可能である場合には代替執行か間接強制を、

　　　　・代替執行が可能でない場合には間接強制を、

選択し、かつ、間接強制を選択する場合には、

　　　　・間接強制として相当性があるかどうか、

を検討する必要があることになる。

**4**　代替執行が可能かどうかは、文字通り、当該作為に「代替」性があるかどうかで決まる。

　謝罪広告を第三者の媒体に掲載する場合、たとえば週刊誌Aの名誉毀損記事についてB新聞紙上に謝罪広告を掲載することには、原告が被告名義の謝罪広告の掲載をB新聞に申し込んでその費用を被告に請求することにより実現できるのであって代替性があるといわれており、代替執行が可能であるとされている。

　もっとも、B新聞社には、当該広告の掲載契約の申込みに応じる義務はないので、B新聞社が掲載を拒めば、その判決は執行不能に帰することとなり(注12)、そうなった場合には間接強制によることになる(注13)。

**5**　他方、週刊誌Aの名誉毀損記事について当該「週刊誌A」自身に謝罪広告を掲載させる場合、週刊誌Aの協力を不可避的に必要とするので代替性がなく、間接強制の方法によるしかないと解される(注14)。

　かように間接強制の方法によるしかない場合、上記1956（昭和31）年最大判の指摘によれば、その広告の内容によっては、「これを強制することが債務者の人格を無視し著しくその名誉を毀損し意思決定の自由乃至良心

---

(注12)　花村治郎「謝罪広告の執行方法」民事執行法判例百選201頁（1994年）。

(注13)　越山和広「謝罪広告の執行方法」民事執行・保全判例百選〔第2版〕151頁（2012年）。

(注14)　東京地判1995（平成7）年3月14日（判タ872号298頁、判時1552号90頁）は、被告（債務者）自身の媒体に謝罪広告を命ずべきケースにつき、

　　　「この広告は、被告発行の雑誌に掲載させるものであるため、その強制執行としては、民事執行法172条に定める間接強制の方法によるほかないものである（同法171条に定める代替執行の方法を執ることは、被告の表現の自由との関係で困難である。）。」

　　と判示している。

の自由を不当に制限する」こととなって「強制執行に適さない場合」に該当することがあるので、その点の吟味が必要だということになる。

つまり謝罪広告は、その内容によっては、思想・良心の自由を侵害することになるし（第1款・417頁参照）、また、民事執行法の解釈上、執行不当として許容されないこともあるのである。

上記最大判は、かように分析に鋭いところがありながら、「右放送及記事は真相に相違しており、貴下の名誉を傷け御迷惑をおかけいたしました。ここに陳謝の意を表します」との被告名義の広告について憲法上も執行法上も問題ないとしており、あてはめにおいてガッカリなのであるが、内容次第では、思想・良心の自由の観点のみならず執行法の解釈上も許容されない領域があるのだということを指摘している点は銘記されなければならない。

**6** では、代替性がなくかつ間接強制も適さない場合とは、たとえば具体的にどのようなものがあるのか。

この点、滝澤孝臣[注15]は、

① 社内の名誉毀損について謝罪文を社内の食堂の掲示板に掲示すること

② 組合誌による名誉毀損について謝罪文を組合誌に掲載して組合員に配布すること

③ 電車の中吊り広告による名誉毀損について、同じ雑誌の中吊り広告に謝罪広告を掲載すること

④ テレビによる名誉毀損につき当該局のテレビ放送で謝罪すること

⑤ ウェブサイトによる名誉毀損につき当該ウェブサイトに謝罪文を掲載すること

⑥ 広報誌・機関誌・業界紙による名誉毀損につき当該媒体に謝罪文を掲載すること

⑦ 議会内での名誉毀損につき、議会において謝罪文を読み上げること

などの例を挙げ、いずれについても「代替執行の余地がなく、請求自体、失当として排斥されるべきものではないかと思われる。」という。

---

（注15）　滝澤孝臣「謝罪広告請求——その論拠と問題例の検討」銀行法務21・726号48頁（2011年）52頁以下。

滝澤は、代替性がないことを指摘して直ちに「請求自体、失当」といい、間接強制の相当性について詳しく言及していないが、おそらく、これらの例については間接強制の相当性もないという判断なのだろうと思う。

とすると滝澤は、間接強制の相当性が肯定される余地をかなり狭く考えているようである。

滝澤は、他の箇所で、

「当該週刊誌の掲載している広告一般と同じ態様で謝罪広告の掲載が求められる場合に比較して、謝罪広告の掲載箇所、体裁などを広告一般と異なる態様で指定して『謝罪記事』の掲載が求められるような場合……そのような謝罪広告の請求が許容されるのか否か、……謝罪広告請求を許容しうるとした最高裁の原点に立ち返って、検討し直す必要があるのではないかと思われる。」

としており(注16)、間接強制の相当性の肯否の分かれ目を、"自身の媒体に掲載している他社の広告と同列に掲載するようなものであれば受忍すべきであり相当性の範囲内だが、それとは異なるような掲載を命じるものは相当性を欠く"……というあたりにおいているように読める。

滝澤自身でさえ「問題提起にとどまる」としている(注17)ものについて私が解釈を進めることは私の能力を超えているのでこのあたりで考察をやめるが、ともかく、謝罪広告の許容性を検討するにあたっては、間接強制の相当性を吟味する観点を忘れてはならないという視点をここに書き留めておきたい。(注18)

## 第3款　民法723条の「適当な処分」としての妥当性

**1**　憲法と執行法の話が先行してしまったが、民法723条が条文上要求しているのは、「適当な処分」であること、である。

では、「適当」か否かの判断は、いかなる視点をもって行なえばよいの

---

(注16)　滝澤・前掲(注15)53〜54頁。
(注17)　滝澤・前掲(注15)55頁。
(注18)　なお、私見によれば、418頁で述べた通り謝罪広告はおよそ思想・良心の自由を侵害するものであり許されないと解するので、代替性の有無や間接強制の相当性の吟味をするまでもなく謝罪広告は認められないということになる。

第1章　謝罪広告その他の回復処分　第2節　謝罪広告　*423*

か。

　この点、宗宮信次[19]は、

　「命ぜらるる処分は公序良俗に反すべからざるは勿論、評価の回復を主
　眼とし、其れ以上に出づべきにあらざれば、必要以上に加害者に屈辱を
　与うべきにあらず。」

と言う。"評価の回復を主眼とし、それ以上に出てはならない"。実に過不
足のない的確な指摘である。

**2**　では、謝罪広告は回復処分として「適当」か。

　この点、草野真人は、謝罪広告は民法723条の解釈に照らして「適当な
処分」にあたらないという[20]。

　民法723条の回復処分の射程範囲について明らかにした最高裁判例とし
て、最2小判1970（昭和45）年12月18日[21]がある。同判決は、同条が損
害賠償のほかに回復処分を規定した趣旨につき、

　「その処分により、加害者に対して制裁を加えたり、また、加害者に謝
　罪等をさせることにより被害者に主観的な満足を与えたりするためでは
　なく、金銭による損害賠償のみでは塡補されえない、毀損された被害者
　の人格的価値に対する社会的、客観的な評価自体を回復することを可能
　ならしめるためである」

とし、その帰結として、

　「このような原状回復処分をもつて救済するに適するのは、人の社会的
　名誉が毀損された場合であり、かつ、その場合にかぎられる」

とする。

　草野は、同条に関する上記最高裁判例を前提とし、

　「右最判の論理を敷衍すれば、民法723条にいう名誉回復処分は、毀損さ
　れた被害者の人格的価値に対する社会的客観的評価自体を回復すること
　を可能にするものであり、かつこれに有効なものに限られ、加害者に制
　裁を加えたり、被害者に主観的満足を与えたりするものであってはなら
　ず、加害者に制裁的で、かつ被害者を慰謝する『謝罪』は含まないとい

（注19）　宗宮信次『増補　名誉権論』（有斐閣・1961年）464頁。
（注20）　草野・前掲（注10）314頁。
（注21）　判タ257号139頁、判時619号53頁。

424　第5編　名誉毀損の効果論その2　損害賠償以外の救済手段

うことになろう。」

とし、謝罪広告は民法723条の趣旨を超えていると言う。賛成である。

## 第4款　謝罪広告の要否の判断基準

　以上の通り私は、謝罪広告については憲法上も民法723条の解釈上も認められないと思うが、以下では、謝罪広告に関する各種の論点を検討する。

　まず本款では、謝罪広告の要否の判断基準について検討することとしたい。

**1**　この点、東京地判1998（平成10）年9月25日[注22]は、

　　「謝罪広告については、その性質上、その必要性が特に高い場合に限って命ずるのが相当ではある」

とし、要否の基準として高度の必要性を要求しており、他にも高度の必要性を要求する裁判例は多い[注23]。

　謝罪広告が認められるためには大前提として、現に社会的評価の低下状態が残存していることを要する。口頭弁論終結時において既に社会的評価が回復されているのであれば、あえてその後に対外的な回復処分を命じる必要性がないからである[注24]。

　しかし上記各裁判例がいう高度の必要性は、かかる意味の必要性ではなく、社会的評価の低下状態が残存していることは既に所与の前提として、更になお謝罪広告をしなければならないほどの必要性があるか否かを問題

---

（注22）　判タ1004号204頁、判時1674号88頁。

（注23）　「必要性が特に高い場合」であることを要求する裁判例として他に、
　　　　・東京高判1999（平成11）年6月30日（判タ1004号292頁、判時1695号77頁）
　　　　・東京地判2006（平成18）年4月21日（判時1950号113頁）
　　　　・東京地判2008（平成20）年2月13日（判タ1283号174頁）
　　　　・東京地判2009（平成21）年8月26日（判タ1342号202頁）
　　があり、また、「特に」との絞り込みがなく「必要性が高い場合」とする裁判例として、
　　　　・東京地判2006（平成18）年6月20日（判タ1242号233頁）
　　がある。

（注24）　安次富哲雄「民法723条の名誉回復処分について（下）」琉大法学52号231 ～ 233頁（1994年）は、社会的評価の低下状態がなくなる事由として、①事後に訂正記事が公にされたり被害者の潔白が報道されるなど、加害者または第三者の行為によって名誉が回復された場合、②日時の経過によって、被害者の名誉が自然に加害行為前の状態にまで回復した場合、を挙げる。指摘の通りだと思う。

第1章　謝罪広告その他の回復処分　第2節　謝罪広告　*425*

としていると思われる[注25]。

　しかし、このような特段の必要性を要求する必要があるとは私は思わない。

**2**　那覇地判2018（平成30）年12月11日[注26]は、謝罪広告を命じることのできる要件につき、

　　「損害賠償のみではてん補され得ず、その評価自体を回復する必要があり、かつ、謝罪広告を命ずることが相当である場合」

だという。そしてこの件では、当該事案の判断において、

　　「本判決がされることによっても、……名誉が相当程度回復する」

として、謝罪広告の請求は棄却されている。

　この判決のように、謝罪広告を、損害賠償で損害が填補されない場合に初めて補充的に認める、という見解に立つ裁判例は多い。

　たとえば、神戸地尼崎支判2008（平成20）年11月13日[注27]は、

　　「謝罪広告等の原状回復処分をもって救済するに適するのは被害者の名誉の回復が金銭による損害賠償のみでは填補されえない場合に限られる」

という。また東京地判2006（平成18）年3月27日[注28]は、

　　「本件記事によって原告が受けた損害は金銭の支払を受けることによって慰謝されるものである」

として謝罪広告の必要性を否定している。

　これらの判決は、謝罪広告を認めるにあたり、"損害賠償では損害が填補されない"という補充性を要求しているわけであるが、大阪地判1990（平成2）年5月21日[注29]は、かように補充性が要求される理由につき、

　　「金銭賠償を原則とする民法のもとにおいては、同法七二三条に基づく

─────────────

（注25）　四宮和夫『事務管理・不当利得・不法行為　下巻』（青林書院・1985年）474頁は、原状回復処分が認められるための要件として、損害がなお継続していることに加えて、「回復処分が必要かつ効果的であると考えられる場合に限る」という。四宮がここで要求する「必要」性も、社会的評価の低下状態が残存していることを前提としてなお回復処分が必要かどうかの検討を要求するものである。
（注26）　判時2425号75頁。
（注27）　判時2035号122頁。
（注28）　判タ1244号229頁。
（注29）　判時1359号88頁。

名誉回復処分としての謝罪広告は、金銭賠償によっては損害を填補しが
　　たい名誉毀損行為に対する救済の一つとして原状回復処分を認めたもの
　　と解釈すべきである」
と言う。

　しかしそもそも、民法が金銭賠償を原則としているということ自体、独
自の見解なのではなかろうか。民法は、金銭賠償を"規定している"（722
条1項、417条）だけである。金銭賠償とそれ以外の救済方法を設けた上で
前者を原則とする、という定め方をしているものがあるわけではない。

　実際、金銭よりも名誉回復を求める被害者も沢山いるのである。かよう
に謝罪広告の要件として"損害賠償では損害が填補されない"という補充
性を要求することは妥当ではないと思う。[注30]

**3**　大阪地判1981（昭和56）年9月28日[注31]は、謝罪広告の要否の判断基準
につき、

　　「民法723条に基づく謝罪広告等は、名誉毀損によって生じた損害の填補
　　の一環として、それを命ずることが必要でかつ効果的であり、しかも、
　　判決によって強制することが適当であると認められる場合に限り、これ
　　を命ずることができる」
と判示し、「効果的」であることを要求する。東京地判1985（昭和60）年
3月20日[注32]も同旨の規範を挙げる。

　確かに、効果的でないのに謝罪広告を命じることは被告に対して無用の
負担をかけることになるので、そのような謝罪広告掲載命令は適当ではな
いであろう。しかしこれは、回復処分として「適当」であるかどうかの問
題に帰するのであり、上記判示自身が挙げている「適当であると認められ
る場合」という要件と重複しているのではないかと思われる。つまり、
「効果的」という要件は過剰であると思う。

**4**　上記1981（昭和56）年大阪地判は続けて、

　　「毀損された名誉が既に回復されている場合や名誉毀損による被害が金

---

（注30）　斉藤博「名誉・プライバシーとその民事上の保護」ジュリスト959号34頁（1990年）は、
　　　　原状回復と損害賠償とがともに請求されたときには「まずは原状回復の途を考えるべきであろ
　　　　う」といい、回復処分の方こそ原則であるとする。
（注31）　判タ464号145頁、判時1022号123頁。
（注32）　判タ556号146頁。

第1章　謝罪広告その他の回復処分　第2節　謝罪広告　*427*

銭賠償によって十分償われる場合とか、その他当該名誉毀損行為の反社会性の程度が軽微で、これによる被害も小さい場合等には、謝罪広告等を命ずることはできないものと解するのが相当である。」
という。

（1）　上記の指摘のうち、「毀損された名誉が既に回復されている場合」とは、社会的評価の低下状態が残存していない場合と同義であり、かかる場合に謝罪広告を命じることができないのはその通りであろう。本来的な意味における「必要」性の要件であると私が思っているところである。

（2）　上記大阪地判が「名誉毀損による被害が金銭賠償によって十分償われる場合」に謝罪広告を認めない点が妥当でないことは、**2**（426頁）で述べた通りである。

（3）　上記大阪地判は更に、「当該名誉毀損行為の反社会性の程度が軽微で、これによる被害も小さい場合」には謝罪広告を命じることはできないという。

　　しかし、軽微な誤りの場合に、金銭賠償を命じずに事実の訂正のみを命じることこそが「適当」だといえる場合もあると思う。

**5**　以上、裁判例を挙げて縷々批判的なことを述べて来たが、謝罪広告は、民法723条の「適当」との文言そのままに、「どうすれば適切な紛争解決をなしうるか」の観点からその要否を判断すればよく、高度の必要性がある場合にのみ命じるとか、金銭賠償のみでは足りないときにのみ命じる等と重く限定的に考える必要はないと私は思う。その代わり、広告の内容としては、「謝罪」を命じるようなものではなく、単に事実訂正を命じるようなものにするなど、裁判所側で内容を工夫すればよいのである<sup>(注33)</sup><sup>(注34)</sup>。謝罪広告を限定的に用いる上記各裁判例の解釈は、民法723条の定める回復処分につき、「謝罪」を命じるものを指すと勝手に重い制度にした上で、

---

（注33）　なお私は、最も適切な回復処分は、幾代通の提唱する「判決の結論の広告」だと思うが、それについては後述（第3節第3款・451頁）する。

（注34）　安次富・前掲（注24）233 ～ 235頁は、謝罪広告については、被告に屈辱を与えるものであるから限定的に解するべきであるとする一方、取消広告・判決公表・反論文掲載については、「被告に屈辱を与えることもないので、少なくとも、不法行為を構成するほどの社会的評価の低下が存する限り、それらの方法による名誉回復処分は認められると解するべきではなかろうか。」という。回復処分を徒に限定すべきでないという問題意識は私見と同様である。

かつ、勝手に出し惜しみしているという、二重の自縛がある感じがする。

　他方、広島高松江支判2015（平成27）年6月3日<sup>(注35)</sup>は、

「回復処分が認められるためには、当該回復処分が名誉を回復する手段
として相当であり（手段の有効適切性）、かつ、名誉毀損状態が口頭弁論
終結時において現存していること（名誉毀損自体の現存）が必要という
べきである。」

としている。この判決は、回復処分の要件として"名誉毀損自体の現存"
と"手段の有効適切性"しか要求しておらず、私の問題意識と同じであ
る<sup>(注36)</sup>。

**6**　では、どのような場合が謝罪広告を命じるのに「適当」な場合にあたる
といえるであろうか。

　これはケースバイケースで見ていくしかないであろうが、たとえば東京
地判2004（平成16）年3月22日<sup>(注37)</sup>は、謝罪広告を認容する理由としてな
るほどと思わせる説明をしている。事案は、宝石の鑑定業者が週刊誌に、
ダイヤモンドの鑑定書において「インチキ」表示を行っていると書かれた
というケースである。判決は、

「本件記事が全国で多くの読者に読まれたことにより、原告の一般消費
者に対する信用は著しく低下したものと認められる。現に、……取引先
である大手百貨店のうち1社からは、『〔原告〕が間違ってはいないけれ
ども、このような記事が出てしまうと、消費者への対応が非常に難しく
なってしまうので、〔原告〕の鑑定書の付いた宝石は、今後、取扱いを
中止する』として取引を中止され、このような状態は現在も続いている
というのである。

　したがって、本件記事によって原告が被った損害を回復するためには、
金銭賠償のみでは不十分であり、全国の一般消費者に向けられた謝罪広

---

(注35)　判時2268号57頁。
(注36)　東京地判2019（平成31）年2月13日（判時2437号40頁）は、インターネット上に名誉毀損
　　　記事の掲載が継続されている事案において、名誉回復措置の要件として必要性と相当性を挙げ
　　　る。この判決が言う「必要」性は、ネット上に名誉毀損状態が残存していることを指している
　　　ようであり、よってこの判決の規範の問題意識も、本文の広島高松江支判と同じであると思わ
　　　れる。
(注37)　判タ1180号248頁。

告の掲載の必要があるというべきである。」

とした。鑑定業者のように社会的信用が極めて重要な者の名誉が毀損された場合は、このように社会的評価を対外的に回復させることが被害回復に適するといえるであろう。

**7** 他方、謝罪広告に適しない場合というのはある程度類型的にいえると思う。

まず、真実による名誉毀損の場合は謝罪広告に適しないといえよう。なぜなら、真実である以上広告によって事実を訂正する余地はなく、よって広告により名誉回復をすることは不可能だからである（注38）。摘示事実が真実であることから謝罪広告に適しないと判断された事例として、

・　大分地豊後高田支判1987（昭和62）年3月11日（注39）
・　東京地判2015（平成27）年6月24日（注40）

などがある。

ところで、真実による名誉毀損の場合に謝罪広告が認められないとすると、謝罪広告を請求している原告の側は、謝罪広告請求を認容させるために、「真実でないこと」を立証する責任を負うことになるのであろうか。つまり、謝罪広告請求に限り、立証責任の大転換が生じることになるのであろうか。

これは、そのような大ごとと考える必要はないであろう。

"真実でないこと"は、民法723条の処分の「適当」性を基礎づける間接事実の1つと位置づけられるのであり、この「適当」性は、被告が真実性の立証に失敗したという間接事実をもって判断することも許されると思われ、よって、原告が虚偽性の立証責任を負うという構造になっているわけではないと考えられる。

他に謝罪広告に適しない場合としては、軽微事案の一類型であるが、名誉毀損訴訟における当該勝訴判決（被害者を勝たせる判決）それ自体によって相当程度の名誉回復が可能と見込まれるときには、謝罪広告を命じる

---

（注38）　安次富・前掲（注24）257頁は、写真の公表によって名誉が毀損された場合には、取消しが不可能だから取消しは許されないというが、これは私見と問題意識は同じであろう。
（注39）　判時1234号123頁。
（注40）　判時2275号87頁。

には及ばないであろう。**2**（426頁）で述べた2018（平成30）年那覇地判は、これを理由に謝罪広告請求を棄却している。

**8** なお、回復処分の必要性の判断基準として名誉毀損状態の残存の有無を挙げていることから必然的に明らかなように、回復処分の要否を決するについては、名誉毀損後、口頭弁論終結時までの事情を斟酌することができるというべきである。これは、慰謝料額について述べたところ（396頁）と同様に、およそ損害の適正な評価のためには行為後の事情を斟酌するのが相当だからである。

## 第5款　謝罪広告請求が棄却された事例

本款では、裁判所が謝罪広告請求を認めなかった事例を検討することを通して、謝罪広告の要否についての実務的な傾向を見てみることにする。

**1** マスメディア自身が原告である場合に、"勝訴判決を自ら報じればよい"ことを事情の1つとして謝罪広告を認めない判決がある。

（1）まず東京地判2006（平成18）年6月20日[注41]は、日本テレビを原告とする名誉毀損事件である。判決は、名誉毀損報道から2年以上が経過していることに加え、

　　「原告は大手テレビ局で全国的な放送網を有し、自らの名誉を回復する手段を有していることからすれば、本判決が被告の不法行為責任を肯定し損害賠償を一部認容したことをもって原告の名誉を回復するに十分である」

として謝罪広告請求を認めなかった。

（2）東京高判2014（平成26）年6月26日[注42]は読売新聞社を原告とする名誉毀損事件である。判決は、原告自らが発行する「読売新聞」等において本件訴訟で名誉毀損が認められたことを報道することが可能であるとして、謝罪広告請求を棄却した。

（3）東京地判2023（令和5）年1月17日[注43]は、日本経済新聞社を原告と

---

（注41）　判タ1242号233頁。
（注42）　判時2239号64頁。
（注43）　判タ1514号204頁。

する事案である。判決は、

　　「原告は自らが制作する新聞やウェブサイトを通じて、自ら名誉回復
　　　措置をとることも可能であること」

等の事情をふまえて謝罪広告請求を棄却している。

（4）　これらとは似て非なる事例として東京地判2007（平成19）年7月24
日[注44]がある。これは、激しく対立している2つの労働組合間の紛争に
関わるもので、A組合がその作成にかかるビラにおいてB組合の委員長
に対する名誉毀損をしたというものである。判決は、原告（B組合の中
央執行委員長）につき、

　　「B組合の中央執行委員長であり、対抗言論など自ら名誉回復のため
　　　に必要かつ相当と考える措置をとることが可能な立場にある」

ことを理由として謝罪広告を認めなかった。

　　しかし、A・B両組合は激しく対立しているのであり、B組合の中央
執行委員長たる原告が自ら作成するビラで反論を展開したとしても、A
組合の作成配布したビラによる名誉毀損状態から名誉を回復することが
できるかどうか甚だ疑問である。ましてや、認定事実によれば、A組合
は組合員数約5万人であるのに対し、B組合は組合員数が約2300人と20
分の1以下だというのである。（1）〜（3）のメディアはいずれも全
国規模でかつ有数の視聴率や発行部数を誇っている媒体なのであって、
自分たちが勝訴判決を報じることによる名誉回復の威力には相当なもの
があるであろうが、それとこの組合の事例とは前提条件が全く異なる。

　　"自らの媒体で反論すればよいではないか"という発想で謝罪広告請
求を棄却するのは、限定的に考えられるべきだろう。

**2**　静岡地判1981（昭和56）年7月17日[注45]は、事件及び報道から3年半経
過したことを1つの事情として謝罪広告請求を棄却した。

　　これは、3年半が経過することによって被害者（原告）の名誉が自然に
回復し、社会的評価の低下の残存状態がなくなり、謝罪広告の必要性の要
件（第4款の**1**・425頁参照）を充たさなくなったという判断をしたものと
して理解できる。

---

（注44）　判タ1256号136頁。
（注45）　判タ447号104頁、判時1011号36頁。

*432*　第5編　名誉毀損の効果論その2　損害賠償以外の救済手段

**3** 大津地判1981（昭和56）年 8 月31日 [注46] は、続報記事で誤りが一部訂正されたこと、損害賠償が認容されたこと、及び、問題の記事から相当の年月が経過していることをふまえて謝罪広告請求を棄却した。

ここに挙げられた 3 つの事情が、回復処分の肯否につき影響を与え得る事情であることはそのとおりであろう。

**4** 東京地判2020（令和 2 ）年11月20日 [注47] は、ウェブサイトからの削除請求が認容され、かつ、損害賠償請求が一部認容されていることを理由として謝罪広告請求を棄却している。

ウェブサイトの記事の削除は、将来の名誉毀損の発生を防止するものである一方、回復処分は既に発生した社会的評価の低下状態を回復させるものであり、両者の射程は異なる。しかし、削除の認容は裁判所が記事の名誉毀損性を認めていることに他ならず、よって認容判決自体が原告の名誉を回復するということがいえる。損害賠償請求の一部認容も、発生した名誉毀損の損害を填補するとともに、裁判所による違法の宣言自体が名誉回復に寄与するという側面がある。そういった事情をふまえて謝罪広告請求は棄却されたのであろう。

東京地判2023（令和 5 ）年10月16日 [注48] も、損害賠償請求と削除請求の認容によって「原告らの被った損害及びその社会的評価の低下は、相当程度回復する」として、謝罪広告請求は認めなかった。

**5** 東京高判2013（平成25）年11月27日 [注49] は、警視庁が記者発表及びホームページにより名誉毀損をしたという事案において、一審判決が名誉毀損を認め、そのことが新聞各紙で報道されたこと、及び、本控訴審判決も警視庁の行為を違法であると判断していること、をもって回復処分の請求を認めなかった。

この事案で回復処分を認めなかったことの当否はともかくとして、

・　裁判所が判決をもって名誉毀損を認めること

や、

---

（注46）　判タ453号130頁。
（注47）　判タ1485号195頁。
（注48）　判タ1521号188頁。
（注49）　判タ1419号84頁、判時2219号46頁。

・　そのことが報道されること

によって原告の名誉が一定程度回復されることはその通りであり、また、そのことが回復処分の要否において斟酌され得ることもその通りであろう。

**6**　東京地判2013（平成25）年 8 月30日<sup>（注50）</sup>は、週刊誌（週刊現代）の記事で、匿名ながら「グリコ森永事件」の犯人であると報じられた作家が損害賠償と謝罪広告等を請求した事件である。

判決は、

①　原告が犯人と摘示されていると本件記事から直接読み取れる者の範囲は広くないこと

②　原告が反論を広く発信する力を有する立場にあること

③　原告による反論を内容とする記事が週刊誌等で取り上げられたこと

という事情をふまえて謝罪広告請求を棄却した。

謝罪広告請求を棄却する理由として挙げた上記の①〜③は、一つ一つは必ずしも決め手になるものではないが、これらを総合してその必要性を否定した判断は妥当であろう。

まず①は、本件が匿名記事であったことをふまえたものである。匿名記事であったため、原告の作家本人のことをよく知る者でない限り当該記事から原告を同定することは困難だったのであって、かような情況の下、「週刊現代」に原告を明示した謝罪広告が載ると、原告を同定できなかった読者が当該謝罪広告によって初めて原告を同定できるに至るという少しおかしな事態も生じ得ることになるわけである。判決はかかる点をふまえて①を棄却の事情の 1 つにしたのであろう。

②及び③は、いずれもそのことのみでは決め手になるものではないであろうが、今般の勝訴判決をふまえて今後も原告が自らの力で名誉を回復していくことが可能であると判断されたのであろう。


## 第 6 款　各種の論点

本款では、謝罪広告請求に関する各種の論点を取り上げる。

---

（注50）　判時2212号52頁。

## 第1　回復処分は名誉毀損のされた当該媒体に限られるか

回復処分は名誉毀損のされた当該媒体に限られるか。

**1**　これは限られないということで見解は一致していると思う。畢竟これは民法723条の「適当」性の解釈の問題であり、どうすれば適切な紛争解決をなし得るかという観点から最も「適当」な処分が選択されるべきものであって、媒体を限定すべきであるというようなことは、同条の解釈上帰結されない[注51]。

実務上、名誉毀損の被害を受けた者が、謝罪広告をいわゆる「朝毎読」の三大紙等の全国紙に掲載することを請求する事例が多い。もっとも、実際に認容されることはあまりない。

全国紙への広告掲載が実際に認容された数少ない事例の1つとして、「週刊ポスト」による名誉毀損記事について読売新聞への謝罪広告の掲載が認められた東京地判2007（平成19）年1月17日[注52]がある。これは、名誉毀損内容の重大性や、原告が国会議員であって名誉毀損記事と名前とが全国的に明確に記憶され得る存在であったことなどが考慮されたものであろう。

**2**　異なる媒体への謝罪広告が認められた他の事例として、横浜地判2001（平成13）年10月11日[注53]がある。

これは、鎌倉市長の名誉を毀損する垂れ幕を鎌倉駅前のビルの外壁に掲げたという事例において、日経・朝日・読売・産経の各新聞の全国版への謝罪広告の掲載を命じた事例である。鎌倉駅前の垂れ幕という局所的な名誉毀損事案において全国紙への謝罪広告を認めたのは、破格というべきであろう。判決は、「本件では名誉侵害が日本全国に及んでいる可能性がある」ことを理由に全国紙への謝罪広告掲載を認めている。事案を見ると名誉毀損の態様はかなり執拗であるが、鎌倉駅前の垂れ幕による名誉毀損の

---

(注51)　安次富哲雄「民法723条の名誉回復処分について（上）」琉大法学48号252頁（1992年）は、「各種媒体のうち、いかなるものが原告により選択され、また裁判所により命ぜられるかは、それぞれの媒体の有する伝達能力や伝達範囲を考慮して、当該名誉侵害を回復するのに最も有効で適切な媒体は何かという観点から決せられるべきである。したがって、……名誉毀損的な報道をなした媒体と謝罪広告を掲載する媒体が異なってもよい」
という。その通りだと思う。

(注52)　判タ1247号276頁、判時1987号31頁。

(注53)　判タ1109号186頁。

第1章　謝罪広告その他の回復処分　第2節　謝罪広告　*435*

被害がなぜ日本全国に及んでいるといえるのかについての明確な論証がなく、この点には疑問が残る。

**3** 浦和地判2001（平成13）年4月27日<sup>(注54)</sup>は、町長が、町役場及び町長宅前における街宣行為によって名誉毀損をされた事例において、朝日・読売・毎日・日経・産経・東京の各紙の茨城県版、及び、茨城・新いばらき・常陽の各紙への謝罪広告が命じられた事例である。判決が上記の謝罪広告掲載を認容した根拠として、

> 「本件に関係する記事が全国紙の地方版及び茨城県下の地方紙に掲載されていること」

等の事由が挙げられている。

**4** 以上とは似て非なる事例として東京地判1979（昭和54）年5月29日<sup>(注55)</sup>がある。

これは、読売新聞に情報提供した者（被告）が、読売新聞への謝罪広告の掲載を命じられた事例である。読売新聞は被告にとっては第三者の媒体であるが、自己が責任を負うべき名誉毀損記事が掲載された媒体そのものである以上、読売新聞への謝罪広告掲載が認められるのは道理であろう。

同様に、東京高判2000（平成12）年9月19日<sup>(注56)</sup>は、被告らが行った記者会見に基づいて原告の名誉を毀損する記事が朝日・産経・読売・東京・統一日報の各紙に掲載されたという事案において、上記各紙への謝罪広告の掲載が認められている。上記各紙は、記者発表した被告らにとっては第三者の媒体であるが、上記各紙に名誉毀損記事が掲載されている以上、上記各紙への謝罪広告掲載を認容することは適当な処分といえるであろう。

## 第2　謝罪広告の内容

謝罪広告に標準的なスタイルというものがあるわけではないが、一般的には、"記事に誤りがあったことを認めて謝罪する"というのが基本であろう。

原告から請求される謝罪広告の内容は、この基本的なものに更に、「記事を取り消す」旨の宣明などが加えられたりし、現に記事の取消広告が認容さ

---

（注54）　判タ1068号119頁、判時1757号42頁。
（注55）　判タ394号94頁、判時933号87頁。
（注56）　判時1745号128頁。

*436*　第5編　名誉毀損の効果論その2　損害賠償以外の救済手段

れる例もあるが（取消広告については第3節第2款・447頁で後述する）、謝罪
や取消しの広告の内容にももともと限界はある。

東京地判2005（平成17）年4月19日（注57）は、謝罪広告の内容として、取材
姿勢がずさんであったことの自認や今後の報道方針についての言及まで盛り
込まれていた事例において、

> 「原告は、別紙……のとおりの謝罪広告を掲載することが必要かつ相当で
> ある旨主張するが、原告の名誉は本件記事が真実でないにもかかわらず、
> 読者をして真実と誤信させたことにより侵害されたものであるから、基
> 本的には、本件記事内容が誤りであったことを認め謝罪する旨を掲載す
> れば足り〔る〕」

とした上で、

> 「原告の関係者に謝罪をしたり、取材姿勢が杜撰であったことの自認や今
> 後の報道方針についての言及まで謝罪広告の文言に盛り込むことは、被
> 告会社の内心の自由及び表現の自由を害し、また原告の名誉回復との関
> 連性が乏しいことから、認めることはできない。」

とした。当然であろう。

## 第3　原告の請求した回復処分とは異なる態様の処分

**1**　裁判所は、原告の請求した回復処分とは異なる態様の処分を命じること
ができるか。この点は、謝罪広告の掲載を命じる媒体につき、原告が求め
たものと異なる媒体とすることができるかどうかで主に問題となっている。

東京地判1998（平成10）年9月25日（注58）は、写真週刊誌「フライデー」
により名誉を毀損されたとする原告が、朝日新聞その他の日刊新聞への謝
罪広告の掲載を請求したのに対し、「フライデー」への謝罪広告掲載を認
容した。いわく、

> 「フライデーに謝罪広告を掲載することは、日刊紙に掲載することに比
> べ、その広告機能及び広告経費が下回るものであることは明らかである
> から、……請求の一部認容として許される」

というのである。

---

（注57）　判タ1243号190頁、判時1905号108頁。
（注58）　判タ1004号204頁、判時1674号88頁。

かかる認定は処分権主義に反しないか問題の余地があり、東京地判1968（昭和43）年11月25日（注59）は反対に、原告が請求した媒体以外は認めないとの立場に立っている。即ち、「週刊実話」により名誉を毀損されたという原告が朝日新聞その他の日刊紙に謝罪広告を求めた事例において、
　　「本件の場合『週刊実話』誌上に謝罪広告の掲載を命ずるのが適切であると思われるのに、訴訟物の制約のためにそれができない。」
とした。大阪地判2003（平成15）年5月19日（注60）も同旨である。即ち、
　　「原告の社会的地位、本件記述内容及び本件書籍の販売部数等に照らせば、原告の名誉回復措置として、被告らにおいて、何らかの謝罪広告の掲載等の手段を講じる必要性が存することは認められなくはない」
と謝罪広告の必要性を認めつつも、
　　「しかしながら、……本件における諸事情に照らすと、被告らに対し、朝日新聞、読売新聞、毎日新聞、日本経済新聞、産経新聞といったいわゆる全国紙に謝罪広告を掲載させるまでの必要性を認めるには足りないうえ、他の媒体による謝罪広告については原告の申立てがない以上、これを被告らに命じることはできないものというほかない。」
として結局、謝罪広告請求を棄却した。
　竹田稔も、掲載する新聞・雑誌を変更することは「申立に拘束されて許されない」とする（注61）。
　思うに、掲載を命ずる媒体が被告自身の媒体である限りあえてこれを棄却する必要性に乏しく、むしろ、名誉毀損をした媒体と同一の媒体とする方が被害回復にとっては妥当であろう。とすれば、それが広告機能及び広告経費の点で原告の請求を下回るものである限りこれを認めてよいのではないだろうか。理論的には、原告が求めているのは「しかるべき媒体を用いた回復処分」だ、と解釈すれば、処分権主義に反することにもならないし、また、名誉を毀損された媒体自体が特定されている限り、請求が不特定ということにもならないであろう。

---

（注59）　判タ232号191頁、判時537号28頁。
（注60）　判時1839号134頁。
（注61）　竹田稔「名誉毀損に基づく訴訟」鈴木忠一＝三ケ月章監修『実務民事訴訟講座10』（日本評論社・1970年）240頁。

438　第5編　名誉毀損の効果論その2　損害賠償以外の救済手段

**2** 東京高判2002（平成14）年３月28日[注62]は、読売ジャイアンツの投手（当時）の桑田真澄氏（原告・被控訴人）に関する「週刊現代」による名誉毀損記事につき、一審では原告が「週刊現代」のみならず読売新聞への謝罪広告の掲載も求めていたが控訴審ではその請求をしていなかったという事案において、

> 「本件においては、『週刊現代』誌上における謝罪広告だけではなく、被控訴人が原審において求めていた『読売新聞』（全国版）への謝罪広告の掲載も命じられるべきものである。しかし、『読売新聞』への謝罪広告の掲載については、被控訴人からの不服申立てがないので、当裁判所はこれを命じることができない。」

とした。「週刊現代」よりも読売新聞（全国版）の方が広告機能及び広告経費の点で上回ると思われるので、これは、処分権主義に照して当然の判決だということになろう。

**3** なお、処分権主義に関する裁判例としてもう１つ、東京高判2001（平成13）年10月24日[注63]を紹介したい。これは、登山隊の報告書が原告（控訴人）に対する名誉毀損にあたるとされた事案であり、原告は請求の趣旨として、その報告書の配布先に謝罪文を送付することを求めるとともに、当該報告書の配布・販売の差止めを求めていたものである。

これに対し判決は、報告書の配布先への謝罪文の送付も当該報告書の配布等の差止めも認めず、他方、当該報告書を今後配布、販売する際における謝罪文の添付を命じた[注64]。判決は、かかる結論が申立主義に反するか否かにつき、

> 「本件報告書を今後第三者に送付、販売するに当たって別紙一『謝罪文』のとおりの謝罪文の添付を命ずることは、控訴人の求める本件報告書の配布、販売の差止めとはその態様をやや異にするが、今後本件報告書がそのままの状態で配布、販売されることの差止めを求めるというの

---

（注62）　判時1778号79頁。
（注63）　判時1768号91頁。
（注64）　かかる解釈は、差止めによって表現行為を完全に封殺することはせず、他方、今後の冊子の頒布販売にあたって謝罪文を添付させることにより冊子の名誉毀損部分による社会的評価の低下の回復を図るという意味において、表現の自由と名誉権の両者の保護を巧みに図るものといえよう。

が控訴人の意思であるし、過去の配布先に対しては謝罪文の送付を求めていることからも、今後の配布、販売に当たり謝罪文の添付という条件を付けることも控訴人の意思に反するものではないと考えられる。

したがって、別紙一『謝罪文』のとおりの謝罪文の掲載を命じること及び今後本件報告書の配布、販売に当たって同様の謝罪文の添付を命じることは、いずれも申立主義に反するものではないというべきである。」
とした。穏当な判断であろう。

## 第4　謝罪の広報の様々な態様

謝罪広告とひと口に言っても、謝罪の広報の仕方には様々な態様がある。以下、訴訟で認容された例を見ていくこととする。

1　謝罪文の掲示が認められた事例がいくつかある。

東京地判1968（昭和43）年8月6日[注65]は、会社（被告）の従業員（原告）に対する違法な懲戒処分が名誉毀損にあたるとされた事例であるが、判決は、原告の名誉を回復する処置として、会社に対し、事務所内の社員食堂の黒板に謝罪文を5日間掲示するよう命じた。

横浜地川崎支判1969（昭和44）年3月24日[注66]もこれと似た事例であり、会社（被告）が従業員（原告）に対し違法な懲戒処分をしてその結果を会社の掲示板に掲示したことが名誉毀損にあたるとされたものである。判決は、懲戒処分が掲示されたのと同一の期間（具体的には17日間）、同一の態様（具体的には、会社の掲示板への掲示）の名誉回復文書の掲示を認めた。

東京地判1998（平成10）年2月20日[注67]は、大学の学長（被告）が教授（原告）を告訴したことが名誉毀損にあたるとされた事例である。判決は、

① 本件告訴の事実が学内で広く知られていること
② 本件告訴に関して原告の氏名が新聞・雑誌等によって報道された事実は認められないこと

をふまえ、名誉回復処分としては、大学の構内に謝罪広告を掲示することが必要でありかつそれで足りるとした。

---

（注65）　判タ226号131頁、判時535号80頁。
（注66）　労働関係民事裁判例集20巻2号307頁。
（注67）　判タ1009号216頁。

**2**　東京高判2001（平成13）年10月24日 [注68] は、冊子による名誉毀損の事案において、爾後その冊子を配布する際に謝罪文を添付するよう命じた。

**3**　ウェブサイトへの謝罪広告の掲載が認められた事例もある。

　ウェブサイト上の名誉毀損事案について当該ウェブサイトへの謝罪広告の掲載を命ずるものがまずオーソドックスなものである。

　東京地判2015（平成27）年5月27日 [注69] は、「週刊文春」のウェブサイト版である「週刊文春WEB」による名誉毀損につき、同ウェブサイト上に謝罪広告を1年間掲載するよう命じた。

　東京高判2019（令和元）年11月27日 [注70] は、東洋経済の運営するウェブサイト「東洋経済オンライン」による名誉毀損につき、同ウェブサイト上に訂正記事を掲載するよう命じた。この判決で特徴的なのは、その訂正記事の掲載期間を、当該名誉毀損記事の掲載期間中としている点である。当該名誉毀損記事が掲載されている限り、訂正記事も掲載され続けるということになるわけである。

　東京地判2021（令和3）年9月1日 [注71] は、DHCテレビジョンがインターネット上で公開している「ニュース女子」による名誉毀損の事案について当該ウェブサイト上への謝罪広告の掲載を命じたものである。この判決も、掲載条件として、当該番組を公表している限り当該広告を削除・改変してはならないとしており、当該番組を公表している間ずっと謝罪広告も掲載し続けなければならないものとなっている。

　以上のインターネット上の名誉毀損の事案とは異なり、東京地判2001（平成13）年12月25日 [注72] は、書籍による名誉毀損につき、当該書籍の著者と発行社に対し、それぞれ開設している自身のホームページ上に謝罪広告を1か月間掲載するよう命じている。

## 第5　謝罪広告の掲載条件

**1**　謝罪広告を求める場合、原告は、請求の趣旨の特定として、広告の文言

---

（注68）　判時1768号91頁。
（注69）　判時2279号45頁。
（注70）　判時2437号26頁。
（注71）　公刊物未登載（東京地裁平成30年（ワ）第24721号、同31年（ワ）第667号）。
（注72）　判時1792号79頁。

のみならず、活字の大きさや段組みの内容をも特定して請求し、判決も、スペース・活字の大きさ・広告文の内容を全て指定するのが通常である。

**2**　福岡高判2004（平成16）年2月23日[注73]は、週刊誌による名誉毀損の事案に関し、当該週刊誌への謝罪広告の掲載を命じるにつき、謝罪広告の文言・活字の大きさ・字体を指定したほか、掲載場所について、

　「広告・グラビアを除いて、表表紙から最初の頁」

と指定した。被告の雑誌社は、「広告・グラビアを除いて表表紙から最初の頁」は週刊誌の顔というべき目次のページであるから、このような場所を指定することは表現の自由を侵害する、と主張したが、判決は、

　「謝罪広告の掲載場所の指定が、一審原告らの表現の自由を侵害するものではないことは明らかである。」

との一言で被告の主張を排斥している。

　東京地判2015（平成27）年5月27日[注74]も、同様に当該雑誌への謝罪広告の掲載を命じるにつき、その掲載場所を「広告やグラビアを除いて、表表紙から最初の頁」とする謝罪広告を認容している。

**3**　名誉毀損をした媒体自体に謝罪広告を命じる場合の掲載条件については、大々的に名誉毀損記事を書いたにも拘わらず謝罪広告が元の記事より目立たない場所に掲載されるのでは意味がないという感覚は被害者側に強く、草野真人は、「原文記事と同一場所に同一活字で掲載することを原則としていくべきである」という[注75]。

　他方、滝澤孝臣[注76]は、かように名誉毀損記事と同一の媒体に謝罪広告を命じるケースに関し、「謝罪広告の掲載場所、体裁などを広告一般とは異なる態様で指定して、『謝罪記事』の掲載が求められるような場合には、……そのような謝罪広告の請求が許容されるのか否か、……検討し直す必要があるのではないかと思われる。」という。これは、被告に対して広告の掲載場所まで指定することは、代替執行の余地がなくかつ間接強制の相当性も欠くのではないかという問題提起である。

---

（注73）　判タ1149号224頁。
（注74）　判時2279号45頁。
（注75）　草野・前掲（注10）318頁。
（注76）　滝澤・前掲（注15）53頁。

**4**　東京地判1995（平成7）年3月14日（注77）は、自社の媒体に謝罪広告を命じる場合に、謝罪広告の掲載を命じられる側の表現の自由に一定の配慮をしている。

　　即ち、月刊誌の名誉毀損事件のケースで、当該雑誌への謝罪広告請求を認容しつつも、広告の文言のみを別紙で指定した上でその別紙の文言「の趣旨」の広告の掲載を命じるに止まり、別紙の文言通りの掲載を要求しなかったばかりか、活字の大きさや広告の体裁等についても特にこれを判決上指定しなかった。その理由として判決は、

　　「本件記事による原告の社会的信用の低下ないし名誉の棄損の程度にかんがみると、当裁判所は、原告の名誉回復のための措置として、被告に対し、別紙の趣旨の被告代表取締役名義の謝罪広告を〔本件雑誌〕に掲載させるのが相当と考える。この広告は、被告発行の雑誌に掲載させるものであるため、その強制執行としては、民事執行法172条に定める間接強制の方法によるほかないものである（同法171条に定める代替執行の方法を執ることは、被告の表現の自由との関係で困難である。）。したがって、謝罪広告の掲載方法については、当裁判所が命ずる趣旨を害しない限度で、まず、被告の自由意思を尊重すべきであり、〔本件雑誌〕のどの部分に掲載するか、見出しにどのような活字を使い、その体裁をどのようにするか等の掲載の細目については、被告に委ねるのが相当である。」

という。これは、自社媒体への謝罪広告を強制される当該メディアの表現の自由との調和を図る趣旨に出でたものといえよう。

**5**　名誉毀損をした媒体自体に謝罪広告を命じる場合にその掲載条件をどの程度特定して命ずべきかは、第2款（419頁）で述べた"間接強制の相当性"の限界をどのあたりとすべきかについての見解の違いによって結論が分かれる問題であろう。

　　謝罪広告が命じられても、その掲載が目立たない場所とされてしまっては、被害者である原告の立場からすると意味がないのであるから、謝罪広告の掲載場所を指定することには一定の合理性がある。したがって、掲載場所を指定すること自体をもって表現の自由を侵害し間接強制の相当性を

---

（注77）　判夕872号298頁、判時1552号90頁。

欠くとはいえないと思う。他方、（極論であるが）表紙に謝罪広告の掲載を命じるというような指定であればあまりにもメディア側の表現の自由に対して配慮がなく相当性を欠くということになろう。謝罪広告の掲載場所は、これを指定するにしても、両者の利益を十分に斟酌しなければならないということである。

## 第6　謝罪広告の頒布の範囲

　犯人視報道による報道被害事案において、誤報をした新聞社に謝罪広告を命じるにあたり、長崎地判1974（昭和49）年3月22日 <sup>(注78)</sup> は、謝罪広告を命じる地域的範囲につきこれを厳密に検討して一定の限定を付した。即ち、
「謝罪広告によって回復されるべきは原告に対する社会的な評価であるから、原告の社会的活動が及ばない地域においてまで右のような広告をすることは無意味である。……原告は興業界とのつながりなど長崎県内のみならず、少くとも九州一円に社会生活上のつながりを持っているものと認められるので、右広告は長崎県下および九州一円において購読される新聞に掲載するのが相当であり、またこれをもって足るものといわなければならない。したがって、原告が掲載を求める新聞のうち、地方紙である長崎新聞および西日本新聞については相当であるが、全国紙である朝日新聞および毎日新聞については、北九州市（各新聞の西部本社）において発行される紙面に限って正当であり、これを超えてその他の東京、大阪、名古屋、札幌等において発行される紙面についてまで掲載を求める点は、その必要性を認めるに足る証拠がなく、理由がない。」
としている。
　謝罪広告の頒布範囲につきその必要性から厳密に検討する姿勢は参考にはなるが、頒布範囲を画するについて、原告の社会活動の範囲を基準にするのは被害者保護に欠けるのではなかろうか。少なくとも当該犯人視報道を掲載したものと同一の範囲に広告を掲載するのが筋なのではないかと私は思う。

---

（注78）　判時735号21頁。

第5編　名誉毀損の効果論その2　損害賠償以外の救済手段

## 第 7　謝罪広告請求の帰属上の一身専属性（相続性）

　名誉毀損の被害者が死亡した場合、その相続人には謝罪広告請求が認められるか。謝罪広告請求の帰属上の一身専属性（民法896条）の有無の問題である。

　謝罪広告の掲載請求について最 3 小判1958（昭和33）年 8 月 8 日[注79] は、

> 「右請求が民法723条にいわゆる原状回復処分として為されるものであつても、これを訴訟法にいわゆる財産権上の請求と解するに妨げない。」

と、その法的性質は財産上の請求であるとしている。よって慰謝料請求について述べたところ（411頁・第 4 編第 3 章第 3 節第 1 款）と同様にその相続性は肯定される（つまり帰属上の一身専属性は否定される）ことになる。

　福岡高判2004（平成16）年 2 月23日[注80] ではまさにこの点が問題となり、同判決は、

> 「民法723条の名誉回復のための処分の請求は、損害賠償の 1 方法として財産上の請求に属するものであり、一身専属的なものではないと解されるから、一旦発生した同請求権が相続されるのは当然であ〔る〕」

とした[注81]。


# 第 3 節　謝罪広告以外の回復処分

## 第 1 款　謝罪文の交付

**1**　民法723条に基づいて謝罪文の交付請求は認められるか。これは同条の射程範囲の解釈に関わる。

　この点について明らかにしたのが、第 2 節第 3 款の **2**（424頁）で触れた最 2 小判1970（昭和45）年12月18日[注82] である。改めて判決文を引用する。

---

（注79）　民集12巻12号1921頁。
（注80）　判タ1149号224頁。
（注81）　なお、宗宮・前掲（注19）471頁は原状回復請求権の相続性を否定する。
（注82）　判タ257号139頁、判時619号53頁。

同判決は、民法723条が損害賠償のほかに回復処分を規定した趣旨につき、

「その処分により、加害者に対して制裁を加えたり、また、加害者に謝罪等をさせることにより被害者に主観的な満足を与えたりするためではなく、金銭による損害賠償のみでは塡補されえない、毀損された被害者の人格的価値に対する社会的、客観的な評価自体を回復することを可能ならしめるためである」

とし、その帰結として、

「このような原状回復処分をもつて救済するに適するのは、人の社会的名誉が毀損された場合であり、かつ、その場合にかぎられる」

とする。

かように同条は、低下した社会的評価を対外的に回復する処分を規定しているものと捉えることができ、したがって、同条に基づき加害者に対し謝罪文の交付を請求することは、低下した社会的評価を対外的に回復する処分にあたらないので、認められないというべきである。

この点が問題となった事例として、京都地判1990（平成2）年1月18日[注83]があり、判決は、

「原告らは、金銭賠償と共に、名誉・信用を回復するため、謝罪文書の交付を求めているところ、名誉・信用毀損は社会的評価の低下を意味し、対第三者の関係で問題になることであるから、加害者から第三者に謝罪文を交付させるならともかく、被害者に交付させることは名誉・信用の回復手段としては意味がなく、原告らの右請求は失当である。」

としている。

**2**　これに対し、東京地判2000（平成12）年11月13日[注84]及び東京地判2013（平成25）年1月15日[注85]は、原告の謝罪文交付請求を認容しているが、これらは民法723条の解釈として適切とはいえないであろう[注86]。[注87]

---

（注83）　判タ723号151頁、判時1349号121頁。
（注84）　判タ1047号280頁、判時1736号118頁。
（注85）　判タ1419号99頁、判時2219号59頁。
（注86）　幾代・前掲（注1）245〜246頁は、謝罪文交付請求につき、
　　　　「『謝罪状』の類を受けとった被害者は、必要に応じてそれを第三者に見せるという可能性はあるわけである（そして、これによって原状回復の効果が出る）から、この形態も、情報伝達を受ける第三者の範囲を被害者の選択に委ねるところの……少なくとも機能的には広告と連続した処分である、ということもできる」

**3** 謝罪文交付請求は、低下した社会的評価を回復するための手段としての相当性が全くなく、加害者に対して謝罪を徒に強制しているといわざるを得ないのであって、思想・良心の自由に反することも明らかである。

## 第2款　取消広告・訂正広告

**1**　第2節第1款（417頁）で述べた如く、「謝罪」や「陳謝」を命じる処分が憲法上の疑義をはらんでいるため、「謝罪」や「陳謝」を命じるのではなく、誤報の取消しや訂正の広告を命じるに止める例も多いので、ここで紹介する。

①　東京地判1964（昭和39）年10月16日[注88]は、原告が「誠に申訳ありません」「深く陳謝……します」という謝罪広告の請求をしたのに対し、「『○○』と小題を付した記事および……『△△』と題した記事は事実に反し貴殿の名誉を毀損したものであることが判明いたしましたから、右部分はいずれも取り消します。」

との広告を命じた[注89]。

②　大阪地判1968（昭和43）年7月30日[注90]は、原告の謝罪広告請求に対

---

として、回復処分の1つとして肯定している。

　しかし、被害者が後日第三者に見せる可能性があるにしても、被告が命じられている行為は原告への謝罪文の交付だけであり、その行為はただ被告が原告に謝っているだけなのであって、社会的評価の回復になっておらず徒に憲法19条に違反するだけの行為であるといわざるを得ないであろう。

　もっとも、幾代はそもそも謝罪広告自体が憲法19条に違反するとの見解である（同書262頁）ので、上記部分を引用して幾代に向けた批判と位置づけるのは若干見当違いのきらいはある。しかしそれでも、民法723条の回復処分の解釈上、幾代の上記見解は、謝罪広告と謝罪文交付とに有意の違いを認めていない点において、やはり批判をしておかなければならない。

（注87）　他に、謝罪文ならぬ誓約文の交付が問題となった事例として東京地判1997（平成9）年9月17日（判タ972号229頁）がある。これは、大麻の有益性を主張する原告が、大麻の有害性を訴える番組を放送したテレビ局に対して、民法723条に基づき「出来る限り早急に大麻について正確な情報の提供ができる番組を貴殿らの参加の下に制作することを誓約致します。」との誓約文の交付を請求した事案である。判決は、社会的評価を回復する処分という類型から外れることを根拠に請求を棄却した。同条の解釈上当然の帰結といえよう。

（注88）　判タ169号137頁、判時388号14頁。

（注89）　かように“謝罪”の請求に対して“取消し”を認容することは、一部認容として処分権主義（民訴法246条）に反しないといわれている（竹田・前掲（注61）240頁）。

（注90）　判タ226号174頁、判時528号15頁。

し、事実に関する真否の限度で理由があるとして、

「……は、事実無根であることが判明しましたので、謹んで右記事を取消します。」

との広告を命じた。

③　東京高判2001（平成13）年4月11日<sup>(注91)</sup>は、オウム真理教を継承する宗教団体（控訴人）が今なおサリン製造の研究を継続しているかのような見出しについて名誉毀損の成立を認め、

「『サリン研究を継続』の記事の見出しは、〔控訴人〕が今なおサリン研究を継続しているとの印象を読者に与えるものであって不適切でした。この見出しを削除して訂正します。」

との訂正記事の範囲で控訴人の請求を認容し、これを超えて「謝罪」を求める部分については棄却した。この判決は更に、かかる訂正記事を掲載すれば控訴人の低下した社会的評価も回復される、として慰謝料請求を認めなかった点にも特徴がある<sup>(注92)</sup>。

④　東京地判2009（平成21）年3月26日<sup>(注93)</sup>は、八百長相撲に関する週刊誌の記事につき、雑誌社に、

「……の記事のうち、……との記事は、十分な裏付けを欠くものですので、これを取り消します。」

との取消広告を認容した<sup>(注94)</sup>。

---

(注91)　判時1754号89頁。

(注92)　なおこの東京高判につき、田島泰彦は、「広告としての訂正……ではなく、記事自体による訂正を直接命じている点が特徴的である」と述べているが（「2001年マスコミ関係判例回顧（下）名誉棄損判断の動向──損害賠償の高額化を中心に」新聞研究610号63頁（2002年））、このコメントは判決の論旨の誤読であろう。この判決は、「謝罪」広告ではなく「訂正」記事で足りるという判断をしているに過ぎず、訂正記事の掲載場所を何ら指定していないのであって、それを「広告」と呼ぶか「記事」と呼ぶかにつき特段の意味をもって区別しているわけではない。

　　　　田島のイメージによると、"広告としての訂正"と"記事による訂正"とには違いがあるようだが、本件で被控訴人に命じられている訂正は被控訴人自身の媒体に対して載せるという以上に特段の指定はない以上、それを「広告」と呼ぼうが「記事」と呼ぼうが特段の違いはなく、要は言葉の問題に過ぎないのである。

(注93)　判タ1310号87頁、判時2039号25頁。

(注94)　同じ雑誌の本件とは別の八百長相撲に関する記事につき、東京地判2009（平成21）年3月5日（判時2038号71頁）も、謝罪広告請求に対して取消広告の範囲で請求を認容している。この頃、大相撲の八百長に関する週刊誌の記事は軒並み名誉毀損を認定されて敗訴しているが、その後の2011（平成23）年、八百長の事例が発覚し大問題になっている。

*448*　第5編　名誉毀損の効果論その2　損害賠償以外の救済手段

**2** 東京高判2019（令和元）年11月27日<sup>(注95)</sup>は、ウェブサイトのニュース記事について原判決<sup>(注96)</sup>が謝罪広告の掲載を認めたのに対し、これを変更して訂正記事の範囲で認容した事例であるが、訂正記事の内容・体裁が特徴的であるので説明する。

原審の東京地判は、謝罪広告のほかに、記事中の記載について、真実性の認められない事実に関わる記載の削除も認容していた。

そしてこの東京高判は、原審の削除の判断はそのまま認める一方で、

「本記事は、『……』との見出しで、……を指摘したものでしたが、見出しを含め、事実と異なる部分がありましたので、その部分を削除・訂正しました。」

という訂正記事を、当該記事の冒頭に掲載するよう命じた。

つまり東京高判は、被告（ニュース媒体事業者）に対し、本件記事を今後も公表するならば、真実性の認められない部分について所要の削除や修正を加えた上で、冒頭に「削除・訂正しました」と掲げなさい、と命じているわけである。

紙媒体の記事の場合、公表して既に世間に出回っている紙媒体自体に訂正を加えることはできないので、訂正内容は、訂正広告・訂正記事の中で訂正箇所を特定して訂正する必要がある。これに対してウェブサイトの記事の場合、記事本文自体の内容をいつでも加除修正できるので、記事本文自体に修正をした上で、"訂正しました"との断り書きを記事のどこかに入れることにより、訂正した旨を告知するということができる。

この判決はそのような方法での訂正を命じたわけであり、これまでの紙媒体の訂正記事・訂正広告の方法とは相当に趣を異にするものである。

**3** 謝罪を命じずに取消しや訂正を命じるという方向性については、肯定的な見解も多い。

たとえば安次富哲雄<sup>(注97)</sup>は、取消広告は被告に屈辱を与えることもない

---

（注95）　判時2437号26頁。
（注96）　東京地判2019（平成31）年2月13日（判時2437号40頁）。
（注97）　安次富・前掲（注24）229頁、235頁（1994年）。
　　　　安次富は、取消広告として具体的に、
　　　　「被告人の原告に対する○○の言説は、虚偽である旨、（○年○月○日言渡の判決で）裁判所により判断され、その取消を命ぜられましたので、ここに右言説を取消（訂正）します。」

ので、名誉回復処分の方法の1つとして認められるべきだという。

　また松波重雄[注98]も、

「毀損された名誉を回復するためには被告側の謝罪までは必要がないと考えられることや、謝罪文言の公表を被告自身に求めること（間接強制で強制すること）には、違憲・違法の問題がないとしても、相当性の点において必ずしも問題がないとはいえないことなどに照らし、将来的には、訂正記事等の掲載を命ずる方向へ改めていくべきものと思われる」

という[注99]。

**4**　なるほど取消しや訂正の広告は「謝罪」や「陳謝」をさせない点において問題点の1つをクリアしていることにはなるかもしれない。しかし、「謝罪」や「陳謝」をさせないとしても、「訂正」を命じるということはつまり、一定のものの見方・考え方を強要するものであることに変わりはなく、私の感覚からすると、やはり思想・良心の自由の侵害の問題は生じるといわざるを得ない。

　幾代通[注100]は、

「謝罪広告を法的に強制することの不可なる所以は、実際には多くの被告の倫理的・道徳的な心情や感情を圧服する点にあるのであるが、正確にいえば、感情や倫理・道徳などとは直接には無関係な理性的認識をもふくめての、およそ心のありかた一般を公権力によってねじまげる点（たとえそれが客観的には正しい方へのねじまげであっても）にあるといわなければならない。また、そのことのゆえに、事実的認識といえども法的強制とからんで、すべて倫理的問題になるともいえる。したがって、謝罪を命ずることと、取消を命ずることとの間には、言葉・文字の表現に程度の差があるだけで（それが社会一般とくに被害者に与える心理的効果において強弱の差があることは、これを否定しないが）、法的強制に親し

---

という内容のものを提唱している。

（注98）　最高裁判例解説・民事篇平成15年度498頁。

（注99）　他に、三島宗彦『人格権の保護』（有斐閣・1965年）305頁は、「原文記事の取消を第三者に対し広告させることは差支えないと考える」という。

　　　四宮・前掲（注25）473頁も、謝罪広告は民法723条の原状回復の方法として適当ではないとする一方、取消広告については不適当ではないとする。

（注100）　幾代・前掲（注3）415頁。

450　第5編　名誉毀損の効果論その2　損害賠償以外の救済手段

むものか否かという点では何らの質的差異をも認めることができないのである。」

という。

滝澤孝臣[注101]もはっきりと、

「謝罪広告より、取消広告のほうが思想・良心の自由に立ち入らないで済むというのは皮相的な理解である」

といっている。

**5**　なお、取消しや訂正の広告が認容された事例には、原告宛ての文書となっている例と、特段の名宛て人がいない例がある。たとえば、上記の1964（昭和39）年の東京地判は前者であり、1968（昭和43）年の大阪地判は後者である。

　謝罪広告の場合、被告が謝罪する相手は原告であるため、原告を名宛て人とすることは当然であるが、取消しや訂正の広告の場合、誤認した事実を対外的に正す点に意味があるのであるから、名宛て人は原告に限られず、そればかりかむしろ限るべきではない。よって、名宛て人を記載しないことが、回復処分としての取消し・訂正広告の本来のあり方であろう。

　安次富[注102]も、

「虚偽の情報を取消す広告は、特定の被害者にではなく、原情報の届いた世人に宛てられるべきであるので、名宛て人の記載は不要である」

という。


## 第3款　判決の結論の広告

**1**　446頁で述べたように、民法723条の趣旨が、低下した社会的評価を対外的に回復する点にあることからすれば、同条の予定する回復処分が謝罪広告に限定されるいわれはなく、そればかりかむしろ、「社会的評価の回復」という目的からすれば、「謝罪」の要素は過剰であるとさえいえる。

　かかる観点から、「謝罪」「陳謝」の要素をなくした取消広告・訂正広告を認容する動きがあることは第2款（447頁）で述べたが、「取消し」「訂

---

(注101)　滝澤・前掲（注15）54頁。
(注102)　安次富・前掲（注51）256頁。

正」を強制することも思想・良心の自由の侵害であることに変わりはないと思う。

したがって、対外的な評価を純粋に回復する処分を考える必要がある。

思うに、裁判所が判決をもって当該名誉毀損言論が違法であることを宣言すること自体、社会的評価の回復に一定程度資するものといえるのであり、その効果を押し進めれば、裁判所による当該違法の宣言を社会に周知させることによって社会的評価の回復は実現できると考えられる。

とすると、幾代通の唱える「判決の結論の広告」[注103] が最も妥当であると考えられる。

即ち、名誉毀損の成立を認め回復処分を適当と考えた場合、裁判所が判決で、

> 「被告の原告に関するこれこれの言説は虚偽に基づくもので、原告の名誉を毀損する不法行為を構成するものである。これは、当裁判所が、何年何月何日言渡の何々事件の判決において示した判断である。」

との当該裁判所名義の広告を裁判所指定の方法でなすように被告に命じる、というものである。

これは広告の名義が裁判所になるという点で、謝罪広告や取消広告のように思想・良心の自由との抵触の虞がない。

2　この「判決の結論の広告」の強制執行の方法につき、幾代は「代替執行に親しむものであること、論をまたない」と言うが[注104]、この説明は、週刊誌Aの名誉毀損記事についてB新聞紙上に広告を掲載する場合のように、被告とは異なる媒体に掲載させる場合についてのものであろう。週刊誌Aの名誉毀損記事について当該「週刊誌A」自身に広告を掲載させる場合は、謝罪広告の場合（421頁）と同様、間接強制の方法によるしかないと思う。

3　判決の結論の広告は妥当な制度だと思うが、訴訟上認容された事例は確認できない。

> ①　東京高判1992（平成4）年12月21日[注105] は、プライバシー侵害の事例で判決の結論の広告の請求を否定している。

---

（注103）　幾代・前掲（注1）264頁。
（注104）　幾代・前掲（注1）264頁。
（注105）　判時1446号61頁。

452　第5編　名誉毀損の効果論その2　損害賠償以外の救済手段

もっともこの判決は、「判決の結論の広告」という類型が民法723条の回復処分の予定する類型として認められないと判断したものではなく、プライバシー侵害の場合に同条を適用ないし類推適用する余地がないという判断であるため、「判決の結論の広告」の当否については判断されていない。

②　東京地判2001（平成13）年7月30日<sup>（注106）</sup>は、名誉毀損事例で判決の結論の広告が求められた事案に関し、

「本件に顕れた諸般の事情を考慮すると、……慰謝料を認めることに加えて、判決の結論の広告まで命じる必要はないものと解するのが相当である。」

として広告を認めなかった。判決のこの言い回しは、民法723条に基づく回復処分として「判決の結論の広告」という方法を採ること自体は否定していないように読める。

③　東京地判2005（平成17）年7月27日<sup>（注107）</sup>は、「判決の結論の広告」を認容している。しかし本件で認容された「判決の結論の広告」は、裁判所名義ではなく出版社名義である。即ち、「〜年〜月〜日号において、……原告……が真犯人であるかのような記事を掲載しましたが、平成17年7月27日、東京地方裁判所民事第5部は、これが真実に反するものであり、原告……の名誉を毀損する不法行為に該当するとの判決を言い渡したので、ここにこれを広告します。」との文を出版社の代表者名義で広告するものである。

　かようにその広告が内容において判決の結論を告知するものであったとしても、それを被告名義で行なわせるものであるなら、私は反対である。

　確かにこの広告は、謝罪の趣旨は一切入っておらず、また、記事内容を被告自身が取り消したり訂正したりするものでもない。

　しかし結局、被告の意に関係なく広告を強制するものであることに変わりがない。このため、「そのような広告表現はしたくない」という被告の表現の自由（消極的表現の自由）を侵害するものであるといわざるを得ず、よって賛成できないのである。

---

（注106）　判タ1118号182頁。
（注107）　公刊物未登載（東京地裁平成15年（ワ）第28611号）。

第1章　謝罪広告その他の回復処分　第3節　謝罪広告以外の回復処分　*453*

## 第4款　反論文の掲載

名誉毀損の被害を受けた者が、加害者の媒体に対し、自己の反論を掲載することを求めることは、民法723条の回復処分として認められるか。

**1**　反論文掲載請求が問題となった事件としては、いわゆる「サンケイ新聞意見広告事件」（最2小判1987（昭和62）年4月24日）<sup>(注108)</sup>が有名である。このケースで原告は、民法723条を根拠とするほか、憲法21条及び人格権ないし条理を根拠として反論文掲載請求をした。

これに対し上記最判はそもそも名誉毀損の成立を認めなかったため、民法723条に基づく反論文掲載請求の可否については直接判断されていない。しかし憲法21条ないし条理を根拠とする反論文掲載請求を否定する部分において、

「反論権の制度は、民主主義社会において極めて重要な意味をもつ新聞等の表現の自由……に対し重大な影響を及ぼすものであつて、……不法行為が成立する場合にその者の保護を図ることは別論として、反論権の制度について具体的な成文法がないのに、……反論文掲載請求権をたやすく認めることはできない」

と結んだ。これは、不法行為が成立する場合に民法723条を根拠とするならば反論文の掲載を認める余地を含んでいると読めなくもない表現である。

他方、同事件の一審判決（東京地判1977（昭和52）年7月13日）<sup>(注109)</sup>は、

「民法第723条の『適当ナル処分』には場合によっては反論文の掲載も含まれる」

とし、民法723条に基づく反論文掲載請求が認められることを明言している。

**2**　民法723条に基づく反論文掲載請求がなされた事案としては、他に東京地判1992（平成4）年2月25日<sup>(注110)</sup>がある。判決は、

「〔民法723条の回復処分〕は、通常は、謝罪広告……であるが、これに代えて又はこれと共に、反論文を掲載するが有効、適切である場合には、

---

（注108）　判タ661号115頁、判時1261号74頁。
（注109）　判タ350号228頁、判時857号30頁。
（注110）　判タ784号84頁、判時1446号81頁。

反論文掲載請求が許容されることもありうると考えられる。」

とし、同条に基づく反論文掲載請求の認容の余地があることを明言しているが、結論としては、名誉毀損の不法行為が成立しないことを理由に請求を棄却している。

**3** 以上の如く、回復処分としての反論文掲載請求は、これを認める余地が裁判例上確認されているが、学説上はどうかというと、これを肯定する見解が実は多い。

たとえば奥平康弘 (注111) は、回復処分としての反論文掲載請求につき、

「この制度は、被害者の救済手段として有用であるだけではなくて、当該記事がひきおこした話題に関心をもつ一般読者にとっても、損害賠償や謝罪広告とは一味ちがって、有意義でありうる。というのは、元の記事に対する直接関係者からの反論が公表されることにより、当該話題のもつ別の側面をうかがうことができ、それをつうじてより深く当該話題を理解することになりうるからである。話題が公共情報である場合には、この手段により国民の『知る権利』が、より充足されることになる、といえるであろう。」

と、被害者の被害回復の見地からのみならず、一般読者の知る権利の観点から積極的に評価している。

また右崎正博 (注112) は、

「不法行為としての名誉毀損を前提とする場合、名誉回復処分の一つとして反論文掲載による救済を認めることが、人格権としての名誉権の保護のためにも、また、言論・表現の自由の現代的要請にも応えるためにも、もっとも優れた方法であることは、明らかである。」

と力強く肯定する。

市川正人 (注113) も、

「名誉を毀損された相手方に反論させ、詳しく事実を世間に知ってもらった方が、無理矢理謝らせるという問題がないばかりか、名誉回復効果

---

(注111)　奥平康弘『ジャーナリズムと法』（新世社・1997年）236頁。
(注112)　右崎正博『表現の自由の現代的展開』（日本評論社・2022年）159頁。
(注113)　市川正人「表現の自由②——表現の自由と『人権』」判例時報2344号臨時増刊『法曹実務にとっての近代立憲主義』（判例時報社・2017年）53頁。

もあるように思われるし、また、『思想の自由市場』論の見地からしても望ましいであろう」

と言う。

更に田島泰彦[注114]も、

「編集権への制約や萎縮的効果は謝罪広告などにも同様にあてはまるし、報道の自由の観点からは出版の事前差し止めのほうがより重大な制約と考えられるから」

と、消極面に着目した理由付けではあるが、回復処分としての反論権を肯定する。

他にも、竹田稔[注115]、川井健[注116]、五十嵐清[注117]、草野真人[注118]、安次富哲雄[注119]なども回復処分としての反論権を肯定している。

**4** 仮に回復処分としての反論文掲載請求を肯定する場合、その請求訴訟において裁判所は、原告の作成した反論文の内容に介入できるか。

この点、民法723条が認めているのは名誉を回復するのに「適当な」処分であり、裁判所はその「適当」性を判断することができるのであるから、裁判所が反論文の内容に介入できると解さざるを得ないであろう[注120]。これは、謝罪広告請求の場合に裁判所がその謝罪広告の内容に介入していることと同様の解釈である。

前記**1**で触れたサンケイ新聞意見広告事件の一審判決も、

「『適当』な処分でなければならないことから、裁判所はその内容に対して当然介入し得るものであると思料する」

としている。

---

(注114)　田島泰彦「表現の自由とメディアをめぐって——考える手がかりとして」同編著『表現の自由とメディア』（日本評論社・2013年）16頁。
(注115)　竹田稔『名誉・プライバシー侵害に関する民事責任の研究』（酒井書店・1982年）87頁。
(注116)　川井健「人格権——名誉権・プライバシー」法学セミナー増刊『不法行為法』（日本評論社・1985年）51頁。
(注117)　五十嵐清『人格権論』（一粒社・1989年）261頁。
(注118)　草野・前掲（注10）318頁。
(注119)　安次富・前掲（注24）235頁。
(注120)　同旨の見解として、平田浩「最高裁判例解説・民事篇昭和62年度」300頁、安次富哲雄「民法723条の名誉記回復処分について（中）」琉大法学50号119頁（1993年）、和田真一「名誉毀損の特定的救済」山田卓生編集代表『新・現代損害賠償法講座2　権利侵害と被侵害利益』（日本評論社・1998年）126頁。

456　第5編　名誉毀損の効果論その2　損害賠償以外の救済手段

**5** かように裁判所が「適当」性の判断のために反論文の内容に介入できると解すると、反論文の内容はそれ自体が審理の対象になる。したがって原告は、請求の趣旨において、単に反論を掲載するスペースの確保を求めるだけでなく、反論文の内容も明らかにしなければならないことになる[注121]。つまり、それが明らかにならない限り請求の趣旨の特定がなされたとはいえないことになる。

　これも、謝罪広告請求の場合に請求の趣旨において謝罪広告の掲載内容と掲載条件を明示していることと同様の解釈である。

**6** もっとも、かように裁判所がその内容に介入できるとすると、裁判所によって最終的に認容された反論文の内容が原告にとり満足のいくものでないということもあり得るのであり、"そのような内容であれば自分名義の反論文としては出したくない"ということも起こり得よう。原告側のなす反論文掲載は、媒体側のなす謝罪広告の掲載よりも主体的・能動的なイメージが強いので、読者は、"掲載された反論文の内容は原告の言いたいことを尽くしている"という印象を受ける可能性が高い。とすると、自分の意を尽くしていない内容の反論文を相手方の媒体に掲載するよりも、相手方に行なわせる回復処分は謝罪広告とし、自分は独自に自由な内容を他の媒体に掲載した方がましである、と原告が感じることも十分にあり得ると思われる。

　かかる問題意識から、回復処分としての反論文掲載には「ほとんど実益がない」と消極的に評価する見解もある。幾代通[注122]は、

　　「原告の提示・請求する文案を裁判所がいわば添削（主として、内容を緩和・縮小する方向への添削）して命ずること……では、反論権の構想の本質的なところは骨抜きになってしまうであろう。

　　それよりも、そもそも、原記事が不法行為を構成するものであるとの裁判所による公権的判断を受けてしまってからでは、被告（加害者）自身の陳述という形をとる『謝罪広告』『取消広告』の類、あるいは……『判決文の摘録の広告……』などと、反論文掲載請求権とを比較すると

---

（注121）　竹田・前掲（注115）87頁。
（注122）　幾代通「新聞による名誉毀損と反論権」我妻榮先生追悼論文集『私法学の新たな展開』（有斐閣・1975年）458頁。

第1章　謝罪広告その他の回復処分　第3節　謝罪広告以外の回復処分　*457*

き、かえって後者の方が効果の薄いものになるように思われる。

　要するに、問題の原記事が名誉毀損たる不法行為を構成することを要件として反論権を認めるという行き方は、ほとんど実益がないのではあるまいか。」

という(注123)。

**7**　確かに反論文掲載請求がどれだけ実現可能性が高くまた実効性が高いかは甚だ不透明である。

　そうかと言って私は、回復処分としての反論文掲載請求という手段をあえて否定する積極的な理由を持ち合わせてもいない。今後実務上、請求事例を積み重ねていく過程で、その問題性や有用性は明らかになっていくであろう。(注124)

# 第4節　　その他の問題点

## 第1款　名誉感情侵害の場合の回復処分の可否

**1**　外部的名誉の毀損ではなく名誉感情侵害に止まる場合、謝罪広告等の回復処分は認められるか。

　この点が正面から問題となったのが第3節第1款(445頁)で挙げた最2小判1970(昭和45)年12月18日(注125)である。判決は、民法723条のいう「名誉」とは社会的名誉(外部的名誉)を指すのであって名誉感情は含まな

---

(注123)　もっとも、幾代はその後の著作(幾代通『不法行為法』(有斐閣・1993年)309頁)において、回復処分としての反論文掲載請求につき、
　　　「原文記事が名誉毀損として有責とされる場合で、〔民法723〕条に関する他の要件をみたすときは、このような方法も、同条にいう名誉回復処分としての適格性を有するかとも思われる。」
　　と、これを肯定している。

(注124)　ヨーロッパには反論権が法制度化されているところが多い。大別すると、事実に誤りがあった場合における事実訂正の制度として機能しているところ(ドイツほか)と、事実に誤りがある場合に限らずに多様な見解の確保を趣旨として運用されているところ(フランスほか)があるという。大石泰彦『フランスのマスメディア法』(現代人文社・1999年)83頁ではフランスの反論権制度が詳しく解説されており、非常に興味深い。

458　第5編　名誉毀損の効果論その2　損害賠償以外の救済手段

いとして、これを否定した。前に引用したところと重複するが改めて引用する。

「民法723条にいう名誉とは、人がその品性、徳行、名声、信用等の人格的価値について社会から受ける客観的な評価、すなわち社会的名誉を指すものであつて、人が自己自身の人格的価値について有する主観的な評価、すなわち名誉感情は含まないものと解するのが相当である。けだし、同条が、名誉を毀損された被害者の救済処分として、損害の賠償のほかに、それに代えまたはそれとともに、原状回復処分を命じうることを規定している趣旨は、その処分により、加害者に対して制裁を加えたり、また、加害者に謝罪等をさせることにより被害者に主観的な満足を与えたりするためではなく、金銭による損害賠償のみでは塡補されえない、毀損された被害者の人格的価値に対する社会的、客観的な評価自体を回復することを可能ならしめるためであると解すべきであり、したがつて、このような原状回復処分をもつて救済するに適するのは、人の社会的名誉が毀損された場合であり、かつ、その場合にかぎられると解するのが相当であるからである」。

判決は、かかる規範を根拠に、名誉感情侵害を根拠とする謝罪文の交付の請求を棄却した。

思うに、"社会的評価が低下した場合に『広告』によってその評価を回復する"、ということには合理性がある。しかし、"名誉感情が侵害された場合に『広告』をもってその感情を癒す"ということは論理的にはつながらないことである。強いてその間につながりを見出すとするならば、それは、その広告の中に「謝罪」が入っているから、ということになろう。加害者が謝っているから被害者が癒される、ということである。しかしこれはまさに、被害回復のために加害者に謝罪をさせることにほかならず、思想・良心の自由の保障の見地からかかる方法を認めることは到底できない。

したがって、名誉感情侵害に回復処分を認めることはできないのであって、前記最高裁判決の結論は妥当であると考える。

**2** 五十嵐清は、名誉感情侵害の場合、取消文の掲載請求くらいは認めるべ

---

（注125）　判タ257号139頁、判時619号53頁。

きであるという（注126）が、その根拠としては「いっさいの原状回復手段が認められないというのも窮屈」だというに過ぎず、民法723条を適用ないし類推適用する論拠の指摘がない。

　上記見解は、「謝罪」ほどではなく「取消し」程度なら要求してもよいではないかという発想なのかもしれない。

　しかし名誉感情侵害の場合、「謝罪」よりも程度を落としたからといって問題は簡単には解決しない。

　名誉感情侵害を慰謝する「取消し」は、加害者の真意に出でたものでなければならない。なぜなら、真意によらない口先だけの取消しでは、被害者本人の感情（主観）は慰謝され得ないからである。しかし、加害者に対し真意からの翻意を外部から求めることは著しく困難であるし、また、そのようなことを求めることはまさに思想・良心の自由を侵害するものである。

　よって、「取消し」程度ならよいだろう、ということにはならないのである。

　この点が、外部的名誉の毀損の場合の社会的評価の回復とは異なるところである。外部的名誉の毀損の場合、加害者の真意はともかく、訂正記事が掲載されさえすれば、社会に向けて誤報は訂正されるのであるから、それによって社会的評価の回復は図られる。真意であることが必要な名誉感情侵害の場合の広告とは問題状況が違うのである。

**3**　では判決の結論の広告はどうか。

　判決の結論の広告であれば、加害者の思想・良心の自由との抵触の問題はない。

　思うに、民法723条が損害賠償以外の回復処分を認める趣旨の中には、被害者の救済のためには金銭賠償以外の手段も認めてよいという価値判断があるのであり、加害者の良心の自由を侵害せずに被害者の救済の実を挙げることができるのであれば、あえてその手法を否定する理由はないであろう。

　とすれば、判決の結論の広告によって被害者の溜飲が一定程度下がるの

---

（注126）　五十嵐清『人格権法概説』（有斐閣・2003年）267頁。

であれば、名誉感情侵害の場合に民法723条を類推適用してこれを認めてもよいのではないかと私は思う。[注127]

## 第2款　論評による名誉毀損の場合の回復処分の可否

**1**　安次富哲雄は、論評による名誉毀損の場合の回復処分の可否について検討をしており、価値判断を強制することは意見発表の自由を侵害する可能性があること等を理由として、価値判断の取消しを命じる広告は許されないとする一方[注128]、判決の結論の広告は認められるという[注129]。

　　私もこの論点について検討したいが、安次富とは整理の仕方が若干異なる。論評による名誉毀損は、論評の前提事実を誤っているものと、前提事実に誤りがないものに分けられるので、以下、場合分けをして検討する。

**2**　まず、名誉毀損にあたるとされた論評の前提事実に誤りがあって違法とされた場合を検討する[注130]。

　　これは、行為としては社会的評価を低下させる論評が問題とされているが、その問題の原因は前提事実に誤りがある点にあるのであり、問題点としては、事実摘示による名誉毀損の場合であってその摘示事実に誤りがあるときと変わりがない。

　　とすれば、事実摘示による名誉毀損の場合と別異に解する必要はなく、よって、事実摘示による名誉毀損の場合と同様に回復処分を認めてよいと思う。具体的には、論評の前提事実に誤りがあった旨を対外的に告知することによって名誉回復を図ることになる[注131]。

**3**　次に、論評の前提事実に誤りがない場合（正確には、前提事実に真実性な

---

（注127）　同様の理由から私は、プライバシー侵害の場合にも、民法723条を類推適用して、判決の結論の広告は認めてよいと考えている。佃克彦『プライバシー権・肖像権の法律実務〔第3版〕』（弘文堂・2020年）268頁。

（注128）　安次富・前掲（注51）257頁。

（注129）　安次富・前掲（注24）219頁。なお、安次富は、謝罪広告については違憲であるとの見解なので（同225頁）、謝罪広告は検討の対象から外されている。

（注130）　論評による名誉毀損の場合の免責法理（いわゆる「公正な論評の法理」）については、第7編第2章（647頁）で検討する。

（注131）　安次富も、論評の前提事実に誤りがあった場合にその前提事実の誤りを回復処分によって回復することには反対ではないと思われる。

いし真実相当性が認められる場合）について検討する。この場合、そもそも論評の域を逸脱していない限り当該言論は違法とはされない（注132）。反対から言えば、この場合に違法とされるのは論評の域を逸脱している場合に限られる。

即ちこの類型の場合、論評の域を逸脱さえしていなければ（つまり“言い過ぎ”さえしていなければ）、否定的な論評をすることも何ら違法ではなく、回復処分をさせられるいわれはないものである。

かかる場合、仮に、“言い過ぎ”をしたばかりに否定的な論評全体を取り消す等しなければならないとするならば、それは論評の自由に対する明らかに過度の制約である。したがって、この場合に回復処分を認める余地（取消し等をする余地）を観念するとするならば、それは、言い過ぎた部分についてのみである。

つまりたとえば、“言い過ぎた部分を取り消します”という取消広告を命じるというような類の回復処分を認めるべきかどうかがここでの問題である。

そもそも、“言い過ぎた”論評による名誉毀損は、“言い過ぎていない”論評による名誉毀損と比べて、社会的評価の低下の程度に有意な差があるといえるのであろうか。

たとえば、学術論争において、「その見解には賛成しかねる。」とだけ言えばよいものを、「そんな見解を唱えるなんて学者としての能力に根本的に欠ける。即刻引退すべきだ。」と言った……などという場合、前者と後者とで社会的評価の低下の程度に有意な差があるといえるのか。

私は、かような“言い過ぎ”による名誉毀損の場合、言われた者（被害者。原告）の名誉感情の侵害の程度に差が出ることはあろうが（後者の言い方に心が傷ついた被害者も、前者の言い方であれば特段傷つくことはなかったであろうという意味）、社会的評価の低下の程度に有意な差が生じるとは思えない。

よって、かような“言い過ぎ”の部分のみについてする回復処分は、名誉感情侵害の場合における回復処分の可否と同様に解してよいと思う。

---

（注132）　ここでは、事実の公共性、目的の公益性の要件は充たしていることを前提とする。

462　第5編　名誉毀損の効果論その2　損害賠償以外の救済手段

即ち、私見によれば、第1款の**3**（460頁）で述べた通り、判決の結論の広告であるなら認めてよいと思う。

なお、"言い過ぎ"による名誉毀損の類型につき、いかなる場合においてもおよそ社会的評価の低下に有意な差が生じることはないとまで断じることのできる根拠が私にあるわけではない。したがって、"言い過ぎ"による名誉毀損によって社会的評価の低下の程度に有意な差が生じる場合が仮にあり得るとするならば、その"言い過ぎ"による社会的評価の低下の部分に対する回復処分も認められてよいと思う。ヘイトスピーチ的動機に基づく言論にそのような場合があり得るのかもしれない。もっとも、私見によれば、憲法上そもそも回復処分として謝罪広告や取消広告を認めないので、この場合でも判決の結論の広告のみ認めるという結論となり、結論において違いはない。他方、回復処分として謝罪広告や取消広告を認める見解（多数説）によれば、"言い過ぎ"による社会的評価の低下の部分に対する謝罪や取消しを認めてよいかが問題となることになる。この点、安次富は、意見発表の自由の侵害の可能性があることから、論評を取り消させる類の取消広告は認めないとしているのである。

## 第3款　死者に対する名誉毀損の場合の謝罪広告等の可否

死者に関して名誉毀損がなされた場合、謝罪広告等の請求についてはどのように考えるべきか。

**1**　前述（第2編第6章第2節・57頁以下）の通り、私は、

　i　死者の名誉権を認める見解には与しない、

　ii　死者の社会的評価を低下させる事実摘示がなされている場合でも、それが遺族自身の社会的評価をも低下させるものと解釈できるときには、遺族自身の名誉毀損として構成すればよい、

　iii　死者の名誉を毀損する記事につき、遺族自身の名誉毀損と解釈できない場合でも、「故人に対する敬愛追慕の情」を被侵害利益と認めて遺族を救済すべきである、

という立場に立っている。

**2**　かかる立場を前提とすると、まず、死者自身の名誉毀損に基づく謝罪広

告等の請求は、上記 i の通り観念されない。

**3**　次に、上記 ii の通り、遺族自身の名誉毀損として構成できるのであれば、これまで述べてきた通りの議論がそのまま、当該遺族自身の名誉毀損においてあてはまることになる。

**4**　問題は、遺族の故人に対する敬愛追慕の情の侵害の場合（上記 iii の場合）である。この場合、私は以下のように考える。

（1）　まず、死者に対する真実の摘示による名誉毀損の場合、真実である以上、謝罪広告に適しないので（430頁・第2節第4款の**7**を参照）、謝罪広告は認められない。

（2）　他方、死者に対する虚偽の摘示による名誉毀損の場合、その誤りを対外的に訂正することによって遺族の故人に対する敬愛追慕の情が慰謝されるということはあろうから、謝罪広告、取消広告等の回復処分を認める余地はある[注133]。

　　　この点、安次富哲雄は、敬愛追慕の情の侵害は遺族などの主観的、感情的な精神損害であるので、回復処分によって救済される余地がないという[注134]。[注135]

　　　しかしこれは、被侵害利益が遺族の主観的感情であるという点に意識を奪われ過ぎて着眼点を誤っているような気がする。

　　　確かに敬愛追慕の情は遺族の主観的感情であるが、その侵害の原因事実は、死者の評価が対外的に低下させられている点にあるのであるから、その原因を除去するという救済方法が有益であることに変わりはなく、よって回復処分による救済を否定すべき理由はないと思うのである[注136]。

---

[注133]　東京地判1977（昭和52）年7月19日（判時857号65頁）は、敬愛追慕の情の侵害の場合につき、
　　　「遺族の請求に因り損害賠償に代え又は損害賠償と共に死者の名誉を回復するに適当な処分を命ずることができる」
　　　とし、回復処分の余地を認めている。

[注134]　安次富哲雄「死者の人格権」石田喜久夫・西原道雄・高木多喜男先生還暦記念論文集『損害賠償法の課題と展望』（日本評論社・1990年）188頁。

[注135]　平井宜雄『債権各論II　不法行為』（弘文堂・1992年）164頁も、故人に対する敬愛追慕の情の侵害の場合につき、回復処分を認めない。

[注136]　松山地判2010（平成22）年4月14日（判タ1334号83頁、判時2080号63頁）は、故人に対する敬愛追慕の情の侵害に基づいて謝罪広告請求がなされた事案につき、加害者側による事後

（3）　以上のほか判決の結論の広告であれば、プライバシー侵害や名誉感
情侵害の場合における解釈と同様に、摘示事実が真実であるか虚偽であ
るかに関わりなく、民法723条を類推適用して、故人に対する敬愛追慕の
情の侵害の場合でも、これを認め得ると思う。<sup>(注137)</sup>

## 第4款　訴訟物の価額

**1**　謝罪広告を訴訟上請求する場合、その訴訟物の価額をいかに解するかが
問題となる。

論点としては、謝罪広告の請求は財産上の請求であるか否か、財産上の
請求であるとしてこれをいかに算定すべきか、の2点の検討の必要がある
が、この問題については、謝罪広告の請求は財産上の請求にほかならず、
その価額は、当該広告の掲載に要する「普通の広告費」即ち通常の広告掲
載料金がこれにあたる、とするのが確定判例である（最3小判1958（昭和
33）年8月8日）<sup>(注138)</sup>。

---

の対応を踏まえ、
　「〔故人〕の名誉は相当程度回復されており、損害賠償に加えて、重ねて〔故人〕の名誉を回
　復するために謝罪広告を掲載する必要があるとまでは認められない」
として謝罪広告請求を棄却した。
　この判決は、謝罪広告請求を棄却するにあたり、故人の被害が相当程度回復されていること
を理由としているので、一般論としては、故人に対する敬愛追慕の情の侵害に基づく回復処分
の請求をなしうる余地を認めているように読める。
（注137）　なお大阪地堺支判1983（昭和58）年3月23日（判タ492号180頁、判時1071号33頁：実録
　小説「密告」事件）は、死者に対する名誉毀損事案において、遺族自身の名誉毀損を肯定して
　謝罪広告請求を認容している。
（注138）　民集12巻12号1921頁。
　この事件の一審判決（東京地判1953（昭和28）年4月21日・判タ30号56頁）は、2つの論点
について明快に答えている。
　判決はまず、謝罪広告請求が財産上の請求か否かについては、
　「名誉が、生命、身体、自由等と並ぶいわゆる人格的法益の1つであつて、財産権の範疇に
　属しないことはいうまでもない。かかる人格的法益の侵害によつて生ずる損害はいわゆる無
　形的損害であつて、直ちに金銭に見積ることを得ないものとされるが、民法第710条はかか
　る損害についても賠償請求権を認めており被害者は一般の原則に従つて不法行為者に対して
　金銭賠償を請求することができる。……即ち人格的法益自体は財産権ではなくとも、その侵
　害せられることによつて生ずる無形の損害の賠償請求権は、金銭的評価の可能な一の財産権
　であるといわねばならない。」
とする。
　また、訴額の算定については、

ところで、被告が個人で開設しているホームページやブログに謝罪広告等を掲載させる場合、当該個人のホームページが一定の広告掲載料金を徴収しているとは考えられないので、掲載費用は無料ということになる。とすると、民事訴訟費用法3条の別表第1により、「その価額十万円までごとに千円」なので、当該広告掲載請求の手数料額は1000円だということになる。

**2**　なお、損害賠償と謝罪広告の双方を請求する場合、両者の間には特段の吸収関係はないので、両請求の各価額を合算して得た額が訴額となる<sup>(注139)</sup>。

---

　「名誉回復処分請求の訴も財産権上の訴の一である以上訴価の算定は可能である。その算定は原告が訴によつて主張する利益を標準とするが、もとより原告が単に主観的に期待する利益を秤量すべきでなく、出来る丈客観的な評価によるべきものであつて、算定困難ならば結局は裁判所の裁量に服することになる。……本件の場合、原告等は人に目立つような広告として新聞紙第一面の一定の紙幅と活字とを指定要求しており、正にその点から……、右の金額〔広告掲載費用〕が算出されてくるのであるから、原告等の求めるところは被告等の行為自体を離れて、行為の結果として客観化される紙上の広告面自体であるともいいうるのであり、この意味においては、その広告は、あたかも物件引渡訴訟において客観的存在としての物件の価額がその訴訟の訴価となるのと同様に、その客観的価額が訴価とされるべきものであるが、広告の客観的価額としてはその掲載の費用以外に妥当性ある基準はない。」
として、通常の広告掲載費用を訴額と見るべきであるとする。

（注139）　金井繁二ほか著・裁判所書記官研修所編『訴額算定に関する書記官事務の研究〔補訂版〕』（法曹会・2002年）11頁。

466　第5編　名誉毀損の効果論その2　損害賠償以外の救済手段

# 第2章──放送法に基づく請求

## 第1節　はじめに

　放送法は、真実でない事項の放送をして他人の権利を侵害した場合の訂正放送の制度を設け（9条）、また、訂正放送の関係者が番組内容を確認できるように当該放送番組の保存義務を課すなど（10条）、他の表現媒体とは異なる特別の規制をしている。[注1]

　本章では、放送による名誉毀損がなされた場合に放送法の上記制度等を根拠として何らかの請求ができるかにつき検討したい。

## 第2節　訂正放送請求

**1**　放送法9条[注2]は、

　　1項「放送事業者が真実でない事項の放送をしたという理由によつて、

　　　その放送により権利の侵害を受けた本人又はその直接関係人から、

　　　放送のあつた日から3箇月以内に請求があつたときは、放送事業者

　　　は、遅滞なくその放送をした事項が真実でないかどうかを調査して、

---

（注1）　放送媒体に対するかような規制を表現の自由との関係でいかに捉えるかについては諸説ある。放送に対する規制の内容及びその規制と表現の自由との関係の概略については、芦部信喜『憲法学Ⅲ　人権各論（1）〔増補版〕』（有斐閣・2000年）301頁以下、鈴木秀美＝山田健太＝砂川浩慶編著『放送法を読みとく』（商事法務・2009年）93〜113頁を参照。

（注2）　2010（平成22）年の改正前は、この条文は4条で規定されていた。

第2章　放送法に基づく請求　　第2節　訂正放送請求　　467

その真実でないことが判明したときは、判明した日から２日以内に、
　　その放送をした放送設備と同等の放送設備により、相当の方法で、
　　訂正又は取消しの放送をしなければならない。」
　２項「放送事業者がその放送について真実でない事項を発見したときも、
　　前項と同様とする。」
と定め <sup>(注3)</sup>、テレビ局等の放送事業者に対し訂正放送の義務を設けている。

　したがって、真実でない放送により名誉毀損をされた者は、同条項に基づいて訂正ないし取消しの放送（以下「訂正放送等」という）を請求できるが、これが放送事業者から拒まれた場合、同条項を根拠に訴訟上訂正放送等を請求できるか。

　この点について判断したのが最１小判2004（平成16）年11月25日 <sup>(注4)</sup> である。

　判決は、次の通り述べてこれを否定した。

　「〔放送〕法４条１項〔現９条１項〕も……放送の自律性の保障の理念を踏まえた上で、……真実性の保障の理念を具体化するための規定であると解される。そして、このことに加え、法４条１項自体をみても、放送をした事項が真実でないことが放送事業者に判明したときに訂正放送等を行うことを義務付けているだけであって、訂正放送等に関する裁判所の関与を規定していないこと、同項所定の義務違反について罰則が定められていること等を併せ考えると、同項は、真実でない事項の放送がされた場合において、放送内容の真実性の保障及び他からの干渉を排除することによる表現の自由の確保の観点から、放送事業者に対し、自律的に訂正放送等を行うことを国民全体に対する公法上の義務として定めたものであって、被害者に対して訂正放送等を求める私法上の請求権を付与する趣旨の規定ではないと解するのが相当である。前記の通り、法４条１項は被害者からの訂正放送等の請求について規定しているが、同条２項の規定内容を併せ考えると、これは、同請求を、放送事業者が当該

───────────────

(注3)　1995（平成７）年の改正前は、訂正放送請求の認められる期間は、放送日から３か月ではなく、２週間とされていた。
(注4)　判タ1169号125頁、判時1880号40頁。

468　第５編　名誉毀損の効果論その２　損害賠償以外の救済手段

放送の真実性に関する調査及び訂正放送等を行うための端緒と位置付けているものと解するのが相当であって、これをもって、上記の私法上の請求権の根拠と解することはできない。」

原審の東京高判2001（平成13）年7月18日[注5]は、

「放送により権利の侵害があったにもかかわらず、放送事業者が請求を受けても訂正放送に応じない場合には、裁判によりその実現を求めることができるというべきである。」

として裁判上の請求を肯定していたが、その原判決を上記最高裁判決は覆したわけである。

放送法9条1項を見ると、訂正放送等の請求権者は、権利侵害を受けた本人のみならず「その直接関係人」にまで拡げられている。訂正放送等は放送事業者の表現の自由を直接制約するものであり、仮にこの訂正放送等請求を、裁判上請求できる私法上の権利であるとすると、このように表現の自由に密接に関係する私法上の請求権が放送法においてなぜそこまで拡げられたのかにつき説明が困難となる。したがって、裁判上の請求を否定した最高裁判決は、妥当な解釈といえよう。

以上の次第で、訂正放送等請求は、放送事業者に対し、自主的に訂正放送等を行なうことを事実上促す機能しかないことになった。

**2**　これによって被害者は、裁判上の請求として、放送法に基づく請求というツールを失ったことになるが、民法723条の回復処分があるので、実際上の不都合はないといってよいと思う。

# 第3節　　放送内容の確認（閲覧）請求

**1**　放送法10条は、

「放送事業者は、当該放送番組の放送後3箇月間（前条第1項の規定による訂正又は取消しの放送の請求があつた放送について、その請求に係る事案

---

（注5）　判タ1077号157頁、判時1761号55頁。

が３箇月を超えて継続する場合は、６箇月を超えない範囲内において当該事
　案が継続する期間）は、政令で定めるところにより、放送番組の内容を
　放送後において審議機関又は同条の規定による訂正若しくは取消しの放
　送の関係者が視聴その他の方法により確認することができるように放送
　番組を保存しなければならない。」

と、放送法９条の訂正放送等請求をしようとする者が放送内容を確認でき
るように、放送番組の保存義務を定めている。

　なおこの条文は、2010（平成22）年の改正前は、５条で規定されていた。
　訂正放送請求をしようとする者は、本条に基づいて、放送事業者に対し、
放送内容の確認を請求できるか。

　この点については、放送法５条の時代に、しかも1995（平成７）年の改
正前の放送法５条に関して裁判例がある。同年の改正前の放送法５条は、
　「放送事業者は、政令の定めるところにより、当該放送番組の放送後３
　週間以内に限り、放送番組の内容を放送後において審議機関又は前条の
　規定による訂正若しくは取消しの放送の関係者が確認することができる
　ように必要な措置をしなければならない。」

と定めていた（つまり改正法は、改正前の法律が「必要な措置」としていたも
のを“放送番組の保存”と明確化するとともに、その保存期間を３週間から原
則３か月と伸長したのである）。

　東京地判1995（平成７）年４月28日 <sup>(注6)</sup> は、同条の法的性質につき、
　「法第５条の規定をもって、放送事業者としての公法上の義務を超えて、
　個々の個人に対する義務までを定めた規定と解釈することはできないし、
　放送事業者に対する確認措置の請求権を個人に付与したものとも解する
　ことはできない」

として、同条は私法上の権利義務関係を定めるものではないとした。

　しかし、その控訴審である東京高判1996（平成８）年６月27日 <sup>(注7)</sup> は、
　「法４条１項の訂正又は取消しの放送の関係者が当該放送の内容を確認
　することができるために、放送事業者は同法５条による必要な措置を講
　ずる義務があるのであるから、訂正又は取消しの放送の関係者は、放送

---

（注６）　判タ906号258頁、判時1558号43頁。
（注７）　判タ914号77頁、判時1571号30頁。

事業者に対し当該放送内容の確認（閲覧）請求権を有し、放送事業者は、右関係者から請求があった場合は、これに応ずべき義務があると解するのが相当である」

として、同条が私法上の権利義務関係を定めたものであることを肯定した。

　これは1995（平成7）年改正前の条項に関する判断であるが、同年改正後の条項は、改正前の「確認……に必要な措置」制度を、「確認」のための「保存」とより明確化したものと解されるので、この裁判例は同年改正後に妥当するものといえる。

**2**　放送法9条の訂正放送等請求権については468頁で挙げた2004（平成16）年最1小判によって、これは私法上の請求権ではないとして判例上決着がつけられたが、仮に9条が公法上の制度に止まるとしても、10条の確認（閲覧）請求権の性質をどう解するかは論理的には別の事柄である。9条は、放送事業者に訂正放送を義務づけるという意味で事業者の表現の自由に対する直接的な制約であるのに対し、10条は、既に放送した番組につき被害者のためにこれを保存し視聴させるというものであって事業者に対する制約としてさほど大きなものではない。9条の公法上の制度を実効化させる前提として10条の確認（閲覧）請求に裁判規範性を認めるということは、あり得る解釈である。

　9条の裁判規範性が否定されたため、10条に基づいて訴訟上閲覧請求をする事例はなくなってしまうかもしれないが、今後の裁判例の動向を注視したい。(注8)

---

（注8）　福島力洋「放送法4条に基づく訂正放送の請求と表現の自由」ジュリスト1291号23頁
　　（2005年）は、改正前の4条及び5条（即ち現9条及び10条）に関し、
　　「本件規定〔放送法4条。現9条〕に基づく訂正放送請求権が認められないと解したとしても、法5条〔現10条〕による内容確認請求に関して、連動してその権利性を否定すべきではない。」
　　としている。賛成である。

# 第3章——事前差止め（妨害予防請求）

## 第1節　はじめに

　これまで論じてきた金銭賠償や回復処分は、名誉毀損言論が一旦なされた後の損害の塡補と回復を図るものであるが、損害の発生を未然に防ぐことができれば、被害者にとりそれに勝ることはない。かかる意味で、名誉毀損言論がなされる前にその公表を防止する事前差止めは、最も強力な救済手段であるといえる。

　しかし他方、言論が市場に流通する前にそれを差し止めることは表現の自由に対する最大の脅威である。事前差止めをすることは、当該言論の当否の議論をする機会自体を奪うものであるため、当該言論が名誉権の保護の観点から問題であるかどうかという議論自体ができなくなってしまうのである。

　したがって、事前差止めの要件論を展開するにあたっては、表現の自由に対する侵害とならないかに常に留意しなければならない。(注1)

---

（注1）　司法権が行なう事前差止めが、憲法21条2項で禁じられている「検閲」にあたらないかが一応問題となるが、これは基本的に「検閲」にはあたらないということで判例・学説上概ね一致を見ている。ただしその結論に至る論理は区々である。
　　　　最高裁は、憲法21条2項の「検閲」概念につき、「行政権が主体となつて、思想内容等の表現物を対象とし、その全部又は一部の発表の禁止を目的として、対象とされる一定の表現物につき網羅的一般的に、発表前にその内容を審査した上、不適当と認めるものの発表を禁止することを、その特質として備えるもの」と定義しているので（最大判1984（昭和59）年12月12日・判タ545号69頁、判時1139号12頁）、行政権ではない司法権のなす事前差止めは「検閲」にはあたらないことになる。
　　　　また、浦部法穂は、「検閲」の主体を「行政権」に限定せず「公権力」とするが、裁判所が行なう事前差止めは基本的に私人の権利保護のために私人の申立てに基づいてその限りで審査するものであるから、公権力が主体となつて行なうものとは性格が異なり、よって「検閲」にはあたらないとする（浦部法穂『憲法学教室〔第3版〕』（日本評論社・2016年）163頁）。

472　第5編　名誉毀損の効果論その2　損害賠償以外の救済手段

## 第2節　事前差止めの法的根拠

　事前差止めをいかなる法的根拠によって認めるかについては、以前は、不法行為を理由とするものその他諸説あったが、いわゆる「北方ジャーナル」事件における最高裁大法廷判決（最大判1986（昭和61）年6月11日）[注2]が出されてからは、少なくとも名誉毀損事案については人格権を根拠とすることで実務上の法律構成の迷いはなくなったといってよいであろう。

　以下、節を改めてこの「北方ジャーナル」事件の最高裁判決（以下、本章において、この最高裁判決を単に「最大判」ということがある）について詳しく検討したい。

## 第3節　「北方ジャーナル」事件

### 第1款　事案の概要

　雑誌「北方ジャーナル」は、北海道知事選に立候補予定であるA氏（A氏は、元旭川市長であり、当時は現役の衆議院議員であった）に関する記事を掲載したが、その記事はA氏の名誉を毀損する内容を含んでおり、A氏はその記事の内容を公刊前に知るに至った。そこでA氏は札幌地裁に当該「北方ジャーナル」誌の出版差止めの仮処分を申し立てたところ、札幌地裁は、債務者である「北方ジャーナル」誌を審尋しないまま出版差止めの仮処分の決定[注3]をした。

---

（注2）　判タ605号42頁、判時1194号3頁。
（注3）　「月刊弁護士ドットコム」33号8〜9頁（2018年）では、A氏の代理人として「北方ジャーナル」事件を担当した村岡啓一弁護士が、インタビューに答えて同事件について語っている。同弁護士によると、「北方ジャーナル」誌は、この仮処分決定に至る前に既に4度にわたって裁判所から差止めの仮処分決定を受けていて、それでも懲りずに記事掲載の動きを見せたため、「4度にわたって侮辱されている裁判所はカンカンに怒って」いて「すんなり仮処分決定を出し」たのだそうである。
　　　最大判のもととなった仮処分の認可判決（札幌地判1980（昭和55）年11月5日・判タ429号

「北方ジャーナル」誌は、この仮処分決定が同誌の表現の自由を侵害するなどとして、国及びA氏らを被告として損害賠償請求訴訟を提起した。

一審も二審も「北方ジャーナル」誌の請求を棄却したため、同誌が上告し、上記最高裁判決に至った。

## 第2款　最高裁判決の内容

**1**　最大判は、名誉毀損言論に対する事前差止めを含む差止め一般の実体法上の根拠につき、次の通り判示した。

　　「人の品性、徳行、名声、信用等の人格的価値について社会から受ける客観的評価である名誉を違法に侵害された者は、損害賠償（民法710条）又は名誉回復のための処分（同法723条）を求めることができるほか、人格権としての名誉権に基づき、加害者に対し、現に行われている侵害行為を排除し、又は将来生ずべき侵害を予防するため、侵害行為の差止めを求めることができるものと解するのが相当である。けだし、名誉は生命、身体とともに極めて重大な保護法益であり、人格権としての名誉権は、物権の場合と同様に排他性を有する権利というべきであるからである。」

　　この判示によって、名誉毀損に基づく差止め（この中には当然に事前差止めも含まれる）は、人格権を根拠として請求できることが明らかとなった。

**2**　問題は事前差止めの要件であるが、判決は、事前差止めの要件を定立するにあたり、その前提事項として表現の自由の重要性につき、次の通り判示した。

　　「言論、出版等の表現行為により名誉侵害を来す場合には、人格権としての個人の名誉の保護（憲法13条）と表現の自由の保障（同21条）とが

---

47頁、判時1010号91頁）の別紙記事目録ではくだんの記事が読めるが、それはそれは非常なる名誉毀損文書であり、その前に4度も差止めの決定がなされているという上記の事情をもふまえると、この件は、雑誌社が明白に現実の悪意をもって名誉毀損を度重ねたというかなり特殊な事案だったことがよく分かる。

村岡弁護士は上記のインタビューで、裁判所から得た仮処分決定につき、「自分でやっておきながら、こんなこと〔引用者注：出版を差し止めること〕が許されるのかと思いましたよ」とも言っている。実に興味深いコメントである。

衝突し、その調整を要することとなるので、いかなる場合に侵害行為として その規制が許されるかについて憲法上慎重な考慮が必要である。

　主権が国民に属する民主制国家は、その構成員である国民がおよそ一切の主義主張等を表明するとともにこれらの情報を相互に受領することができ、その中から自由な意思をもつて自己が正当と信ずるものを採用することにより多数意見が形成され、かかる過程を通じて国政が決定されることをその存立の基礎としているのであるから、表現の自由、とりわけ、公共的事項に関する表現の自由は、特に重要な憲法上の権利として尊重されなければならないものであり、憲法21条1項の規定は、その核心においてかかる趣旨を含むものと解される。」

**3**　かような表現の自由の重要性をふまえ、判決は、事前抑制につき、次の通り限定的に解釈すべきものとする。

　「表現行為に対する事前抑制は、新聞、雑誌その他の出版物や放送等の表現物がその自由市場に出る前に抑止してその内容を読者ないし聴視者の側に到達させる途を閉ざし又はその到達を遅らせてその意義を失わせ、公の批判の機会を減少させるものであり、また、事前抑制たることの性質上、予測に基づくものとならざるをえないこと等から事後制裁の場合よりも広汎にわたり易く、濫用の虞があるうえ、実際上の抑止的効果が事後制裁の場合より大きいと考えられるのであつて、表現行為に対する事前抑制は、表現の自由を保障し検閲を禁止する憲法21条の趣旨に照らし、厳格かつ明確な要件のもとにおいてのみ許容され得るものといわなければならない。」

**4**　本件は前記のように、A氏は現職議員でかつ北海道知事選立候補予定者であり、同氏に関する言論は、いわば公的言論の範疇に属するといえる。

　そこで判決は、以上の、事前抑制を限定的に解すべきとの価値判断を前提に、公的言論に対する事前抑制の可否につき、次の通り、原則的に事前差止めは許容されないとした。

　「出版物の頒布等の事前差止めは、このような事前抑制に該当するものであつて、とりわけ、その対象が公務員又は公職選挙の候補者に対する評価、批判等の表現行為に関するものである場合には、そのこと自体から、一般にそれが公共の利害に関する事項であるということができ、前

示〔上記**2**〕のような憲法21条１項の趣旨……に照らし、その表現が私人の名誉権に優先する社会的価値を含み憲法上特に保護されるべきであることにかんがみると、当該表現行為に対する事前差止めは、原則として許されないものといわなければならない。」

**5**　しかし判決は、かように「公務員又は公職選挙の候補者に対する評価、批判等の表現行為に関するもの」であったとしても例外的に事前差止めを肯定する余地を認める。

そしてその要件は、

「その表現内容が真実でなく、又はそれが専ら公益を図る目的のものでないことが明白であつて、かつ、被害者が重大にして著しく回復困難な損害を被る虞があるとき」

であるという。

これが最高裁の定立した事前差止めの要件である。

**6**　判決は更に、札幌地裁が債務者審尋をせずに事前差止めの仮処分決定をした点については、原則として口頭弁論または債務者審尋を行なうべきであるとしつつ、「差止めの対象が公共の利害に関する事項についての表現行為である場合においても、口頭弁論を開き又は債務者の審尋を行うまでもなく、債権者の提出した資料によつて、その表現内容が真実でなく、又はそれが専ら公益を図る目的のものでないことが明白であり、かつ、債権者が重大にして著しく回復困難な損害を被る虞があると認められるとき」には、口頭弁論ないし債務者審尋を経ないでもよいとした。

## 第３款　最高裁判決の射程範囲

**1**　以上の通り、まず、名誉毀損言論に対する差止め（事前差止めを含む）について最大判は、「人格権としての名誉権は、物権の場合と同様に排他性を有する」（第２款の**1**・474頁）ことを根拠としてなし得ることを肯定した。

本件は名誉権に基づく差止めの事案であったが、その根拠として最大判は上記の通り、単に「名誉権」といわずに、「人格権としての名誉権」とした。即ち、差止めを認める範囲について最大判は、これを名誉権に限定

476　第５編　名誉毀損の効果論その２　損害賠償以外の救済手段

する趣旨ではなく、名誉権以外の人格権についても差止めの効力を認める趣旨と読むべきであろう。

そして現にその後のいわゆる「石に泳ぐ魚」事件に関する最3小判2002（平成14）年9月24日[注4]は、後述（第6節第1款～第2款・491～493頁）の通り、差止めの肯認の範囲を名誉権に限定しないことを明らかにしている。

以上の最大判の判断は、人格権に差止請求権を認めるべきであるとの伝統的な学説[注5]を承認したものといえる。

**2** なお、最大判では事前差止めの要件が示されているが、これは、「公務員又は公職選挙の候補者に対する評価、批判等の表現行為」に関する判断事例でしかなく、およそ一般的に事前差止めの要件を定立したものではない[注6]。

「その表現内容が真実でなく、又はそれが専ら公益を図る目的のものでないことが明白であつて、かつ、被害者が重大にして著しく回復困難な損害を被る虞があるとき」という事前差止めの要件は、かようにあくまでも公務員等に関する表現行為についての要件を示したに過ぎないのである。その点には留意する必要がある。[注7]

**3** かようにこの最大判は「公務員又は公職選挙の候補者に対する評価、批

---

（注4） 判タ1106号72頁、判時1802号60頁。

（注5） 我妻榮『事務管理・不当利得・不法行為』（日本評論社・1937年）198頁、宗宮信次『名誉権論』（有斐閣・1939年）479頁、482頁、加藤一郎『不法行為〔増補版〕』（有斐閣・1974年）213頁。

（注6） 大阪地決2022（令和4）年9月26日（判タ1505号189頁、判時2560号74頁）は、市議会議員が市議会だよりについて差止め（掲載禁止・頒布禁止）を求めたものであり、まさに最大判の規範の射程そのままの事案である。決定は、
　　　「名誉権に基づく出版物の頒布等の事前差止めは、その対象が公務員や議員に対する評価、批判等の表現行為に関するものである場合には、原則として許されず、その表現内容が真実でなく、又はそれが専ら公益を図る目的のものでないことが明白であって、かつ、被害者が重大にして著しく回復困難な損害を被るおそれがあるときに、例外的に許されるものと解するのが相当である」
　　　と最大判の規範を踏襲している。

（注7） 浜辺陽一郎『名誉毀損裁判──言論はどう裁かれるのか』（平凡社・2005年）94頁は、「北方ジャーナル」事件最高裁判決の事前差止めの要件として「表現内容が公共の利害に関する事項であること」を挙げているが、これは誤解というべきである。これが「要件」であるとすると、表現内容が公共の利害に関する事項でないと事前差止めができないということになってしまう。表現内容の公共性は、むしろ事前差止めを否定する方向に働くのであって、事前差止めの要件では決してない。表現内容の公共性は、本文で示した通り、同判決の示した要件が妥当する場面を示すに過ぎない。

判等の表現行為」に関する判断事例であるが、廣瀬孝（注8）は、

「公務員以外の私人に対する表現行為の場合であっても、これが『公共の利害に関する事項』に当たるのであれば、公務員等に対する表現行為の場合と同様に、……北方ジャーナル基準と同じ判断基準により、その差止めの許否を判断すべきであるように思われる。」

と述べ、最大判の規範の射程範囲を、事実の公共性がある場合にまで拡げる。

東京高判2018（平成30）年8月23日（注9）も、「公共の利害に関する事実」に関する表現行為の差止請求について、最大判の基準を用いている。

差止めの要件は表現の自由を行使できる範囲に直接関わるものである以上、その基準は明確である必要があり、「公務員又は公職選挙の候補者に対する評価、批判等の表現行為」に関する表現行為以外の場合にいかなる基準によるべきかも明確化される必要がある。よって、最大判の基準のみでは射程範囲があまりにも狭く、紛争解決にとり不十分である。

したがって、最大判の射程範囲より広い「公共の利害に関する事項（事実）」を射程範囲とする基準が定立されること自体は、妥当なことであると思う。もっとも、その場合の差止めの要件が最大判の提示する要件でよいかは別問題であり、私は異なる見解を持っている（511頁の第10節参照）。


# 第4節　「北方ジャーナル」事件最高裁判決の差止めの要件について

本節では、「北方ジャーナル」事件において最大判の定立した事前差止めの要件が公務員等についての表現行為に対するものとして妥当といえるかを検討する。

この最大判は、「公務員又は公職選挙の候補者」という、極めて公共性の高い存在に関し、その者「に対する評価、批判等の表現行為」という、これ

---

（注8）　廣瀬孝「名誉権に基づく出版差止め——北方ジャーナル事件以降の裁判例の整理」判タ1470号14頁（2020年）。
（注9）　判時2391号14頁。

478　第5編　名誉毀損の効果論その2　損害賠償以外の救済手段

以上に公共性のあるものはないというくらいに公共の利害に関わる事実に関する判決である。

その意味では、かかる範疇の言論は可及的にその流通の自由が保障されなければならず、事前差止めは極めて限定的に解されなければならない。この最大判もかかる趣旨を、

「その表現が私人の名誉権に優先する社会的価値を含み憲法上特に保護されるべきであることにかんがみると、当該表現行為に対する事前差止めは、原則として許されない」（第3節第2款の4・476頁）

と、極めて限定的に解すべきことを明示している。

しかし現に定立された最大判の差止要件が、かかる問題意識を忠実に反映して限定的なものとなっているかについては疑問なしとしない。(注10)(注11)

**1** 最大判の規範では、「その表現内容が真実でなく、又はそれが専ら公益を図る目的のものでない」と、非真実性と非公益目的性が「又は」で結ばれているが、この点は問題である。

かかる要件からすれば、そのいずれかを充たせばよい以上、表現内容が真実であっても、「専ら公益を図る目的のものでない」場合、つまり僅かでも私益が入っていれば、事前差止めを肯認し得ることになる。(注12)

しかし、ここで問題となっているのは高度に公共的な言論である。高度に公共的な言論であれば、しかもそれが真実のものであるならば、たとえ表現者自身が私益を有していようと、その情報受領者の知る権利の観点からは、その流通を止めるべきではない。かかる場合に表現者に私益がある

---

(注10) 升田純は、弁護士に向けた講演においてこの「北方ジャーナル」事件大法廷判決の示した事前差止めの要件につき「非常に厳格な要件」であると評しているが（東京弁護士会弁護士研修センター運営委員会編『平成16年度秋季 弁護士研修講座』（商事法務・2005年）79頁）、私はそうは思わない。

(注11) 「北方ジャーナル」事件大法廷判決の示した事前差止めの要件が緩やかであって厳格性を欠くと批判をしている文献として、武田昌弘「出版物の販売差止めの仮処分」丹野達＝青山善充編『裁判実務大系4 民事保全法』（青林書院・1999年）281頁、野坂泰司『憲法基本判例を読み直す』（有斐閣・2011年）181頁。

(注12) 最高裁判所判例解説・民事篇・昭和61年度305頁は、この非真実性と非公益目的性が「又は」で結ばれている点につき、この両者は「いずれも明らかであることを要件とされているといえよう。」と何の根拠も示さずに言う。しかし、両方の要件を充たす必要があるのであれば両者を「及び」で結ぶはずである。判決が明白に「又は」で結んでいるものを、調査官解説が無前提に「これは"及び"と読むのだ」とする料簡は、理解しかねる。

か否かを問う必要は、全くないのではあるまいか<sup>(注13)</sup>。

　私益があれば事前差止めが認められるというのは、要件として緩やかに過ぎよう。<sup>(注14)</sup>

**2**　最大判はその要件中、真実でないこと等につきその要件充足の「明白」性を要求しているが、これは妥当な判断だと思う。

**3**　またこの最大判は、「被害者が重大にして著しく回復困難な損害を被る虞があるとき」であることを要するとしているが、これはまさに、事後的な金銭賠償や回復処分ではなく事前差止めを肯認する分水嶺となる要件だと思う。

　公表によってもたらされる損害が回復可能であるならば、表現の自由の保障の見地から、事前差止めは避けて当該言論は流通させるべきである。表現の自由を犠牲にしてもなお事前差止めを正当化し得るのは、公表をしてしまうと被害者が回復困難なほどの損害を被ってしまうから、ということになるのである。

　かかる損害回復の困難性の要件につき、事前差止めの要件としてではなく、保全処分における保全の必要性の要件として判断すれば足りるとする見解がある<sup>(注15)</sup>。

　しかし私は、損害回復の困難性こそが、事後的救済ではなく事前差止め

---

(注13)　高橋和之は、そもそも公益目的の要件を事前差止めの要件に入れること自体を批判する（同「表現の自由と事前差止め」樋口陽一＝野中俊彦編『憲法の基本判例〔第2版〕』（有斐閣・1996年）105頁）。

　　　高橋は、不法行為の要件と事前差止めの要件との違いにつき、「公益目的の要件は、個人の責任を問う場合の要件としては、妥当性がないわけではない。しかし、事前差止めは、事後的制裁とは異なり、表現者の責任を問う手続ではない。……公共的事項に関する真実の表現は、その受領者にとって貴重である。それを差し止める理由に、表現者の動機の不純を持ち出すのは場違いであろう。」と鋭く指摘している。

　　　また平川宗信も、非公益目的性を事前差止めの要件とすることの不当性につき、「これは、動機が悪ければ真実を言わせないということであって、民主社会の運営上有用な情報を抑えるものであり、『民主国家の基礎としての表現の自由』を理解していないといわなければならない」と批判している（同「名誉毀損表現の司法的事前抑制――『北方ジャーナル』事件最高裁大法廷判決」法学教室73号118頁（1986年））。

(注14)　この最大判の谷口正孝裁判官の意見は、多数意見の「専ら公益を図る目的のものでない」という要件につき、「専ら公益を図る目的でないというような不確定な要件を理由として公的問題に関する雑誌記事等の事前差止めを認めることは、その要件が明確な基準性をもたないものであるだけに、表現の自由の保障に対する歯止めとはならないと考える」と批判している。

(注15)　竹田稔『プライバシー侵害と民事責任〔増補改訂版〕』（判例時報社・1998年）234頁。

480　第5編　名誉毀損の効果論その2　損害賠償以外の救済手段

によることを正当化する最も重大な要素であると思うのであり、これを単なる保全の必要性の問題にいわば"格下げ"することは当を得ないと考える。これが保全の必要性の要件に過ぎないとすると、本案訴訟で事前差止めを求める場合には、損害回復の困難性の要件は不要ということになってしまうのであろうか。仮にそうだとすると、損害回復の困難性がないのに事前差止めを肯認することになるが、それはあまりにも表現の自由の重要性に対する配慮に欠けると思う[注16]。[注17]

なお、ここに「重大にして著しく回復困難な損害」というとき、損害の"重大"性と"回復困難"性とは、概念としては別であることに留意されたい。つまり、重大であっても回復困難であるとは限らないし、反対に、回復困難であっても重大であるとは限らないということである。

たとえば、重大な名誉毀損であっても、それが虚偽の摘示であれば、事実訂正をすることによって回復が可能だということはあり得る。他方、真実による名誉毀損の場合、事実訂正のしようがないので回復は困難だということになろうが、損害が重大かどうかはその摘示事実の内容によるであろう。具体例で言うと、「離婚した」という事実摘示は、真実であれば、一旦公開されたら回復はできないが、それを公開されたからといって損害が重大だとまでは言えないであろう。

そしてかように概念としては別であり、かつ要件の文言が「重大にして

---

（注16） この最大判の長島敦裁判官の補足意見は、この点を次の通り的確に述べている。

同裁判官は、公共の利害に関わる表現について事前差止めを認めるには、「その名誉について特にこれを保護すべき特別の事由が存在していなければならない」とした上で、「より重要な実質的な特別の事由としては、名誉権の侵害が一般の場合に比し特に重大なものであり、しかも、事前の差止めをしなければ、その重大な損害の回復が事後的には著しく困難であることを挙げるべきであろう。この２つは、憲法上の要請にかかる言論の自由と人格権としての名誉の保護との間に均衡と調和を保ちつつ、公共の利害にかかわる表現行為につき、事前の差止め請求を許容することができると考えられる実体的要件であつて、それが事実上、事前差止めの仮処分を許すための要件と重なり合う面があるとしても、そのことのために、これらの要件が憲法上の要請でなくなるわけではない。」とする。

つまり、損害の回復不可能性の要件は、保全処分の要件としてあるのみならず、表現の自由という憲法上の要請から出てくる本案訴訟上の要件でもあるというのである。

（注17） 八木一洋＝関述之編著『民事保全の実務（上）〔第３版増補版〕』（金融財政事情研究会・2015年）350頁〔岩崎邦生ほか執筆〕は、この損害回復の困難性の要件につき、「保全の必要性のみならず、被保全権利の要件でもあると解すべきであろう」と言うが、同書の第４版（2021年）のこれに対応する箇所（370頁。執筆者不詳）を見ると、かかる記述が消えている。この点については第３版と第４版とで見解を異にするようである。

著しく回復困難」と言っている以上、要件としてはその両者を充たすことを要求しているということになろう。(注18)

**4**　更に最大判は、「債権者の提出した資料によつて、その表現内容が真実でなく、又はそれが専ら公益を図る目的のものでないことが明白であり、かつ、債権者が重大にして著しく回復困難な損害を被る虞があると認められるとき」には、口頭弁論ないし債務者審尋を経ないで差止めの決定をしても表現の自由を侵害するものではない、とした。これは表現の自由の保障の見地からはかなりの問題をはらんでいる。

　もっとも、須藤典明（「プライバシィの侵害による出版差止めの仮処分」判タ1078号165頁（2002年））によれば、東京地裁の保全部における仮処分手続の実務では、差止めを認容する可能性があるケースについては必ず債務者審尋を実施しているとされている。かかる実務上の運用は、極めて正当なものといえよう。

　他方、深見敏正（「出版禁止の仮処分の審理」東京地裁保全研究会編著『民事保全の実務（上）〔第3版〕』（金融財政事情研究会・2012年）334頁）は、やはり東京地裁の保全部の運用として、

　　「債務者が審尋期日の呼出しを受けた後に出版を強行しようとしていることが明らかであるような場合で、〔「北方ジャーナル」事件の最大判〕の要件を充足するような場合には、直ちに発令することも検討しなければならないものと思われる」

としている。須藤の上記論考と深見の論考との間には10年の隔たりがあるが、この間に、債務者の呼出しをすることによって却って債務者による早期の出版強行を招きかねない事案があったのであろうか。


# 第5節　「北方ジャーナル」事件最高裁判決以後の下級審裁判例

　「北方ジャーナル」事件に対する最大判は、「公務員又は公職選挙の候補者

---

(注18)　最大判の規範に則って区議会議員の名誉を毀損するローカル紙の販売等の差止めを認めた事例として東京地判1989（平成元）年1月30日（判タ713号212頁、判時1328号74頁）がある。

*482*　第5編　名誉毀損の効果論その2　損害賠償以外の救済手段

に対する評価、批判等の表現行為」に関する判断であり、それ以外の表現行為に関しての差止要件に言及するものではない。また、出版前の、つまり事前差止めについての判断であって、既に出版されている書籍に関する判断でもない。このため、「北方ジャーナル」事件と事案が異なる場合にその後の下級審は、この最大判をふまえ、適宜趣旨を敷衍したり要件を変容したりして、各種の差止請求の事案に対応してきた。

本項では、最大判の後のそれらの下級審裁判例に触れることとする。

## 第1款　既に公刊されている書籍の出版差止めが問題となったケース

**1**　「北方ジャーナル」事件は、公刊前の雑誌の事前差止めに関する事案であった。他方、大阪地判2008（平成20）年3月28日[注19]は、既に公刊されている書籍の以後の出版の差止めが請求された事案であった。同判決は、「北方ジャーナル」事件の最大判が示した事前差止めの要件を引用した上で、

> 「本件では、既に出版され、公表されている書籍の出版等差止めを求めるものであるから、表現行為の事前差止めに関する以上の要件のうち、損害発生に係る要件は、『被害者が重大にして著しく回復困難な損害を被るおそれがあるときに』限定する必要はなく、被害者が重大な損害を被っていると評価されれば足りるものと解される。」

とし、最大判の「重大にして著しく回復困難な損害」との要件部分を「重大な損害」で足りるものとした。[注20]

**2**　これに対し、同じ事件の控訴審の大阪高判2008（平成20）年10月31日[注21]は、

> 「本件では、既に出版され、公表されている書籍の出版等差止めを求めるものであるが、表現の自由、とりわけ公共の事項に関する表現の自由の持つ憲法上の価値の重要性等に鑑み、原則として〔「北方ジャーナ

---

（注19）　判タ1265号76頁、判時1999号3頁。
（注20）　損害の「重大」性と「回復困難」性とが概念として別であることについては481頁を参照されたい。
（注21）　判時2057号24頁。

第3章　事前差止め（妨害予防請求）　第5節　「北方ジャーナル」事件最高裁判決以後の下級審裁判例　*483*

ル」事件の最大判の規範と〕同様に解すべきものである。」

とし、一審判決とは異なり、「北方ジャーナル」事件の最大判の規範と同様でよいとした。

**3**　思うに、「重大な」損害を与える名誉毀損であっても、それが虚偽の摘示であれば、事実訂正をすることによってその損害の回復が可能だということはあり得るであろう。とすると、損害の「重大」性だけで足りるとすると差止めの要件として広きに失するのではなかろうか。

よって、控訴審の大阪高判の判断の方が妥当であると私は思う[注22]。

東京地判2009（平成21）年8月26日[注23]は、出版後の差止めの事案において、

「侵害行為が明らかに予想され、その侵害行為によって被害者が重大な損失を受けるおそれがあり、かつ、その回復を事後に図るのが不可能ないし著しく困難であると認められる場合に限り、差し止めを求めることができると解するのが相当である」

としている。これは、後に（第6節・490頁）述べる「石に泳ぐ魚」事件の高裁判決[注24]が示した規範である。

## 第2款　銀行及びその役員の名誉が問題となったケース

**1**　東京地判1988（昭和63）年10月13日[注25]は、銀行及びその役員の名誉を毀損するとして書籍の差止めが求められた事案において、事前差止めの要件につき、「北方ジャーナル」事件の最大判とほぼ同様の要件を定立した。即ち、

「その表現行為が公共の利害に関する事項にかかるものである場合」

には、

「その表現内容が真実でなく、又はそれが専ら公益を図る目的のもので

---

（注22）　廣瀬・前掲（注8）は、「出版後の差止めであっても、出版前の差止めと同様に、北方ジャーナル基準を判断基準として採用するのが相当であるものと思料する」と言う。
（注23）　判タ1342号202頁。
（注24）　東京高判2001（平成13）年2月15日（判タ1061号289頁、判時1741号68頁）。
（注25）　判タ678号253頁、判時1290号48頁。

ないことが明白であつて、かつ、被害者が重大にして著しく回復困難な損害を被る虞れがあるとき」

に限り事前差止めを認める、とした。

つまり、最大判の「公務員又は公職選挙の候補者に対する評価、批判等の表現行為に関するものである場合」という部分を「その表現行為が公共の利害に関する事項にかかるものである場合」と変容したのみで、その余の要件は最大判に倣っている。

**2** なお本件は、問題となった書籍の一部が既に販売されていたケースであり、その場合に差止めの要件をどう考えるべきかも問題となった。

この点につき判決は、

「出版物の一部について、既に頒布等が行われた後の差止めについては、全く頒布等が行われていない場合に比較して、より緩やかな要件のもとに差止めを認める余地がないではない」

としつつも、

「出版部数及びその方法、範囲、出版後の期間の長短等からみて、出版物が社会に十分に伝播されておらず、かつ、その表現内容についてもいまだ十分な批判の機会が得られていない段階」

に止まる場合には、

「結果として、表現内容の読者への到達を遅らせ、これに対する公の批判の機会を減少させるという点において、頒布前のそれと実質的に大きく変わるところがないから、……基本的には右要件〔上記**1**の要件〕に従つて検討するのを相当とし、これを具備する場合に限り、差止めが認められる」

とした。

**3** また、この東京地判は、真実性ないし真実相当性につき、その疎明の責任を債務者（表現者）側に課したかの如き言い回しをしている点が特徴的であり、かつ問題である。

即ちこの判決は、

「本件全資料を精査しても、本件記述部分が真実であり、又は債務者がこれらを真実であると信ずるにつき相当な理由があることについて、みるべき疎明はない」

「本件書籍は、……その記述内容の真実性について疎明がな〔い〕」
としており、債権者側が"真実でないこと"の疎明をすべきなのではなく、
債務者側が真実性ないし真実相当性の疎明をすべきであるかの如き表現を
しているのである。

　これは、公共性の点において「公務員又は公職選挙の候補者に対する評
価、批判等の表現行為」ほどではない場合には、全ての疎明責任を債権者
に負わせる必要はなく、債務者に真実性・真実相当性の疎明責任を転換し
てもよい、という判断によるものかもしれない。

　しかし、もともと「北方ジャーナル」事件の最大判の差止めの要件自体
が広すぎるのであり、公務員等が銀行に変わったからといって、債務者に
真実性・真実相当性の疎明責任を転換して差止めの肯認の余地を更に広く
認めることには、疑問を抱かざるを得ない。

## 第3款　学校法人の理事長の名誉が問題となったケース

　東京地決1989（平成元）年3月24日 [注26] は、学校法人の理事長の名誉を毀
損するとして書籍の事前差止めが求められた事案である。

　この決定は、「公共の利害に関する事項」と「公共的性格の希薄なプライ
バシーにわたる事項」とで事前差止めの要件を変えている点が特徴的である。

　前者については「北方ジャーナル」事件の最大判と同じ要件、即ち、
「その表現内容が真実でなく、又はそれが専ら公益を図る目的のものでな
　いことが明白であって、かつ、被害者が重大にして著しく回復困難な損
　害を被るおそれがあること」
を要するとした。

　他方、後者の場合については、
「その表現内容の真実性と公益目的について仮処分の当事者双方を審尋し
　た結果、表現内容が真実でないこと又は専ら公益を図る目的のものでな
　いことの疎明があった場合であって、かつ、債権者が重大にして著しく
　回復困難な損害を被るおそれがあることの疎明がなされた場合」

---

（注26）　判タ713号94頁。

486　第5編　名誉毀損の効果論その2　損害賠償以外の救済手段

に事前差止めを認め得るとした。即ち、非真実性ないし非公益目的性の「明白」性までは要せず、通常の疎明があれば足りるというのである。

　公共性の高い事項と低い事項とで事前差止めの要件が変わることはもっともだと思われる。ただし、繰り返しになるが、公共性が最も高いケースについて最大判が示した差止要件がもともと緩やかに過ぎるため、結果的に、公共性が相対的に低い事項に関する事前差止めの要件も緩やかになってしまっているとの感が否めない。

## 第4款　大学教授の名誉が問題となったケース

　大阪地判2003（平成15）年5月19日（注27）は、大学教授（原告）が書籍の出版の差止めを求めたケースである。対象となった書籍は『広辞苑の嘘』という『広辞苑』批判の書であり、同書には、原告がA教授に関し「Aのようなつまらん男」等と言った旨が記されている。執筆者である被告は、『広辞苑』の人名項目にA教授が取り上げられていることを批判的に取り上げる過程で、原告が上記発言等をした旨のエピソードを記したものである。

　判決は、

「本件記述は原告の名誉を毀損する事実を摘示するものであるから、これを含む本件書籍の出版、販売又は頒布が継続されれば、原告の名誉は今後も毀損され続けることになるので、これを差し止める必要は強い。これに対し、本件記述は、……広辞苑がA氏を人名項目に掲げることへの〔被告の〕批判を補強する意味を持つに過ぎず、本件記述がなくても、被告……の目的は十分に達成することができるものである。

　　さらに、……本件書籍は、出版から1年半が経過しており、すでに相当部分が販売されていること、初版が5万部印刷されたものの、2万部強が不良処理されるなどしており、実売数を差し引くと、在庫及び市場に流通している部数は、数千部単位であって、その販売等を差し止めたとしても、被告らの被る財産的影響はさほど大きくはないことが推認される。」

---

（注27）　判時1839号134頁。

第3章　事前差止め（妨害予防請求）　第5節　「北方ジャーナル」事件最高裁判決以後の下級審裁判例　　*487*

とし、以上を総合して、原告の名誉を毀損する部分（当該書籍で約4行分）の差止めを認めた。

以上の通り本判決は、

① 差止めの必要性があること（当該記述が原告の名誉を毀損するものであること）

② 当該記述がなくとも被告（執筆者）の目的は十分に達成できること

③ 差止めをしても被告の財産的影響がさほど大きくないこと（本件書籍が1年半かけて既に大方売り尽くしており残部は数千部に止まること）

の3点を挙げ、その総合衡量によって差止めを認めている。

まず①は差止めの必要性を挙げている。必要性を斟酌すること自体に異論はないが、ただ原告の名誉を毀損するものであるというだけでその必要性を肯定しており、特にその重大性や損害回復の困難性等を要求するなどその必要性に高度のものを求めることをしていない。裁判所としては、差止めの範囲を原告の名誉を毀損する部分（4行分）に限定していることから差止めの必要性に高度なものを要求しないでよいと判断したのかもしれないが、原告の名誉を毀損しているというだけでは緩やかに過ぎよう。

②についていうと、この点を充たすことから、書籍全体ではなく原告の名誉を毀損する部分のみの差止めに止めたのであろう。しかし、当該記述がなくとも筆者が出版の目的を達し得るか否かは、事案によっては相当に微妙な判断を要するのであり、そのように微妙で非定型的な内容審査を裁判所が行なうことは判断の過誤を招来する危険性が高いのであって、表現の自由の保障の観点に照らせば、このような内容審査をすることについては裁判所は相当に慎重であるべきだと思う（注28）。

③は、裁判所が本件で差止めを認める方向に舵を切った重点がこれなのではないかと思わせる事項である。差止めによって被告の蒙る損害を斟酌することは、差止めの必要性（①）を斟酌することとのバランスとしてあり得る判断手法ではあろう。

本件の場合、既に流通している書籍であり、しかも被告側が売ろうとして

---

（注28） ここで「相当に慎重であるべきだ」ということの意味は、裁判所はこういう判断に一切踏み込むな、とまで言うものではない。こういう判断に踏み込んでよい事案であるか否かにつき、相当慎重に判断してほしいという趣旨である。

いる分は既に大方を売り尽くしていることから差止めを比較的緩やかに認め
たのかもしれない。しかし、既に大方が売り尽くされた書籍の差止めが認め
られても原告にとってはあまり意味がない。本件は、売れ残り部分について
の差止めを認めるよりもむしろ、既に売り尽くした部分に着目してその回復
処分が認められてもよい事案であったと思われる。

　この点、判決は、

　　「原告の名誉回復措置として、被告らにおいて、何らかの謝罪広告の掲載
　　等の手段を講じる必要性が存することは認められなくはない」

として回復処分に対して肯定的な態度であった。しかし本件で原告は、回復
処分として全国紙への謝罪広告の掲載を求めており、判決は、全国紙に謝罪
広告を掲載させるまでの必要性は認められないとして原告の請求を排斥して
しまっている。もっとも判決は、全国紙への掲載を否定する一方、

　　「他の媒体による謝罪広告については原告の申立てがない以上、これを被
　　告らに命じることはできない」

という言い方をしており、原告の謝罪広告請求が他の媒体（たとえば被告の
発行している雑誌）への掲載を求めるものだったのであれば認容するつもり
だったらしい。事案の特質に照らした裁判所の考えが原告の請求とうまく噛
み合わなかったようである。

　もっとも、謝罪広告を掲載する媒体につき、どこまで当事者（原告）の申
立てに拘束されるのかについては見解の相違がある。私は、本件の場合、被
告の発行している雑誌への謝罪広告の掲載を認容することは、一部認容とし
て許されるのではないかと思っている（第1章第2節第6款第3の**1**・437頁を
参照）。


## 第5款　刑事被告人の名誉が問題となったケース

　東京地判2007（平成19）年1月23日<sup>（注29）</sup>は、殺人等の刑事事件の被告人が、
当該被告事件以外の放火事件・窃盗事件の犯人であるとの事実を書籍で摘示
されたというケースにおいて、書籍の当該記載部分を含んだ状態での増刷及

---

（注29）　判時1982号115頁。

び販売の差止めを認めた事案である。判決は、

「本件書籍中の本件放火等事件記述部分は、原告の名誉を毀損する事実を摘示するものであり、今後も本件書籍が増刷及び販売され続ければ、将来にわたり原告の名誉は毀損され続けることになるため、これを差し止める必要性は高い。」

「他方、……本件書籍は、平成14年11月1日以降約10万部発行されており、既に相当部分が販売されたものと考えられることからすれば、将来の増刷及び販売を差し止めることによる被告新潮社の表現行為に対する制約は全体として限定的であり、これにより被告新潮社が被る財産的影響もさほど大きくない」

として、原告の名誉を毀損する部分に限定して差止めを認めた。

この判決は、

①　差止めの必要性が高いこと

②　被告の表現行為に対する制約が全体として限定的であること

③　被告が被る財産的影響がさほど大きくないこと

をファクターとして挙げて差止めを認めており、その衡量手法は第4款（487頁）で挙げた、大学教授の名誉に関する2003（平成15）年大阪地判と似ている。

本件も、同大阪地判と同様、相当部分が販売されていることから差止めを比較的緩やかに認めたようであるが、将来の販売部分についての差止めを認めるよりも、既に売り尽くした部分に着目してその回復処分が認められてよい事案であったと思われる。

しかるに本件の場合、原告が、もともとの掲載誌（「新潮45」）への謝罪広告の掲載を請求していたにも拘わらず、判決はこの謝罪広告請求を棄却している。事案の解決の方法として適当だったとは思われない。

# 第6節　「石に泳ぐ魚」事件最高裁判決

出版物の公表差止めを認容した最高裁判例としてもう1つ重要なのは、

「石に泳ぐ魚」事件に関する最3小判2002（平成14）年9月24日[注30]である。事案の概要は第3編第3章第5節の冒頭（353頁）に記した通りであり、柳美里氏の小説「石に泳ぐ魚」につき、知人の女性（原告）が、自身の名誉権やプライバシーを侵害するとして出版差止め等を請求したものである。

## 第1款　最高裁判決の内容

　原審の東京高判2001（平成13）年2月15日[注31]は、比較衡量のアプローチによって当該小説の出版差止めを認容したが、上記最高裁判決は、一定の要約を介しつつ原審の判断を是認した。

　即ち、まず最高裁判決は、原審の東京高裁判決の差止めに関する判断につき次の通り要約した。

①　「人格的価値を侵害された者は、人格権に基づき、加害者に対し、現に行われている侵害行為を排除し、又は将来生ずべき侵害を予防するため、侵害行為の差止めを求めることができるものと解するのが相当である」。

②　「どのような場合に侵害行為の差止めが認められるかは、侵害行為の対象となった人物の社会的地位や侵害行為の性質に留意しつつ、予想される侵害行為によって受ける被害者側の不利益と侵害行為を差し止めることによって受ける侵害者側の不利益とを比較衡量して決すべきである。そして、侵害行為が明らかに予想され、その侵害行為によって被害者が重大な損失を受けるおそれがあり、かつ、その回復を事後に図るのが不可能ないし著しく困難になると認められるときは侵害行為の差止めを肯認すべきである」。

③　「被上告人は、大学院生にすぎず公的立場にある者ではなく、また、本件小説において問題とされている表現内容は、公共の利害に関する事

---

（注30）　判タ1106号72頁、判時1802号60頁。この事件は、柳美里氏の上告によるものと出版社の上告によるものとの2件がいずれも最高裁第3小法廷に係属し、同じ日に2件に対して判決がなされた。ここで引用したのは出版社の上告に対する判決である。柳美里氏の上告に関する判決（公刊物未登載・最高裁平成13年（オ）第852号）は、第3編第3章第5節第3款（358頁）で引用している。

（注31）　判タ1061号289頁、判時1741号68頁。

項でもない。さらに、本件小説の出版等がされれば、被上告人の精神的
苦痛が倍加され、被上告人が平穏な日常生活や社会生活を送ることが困
難となるおそれがある。そして、本件小説を読む者が新たに加わるごと
に、被上告人の精神的苦痛が増加し、被上告人の平穏な日常生活が害さ
れる可能性も増大するもので、出版等による公表を差し止める必要性は
極めて大きい。

　　以上によれば、被上告人の……上告人……らに対する本件小説の出版
等の差止め請求は肯認されるべきである」。

かように原判決を要約した後、最高裁判決はこの原判決につき、

「原審の確定した事実関係によれば、公共の利益に係わらない被上告人の
プライバシーにわたる事項を表現内容に含む本件小説の公表により公的
立場にない被上告人の名誉、プライバシー、名誉感情が侵害されたもの
であって、本件小説の出版等により被上告人に重大で回復困難な損害を
被らせるおそれがあるというべきである。したがって、人格権としての
名誉権等に基づく被上告人の各請求を認容した判断に違法はなく、この
判断が憲法21条1項に違反するものでないことは、当裁判所の判例（……
最高裁昭和……61年6月11日大法廷判決……）の趣旨に照らして明らかであ
る。」

として、原判決の結論を維持した。

## 第2款　最高裁判決の読み方

この「石に泳ぐ魚」事件の最高裁判決から何を読み取るべきか。

**1**　「北方ジャーナル」事件の最大判が、差止めを認める法益を名誉権に限
定する趣旨ではないことは前述した（第3節第3款の**1**・476頁）が、「石に
泳ぐ魚」事件の最3小判は、「人格権としての名誉権等に基づく被上告人
の各請求を認容した判断」を違法でも違憲でもないとした。「名誉権等」
と「等」が入っていることから、最高裁が差止めを認める法益を名誉権に
限定する趣旨でないことがこれで明白になったといえよう。

**2**　差止めを認める法理については何を読み取るべきか。

　　「北方ジャーナル」事件の最大判は、前述（第3節第3款の**2**・477頁）の

492　第5編　名誉毀損の効果論その2　損害賠償以外の救済手段

通り、「公務員又は公職選挙の候補者に対する評価、批判等の表現行為」に関して差止めの要件を定立したものである。

他方、「石に泳ぐ魚」事件は、その判示にもある通り「公的立場にない」者の「名誉」等が問題となった事例である。

この最3小判は差止めの要件を積極的に明らかにしてはいないが、「公共の利益に係わらない」事項に関し、「公的立場にない」者の「名誉」等が問題となっている場合で、その出版により「重大で回復困難な損害を被らせるおそれがある」ときには差止めを認めると判断した、という限りでは一定の方向性を示していると見てよいであろう。

なおこの判決は、「北方ジャーナル」事件の最大判とは異なり、事実の真実性を問題としていないように見えるが、その理由は第1に、本件小説における摘示事実が公共の利害に関わる事実でなかったためにそれ以上に真実性の存否を検討する必要がなかったこと、第2に、プライバシー侵害の部分もあり、その部分については真実であっても免責できない部分があったこと、が考えられよう(注32)。

## 第3款　最高裁判決に対する批判について

**1**　「石に泳ぐ魚」事件の最高裁判決は小説について出版差止めを認めたものであったため、小説表現の自由の危機を訴える観点からの批判があった。たとえば田島泰彦は、この最高裁判決に対して多面的に批判をしている(注33)。

しかしそのいずれも妥当とはいい難い。以下、田島の批判の問題点を指摘していきたい。

**2**　田島は、この最高裁判決が、

「〔原審〕の判断が憲法21条1項に違反するものでないことは、当裁判所

---

（注32）　なお私は、プライバシー侵害の場合にも、真実性の要件を充たすことによって免責の余地を認めるべきであると考えている（佃克彦『プライバシー権・肖像権の法律実務〔第3版〕』（弘文堂・2020年）328頁以下）。

（注33）　田島泰彦「『石に泳ぐ魚』事件——憲法の視点から」田島泰彦＝山野目章夫＝右崎正博編著『表現の自由とプライバシー——憲法・民法・訴訟実務の総合的研究』（日本評論社・2006年）225頁。

の判例（……最高裁昭和……61年 6 月11日大法廷判決……）の趣旨に照らして明らかである。」
として「北方ジャーナル」事件の最大判を引用していることを捉え、「北方ジャーナル」事件の最大判は事実の報道に関するものであるから、小説表現である本件の先例とするには無理があるという(注34)。

　しかし、「石に泳ぐ魚」事件の最 3 小判は、「北方ジャーナル」事件の最大判のうち、人格権に基づく差止めを認めた部分に先例性を求めているに過ぎず、同最大判が提示した差止めの具体的要件の部分を先例として倣っているわけではない。

　そして、"人格権に基づく差止め"の問題を考える場合、表現物が「事実報道」か「小説」かという二分論に意味はない。実際のところ活字表現物は、報道・ルポルタージュ・ノンフィクション・歴史小説・モデル小説・ノンフィクションノベル・フィクション・時代小説・サイエンスフィクション等様々にジャンルを標榜されているが、これらの区別はあいまいで連続的であり、截然と区別することはできない。表現物が事実報道か否かという区別は本質的ではないのである。

　したがって、「石に泳ぐ魚」事件の最 3 小判が小説の差止めを肯認するにあたって「北方ジャーナル」事件の最大判を引用したことに誤りは全くない。

　敷衍しよう。差止めの可否は、問題となった表現物が小説であろうと報道であろうと、結局は「それを読んだ人がどう受け止めるか」「社会的にどう受け止められるか」から判断するしかないということである。その表現物が特定人を指すと受け止められてしまうのであれば、その特定人の人格権との関係で差止めの可否が問題とならざるを得ない。

　本件で言えば、作者である柳美里氏が主観的にどう思っていようと、『石に泳ぐ魚』を読んだ人が、登場する「朴里花」につき原告女性のことだと思ってしまうのであれば、柳氏の意図とは関係なく、客観的に原告女性の社会的評価は低下してしまうのである。わが国の判例は、表現物を「一般読者の普通の注意と読み方」で解釈する、としているが、これはま

---

(注34)　田島・前掲（注33）230頁。

494　第 5 編　名誉毀損の効果論その 2　損害賠償以外の救済手段

さに「それを読んだ人がどう受け止めるか」を出発点に判断することとしているのである。「一般読者の普通の注意と読み方」に照らして「朴里花」が原告女性のことであると特定されてしまうのであれば、それは原告女性について書いた表現物とならざるを得ないのだから、その表現物が事実報道なのか小説なのかを区別する実益はなくなってしまうのである。

**3**　また田島は、最高裁の引用する二審判決が差止めの肯否の検討において、「問題とされている表現内容は、公共の利害に関する事項でもない」とした点を捉え、「小説表現の公共性は事実報道の公共性とは異なる次元の問題として捉えるべきであ」ると批判する(注35)。つまり、事実報道の場面で用いる"公共性"概念を小説に持ち込まず、小説独自の"公共性"概念を措定して小説表現を救え、という趣旨である。

　しかし、小説の登場人物が、実在する具体的特定人について書かれたものと一般読者に受け止められ、登場人物に関する記載が当該具体的特定人に関する記載と読まれてしまうのであれば、そこに書かれている内容は当該具体的特定人の名誉やプライバシーとの交錯を免れないのであるから、そこで検討されるべき免責法理や差止要件は、通常の事実報道に適用されるもので衡量すれば十分であり、それ以外のものを設ける必要はないはずである。つまり、小説独自の"公共性"なるものは必要ない。

　小説表現の自由に配慮せよという田島の訴えたい趣旨は分かるが、それは、当該小説の摘示事実の解釈の場面で問題とすべきことであろう。即ち、摘示事実の解釈の場面において、"実在する具体的特定人に関して摘示するものであるか否かという事実認定については、小説表現の自由に配慮しつつ慎重に判断すべき"なのである。モデル小説の章で、「名もなき道を」事件や「捜査一課長」事件等の下級審判決がモデル小説の権利侵害可能性について縷々要件定立して検討していたのは（第3編第3章第3節〜第5節・349頁以下）、みなかかる観点から解釈方法につき知恵を絞っていたものなのである。

　しかしその小説表現が、実在する具体的特定人を指すものと一旦認定されたならば、その後に問題となる免責や差止めの要件の場面においては、

---

（注35）　田島・前掲（注33）231頁。

事実報道の場合と扱いを異にすべき必然性はない。つまり、事実報道の場合の免責法理のほかに小説特有の免責法理を定立する必要はないし、また、小説であるからといって特別に差止めを免れさせる要件も必要ない。なぜなら、たとえ小説・文学が大切な営みであるとしても、モデルとされた人は、一般の免責法理や一般の差止要件を超えて自らの名誉やプライバシーを犠牲にされなければならないいわれはないからである。田島のいうように小説独自の"公共性"（つまり、小説特有の免責法理や差止要件）を認めるということはたとえば、「石に泳ぐ魚」事件の原告女性を、「小説の価値は重要なのだから、自分が小説の題材にされて名誉毀損やプライバシー侵害をされても我慢しなければならない」という状況に追いやることになるが、そのようなことは認めるべきでないというのが合理的な価値判断なのではあるまいか。

　かく解しても小説表現の自由に対する不当な制約にならないことは、モデル小説のところで述べた通りである（第3編第3章第7節・361頁）。小説家には、事実報道やルポルタージュとは異なり、実在する具体的特定人の権利とぶつかり得る領域に入り込まずに表現できる無限の広大な領域が拡がっているのである。

　なお田島は、「小説表現の公共性」は事実報道のそれとは「異なる次元」の問題として捉えるべきだといいながらも、「小説表現の公共性」として具体的にどのような内容のものをどのように位置づけるかについて全く述べていない。これでは批判として完結していないといわざるを得ない。

**4**　その直前の箇所で田島は次のようにもいっている。

　「判決は、モデル女性の『非公人性』を差止め是認要素として勘案しているが、このような『公人』『私人』概念を小説表現への差止め判断の要素に持ち込むことには根本的な疑問がある。これでは、私人がモデルとなることが多い私小説をターゲットにするに等しい法理ではないか。それを避けたかったら私小説のモデルには公人を登場させろ、と司法が文学に強要しているようなものである。」[注36]

　これは論理の飛躍である。誰もそのような強要はしていないし、そのよ

---

（注36）　田島・前掲（注33）231頁。

うな強要が起こり得るはずもない。繰り返すが、小説家には、実在する具体的特定人の権利とぶつかり合わない無限の広大な創作の領域が拡がっているのである。小説家はこの広大な領域で縦横無尽に小説表現を展開すればよいのである。そこに全く制約はない。差止めを避けるためにあえて公人を登場させなければならない必要性は全くなく、そのような事態は起こり得るはずがない。

**5**　田島の最高裁判決批判で終始気になるのは、"小説表現に相応しい法理を提示していない"等と、最高裁による規範の提示の不十分さを攻撃している点である[(注37)]。

　私は、小説について事実報道とは別個に差止要件や免責法理を定立する必要はないと考えているが、仮にそのようなものが必要だというのであれば、むしろ、表現の自由の専門家である田島こそが率先して規範を提示するべきだと思う。しかるに田島は、最高裁判決を上記のように批判はするものの、自身からは規範を全く提示していない。表現の自由について最高裁が的確な判断をなし得るかは甚だ心許ないことなのであって[(注38)]、表現の自由の専門家にできないことを最高裁にやれというのは、もともと無理というものであろう。

## 第4款　「石に泳ぐ魚」事件の判断枠組みを採用した下級審裁判例

**1**　「石に泳ぐ魚」事件判決の後に同事件の判決の判断枠組みが採用された事例として、東京地判2007（平成19）年4月11日[(注39)]がある。

　本件もモデル小説が問題となった事案であり、全国紙の元代表取締役が原告となって、「乱気流　小説　巨大経済新聞」と題する小説が自身の名誉を毀損するとして出版の差止め等を求めたものである。なお本件は、既に雑誌への掲載と単行本の出版がなされている事案であった（「石に泳ぐ魚」事件は、雑誌へは既に掲載されていたが単行本の出版が未了であり、まさ

---

(注37)　田島・前掲（注33）232～233頁。
(注38)　表現の自由に関する最高裁の判断が心許ないことは、立川反戦ビラ事件について前に触れた（第2編第16章第8節第2款の第3・216頁）通りである。
(注39)　判タ1238号151頁、判時1993号24頁。

にその単行本の出版の差止めに関する攻防であった)。

判決は、差止めの要件につき、「石に泳ぐ魚」事件の二審・上告審の両判決を引用し、

「どのような場合に侵害行為の差止めが認められるかは、侵害行為の対象となった人物の社会的地位や侵害行為の性質に留意しつつ、侵害行為によって受ける被害者側の不利益と表現行為の有する価値とを比較衡量して決すべきである。本件のように、雑誌への掲載及び単行本の出版という出版行為が既に行われている場合には、表現物が読者側に到達し、評価批判を受ける機会は与えられたものというべきであるから、その要件は事前差止めに比して緩やかなものと解するのが相当である。しかし、事後的であっても、出版等の差止めが表現行為に対する重大な制約となり得るのであるから、既に出版等行為がされた場合であれば常に名誉毀損行為を差し止めることができるとするのは相当でなく、特に、侵害行為が明らかに予想され、その侵害行為によって被害者が重大な損失を受けるおそれがあり、かつ、その回復を事後に図るのが不可能ないし著しく困難であると認められるときは、差止めを求めることができるものと解するのが相当である(最高裁判所平成14年9月24日第3小法廷判決・裁判集民事第207号243頁、東京高等裁判所平成13年2月15日判決・判例時報第1741号68頁参照)。」

とした。

なお本件では、結論としては差止請求は棄却されている。

**2** また広島地判2012(平成24)年5月23日[注40]は、いわゆる「光市母子殺害事件」について被告人の男性(後に同殺人事件について死刑が確定)を実名で記した単行本の出版差止めが問題となった事案である。判決は、

「どのような場合に侵害行為の差止めが認められるかは、侵害行為の対象となった人物の社会的地位や侵害行為の性質に留意しつつ、予想される侵害行為によって受ける被害者側の不利益と侵害行為を差し止めることによって受ける侵害者側の不利益とを比較衡量して決すべきである。そして、侵害行為が明らかに予想され、その侵害行為によって被害者が

---

(注40)　判時2166号92頁。

498　第5編　名誉毀損の効果論その2　損害賠償以外の救済手段

重大な損失を受けるおそれがあり、かつ、その回復を事後に図るのが不可能ないし著しく困難になると認められるときは侵害行為の差止めを是認すべきである。」

とし、「石に泳ぐ魚」事件の最高裁判決が引用した同事件の二審判決の規範をほぼそのまま踏襲している。

なお本件も、結論としては差止請求は棄却されている。

**3**　東京地判2009（平成21）年8月26日 (注41) は、これもモデル小説の事案であり、出版後の書籍の差止めの肯否が問題となった。判決は、

「侵害行為が明らかに予想され、その侵害行為によって被害者が重大な損失を受けるおそれがあり、かつ、その回復を事後に図るのが不可能ないし著しく困難であると認められる場合に限り、差し止めを求めることができる」

との規範を提示している。


# 第7節　事前差止めの請求にあたり現実に記事が存在することを要するか

事前差止めは、差止めを求めるべき記事が現在することを要するか。

**1**　この点が問題となった裁判例として、津地判1998（平成10）年5月14日 (注42) がある。

事案の概要は次の通りである。

鈴鹿市長の名誉を毀損する怪文書が市長の周囲に流布された際、鈴鹿市長Aは、それまで自身を批判する記事を掲載してきた日刊新聞社Bがこの怪文書に基づいて自身の批判記事を掲載するであろうことを懸念し、Bを債務者として、当該怪文書に基づく報道や論評を禁ずる旨の仮処分を申し立てた。これに対し津地裁はAの申立てを一部認容し、当該怪文書の一部につき、Bはその部分に基づく報道記事及び論評記事を掲載してはならない、との仮処分決定をした。Bは、かかる仮処分の申立て、一部認容、及

---

(注41)　判タ1342号202頁。
(注42)　判タ1006号218頁、判時1676号99頁。

び、かかる仮処分決定が報道されたこと等により、自身の報道の自由と名
誉権が侵害されたとして、Aに対し損害賠償等を請求する訴訟を提起した。
**2**　かように、Bに対してなされた仮処分決定は、差し止めるべき記事が未
だ存在しない段階でなされたものであったため、Aの名誉権が侵害される
危険性がないにも拘わらずなされ、Bの報道の自由を侵害するものではな
いかが争点となった。

　これに対して判決は、

　　「現実に記事が存在しているか否かは、危険性の有無の判断の一資料に
　　なりうることは否定し難いが、あくまでも一資料に過ぎない」

とした上で、

　　「現実にそのような記事が存在しなくても、当事者間の関係、当事者の
　　言動、当事者の有する資料などその他諸般の事情から、名誉を毀損する
　　記事を掲載する客観的な危険性があるものと認められれば、事前差止め
　　も許される」

とし、本件ではかかる客観的な危険性があったと認定して、Bの請求を棄
却した。

　確かに、記事が現在するか否かが危険性の判断資料の1つに過ぎないと
いうのはその通りであり、現在していなくても名誉毀損の危険性があれば
差止めの余地が認められるというのももっともである。記事が現に存在し
ていなければ差止めが認められないなどということになれば、週刊誌など
については差止めはほとんど不可能になってしまう[注43]。しかし、報道の
自由の保障の見地から、その危険性の判断が慎重になされるべきであるこ
ともまた間違いない。また、かかる場合の事前差止めは規制が広汎になる
危険性をはらんでいるので、差止めの範囲も必要最小限にすべく細心の注
意が払われる必要があるといえよう。

---

（注43）　差止めの請求者（債権者ないし原告）は一般に、記者による取材の動きから、記事掲載の
　可能性を察知するものである。しかし、請求者は外部の者なのであるから、察知できるのはそ
　こまでであり、問題の事柄が記事の形になっているかは全く分からない。したがって、差止め
　にあたり記事が現に存在することを要求することは、外部の者にとって疎明や証明がほぼ不可
　能な要件を課していることになる。
　　また、たとえば週刊誌の場合、記事が印刷されて流通にまわるまでは僅か数日なのであり、
　よって、記事の存在を覚知して差止めの仮処分を申し立てるのでは差止めは到底間に合わない
　ことになる。

**3** 将来の表現行為の差止めを認めた稀有な事例として福岡地判2023（令和5）年4月14日[注44]がある。

事案は、サークル活動等でかつて親しく交際していた原告と被告がその後仲違いし、双方が相手方の名誉毀損等の行為を問題として本訴・反訴が入り乱れていたものであるが、判決は、それらの請求のうち、被告から反訴としてなされた差止請求につき、

「原告Aは、Google及びLINE等のインターネットサービス上に、被告の氏名、住所、電話番号及び所属する団体等の記載を含む被告に関する投稿（原告ら以外の者がインターネットサービスを通じて閲読することのできるものに限る。）をしてはならない。」

との認容判決を出した。

これは、およそ被告（反訴原告）に関して言及する投稿をしてはならないという判決であり、原告（反訴被告）の将来の表現行為に対するかなりの制約であるといえるが、事案に鑑みて認められた例外的なものであろう。


# 第8節　事前差止めの対象の特定

**1** 東京地判2004（平成16）年11月29日[注45]は、会社（原告）を解雇された元従業員（被告）が会社の前で会社や会社の名誉を毀損するビラの配布等をしたという事案につき、原告会社の正面入口から半径150メートルの範囲内において、「原告……を非難する内容のビラを配布すること」によって〔原告〕の名誉・信用を毀損する行為をし、若しくはさせてはならない。」としてビラまきの差止めを認容した。

事案に照らしてある程度やむを得ないのかもしれないが、"原告を非難する内容のビラを配布することによる名誉・信用の毀損"というのでは多分に評価的であり、禁止すべき表現行為の特定として十分とはいい難いような気がする。

---

(注44)　公刊物未登載（福岡地裁令和4年（ワ）第577号、同年第1705号）。
(注45)　判タ1176号178頁、判時1883号128頁。

**2** 東京地判1997（平成9）年8月28日 [注46] も対象の特定性に若干疑問がある例である。

これは、中学生からいたずらをされたとの認識の下に、当該中学生及びその親を糾弾する内容の文書を配布するなどした者（被告）に対し、その名指しされた中学生ら（原告）が、誹謗・中傷等の禁止を求めて訴訟を提起した事案である。

判決は、「原告らを誹謗・中傷する事項を、報道機関等を通じ、あるいは文書を配布するなどして不特定多数の者の目に触れさせること」を「自ら……行い、又は第三者をして……させてはならない。」とした。

事案の特殊性に鑑みやむを得ない側面もあるが、判決の主文において禁ずる内容として「誹謗・中傷する事項」というのは、対象の特定性に若干疑問がある。 [注47]

**3** 他方、大阪地決1995（平成7）年1月26日 [注48] は主文において、「別紙1ないし3記載のような、……債権者の名誉・信用を毀損し若しくは……債権者を侮辱する内容の記事を掲載したビラを配布すること」とし、禁止すべき名誉毀損表現につき例示をしてある程度特定している。主文としてはこの大阪地決のようにできる限り禁止行為を特定することが望ましいであろう。

**4** 東京地判1998（平成10）年8月24日 [注49] は、月刊誌に掲載されたある記事（本件記事）につき名誉毀損であることを認めた上で、今後更に同内容の記事が掲載される可能性が高いとし、本件記事「又はこれと同様の内容の記事」「同様の表題」を記載した雑誌の出版差止めを認めた。

これと類似の事案として東京地判2015（平成27）年6月29日 [注50] がある。判決は、被告が原告会社や原告A（原告会社の代表者）に関し、暴力団と交流を持っているとの文書を過去に多数人に交付したことがあるという事

---

（注46）　判タ983号254頁。
（注47）　東京地判2014（平成26）年7月7日（判タ1421号323頁、判時2239号82頁）も、街宣行為の差止めの事案で、「原告らの名誉、信用を毀損し、原告らを誹謗、中傷する内容」の文書掲示行為をしてはならないとの主文での差止めを容認しており、やはり若干問題がある。
（注48）　労働判例677号85頁。
（注49）　判タ1032号200頁。
（注50）　判時2278号73頁。

502　第5編　名誉毀損の効果論その2　損害賠償以外の救済手段

実経過をふまえ、「原告会社及び原告Ａその他原告会社の役員が反社会的勢力との交流を持っているとの趣旨」の発言、架電、文書送付等をしてはならないとの差止めを認めた。

これら2つの裁判例は、1～3で挙げた「名誉・信用を毀損」「誹謗・中傷」「侮辱」というような評価的概念は用いず、特定の事実と「同様の記事」だとか特定の「趣旨」という形で特定がなされているものである。

解釈の余地が残る主文であるが、事前差止めは将来の言論行為の差止めをするものである以上、これ以上の特定は無理というものであろう。

# 第9節　その他の問題点

## 第1款　差止請求の一身専属性

第2節（473頁）で述べた通り、名誉毀損に基づく差止めは人格権を根拠とするのが判例である。

人格権は、本人の人格と一体であるため、性質上、一身専属的である[注51]。

かくして、人格権に基づく差止めの請求権には帰属上の一身専属性（民法896条）があるので、差止請求権は原告の死亡により消滅することになる[注52]。

謝罪広告すなわち回復処分の請求権について相続性があることは445頁で述べた通りであり、差止請求権はこれとは結論が対照的になる。

## 第2款　差止請求と損害賠償請求との関係

差止めと損害賠償は、名誉毀損訴訟においてしばしば併せて請求される。

しかし、差止請求は人格権を根拠とするものである一方、損害賠償請求は

---

[注51]　潮見佳男編『新注釈民法（19）相続（1）〔第2版〕』192頁（有斐閣・2023年）〔川淳一執筆〕。

[注52]　大塚直編『新注釈民法（16）債権（9）』554頁（有斐閣・2022年）〔建部雅執筆〕。

不法行為を根拠とするものであり、両者は法的性質が異なる。とりわけ、後者では故意過失が問われるのに対して前者ではそれが問われないのであり、この点に大きな違いがある。

大阪地判2008（平成20）年3月28日[注53]は、書籍の出版の差止めと損害賠償の請求がなされた事案である。判決は、差止めの肯否に関し、「北方ジャーナル」事件の最大判の規範（476頁参照）を提示した上で、

「この要件を名誉毀損を理由とする損害賠償請求のそれと比較した場合、真実性が認められないことが求められたり主張、立証責任の観点からも、原告らに責任が加重されていると考えられるのであって、名誉毀損を理由とする損害賠償請求が認められない場合に、名誉毀損を理由とする侵害行為の差止めとしての本件各書籍の出版差止めが認められる余地は存しない。」

と言う。つまり、差止めの要件について最大判の規範を採用した場合には、損害賠償が認められないのなら差止めも認められない、と言っているのである[注54]。

しかし、差止めと損害賠償の両者は要件が違う以上、"後者が認められないなら前者も認められない"という関係にはない。

たとえば、摘示事実について、被告側が、真実性を立証できなかったものの真実相当性の立証に成功し、他方、原告側が、その真実でないことの立証に成功する、ということはあり得ることである。真実相当性は名誉毀損行為時を基準として判断される一方、摘示事実の真偽は事実審の口頭弁論終結時を基準として判断される[注55]以上、かかる事態は決して稀ではない筈である。つまり、損害賠償請求は認められない一方で差止めが認容される、ということはあり得るのである。

現にこの事件では、被告側に真実相当性があったことによって損害賠償請求が棄却されており、そうだとすると、差止めの肯否の判断のためには、"摘示事実が真実でないこと"について別個に判断する必要があった筈であ

---

（注53）　判タ1265号76頁、判時1999号3頁。
（注54）　この事件の控訴審判決（大阪高判2008（平成20）年10月31日・判時2057号24頁）も同旨のことを述べる。
（注55）　この点については、最3小判2002（平成14）年1月29日（判タ1086号102頁、判時1778号49頁）をふまえつつ592頁（第6編第5章第4節）で述べる。

る。原告の請求をいずれも棄却した結論自体に異論はないが、その判断の過程には疑問のある判決である。

## 第3款　差止請求の消滅時効

　人格権に基づく差止請求の消滅時効期間をいかに解するか。民法は財産権でない権利について消滅時効を規定していないので、解釈によって決するしかない。

　人格権に基づく差止請求権は物権的請求権に類似するので、この問題を考察する際には、物権的請求権に関する議論を参考にすることができる。

　物権は財産権であるが、物権的請求権については消滅時効にかからないというのが通説であり[注56]、それとパラレルに考えれば、人格権に基づく差止請求も消滅時効にかからないと解することとなる[注57]。

　他方、和田真一[注58]は、

　　「差止め請求の消滅時効は〔民法〕724条ではなく一般原則、つまり167条
　　２項〔2017（平成29）年改正後の166条２項〕に従い、権利を行使しうる
　　時から20年ということになろうか。」

と言う。

　そのいずれを妥当と解するかはひとつの問題であるが、この点を解釈するには、人格権と消滅時効制度の根幹に関わる理解が必要であって一介の弁護士が口を差し挟めるような気がしないので、議論状況を上記のとおり書き留めるだけにしておく。

　もっとも、差止めを求めるほどの侵害をされた被害者は、すみやかにその権利の行使に出るであろうから、実際上、人格権に基づく差止め請求の消滅時効が問題となることはほとんど考えられないであろう。

---

(注56)　川島武宜編『注釈民法（5）総則（5）』304頁（1967年）〔北川善太郎執筆〕。
(注57)　山野目章夫編『新注釈民法（1）総則（1）』322頁（2018年）〔山野目執筆〕は、「人格権に基づく請求権は、……侵害またはその蓋然性がある限り時間的な制約なく行使が認められる」という。
(注58)　和田真一「名誉毀損の特定的救済」山田卓生編集代表『新・現代損害賠償法講座2　権利侵害と被侵害利益』（日本評論社・1998年）139頁。

## 第4款　名誉感情侵害に基づく差止請求

名誉感情に基づく差止めは認められるか。

これは、名誉感情の性質を人格権と解するか、及び、差止めの根拠を人格権に限るか、という論点についての結論によって見解が分かれる。

竹田稔[注59]は、人格的利益には差止請求が認められず人格権についてのみ差止請求が認められるとの立場を取った上で、名誉感情侵害については、人格権ではなく人格的利益に止まるとして、差止請求は認められないと言う。

これに対し、宗宮信次[注60]は、名誉感情も一般的人格権として保護されるものと解して差止請求を認める。

他方、大塚直[注61]は、名誉感情につき、「単なる人格的利益と見るべき」であるとして人格権に基づく差止めは認めないものの、不法行為に基づく差止めを認める余地はあるとし、加害者の過失を要件として差止請求を認める。

かように見解は様々であるが、名誉感情については、人格的利益に止まるものとして差止めの効力を認めない見解がおそらく多数なのではないかと思う。

しかし、インターネット上では、論理も道理もなく攻撃的な言葉で人をただ悪し様に罵る（そしてそれがおびただしい数積み重ねられる）という加害形態が多く見られ、このような攻撃は、被害者の社会的評価には影響を与えないものの、被害者の心に極めて深い傷を残すため、ケースによってはその人を自死に至らしめるような事態も起きている。こういう被害実態を見ると、名誉感情侵害という加害類型について、差止めによる救済の必要性が高まってきているといえる。

今後、事案に応じて裁判例が積み重ねられることにより解釈が変わってくることが考えられよう。

---

(注59)　竹田稔『プライバシー侵害と民事責任〔増補改訂版〕』（判例時報社・1998年）227頁、342頁。

(注60)　宗宮・前掲（注5）464頁、483頁。

(注61)　大塚直「人格権に基づく差止請求——他の構成による差止請求との関係を中心として」民商法雑誌116巻4・5号30頁、34頁、52頁（1997年）。

506　第5編　名誉毀損の効果論その2　損害賠償以外の救済手段

## 第5款 敬愛追慕の情の侵害に基づく差止めの肯否

死者の名誉を毀損する文書につき、遺族には、故人に対する敬愛追慕の情の侵害に基づく差止請求が認められるか。

**1** この点、丸山昌一[注62]は、「敬愛追慕の情の侵害の場合、慰謝料を請求できることは問題ないが、妨害排除・妨害予防……については問題がある」としており、これを否定する見解のようである。

他方、安次富哲雄[注63]は、故人に対する敬愛追慕の情も人格権としての性質を有し、差止請求権の根拠たり得るとする[注64]。

**2** この問題は、"敬愛追慕の情の侵害に基づく差止めは認められるか"という言い方もできるが、"敬愛追慕の情に人格権としての性質を認めるか"という提起の仕方もできる。誤解を恐れずに言えば、畢竟この問題は、"差止めの効果を認めてよいか"に関する価値判断によって見解が分かれ、差止めを認めてよいと思う論者は、「これも人格権であって差止めが認められる」と言い、差止めまでは認められないと思う論者は、「人格権としての性質までは認められない」と言っているに過ぎないと思われる。

私は、差止めの肯否を分ける分水嶺は、「被害者が重大にして著しく回復困難な損害を被る虞がある」か否かにあると思っており（480頁・第4節の3）、死者の名誉毀損の場合でも、遺族が重大で著しく回復困難な損害を被る虞がある場合には差止めを否定する理由はなく、よって、差止めを認めてよいと思っている。

なお、注意すべき点は、損害の回復困難性はあくまでも遺族自身（つまり請求者自身）について判断されるのであって、死者についてではないということである。

かく解しても、差止めが認められる範囲が不当に拡がる虞はないのではないかと私は思っている。理由は以下の通りである。

---

（注62）　丸山昌一「違法性（1）——死者の名誉毀損」篠田省二編『裁判実務大系15　不法行為訴訟法（1）』（青林書院・1991年）64頁。

（注63）　安次富哲雄「死者の人格権」石田喜久夫・西原道雄・高木多喜男先生還暦記念論文集『損害賠償法の課題と展望』（日本評論社・1990年）191頁。

（注64）　ただし安次富は、「敬愛追慕の情といった主観的、感情などの弱い法益に基づく差止めは、実際上、ほとんど認められないことになろう」という（安次富・前掲（注63）191頁）。

第1に、敬愛追慕の情の侵害に基づく差止めはもともと、生存者に対する名誉毀損に基づく差止めとは請求権者が異なるだけで、差し止められる行為の客観面（差止めの対象）に違いはなく、よって、敬愛追慕の情の侵害に基づく差止めを認めたとしても、差し止められる行為の客観面に拡がりが生じるわけではないこと。

第2に、親族（死者）の名誉を毀損された場合に、遺族が「重大にして著しく回復困難な損害を被る虞がある」といえる場合は、生存者本人が名誉毀損された場合よりも相当に限定されると思われること。

第3に、敬愛追慕の情の侵害に基づく差止めも、基本的に全て名誉毀損法理をそのまま解釈適用するものであり、判断者（裁判官）に新奇な判断を強いるものでなく、よって、請求権者を遺族にまで拡張したとしても判断の過誤が生じる虞までが拡大することになるとは思われないこと。

## 第6款　間接強制金を実体法上請求することの可否

差止請求の実効性を担保するために、差止め違反1回につき一定額の金員の支払いをさせる旨を請求することは適法か。

**1**　この点に関する裁判例として東京地判2014（平成26）年7月7日[注65]がある。

事案は、弁護士（原告ら）が、担当事件の相手方本人（被告）から業務妨害的な行為（原告らを誹謗中傷する内容の文書を、事務所周辺で掲示したり原告らの事務所に郵便やファクシミリで送付したりする行為）を長期間に亘って受けているとして、かかる掲示及び送付行為の差止めを求めるとともに、その差止め違反1回につき50万円の支払いを求める内容の訴訟を提起したものである。

判決は、

「原告らが、民事執行法172条に基づく間接強制を求めているのであれば、前記支払を求める旨を執行裁判所に申し立てるべきであり、間接強制の当否を民事訴訟事項として審理するのは相当でないから、本件訴えのう

---

（注65）　判タ1421号323頁、判時2239号82頁。

508　第5編　名誉毀損の効果論その2　損害賠償以外の救済手段

ち、原告らの前記支払を求める部分は、不適法というべきである。」
といい、また、

　　「なお、仮に原告らが本件掲示行為及び本件送付行為と同様の行為が将
　　来されることに基づく損害賠償を請求しているのだとしても、その場合
　　の損害額をあらかじめ明確に予測することはできないから、本件訴えの
　　うち原告らの前記支払をもとめる部分は、民訴法135条の要件を欠き、
　　不適法というべきである」
として、差止め違反に対する金員支払請求の部分につき却下をした。

**2**　東京地判1999（平成11）年7月1日[注66]も同種の事案に対する判断であり、
　上記**1**の東京地判と同様に訴えを却下した。同判決は、**1**の東京地判より
　も少し詳しく説示している。即ち、

　　「不作為義務の間接強制としての金員の支払は、民法414条3項にいう
　　『其為シタルモノヲ除却』することには当たらない。また、同項は、債
　　権者に『適当ノ処分』の給付請求権を付与したものとは解し難い。他方、
　　原告は、本訴差止請求の認容判決……が確定した場合には、これを債務
　　名義として、民事執行法172条1項に基づき、執行裁判所に対し、遅延
　　の期間に応じ、又は相当と認める一定の期間内に履行しないときは直ち
　　に、債務の履行を確保するために相当と認める一定の額の金銭を原告に
　　支払うべき旨を被告に命ずる方法による強制執行を申し立てることがで
　　きると解されるが、同項の規定も、債権者に債務の履行を確保するため
　　に相当と認める一定の額の金銭の給付請求権を付与したものとも、債権
　　者が実体法上そのような給付請求権を有することを前提とするものとも、
　　解することができない。そのほか、右のような間接強制としての金員の
　　支払請求権の根拠となると解し得る規定は見当たらない。」
という。法律上当然の帰結であろう。


## 第7款　差止め認容判決後のシミュレーション

　本款は、差止めを認容する判決があった後に起こり得るその他の事態につ

---

（注66）　判時1694号94頁。

き、“頭の体操”的に思いを巡らせてみたものである。

1　既に頒布販売されている書籍につき出版差止めの判決がなされている場合、その書籍を収蔵している図書館はいかなる対応をすべきか。

　　この点、図書館には差止め判決の効力は及ばないので、特段の対応をなすべき法的義務はない。つまり、貸し出してはならない義務であるとか、閉架にしなければならない義務があるわけではない。

　　これでは差止めの効果は半減してしまうが、これは司法制度上の限界であるといわざるを得ないであろう。

2　次に、図書館において当該書籍をコピーすることはどうか。

　　上記1の通り図書館には判決の効力は及ばない以上、差止判決がなされたこと自体によって法的に図書館が対応を変えねばならないことはなく、よって、著作権法31条の範囲内に止まる限り、当該書籍のコピーも許容されるであろう。

3　では、図書館からコピーを入手した者（市民A）がそれを更に複製して頒布した場合はいかなる問題を生じるか。

　　Aは第1に、差止めに係る書籍の著作権者に対する著作権侵害の問題を生じる。なお、仮に当該著作権者がAに対してかかる複製とその頒布を許諾したら、Aの著作権侵害の問題はなくなる。しかし、当該著作権者が差止めの判決を受けた著作者でもある場合には、当該著作者（兼著作権者）は、その許諾によって差止判決に違反したことになる。

　　またAは、当該書籍に特定人の社会的評価を低下させる記載があることを知りながら頒布したのであれば、当該特定人（たとえば『石に泳ぐ魚』であれば原告女性）に対する名誉毀損の不法行為にもなるであろう。

4　書籍の出版差止判決を受けた著者が死亡した場合、その相続人はその差止判決の効力を承継するか。

　　特定の書籍（原告の名誉を毀損する書籍）を頒布してはならないという不作為義務は、義務者（死亡した著者）でなければ履行できないとか、義務者の人格と切り離しては存在できないというような性質のものではなく、よって、差止判決に基づく不作為義務が帰属上の一身専属性（民法896条但書）を有するとはいえないであろうから、相続人は差止判決の効力を承継することになると解される。

510　第5編　名誉毀損の効果論その2　損害賠償以外の救済手段

**5** 書籍の出版差止判決があった後、原告が死亡した場合はどうか。

出版差止めは将来の名誉権の侵害を予防するものであるところ、その名誉権の主体たる原告自身が死亡したのであれば、そのことにより、当該原告との関係で名誉権侵害を予防する必要性はなくなる。即ち、出版差止判決に基づく不作為請求権は、当該原告の一身に専属する権利であるとして相続の対象にはならない（第1款・503頁）。

よってここからは「死者に対する名誉毀損」（第2編第6章第2節・57頁）の問題となる。原告の死亡後に書籍が頒布販売された場合、それによって遺族自身の名誉が毀損されたといえるか、または遺族の故人に対する敬愛追慕の情が侵害されたといえるかの問題となるということである。そして、生前の原告との関係で出版差止請求が認容されているような書籍であれば、そのような書籍の頒布は、少なくとも遺族の故人に対する敬愛追慕の情の侵害が成立する可能性が高いのではないかと思われる。

# 第10節　　事前差止めの要件についての私見

**1** 以上、名誉権に基づく事前差止めの問題についていろいろと検討をしてきたが、ここで事前差止めの要件に関する私見も述べておきたい。

私は事前差止めの要件は、表現の自由に対する萎縮的効果を避けるために予測可能性をできるだけ担保する観点から、定義的衡量によるべきであると考えている。

そしてその要件としては、基本的に、非公共性と損害の回復困難性を中心とすべきであると考える。

ただし、「北方ジャーナル」事件最高裁判決の要件（476頁）が取り入れている公益目的の有無についてはこれを要件とすべきでないと思う。

表現の自由の保障の見地からすれば、公共的言論の自由は絶対に保障されなければならない。そして、公共の利害に関する事項についての表現であれば、その表現を受領する者の知る権利に資するといえるのだから、その表現者が公益目的を持っていようと私益に出でたものであろうと、表現

の受領者のためにその流通を止めるべきではない。したがって、摘示事実の公共性の有無を問うことには意味があるが、表現者の主観的目的、つまり目的の公益性を問うべきではないと思う。

　また、虚偽であることがはっきりしている事項であれば、その流通に対して特に配慮をする必要はなかろう。

**2**　以上をふまえて私は、事前差止めの要件としては、

　　①　当該表現が公共の利害に関する事実にあたらないことが明白であること、または、当該摘示事実が真実でないことが明白であること

　　②　当該表現によって被害者が重大にして著しく回復困難な損害を被るおそれが明白であること

とするのが妥当であると考える。

　表現者側からの予測不可能性をできるだけ払拭するために、①の、非公共性ないし虚偽性に対しては「明白」性を要求している。

　また、人の名誉に関わる事項にもいろいろあるが、その名誉権侵害の程度は②の損害の回復困難性の中で判断されることになる。[注67]

**3**　以上の私見に関連して、1つ裁判例を紹介しておきたい。東京地判2013（平成25）年8月30日[注68]である。事案は、「週刊現代」の連載記事が原告の名誉を毀損するものであるとして、同連載記事に基づく書籍の出版差止めが請求されたものである。

　かかる原告の請求に対し、被告側は、名誉毀損性を争うほか、当該連載記事につき単行本化する予定はないと主張していた。

　判決は、

「被告講談社は、現時点において、本件連載記事の出版を予定しておらず（弁論の全趣旨）、被告Aが、被告講談社以外から本件連載記事を出版する具体的可能性を認めることもできないし、本件訴訟において本件連載記事の名誉毀損性を肯定する判断を示しても、なお被告らが単行本の発行を強行するという具体的危険性を認めることもできないから、本件

---

（注67）　なお私は、プライバシー侵害の場合の事前差止めの要件についても、本文で示した①、②と全く同じ要件を提案している（佃・前掲（注32）298頁）。

（注68）　判時2212号52頁。

*512*　第5編　名誉毀損の効果論その2　損害賠償以外の救済手段

では、出版の差止めを命じるまでの必要性を認めることはでき……ない」

として差止請求を棄却した。

事前差止めの要件に関する私見によれば、単行本の出版の予定も可能性もないという事実は、前記要件②の「被害者が重大にして著しく回復困難な損害を被るおそれ」が明白でないことになろう。

**4** 事前差止めの要件として、"真実相当性がないこと"を挙げる見解があるので、本節の最後にその見解についてここでコメントをしておきたい。

山田隆司 [注69] は、"事柄の公共性"及び"人物の公共性"がいずれも強いとは言えない類型における差止めの要件として、

① 表現内容が真実でないことが明白であるとき、あるいは表現内容が真実と信じたことに相当の理由がないことが明白であるとき

② 被害者が重大にして著しく回復困難な損害を被ることが明白であるとき

という内容を提案する。

また川畑和治 [注70] も、

「『真実でないか、真実であると信じたことに相当性がないこと』が差止めの要件とされるべきであろう。」

と言う。

かようにいずれも、"真実相当性がないこと"を事前差止めの要件とする。

しかし、真実相当性は故意過失の有無に関わる要件であり、差止めの要件において考慮すべきものであるとは思われない。差止めは人格権の効果であり、人格権に基づく請求は、物権的請求と同様に、故意過失を要求する必要はないのではなかろうか。

更に具体的に考察する。

山田と川端の上記要件は、真実相当性を欠く場合に差止めが認容される

---

(注69) 山田隆司「名誉毀損と出版差止め──『事柄の公共性』『人物の公共性』を軸とする差止め要件の再検討」創価法学47巻1号89〜90頁（2017年）。

(注70) 川畑和治「名誉毀損表現の事前差止め──審査基準と審理方法」戸松秀典＝野坂泰司編『憲法訴訟の現状分析』（有斐閣・2012年）319頁。

ことになるようだが、真実相当性は欠くものの（口頭弁論終結時までの立証が奏功して）摘示事実が結果的に真実と認められるということはあり得る。その場合に山田と川端の上記要件はどう考えるのであろうか。

上記の要件を虚心坦懐に読むと、山田も川端も、"非真実性"と"非相当性"を"または"でつないでいるように読めるのであり、そうだとすると、真実相当性を欠く場合には、真実性を充たすとしても差止めを認める、という帰結になりそうである。仮にそうであれば、それは妥当でなかろう。摘示事実が真実であるならば差止めは認められるべきではない。

仮に、"いやいや。真実相当性を欠く場合でも、真実性を充たすならば差止めは認めないのだ。"と言うのであれば、結局、"真実性"のみを検討すればよいことになるのであって、真実相当性を要件として提示する意味がそもそもなくなる。

かかる次第であり、差止めの要件として真実相当性を考慮することには、私は賛成しない。


# 第11節　事前差止めの要件に関する今後の展望

私は、「北方ジャーナル」事件の最大判において示された事前差止めの要件につき緩やかに過ぎるとの批判をし、また要件についての私見も示したが、公的な人物に関する表現行為の場合には、今後も、この「北方ジャーナル」事件最大判の事前差止めの要件を足がかりにして随時適宜変容した要件が用いられるであろう。

他方、市井の人の場合には、本章第6節第4款の1（497頁）で触れた東京地判2007（平成19）年4月11日（注71）のように、「石に泳ぐ魚」事件の原審（東京高裁）と最高裁の判示を参考にした比較衡量のアプローチが用いられていくのではなかろうか。

---

（注71）　判タ1238号151頁、判時1993号24頁。

# 第12節　著作権に基づく差止めとの比較

**1**　前節までをもって、事前差止めに関して必要な事項はひと通り触れたと思う。

　　本節では、それとは少し離れた話をする。私が日ごろ抱いている疑問に関する話であり、それは、名誉毀損に基づく差止めと著作権に基づく差止めとの比較の話である。

**2**　事前差止めに限らず、名誉毀損に基づく差止めは、裁判例上そう簡単には認容されないし、また、そう簡単に認容されてはならないものである。このことは、表現の自由の重要性に照らし多くの説明を要しないであろう。

　　ところが、著作権に基づく差止め（著作権法112条1項）となると、それが表現行為に関するものであっても、びっくりするほど簡単に認容されていたりする。

　　たとえば、いわゆる「脱ゴーマニズム宣言」事件に関する東京高判2000（平成12）年4月25日[注72]は、たった1つのカットの同一性保持権侵害を理由として、書籍1冊まるごとの差止めを認容している[注73]。

　　また、作家三島由紀夫氏が交際相手の男性に送った手紙が掲載された小説について、東京地判1999（平成11）年10月18日[注74]とその控訴審の東京高判2000（平成12）年5月23日[注75]は差止めを認めた。しかしこの差止め請求は、仮にプライバシー権等の人格権[注76]を根拠としていたら、認容されたかどうかは甚だ不透明である。

　　更に、サッカーの中田英寿選手の生い立ち等を記録した書籍に、同選手が中学時代に創作し学年の文集に掲載された「目標」と題する詩が掲載さ

---

（注72）　判時1724号124頁。
（注73）　ちなみにこの問題は、書籍1冊まるごとでなければ差し止めてもよいというような単純な問題ではない。仮に、差止めの範囲を、当該カットを使用している部分に限定したとしても、書籍の印刷・製本をやり直さねばならない以上、出版者側にとっては大変な負担である。
（注74）　判タ1017号255頁、判時1697号114頁。
（注75）　判タ1063号262頁、判時1725号165頁。
（注76）　当該事件では三島氏は故人であるのでプライバシー権を問題にすることはできないが、仮に本人が存命だった場合の話である。

れた件につき、東京地判2000（平成12）年 2 月29日（注77）及びその控訴審の東京高判2000（平成12）年12月25日（注78）は、いずれも差止めを認めた。中田選手は、自分が中学時代に創った詩について、その後の人生において著作権を行使して利益を挙げることなど毛頭考えていなかったであろう。そのような中学時代の詩に、中田選手の成功までの道のりを追うジャーナリストが注目してルポルタージュの中で取り上げたら差止判決を受けたのである。このような表現活動が簡単に制約されてしまってよいのかという疑問は消えない。

**3**　著作権法112条 1 項は、著作権や著作者人格権の侵害があれば即差止めを認めるような規定の仕方になっているが、そもそも著作権等に基づく差止めは、海賊版（盤）のようなものを想定しているのではないだろうか。そのようなものであれば、著作権等侵害があれば即差止めを認めてもよいであろうが、差止めの対象が、海賊版（盤）のようなものではなく、前項の 3 例のようにそれ自体が独立して創作された表現物である場合、その表現の自由を保障する観点がなければならない筈である。

　つまり、著作権法の解釈にあたって憲法21条の趣旨が反映されなければならないはずである。

　公的言論の自由が保障されなければならないことは第 2 編第 2 章の**3**（27頁）で述べたが、かかる観点から言うと、たとえば、当該表現物の公共性（注79）は、差止めにブレーキをかける方向の事情として斟酌されるべきだといえる。

　また、わずかな著作権等侵害によって表現行為の差止めが認められるようでは表現の自由の保障はおぼつかない。第 4 節の**3**（480頁）で述べた通り、「被害者が重大にして著しく回復困難な損害を被るおそれがある」か否かは、差止めの肯否の分水嶺であると私は思っている。その意味で、著作権に基づく差止めの場合にも、この"損害の回復困難性"は斟酌されるべき事情だと思う（注80）。

---

（注77）　判タ1028号232頁、判時1715号76頁。
（注78）　判時1743号130頁。
（注79）　私がここでいう「公共」性の意味内容については、554頁（第 6 編第 2 章第 6 節『「公共」性に関する私の理解』）を参照されたい。
（注80）　中山信弘『著作権法〔第 4 版〕』（有斐閣・2023年）756頁は、

516　第 5 編　名誉毀損の効果論その 2　損害賠償以外の救済手段

これ以上の考察は私の能力を超えるのでこの程度に留めるが、著作権法は憲法に適合的に解釈されなければならず、表現行為が著作権侵害を理由に安易に制約されないよう、著作権法の解釈には注意が必要であるということを指摘しておきたかった次第である。(注81) (注82)

---

　「ごく些細な侵害を理由に差止め請求できるか……。基本的には、些細な侵害であっても侵害は侵害であり、差止めを請求しうることが原則である……。例えば絵画や小説のような、いわゆる芸術的な作品においては、ごく一部であっても剽窃されたら侵害とすべき場合も多いであろう。」
　と言うが、私は反対である。かかる解釈には、利用者側の表現の自由との間の衡量という視点が感じられない。

(注81)　木下昌彦「著作者の権利と事前抑制の法理（下）——著作者の権利に基づく事前差止めがもたらす弊害と憲法法理によるその克服」NBL1068号49頁（2016年）は、著作権に基づく差止めの要件について、事前抑制の原則的禁止の法理の趣旨をふまえ、
　「(a)公共の利害に関する出版物について発せられる(b)出版日前の(c)事前差止めの仮処分命令は、(d)その対象が原著作物の単純複製作品であるなど事前抑制の『弊害が生じる危険性がほとんど存しない場合』を除き、『原則として許されず』、その出版物の頒布等が①『著作者の権利に対する侵害となることが明白であり』、かつ、②『被害者が重大にして著しく回復困難な損害を被るおそれがあるとき』にのみ例外的に許されると解すべき」
　だと言う。
　まさしくその通りだと思う。

(注82)　東京地判2024（令和6）年9月26日（公刊物未登載・東京地裁令和5年（ワ）第70388号）は、被告が、「聖教新聞」の写真を引用して創価学会（原告）について批判的なツイートをしたことに対し、写真に関して原告が有する著作権（複製権）を侵害しているとして原告が損害賠償請求をした事案である。
　本件は、原告に批判的なツイートに対し、原告が、正面から名誉毀損を主張することはせずに著作権侵害を主張しつつも、その中で、当該ツイートが侮辱的、揶揄的である等と、その内容が原告に批判的であることを問題にしていた。原告のかかる主張について判決は、
　「被告の批評の内容が、侮辱的、揶揄的なものかどうかが名誉感情侵害や名誉権侵害という法的問題で考慮されるのは格別、表現の自由等の重要性に鑑みると、引用の成否という著作権法上の法的問題において、表現の自由の保障が等しく及ぶ批評につきその内容自体の当不当を直接問題とするのは相当ではな〔い〕」
　と指摘し、被告の引用は著作権法32条1項の正当な引用にあたるとして原告の請求を棄却した。
　表現の自由を軽視した知財判決が多い中、この判決は、裁判所が引用者の表現の自由に十分に配慮した事例だといえる。

# 第4章——削除・撤去請求（妨害排除請求）

## 第1節　削除・撤去請求の根拠

　人格権には妨害排除の効力もある。このことは、前章で挙げた「北方ジャーナル」事件の最大判[注1]が、

「人の品性、徳行、名声、信用等の人格的価値について社会から受ける客観的評価である名誉を違法に侵害された者は、損害賠償（民法710条）又は名誉回復のための処分（同法723条）を求めることができるほか、人格権としての名誉権に基づき、加害者に対し、現に行われている侵害行為を排除……するため、侵害行為の差止めを求めることができるものと解するのが相当である。」

としていることから明らかである。

　かくして、この妨害排除の効力に基づき、既にある名誉毀損言論の削除等をなし得ると解される。

## 第2節　参考となる裁判例

　本節では、参考となる裁判例をいくつか挙げておきたい。

　①　横浜地判1988（昭和63）年5月24日[注2]は、借家人が賃借建物の外壁

---

（注1）　最大判1986（昭和61）年6月11日（判タ605号42頁、判時1194号3頁）。
（注2）　判時1311号102頁。

518　第5編　名誉毀損の効果論その2　損害賠償以外の救済手段

に、家主が横暴な要求をしているかの如き内容を記した看板を設置していたケースにおいて、当該看板の名誉毀損性を認め、「民法723条の適用ないし類推適用」によって看板の撤去請求を認容した。

撤去を命じた結論は妥当と思われるが、私が思うにこれは民法723条の回復処分の問題ではなく、人格権の効力としての妨害排除請求の問題ではないか。民法723条の回復処分は、名誉を「回復」する処分である以上、既になされた名誉毀損言論を遡って取り消すようなものであるはずである。名誉毀損看板を撤去するという行為は、単に今後の名誉毀損行為の継続を止めるものに過ぎず、遡って取り消すものではないから、民法723条ではなく妨害排除の問題であろう。

② 東京高判1994（平成6）年3月23日[注3]は、建築紛争において建設反対派が掲示した垂れ幕につき名誉毀損性を認め、「原状回復の方法」として垂れ幕の撤去を命じた。これも私の感覚からすると「原状回復」の問題ではなく妨害排除の問題であるように思われる。

③ 東京地判2015（平成27）年5月27日[注4]は、ウェブサイト上の記事について名誉毀損性を認め、「原告の名誉を回復する措置」として記事の削除を命じたが、これも、名誉を「回復」する措置ではなく妨害排除の問題だと私は思う。

同様に、東京地判2019（平成31）年2月13日[注5]及びその控訴審の東京高判2019（令和元）年11月27日[注6]は、雑誌社が運営するウェブサイト上の記事について名誉毀損の成立を認め、民法723条に基づいて記事の削除を認容しているが、これも妨害排除の問題であると思う。

④ 横浜地判1995（平成7）年7月10日[注7]は、新聞による名誉毀損の事例において、図書館に所蔵されている当該新聞の縮刷版の閲覧者のために、当該記事の名誉毀損性を知らせる「閲覧注意のお願い」と題する付箋を各図書館宛てに送付するよう求めたケースである。

判決は、記事の名誉毀損性を認めつつも、図書館への付箋の送付請求

---

（注3） 判タ884号190頁、判時1515号86頁。
（注4） 判時2279号45頁。
（注5） 判時2437号40頁。
（注6） 判時2437号26頁。
（注7） 判タ885号124頁、判時1558号81頁。

の部分については、

「当該図書館に対して付箋を送付したとしても、その付箋の貼付を実現するについては、各図書館の任意の履行に期待するほかはなく、送付を受けた各図書館においてどのような対応を取るのかが不確定である以上、このような方法はその実効性に疑問があるというべきであり、妨害排除あるいは予防として、適当、必要な措置であるとはいい難いから、将来にわたり生ずるであろう不利益は、金銭賠償の額の決定に当たり斟酌することをもって足りるものというべきである。」

としてこの請求を認めなかった。判決はこの請求を「妨害排除あるいは予防」の問題として捉えているが、これはむしろ民法723条の回復処分の問題ではないかと思う。

⑤　東京高判2017（平成29）年11月22日 [注8] は、週刊誌による名誉毀損の事案である。

同誌は自身のウェブサイト上にバックナンバーの広告（中吊り広告の画像と目次から成るもの）を表示しているが、判決は、当該記事のウェブサイト広告の「『中国猛毒米』偽装　イオンの大罪を暴く」との見出しにつき、「猛毒」の2文字の削除を命じた。

これは、一審の東京地判2016（平成28）年12月16日 [注9] が、見出しにつきより広い範囲の削除を認容していたのに対して、削除する範囲を極力狭めた判断である。

この判決により、現在、同誌の当該広告部分は、「『中国●●米』偽装　イオンの大罪を暴く」とされている。

⑥　東京地判2023（令和5）年1月17日 [注10] は、日本経済新聞社が原告となって週刊誌による名誉毀損を訴え出た事案である。

原告は、雑誌のウェブサイト上で公表されている当該名誉毀損記事の削除を請求したが、判決は、記事の名誉毀損性は認めつつも、

「原告は『日経新聞』等の日刊新聞、ウェブサイト等を通じて様々な情報を発信しており、必要があれば、自ら日経新聞等において、原告

---

（注8）　判タ1453号103頁、判時2384号30頁。
（注9）　判時2384号39頁。
（注10）　判タ1514号204頁。

の被告に対する名誉毀損訴訟で原告の請求が認められたこと等を報道することが可能であることも考慮すると、原告の本件記事が掲載され続けることによる不利益が極めて大きいものであるとはいえ〔ない〕」として、記事の削除請求は認めなかった。

削除・撤去請求の要件については、次節で述べる通り、事前差止めの要件（第3章第10節・511頁）と同様に考えてよいと私は思っているが、本件において日本経済新聞社が自らの発行する新聞等で自社の請求が認容されたことを報じることができるという事情は、その2つの要件のうちの要件②の「被害者が重大にして著しく回復困難な損害を被るおそれ」（512頁）の評価障害事実になる、という位置づけとなろう。

# 第3節　　削除・撤去請求の要件

## 第1款　私見

人格権侵害に基づく妨害排除請求の問題は、（第2節の③・⑤・⑥でも触れたが）ウェブサイト上の記事や書き込みについての削除の請求もこれにあたる。

プロバイダらの削除義務については第3編第1章第3節（253頁以下）で検討したが、そこで検討したのは、不法行為法上の削除義務である。即ち、削除請求を受けた時点において故意または過失があった場合に損害賠償責任を負うところの削除義務である。これは、削除請求の時点において故意または過失があったとして不法行為責任を負わせてもよいといえる場合はどのような場合か、という観点から考察されるものであった。

他方、ここで問題としている削除の請求は、削除請求を受けた時点における故意や過失は問題とならず、口頭弁論終結時に人格権侵害があると判断されれば認められるものである。

人格権侵害に基づく削除や撤去の要件は、私は、事前差止めの場合と同様に解してよいと考える。削除・撤去は、事前差止めとは異なり、既に公表が

なされている場合の問題ではあるが、以後の流通については一切止めるものである以上、情報を遮断する強さにおいて事前差止めと有意な違いがあるとは思えないからである。

したがって私は、512頁で述べた通り、

① 当該表現が公共の利害に関する事実にあたらないことが明白であること、または、当該摘示事実が真実でないことが明白であること

② 当該表現によって被害者が重大にして著しく回復困難な損害を被るおそれが明白であること

とするのが妥当であると考えている。

## 第2款　参考となる裁判例

本款では、参考となる裁判例を挙げる。

**1**　東京地判2011（平成23）年4月22日 [(注11)] は、インターネット上にアップロードされた動画の削除が問題となった事案であり、人格権としての名誉権に基づく削除請求の判断手法を明らかにしている。判決は、

① 「名誉を毀損された者は、人格権としての名誉権に基づく妨害排除請求として、行為者に対し、現に行われている侵害行為の差止めを求めることができる」

とした上で、

② 「その判断に当たっては、当該侵害行為の対象となった人物の社会的地位や侵害行為の性質に留意しつつ、侵害行為によって受ける被害者側の不利益と表現行為の有する価値とを比較衡量して決すべきである。」

とし、個別的比較衡量のアプローチを採用している。

②の判断手法は、「石に泳ぐ魚」事件の東京高裁判決 [(注12)] が提示した事前差止めの要件 [(注13)] に似ている。

---

[(注11)]　判時2130号21頁。

[(注12)]　東京高判2001（平成13）年2月15日（判タ1061号289頁、判時1741号68頁）。

[(注13)]　同高裁判決は、

「どのような場合に侵害行為の事前の差止めが認められるかは、侵害行為の対象となった人物の社会的地位や侵害行為の性質に留意しつつ、予想される侵害行為によって受ける被害者

上記の2011（平成23）年東京地判は、「石に泳ぐ魚」事件の高裁判決と同じく、留意すべき事項として、

ⅰ　当該侵害行為の対象となった人物の社会的地位

ⅱ　侵害行為の性質

を挙げている。ⅰではたとえば、その人物が社会や市民に対して影響力を有する者であったり、自ら対社会的に反論をできるような地位にある者であったりするかどうか等が検討されるのであろう[注14]。

またⅱの「侵害行為の性質」は、表現行為の"内容"と"態様"の２つの視点からの検討が可能であると思われる。まず"内容"についていえば、それが公共性を有する言論であるかどうかが問題となろう。また、"態様"についていうと、その表現行為がインターネットへの書き込みによるものであるのか、立て看板によるものであるのか、はたまたビラまきによるものであるのか等の事情がここで斟酌されるのであろう。インターネットへの書き込みである場合、コピーによる拡散のリスクが高いので差止めを認める方向になじむであろうし、他方、ビラをまいたという態様であるならば、一旦まいたビラを回収することは不可能に近いので、差止めにはなじみにくいと思われる[注15]。

上記東京地判は続いて、「侵害行為によって受ける被害者側の不利益」と「表現行為の有する価値」とを比較衡量すべきだという。これに対し、「石に泳ぐ魚」事件の東京高裁判決は、前者については同じだが、後者の表現者側の事情としては、「侵害行為を差し止めることによって受ける侵害者側の不利益」を斟酌すべきだと言っている。

表現者側の事情として斟酌すべきは、「表現行為の有する価値」なのか

---

　　　側の不利益と侵害行為を差し止めることによって受ける侵害者側の不利益とを比較衡量して決すべきである。」
　　とする。

[注14]　つまり、公的言論の保障の見地から対象人物の社会的地位を検討するということである。これはおおざっぱに言えば「公人」性の有無を検討するということになるのであろうが、より緻密に実質的には、第６編第２章第６節「『公共』性に関する私の見解」（554頁）で述べるような事情を検討すべきことになると私は思う。

[注15]　混乱のないように整理しておくと、ビラまきが妨害排除において問題となる場面は、既にまかれたビラの回収の場面である。これから頒布することを止めるのは妨害予防（事前差止め）の問題である。

第４章　削除・撤去請求（妨害排除請求）　第３節　削除・撤去請求の要件　　*523*

「侵害者側の不利益」なのか？

　この点、私は、差止めの問題は、公的言論の保障の必要性と被害者の被害防止のせめぎ合いの問題であると思っているので、斟酌すべきは「表現行為の有する価値」であると思う。実質的な価値判断の観点からしても、たとえば、表現者側の"これを発表させてもらえなければ私は生活に窮してしまう"というような事情（即ち、表現者の生活のために被害者に人格権侵害を受忍させるという発想）が法的保護に値するとは思えない。他方、表現者の事情として、"当該言論は、私が人格権侵害（名誉毀損やプライバシー侵害）をされたことに対する反論としてなしたものであって、この言論が差し止められると私は、自分が受けた人格権侵害の被害が回復されない"という場合もあるであろう。しかし、そういった場合には、表現者の当該言論は、公正な論評の法理[注16]や言論の応酬の場合の免責の法理[注17]によってそもそも免責されるであろうから、差し止められることはなかろう。

2　徳島地判2020（令和2）年2月17日[注18]は、動画投稿サイト「YouTube」に投稿された動画が名誉毀損にあたるとしてサイト管理者に対して動画の削除請求をした事案である。

　差止めの要件について判決は、

　「人格権としての名誉権に基づき動画投稿サイト管理者に対する当該動画等の削除を求めることができるのは、それが専ら公益を図る目的のものでないことが明らかであるか、当該動画等によって摘示された事実が真実ではないことが明らかであって、かつ、被害者が重大にして回復困難な損害を被るおそれがあると認められる場合に限られるというべきである。」

とする。

　これは、「北方ジャーナル」事件の最大判[注19]の差止めの要件（476頁）に似ているが、477頁で述べた通り、同最大判は、「公務員又は公職選挙の候補者に対する評価、批判等の表現行為」についての要件を定立したもの

---

（注16）　公正な論評の法理については、第7編第2章（647頁以下）を参照されたい。
（注17）　言論の応酬の場合の免責の法理については、第7編第4章（679頁以下）を参照されたい。
（注18）　判時2464号51頁。
（注19）　最大判1986（昭和61）年6月11日（判タ605号42頁、判時1194号3頁）。

であっておよそ一般的に事前差止めの要件を定立したものではない。一方、この徳島地判の要件には、そのような射程範囲の限定はない。

　そうするとこの徳島地判の要件では、摘示事実の公共性は、差止めの要件には何も反映されていないことになる。

## 第3款　検索結果の削除

**1**　インターネットの利用者は通常、グーグル等の検索エンジンを利用して目的のウェブサイトにたどり着く。いくらインターネット上に自分の名誉を毀損する記事が書かれていても、検索エンジンがない限り世の人びとはその記事に気づかない。検索エンジンが、世の中に埋没している名誉毀損記事をわざわざ引っ張り出して世の中に晒してしまうのである。かくして、名誉毀損記事を書かれた人は、グーグル等の検索サービス事業者に対し、検索結果の削除を請求することを考えるようになり、グーグル等に対して検索結果の削除請求をする事案が裁判上、徐々に蓄積されてきた。

　本款では検索結果の削除の要件に言及した判例・裁判例を検討する。

　なお、検索結果の削除の場合、検索エンジンの検索に引っかからないようにするに過ぎず、もともと掲載されているウェブサイトから情報を削除するのではなく、もとのウェブサイト上には情報が残っている。かかる点を目して、検索結果の削除は、本体の表現の削除の場合よりも表現行為に対する制約の程度は限定的である、という見方もある。

　しかし、上記の通り、インターネット上の情報は今や、検索エンジンの検索機能があって初めて世の中に流通しているといえ、検索さえされなければ世間の目に触れないという状態である。つまり、検索エンジンに引っかからないことは即ち世間の目に触れないということにほとんど等しく、本体の表現の削除の場合と比べて、表現行為に対する制約の程度に有意な違いがあるとは私は思わない。

**2**　まずは東京高決2016（平成28）年7月12日[注20]を挙げよう。これは、グーグルの検索エンジンによって自身の過去の逮捕歴が表示されてしまうこ

---

（注20）　判タ1429号112頁、判時2318号24頁。

とを理由に、グーグルを債務者として検索結果の削除を命じる仮処分の申立てをした事案である。

決定は、本件を名誉毀損またはプライバシー侵害の問題であるとした上で、

「名誉権ないしプライバシー権の侵害に基づく差止請求……の可否を決するに当たっては、削除等を求める事項の性質（公共の利害に関わるものであるか否か等）、公表の目的及びその社会的意義、差止めを求める者の社会的地位や影響力、公表により差止請求者に生じる損害発生の明白性、重大性及び回復困難性等だけでなく、……インターネットという情報公表ないし伝達手段の性格や重要性、更には検索サービスの重要性等も総合考慮して決するのが相当である」

として個別的比較衡量のアプローチを採用した。

**3**　最3小決2017（平成29）年1月31日[注21]は、**2**の2016（平成28）年東京高決に対する許可抗告審である。この最決は、当該事件を名誉毀損の問題として扱わずプライバシー侵害の問題として取り扱ったため、名誉毀損事件の先例にはなりにくいが一応紹介する。

決定はまず、記事の違法性の判断につき、

「検索事業者が、ある者に関する条件による検索の求めに応じ、その者のプライバシーに属する事実を含む記事等が掲載されたウェブサイトのURL等情報を検索結果の一部として提供する行為が違法となるか否かは、当該事実の性質及び内容、当該URL等情報が提供されることによってその者のプライバシーに属する事実が伝達される範囲とその者が被る具体的被害の程度、その者の社会的地位や影響力、上記記事等の目的や意義、上記記事等が掲載された時の社会的状況とその後の変化、上記記事等において当該事実を記載する必要性など、当該事実を公表されない法的利益と当該URL等情報を検索結果として提供する理由に関する諸事情を比較衡量して判断すべき〔である〕」

とした上で、削除の可否については、

「〔比較衡量〕の結果、当該事実を公表されない法的利益が優越すること

---

（注21）　判タ1434号48頁、判時2328号10頁。

526　第5編　名誉毀損の効果論その2　損害賠償以外の救済手段

が明らかな場合には、検索事業者に対し、当該URL等情報を検索結果から削除することを求めることができる」

とした。

**4** 大阪地判2018（平成30）年7月26日[注22]は、グーグルに対する名誉権に基づく検索結果の削除請求の事案において、

「名誉に関する当該事実を公表されない法的利益が当該URL等情報を検索結果として提供する理由に優越することが明らかな場合に限り、検索事業者が当該URL等情報を検索結果から削除する義務を負う」

との要件を定立した。

これは、プライバシー権に関する**3**の2017（平成29）年最3小決が示した判断をふまえたものであろう。

**5** 大阪高判2019（令和元）年5月24日[注23]は、**4**の2018（平成30）年大阪地判の控訴審判決である。

判決は、「北方ジャーナル」事件の最大判の規範（476頁）に「準じて」とし、

「検索結果の提供が専ら公益を図るものでないことが明らかであるか、当該検索結果に係る事実が真実ではないことが明らかであって、かつ、被害者が重大にして回復困難な損害を被るおそれがあると認められる場合に限られるというべきであり、その主張及び立証の責任は被害者が負うというべきである。」

とした。

この判決の規範も、第2款の**2**の2020（令和2）年徳島地判（524頁）と同じく、摘示事実の公共性は差止めの要件に何も反映されていない。

**6** 東京地判2018（平成30）年1月31日[注24]は、原告の代表者が詐欺行為をしている等の摘示事実（本件摘示事実）についてグーグルに対して検索結果の削除請求をした事案である。

判決は、本件摘示事実が「公共の利害に関する事実」にあたるとしつつも、検索結果の削除が事前の差止めではなく事後の差止めである等の事情

---

(注22)　判時2452号51頁。
(注23)　判タ1465号62頁、判時2452号43頁。
(注24)　判時2391号18頁。

を理由として、

「〔『北方ジャーナル』事件の最大判〕の判示することが本件にそのまま当てはまるということはできない。」

とし、その上で、削除が認められる要件につき、

「本件摘示事実……による表現行為に対する事後差止めは、①本件摘示事実……による表現行為が専ら公益を図る目的のものでないか、又は、②本件摘示事実……が真実でない場合であって、かつ、被害者が重大にして回復困難な損害を被るおそれがあると認められる場合」

とした。

「北方ジャーナル」事件の最大判は非真実性ないし非公益目的性の「明白」性を要求しているのに対し、この要件はそれを要求していない。

**7** 　東京高判2018（平成30）年8月23日[注25]は、**6**の2018（平成30）年東京地判の控訴審判決である。

判決は、原判決とは異なり、

「本件摘示事実……は、公共の利害に関する事実であるから、その点で、本件検索結果の削除請求については、〔『北方ジャーナル』事件の最大判〕が判示する要件が基本的に妥当するものといえる。」

とした上で、削除の要件につき、

「本件摘示事実……による表現行為が専ら公益を図る目的のものでないことが明らかであるか、又は、本件摘示事実……が真実でないことが明らかであって、かつ、被害者である控訴人が重大にして回復困難な損害を被るおそれがあると認められる場合」

とし、「北方ジャーナル」事件の最大判と同様に、非真実性ないし非公益目的性に「明白」性を要求した。

**8** 　千葉地決2019（令和元）年12月3日[注26]は、グーグルに対する検索結果の削除を求める仮処分の異議審の決定である。決定は、検索結果の削除の要件として、

「検索結果が、①公共の利害に関する事実に係るものでないこと、②専ら公益を図る目的に出たものでないこと、③摘示された事実が真実でな

---

（注25）　判時2391号14頁。
（注26）　判時2470号53頁。

いことのいずれかに当たることに加え、これらが明らかであること、被
害が重大で回復し難い損害を被るおそれがあることが疎明されなければ
ならないと解すべきである。」

とした。

**9** 以上、名誉権に基づく検索結果の削除の要件についての規範を概観した。
これらは、

- ・ 個別的比較衡量によるもの（**2**の東京高決）
- ・ 2017（平成29）年最３小決に準じたもの（**4**の大阪地判）
- ・ 「北方ジャーナル」事件最大判を基本とするものとそのバリエーショ
  ン（**5**の大阪高判、**6**の東京地判、**7**の東京高判）
- ・ 真実性・真実相当性の法理に欠けることを基本とするもの（**8**の千
  葉地決）

と、それぞれ特徴的である。

いずれは最高裁で判断手法が整理されることであろう[注27]。


# 第4節 　　削除請求と訴えの利益

ウェブサイト上の記事の削除請求の訴訟を提起したところ、その訴訟の係
属中に被告によってその記事がウェブサイト上から削除された場合、訴えの
利益を欠くものとして却下されることになるか。

この点、既に削除されている場合は訴えの利益を欠くものとして訴えを却
下した裁判例もある[注28]。

---

（注27）　土平英俊「近時の高裁判決からみた名誉毀損に基づく検索結果削除請求の要件」創価ロー
　　　ジャーナル14号81頁（2021年）は、名誉毀損に基づく検索結果の削除の要件につき、
　　　「検索結果の削除の場合は、あくまで検索エンジンに検索結果と表示されることを通して果
　　　たされる表現の自由への制約であり、表現そのものへのアクセスを断つわけではないから、
　　　表現者へ与える萎縮効果には、類型的な差があると考えられる。そのため、定型的衡量を採
　　　るべき必要性は高くない。」
　　　として、個別的比較衡量の手法によるべきだと言う。
（注28）　東京地判2003（平成15）年９月18日（公刊物未登載・東京地裁平成13年（ワ）第14083号、
　　　同14年（ワ）第4518号）。

訴訟の係属中に被告が記事を削除した場合、原告としては本来は、削除請求（妨害排除請求）から書き込み禁止（妨害予防）の請求に訴えを変更すべきだったであろう。

　しかし、削除請求のままであるからといって訴えが却下されるのはおかしいと思う。

　訴訟係属中に被告が削除したとしても、将来に再び書き込まれる可能性はゼロではないのであるから、訴えの利益を欠くということにはならないと思う。「いやいや、もはや再び書き込まれる可能性は限りなくゼロに近いのだ」ということも事例としてはあり得るであろうが、そういった可能性の高低は、損害の重大性や回復困難性に関わる事情であって、とりもなおさず本案の問題であろう。

　大阪地判2012（平成24）年10月12日[注29] は、かように訴訟係属中に被告側の者（国土交通省の建築指導課）によって記事がホームページから削除されたケースにおいて、

「本件記事を建築指導課において任意に削除した結果、口頭弁論終結時にはホームページ上に存在していないが、この事実は給付訴訟である本案の当否に関わるものであって、訴えの利益が存しないことの根拠とはならない。」

として、訴えを却下せず実体判断をした。妥当な判断であると思う。

---

（注29）　判タ1387号148頁、判時2171号92頁。

530　第5編　名誉毀損の効果論その2　損害賠償以外の救済手段

第 **6** 編

# 名誉毀損の免責要件に関する諸問題
# その1　真実性・真実相当性の法理

　第1編から第5編までは名誉毀損の成立要件の検討をしてきたが、第6編及び第7編ではその免責要件について検討する。

　これから述べる免責要件は、訴訟上はみな抗弁事由に該当する。つまり、名誉毀損による損害賠償等の請求訴訟が提起された場合に被告が主張・立証責任を負う事由であって、名誉毀損の成立を前提としてもなお被告の責任を消滅させるものである。

　なお、「免責」要件と書いているが、ここで「免責」という言葉遣いに深い意味を込めてはいない。刑法上の議論では、後記の真実性・真実相当性の法理につき、これが違法性を阻却するものなのか責任を阻却する事由なのか、はたまた処罰阻却事由なのか等激しい議論があり百家争鳴の感があるが、民事責任の場合、特に実務的観点からすれば、違法性と責任について厳密に議論することにさほど実益はない。

　そこで、違法性の問題なのか責任の問題なのか等には深く入り込まず、違法・責任の問題を全て包摂して「免責」事由という言葉で表わすことにした。

# 第1章―――判例理論

**1**　真実性・真実相当性の法理は、表現の自由の保障の観点から解釈上設けられた免責事由であり、これは、最1小判1966（昭和41）年6月23日[注1]が承認して以降、確固たる判例理論となっている。

同最判は、

「民事上の不法行為たる名誉棄損については、その行為が公共の利害に関する事実に係りもっぱら公益を図る目的に出た場合には、摘示された事実が真実であることが証明されたときは、右行為には違法性がなく、不法行為は成立しないものと解するのが相当であり、もし、右事実が真実であることが証明されなくても、その行為者においてその事実を真実と信ずるについて相当の理由があるときには、右行為には故意もしくは過失がなく、結局、不法行為は成立しないものと解するのが相当である（このことは、刑法230条の2の規定の趣旨からも十分窺うことができる）。」

という。

かくして、免責要件として、

① 問題とされる表現行為が、「公共の利害に関する事実」についてのものであること（事実の公共性）

② その表現行為の目的が「もっぱら公益を図る目的」であること（目的の公益性）

③i 摘示事実が真実であると証明されること（真実性）

または、

ii 摘示事実が真実であると信ずるについて相当の理由があること

---

（注1）　判タ194号83頁、判時453号29頁。

（真実相当性）

が挙げられ、これらの各要件につき、以後、様々な解釈論が積み重ねられていくのである。

　見ての通り、検討の対象とされているのは摘示された「事実」であり、この法理は、事実摘示による名誉毀損の場合に妥当する免責法理である。論評（意見言明）による名誉毀損の場合に妥当する免責法理については、第7編第2章「公正な論評の法理」（647頁以下）で解説する。

**2**　この真実性・真実相当性の要件は、全て被告側、つまり表現者側が主張・立証責任を負うものであるが、これらの要件の主張立証責任の全てを常に表現者側に負わせることには、表現の自由の保障の観点から見て疑問なしとしない。

　この責任分配を前提とすれば、記事を書かれた側が問題の記事を甲1号証として提出して訴えれば、あとは表現者（メディア）側が記事の真実性等の立証を負担することになるが、訴訟上の立証活動は手間もかかるし容易なことではなく、メディア側にとっては、訴えられるだけでかなりの負担になるものである[注2]。このように過重な負担は、メディア側の表現活動の萎縮を招きかねないのであり、かかる事態は、公的言論[注3]の保障に対する重大な脅威というべきである。[注4]

　私は、公的言論と非公的言論とで免責要件の内容やその主張立証責任を負う者には違いがあってしかるべきであると考えている。

　この問題意識については、各所で論じることにしたい。

---

（注2）　真実性等の主張立証責任を表現者側が負うことによる弊害の実例については、30頁（第2編第2章の**5**）で述べた。

（注3）　何をもって「公的言論」と言うか、という問題に関しての私の考え方は、第2章第6節「『公共』性に関する私の理解」（554頁以下）を参照されたい。

（注4）　東京高判2001（平成13）年7月5日（判タ1070号29頁、判時1760号93頁）は、
　　　「わが国においては民事私法の実定法上の規定もないのに、過去の判例により国民の知る権利に対応するため報道するマスメディアに緩やかな免責法理が認められてきており……」
　　　と、真実性・真実相当性の法理につき、マスメディアに緩やかな免責法理であるとしている。しかし本文で述べた通り私は、真実性・真実相当性の法理は、メディア側に厳しい免責法理であると感じている。
　　　なおこの東京高判は、女優大原麗子氏への500万円の賠償を認めた東京地判2001（平成13）年2月26日（判タ1055号24頁）に対する控訴審判決である。大原氏は500万円の賠償を得た一審判決に対して控訴をしなかったが、この控訴審判決は、そのような大原氏につき、「〔大原氏の〕慰謝料額は1000万円を下回るものではない」とわざわざ認定するという一風変わったものであった。

第1章　判例理論　*533*

# 第2章——公共の利害に関する事実

## 第1節 「公共の利害に関する事実」の意味

「公共の利害に関する事実」とはいかなる意味か。

たとえばこの「公共」性を、多くの人が関心を持つ事柄、と広く捉えれば、単純に人々が知りたがる事柄は全て「公共」性を獲得することとなる。しかし人には、他人の噂を好んだり他人の生活をのぞき見したいという欲求がつきものである。したがって、単純に人々が知りたがる事柄に「公共」性を与えるとそれは、人々がのぞき見たい事柄全てに「公共」性を与えることとなる。

しかしこれでは人々の名誉は貶められプライバシーは暴かれ放題になってしまうであろう。

そもそも真実性・真実相当性の法理が認められた趣旨は、表現の自由を保障する点にあるのであり、「公共」性の解釈は、表現の自由の価値をいかに捉えるかについての考え方と密接に関連する。

表現の自由の価値については様々に語られているが、いずれの論者も多かれ少なかれ、表現の自由の民主主義的な意義を挙げている[注1]。この民主主義的な意義を、"統治機構の政治的意思決定における健全な代表民主制原理の確保"というように狭く解するか、あるいは、"国政のみならず、宗教、文学、芸術、科学その他全ての学問及び知識について成員が参加する権利"

---

[注1] 奥平康弘『憲法Ⅲ 憲法が保障する権利』(有斐閣・1993年) 160頁、芦部信喜『憲法学Ⅲ 人権各論 (1) 〔増補版〕』(有斐閣・2000年) 250頁、野中俊彦ほか『憲法Ⅰ〔第5版〕』(有斐閣・2012年) 352頁、浦部法穂『憲法学教室〔第3版〕』(日本評論社・2016年) 158頁など。

534 第6編 名誉毀損の免責要件に関する諸問題その1 真実性・真実相当性の法理

というように広く解するかにより解釈に差異はあるが、いずれにしても、単に人々が知りたがるということではなく、「公共」性に一定の限定を付する見解がほとんどである。

　たとえば浦部法穂は、「名誉やプライバシーをおさえても表現の自由が重視されなければならないのは、国民の間での自由な議論を妨げないためである。そうであれば、その議論に関係のないことがらは、たとえ多くの人が関心をもつようなことであっても、もはや名誉、プライバシーに優越しうるものではない、とすべきである。」と論じた後、「公共の利害に関する事実」とは、「国民の間で議論されるべき問題に関わる事実とすべきである。言葉をかえていえば、単なる『公衆の関心事』ではなく、『公衆の正当な関心事』としてとらえるべきである。」という（注2）。

　また平川宗信は、刑法230条の2についての議論であるが、「公共の利害に関する事実」の意味につき、「市民が知る権利をもつ事実」であるとし、これは、「市民が、政治、経済、社会等に関する諸問題について論議し、判断を下し、市民自治を行うために知る必要のある事実」であるとする（注3）。

　竹田稔は、「公共の利害に関する事実」を、「民主主義社会の構成員として通常関心をもつであろう事柄」を意味するという（注4）。

　なにぶん、広くかつ難しい問題であるので、個々の問題の解決のためには結局は、表現の自由に関する自身の信念に立ち返り、そして演繹していくしかないであろうが、上記の各見解は、「公共の利害に関する事実」該当性の解釈の指針として参考になろう。


# 第2節　「公共の利害に関する事実」の判断方法

　「公共の利害に関する事実」にあたるか否かはどのように判断すべきであろうか。

---

（注2）　浦部・前掲（注1）171〜172頁。
（注3）　平川宗信・マスコミ判例百選〔第2版〕52頁。
（注4）　竹田稔『プライバシー侵害と民事責任〔増補改訂版〕』（判例時報社・1998年）298頁。

第2章　公共の利害に関する事実　第2節　「公共の利害に関する事実」の判断方法　535

**1** この点については、刑法上の名誉毀損における判断であるが、いわゆる「月刊ペン」事件に関する最１小判1981（昭和56）年４月16日[注5] が明らかにしている。

判決は、

「〔刑法230条の２第１項の〕『公共ノ利害ニ関スル事実』にあたるか否かは、摘示された事実自体の内容・性質に照らして客観的に判断されるべきものであり、これを摘示する際の表現方法や事実調査の程度などは、同条にいわゆる公益目的の有無の認定等に関して考慮されるべきことがらであつて、摘示された事実が『公共ノ利害ニ関スル事実』にあたるか否かの判断を左右するものではないと解するのが相当である。」

としている。

「公共の利害に関する事実」にあたるか否かは、当該摘示事実が、ある特定の範疇（「公共の利害に関する」という範疇）に該当するか否かの判断の問題であり、これはその摘示の際の表現の仕方によって左右されるものではない。

たとえば、ある政治家の汚職の事実を摘示するにあたり、「とんでもねえ野郎がいたもんだ」という書き方をしようと、「本誌は重大な事実を摑んだ」という書き方をしようと、政治家の汚職について記載していることに変わりはない。

また、当該摘示事実が特定の範疇に該当するか否かの判断が、「事実調査の程度」のような執筆者側の事情によって左右されるものでないこともまた当然のことであろう。

最高裁の上記の判断は、民事名誉毀損法においても妥当する判断方法であると思う。

**2** もう１点銘記されるべきこととして、「公共の利害に関する事実」の範囲は、摘示行為の態様との関係で相対的に決まる、ということである。

この点、刑事に関する文献であるが、中森喜彦[注6] は、

「国家若しくは社会全般の利害に関わる事実でなくとも、限定された範

---

（注5）　判タ440号47頁、判時1000号25頁。
（注6）　大塚仁ほか編『大コンメンタール刑法〔第三版〕第12巻〔第230条～第245条〕』（青林書院・2019年）45頁〔中森喜彦執筆〕。

囲の者に対して事実を公表した場合には、それらの者の利害に関わるのであれば、この要件は満たされることになる」
と言う。たとえば、私的な団体XのリーダーAの専横を批判する文書を当該団体Xの内部で頒布した場合、Aの専横ぶりを示す事実は、Xの関係者に対しては「公共の利害に関する事実」にあたるということである。

刑事名誉毀損の事件において大阪地判1992（平成4）年3月25日[注7]は、「公共の利害に関する事実は、国家または社会全体に対するもののみならず、小範囲の社会に関する事実であってもこれにあたる場合があるが、その場合は、事実公表の相手方の範囲との関連において相対的に決定され、当該限定された社会の範囲内においてこれを公表する場合に限って公共の利害に関する事実に該当し、社会一般に対して公表する場合には、これにあたらないと考えられる。」
と判示しているが、これはそういう趣旨である。

平川宗信の次の説明[注8]も同旨であり、分かりやすいので紹介する。「全体社会の問題に関する情報には全ての人に知る必要性があるが、部分社会の内部問題に関する情報には内部の人にのみ知る必要性があり、それ以外の人には知る必要性はない。したがって、内部問題に関する情報を内部に流布したときには事実の公共性を認めうるが、外部に流布したときにはそれは認めえない。この意味で、事実をどの範囲に摘示したかは公共性判断の資料となる。この限りでは、行為態様も公共性判断に影響する。」

ここで示した文献と裁判例はいずれも刑事名誉毀損法に関するものであるが、かかる解釈は、民事名誉毀損法でも妥当すると解してよいであろう。

---

（注7）　判タ829号260頁。
（注8）　平川宗信『名誉毀損罪と表現の自由』（有斐閣・1983年）127頁。

# 第3節　判例に見る「公共の利害に関する事実」

## 第1款　最高裁の解釈

**1**　最高裁は、「公共の利害に関する事実」については未だ積極的に定義してはいない。しかし最高裁も、表現の自由の意義については、いわゆる「北方ジャーナル」事件大法廷判決<sup>(注9)</sup>において、

> 「主権が国民に属する民主制国家は、その構成員である国民がおよそ一切の主義主張等を表明するとともにこれらの情報を相互に受領することができ、その中から自由な意思をもつて自己が正当と信ずるものを採用することにより多数意見が形成され、かかる過程を通じて国政が決定されることをその存立の基礎としているのであるから、表現の自由、とりわけ、公共的事項に関する表現の自由は、特に重要な憲法上の権利として尊重されなければならないものであり、憲法21条1項の規定は、その核心においてかかる趣旨を含むものと解される。」

としており、「公共」性の解釈上、表現の自由の民主主義的な意義が強調されることは明らかである。

　しかしこの大法廷判決の場合、民主主義的な意義を上記の通り、国政決定の過程に関わるものと狭く解し過ぎているきらいがあり、このスタンスが下級審の「公共」性の判断に影響を与え、「公共」性概念を過度に制限的に解する裁判例を多く生む素地を残してはいないか、気になるところではある。

**2**　「公共」性の解釈にとり参考になる判例として、刑事事件における刑法230条の2の解釈の事例であるが、第2節（536頁）でも挙げた「月刊ペン」事件に関する最1小判1981（昭和56）年4月16日<sup>(注10)</sup>がある。

　この事件は、雑誌「月刊ペン」が創価学会の池田大作会長について書いた批判的な記事が名誉毀損罪で起訴されたケースであり、最高裁は、

> 「私人の私生活上の行状であつても、そのたずさわる社会的活動の性質

---

(注9)　最大判1986（昭和61）年6月11日（判タ605号42頁、判時1194号3頁）。
(注10)　判タ440号47頁、判時1000号25頁。

538　第6編　名誉毀損の免責要件に関する諸問題その1　真実性・真実相当性の法理

及びこれを通じて社会に及ぼす影響力の程度などのいかんによつては、その社会的活動に対する批判ないし評価の一資料として、刑法230条ノ2第1項にいう『公共ノ利害ニ関スル事実』にあたる場合があると解すべきである。」

とし、池田会長の女性関係が乱れている等の事実摘示につき、「公共ノ利害ニ関スル事実」にあたる、とした。

この判例は、「公共」性概念が、政治家や国政等の政治的意思決定に関わる事項に限られず、私人の私生活に関する事項でもこれにあたり得ることを明らかにしたものであり、当然の結論ではあるが重要な判示である。

**3** 東京地判1987（昭和62）年2月27日[注11]は、この「月刊ペン」事件の最1小判の示した規範を民事の名誉毀損事件で採用した裁判例である。

判決は、

「私人の私生活上の行状についてであつても、その者の地位及びそのたずさわる社会的活動の性質及びこれを通じて社会に及ぼす影響力の程度などのいかんによつては、その者に対する社会的活動に対する批判ないし評価の一資料として公共の利害に関する事実に該当しうると解するのが相当である。」

と最1小判とほぼ同様の規範を提示した上で、大学教授で学会理事でかつロータリークラブの会員である者の私生活上の行状につき、「公共の利害に関する事実」にあたるとした。

東京地判2010（平成22）年10月29日[注12]も、民事の名誉毀損事件において、最1小判と同様の規範を提示した上で、元市長の合コンやキャバクラにおける行状が「公共の利害に関する事実」にあたるとした。

**4** **1**で述べた通り最高裁は「公共の利害に関する事実」について積極的に定義していないが、最高裁の考える「公共」性概念が垣間見える判決があるのでここで紹介する。いわゆる「逆転」事件に関する最3小判1994（平成6）年2月8日[注13]である。

判決は、前科を公表しても違法とならない例として、

---

（注11）　判タ634号164頁、判時1242号76頁。
（注12）　判タ1359号188頁。
（注13）　判タ933号90頁、判時1594号56頁。

「ある者の前科等にかかわる事実は、他面、それが刑事事件ないし刑事裁判という社会一般の関心あるいは批判の対象となるべき事項にかかわるものであるから、①事件それ自体を公表することに歴史的又は社会的な意義が認められるような場合には、事件の当事者についても、その実名を明らかにすることが許されないとはいえない。また、②その者の社会的活動の性質あるいはこれを通じて社会に及ぼす影響力の程度などのいかんによっては、その社会的活動に対する批判あるいは評価の一資料として、右の前科等にかかわる事実が公表されることを受忍しなければならない場合もあるといわなければならない……。さらにまた、③その者が選挙によって選出される公職にある者あるいはその候補者など、社会一般の正当な関心の対象となる公的立場にある人物である場合には、その者が公職にあることの適否などの判断の一資料として右の前科等にかかわる事実が公表されたときは、これを違法というべきものではない」（丸数字は引用者）

とする。即ち、

①　「事件それ自体を公表することに歴史的又は社会的な意義が認められるような場合」

②　「その者の社会的活動の性質あるいはこれを通じて社会に及ぼす影響力の程度などのいかんによっては、その社会的活動に対する批判あるいは評価の一資料として」公表する場合

③　「その者が選挙によって選出される公職にある者あるいはその候補者など、社会一般の正当な関心の対象となる公的立場にある人物である場合」に「その者が公職にあることの適否などの判断の一資料として」公表するとき

には前科を公表することが許容されると言っているのであり、かかる趣旨からすると、上記①～③のような場合には、名誉毀損言論について「公共」性が肯定されると最高裁が言っていると解してよいのではなかろうか。

## 第2款　下級審の解釈

下級審裁判例には、「公共の利害に関する事実」を積極的に定義した事例

がいくつかある。

**1**　東京地判1990（平成2）年12月20日[注14] は、「公共の利害に関する事実」
につき、

> 「摘示された事実自体の内容、性質に照らし、客観的にみて、当該事実
> を摘示することが公共の利益に沿うと認められることをいう」

とする。

　これのみでは結局何を言わんとするのかが分かりにくいが、判決は上記
定義に続いて、その射程範囲を場合分けして詳細に論じており、参考にな
る。

　まず、①「摘示された事実が既に公訴が提起された犯罪容疑に関するも
のである場合」については、「未だ確定していないものであっても、裁判
の公開等の要請に鑑み、公共の利害に関する事実に該当する」とする。

　他方、②「摘示された事実が、公訴を提起されるなどして犯罪容疑を受
けている者についてであっても、その私生活上の行状に関するものである
場合」については、判断は慎重を要するとし、「犯罪容疑者であっても、
その私生活上の行状の摘示は、原則として公共の利益に沿うものではない
ところであるから、公共の利益に沿うことを理由に摘示が許されるのは、
一般的には犯罪容疑者の私生活上の行状のうち、犯罪事実に密接に関連す
る事実に限るものと解するのが相当である」と限定している。

　ただし同判決はかかる基準に付言して、

> 「犯罪容疑者の社会的地位、そのたずさわる社会的活動の性質及びこれ
> を通じて社会に及ぼす影響力の程度などに鑑み、その私生活上の行状を
> 公衆に知らせ、その批判にさらすことが公共の利益増進に役立つと認め
> られる場合には、犯罪容疑者の私生活上の行状のうち、犯罪事実に密接
> に関連しないものといえども、公共の利害に関する事実であると認めら
> れることもあると解される。」

と締めくくっている。

　前述の「月刊ペン事件」の最1小判の趣旨をふまえた判示だと思われ、
妥当な解釈だといえよう。

---

（注14）　判タ750号208頁。

**2** また東京地判1974（昭和49）年7月15日 [注15] は、「公共の利害に関する事実」とは、

> 「当該事実が多数一般の利害に関係するところから右事実につき関心を寄せることが正当と認められるものを指す」

といい、

> 「多数人の単なる好奇心の対象となる事実をいうものでない」

としている。

　同じ判断は、東京地判2001（平成13）年2月26日 [注16] 及びその控訴審判決である東京高判2001（平成13）年7月5日 [注17] でも示されている。

**3** 東京地判2015（平成27）年6月24日 [注18] は、上記**2**の判決と類似の定義をし、

> 「多数の人がその事実に関心を有していることのみでは足りず、その事実が多数人の社会的利害に関する事実で、その事実に関心を寄せることが社会的に正当と認められることを要する。」

という。

**4** 東京地判2001（平成13）年9月5日 [注19] は、「公共の利害に関する事実」とは、

> 「専らそのことが不特定多数人の利害に関するものであることから、不特定多数人が関心を寄せてしかるべき事実をいうもの」

だとした上で、

> 「単なる興味あるいは好奇心の対象となるにすぎないものを含むものではなく、一個人の経歴あるいは私生活上の言動等については、当該個人の社会的地位、活動等が公的なものであるような場合はともかく、そうでない場合には、特段の事情がない限り、公共の利害に関する事実とはいえないものである。」

と敷衍している。

---

（注15）　判時777号60頁。
（注16）　判タ1055号24頁。
（注17）　判タ1070号29頁、判時1760号93頁。
（注18）　判時2275号87頁。
（注19）　判タ1070号77頁、判時1773号104頁。

東京地判2006（平成18）年 5 月23日 [注20] も、これとほぼ同様の定義化及び敷衍をし、また、東京地判2018（平成30）年 1 月31日 [注21] も定義をこれと同じくしている。

**5**　名古屋高判2004（平成16）年 5 月12日 [注22] は、「公共の利害に関する事実」につき、

「その事実を公衆に知らせ、これに対する批判や評価の資料とすることが公共の利益増進に役立つと認められるもの」

をいうとし、

「私人の私生活上の行状であっても、社会への影響力の程度によって公共的な観点から必要な批判ないし評価の一資料となり、公共の利害に関する事実にあたる場合があり、その当否は、摘示された事実自体の内容・性質に照らして客観的に判断されるべきものである」

とする。


## 第 3 款　私行に関する事例

ここでは、「公共」性が認められる私行の範囲を画するにつき参考になる裁判例を挙げよう。

**1**　東京地判1985（昭和60）年 1 月29日 [注23] は、元世界チャンピオンの具志堅用高氏が所属していたボクシングジムの会長（原告）に関し、週刊誌が、同会長の租税逋脱の犯罪行為を摘示したほか、同会長が私利私欲のためにジム所属選手を酷使・搾取等したという事実を摘示したケースにつき、租税逋脱の犯罪行為の摘示が「公共の利害に関する事実」にあたることを認めたほか、それ以外の事実についても、

「プロボクシングの性格、原告の有する社会的地位ないしその言動の社会的影響力を考慮すれば、……一概に単なる一ボクシングジムの管理者とそのジム所属選手間の私契約関係にすぎないものとして律し去ること

---

（注20）　判タ1257号181頁、判時1961号72頁。
（注21）　判時2391号18頁。
（注22）　判タ1198号220頁、判時1870号29頁。
（注23）　判タ545号313頁、判時1160号97頁。

第 2 章　公共の利害に関する事実　　第 3 節　判例に見る「公共の利害に関する事実」　　*543*

ができない」

として、「公共の利害に関する事実」にあたるとした。

**2**　東京地判1996（平成8）年7月30日<sup>(注24)</sup>は、政務次官に就任した衆議院議員が、破産申立を受ける等の経済的紛争の渦中にあるとの事実摘示につき、議員・政務次官としての人格、識見を窺わせる行状であるとして、「公共の利害に関する事実」にあたるとした。

**3**　東京地判2010（平成22）年10月29日<sup>(注25)</sup>は、「週刊現代」が、元横浜市長の合コンやキャバクラにおける行状を記事にした事案に関し、

「本件各記事が掲載された週刊現代が発行された当時、原告は横浜市長の立場にあった者であり、国民は、そのような立場にある原告の資質や適性等を判断するに際し、私生活上のものも含め、その活動や発言等に関心を寄せるものである。

　そうすると、本件各記事は、政治家である原告の行状や発言……に言及しているものであり、本件各記事の摘示事実は、いずれも、公共の利害に関する事実に係るものである」

とした。

# 第4節　「公共」性が否定された事例

本節では、「公共の利害に関する事実」にあたらないとされた事例をいくつか挙げておきたい。

**1**　東京地判1981（昭和56）年6月30日<sup>(注26)</sup>は、詐欺の容疑で逮捕された会社代表者に関し、「逮捕されたときベッドにいた女」等の見出しでその女性関係に触れた週刊誌の記事につき、犯罪報道において摘示を許容される私行は「犯罪事実及びそれに密接に関連する事実に限られる」とした上で、本件摘示は公共の利害に関するものとはいえないとした。

---

(注24)　判タ935号166頁、判時1595号96頁。
(注25)　判タ1359号188頁。
(注26)　判タ447号93頁、判時1018号93頁。

*544*　第6編　名誉毀損の免責要件に関する諸問題その1　真実性・真実相当性の法理

**2** 東京地判1991（平成3）年9月30日[注27]は、殺人未遂容疑で逮捕勾留された いわゆる「ロス疑惑」事件の渦中の男性について、「女漁り」をしていたとの事実摘示をした週刊誌記事に関して判断した事例である。

判決は、犯罪容疑者の私生活上の行状に関し、公共性の判断基準を詳しく説示した。いわく、

「犯罪行為に関する事実は、それについて公訴が提起される以前であっても、公共の利害に関する事実にあたり、右犯罪事実に関連する限り、容疑者の経歴や私生活にわたる事実も、同様に解すべきである。」

としつつ、

「もっとも、公訴提起前の犯罪行為に関連する事実が公共の利害に関する事実とされるのは、右事実の公表により、犯罪捜査の端緒が与えられ、また不当な捜査怠慢・不起訴に対する公の批判を喚起することにあると解される。右趣旨に鑑みると、犯罪と関連する事実であるからといって、あらゆる事実の摘示が許されるわけではなく、時間の経過等により摘示される事実について公訴が提起される余地がなくなったなどの場合には、もはや右事実は公共の利害に関するものということはできないし、犯罪について事実を摘示することがなお公共の利害に関するものといいうる場合であっても、当該犯罪とは直接はかかわりがない容疑者の経歴や私生活上の行状に関する事実の摘示は、当該犯罪を評価するのに資する等当該犯罪と一定の関連を有する限度においてのみ、許容されうるものと解するのが相当である。」

とした。

そして本件の「女漁り」との事実摘示については、

「専ら原告の私生活上のいわゆる醜聞に関する事実を摘示するもので、本件容疑とは何ら関係がなく、また、これを評価するのに資するものでもないから、右醜聞に関する事実をもって、公共の利害に関する事実ということは到底できない。」

として、公共性を否定している。

**3** 東京地判1998（平成10）年3月4日[注28]もロス疑惑事件関連である。

---

（注27）　判タ771号193頁、判時1402号86頁。
（注28）　判タ999号270頁。

「ロス疑惑」事件で被告人となった男性に関し、女性を騙している等と摘示したテレビ放送に関する名誉毀損事件で、その内容は「殴打事件、銃撃事件とは直接の関連性のない原告個人の具体的な人物評であり、原告個人がそのような人格や過去を有する人物であるとの印象を一般視聴者に与えるものであって、およそ公共の利害に関するものとはいえ〔ない〕」とした。

**4**　東京地判1988（昭和63）年2月15日<sup>（注29）</sup>は、未曾有の消費者被害をもたらした豊田商事の会長（訴外N）の愛人であるとして写真週刊誌に顔写真入りで名指しされた女性が名誉毀損で訴えたケースにつき、

> 「訴外Nの愛人が誰であるか、また、どういう女性であるかというような事柄は、訴外豊田商事及び同グループの反社会的商法の実態とは何ら関係のない問題であり、そのような事柄を指摘することが訴外豊田商事及び同グループの悪徳商法の根絶につながるとは到底考えられないし、また、そうした目的のために訴外Nの人物像及び行状を解明するという観点からしても、右問題に関連する範囲において同人自身の人物像及び行状を指摘すれば足りるのであり、その愛人と目される女性について顔写真入りでしかも対象を明確に特定し得るような記述によつて摘示することがその解明にとつて必要性のあることであるとは到底認められない」

といい、「本件記事内容は、豊田商事問題それ自体とは何ら関連のない事柄であつて、その対象とされた事実自体は、豊田商事問題との関連における公共の利害とは何ら関係のない事実であ〔る〕」として、「公共の利害に関する事実」該当性を否定した。

　もっとも、この原告となった女性も豊田商事の関連会社の支店長だったのであり、メディアが真に豊田商法を批判したかったのであれば、この女性を取り上げるにしても、別の切り口があったであろう。

**5**　東京地判2001（平成13）年2月26日<sup>（注30）</sup>は、女優の大原麗子氏（原告・被控訴人）が近所とトラブルを起こしている等の事実摘示につき、「公共の利害に関する事実」とは、

> 「当該事実が多数一般の利害に関係するところから右事実につき関心を

---

（注29）　判タ671号163頁、判時1264号51頁。
（注30）　判タ1055号24頁。

寄せることが正当と認められるものを指すのであって、多数人の単なる
好奇心の対象となる事実をいうものではない。」

とした上で、

「原告は、日本において、著名な女優であることは当事者間に争いがな
いものの、私的な生活関係を明らかにする必要があるような社会的地位
にあるとの特段の事情は認められない。」

として、「公共の利害に関する事実」にはあたらないとした。

控訴審である東京高判2001（平成13）年7月5日<sup>(注31)</sup>でもかかる結論は
維持されている。控訴審判決では、女優の私的生活がなぜ原則として公共
性を帯びないかにつき、少し詳しく掘り下げられている。いわく、

「本件記事等が指摘する被控訴人の近所付合いに関する言動は、その内
容が被控訴人の芸能人としての立場に原因があるとか、その立場に影響
を受けているといえるものではなく、専ら著名な女優である被控訴人の
私的な市民生活上の出来事を取り上げて、芸能活動上の関心とは異なる
興味本位の関心をかき立てる性質の誇張された内容と表現であると認め
られる。したがって、……被控訴人が著名な芸能人であるからといって、
その情報が国民の個人としての自己の思想及び人格の形成、発展に資す
る性質のものであってその社会生活の中にこれを反映させていく上で不
可欠のものであるとはいい難く、それを報道することが公共性、公益性
を帯びるとはいえない。」

としている。

**6** 東京地判2001（平成13）年9月5日<sup>(注32)</sup>は、テレビ局のアナウンサーが
学生時代にランジェリーパブに勤務していた等の事実摘示につき、

「公共の利害に関する事実とは、専らそのことが不特定多数人の利害に
関するものであることから、不特定多数人が関心を寄せてしかるべき事
実をいうものであって、単なる興味あるいは好奇心の対象となるにすぎ
ないものを含むものではなく、一個人の経歴あるいは私生活上の言動等
については、当該個人の社会的地位、活動等が公的なものであるような
場合はともかく、そうでない場合には、特段の事情がない限り、公共の

---

（注31）　判タ1070号29頁、判時1760号93頁。
（注32）　判タ1070号77頁、判時1773号104頁。

第2章　公共の利害に関する事実　　第4節　「公共」性が否定された事例　　*547*

利害に関する事実とはいえないものである。」

との規範を前提として、

「テレビ局のいわゆる『女子アナウンサー』が、アナウンサーになる以前の学生時代にどのようなアルバイトをしていたかという事柄は、読者の単なる興味あるいは好奇心の対象となる事柄ではあっても、不特定多数人が関心を寄せてしかるべき公共の利害に関する事実とはおよそかけ離れたものであることは明らかであ〔る〕」

とした。

**7** 東京地判1992（平成4）年10月27日 <sup>(注33)</sup> は、大学の総長選挙に関する週刊誌記事において私生活上の行状等を書かれた同大学の常務理事に関する事例である。

公共性が否定された事実摘示は以下の5点である。

① 昭和46年頃会計課主任、会計課長の職にあった時に、職員の弁当を馴染みの店にまとめて頼んで利ざやを稼いだ。

② 医学部事務局長の職にあった時に、医学部長と大喧嘩をした。

③ 都内のマンションに女性を囲っていた。

④ パーティーの帰り道、女性職員にいたずらをした。

⑤ 財産形成に疑念がある。

判決は、①と②については、

「原告の従前の職務に関連する……〔①と②の〕記事は、原告の常務理事としての適格性に関連性を有し、総長選挙にも影響を及ぼすといえなくはないが、常務理事の職務に直接関連するものではなく、より重要性が低い会計課主任、同課長、医学部事務局長に在職中の過去の事象に関わるものであり、また、職務行為の不法不正を問題とするものでもないから、その関連性や影響はさほど強いものとは認められず、社会一般に及ぼす影響も少ないというべきである。したがって、仮にこれらの事実が真実であるとしても、それは学内における批判、自浄作用に委ねるべき事項であって、読者を……大学関係者に限定しない……〔本件雑誌〕に掲載する必要性は認められず、公共の利害に関する事実とは認められ

---

（注33）　判時1471号127頁。

ない。」
とした。

　また、③、④、⑤については、

「いずれも私人の私生活上の行状に関する事項というべきであって、総
長選挙と関連付けられて掲載されたとしても、公共の利害に関するもの
とは認められない。すなわち、右の各記事は、学内で、原告（ひいては
Ａ総長）に対する批判ないし反発が生じた理由を説明するものと位置付
けることができ、常務理事としての適格性判断に与える影響、総長選挙
との関連性は必ずしも否定されないが、原告の言動は、それが……大学
常務理事の職務行為又は職務に関連する限りにおいて一般社会に影響を
及ぼすというべきであって、常務理事の地位、職務との関連性が認めら
れない右各記事は、いずれも一般社会に影響を及ぼさない単なる私的な
事柄と解するのが相当である。」

として公共性を否定した。

　本件は、②や⑤についてそもそもこれが名誉毀損にあたるかという点に
疑問がないではなく、しかも公共性を極めて狭く解している裁判例である
といえる。

**8**　東京地判2007（平成19）年6月25日[注34]は、女優Ａと結婚して7か月後
に離婚をした会社社長（原告）が、女優Ａとの婚姻生活等について記した
週刊誌記事を名誉毀損であるとして訴えた事例である。

　判決は、

「本件記事は、結局のところ、私人（原告が公務員等のいわゆる公人又は
プライバシーを積極的に公開していくタイプの文化人、芸能人等であるとの
事実を認めるに足りる証拠はない。）の婚姻生活中のプライバシーに属す
る部分と婚姻生活の破綻に至る過程を記述したものにすぎず、……この
ような婚姻生活上の私的な出来事の記述が、公共の利害に関する事実に
当たるとか、公益を図る目的でされたとかいうのは、無理があるものと
いうほかはない。」

として公共性を否定した。

---

(注34)　判タ1260号301頁、判時1988号39頁。

**9** 東京地判2015（平成27）年 6 月24日[注35] は、週刊誌が、元プロ野球選手でタレントの長嶋一茂氏（原告）に関し、父長嶋茂雄氏に授与された野球関係の記念品等（本件物品）を本人に無断で売却して茂雄氏を激怒させたとの事実を摘示したケースにつき、

> 「本件物品は……法的には自由処分が可能な私人の所有物に過ぎないから、これが売却された事実及び経緯等は、……原告の家族内における私的な問題の域を出るものではない。」

として、「公共の利害に関する事実」にあたらないとした。

しかし、一茂氏は単なる元プロ野球選手ではなく、また、ただのタレントでもない。同氏は、全国ネットの情報番組のコメンテーターとして、政治・経済・社会問題につき自己の意見を縷々開陳し、他者を批判するコメントもしている人物なのである。そのような人物が、身内とはいえ茂雄氏に無断でその財産を処分したというのである。これは、理論的には財産犯も構成し得るものであり、そのような事件を単に「家族内における私的な問題」として「公共の利害に関する事実」にあたらないとした判断は、表現の自由・報道の自由の範囲を著しく狭めるものといわざるを得ず、適切とは思われない。

**10** 東京地判2009（平成21）年 8 月28日[注36] は、週刊誌が、「モーニング娘。」の元メンバー（原告Ａ）に関し、かつて交際関係にあった男性に慰謝料を請求して2000万〜3000万円の支払いを受けたのに、誠意が感じられないとして更に慰謝料を請求したとの事実を摘示したケースについて、

> 「この事実は、男女間の交際関係やその解消後の行動という私生活上の行状との性質を有する事柄であって、原告Ａの芸能活動やこれに関係する生活関係に関する記事とはいえない。また、……原告Ａが、アイドルグループ……の元メンバーであり、同グループ脱退後も芸能活動に従事しているにしても、公職ないしそれに準ずる公的地位にあるものではなく、また芸能活動自体は、一般人の個人的趣味に働き掛けて、これを通じて公共性を持つものであるから、必ずしも私的な生活関係を明らかにする必要があるとの特段の事情は認められない。」

---

（注35）　判時2275号87頁。
（注36）　判タ1316号202頁。

として「公共の利害に関する事実」にあたらないとした。

**11**　宮崎地都城支判2021（令和３）年４月16日[注37]は、派遣会社である原告会社と、同社を退社して新たに派遣会社（被告会社）を設立した被告Ａとの間で、被告Ａによる引き抜き行為の不法行為該当性（本訴）と、原告会社が被告Ａによる引き抜き行為を問題とする文書を派遣先企業に配布したことの名誉毀損性（反訴）が問題となった事案である。

　判決は、本訴について引き抜き行為の違法性を認める一方で、原告会社が派遣先企業に配布した文書の名誉毀損性が問題となった反訴につき、

　「上記文書に記載された内容は、原告と対立関係にある小規模な一企業にすぎない被告会社及びその代表者である被告Ａに関する事実及びその評価にすぎず、公共の利害に関する事実ということはできない。」

として事実の公共性を否定した。

　なお、本件では、「小規模な一企業にすぎない」ことをもって公共性が否定されているが、本件の文書の配布先は原告会社の派遣先企業、雇用スタッフ及び元従業員である。かように、原告会社と被告会社とが派遣会社として競合する中で、“被告らによる原告会社からの引き抜き”という不法行為に関わる関係先のみがその配布先となっていることからすると、配布文書の内容によっては、第２節の**2**（536頁）で述べたような相対的判断により、公共性が認められる余地もあったのではないかと思う。

**12**　以上のように公共性を欠くとされた場合、もはや真実性・真実相当性の免責要件を充たす余地はないのであるから、免責の有無という観点からいえば、摘示事実の真実性を審理する意味はない。しかし、摘示事実が真実であるか否かは、慰謝料額をいくらにすべきか、謝罪広告を命じるべきか、命じるとしてその内容をいかにすべきか等に影響を与えるので、摘示事実の真偽についても審理をする必要がある場合が多い。上記**4**、**5**、**6**、**8**、**9**、**10**の判決では、公共性を否定しつつ摘示事実の真偽も判断している。

---

（注37）　判時2528号78頁。

# 第5節　続報の法理

**1**　「続報の法理」なる言葉は皆さん初見であると思われる。私がここで勝手に言い始めた言葉であるので当然である。これから書くことは取り立てて「法理」とまでいえるものではないが、私が日頃気になっていることであるので、不完全なメモながらご一読頂ければ幸いである。

**2**　ある出来事について続報をした場合、仮にそれが名誉毀損にあたるとしても、続報であるということ自体で免責される……ということはあってよいのではないか。

　この点、続報自体に公共性がある場合には、これは通常の真実性・真実相当性の法理の適用の問題として解決可能であり、よって"続報の法理"などという代物をひねり出す必要はない。

　しかし、続報に公共性があるとは必ずしもいえない場合がある。

　たとえば、芸能人Aが結婚をした際にそれを報道した後、Aが離婚したというケースを想定されたい。芸能人が離婚をしたという事実は、公共の利害に関するとは直ちにはいい難いであろう。とすると、離婚の事実が人の社会的評価を低下させるという前提に立つと（注38）、Aの離婚の事実を報じた場合、名誉毀損が成立することになるのであろうか。

　Aが結婚した際には、Aはおそらく大々的に公表をし、おめでたい報道が芸能ニュースを彩ったであろう。つまり結婚時の報道はAの承諾の範囲内だといえる。

　他方、その後の離婚の事実についてはAは報道をしてほしくないかもしれない。しかし、Aの結婚を報じた以上、その後の状況の変化をメディアが報じることは、むやみに制約されるべきではないと思う。

　かかる価値判断を前提とすると、結婚の事実を報じた場合、その後の離婚の事実を報じたとしても、それは名誉毀損やプライバシー侵害にあたら

---

（注38）　離婚という事実が時代の流れとともに社会的評価を低下させるものといえなくなってきていることは9頁（第1編第2章第3節の4）で指摘した通りであるので、ここの例として適切ではなかったかもしれない。違和感のある向きには、（離婚の事実がプライバシーにあたることは争いがないであろうから）プライバシー侵害の事案に関する問題提起として読んで頂きたい。

ない、というべきなのではないかと思うのである。

　価値判断はそれでよいとして、問題は、そこへ導く論理である。

　思うに、当初の報道（結婚報道）がＡの承諾の範囲内でなされているという事情をふまえると、離婚をした場合にそのことを報じたとしても、それはＡの想定の範囲内であり受忍限度内だといえるのではなかろうか。

　かくして、続報であるとの一事をもって、受忍限度内であるとして免責を認めることはできないだろうか、というのが今の私の問題意識である。

3　いま私は、公共性を欠く場合になお名誉毀損の成立を阻却させる事由として受忍限度論を持ち出したが、これを場当たり的だと思う向きもあるかもしれない。

　しかし、真実性・真実相当性の法理はもともと、表現の自由の持つ民主主義的な意義が価値あるものであるとの前提の下に、摘示事実の公共性を要件として免責を認めるものである。つまり、被害者側でも行為者（加害者）側でもなく、第三者の側の事情（民主的な社会のために役立つという事情）をふまえて不法行為の成立を阻却し、もって被害者に受忍を強いるものである。かように第三者の事情をふまえて不法行為の成立を阻却する発想は受忍限度論と同じである[39]。真実性・真実相当性の法理はいわば、受忍限度論と同じ発想の審査を、個別的事情の比較衡量ではなく定義された要件へのあてはめ（定義的衡量）の手法で行なっているものであり、基本的な発想において受忍限度論と異なるものではないということができるのである。

4　以上、思いつきをざっと書いたが、仮に上記の思いつきに一定程度使い道があるとしても、「続報」の範囲をどう解するかは実際のところとても難しい。

　たとえば、（名誉毀損ではなくプライバシー侵害の例になってしまうが）数年前に売れまくっていた芸能人Ｂが、重篤な病に倒れたのち、今はひっそりと暮らしているという事実があったとしよう。この場合、「今はひっそりと暮らしている」という事実は「数年前に売れまくっていた」という事実の「続報」である、という理屈で、"Ｂは今ひっそりと暮らしている"

---

[39]　公害による侵害が受忍限度を超えない限り違法とされないのは、工場や空港の操業の社会的有用性という第三者の事情を考慮しているからである。

という事実を報じてよいものだろうか。

　これは、（記事作りにもよるが）"結婚"に対する"離婚"の事実とは異なり、報じることを適法視できないという意見の方が多いのではなかろうか。

　そうだとすると、"結婚"・"離婚"の「続報」関係は認めつつ、"売れていた"・"病気後に今はひっそり"の「続報」関係を認めないという一線をどこにどう引くかということが問題となる。

　この点、「続報の法理」というタイトルを大々的に掲げておきながら恐縮であるが、私は現在のところ、適切な線引きを見出すことができていない。

　つまり、「続報の法理」は、実務上使用可能な免責法理にはほど遠い状態である。

　よってこの問題は現在のところ結局、既存の、"被害者の推定的承諾"や"受忍限度論"から判断するしかないということになろう。

　"大山鳴動して鼠一匹"とはまさにこのことであるが、皆さんの何かの参考にはなるのではないかと思い、私の問題意識だけでも伝えようと一節設けた次第である。ご容赦頂きたい。<sup>(注40)</sup>

# 第6節　　「公共」性に関する私の理解

　公共性に関する章を終えるにあたり、最後に「公共の利害に関する事実」について私の理解しているところをまとめておきたい。

---

（注40）　なお、東京地判2015（平成27）年3月24日（公刊物未登載・東京地裁平成25年（ワ）第1021号）は、俳優高嶋政伸氏の元妻（原告）が、高嶋氏との離婚係争中の原告の言動を書いた「週刊女性」の記事が名誉毀損にあたるとして雑誌社を訴えた事案であり、判決は、

　　「本件名誉毀損表現は、いずれも、原告の私生活に関する事柄を内容とするものであり……公共の利害に関する事実に係るものとは認めることができない」

として、雑誌社の責任を認めた。

　この事案は、離婚したという事実が摘示事実なのではなく、離婚係争中の原告の言動を摘示しその内容が原告の名誉を毀損するとされたものであるので、仮に「続報の法理」の発想を肯定するとしても、その射程外のケースだということになる。

554　第6編　名誉毀損の免責要件に関する諸問題その1　真実性・真実相当性の法理

**1** 第1節（534頁）で述べたが、「公共」性の解釈は、表現の自由の価値をどのように捉えるかに関わる問題である。

私も、表現の自由の持つ意義には民主主義的な意義があり、この民主主義的意義こそが表現の自由を"優越的地位にある人権"[注41]と言わしめているゆえんであると考えている。問題は、その民主主義的な意義をどのようなものとして考えるかであるが、この点、国政や地方自治との関係での民主主義的プロセスを保障するもの、というように狭く考えてはいない。統治機構との関係における"治者と被治者との自同性"の確保、というように狭く解するのは妥当でないと思う。民主主義的な意義は、民族の自決、個人の自己決定等を含め、文字通り、「民」を「主」として社会をデザインしていく概念だと考える。

**2** 表現の自由の民主主義的な意義をこのように広く捉えると、名誉毀損にあたるとしても免責されるべき言論とは、当該情報を一般市民に開示し市民が議論をすることが、当該市民の発達や社会の発展に資するような言論を意味することになろう。

具体的にどのような言論がこれにあたるのかについては、一義的明確に定めうるものではなく、様々なファクターの総合衡量によらざるを得ないと思う。

（1） まず第1に、摘示され問題とされている人物の権力・権限の有無やその程度が考慮要素となろう。当該人物が権力・権限を有する者であれば、その社会の構成員に影響が及ぶことが必然であるので、そのような人物に関する事項は開示され、議論・批判の対象にされなければならない。国会議員、総理大臣、国務大臣、地方議会議員、地方自治体の長などが大きな権力・権限を有していることに異論はなかろう。また、企業・団体のリーダーなども、社内・団体内で権限を有しているという意味で、議論・批判の許容性は広くなるといえる。

（2） 第2に、法的・制度的な権力・権限はなくとも、社会や市民に対す

---

（注41） この「優越的地位」の意味をいかに解するかという点にも様々な考え方があるが、表現の自由は、他の人権よりも不当な制限を受けやすくかつ一旦制限を受けるとその自由の回復が著しく困難になることから、司法審査上、合憲性を他の人権よりも一層厳格に吟味しなければならない位置づけにある、という性質を「優越的地位」という言葉で表わしているのだと私は理解している（浦部法穂『憲法学教室〔第3版〕』（日本評論社・2016年）158頁）。

る事実上の影響力があるか否か、ある場合にその程度が考慮されるべきである。たとえば大企業の場合、企業外の社会・市民に対して法的・制度的な権力・権限を有しているわけではないが、その提供するサービスや商品によって社会・市民に対し事実上大きな影響を与えているといえる。また、宗教家の場合も、力が制度化されていなくとも、信仰を媒介にした事実上の影響力は大きいといえる。これら事実上の影響力が大きな場合も、その影響力に関連する事項は開示され、議論・批判の対象にされるべきであろう。

なお、"その影響力に関連する事項"であるかどうかをどのように判断するのかということが問題となりうるが、この点については、東京地判2015（平成27）年6月24日[注42]の説示が参考になる。同判決は、

「私人の私生活上の行状が公共の利害に関する事実といえるためには、多数の人がその事実に関心を有していることのみでは足りず、その事実が多数人の社会的利害に関する事実で、その事実に関心を寄せることが社会的に正当と認められることを要する。」

とした上で、

「その判断に当たっては、対象となる人物が携わる社会的活動の性質及びこれを通じて社会に影響を及ぼす影響力の程度に加えて、その事実が対象人物の社会的活動に対する批判又は評価の資料とするに値する事実であるかどうかという観点から、その事実と対象人物の社会的活動との関連の有無・程度等を考慮すべきものと解される」

と言う。この判決は、公共性の判断にあたって「その事実が対象人物の社会的活動に対する批判又は評価の資料とするに値する事実であるかどうか」という視点を提供しており、上記の"その影響力に関連する事項"であるかどうかは、かかる視点からも考察して判断をするのが適切であろう。

（3）　第3に、問題とされている者の地位が公選によるものか否かも考慮要素である。公選によるのであれば、その選択にあたっての適切な情報を流通させるために、公選の候補者に関する議論の自由は可及的に保障

---

（注42）　判時2275号87頁。

されなければならない。議員や地方自治体の長は公選によって就くものであり、全人格的な行動が市民にとり議論の対象とされるべきである。他方、権力を有していても企業のリーダーの場合、公選によって就くわけではないので、必ずしも全人格的な行動が評価の対象となるとはいい難く、公共性を帯びるのは、企業活動に関連した事項に限られるといえる。

　この、企業活動との「関連」性も、（２）で見た通り、「その事実が対象人物の社会的活動に対する批判又は評価の資料とするに値する事実であるかどうか」という視点からも考察して判断することになろう。

　かくして企業のリーダーの場合、公共性を帯びる事項が企業活動に関連した事項に限られるが、大企業のリーダーであれば、第２に挙げた影響力のファクターがあるので、結果的には極めて広い領域・事項について公共性を帯びることになろう。

（４）　第４に、問題とされている者の地位に、その人が自発的に就いたのか否かも考慮すべきである。自発的に就いた者であれば、その地位に就くことに付随して批判を受けることも認容すべきといえる。いわば被害者の承諾が推定されるのと同じような意味において、当該地位に自発的に就いた者に関する批判は、許容されてしかるべきであると私は思う。

（５）　第５に、摘示され問題とされている者が、法的手続によらずに反論することが可能か否かも考慮要素に入れるべきであろう。表現の自由の真理発見機能（開かれた議論によって真理への到達を容易にするという機能）に照らせば、反論が可能である者については、その者に対する批判を許容することによって真理への到達が容易になるという効果がもたらされる。したがって、反論可能性があることも、公共性を帯びる一判断要素である。第１、第２の要素の点で大きな力を有する者は、この反論の力も持っているであろう。その意味でこの第５のファクターは、第１、第２のファクターと重なり合う部分が多い。

（６）　第６に、以上のような人的なファクターを離れて、当該事象自体を開示し議論することが、市民の発達及び社会の発展に資するか否か、を最終的には考察しなければならない。これは、問いに対して問いで答えているようなものであるが、今のところこうとしか言いようがないと思

第２章　公共の利害に関する事実　第６節　「公共」性に関する私の理解　557

う。たとえば、発覚前の犯罪行為、重大事故・事件の予兆等は、早期に明らかにして議論の対象とされるべきという意味で、公共性を帯びるものといえる。

　では、既に発覚している犯罪行為はどうか。これまでは、犯罪報道がおしなべて公共性を有することはあたかも自明のことであるかのように取り扱われてきたきらいがある（注43）が、私は、これはさほど自明なことではないと思う（注44）。既に発覚している犯罪行為を深く掘り下げることにどのような意味があるのかを考えると、それは、そのような事件を解明することによって、今後より良い社会を作るための情報を得て議論する、ということなのだと思う。犯罪報道の意味をこのように捉えると、「そのような議論のためには、被疑者・被告人・犯罪者の実名までは必要ではない」ということにならざるを得ないと思う。ここで話は"匿名報道"論（第3編第2章第2節・第3節・298頁以下）とつながることになる。より良い社会を作るための議論にあたり、事件の原因を深く掘り下げることは必要だが、犯人がどこの誰かということまでが必要だという結論にはどうしてもたどり着けない。つまり犯罪報道において実名をさらすことに「公共」性はないといわざるを得ないのである。犯罪は一種の社会的病理現象といえるが、たとえば通常の身体的疾病（法定伝染病や生活習慣病など）についてメディアが取り上げるときに患者の人物特定事項をわざわざ持ち出す必要がないのと、私は同じだと思うのである（注45）。もっとも、議員が汚職をした場合など、被疑者・被告人・犯罪

---

（注43）　たとえば、田島泰彦「報道と名誉・プライバシー」田島泰彦＝右崎正博＝服部孝章編『現代メディアと法』（三省堂・1998年）81頁は、「犯罪・裁判報道」につき、特に限定することなく「公共の利害に関する事実」に含まれる旨述べている。

（注44）　「犯罪報道＝公共性」という図式が拡がっているのは、刑法230条の2第2項の存在が影響していると思う。しかし同条項が「公共の利害に関する事実」とみなすとしているのは、犯罪行為の中でも「公訴が提起されるに至っていない」もののみである。同条項の趣旨は、未発覚の犯罪につき捜査機関に捜査の端緒を与え、また、起訴されるべき事件が捜査の懈怠や事件の握りつぶしにより起訴されずに闇に葬られるのを防ぐという点にあるのであろう。公訴が提起され公開裁判による国民の監視が可能となった後では、その犯罪報道に認められる「公共」性は、公訴提起前のそれと同じとはいえないはずである。

（注45）　少年の実名報道が問題となった「週刊文春」事件（詳しくは第3編第2章第4節第5款第1・331頁）に関する差戻し後の名古屋高判2004（平成16）年5月12日・判タ1198号220頁、判時1870号29頁）は、「公共の利害に関する事実」該当性につき、
　「その事実を公衆に知らせ、これに対する批判や評価の資料とすることが公共の利益増進に

者であっても人物特定事項を明らかにすべき場合はあるが、それは、この第6のファクターではなく、前記第1から第5のファクターの結果によるものである。

**3**　多少長くなったが、「公共」性に関する私のイメージは以上の通りである。私は本書で「公的言論」という言葉をよく使っているが、上記のような問題意識を持って使っている。<sup>(注46)</sup>

---

役立つと認められるものであって、私人の私生活上の行状であっても、社会への影響力の程度によって公共的な観点から必要な批判ないし評価の一資料となり、公共の利害に関する事実にあたる場合があり、その当否は、摘示された事実自体の内容・性質に照らして客観的に判断されるべきものであると解される」
との規範を定立した上で、
　「本件のような凶悪かつ残忍で重大な犯罪事実及びこれに関連する事実は、客観的に見て社会への影響力が大であり、一般市民において関心を抱くことがもっともな事柄であると考えられるから、まさに公共の利害に関する事実というべきであり、犯人特定情報についても、……犯人が犯行時に少年であったことをもって、直ちに公共の利害に関する事実であることが否定されるものではない。」
として、少年の人物特定事項も公共性を有するとした。
　この殺人事件が「公共の利害に関する事実」にあたるという判断はその通りであろう。事件の背景や原因を究明することは、今後同種の悲劇を引き起こさないために必要なことといえる。しかし、当該事件の行為者の人物特定事項を明かすことがなぜ公共性を帯びるのかが分からない。上記判決はこの点につき全く説明をせずに単に結論を述べるのみであり、説得力があるとはいえない。
(注46)　以上述べたところは、もとより私が考え出したものではなく、ずっと以前からアメリカの判例理論を始めとして方々で語られてきたことを私なりに整理し直したものである。

# 第3章——目的の公益性

## 第1節　概説（この要件は必要か）

**1**　真実性・真実相当性の要件を充足するには、「専ら公益を図る目的に出た場合」でなければならない。

　かように表現行為の免責にあたって行為者の主観的目的を問題とすることの当否は、議論されてしかるべきであろう。公的言論の自由の保障を全うするにあたり、摘示事実の公共性と、真実性ないし真実相当性のほかに、更に行為者の主観的目的の公益性まで必要なのであろうか。

**2**　これは刑法的にいえば、主観的正当化要素を要求しているものといえるが、公的言論を保障する趣旨は、その議論を流通させることが一般の人びとや社会にとって有益だからである。とすれば、そのような有益な言論であれば可及的に流通させるべく、その内容の真実性ないし真実相当性のみ（つまり客観的違法性や故意・過失のみ）を問えばよいのであって、更に主観的正当化要素まで要求する必要はないのではなかろうか。

**3**　しかも、公益目的は、「専ら」存在しなければならない。つまり、字義通りに解すれば、私益が混入していればこの要件を充たさなくなるということである。

　もっとも判例は実際の判断ではそこまでストリクトな解釈はしておらず、「専ら」の2文字は半ば空文化している。

　たとえば大阪地判2008（平成20）年3月28日[注1]は、

---

（注1）　判タ1265号76頁、判時1999号3頁。

560　第6編　名誉毀損の免責要件に関する諸問題その1　真実性・真実相当性の法理

「書籍の執筆、出版を含む表現行為一般について、唯一の動機のみによってそれを行うことは実際上困難である。したがって、もっぱら公益を図るという要件は、他の目的を有することを完全に排除することを意味するものではなく、主要な動機が公益を図る目的であれば足りると解すべきである。」

として、「主要な動機」が公益目的であればよいといい、控訴審の大阪高判2008（平成20）年10月31日[注2]も同様の判断をしている。東京高判2020（令和2）年7月22日[注3]も同趣旨の判示をする。

仙台地判2013（平成25）年8月29日[注4]も、

「一般に、当該行為が専ら公益を図る目的に出た場合に該当するというためには、事実摘示の表現方法や事実調査の程度等の事情を考慮の上、事実を摘示した主たる動機が公益を図ることにあればよいものと解するのが相当である」

と言う。

**4**　事実の公共性を肯定する場合にはほとんどの場合に目的の公益性も肯定されている。

かかる現状をふまえてか、京都地判2002（平成14）年6月25日[注5]は、公共の利害に関する事実を記載している記事は「特段の事情がない限り、その目的は専ら公益を図るものであると認めることができる。」としており、また、名古屋高判2004（平成16）年5月12日[注6]も、公共の利害に関する事実については「特段の事情のない限り、公益目的の存在が推認される」とする。

こういった状況からすると、目的の公益性の要件は、「専ら」の2文字のみならず全体が半ば空文化しているといえなくもない[注7]。

---

（注2）　判時2057号24頁。
（注3）　判タ1495号111頁。
（注4）　判時2211号90頁。
（注5）　判時1799号135頁。
（注6）　判タ1198号220頁、判時1870号29頁。
（注7）　竹田稔『プライバシー侵害と民事責任〔増補改訂版〕』（判例時報社・1998年）299頁は、
「公共の利害に関する事実に係る報道は『公益を図る目的』でなされるのが通常であるといえるから、この要件が必要かの問題はあるものの実際的な影響は少ない」
と述べている。

第3章　目的の公益性　第1節　概説（この要件は必要か）　*561*

しかし、事実の公共性を肯定しながら目的の公益性を否定した事例も皆無ではない。

（1）　長崎地判1983（昭和58）年3月28日[注8]は、小学校の教員を非難するビラが配布された事件につき、ビラの内容は通知表をめぐる学校教育問題に関するものであるから「公共の利害に関する事実」にあたる、としつつも、

　　「本件ビラの組合所属教師に対する非難は、その言動に論理的な反駁を加えるというより、『ケチをつけて反対』『屁理屈をこねて』『愚かな抵抗』『教育権だ評価権だと次々に新型の用語を造り出す権力亡者』などの表現で専ら揶揄誹謗するもので被告の組合教師に対する反感ないし敵意の表出というべきものであつて、到底主として公益を図る目的の下になされた公正な論評ないし真摯な意見の陳述ということはできない。」

として、目的の公益性を否定している[注9]。

（2）　東京地判2022（令和4）年10月28日[注10]は、原告が警察官に路上で逮捕された状況を撮影して動画投稿サイト「You Tube」で公開したことの名誉毀損性が問題となった事案において、

　　「原告を白昼路上で逮捕する警察官の行動等に照らせば、現行犯逮捕をめぐる警察官の職務行為やその原告の行動に対する社会の関心は高いというべきである。したがって、本件逮捕動画は、公共の利害に関する事実に係るものである」

として事実の公共性は認めつつ、当該動画がその内容において、

　　「途中からテロップが付されているところ、警察官の発言として、『逮捕だYO！』、『変態だYO！』、『じゃねーんだYO』、原告の発言として、『え？（変態？）』、『メイシワタシマスカラ』などと表示されている」

ことを認定した上で、

　　「上記認定に係るテロップの内容や体裁を踏まえると、本件逮捕動画

---

（注8）　判時1121号106頁。
（注9）　もっとも、この判断は控訴審の福岡高判1985（昭和60）年7月17日（判タ567号180頁）でも維持されたが、上告審の最1小判1989（平成元）年12月21日（判タ731号95頁、判時1354号88頁）で覆され、目的の公益性は肯定された。
（注10）　判タ1513号232頁、判時2555号15頁。

562　第6編　名誉毀損の免責要件に関する諸問題その1　真実性・真実相当性の法理

は、『現逮（げんたい）』を『変態（へんたい）』と混同する会話の状況
など、白昼路上で逮捕された容疑者と警察官とのやり取りを、面白可
笑しく編集して嘲笑の対象とするものであるといえる。」

として、目的の公益性を否定した。

（3）他に、

①　東京地判1990（平成2）年1月30日[注11]

②　青森地判1993（平成5）年2月16日[注12]

③　東京地判1997（平成9）年3月25日[注13]

も、摘示事実は「公共の利害に関する事実」にあたるとしながらも目的
の公益性を否定している。

　これらの事例がある以上、やはり公益目的性が要件として必要か否か
は今後も議論されなければならないと思う[注14]。


# 第2節　　判断方法

**1**　目的の公益性の有無はどのように判断するべきか。

　この点につき東京高判1989（平成元）年9月5日[注15]は、

「事実の公表が著作によってされた場合には、目的の公益性の有無は、
当該著作全体の目的のみによって決せられるのではなく、当該事実自体
の公表が公益を図るために必要であったかどうかによるものというべき
である。」

としている。目的の公益性はそれぞれの事実摘示について個別に判断すべ
きということである。これは当然の指摘といえよう。このように解さない

---

（注11）　判タ730号140頁。

（注12）　判時1482号144頁。

（注13）　判タ960号229頁。

（注14）　浦部法穂『憲法学教室〔第3版〕』（日本評論社・2016年）173頁は、
　　　「主観的な目的を問題にしてその表現行為を抑制することは、国民の間での議論を妨げるこ
　　　とでしかないであろう」
　　　という。的確な指摘だと思う。

（注15）　判タ715号184頁、判時1323号37頁。

と、著作全体の目的が立派であればあとは何を書いても公益目的性が認められるというおかしなことになってしまうからである。

**2**　京都地判2013（平成25）年10月7日（注16）は、朝鮮学校の付近で拡声器を用いる等の方法によって行なわれたいわゆるヘイトスピーチに関する事案であるところ、判決は、被告の行為が学校のサッカーゴールを倒し、スピーカーの配線を切断し、朝礼台を移動させるという実力行使を伴うものであったこと、及び、街宣車を伴うという威圧的な態様によって行なわれたものであることを認定した上で、

「公益を図る表現行為が実力行使を伴う威圧的なものであることは通常はあり得ない。」

として公益目的性を否定した。

たとえば労働争議における言論の応酬などを想起するとき、実力行使を伴う言論であるからといって直ちに公益目的性がなくなるとは思えないし、また、威圧的なものであるからといって直ちに公益目的性がなくなるとも思えないが、本件の事案における被告の具体的な行為に照らした判断としては、この判決の判断は妥当であろう。

**3**　東京地判2010（平成22）年11月30日（注17）は、週刊誌による名誉毀損の事案に関して、原告が、"本件記事は、週刊誌を売らんがための利得行為であり目的の公益性はない"と主張したのに対し、

「読者の興味を引く記事を掲載して利益を上げようとする行為と公益を図る目的が矛盾するものではな……い」

とした。当然の判示だといえる。

たとえば週刊誌が某政治家による政治資金の私的流用の事実を摑んだとき、その事実を報道して週刊誌を売ろうと思うことは当然のことであり、公益目的と自己の利益を図る目的は両立するものである。

---

（注16）　判時2208号74頁。
（注17）　判タ1369号218頁。

# 第3節　表現への配慮の有無を考慮することの当否

**1**　下田大介 [注18] は、過失による名誉毀損 [注19] と公共性・公益性との関係について、

　「過失による名誉毀損において、『真実性』または『相当性』が証明されたとしても、表現に配慮することによって社会的評価の低下を避けることができる場合に、被告が免責されるのは不当である」

との価値判断を前提として、

　「表現を工夫することによって、社会的評価の低下をさけられるような事実は、あえてそれを摘示しなければならない事情を見出しがたいことが多いのではなかろうか。したがって、そのような場合には、『公共性』および『公益性』を厳格に判定すべきであろう。」

と言う。

**2**　下田の上記指摘には例示がないので、具体的にどういう場合を想定しているのかが分かりにくい面があるが、要するに、

　"表現を工夫することによって社会的評価の低下が避けられるなら避けろ"

ということを、公共性・公益性の解釈を通じて言っているわけである。

　そして、公共性・公益性の解釈について何を言っているかというと、

　"避けられるのに避けなかったのなら『公共性』・『公益性』を厳格に判断しろ"

と言うのである。

　しかし、公共性も公益性もあって真実ならばその事実を摘示することは正当化されるべきなのであり、そこに"表現に工夫の余地があるか"とい

---

（注18）　下田大介「事実摘示型名誉毀損の要件（抗弁）枠組みと不法行為法学の混迷」福岡大学法学論叢65巻4号756頁（2021年）。

（注19）　なお、下田がここで言う「過失による名誉毀損」がいかなる行為態様を指しているかというと、「必ずしも社会的評価を下げるとはいえない事実を摘示したところ、摘示者の意に反して対象者の社会的評価が低下したという場合……。つまり、情報の受け手である読者や視聴者の反応を見誤った」場合を指す（下田・前掲（注18）754頁）。

　　　ちなみに、過失の対象に関するかかる理解は、私見とは異なる（第2編第10章の**2**・126頁）。

う視点を持ち込むことは、表現者（被告）側の抗弁に更なるハードルを設けるに等しいのであって、表現の自由に対する過剰な制約になってしまうのではなかろうか。

表現に工夫の余地があろうとなかろうと、公共性・公益性は一義的に解釈すればよいのであり、工夫の余地の有無によって公共性・公益性の解釈の硬軟（厳格かゆるやかか）を変えるというのは、余計な考慮要素である。

そもそも、社会的評価の低下が避けられるかどうかは事実摘示の問題であり、公共性・公益性は抗弁の問題であって、両者は論理的には別の話である。前者の問題を後者を絞ることによって解決しようとするのは相当ではないと思う。

# 第4章——「公人」概念について

**1**　名誉・プライバシーと表現の自由との調整を考えるにあたり、当該言論の被害者が「公人」か否か、という問題提起がなされることがある。

　　たとえば、2004（平成16）年3月に、田中真紀子元外相の長女のプライバシーを侵害するとして「週刊文春」につき東京地裁から出版差止めの仮処分決定がなされたとき、「政治家の子は公人か私人か」という議論が方々でなされた<sup>(注1)</sup>。

　　しかし、日本の判例法理は、「公人か私人か」というように当該言論の被害者（主体）に焦点を当てた議論はせず、あくまでも、摘示事実が「公共の利害に関する事実」にあたるかどうかという、主体ではなく対象に焦点を当てた規範となっている。

　　したがって、「公人か私人か」という議論は、わが国においては、少なくとも法的にはあまり実益のある議論ではない。

　　そもそも、「公人か私人か」の区別を、名誉・プライバシーと表現の自由との調整のために議論するのであれば、当該身分や地位のみからの抽象的な概念区別では解決にならないであろう。名誉・プライバシーを犠牲にしても表現の自由が優先すべき事項を確定するための概念として持ち出すのであれば、「公人か私人か」の区別は、その人の家族的身分や社会的地位から一義的・静的に定まるものではなく、問題とされている事項の内容のほか、当該事項に対する本人の関与の態様や程度によって変わらざるを

---

（注1）　たとえば、「創」380号32頁（2004年）は、「最近の週刊誌はなぜ面白くないのか」と題する座談会記事においてそのものずばり「政治家の子供は公人か私人か？」という見出しを掲げているし、また、朝日新聞2004年4月9日朝刊では宮崎哲弥が、「公人と私人をどう区別するか。……最高裁には判例として示すことが求められている。」と述べている。

得ないと思う。

たとえば、「大学教授は公人か私人か」につき、一義的な答えは可能であろうか？

例として、理数系の権威のA教授に登場して頂こう。A教授が、女性関係にだらしない人だったとする。この場合A教授は、女性関係にだらしないという性癖をメディアに報じられても受忍しなければならないであろうか。女性関係につき人として潔癖であるに越したことはないが、いくら大学教授であるからといって、大学教授であるという一事をもって、女性関係の乱れをメディアに糾弾されるいわれはないのではないか。しかしその女性関係が、自己の所属する大学の職員や学生と、その優越的地位に乗じて結ばれている場合であれば話は別である。教授のそのような行動は、メディアに指弾されても仕方がないといえよう。[注2]

かように、名誉・プライバシーと表現の自由との調整は、人物の社会的地位や属性から一義的に図り得るものではないのであり、したがって、ある人が「公人か私人か」という議論は、もともと議論の立て方として不完全であると私は思う。

**2**　「公人か私人か」という問題設定の仕方は、アメリカの判例法理が公人か私人かによって名誉毀損の適用法理を異にする（前者の場合には現実の悪意の法理が妥当する。第7編第3章・673頁参照）ため、その議論の影響を受けているのであろうが、アメリカの「公人」概念も、言論の対象の公共性のほか、当該公共的な言論に対する本人の参加の性格や程度（任意に参加しているのか否か、議論において重要な役割を果たしているか否か等）などのファクターに左右されるのである。

「公人か私人か」という問題意識は、摘示事実が「公共の利害に関する事実」にあたるか否かの検討にあたり、"被害者の属性は重要な判断要素

---

（注2）　参考までに、仙台地判2002（平成14）年3月14日（判タ1183号253頁、判時1792号109頁）は、大学教授（原告）による学生へのセクシャルハラスメント行為を批判するパンフレットの名誉毀損性が争われた事案につき、「学生を教育する立場にある原告の大学教授としての適格性に関する事実は、公共の利害に関する事実である。」とした上で、原告がセクシャルハラスメント発言をしたとか酒に酔って女子学生に抱きついた等という摘示事実は「学生を教育する立場にある大学教授としての適格性に関する事実である」として、教授によるセクシャルハラスメント行為につき、事実の公共性を認めている。

568　第6編　名誉毀損の免責要件に関する諸問題その1　真実性・真実相当性の法理

の1つである”という注意喚起には役立つと思うが、それ以上に強調して論じる実益はあまりなく、もし論じるのであれば、私が555頁以下（第2章第6節「『公共性』に関する私の理解」の**2**）で挙げたような種々の考慮要素を検討しなければ意味がないと思う。

**3**　本章の最後に、「公人」性と「公共の利害に関する事実」の関係に関して若干の考察をする[注3]。

　2013（平成25）年に、テレビ界における大物司会者M氏の息子（といっても31歳の成人男性）が窃盗未遂の容疑で逮捕される事件が起こり、メディアが一斉にその事件と、M氏やその息子のこれまでの行状などを報じた。

　M氏は自身のマネジメントをする会社の社長でもあり、同氏を「公人」と見てよいことに間違いはないであろう。そういった公人の家族が事件を起こし、メディアがそれを報道した場合、真実性・真実相当性の法理との関係でどのように考えればよいか。

　この点、前述の通り、真実性・真実相当性の法理では、登場人物の「公人」性は直接的な要件とはされておらず、摘示事実が「公共の利害に関する事実」にあたるかによってその成否が決まるので、結局、摘示事実ごとに判断するしかない。

　たとえば、ここに「公人」として政治家Aがいたとする。その政治家Aの子Bが刑事事件などの問題行動を起こしたような場合、その子Bの行為を取り上げた記事が、当該政治家Aの資質の1つとしての教育能力を問題としているものであれば、公共性・公益性が認められるであろう。

　他方、問題行動を起こしたのが政治家Aの親Cであった場合、そのCの行為をただ単純に不行状として取り上げるようなものであれば、たとえ政治家であっても、親の不行状までとやかく言われる筋合いはないといえるので、公共性・公益性は認め難いであろう。しかし、その不行状に対して子である政治家Aがいろいろと手を尽くしたが奏功しなかった、という事実摘示であった場合には、公共性・公益性が認められる可能性は高いのではなかろうか。ただしこのケースの場合には、そもそも親Cの不行状が、成人して既に独立して政治家になっている子Aの社会的評価を低下させる

---

（注3）　類似の考察は66頁（第2編第6章第2節「死者に対する名誉毀損」の第6款第3の**5**）でも行なっているので、併せて参照されたい。

ものかどうかがまず問題となろう。

　更に、問題行動を起こしたのが政治家A自身である場合、Aを取り上げる限りにおいては、たとえその摘示によってそのAの子Bや、Aの親Cの社会的評価が低下することがあっても、公共性・公益性は肯定されるであろう。

# 第5章──真実性・真実相当性

## 第1節　真実性の証明の範囲

### 第1款　基本的な考え方

**1**　真実性・真実相当性の法理の第3の要件は、摘示事実の真実性ないし真実相当性である。即ち、同法理による免責を受けるには、公共性及び公益性の要件を充足するほか、更に、摘示事実が真実であると証明される（真実性）かまたは、摘示事実が真実であると信じるについて相当の理由（真実相当性）がなければならない。

　これは表現者側にとってはかなり高いハードルであるが、表現者としては、人の名誉を危殆にさらす以上根拠があやふやであってはならないということである。

**2**　しかし、摘示事実につき細大漏らさず真実性の立証の負担を課すると、反対に言論の萎縮につながりかねない。公共的な言論の自由は可及的に保障されなければならないはずである。

　かかる趣旨をふまえてのことと思われるが、最3小判1997（平成9）年9月9日[注1] は、真実性・真実相当性の法理につき、

　「事実を摘示しての名誉毀損にあっては、その行為が公共の利害に関する事実に係り、かつ、その目的が専ら公益を図ることにあった場合に、摘示された事実がその重要な部分について真実であることの証明があっ

---

（注1）　判タ955号115頁、判時1618号52頁。

たときには、右行為には違法性がなく、仮に右事実が真実であることの
証明がないときにも、行為者において右事実を真実と信ずるについて相
当の理由があれば、その故意又は過失は否定される」

とし、最1小判1966（昭和41）年6月23日<sup>（注2）</sup>が、

「摘示された事実が真実であることが証明されたとき」

としていたのに対し、

「摘示された事実がその重要な部分について真実であることの証明があ
ったとき」

とした。つまり、真実性の証明は、「重要な部分」についてなされれば足
りるとしたのである。

　かかる問題意識はその前の下級審裁判例で既に示されており、たとえば
福岡高判1985（昭和60）年8月14日<sup>（注3）</sup>は、

「掲載摘示された記事の真実性の証明については、報道の迅速性の要求
と客観的真実の把握の困難性等から考えて、記事に掲載された事実のす
べてにつき、細大もらさずその真実であることまでの証明を要するもの
ではなく、その主要な部分において、これが真実であることの証明がな
されれば足りるものと解するのが相当である。」

とし、真実性は「主要な部分」についてなされればよいという。

　また、大阪高判1986（昭和61）年11月14日<sup>（注4）</sup>も、

「新聞記事の内容が人の名誉にかかわるもの、ことに犯罪にかかわるも
のであるような場合には、記事はできる限り正確であることが望ましく、
いやしくもその内容に興味本位に走る等のため……公益の目的を逸脱す
るような不正確、非真実が存することは可及的に避けられるべきである
が、他方、新聞報道が本来有する表現の自由、迅速性の要請等もこれを
無視すべきではないから、……真実の証明については、当該記事内容の
すべてについて細大もらさず真実であることの証明を要求するのは相当
でなく、その主要な部分においてこれが真実であることの証明がなされ
れば足りると解するのが相当である。」

---

（注2）　判タ194号83頁、判時453号29頁。
（注3）　判時1183号99頁。
（注4）　判タ641号166頁、判時1223号57頁。

と指摘している。

**3**　2で挙げた2つの下級審裁判例は「主要な部分」と言うが、上記の1997（平成9）年最3小判は「重要な部分」としている。

厳密に言えば、「主要な部分」か「重要な部分」かは、同義ではないであろう。

具体的に検討すると、まず、「主要」であるということは、その記事における主な部分というニュアンスがある。換言すれば、その記事における中心的な内容は何か、というニュアンスがあるのであり、その帰結として、「主要」な部分というものは、1つの記事にそれほど沢山あるものではないように私には感じられる。

他方、「重要」であるという場合、記事の中心的な部分であるかどうかはともかくその記事中で内容において大事な部分という意味合いを帯びていると思われ、そうだとすると、そのように「重要」である部分は、1つの記事にいくつあってもおかしくないように私には感じられる。

更に言えば、「主要」かどうかの判断（その記事の中心的な内容は何かという判断）は、立場（書いた側か書かれた側か）によってあまり違いはないように思われるが、「重要」かどうかの判断は、書いた側と書かれた側とでかなり異なる場合もあろう。

たとえば、「1週間前に起こった傷害事件の容疑者としてAが逮捕された。Aは逮捕時にアイスピックを所持していた。」という新聞記事があったとする。この場合、新聞社側からすれば、この記事の「重要」部分は、傷害罪でAが逮捕されたという点にあると言うであろう。しかしAからすれば、「自分は無実だ。アイスピックも持っていない。アイスピックなどを持ち歩いているなどと書かれたら、まるで自分が危険で異常な輩であるようではないか。逮捕されたことを書かれたことまでは我慢するとしても、アイスピックを持っていたなどというこの誤報部分は見過ごせない。つまりこの部分こそが重要だ。」ということになろう。

つまり、書いた側にとっての「重要」性は、その記事によって何を訴えようとしたかということと同義となり、その帰結は、記事の「主要」性とさほど変わらない結果となろう。他方、書かれた側にとっては、記事の全体的な論調や各記述のウェイトの置き方とは関係なく、自分の名誉を毀損

している部分、とりわけ誤報の部分こそが「重要」だということになると思われ、かくして記事の「重要」性は、立場によって大きく異なることになる。

　私は、書かれた側の問題意識を一切捨象して当該記事の中心的な内容を論じることに意味はないと思うので、そのような思考に陥らないよう、「主要」と言わずに「重要」と言った方がよいと思う。よって、上記の1997（平成9）年最3小判が「重要な部分」としているのは妥当であると考える。

## 第2款　「重要な部分」の判断方法

**1**　「重要な部分」であるかどうかはどのように判断するか。

　私は前款で、"書かれた側の問題意識を一切捨象するべきではない"という趣旨のことを述べたが、そうかといって、書かれた側が「重要」だと主張したものが「重要」だ、とまで言うつもりはない。それではもはや法律判断ではないからだ。

**2**　この論点については、前款で挙げた1985（昭和60）年福岡高判（572頁）と1986（昭和61）年大阪高判（同頁）が明らかにしている。

　両者とも「重要な……」ではなく「主要な……」としているが、まず1985（昭和60）年福岡高判は、

　　「主要な部分かどうかの判断は、一般読者の普通の注意と読み方とを基準としてなされるべきであると解するのが相当である」

とする。また、1986（昭和61）年大阪高判も、新聞記事の名誉毀損性が問題となった事案において、

　　「当該記事の主要部分如何を判断するについては、前文、本文の内容のほか、見出しのレイアウトとその内容、写真の取扱い等を総合的に勘案し、これを一般読者が普通の注意と読み方で読んだ場合の印象を基準としてこれをなすべきである」

と説示している。

　更に、その後の大阪高判2012（平成24）年9月20日[注5]は、

---

（注5）　判タ1406号95頁、判時2184号42頁。

「本件記事の『重要な部分』『主要な部分』に当たるか否かは、本件記事の本文の内容、見出しの内容、レイアウト等を総合的に見て、一般読者が本件記事を読んだ際に通常受けると考えられる印象を基準として判断すべきである。」

と、1986（昭和61）年大阪高判と類似の判示をした後、

「記事の『重要な部分』『主要な部分』に当たるか否かは、……あくまで記事全体の中で、一般読者が普通の注意の読み方で読んだ場合に注目、着目する部分はどの部分であるかという観点で決するべきであ〔る〕」

とし、「重要」・「主要」かどうかは、一般読者を基準に判断すべきだという。

**3**　しかし私は、一般読者を基準に、即ち一般読者が注目・着目した部分をもって「重要」だとする見解には賛同できない。

そもそもこの問題は、被告の故意・過失の判断に関わる問題である。即ち、真実性の証明の対象を「重要な部分」という一定の範囲に限定するということは、それだけ被告の故意・過失の成立範囲を限定することになるわけであり、それは、被告の故意・過失をどこまで問うべきか（換言すると、表現の自由との兼ね合いでどこまで問うてよいか）に関する判断になるのであって、これは、表現の自由の保障との衡量も必要となる法律判断にほかならない。

法律判断である以上、これは裁判所の専権に係るものである。

これに対し、一般読者が注目・着目した部分をもって「重要」だと判断するということは、一般読者がどこに注目・着目したかという事実認定の問題となる。もとよりこの判断は、「一般読者」という観念的存在を措定した上での認定であり、また、事実認定には自由心証主義（民訴法247条）が機能するので、裁判所の判断の自由度がかなり大きいが、それでも、証拠に基づいて「一般読者がどこに着目・注目したか」を判断するものであり、結果として、裁判所が被告の故意・過失をどこまで問うべきか（どこまで問うてよいか）という規範的観点からの判断をすることができる余地はないことになる。それでは妥当な判断が到底できないであろうというのが私の思いである。

「重要な部分」であるか否かは、

- 摘示事実の内容（名誉毀損性の大小の判断も含む）
- 記事中における摘示事実の扱い（記事中で大々的に展開しているのか否かという観点）
- 摘示事実を立証する証拠の存否、存在するとしてその性質と内容（いかなる事実にいかなる証拠があるのかの観点）
- 摘示事実を立証する証拠の入手可能性（その事実を立証できる証拠は、通常入手できるものかどうかという観点）

等の事情をふまえ、裁判所が、"この名誉毀損記事について被告に責任を問うにあたってはどこまで立証を要求すべきか（要求してよいか）"という観点から判断すべきことだと私は思う。[注6]

## 第3款　真実相当性の証明の範囲

　以上、真実性の証明の範囲が「重要な部分」に限られることを見てきたが、それでは、真実相当性の証明の範囲も「重要な部分」に限られるのか。

**1**　この点、第1款の2（571頁）で挙げた1997（平成9）年最3小判[注7]は「摘示された事実がその重要な部分について真実であることの証明があったときには、右行為には違法性がなく、仮に右事実が真実であることの証明がないときにも、行為者において右事実を真実と信ずるについて相当の理由があれば、その故意又は過失は否定される」

としており、「右事実を真実と信ずるについて相当の理由があれば」とされているところの「右事実」とは、「摘示された事実」を指すと読める。

　よって、真実相当性の証明の対象は「摘示された事実」であって、「重要な部分」に限定されないように読める。

**2**　ところがややこしいことに、最1小判2005（平成17）年6月16日[注8]は、「事実を摘示しての名誉毀損にあっては、その行為が公共の利害に関す

---

（注6）　大橋正春「名誉棄損の成否──『一般の読者の普通の注意と読み方』について」松嶋英機ほか編『新しい時代の民事司法』（商事法務・2011年）513頁は、「真実性の証明の対象となる重要な部分は何か」を一般読者基準で判断することを「正当である」と言うが、私は反対である。

（注7）　最3小判1997（平成9）年9月9日（判タ955号115頁、判時1618号52頁）。

（注8）　判タ1187号157頁、判時1904号74頁。

る事実に係り、かつ、その目的が専ら公益を図ることにあった場合に、摘示された事実がその重要な部分について真実であることの証明があったときには、上記行為には違法性がなく、仮に上記証明がないときにも、行為者において上記事実の重要な部分を真実と信ずるについて相当の理由があれば、その故意又は過失は否定される」

とする。つまりこの最1小判は、「上記事実の重要な部分を真実と信ずるについて相当の理由があれば」としており、真実相当性についても証明の対象を「重要な部分」に限定しているのである。

**3** さてこれをどう解するべきか。

1997（平成9）年最3小判の判例解説[注9]は、真実性の立証の範囲について「重要な部分で足りる」という説明はしているが、真実相当性についてはそのような説明はしていない。かように、判旨のみならず判例解説に照らしても、上記最3小判が真実相当性の立証の範囲を「重要な部分」に限定していないことは明らかである。

他方、2005（平成17）年最1小判の事案と判断を見ると、真実相当性の立証の範囲を「重要な部分」に限定したことが結論に影響を与えているわけではなく、よって、同最1小判の判示のこの点に特段の意味があるとは思えない。

また、仮に同最1小判のように真実相当性も「重要な部分」にあれば足りるとすると、重要でない（けれども原告の名誉を毀損する）事実については、真実性のみならず真実相当性すら必要とされないことになる。つまり重要でない事実については、いい加減な取材とあやふやな素材に基づくものであっても免責されることになり、あまりにも被害者の保護に欠けるのではなかろうか。

よって、最1小判の判示の通り、真実相当性の証明の範囲については、「重要な部分」に限られないと解するべきであろう。

---

(注9)　最高裁判例解説・民事篇平成9年度（下）1158頁。

## 第4款　裁判例

　ここでは、真実性の証明の範囲に関して参考となった裁判例を検討する。

**1**　大阪高判1986（昭和61）年11月14日<sup>(注10)</sup>は、覚せい剤事犯を報道した新聞記事に関する事例であり、記事では、原告（被控訴人）がその取り扱いに関与した覚せい剤の量につき、8kgまたは20kgであると摘示されているが、真実性の立証に成功したのは1kgの範囲だったという事案である。

　判決は、

　「本件記事の内容中には、被控訴人の取り扱つた覚せい剤の量について証明された真実を越える不正確な部分の存することは認められるが、……本件記事においては、取扱量に関する部分はそれが大量であるという以上にその正確な量如何を眼目としたものではないほか、その他の記載部分は真実というに十分である」

として、「主要」な部分についての真実の証明があるものとした。

　「主要」性を一般読者基準で判断するにせよ、第2款の**3**（575頁）で述べた私見の判断手法によるにせよ、この結論は妥当であると思う。

**2**　大阪高判2012（平成24）年9月20日<sup>(注11)</sup>は、殺人未遂容疑で大阪府警に逮捕された被疑者A（原告）の逮捕の事実を報じた朝日新聞の記事の名誉毀損性が問題となった事案である。当該記事は、Aが逮捕された旨、及び、他に発生している類似の3件についても府警が関連を調べているとの事実を摘示したほか、逮捕時にAがアイスピックを所持していたとの記載もあった。

　かような事案に関して判決は、

　「本件記事の『重要な部分』『主要な部分』は、第1審原告が本件刑事事件の被疑者として逮捕され、大阪府警が過去の類似事件3件についても関連を調べる方針であることは明らかであって、……本件アイスピック部分は、上記主要な部分の補足的なものにすぎない。」

として、"アイスピックを所持していた"旨の摘示部分については真実性の証明を要求せず、結論において原告の請求を棄却した。

---

（注10）　判タ641号166頁、判時1223号57頁。
（注11）　判タ1406号95頁、判時2184号42頁。

しかし、かかる判断には疑問がある。

逮捕時にＡがアイスピックを所持していたという事実は、単なる逮捕の報に「補足」されているにしてはあまりにも異常な事柄である。私見によれば、原告について、ただ逮捕の事実を報じるのみならずあえてそのように異常な行動があった事実を摘示しているのであれば、その点について合理性のある証拠があってしかるべきであり、かかる事実摘示部分について真実性の証明の対象から外すのは著しく妥当性を欠く。

また、仮に一般読者基準で判断したとしても、逮捕時にＡがアイスピックを所持していたという事実は、読者が着目するであろうし読者の記憶にとどまるはずである。あるいは少なくとも、“そんな異常な奴なら本件をやったに違いない”という印象を読者に与えると思われる。したがって、一般読者基準で判断したとしても、「重要部分」「主要部分」にあたるといえるのではなかろうか。

3　東京地判2012（平成24）年12月19日<sup>(注12)</sup>は、会社の株主（被告）が代表取締役（原告）の名誉を毀損する文書を配布した事案である。文書で摘示された事実（本件摘示事実）は、“甲（原告）が故意に二重売買の契約をした”というものであったのに対し、被告は、真実性・真実相当性の抗弁として、“原告が取締役会の承認を得ないで自己取引を行ない、会社に約３億円の損害を与えた”との事実を主張・立証し、“原告が違法行為をしたことは事実なのだから、本件摘示事実に真実性が認められないとしても、「重要な部分」は真実である”と主張した。

これに対して判決は、原告が自己取引により会社に損害を与えた事実があることは認めながらも、

　「〔本件摘示事実と〕原告による取締役会の承認を得ない自己取引の事実とは、いずれも原告が取締役としての適格性に欠けるとの株主による判断を導き得るという点で同質であるにすぎず、社会的事実としては著しく異なる別個の事実である」

とし、自己取引の事実が認められるからといって本件摘示事実がその重要な部分において真実であるということはできないとした。

---

（注12）　判時2189号71頁。

これは当然の判断であろう。

Aという非行事実を摘示しておきながら、真実性の立証はBという非行事実について行ない、"いずれにしても原告が悪い奴であることに変わりはないのだから、摘示事実Aは真実だ"などという言い分が通ってよいはずがない。かような言い分が通るのであれば、何か１つでも立証可能な非行事実がある人に関しては、何でも書き放題ということになってしまう。

**4** 東京地判2008（平成20）年10月１日<sup>(注13)</sup>は、宗教法人幸福の科学に関する「週刊新潮」の記事の名誉毀損性が問題となった事案である。記事は「幸福の科学の『集団抗議』に怯える小学校！」等の見出しを掲げたものであり、内容は、"同法人の総裁の子が学校でいじめを受けた後、学校、教育委員会、都庁付近で学校や教委の説明等を糾弾する内容のビラが配布される等の同法人による『集団抗議』がなされ、学校関係者や児童、保護者が怯えている"というものであった。

判決は、「集団抗議」があったとの点（①）については真実性を認めた一方、学校の多くの関係者が怯えていたとの点（②）については真実性・真実相当性をともに欠くとして雑誌社に賠償責任を認めた。

①の点について真実性の証明を要求するのは当然であるとして、②ははたして「重要部分」といえるであろうか。

①のような集団抗議があれば、それに対して怯える（②）という事態は通常想定されることであるうえ、人が主観的に怯えたという事実を事後的に訴訟で立証することは容易ではない。

そもそも真実性の証明の対象を「重要」な部分に限定する趣旨は、第１款の**2**（572頁）で挙げた福岡高判1985（昭和60）年８月14日<sup>(注14)</sup>がいみじくも説示している通り、「報道の迅速性の要求と客観的真実の把握の困難性等」に鑑みてその立証の負担の軽減を図ったものであるはずである。

まして本件の場合、被告は、「怯えていた」者の存在についてある程度の立証をしていたようであり、しかるに判決は、被告のかかる立証に対し、「本件小学校に通う児童やその保護者の中に不安感を抱いていた者がいたことはうかがわれるものの、そのことから直ちに本件小学校の多くの

---

（注13）　判時2022号58頁。
（注14）　判時1183号99頁。

関係者がおびえていたとまでは認めることはできない」
として真実性を否定しているのである。これでは、上記福岡高判が排斥しているところの「記事に掲載された事実のすべてにつき、細大もらさずその真実であることまでの証明」を要求しているに等しいであろう。

②の真実性の立証まで要求している東京地裁の判断には賛同できない。


# 第2節　真実性の証明の対象


## 第1款　風評の摘示

**1**　風評を摘示した場合、真実性の証明の対象は、風評の存在か、あるいはその風評の内容たる事実か。

この点について、刑事の判例であるが、最1小決1968（昭和43）年1月18日[注15]で最高裁の態度が明らかにされている。事案は、「人の噂であるから真偽は別として」と留保しつつ、市長が50万円の餞別を受け取った、と摘示したケースであるが、最高裁は、

「『人の噂であるから真偽は別として』という表現を用いて、公務員の名誉を毀損する事実を摘示した場合、刑法230条ノ2所定の事実の証明の対象となるのは、風評そのものが存在することではなく、その風評の内容たる事実の真否であるとした原判断は、相当である。」
とした。

風評をそのまま受け売りするような言論を、その噂にのぼった者の名誉を犠牲にしてまで保護すべきとはいえないのであり、上記判断は正当といえよう。

民事の判例では、最1小判1964（昭和39）年1月28日[注16]が、

「本件記事には多くの箇所に『といわれている』『当局は言つている』などの表現がとられており、これによつて伝聞又は風聞である趣旨を示す

---

（注15）　判タ218号205頁、判時510号74頁。
（注16）　判時363号10頁。

ものとみられるが、事実を伝聞又は風聞として表現した場合においても、その内容である事実について違法性阻却の要件の有無を判断しなければならない。けだし、一定の具体的事実をみずから見聞し又は取材した事実として表現しようと、他人から伝聞した事実として表現しようと或は風聞として表現しようと、他人にその事実の存在を認識させる結果としては異るところがなく伝聞又は風聞の出所を表示したとき特にその出所が権威あるものであればみずから見聞し又は取材した事実として報道した場合よりもかえつて真実らしい印象を与えることにもなるからである。」

と一審が指摘し控訴審も是認した判断[注17]を、結論において是認している。

**2**　風評が摘示されている場合の判断方法に関する判例・裁判例は以上の通りであるが、風評形式の記事の場合におしなべて上記の判断方法が妥当すると解するべきではないであろう。要は、その記事がいかなる事実を摘示するものと読者が受けとめるかの解釈の問題なのであって、「風評形式だから」との一事によって判断方法が自動的に決まるわけではないと思う。

具体的に言うと、風評の存在を示した上で、その風評が事実であるという前提の記事であるなら、上記の各判示の通り、真実性の証明の対象は風評の内容たる事実となろう。

たとえば、

①　運動部のA監督には、女子選手に対するセクハラの噂がある。

②　そういうだらしない監督には辞めてもらわなければならない。

という記事である場合、②の結論は、①の風評の内容たる事実（セクハラ行為）が真実であることを前提としているから、①については、風評の存在ではなく、風評の内容たる事実（セクハラ行為の存在）を証明の対象としなければならないということになろう。

他方、

①　運動部のA監督には、女子選手に対するセクハラの噂がある。

②　A監督は、降って湧いたセクハラ騒動に頭を抱えている。

という記事である場合、②は、セクハラ行為が真実であることを必ずしも

---

（注17）　一審判決は東京地判1955（昭和30）年7月11日（判時59号5頁）。控訴審判決は東京高判1959（昭和34）年5月27日（判タ92号52頁）。

前提としていない記事作りである。このような場合には、①の部分については風評の存在を証明すれば足りよう。[注18]


## 第2款　疑いの摘示

**1**　犯罪容疑等、ある事実の疑いを報じた場合に、その事実の存在自体を証明しなければならないか。

　この点、東京高判2005（平成17）年5月31日[注19]は、

　　「特定の事実があったと断定的に報じる場合と特定の事実があり得る疑いがあると報じる場合とでは、当該特定の事実による名誉毀損の程度が異なり得ることは否定できないが、そのような程度の違いが、直ちに証明の対象の違いを導くものではない。」

といい、疑いを報じた場合であってもその事実の存在自体を証明しなければならないとする。

　東京地判2005（平成17）年5月13日[注20]も同旨である。同判決は、原告がある事件に関与した可能性があるとする週刊誌の記事につき、

　　「真実性の証明ありとして……違法性を欠くためには、原告……が同事件を実行した可能性があることを立証しただけでは足りず、被告は、原告……が……事件を実行したことを立証すべきである。」

という。

**2**　他方、疑いの存在を証明すれば足りるとする見解もあり、こちらの方が多数説であるといってよいのではなかろうか。たとえば東京地判1993（平

---

(注18)　刑事の名誉毀損罪に関する議論であるが、町野朔「名誉毀損罪とプライバシー」石原一彦ほか編『現代刑罰法大系3　個人生活と刑罰』（日本評論社・1982年）330頁に同旨の指摘があるので引用して紹介する。
　　「伝聞形式がとられ、あるいは、その真偽について一応の留保がつけられているにもかかわらず、その内容たる事実が真実であると主張されていると認められているときには、それが真実であることが立証されなければならない。……これに対して、あくまでも噂の存在のみを主張し、その内容たる事実の存在を主張していないと認められるときには、後者は名誉毀損罪を成立させる事実の摘示ではないから、その真実性立証の必要性は生じない。ただ、噂の存在自体が人の名誉を低下させるものであると認められる場合に、それが事実として立証の対象となる。」
(注19)　判時1968号139頁。
(注20)　判タ1228号232頁。

成5）年12月20日<sup>（注21）</sup>は、

> 「既に客観的な容疑のある逮捕被疑事実に密接に関連し状況証拠ともなり得る事実について、これを断定するのではなく、単にその疑いがあるという限度で報道したにとどまる場合には、名誉毀損の違法性阻却との関係では、右の事実の存在そのものを証明しなくとも、右報道の時点を基準にして、右事実についての合理的な疑いの存在を証明すれば、真実性の証明があったものと解するのが相当である。」

という。「合理的な疑い」という言葉遣いが、刑事訴訟における「合理的な疑いを超える証明」でいうところの「合理的な疑い」と似ていて紛らわしいが、この判決で言っていることは要するに、犯人であると疑うことが合理的であると認められる程度にその嫌疑の存在を立証することを要するとともにそれで足りる、ということである。

大阪地判2002（平成14）年9月30日<sup>（注22）</sup>も、

> 「犯罪行為自体の真実性が証明されなければ違法性が阻却されないと解することは、報道の自由ひいては国民の知る権利を不当に制約することになる」

として、真実性の証明の対象は、「合理的な嫌疑が存在したこと」であるという。

また、上記1で「事件を実行したことを立証すべき」とした東京地判2005（平成17）年5月13日の控訴審である東京高判2006（平成18）年3月29日<sup>（注23）</sup>も、原審とは異なり、

> 「どのような場合においても証明の対象を厳格に解して、一律に犯罪を行ったことが真実であることの証明を要求するのは難きを強いるものであり、しかも報道活動を萎縮させることにもなりかねない」

として、真実証明の対象は、犯罪行為自体の存在ではなく、その“可能性”や“疑い”でよいとしている。

更に、東京高判1992（平成4）年11月24日<sup>（注24）</sup>が、

---

（注21）　判タ842号176頁、判時1511号105頁。
（注22）　判タ1144号191頁。
（注23）　判タ1243号174頁。
（注24）　判時1445号143頁。

「当該記事が犯罪の疑形式の記事である場合、真実性の証明の対象は、容疑者が当該犯罪を犯したことであると解すべきであるか、あるいは容疑者が当該犯罪を犯した疑いがあることであると解すべきである……かについては、問題のあるところであるが、容疑者が当該犯罪の犯人として起訴されていることが主張・立証された場合においては、当該犯罪につき一審又は二審で有罪判決があってこれが確定していないときはもとより、有罪判決がない段階にあったとしても、真実性の証明があったものとして違法性が阻却されるとするのが、犯罪報道の自由と容疑者の基本的人権の調和を図るゆえんであると解すべきである」

としているのも、真実証明の対象は"疑い"で足りるとする趣旨であると解してよいであろう。(注25)

**3**　思うに、犯罪の容疑に限らず、社会問題とすべき疑わしい事件をメディアが察知した場合、当該問題自体の動かぬ証拠を摑んでいなくとも問題提起のために取り上げる必要があることは多いであろう。当該問題自体の動かぬ証拠がなければ書いてはならないというのでは、公的言論の活発性が阻害され、ひいては報道機関に対して疑惑追及報道をやめろと言うに等しい。

　したがって、真実証明の対象は"疑い"の存在で足りると解するべきである。(注26)

---

(注25)　他に、大阪地判2008（平成20）年12月26日（判タ1293号185頁、判時2034号77頁）も、「可能性」のみを指摘した場合において、真実性の証明の対象は「可能性」の存在でよいとしている。

(注26)　秋山幹男「名誉毀損訴訟──疑い報道・紛争報道と真実証明の対象」伊藤眞先生古稀祝賀論文集『民事手続の現代的使命』（有斐閣・2015年）1294頁は、
　　　「ある事実が存在する疑いがあるということが公共の利害に関する事実に該当し、疑いがあることを伝えることに社会的必要性がある場合が存在することは否定できない。このような場合は、ある事実が存在する疑いがあることを摘示した場合は、真実証明の対象は、当該事実が存在する疑いそのものでなければならないと考えられる。」
　　とする。賛成である。
　　　これに対し、成田喜達「犯罪報道と名誉毀損」竹田稔＝堀部政男編『新・裁判実務大系9　名誉・プライバシー保護関係訴訟法』（青林書院・2001年）95頁は、
　　　「少なくとも民事事件では、犯罪を犯したこと自体が証明の対象とされるべきであり、あとは摘示事実が真実であると信ずるについて相当の理由があるかどうかの問題とされるべきではないかと思われる。もっとも、一定の嫌疑の下に捜査当局が逮捕又は起訴に踏み切ったことを報道機関が報じた場合は、その嫌疑の下に逮捕、起訴がされた事実を証明すれば足りるであろう。」

**4** もっとも、真実証明の対象が"疑い"の存在で足りるといえるためには、記事自体が疑惑を提示するに止まっていることを要するのであり、"疑い"という言葉を用いつつも、それを超えて非行・汚職・犯罪等を敢行したという印象を読者に与えてしまう記事である場合には、当然のことながら、その非行・汚職・犯罪等を行なったという事実自体を証明しなければならない。

つまり、真実性の証明の対象は結局、当該報道がいかなる事実を摘示しているかにひとえに依存しているのであり、それは、一般読者の普通の注意と読み方に照らした記事の解釈によって判断されることになる。

その趣旨を明らかにしたものとして東京地判2015（平成27）年1月29日（注27）があり、下記判示部分は、その控訴審である東京高判2015（平成27）年7月8日（注28）も引用している。判決は、

「当該記事が直接的には事実を確定的なものとして摘示することなく、……そのような疑惑が存在することを指摘する場合であっても、一般読者の普通の注意と読み方を基準として、記事全体として、当該疑惑が特定の事実の存否に向けられたものであり、単に当該事実が存在する可能性を指摘するにとどまらず、あたかも当該疑惑が裏付けられているかのように読み取られるのであれば、その表現のいかんを問わず、当該事実を摘示したものとみるべきである。」

としている。

かように、"疑い"の存在を指摘する体裁の記事であってもその実質的

---

という。

　成田の上記論述は、前段で、"疑い"を報じた場合でも証明の対象は犯罪を犯したこと自体であるとすべきだとしながら、後段では、捜査当局による逮捕・起訴の報道の場合には逮捕・起訴の事実を証明すればよいとしているが、これは一貫性がない上、捜査当局の見解のみを偏重するものとの誹りを免れないであろう。

　また成田は前段で、真実性の証明の対象を"犯罪を犯したこと自体"だとしつつ、真実性を証明しきれない分は真実相当性の問題として判断すれば足りるとしている。成田は、これをもって報道の自由に配慮したつもりかもしれないが、犯罪を犯したこと自体の真実相当性の立証と、犯罪を犯した"疑い"の存在の立証とにはかなりの径庭がある（前者の立証のハードルの方が遙かに高い）と思われ、よって成田の上記見解は、報道の自由の保障には資するものでないといわざるを得ない。

(注27)　判時2285号58頁。
(注28)　判時2285号54頁。

な内容において事実自体が存在するような記述になっている場合には、真実性の証明の対象は当該事実の存在自体となる、ということである。

**5**　"疑い"を摘示する記事とひと口に言っても、どの程度の疑いを報じているかという、程度の問題もある。この点を東京地判2007（平成19）年12月10日[注29]は、

> 「捜査機関が疑いをもって捜査しているとの事実を摘示したものであるとしても、そのような疑いについては、実行された可能性が一応存在するという軽微なものから、相当程度の裏付けもあり、嫌疑が濃厚であるとされるような高度なものまで、その程度は様々である。そして、記事掲載の仕方や表現の方法等によって、いかなる程度の犯罪の嫌疑が存在するかについて一般読者が受ける印象も異なり、嫌疑が濃厚との印象を与えた場合には、被報道者の社会的評価は、大きく損なわれるものである」

と的確に指摘している。

　かように、記事が一般読者に与える"疑い"の程度に様々な段階があるとすると、真実性の証明の対象もそれに応じて変わってくる。この点、前述**2**の東京高判2006（平成18）年3月29日[注30]は、問題となったそれぞれの記事・見出しごとに、

- ・　5月15日号の見出しと本文記事は、原告が事件に関与した可能性があったこと
- ・　6月19日号の本文記事は、原告が事件に関与した可能性が高まったこと
- ・　6月19日号の見出しは、原告が事件を実行した疑いが極めて濃厚になったこと

を摘示しているものとし、その帰結として、被告（雑誌社側）は、それぞれその真実（相当）性を立証する必要があるとした。

　緻密でありかつ適切な判示であると思う。

**6**　以上、"疑い"の摘示について述べてきたが、メディアとしては、事実として書ける部分と推測に止まる部分を明確に分け、表現の仕方に注意し

---

（注29）　判タ1315号190頁。
（注30）　判タ1243号174頁。

つつ報じることが必要であり、そのような手法に留意して真摯な態度で報道をしている限り、上記の多数の裁判例の規範によればメディアは救済されることになると思われる。

## 第3款　提訴報道

**1**　民事訴訟を提起した際、原告や原告の代理人弁護士が記者会見を開いたり、訴状を記者クラブに配布したりし、報道機関がその提訴の事実を報道することがある。この場合において、当該民事訴訟で被告とされた人から、当該提訴報道が名誉毀損であるとして報道機関が訴えられることがある。

　たとえば、原告が「大学教授からセクシャル・ハラスメントの被害を受けた」として大学教授に対する民事訴訟を提起し、新聞社がその提訴の事実を報じた場合において、被告とされた大学教授が新聞社に対し、自分をセクハラの実行者として摘示したものであり名誉毀損にあたる、として損害賠償請求をするような場合である。

　このような提訴報道の場合、報道機関の真実証明の対象は、セクハラの事実自体か、それとも提訴された事実か。

**2**　この場合も、基本的な考え方は第2款「疑いの摘示」（583頁）の場合と同様である。

　即ち、一般読者の普通の注意と読み方に照らし、当該提訴報道が、単に原告による言い分を紹介したに止まるものか、もっと突っ込んで、提訴された内容自体があたかも真実であるかのような記事になっているかどうかで真実性の証明の対象が変わってくる。

　この点が問題となったものとして東京高判2006（平成18）年8月31日[注31]がある。"医師からセクハラ被害を受けた"という内容の患者による損害賠償請求訴訟を報じた新聞社が、後に当該セクハラ訴訟で勝訴した医師（原告）から、提訴時の報道記事が自身の名誉を毀損するものであるとして損害賠償請求等を受けた事案である。

　判決は、

---

（注31）　判タ1246号227頁、判時1950号76頁。

- 記事本文が、「訴状によれば……」「……という。」「……求めている。」等と、セクハラ事件の訴状の記載を引用する形式によりつつ、セクハラ行為があくまで提訴した者の主張する事実であることを明示して、その要点を記述したものであること
- 客観的かつ中立的な記述となっていること
- セクハラ事件を提訴した患者側の主張事実に信憑性があることを示唆するような表現や、当該医師を断罪するような表現が見当たらないこと

等の認定をし、それらの事情を総合した上で、

「本件記事は、一般の読者の普通の注意と読み方を基準とすれば、全体として、……原告がセクハラ……を理由に民事訴訟を提起されたとの事実を摘示したものと解されるのであり、……原告がセクハラ等の行為を行ったとの事実を摘示したものとみることは困難である。」

とした。

そして、新聞社の真実性の証明の対象は、原告がセクハラ行為を理由として患者から民事訴訟を提起されたという事実であるとし、かかる事実は真実であるとして原告の請求を棄却した。

**3** 提訴報道と似て非なる例として福岡高判1995（平成7）年12月15日 [(注32)] がある。これは、提訴報道ではなく、提訴を予定している男性を取材して、予定されている提訴の内容を報じた新聞社が、予定されている当該訴訟で被告と名指しされた団体から名誉毀損の損害賠償請求をされた事案である。

かような提訴"予定"報道の場合も、考え方は提訴報道と同様である。

「一般読者の普通の注意と読み方」に照らし、提訴予定者の主張する事実が真実であるという前提の記事となっているか、それとも提訴予定者の主張を紹介したに過ぎないと評価できる記事であるのかの問題だということである。

判決は、

「一般に、記事が、ある者の名誉を毀損する内容を含む第三者の意見を引用するという形式を装いながら、実際には右意見のとおりの事実があ

---

(注32) 判タ912号190頁。

ることを仄めかし、読者にそのような印象を抱かせることを主な狙いとしている場合には、右記事は、これを発表した者自身による事実の摘示、意見の開陳にほかならないから、そのような意見が存在するという客観的事実を記述したにすぎないという弁明は通用せず、名誉毀損の責任を免れ得るものではない。」

とした上で、当該事件の記事の内容、表現、体裁について検討をし、

「これが、問題の損害賠償請求訴訟において、一方の当事者……が主張しようとしている言い分の要約にすぎないことを理解することは極めて容易〔である〕」

として、当該事件については、摘示事実は"訴訟が提起される予定である"という事実だとした。

そして、提訴が予定されていたことは真実であるとして原告の請求を棄却している。

**4** 以上紹介した2件とも、個別の事案における認定判断の例に過ぎないが、いずれも参考になる裁判例である。

# 第3節　　真実性の証明の程度

真実性の証明はいかなる程度になされなければならないか。

これは、民事訴訟一般で議論されている証明度の問題であり、判例はいわゆる"高度の蓋然性"説に依拠しているといわれている。

即ち、最2小判1975（昭和50）年10月24日[注33]は、不法行為における因果関係の立証の証明度についてではあるが、

「訴訟上の因果関係の立証は、一点の疑義も許されない自然科学的証明ではなく、経験則に照らして全証拠を総合検討し、特定の事実が特定の結果発生を招来した関係を是認しうる高度の蓋然性を証明することであり、その判定は、通常人が疑を差し挟まない程度に真実性の確信を持ちうる

---

（注33）　判タ328号132頁、判時792号3頁。

ものであることを必要とし、かつ、それで足りるものである。」
としており、最3小判2000（平成12）年7月18日[注34] も同旨の判示をしている。

　かかる法理からいえば、真実性の証明も、特定の事実が存在したことを是認し得る高度の蓋然性の程度まで証明することを要することになろう。

　しかし、名誉権と表現の自由との比較衡量上、表現の自由の重要性が特に強調される場合には証明の程度を緩和することも是認されよう。

　東京高判2002（平成14）年5月23日[注35] は、公職者・公職に就こうとしている者・議員・公選の候補者に関する疑惑を追及する報道についての違法性の判断基準を緩和している。即ち、

　　「当該事実及び意見ないし論評が、公職にある者、公職に就こうとしている者、とりわけ国民による選挙等によって公の活動の場にその地位を得ようとする議員ないしその立候補者にかかる事柄である場合」
につき、

　　「民主的政治の土台としての表現の自由・報道の自由が最大限に尊重されるべきであるから、その者の公的行動は、更なる批判的追究にさらすため、できる限り公開されることが必要であり、新聞等マスメディアは、国民がそれらの者の公職者としての能力、資質、公共奉仕精神、廉潔性等人格的側面も公職者として適格性を議論したり、吟味できるようプライバシーにわたる生活行動部分も報道することが許されるべきであ〔る〕」
とした上で、

　　「真実性のある表明事実を主要基礎とし、その経緯事実や周辺事実から推論した表明事実について、真実であること、真実であると信ずるについて相当な理由があることの完全な証明がなくても、疑念、疑惑として合理的な根拠があり、国民、政党、議会等あるいは司直の手によって今後の更なる真実究明をする必要があることを社会的に訴えるために、これを意見ないし論評として表明することは民主的政治の維持のために許容されるべきであり、これを報道することは違法性を欠くものと解すべきである。」
とする。

---

（注34）　判タ1041号141頁、判時1724号29頁。
（注35）　判時1798号81頁。

要件として分かりにくい部分もあるが、公職者等の疑惑追及報道の場合、真実性のある事実を基礎としつつそこから推論した部分については、真実性・真実相当性についての完全な証明がなくとも疑念・疑惑として合理的根拠があれば足りるとするものであり、大幅に表現者側の立証の負担を緩和している。

# 第4節　真実性・真実相当性の判断基準時

**1**　真実性と真実相当性の存否は、いつの時点を基準に判断されるか。

　　最3小判2002（平成14）年1月29日<sup>（注36）</sup>がこの点について明らかにしている。

　　まず、真実性の判断基準時につき同判決は、次の通り判示して、事実審の口頭弁論終結時が判断基準時であるとする。即ち、

　　「裁判所は、摘示された事実の重要な部分が真実であるかどうかについては、事実審の口頭弁論終結時において、客観的な判断をすべきであり、その際に名誉毀損行為の時点では存在しなかった証拠を考慮することも当然に許されるというべきである。けだし、摘示された事実が客観的な事実に合致し真実であれば、行為者がその事実についていかなる認識を有していたとしても、名誉毀損行為自体の違法性が否定されることになるからである。真実性の立証とは、摘示された事実が客観的な事実に合致していたことの立証であって、これを行為当時において真実性を立証するに足りる証拠が存在していたことの立証と解することはできないし、また、真実性の立証のための証拠方法を行為当時に存在した資料に限定しなければならない理由もない。」

　という。

　　他方、同判決は、真実相当性の判断については、

　　「名誉毀損行為当時における行為者の認識内容が問題になるため、行為

————————————————

（注36）　判タ1086号102頁、判時1778号49頁。

592　第6編　名誉毀損の免責要件に関する諸問題その1　真実性・真実相当性の法理

時に存在した資料に基づいて検討することが必要となる」

とし、名誉毀損行為時を基準とすることを明らかにしている。

　真実性と真実相当性の各性質に照らし、いずれも当然かつ妥当な判示である。

**2**　書籍の公刊後に真実性を揺るがす事実が明らかになった場合、その後の出版の継続は不法行為の成否にどういう影響を与えるか。

　大阪高判2008（平成20）年10月31日[注37]はこの点を明らかにしている。即ち、

　　「発刊当時はその記述に真実性や真実相当性が認められ、長年にわたって出版を継続してきたところ、新しい資料の出現によりその真実性等が揺らいだというような場合」

につき、

　　「直ちにそれだけで、当該記述を改めない限りそのままの形で当該書籍の出版を継続することが違法になると解することは相当でない。」

とした。その理由として判決は、

　　「そうでなければ、著者は、過去の著作物についても常に新しい資料の出現に意を払い、記述の真実性について再考し続けなければならないということになるし、名誉侵害を主張する者は新しい資料の出現毎に争いを蒸し返せることにもなる。著者に対する将来にわたるそのような負担は、結局は言論を萎縮させることにつながるおそれがある。」

といい、更に、

　　「特に公共の利害に深く関わる事柄については、本来、事実についてその時点の資料に基づくある主張がなされ、それに対して別の資料や論拠に基づき批判がなされ、更にそこで深められた論点について新たな資料が探索されて再批判が繰り返されるなどして、その時代の大方の意見が形成され、さらにその大方の意見自体が時代を超えて再批判されてゆくというような過程をたどるものであり、そのような過程を保障することこそが民主主義社会の存続の基盤をなすものといえる。特に、公務員に関する事実についてはその必要性が大きい。そうだとすると、仮に後の

─────────────

（注37）　判時2057号24頁。

資料からみて誤りとみなされる主張も、言論の場において無価値なものであるとはいえず、これに対する寛容さこそが、自由な言論の発展を保障するものといえる。」

と述べ、結論として、

「したがって、新しい資料の出現によりある記述の真実性が揺らいだからといって、直ちにそれだけで、当該記述を含む書籍の出版の継続が違法になると解するのは相当でない。」

という。

しかし、出版の継続が違法になる場合もあり、その点について判決は、「もっとも、そのような場合にも、①新たな資料等により当該記述の内容が真実でないことが明白になり、他方で、②当該記述を含む書籍の発行により名誉等を侵害された者がその後も重大な不利益を受け続けているなどの事情があり、③当該書籍をそのまま発行し続けることが、先のような観点や出版の自由などとの関係などを考え合わせたとしても社会的な許容の限度を超えると判断されるような場合があり得るのであって、このような段階に至ったときには、当該書籍の出版をそのまま継続することは、不法行為を構成すると共に、差止めの対象にもなると解するのが相当である。」

としている。

**3**　**2**の2008（平成20）年大阪高判は、その説示も、出版の継続が違法になる場合の３要件も、非常に参考になる。

以下、この大阪高判の説示を参考に、具体的な展開を想定してみる。

（1）　まず、書籍の刊行後に新たな事実が明らかになったとしても、既に書店に並んでいるものについては、執筆者や出版社の責任に影響はない。執筆者も出版社も、新たに明らかになった事実に基づいて何らかの対応をする法的義務を負うことにはならない。書籍を回収する必要はないし、訂正の広報をする必要もない。かかる解釈は、大阪高判の、

「そうでなければ、著者は、過去の著作物についても常に新しい資料の出現に意を払い、記述の真実性について再考し続けなければならないということになる」

との説示に照らし、是認されるであろう。

594　第6編　名誉毀損の免責要件に関する諸問題その1　真実性・真実相当性の法理

（2）次に、当該書籍を増刷する場合はどうか。増刷にあたり、著者や出版社は、何らかの訂正等の対応をする義務を負うか。

　この場合であっても、大阪高判の上記説示に照らせば、著者も出版社も、原則として増刷時に特段の対応をする法的義務はないと解してよいであろう。大阪高判の前記説示に依拠して言うならば、著者の「〔初刷〕の時点の資料に基づくある主張」に対して、訂正を主張する側自身が「それに対して別の資料や論拠に基づき批判」をすればよいからである。これが"思想言論の自由市場"の正しいあり方だといえよう。

　ただし大阪高判は、例外的に、
　「①新たな資料等により当該記述の内容が真実でないことが明白になり、他方で、②当該記述を含む書籍の発行により名誉等を侵害された者がその後も重大な不利益を受け続けているなどの事情があり、③当該書籍をそのまま発行し続けることが、先のような観点や出版の自由などとの関係などを考え合わせたとしても社会的な許容の限度を超えると判断されるような場合」
には出版の継続が違法になるとするので、例外的にこのような要件を満たす場合には増刷時に著者や出版社は、一定の対応をする法的義務を負うことになる。

　大阪高判は要件を上記の通り３つ挙げるが、ポイントはやはり、１つめの要件の"真実でないことの明白性"であろう。明らかに真実でないことがはっきりした場合にはそれを訂正することが、事実に向き合う表現者としての倫理でありかつ法的な義務だといえよう。

　なお、ここでいう「一定の対応」として具体的に何をする必要があるかについては、著者側に相応の裁量が認められてしかるべきであろう。著者側は、真実でないことの内容及び程度、並びに「名誉等を侵害された者」の「重大な不利益」を慮りつつ、訂正、追補、解説、注釈の挿入その他、事案に応じて対応をするということになろう。

（3）以上、紙の出版物について考察してきたが、これがインターネット媒体である場合はどうか。インターネット媒体の場合、紙媒体の場合よりも記述の訂正が容易なので、訂正等の対応をすべき義務が認められやすくなるのではないかとも考えられる。

しかしやはり大阪高判の、

「著者は、過去の著作物についても常に新しい資料の出現に意を払い、記述の真実性について再考し続けなければならないということになる」

の説示は重いというべきであり、訂正が容易であるからといって著者側が訂正を迫られやすくなる解釈は採るべきではなかろう。

　もっとも、インターネット上で公表している限り、著者側には名誉毀損の訴訟を起こされるリスクがついてまわり(注38)、公表後に新たな事実が発覚した場合にはそのリスクが高まるわけであるから、そういった訴訟に巻き込まれないよう、リスク回避の意味で、著者側がネット上の記事の訂正を事実上迫られるということはあるであろう。

# 第5節　　立証責任の転換の可否

**1**　真実性・真実相当性の免責要件については、全て被告側つまり表現者側が主張立証責任を負うものとされており、かような責任分配が公的言論の保障に対する重大な脅威であるとの問題意識は第1章の**2**（533頁）で述べた。

　かような問題意識から、立証責任の原告側への転換を図る見解がある。

（1）喜田村洋一(注39)は、「公人」と「私人」とで名誉毀損の成立要件を分けているアメリカの判例法理（現実の悪意の法理）を説明した後、原告が誰であろうと常に報道機関側に免責要件の主張立証の負担を課すわが国の真実性・真実相当性の法理につき、「公人にたいする過大な保護と私人にたいする過小な保護という結果を生みだしている。」と評価する。そして、「公人」に対する報道は基本的に自由とされなければならないとの価値判断を前提として、「公人」に関する報道の場合に立証責

---

(注38)　385頁以下で述べた通り、インターネット上に記事がある限り被害者は少なくとも過去3年分の不法行為責任の追及はできると解される。

(注39)　喜田村洋一『報道被害者と報道の自由』（白水社・1999年）179〜206頁。

596　第6編　名誉毀損の免責要件に関する諸問題その1　真実性・真実相当性の法理

任を「公人」側に転換することを提案する。具体的には、免責の要件としては真実性・真実相当性の法理を維持しつつ、摘示事実が「公共の利害に関する事実」である場合には、書かれた側である原告（公人）の側が、公益目的の不存在や真実性・真実相当性の不存在を主張立証しなければならない、というのである。ただし、かかる立証責任の転換は、自ら望んで権力や権限を有する地位についた「公人」に対してのみあてはまるものであって、「公共の利害に関する事実」に該当するものであっても、犯罪報道における犯罪容疑者のように自ら望んでその地位に就いたのでない場合には、立証責任は転換されない、とする。

　かかる見解は、今日まで培われてきた真実性・真実相当性の法理の事例的蓄積を生かしつつ、公的言論の保障や私人の名誉権の保護を巧みに図るものとして、極めて示唆に富むものといえる。

（２）籾岡宏成[注40]も、やはり現実の悪意の法理を土台として、報道被害者（原告）が公職者または公的人物である場合には、

　Ⅰ　問題となった叙述が虚偽であったこと

　Ⅱ　被告である報道機関が（ⅰ）虚偽性について認識していた、または（ⅱ）真実性について一顧だにしなかったこと

を原告が立証しない限り、被告に名誉毀損責任を負わせないべきであるとの理論を提唱している。

（３）河上和雄[注41]は、不法行為法の一般原則から立証責任の転換を説く。即ち、

　「元来、民法709条の規定する不法行為の一般原則によれば、被害者つまり原告が、加害者つまり被告側に『故意又ハ過失』があったことを挙証する責任を負っている。」

　「名誉毀損が、公共の利害事項にかかわり、公益目的をもって行われたような場合には、言論の自由の占める憲法上の重要性は更に一段と高くなるべきものであり、その表現の自由を萎縮させないためにも相対的に、原告の名誉の要保護性はより低くなると解するのが当然であ

---

（注40）　籾岡宏成「メディアの寡占化と表現の自由」北海道教育大学紀要59巻１号69頁（2008年）。

（注41）　河上和雄「刑法と民法の交錯――名誉毀損の真実性の証明に関連して」北海学園大学法学部編『点換期の法学・政治学』（第一法規出版・1996年）266頁。

ろう。」

と述べた上で、

「不法行為法の伝統的枠組みの中で考える限り、少なくとも、公共的
事実に関する公益目的に出た名誉毀損については、原告側に、故意、
過失のあること、換言すれば、現在の判例が認める、誤信したことに
ついて相当な理由のなかったことの立証責任を認めることが論理的結
論ということになる。」

と言う。論旨明快である。（注42）

**2** 裁判例においても、立証責任の転換を認めたものがある。東京高判1994
（平成6）年9月22日（注43）である。

これは、百貨店で開催された美術品の展示即売会に、贋作の疑惑のある
美術品が出品されているとの週刊誌記事につき、百貨店が雑誌社を名誉毀
損で訴えた事案である。

判決は、

「名誉には、すべての自然人に認められるべき人間としての本質的な尊
厳性・価値、階層的社会の特定の地位若しくは特定の社会的役割に付与
される栄誉とこれらの地位に就き若しくは役割を果たす者の得る栄誉、
財産と同視しうる営業上の名声若しくは信用等があるのであり、これら
は、それぞれ社会的機能を異にし、したがって法的に保護されるべき程
度においても差異があってしかるべきものであり、また、そのいずれで
あるかにより言論の自由との関係においても調整の基準を異にすべきで
ある」

と、上記問題意識と同旨の問題意識に立つ。

そして、真実性・真実相当性の法理については、

「名誉又は信用を毀損したことを理由とする不法行為訴訟のすべての類
型に対してあまねく適用されるべき準則と解すべきではな〔い〕」

と述べ、類型ごとに立証責任を変えるべきことを示唆する。

---

（注42）　浜辺陽一郎『名誉毀損裁判——言論はどう裁かれるのか』（平凡社・2005年）195～197頁
　　　も、民主的な議論を活性化させるため、として「公人の報道や公共の事項に関する言論・報
　　　道」について立証責任の転換を提案している。

（注43）　判夕890号155頁、判時1536号37頁。

その上で本件においては、百貨店の側が、美術品の真作であることを立
証すべきであると結論づける。その理由として判決は縷々述べるが、その
中で、

　「百貨店の販売する商品につき贋作である又は表示されている品質より
　実際の品質が劣るものであること等の疑問があるとき、これを社会に知
　らしめるのはマスメディアの言論の自由に基づく重要な社会的機能の1
　つというべきであり、それを制限するについては慎重であることを要
　〔する〕」

と指摘しており、これは、公的言論の保障の観点から極めて的確な指摘で
あるといえる。

　他に真実性・真実相当性の法理の立証責任を転換した事例は見当たらず、
同判決は裁判例上ごく少数意見に止まっているが、公的言論におけるメデ
ィア側の立証責任の軽減については、今後真剣に検討されるべき事柄であ
ると思う。


# 第6節　　無過失責任論

　三島宗彦は、名誉を毀損される被害者の保護を強調し、真実相当性による
免責を認めず、報道機関には無過失責任を問うべしとする[注44]。

　三島は、真実相当性がある場合に被告人を刑事責任から解放することは妥
当とするが、「民事責任も同様だとする考え方には、いささかの飛躍があ
る」という。

　確かに、国家刑罰権の発動たる刑事責任と、損害の公平な分担を図る民事
責任とで、その免責のための要求の度合いを異にすることは、理論的にはあ
り得る解釈である。

　しかし、民事責任に止まるとはいえ、無過失責任を課すれば、公的言論の
萎縮は確実に生じるであろう。三島は、無過失の民事責任を課すことは、

---

[注44]　三島宗彦『人格権の保護』（有斐閣・1965年）274～276頁。

メディアに慎重な報道を促し、他方、言論が萎縮することはないと考えているようであるが、問題はそのように単純ではないと思う。

　メディアに無過失責任を課するということは、真実性の立証に成功しない限りメディアは民事責任を免れないということである。しかし、いくらマスメディアが市民に比べて豊富な人的物的資源を持っていたとしても、もともと強制捜査権も何も有していないのであるから、その情報収集能力には自ずと限界がある。表現の自由の真の保障の生命線は、権力批判を障害なくなし得るかにかかっているといえるが、権力組織内部の問題を、何ら強制捜査権を有しないメディアが、真実性の立証に成功するほど確実な資料・根拠をもって暴くことなど不可能に等しい。立証が不可能であれば民事責任を負うということになり、民事責任を負うようなことをメディアがあえてするとは思われず、それはとりもなおさず、そのような報道は控えるということになってしまうと思う。メディアが真実性の立証に成功しない限り民事責任を負うということになれば、それが公的言論であったとしても、名誉を毀損された者が提訴に及ぶことは増えると思われる。民事訴訟を提起されるという手続の負担だけでも相当なものである。三島の見解には、かような民事責任の重みや、訴訟手続それ自体の負担に対するイマジネーションが不足しているのではないかと思われてならない。

　私は、メディアに無過失責任を認めることには反対である。むしろ公的言論に対しては、立証責任の転換を図ったり現実の悪意の法理を適用するなど、報道する側により広い自由を認める解釈が必要であると考える [注45]。

---

（注45）　坪井明典「報道の自由と名誉保護との調和——相当性の法理の再考を」自由と正義56巻10号147頁（2005年）は、三島の無過失責任論とアメリカ最高裁の現実の悪意の法理を紹介した上で、「私人報道では無過失責任を、公人報道では緩やかな相当性の法理を」と言う。仮に坪井の見解を前提とすると、報道の対象が私人か公人かでメディアの注意義務の範囲が大きく異なり、その開きは甚大である。こうなってくると、「私人」と「公人」の区別が決定的に重要になろう。

# 第7節　真実相当性の認定に関する諸問題

## 第1款　はじめに

　真実性・真実相当性の法理の要件のうち、真実性が認められてメディアが
免責されるのは稀である。強制捜査権を有しないマスメディアが、動かぬ証
拠に基づいて真実性の立証に成功することは至難の業なのである。結果、免
責事例の多くが、真実相当性が認められた事例である。

　本節では、真実相当性の認定に関する諸問題を検討したい。

## 第2款　相当性の判断基準

**1**　真実相当性が認められるか否かは、事例ごとの個別の事実認定の要素が
強く、類型的な議論になじみにくい側面があるが、裁判例の中には、相当
性の存否の判断基準について触れたものがあり、一応参考になる。

　　一般的には、「報道機関をして一応真実と思わせるだけの合理的資料又
は根拠」があれば足りるとされている[注46]。

　　そのように解する根拠につき、東京地判1996(平成8)年2月28日[注47]は、
詳しく説示している。即ち、

　　「報道機関がどの程度の取材を尽くせば取材に係る事実が真実であると
　　信じるにつき相当の理由があるといえるかについては、報道・表現の自
　　由及び国民の知る権利と、取材を受ける側の名誉権との比較衡量におい
　　て決定される……。……強大な力を持った報道機関といえども、取材活
　　動につき特別の調査権限が与えられているわけではなく、自己の意思で
　　取材に応じない者から情報を入手する強制的な手段はないこと、民主主
　　義社会において報道の自由は重要な価値を持つこと、報道機関には言論

---

[注46]　東京高判1978（昭和53）年9月28日（判タ372号85頁、判時915号62頁）、大阪地判1984（昭
　　和59）年7月23日（判タ539号368頁、判時1165号142頁）、京都地判1990（平成2）年12月20日
　　（判タ752号188頁）、京都地判1991（平成3）年3月26日（判タ758号239頁）、東京地判1996（平
　　成8）年2月28日（判タ919号193頁、判時1583号84頁）など。

[注47]　判タ919号193頁、判時1583号84頁。

をもって社会の不正を告発し世論の批判にさらすという責務があること
等に照らせば、個人の名誉侵害に対する責任を追及するに急なあまり、
報道機関を萎縮させて報道の自由を損なうことのないよう配慮すべきで
あって、報道機関に対して、例えば検察官が被疑者を起訴する場合の如
く合理的な疑いをいれる余地がないほど高度に確実な質、量の証拠を収
集する義務を負わせるのは酷に失する。」

と指摘した上で、

「結局のところ、報道機関が取材に係る事実が真実であると信じるにつ
いての相当な理由があるというためには、報道機関にとって可能な限り
の取材を行い、報道機関をして一応真実と思わせるだけの合理的資料又
は根拠があることをもって足りるというべきである。」

と結んでいる。

**2**　東京地判2001（平成13）年3月8日[注48]は、真実相当性があるといえる
ためには、「信頼するに足りる……合理的な資料に基づき、相当な根拠が
あると判断するに足りる客観的な状況」が存在することが必要であるとと
もにこれがあれば足りるとしているが、これも結論としては、**1**で挙げた
裁判例と同趣旨のことをいわんとしているのであろう。要するに、その資
料の示すところが真実に合致していなかったとしても、"これを信用した
のであればやむを得ない"というような資料に基づいて真実であると信じ
たのであれば相当性ありとする、という趣旨であると思う。[注49]

---

（注48）　判タ1144号207頁。
（注49）　平井宜雄『債権各論Ⅱ　不法行為』（弘文堂・1992年）50頁は、報道機関以外（私人・団
体）については、要求される根拠資料の確実さの程度において、「報道機関よりもやや緩和さ
れたもので足りるであろう」という。
　　「真実性・真実相当性の法理」の真実相当性の判断につき、報道機関とそれ以外とで寛厳を
分けるという考え方であるが、そもそも"報道機関"と"報道機関以外"というものをスッキ
リと分けられるとは思えないし、また、「真実性・真実相当性の法理」の適用の手法に関し、
報道機関とそれ以外とで寛厳を分けることが相当であるとも思えない。
　　平井が「報道機関以外」の場合の事例として具体的にどのようなものを想定しているのか分
からないが、報道機関以外の者に対して「真実性・真実相当性の法理」をそのまま適用すると
適切な紛争解決にならないのではないかという懸念があるのであろう。そのような懸念は分か
るが、それは、非マスメディア型の事案において、様々な事情から、「真実性・真実相当性の
法理」を適用すること自体が相当でなく個別的な比較衡量によることが妥当だと思われる事案な
のではなかろうか。そして、その個別的比較衡量の中で、真実相当性の程度をどれくらい要求
するかという問題なのではなかろうか。畢竟、そのような事案の場合、「真実性・真実相当性

**3** 以上のような「合理的」な「資料」とまでいえるものはないけれども甚だ疑わしいということはあり、また、匿名を約束した者からの口頭での情報提供しかなく、よって法廷で「合理的」な「資料」を証拠提出できないというような事態はよくある。

そのような場合には、587〜588頁（第2節第2款「疑いの摘示」）で述べた通り、表現の仕方に留意しつつ、あくまでも"疑い"のレベルに止まるという限界を踏み越えないような筆致が必要であろう。

**4** 591頁（第3節）でも挙げたが、東京高判2002（平成14）年5月23日[注50]は、公職者・公職に就こうとしている者・議員・公選の候補者に関する疑惑を追及する報道については、表現の自由・報道の自由の保障の見地から、真実性・真実相当性の立証の負担を表現者側に対し大幅に緩和している。

即ち、

「真実性のある表明事実を主要基礎とし、その経緯事実や周辺事実から推論した表明事実について、真実であること、真実であると信ずるについて相当な理由があることの完全な証明がなくても、疑念、疑惑として合理的な根拠があり、国民、政党、議会等あるいは司直の手によって今後の更なる真実究明をする必要があることを社会的に訴えるために、これを意見ないし論評として表明することは民主的政治の維持のために許容されるべきであり、これを報道することは違法性を欠くものと解すべきである。」

と、真実性のある事実を基礎としつつそこから推論した部分については、真実相当性についての完全な証明がなくとも疑念・疑惑として合理的根拠があれば足りるとしている。

**5** 相当性の判断にあたっては、前述**1**（601頁）の1996（平成8）年東京地判が「報道機関にとって可能な限りの取材を行い」と指摘していることからも明らかな通り、取材の相当性が判断の重要なファクターになる。

この取材の相当性の判断について判断要素を詳しく挙げた裁判例がある。

---

の法理」を緩和して適用しても紛争解決の適正を期し難いと思われる（非マスメディア型の名誉毀損の場合の不法行為の成否の判断方法については、211頁以下を参照されたい）。

（注50）　判時1798号81頁。

東京地判1992（平成4）年7月28日 [注51] である。同判決は、取材活動の相当性の判断要素として、

　「取材の端緒、取材先、取材方法、取材内容、取材の結果及びその評価の諸点において相当性があったかどうかを判断すべきである」
と指摘している。

　「取材の端緒」においては、それが匿名の投書なのか、あるいは責任の所在がはっきりしている情報源なのか等が判断のファクターとなる。前者の場合よりも後者の場合の方が真実相当性を認める方向に向かいやすいが、前者であっても、それはあくまでも端緒に過ぎないのであるから、その後の取材によって相当性を獲得することはもとより十分に可能である。

　「取材先」においては、当該問題の解明にとり適切な取材先を選択しているかどうかが大きなファクターとなろう。上記東京地判で問題となったのは美術品の真贋であったため、真贋の鑑定を適切になし得る者に取材をしたかどうかが問題となった。

　「取材方法」は、たとえば、電話による1回限りの聴き取りなのか、直接対面しての聴き取りなのか、継続的に何度も会って聴き取りをしたものなのかなどが問題となろう。また、1対1での取材なのか、その場に他に誰かがいたのかも信用性に影響を与えるであろう。もっとも、1対1の方が信用性が高いか他に誰かがいた方が信用性が高いかは事案によって異なる。

　その余の「取材内容」「取材の結果」のファクターは、当然のことながら事案によって千差万別である。


## 第3款　相当性に関するいくつかの判断事例

**1**　横浜地判2008（平成20）年11月28日 [注52] は、テレビ報道による名誉毀損が問題となった事案において、反対当事者（当該報道で批判の対象となる者）に対する取材に関し、

　「本件のように、対立する当事者間の紛争について報道を行う場合には、

---

（注51）　判時1452号71頁。
（注52）　判タ1304号237頁、判時2033号52頁。

一方当事者の主張を取材するだけでなく、他方当事者の主張についても相応の取材を行い、他方当事者の主張の内容を十分に調査し、検討する必要があったというべきである。」

とし、反対当事者に対する取材の重要性を指摘している。

**2**　また東京地判1988（昭和63）年7月25日 [注53] は、やはり反対当事者への取材に関する説示として、

「報道される当事者が報道内容事実を事前に否定している場合には、右否定を虚偽、架空と断じ得る程度の資料が必要であり、これがなされていない限り、報道される当事者の主張を記事内に併記したからといって、報道者の不法行為責任を阻却し得るものではない。」

としている。

報道記事でよく見られる例として、反対当事者に対して形ばかりの取材をし、報道にかかる事実を否定するコメントを記事の末尾に記載して事足れりとしているようなものがあるが、反対当事者に対する取材としてはそれでは足りない場合もあるということである。

**3**　他方、福岡高判2013（平成25）年9月26日 [注54] は、市長のスキャンダルを報じた週刊誌に関する事案であるが、同誌の記者が市長に質問書を送付したのに対して市長が回答を拒否したという事実を事情の1つとして、週刊誌側に真実相当性があったとした。

判決は当該記事につき、報道機関としてなすべきことをなした結果の報道であると評価したということであろう。

**4**　大阪高判2015（平成27）年3月26日 [注55] は、名誉毀損の事案ではないが、西陣織による袋帯を紹介した新聞記事に誤報があった場合において、かような"新商品の紹介記事"につき、犯罪報道等の場合よりもメディア側の注意義務を軽減する判断をした判決である。判決は、

「新商品の紹介記事は、仮にその内容に誤りがあったとしても、犯罪報道や調査報道とは異なり、第三者の名誉や信用を直接毀損する可能性は低いというべきである。また、新商品の新規性に関する業者の説明が虚

---

（注53）　判時1293号105頁。
（注54）　判タ1418号116頁、判時2208号62頁。
（注55）　判タ1427号80頁。

偽であった場合には、早晩このことが発覚し、ひいては商品の売行き自体も先細り、さらには業界において、一定の制裁を受ける可能性もあると考えられる。」

とした上で、これらの事情をふまえ、

「業者の新商品を紹介する報道機関に求められる注意義務は、当該商品が消費者の生命、健康又は財産等に関わるものであって、当該業者の説明が真実でなかった場合に社会に与える影響が重大であるような特段の場合を除き、犯罪報道、調査報道の取材時におけるほど高度のものが求められると解すべきでなく、相当と思われるべき根拠があれば足りると解すべきである」

とした。

犯罪報道等の場合に要求される注意義務と、"楽しい話題"や"明るい話題"のときに要求される注意義務とに差等を認めたものであって、なるほどこういう考え方もあるのかと思う。

**5** 東京地判2019（令和元）年6月26日（注56）は、記事を捏造した等と論文に書かれた元新聞記者が原告となって、その論文の執筆者（被告Ａ）を訴えた事案である。

判決は、被告Ａが十数年前から繰り返し、公刊物において"原告が意図的に事実と異なる記事を書いた"旨を摘示した上で原告を名指しで批判していた、との事実を認定した上で、

「にもかかわらず、……原告は、平成26年8月に本件検証記事を掲載するまでの間、一切反論又は原告各記事についての説明をしてこなかった……。そのため、被告Ａが、被告Ａによる各表現をするに当たり、自身の主張が真実であると信じるのはもっともなことといえる。」

として、「捏造」等の記載について真実相当性があるとした。

この判断は明らかにおかしい。

この判決は畢竟、

"書かれた相手の反論がなければ真実相当性を認めてよい"

と言っているに等しく、これを被害者（原告）の立場に照らして言えば、

---

（注56）　判タ1479号217頁。

"虚偽を書かれた場合に反論をしなければ真実相当性が認められても仕
方がない"
と言っているに等しい。

　第2款の**1**（601頁）でも触れた東京地判1996（平成8）年2月28日[注57]
が真実相当性の判断基準につき、

　　「報道機関にとって可能な限りの取材を行い、報道機関をして一応真実
　　と思わせるだけの合理的資料又は根拠があることをもって足りるという
　　べきである。」

と判示している通り、真実相当性は、当該摘示事実にいかなる合理的な資
料・根拠があるかという観点から判断されるべきなのであって、相手が反
論したか否かという事情は、資料・根拠の合理性という観点からいえば、
あまりにも遠い事情である。

　世上、たとえ自分について虚偽や暴論を書かれても、レベルの低い記事
や論稿にはいちいちかかずらわないという対応をする人はいるのであり、
そのような対応が、虚偽や暴論の執筆者の真実相当性を基礎づける事情と
されるのでは、書かれた側はたまったものではない。


## 第4款　取材源による相違

　取材源を何に求めたのかにより、相当性の判断は大きく左右される。信頼
できる情報源であれば、それを信頼することに相当性が認められるのは当然
である。


### 第1　判決を資料とした場合

　判例は、判決につき極めて高度の信頼性を認めている。

　最3小判1999（平成11）年10月26日[注58]は、刑事判決を資料にして事実摘
示をしたケースにつき、次の通り判示し、原則として相当性を有するとした。

　　「刑事第1審の判決において罪となるべき事実として示された犯罪事実、
　　量刑の理由として示された量刑に関する事実その他判決理由中において

---

（注57）　判タ919号193頁、判時1583号84頁。
（注58）　判タ1016号80頁、判時1692号59頁。

認定された事実について、行為者が右判決を資料として右認定事実と同一性のある事実を真実と信じて摘示した場合には、右判決の認定に疑いを入れるべき特段の事情がない限り、後に控訴審においてこれと異なる認定判断がされたとしても、摘示した事実を真実と信ずるについて相当の理由があるというべきである。けだし、刑事判決の理由中に認定された事実は、刑事裁判における慎重な手続に基づき、裁判官が証拠によって心証を得た事実であるから、行為者が右事実には確実な資料、根拠があるものと受け止め、摘示した事実を真実と信じたとしても無理からぬものがあるといえるからである。」

　数多くの冤罪を生んでいる日本の刑事司法の現状を考えるとき、刑事判決に全幅の信頼を置くが如き上記判決の価値判断に諸手を挙げて賛同することは困難であるが、一国の裁判所の行なった刑事手続の結果をメディアが信頼した場合にその相当性を否定することはできないであろう。

　民事の判決の場合はどうか。民事訴訟の場合、処分権主義や証拠収集の限界等の制約があるため刑事判決と全く同等の信頼をおくことは難しい、という評価もあり得る[(注59)]が、他方、無辜を処罰することよりも犯人を放免することを恐れて有罪率99％を記録している刑事裁判よりも、そのような強迫観念を有しない民事裁判の方が信頼できるという考え方もあると思う。民事訴訟の判決の認定に真実相当性を認めた事例として、東京地判2004（平成16）年2月10日[(注60)]がある。

## 第2　警察発表に基づく場合

**1**　警察によってなされる記者発表に依拠して報道をした場合にも、判例は比較的緩やかに相当性を認める。

　かかる価値判断を明確に示した裁判例がある。東京地判1990（平成2）年3月23日[(注61)]である。同判決は、

　　「犯罪捜査にあたる警察署の捜査官が、捜査結果に基づいて判明した被

---

(注59)　潮見佳男『不法行為法Ⅰ〔第2版〕』（信山社出版・2009年）182頁は、本文で紹介した最3小判1999（平成11）年10月26日の判示につき、「弁論主義のはたらく民事事件の判決については妥当しない法理である。」という。
(注60)　判タ1159号254頁、判時1860号86頁。
(注61)　判タ744号157頁、判時1373号73頁。

疑事実を記者発表の場などで公にしたような場合には、その発表内容に
疑問を生じさせるような事情がある場合は格別、そうでない限りは、当
該事実を真実と信じたとしても相当な理由がある」

といい<sup>(注62)</sup>、その理由として、

「公式の発表があった場合、取材にあたる報道機関としては、捜査機関
が広範な権限を駆使して捜査活動を行い、証拠資料など十分な根拠に基
づき（反対証拠などとも比較勘案したうえ）当該被疑事実につき相応な確
信を得て発表に及んだものと受け止め、それを真実であるとして報道を
行なったとしても無理からぬものがある」

と述べ、

「常に事実の真偽について独自に調査・確認することを義務づけること
は、相当でない。」

としている。

　他方、警察発表があったとしても、その発表の範囲を超えてメディアが
自身の推測等を付加した場合には、その付加した部分についての相当性は、
もとより別問題である。神戸地判1996（平成8）年7月18日<sup>(注63)</sup>は、警察
発表の範囲を超えて摘示したケースにおいて、その超えた部分につき相当
性が認められないとして名誉毀損の成立を認めた。

**2**　以上に対し、捜査当局が公の発表をしていない場合は、上記のように公
の発表がなされている場合と判断を異にする。

　最1小判1972（昭和47）年11月16日<sup>(注64)</sup>は、生後3か月の嬰児（A）の
変死事件にあたり、「口を押え殺す？」等の見出しで、家族の誰かが殺害
をした疑いを報じた新聞記事につき、次のように判示して真実相当性を否
定した。

「捜査当局においてはその屍体解剖を終つたばかりで、未だ家族に対す

---

（注62）　那覇地判2008（平成20）年3月4日（判時2035号51頁）も、
　　　「犯罪捜査に当たる警察の担当者が、捜査結果に基づいて判明した事実を記者発表の場など
　　で公式発表した場合には、その発表内容が真実であるかについて疑問を生じさせるような具
　　体的な事情がない限り、上記発表に係る事実を真実と信ずるについて相当の理由があるとい
　　うべきである。」
　　と同旨の判示をしている。
（注63）　判時1599号120頁。
（注64）　判時687号48頁。

る事情聴取もすんでおらず、Aの死が単なる事故死であるという可能性
も考えられ、捜査当局が未だ公の発表をしていない段階において、上告
人らの誰かがAを殺害したものであるというような印象を読者に与える
本件記事を新聞紙上に掲載するについては、右記事が原判示の如く解剖
にあたつたB医師およびC刑事官から取材して得た情報に基づくもので
あり、同刑事官が署長と共に捜査経緯の発表等広報の職務を有し、右報
道することについて諒解を与えたとしても、被上告人新聞社としては、
上告人らを再度訪ねて取材する等、更に慎重に裏付取材をすべきであつ
たというべきである。これをしないで被上告人新聞社の各担当者がたや
すく本件記事の内容を真実と信じたことについては相当の理由があつた
ものということはでき……ない。」

　本件は、公の発表はなかったものの、担当記者は、広報担当であるC刑
事官に対して記事の内容について確認し、記事にすることの了解を得てい
た事案であった。かように捜査当局が殺人の疑いをかなり強く持っていた
としても、事態がなお流動的であり家族からの聴取もなされていないよう
な段階では、万一見込み違いであった場合には潔白の家族を殺人犯人呼ば
わりしたことになってしまうことを十分に考え、メディアにはかなり慎重
な態度が望まれるということなのであろう。(注65)

　最1小判1980（昭和55）年10月30日(注66)も、記者が捜査責任者への取材
はしているものの捜査当局からの正式な発表がないケースについて真実相
当性を否定している(注67)。

---

（注65）　浜辺・前掲（注42）84頁は、メディアに慎重な取材を求めたこの最1小判1972（昭和47）
　　年11月16日につき、
　　　「結果として、この判決の影響により、一部マスコミは調査報道をしないで、ただ当局の正
　　　式発表だけしか記事にしないような形になってしまった。今となって振り返ってみると、最
　　　高裁が報道機関に対して慎重な裏付け取材を要求した趣旨とは逆行して、司法記者クラブの
　　　問題とあわせて、大手マスコミの堕落をもたらす原因を作った判決となってしまったのでは
　　　ないかと思えてくる。」
　　という。浜辺のこの推測が正しいとするならば極めて由々しき事態であり、表現の自由の萎縮
　　的効果の恐ろしさを改めて感じるとともに、マスメディアの安易な姿勢には落胆を禁じ得ない。
（注66）　判タ429号88頁、判時986号41頁。
（注67）　捜査当局の正式な発表がない場合に相当性を否定した下級審裁判例として、東京高判1992
　　（平成4）年3月30日（判タ804号148頁、判時1417号67頁）がある。
　　　判決は、
　　　「記事として摘示された主要な事実が捜査機関に対する取材により得られた情報に基づく場

**3** 真実相当性の存否は個別の事案の判断の問題なので、捜査当局の公の発表がない場合でも真実相当性が認められた事例ももちろんある。

東京高判2022（令和4）年10月25日[注68]では、オウム真理教の元信者（原告・被控訴人）が、"自宅から「サリン」と書かれたノートが押収された"旨を新聞に書かれたことにつき、かかる摘示事実の真実相当性が問題となった。

判決は、

「記者は、オウム真理教をめぐる一連の事件の捜査情報を集約する要職にあった捜査員から、被控訴人がサリンについて言及していないが、サリンという単語が書かれたノートが押収された旨を聴取した上、『それは6月4日以降？』と質問したところ、『そうとってもらってかまわないが、それ以上は言わない』との回答を得たというのであるから、同月4日に被控訴人の自宅の捜索差押えが行われていたこと等に照らし、上記ノートが被控訴人の自宅から押収されたことは明らかであると考えたのは自然であって、控訴人においてそのように信じたことについて相当な理由があったものと認められる」

として真実相当性を認めた。

他方、本件の一審の東京地判2021（令和3）年10月27日[注69]は、

「〔ノート〕がどこから押収されたかという点が重要であるにもかかわらず、この点についての聴取も回答も得られていない。」

「押収場所が原告宅で間違いないかどうかについて更なる情報収集を要する状況にあった」

等と指摘して真実相当性を否定していた。

この件は判断が非常に微妙な事案だったということであろう。

---

合であっても、それが捜査当局の正式な発表に基づくもので当時の状況下においてその発表に疑いを入れる特段の事情もない場合であれば格別、単なる捜査官の談話、意見説明、見込み等に基づくだけでは足りないのであって、そのような取材については更にそれを裏付けるに足りる相当程度の確かな資料を必要とするものというべきである。」
とする。

(注68)　判タ1512号87頁。

(注69)　公刊物未登載（東京地裁平成30年（ワ）第30560号）。

## 第3　報道に基づく場合

既に他の報道機関が犯罪の嫌疑を報じている場合に、その報道を信じて記事化することは、真実相当性があるといえるか。

この点については最高裁が、報道を信じても相当性は充たさない旨を明言している。即ち、最3小判1997（平成9）年9月9日[注70]は、

「ある者が犯罪を犯したとの嫌疑につき、これが新聞等により繰り返し報道されていたため社会的に広く知れ渡っていたとしても、このことから、直ちに、右嫌疑に係る犯罪の事実が実際に存在したと公表した者において、右事実を真実であると信ずるにつき相当の理由があったということはできない。けだし、ある者が実際に犯罪を行ったということと、この者に対して他者から犯罪の嫌疑がかけられているということとは、事実としては全く異なるものであり、嫌疑につき多数の報道がされてその存在が周知のものとなったという一事をもって、直ちに、その嫌疑に係る犯罪の事実までが証明されるわけでないことは、いうまでもないからである。」

という。至極当然かつ妥当な判示である。最2小判1998（平成10）年1月30日[注71]も、

「ある者に対して犯罪の嫌疑がかけられていてもその者が実際に犯罪を犯したとは限らないことはもちろんであるから、ある者についての犯罪の嫌疑が新聞等により繰り返し報道されて社会的に広く知れ渡っていたとしても、それによって、その者が真実その犯罪を犯したことが証明されたことにならないのはもとより、右を真実と信ずるについて相当の理由があったとすることもできない。」

という。

## 第4　専門家の意見に基づく場合

専門家の意見に基づく場合に真実相当性は認められるか。

これは事案によって千差万別であると思われるが、ここでは、刑事事件に対する、法律専門家である弁護士の意見をもって真実相当性を充たすといえ

---

（注70）　判タ955号115頁、判時1618号52頁。
（注71）　判タ967号120頁、判時1631号68頁。

るかが問題となった東京高判2008（平成20）年10月9日[注72]を取り上げる。

　事案は、医師（原告）が医療行為について業務上過失致死罪で起訴され、一審で無罪となった際、その無罪判決を報じるテレビのニュース番組が、法律専門家である弁護士のコメントを放送し、そのコメントが原告の名誉を毀損するものであった、というものである。

　判決は、

「テレビ報道番組において紹介された有識者、専門家等のコメントが刑事被告人、犯罪の被害者その他の関係者の名誉を毀損するものであるときには、当該番組の制作者は、それが有識者、専門家等のものであるとの一事をもってしては、有識者、専門家等のコメントにより摘示されたものと認められる事実や、意見ないし論評の前提としている事実の重要な部分に確実な資料、根拠があるものと受け止め、同事実を真実であると信じたことに無理からぬものがあるとまではいえないのであって、当該番組制作者に同事実を真実と信ずるについて相当の理由があるとは認められないというべきである」

とした。

　弁護士は確かに法律専門家であるが、特定の刑事事件について被告人を責めることができるかどうかは、いくら法律の知識がありかつ法解釈の能力があろうとも、証拠を精査しなければ分からないことである。したがって上記の判示は妥当だといえる。

　専門家の意見とひと口に言っても、何の専門家が何について意見を述べているのかによって事情は全く異なるのである。


# 第5款　取材源の秘匿の取扱い

　公権力のありように鋭く切り込む報道であればあるほど、情報の入手は難しい。そのような中で報道機関がなお情報を手に入れるには、情報提供者との間に信頼関係を築くことができていなければならない。そしてその信頼関係を築き維持するためには、報道機関が情報提供者を守る必要があり、かか

---

（注72）　判タ1286号170頁。

る要請から、ニュースソースを明らかにしないこと、即ち取材源の秘匿が、報道機関の職業倫理上の鉄則とされている。かくして取材源の秘匿は、報道が力を発揮するための生命線であるといわれている。

　最高裁も取材源の秘匿の重要性にはある程度の理解を示しており、最３小決2006（平成18）年10月３日<sup>(注73)</sup>は、記者が法廷に証人として出頭させられたとしても一定の場合には取材源にかかる証言を拒絶することができるものとしている。

　もっとも記者は、取材源に関する証言を拒絶できるだけであって、そのように証言を拒絶することによって生じる事実上の不利益からは保護されないというのが裁判例の結論である。

　即ち、報道機関が摘示事実の真実性・真実相当性を立証するためには、取材源がいかに信頼できる筋の者であったかを立証することが極めて有効になるが、報道機関は取材源秘匿の職業倫理に基づき、その肝心の取材源を明らかにしない。このため裁判所は、取材源の信頼性についての判断のしようがなく、結果として、真実相当性を否定する判断に向かいやすいこととなる。

　たとえば東京地判1994（平成６）年７月27日<sup>(注74)</sup>は、

　　「被告及び右証人らが、取材源を具体的に明らかにしないのは、報道機関
　　として取材源秘匿の要請があることによるものであり、そのこと自体は
　　民事訴訟においても尊重されるべきである。しかしながら、そのことは
　　取材源についての釈明や証言の拒絶等が許容されるという範囲にとど
　　まらざるを得ないのであって、相手方当事者、特に本件のように記事によ
　　り名誉を害された者の不利益においてその主張、立証の程度を緩和する
　　ことはできないものといわざるを得ない。」

とする。

　大阪地判2010（平成22）年10月19日<sup>(注75)</sup>はもう少し詳しい説示をしており、

　　「報道の自由を確保するために、報道機関の取材源の秘匿が民事訴訟にお
　　いても尊重されるべきであることは当然である。しかしながら、そのこ
　　とは取材源に関する釈明や証言の拒絶等が許容されるという範囲にとど

---

（注73）　判タ1228号114頁、判時1954号34頁。
（注74）　判タ865号238頁、判時1533号71頁。
（注75）　判タ1361号210頁、判時2117号37頁。

まらざるをえず、実際に報道対象者の名誉が毀損されている以上、その名誉を毀損した者が報道機関であるからといって、報道対象者の不利益において、真実性又は真実相当性に関する事実の主張、立証の程度を緩和することはできない。」

と述べた上で、

「したがって、報道機関としては、真実性又は真実相当性を抗弁として主張する以上、具体的な取材源を明らかにしないにしても、せめて真実性・真実相当性を認められる程度の具体性のある主張立証をする必要があるというべきであるから、それをしない以上は、真実性又は真実相当性に関する抗弁を認められなくてもやむを得ないものというほかない。」

という。

真実性・真実相当性の立証責任を報道機関側に負担させている限り、このような解釈は避け難いであろう。(注76)

しかし、メディア側に取材源の秘匿を認めても、それによって生じる不利益をメディアに負わせるのであれば、取材源の秘匿は十分に保障されず、このことはひいては報道の自由を萎縮させ、市民の知る権利にも悪影響が及んでしまう。

報道の自由、取材源の秘匿を真に保障するためには、取材源の秘匿による不利益をメディア側に負わせるような現在の法制は改められなければならないであろう。

公的言論についての立証責任の転換は、かかる観点からも是非とも必要とされるのである。

---

(注76)　他に、取材源の秘匿と真実性・真実相当性の問題に言及した裁判例としては、和歌山地新宮支判1989（平成元）年11月28日（判タ730号164頁、判時1351号79頁）、大阪地判1995（平成7）年10月25日（判タ908号195頁、判時1574号91頁）、東京地判1996（平成8）年7月30日（判タ950号204頁、判時1599号106頁）、東京地判1998（平成10）年3月31日（判時1652号95頁）、東京地判2000（平成12）年5月31日（判時1733号50頁）、東京地判2005（平成17）年11月11日（判タ1230号243頁）などがある。

　いずれも、報道機関に対して取材源の秘匿の権利を認めつつ、それによって生じる不利益は報道機関側が甘受しなければならないとしている。

# 第8節　　記者発表した捜査当局の責任

## 第1款　問題の所在

　捜査当局が被疑者逮捕の事実等をメディアに発表する場合がある。その当局の発表行為に対して名誉毀損の責任を問う場合、たとえば、誤認逮捕をされてその旨を記者発表された被害者が、それを報じたメディアではなく、記者発表をした捜査機関に対し名誉毀損の責任を問う場合、当該捜査機関に関してはいかなる免責法理が妥当するか。

　この場合、前提として、捜査機関による発表行為の法的性質を明らかにする必要がある。

　捜査機関は公務員であるが、これは、公務員に表現の自由をどの程度保障すべきかという問題ではない。捜査機関による発表行為は公権力の行使の一環としてなされているからである。そこで、かように公権力の行使の一環としてなされている発表行為につき、いかなる免責法理が妥当するのか、そもそも免責の余地を認めるべきか否かから問題となろう。

## 第2款　裁判例

**1**　この点については、一般の名誉毀損と同様に真実性・真実相当性の法理が妥当するとするのが裁判例の流れである。

　横浜地判1996（平成8）年5月8日 [注77] は、そのように解する理由について詳しく説示している。

　同判決は、「司法警察員が捜査中の事件につき報道記者に対し事件内容に関する情報を提供することにより、他人の名誉を棄損する結果となった場合」につき、真実性・真実相当性の法理が妥当することを摘示した後、その理由として、

　「司法警察員は、警察の一員として、犯罪予防（警察法2条1項）の見地

---

（注77）　判タ928号69頁、判時1606号68頁。

616　第6編　名誉毀損の免責要件に関する諸問題その1　真実性・真実相当性の法理

から、あるいは国民の知る権利を充足するために、被疑者の犯罪にかか
る事実を公表することがその職務上から必要な場合があり、この場合に、
私人の名誉との間で衝突が生じることがあるから、その調整のためには、
右法理の適用を肯定するのが相当である。」
とし、国民の知る権利を充足するための情報提供の重要性を根拠としてい
る。(注78)

　捜査機関による公表行為には表現の自由は妥当しないが、その公表行為
については、市民の知る権利の観点からの考察が必要であり、捜査機関の
公表行為につき一定の免責の余地を認めないと、かえって公表行為を萎縮
させ、結果として知る権利にとり障害となる可能性がある。

　したがって一定の免責の余地を認めることに問題はない。

　問題は、免責の要件として、通常の真実性・真実相当性の法理でよいか
である。

　この点、松井茂記は、公務員による公表行為につき、一般市民の名誉毀
損法理と同様の免責による保護を与えることについて、「疑念がありう
る」と評している(注79)。

　確かに、一般市民に与える免責の余地と、公務員による公表行為に与え
る免責の余地とが同等でよいのかは熟考を要するところである。

　たとえば捜査当局が被疑者逮捕の事実を記者発表する場合、当局は「容
疑者」呼称を用いるなど言葉遣いに配慮はするであろうが、その公表行為
は要するに“犯人を捕まえました”というデモンストレーションである。
とすると、それが冤罪であった場合の弊害や匿名報道の必要性の観点から
すれば、かかる記者発表をどれほど保護する必要があるのか大いに疑問で
ある。市民による表現の自由の行使の場合には誤報にもある程度寛容でな
ければならないが、捜査当局による記者発表の場合、誤報をしたら容疑者
とされた者に対し権力機関が取り返しのつかないダメージを与えるもので

(注78)　大阪高判2012（平成24）年9月20日（判タ1406号95頁、判時2184号42頁）は、捜査当局に
　よる記者発表につき、本文中で紹介した横浜地判と同様に真実性・真実相当性の法理を採用し
　ているが、同法理を採用するにつき特段の説明も何の留保もなく、したがって、同法理を本来
　的な用法で（つまり、発表者の表現の自由を保障する見地から）採用しているように読める。
　法解釈の姿勢として著しく妥当性を欠くといわざるを得ない。
(注79)　松井茂記「名誉毀損判決の動向」判タ598号125頁（1986年）。

第5章　真実性・真実相当性　第8節　記者発表した捜査当局の責任　617

ある以上、誤報に対して寛容ではいられない。

　とすると、捜査機関による記者発表の場合、真実性・真実相当性の法理のような定義的な衡量ではなく、公表内容の真実性・公表の必要性・公表方法の相当性等を総合衡量して免責の可否を個別に厳格に検討するのがよいのではないかと私は思う。

**2**　捜査当局による公表行為につき、独自の観点から歯止めをかけた裁判例がある。大阪地判1982（昭和57）年3月30日[注80]である。これは、捜査機関が、大学教授につき、犯罪容疑があることのほか、犯罪を構成しないが反倫理的な行為があったことを公表した事案である。

　判決は、公表が許される範囲につき、次の通り一定の限定をした。

　「そもそも『警察は、個人の生命、身体及び財産の保護に任じ、犯罪の予防、鎮圧及び捜査、被疑者の逮捕、交通の取締その他公共の安全と秩序の維持に当ることをもつてその責務とする。』そしてその『活動は、厳格に』右の『責務の範囲に限られるべきもの』である（警察法第2条）。それ故、警察職員が犯罪捜査の結果を公表することは、常に違法であるとは断じ得ないけれども、いやしくも被疑事件につき犯罪成立の心証を得ない場合にあつては、かりに被疑者の行為につき反倫理性を認めたとしても、これを外部に公表することは、特段の事情がない限り警察の公共安全、秩序維持という本来の使命を逸脱するものとして許されないと解するのが相当である。」

　つまりこの判決は、公表が許される範囲には「警察の公共安全、秩序維持という本来の使命」から自ずと限界があり、犯罪を構成しない反倫理的行為を公表することは原則として違法性を帯びるということを明らかにしたのである。

**3**　いくつかの裁判例は、捜査当局による公表行為についての真実相当性の判断の基準を明らかにしている。

　前述**1**の1996（平成8）年横浜地判は、真実相当性が認められるためには、

　「捜査官が犯罪捜査に当って通常払うべき注意を尽して、周到な捜査を

---

（注80）　判タ475号123頁。

遂げ、その結果得られた捜査資料によれば、被疑者の嫌疑が極めて濃厚
で、右のような誤りも無理からぬと認め得る場合、すなわち情報提供当
時、当該被疑者について容疑事実（背景事情等の情状に関する事実も含
む。）の存在を信じるにつき相当の理由があることを必要とする」
と判示した。

　また、東京高判1999（平成11）年10月21日[注81]は、警察の公表行為につ
いて真実相当性があったといえるためには、

　　「警察としてその公表時点までに通常行うべき捜査を尽くし、収集すべ
　　き証拠を収集した上で、それらの証拠資料から当該犯罪について有罪と
　　認められる嫌疑があることが必要であるが、右のような捜査を尽くし、
　　収集すべき証拠を収集した上でそれらの証拠資料を総合勘案すれば、右
　　公表の時点において、合理的判断過程により当該犯罪について有罪と認
　　められる嫌疑があると認められれば足りる」
としている。

　いずれにしても、捜査を十分に行なったと評価できるかどうか、証拠の
評価が合理的か（十分な疑いがあるか、反対証拠を無視するなどしていない
か）が重要なファクターになるということであろう。

**4**　一審と二審とで真実性・真実相当性の法理による免責の結論が反対にな
った事例として、東京地判2015（平成27）年３月10日[注82]及びその控訴審
の東京高判2015（平成27）年11月18日[注83]がある。

　事案は、出版社である現代書林が、キトサンの効能を謳う書籍（本件書
籍）を発行したところ、未承認医薬品の効能及び効果を広告したとの薬事
法違反の容疑で社長及び編集担当者等が逮捕され、神奈川県警がその逮捕
の件を記者発表したことの名誉毀損性が問題となったというものである。

　当該書籍の出版は2002（平成14）年であるのに対して逮捕はそれから９
年も後の2011（平成23）年であり、また、"書籍を発行したこと"につい
て"『広告』したこと"の責任を問うものである点で、この刑事摘発には
相当に疑問符がつくように思うが、案の定というべきか刑事事件はその後

---

（注81）　判タ1045号135頁。
（注82）　判時2325号69頁。
（注83）　判時2325号61頁。

の2013（平成25）年5月に、出版社・社長・編集担当者のいずれもが無罪となった（注84）。

そして名誉毀損訴訟については、一審の横浜地判は、捜査当局の記者発表内容につき真実性の抗弁を認めて出版社ら（原告）の請求を棄却したが、控訴審の東京高判は、県警側に真実性も真実相当性も認められないとして損害賠償請求を認容した。

ここから先は名誉毀損の法律論ではなく本件の事実認定に関する感想であるが、判決の結論が一審と二審とで分かれたポイントは、刑事立件の事実をどう見るかである。

本件書籍に登場する医師Aは、刑事事件の供述調書では、"取材を受けていないのに許可なく本件書籍にデタラメを書かれた"と述べていたのに対し、民事事件の証人尋問では、"出版社と打合せをしたし、書籍に記載された自分の談話の内容も間違いがない"と証言をした。一審判決はかかる証言を軽視したのに対し、控訴審判決はこれを重視した。

また、医師Bは、民事事件の証人尋問で"取材を受けていない"と証言しているが、証拠上、出版社から同医師に対して取材料が支払われていることが認められ、このことから控訴審判決は、

「本件刑事事件の被疑事実が、本件書籍により未承認医薬品であるキトサンコーワの名称及び効果を広告したなどというものであったこと……からすると、本件書籍に水溶性キトサンの効能を宣伝するような見解、体験を載せることを認めていた医師や体験者らが、摘発後に、本件書籍への関与を否定しようとする動機を持つことがないとはいえない。」

とし、出版社が医師Bに取材をしていないと認めることはできない、とした。

他にもいろいろあるが、これらの事情が重なって、真実性の抗弁を認めた一審判決が覆され、控訴審では原告の損害賠償請求が認容されたのである。

刑事事件の供述調書が捜査機関の作文に堕していることがあるという刑事事件の実態や、被疑者・被告人の立場に一旦置かれると、周囲の人びと

---

（注84）　横浜地判2013（平成25）年5月10日（判タ1402号377頁）。

が潮が引くように関係を断ったり事実を否定したりしてゆくという実態が、控訴審の裁判所にはよく理解されたということであろう。


# 第9節　　行政当局による公表行為の場合の免責法理

## 第1款　問題の所在

　行政当局がサービスとして事実や情報を市民に公表し、その結果として名誉毀損を引き起こした場合、その行政当局にはいかなる免責法理が妥当するか。第8節（616頁）の捜査当局による記者発表もカテゴリーとしてはこの中に入るが、ここでは広く行政機関一般の公表行為の場合を検討したい。

　問題の所在は第8節と同じである。行政機関は表現の自由の享有主体ではないため表現の自由の保護という観点からの考察は不要であるが、市民の知る権利に奉仕する者として、その公表行為には一定の免責の余地を認める必要がある。


## 第2款　裁判例

　裁判例は、真実性・真実相当性の法理をそのまま適用するものとそうでないものとに大きく分かれている。

### 第1　真実性・真実相当性の法理を採用した事例

真実性・真実相当性の法理を採用した事例には以下のものがある。
① 　東京地判1979（昭和54）年3月12日[（注85）]

　　1973（昭和48）年のオイルショックを原因として突然起きた家庭用洗剤の売り切れ騒動（洗剤パニック）について、東京都物価局がその原因を、業界が生産制限・出荷操作をしたからだと発表したことが、洗剤販

---

（注85）　判タ380号44頁、判時919号23頁。

売会社の名誉を毀損するとして提訴された事例。

② 東京地判1981（昭和56）年11月 2 日[注86]

税務職員が、ある医療法人の法人税法違反の嫌疑をもって病院の査察をした際、同法人につき脱税の疑いを新聞記者に話したという事例。

③ 東京高判1984（昭和59）年 6 月28日[注87]

上記②の控訴審。

④ 東京地判1993（平成 5 ）年 7 月13日[注88]

「警察白書」に、北朝鮮工作員の指示を受けてヨーロッパ等で調査活動に従事していた旨書かれた女性が、名誉毀損であるとして国を訴えた事例。

⑤ 名古屋地判1982（昭和57）年 1 月22日[注89]

魚介類の水銀汚染が社会問題となった際、魚介類の販売業者が独自に水銀分析をしその結果を表示して販売したところ、県の職員が週刊誌の取材に応じてその販売方法についてコメントした内容が名誉毀損にあたるとして提訴された事例。

この名古屋地判は公正な論評の法理（第 7 編第 2 章・647頁以下参照）を採用した。これも大別すれば真実性・真実相当性の法理を採用した側に分類してよいと考え、こちらに整理した。

## 第 2 　その他の方法で衡量した事例

他方、真実性・真実相当性の法理を採用しなかった事例も多数ある。

**1** 1996（平成 8 ）年に大阪府堺市で発生したO-157による集団食中毒につき、厚生省（当時）が、原因食材を貝割れ大根であるとした報告を公表した事案に関し、東京で提訴された事例と大阪で提訴された事例とがあるが、いずれも真実性・真実相当性の法理を採用せず、個別的比較衡量のアプローチによっている。

① まず、東京地判2001（平成13）年 5 月30日[注90]は、

---

（注86）　判タ457号109頁、判時1022号27頁。
（注87）　判タ528号85頁、判時1121号26頁。
（注88）　判タ835号184頁。
（注89）　判タ470号155頁、判時1046号93頁。
（注90）　判タ1085号66頁、判時1762号 6 頁。

「被告の公表行為が法律の趣旨に沿った行為か、その公表に必要性ないし合理性があるか、公表方法が相当なものであるかなどの事情を吟味し、その公表行為が法律の趣旨に反したものであったり、公表の必要性や合理性が認められず、又は公表方法が不相当であって、その結果国民の経済的利益や信用を侵害した場合には、当該公表行為が職務上通常尽くすべき注意義務に違反したものとして、国家賠償法上違法と評価されるべきであると考えられる。」

との基準を提示している。

②　東京高判2003（平成15）年 5 月21日<sup>(注91)</sup>は上記①の控訴審である。

同判決は、

「本件各報告の公表は、なんらの制限を受けないものでもなく、目的、方法、生じた結果の諸点から、是認できるものであることを要し、これにより生じた不利益につき、注意義務に違反するところがあれば、国家賠償法 1 条 1 項に基づく責任が生じることは、避けられない。」

としている。

③　他方、大阪で提訴された件に対する大阪地判2002（平成14）年 3 月15日<sup>(注92)</sup>は、真実性・真実相当性の法理を採用すべきでないことを明確に述べた上で個別的比較衡量をしている。即ち、

「公務員による公表行為にあっては、それが及ぼす影響の重大性からして、表現内容に十分に配慮する必要があるのはもちろんのこと、公表の時期や場所、方法といった事柄についても細心の注意を払う義務があるというべきである。

そうであるとすれば、厚生大臣がその所管する事項について厚生省を代表して公表を行ったという本件の公表行為について、私人による名誉毀損の場合と同様にその違法性を判断すべきであると解することは相当でなく、本件にも〔真実性・真実相当性の法理〕をそのまま適用すべきであるとする原告の主張は、これを採用することができない。」

とした上で、

---

（注91）　判時1835号77頁。
（注92）　判タ1104号86頁、判時1783号97頁。

第 5 章　真実性・真実相当性　第 9 節　行政当局による公表行為の場合の免責法理　*623*

「本件各報告の公表が原告の名誉・信用を毀損する違法なものかどう
かを判断するに当たっては、公表の目的の正当性をまず吟味すべきで
あるし、次に、公表内容の性質、その真実性、公表方法・態様、公表
の必要性と緊急性等を踏まえて、本件各報告を公表することが真に必
要であったかを検討しなければならない。その際、公表することによ
る利益と公表することによる不利益を比較衡量し、その公表が正当な
目的のための相当な手段といえるかどうかを判断すべきである。

　この比較衡量の結果、公表行為に正当な目的があり、かつ相当な方
法・態様において行われたと認められる場合には、それにより原告の
社会的評価が低下することがあったとしても、違法な名誉・信用毀損
行為にはならないというべきであり、逆に、公表行為が違法又は不当
な目的のもとに行われたか、あるいはその方法・態様が目的達成のた
めの手段としての相当性を欠く場合には、違法な名誉・信用毀損行為
として国賠法1条1項に基づく被告の賠償責任が発生すると解すべき
である。」

とした。

④　大阪高判2004（平成16）年2月19日 [注93] は上記③の事件の控訴審判決
であるが、③の基準の部分をそのまま採用している。

**2**　他に真実性・真実相当性の法理以外の手法で審査した事例として以下の
ものがある。

①　東京地判2006（平成18）年6月6日 [注94] は、東京国税局が自局のホー
ムページにおいて、ある会社の実名を挙げ、その会社のホームページに
は事実に反する記載があるので注意されたい旨の注意喚起をしたという
事案である。

　同判決は、真実性・真実相当性の法理につき、

「私人の表現の自由と名誉権との調整を図るこの基準を、言論の自由
を有しない行政当局による事実の公表行為にそのまま採用することは
できない」

とした上で、

---

（注93）　訟務月報53巻2号541頁。
（注94）　判時1948号100頁。

624　第6編　名誉毀損の免責要件に関する諸問題その1　真実性・真実相当性の法理

「行政当局が私人の社会的評価を低下させるような事実の公表を行った場合においては、〔1〕公表目的の正当性、〔2〕公表の必要性、〔3〕公表内容の真実性ないし真実と信ずるについて相当な理由の存在、〔4〕公表態様ないし手段の相当性が肯定される場合には、当該公表行為は公務員の適切な職務行為の一環として評価され、違法性が阻却されると解するべきである」

との基準を挙げた。

　ここで挙げられている基準は、〔1〕ないし〔4〕の要件を全て充たせば違法性が阻却されるというものであり、個別的比較衡量ではなく定義的衡量のアプローチが用いられている。

② 大阪地判2012（平成24）年10月12日[注95]は、国土交通省が自省のホームページに、ある一級建築士が構造計算書に偽装をした旨の記事を掲載したという事案である。

　同判決は、

　「本件のように公務員が個人に関する情報を公表することにより、当該個人の社会的評価が低下したとしても、直ちに当該公表が違法であるとの評価を受けるものではな〔い〕」

とした上で、

　「公表の目的の正当性、公表内容の性質、その真実性、公表方法や態様、公表の必要性、緊急性等を踏まえて、公表することによる利益と公表することによる不利益とを比較衡量し、その公表が正当な目的のための相当な手段といえる場合には、公務員が職務上通常尽くすべき注意義務を尽くしたものとして違法性を欠くというべきである。」

とし、前記1③の大阪地判と同様の基準を採用した。

③ 東京高判2013（平成25）年11月27日[注96]は、警視庁が、1995（平成7）年に発生した國松孝次警察庁長官狙撃事件の公訴時効が完成した日に記者会見をし、犯人はオウム真理教であると述べ、かつ同旨を同庁のホームページにも掲載した（本件公表）という事案である。

　判決は、

---

(注95)　判タ1387号148頁、判時2171号92頁。
(注96)　判タ1419号84頁、判時2219号46頁。

「本件公表が国賠法１条１項にいう違法なものか否かの評価は、公表
という警察行政上の行為を行う上で職務上通常尽くすべき注意義務を
尽くすことなく漫然と本件公表を行ったと認められる事情がある場合
に限り、違法の評価がされることになると解するのが相当である」

とした上で、本件については、公訴時効が完成している以上、犯人の断
定を伴う説明をすることは本来的に許されないとし、

「本件公表は、特段の事情のない限り、警察における職務上の義務に
反する」

として「特段の事情」の有無を詳しく検討した<sup>(注97)</sup>。

　以上の流れを見ると、真実性・真実相当性の法理を用いる裁判例は全体と
して古いものが多く、個別的比較衡量その他のアプローチを採用するのが近
時の傾向であるといって大きな間違いはなかろう。


# 第10節　商品テストによる名誉毀損の成否


## 第１款　問題の所在

　企業が製造する商品につき、消費者向け情報誌などが商品テストを実施し
て公表することがある。このような商品テストによって自社の製品に否定的

---

（注97）　天本哲史「行政による制裁的公表の国家賠償法１条１項上の違法性判断に対する研究」桃
　　山法学27号109頁以下（2017年）は、行政による公表の違法性の判断基準につき、真実性・真
　　実相当性の法理と比較衡量の法理のほか、近時は、「公務員の調査検討の懈怠によってその違
　　法性を判断する」ものが見られるようになったと言い、岐阜地判2012（平成24）年２月１日
　　（判タ1375号106頁、判時2143号113頁）を例として挙げる。同地判は、
　　　「職務上の告発をしようとする公務員は、対象者が罪を犯したと嫌疑をかけることを相当と
　　　する客観的根拠の有無について調査及び検討を尽くした上で告発をすべき職務上の注意義務
　　　を負うというべきであって、かかる注意義務を怠り、漫然と告発を行った場合には、当該告
　　　発行為は、国家賠償法上違法の評価を受けるものと解するのが相当である。」
　　と言う。
　　　この岐阜地判を「公務員の調査検討の懈怠」に分類する天本の視点からすると、本文③の
　　2013（平成25）年東京高判は、天本の言う「公務員の調査検討の懈怠」によって判断するもの
　　に分類されるのかもしれない。

626　第６編　名誉毀損の免責要件に関する諸問題その１　真実性・真実相当性の法理

な評価をされた場合、名誉毀損法上いかなる問題があるか。

　この問題については、参考となる裁判例として、東京地判1995（平成7）年2月16日[注98]と、東京地判1997（平成9）年8月29日[注99]がある。前者は、雑誌「暮らしの手帖」が行なった浄水器の商品テストに関し、否定的評価をされた浄水器メーカーが「暮らしの手帖」を訴えたケースであり、後者は、国民生活センターが実施した浄水器のテストにつき、浄水器の販売業者が国民生活センターを訴えた事案である。


## 第2款　名誉毀損性

　商品に関して否定的な言論がなされたとして、それがそもそもメーカーや販売業者の社会的評価を低下させることになるのだろうか。

　この点、前款の2つの裁判例とも、特段の迷いもなく、商品に対する否定的な記述は当該メーカーや販売業者の社会的評価を低下させるとしている。

　これは個々の記事の内容や表現の仕方次第であるという面もあるが、商品に対する批判が直ちにメーカーや販売業者の社会的評価の低下につながるかどうかについては慎重な判断を要すると私は思う[注100]。商品に対する批判はあくまでも商品に対することなのであってメーカーや販売業者に直接矛先は向けられておらず、そこにはやはり径庭があると思われ、メーカーや販売業者の能力的評価や評判に直ちに傷がつくとはいえないと思うからである。


## 第3款　免責法理

**1**　しかし、商品批判の内容や記載次第でメーカー等の社会的評価を低下させる場合があることは否定できないのであり、そのような場合にいかなる免責法理が妥当するかが問題となる。

　　第1款で紹介した2つの裁判例とも、通常の真実性・真実相当性の法理

---

（注98）　判タ896号193頁、判時1546号48頁。
（注99）　判タ985号225頁。
（注100）　この問題については、第2編第1章の4①、②（18〜20頁）の裁判例に対するコメントも参照されたい。

第5章　真実性・真実相当性　　第10節　商品テストによる名誉毀損の成否　　627

が妥当することを述べ、ただ、その真実性・真実相当性の判断にあたって、商品実験特有の問題があることに留意している。

前者の1995（平成7）年判決は、商品実験を題材とした記事であることに照らし、

「実験に基づく記事の内容が真実であるというためには、①当該記事が実験結果を正しく記載していること、②右実験の結果自体が真実であることの証明がそれぞれ必要であると解される。そして本件実験が分子レベルないし細菌レベルの化学実験であることに鑑みれば、本件実験結果が真実であるか否かを肉眼で検証することは不可能であるから、それは実験目的に照らした実験方法の相当性を検討することにより明らかになるものというべきである。」

とした。

後者の1997（平成9）年判決も、

「本件テスト結果が真実であるか否かを肉眼で検証することは不可能であるから、テスト目的に照らしてテスト方法が相当であれば、結果についても真実であるというべきである」

としている。

商品テストの記事は、実験の結果報告（ⅰ）と実験結果の分析（ⅱ）から成っているであろうが、ⅰは事実摘示、ⅱは論評の問題である。

そしてⅰについて上記2つの裁判例は、実験目的に照らして実験方法が相当であれば、実験結果を正しく記載してある限り真実性があるということになる旨説示している。

そしてその実験結果の分析（たとえば、結果の数値から、細菌除去効果が良好であるとか不良である等と評すること）は、論評の問題であるから、そこには相応の自由が認められることになる。

ところで上記2つの判決は、実験の真実性の判断につき、実験方法の相当性を審査することとしているが、実験の専門性に鑑みるとき実験方法の相当性を裁判所が適切に判断できるかにつき疑問なしとせず、また、実験方法の相当性の主張立証を実験者側にさせることが実験者側に過大な負担になるのではないかが懸念される。実験目的に照らしていかなる実験方法を採用するかについては、実験者側に相当程度の裁量の余地が認められて

しかるべきであると思われ、私は、実験方法が相当性を欠くことが明白でない限りよしとすべきだと思う。即ち、実験方法が相当性を欠くことが明白でなく、その実験結果が正確に記述されていれば、事実摘示としては真実性を認めてよいと思う。更に、実験結果の分析は論評の問題なので、かなりの自由を許容してよいと思う。

**2**　東京地判2010（平成22）年12月14日<sup>(注101)</sup> も、以上で述べたような商品テストの免責判断の手法と類似の判断をした事例である。

　　事案は、週刊誌「日経ビジネス」が、アフターサービスの顧客満足度の調査結果として、家電量販店部門でA社（原告）が最下位になったことを報じたところ、当該記事につきA社が名誉毀損だとして提訴したものである。

　　判決は、免責事由として真実性・真実相当性の法理を掲げ、原告が最下位になったとの調査結果につき真実であると認定した上で、当該調査の方法について、

　　「調査結果の合理性を担保するための一定の配慮がされていたものと認められ、本件調査の調査方法について、恣意的な調査結果が生じうるような事情を見出すことはできない。」

として、真実性の認定は揺らがないものとし、同法理の成立を認めている。

---

(注101)　判時2119号67頁。

第 **7** 編

# 名誉毀損の免責要件に関する諸問題
## その2　その他の免責事由

　第7編は、免責事由のうち、真実性・真実相当性の法理以外のものを論じる。

　「配信サービスの抗弁」（第1章）は、最高裁の判断がいくつか出ているが、現在も成熟の途上にある。

　「公正な論評の法理」（第2章）は、真実性・真実相当性の法理に次いで抗弁としての登場回数が多いものであろう。

　「訴訟行為における免責法理」（第6章）は、訴訟の場における名誉毀損において用いられる免責法理である。訴訟の場における名誉毀損は、紛争類型としてはよく生起するものであると思われるにも拘わらず、裁判所の提示する免責要件が統一に向かっている気配はない。

　他にもいろいろと免責事由があるので本編にまとめた。各免責事由それぞれに特徴があるので、事案に応じて参照されたい。

# 第1章──配信サービスの抗弁

## 第1節　問題の所在

　地方紙などは、全国的なニュースにつき共同通信社や時事通信社からの記事の配信に依存していることが多い。かように通信社から記事の配信を受けることにより、人的物的設備を全国的に配置できないメディアでも全国ニュースを掲載することが可能となっている。

　ところで、かかる配信記事に名誉毀損が発生した場合、その配信記事を掲載した地方メディアもその記事につき責任を負うのか。

　当該地方メディアも名誉毀損記事を流布している以上、名誉毀損の責任を負わせるべきであるともいえる。しかし他方、そのように責任を負わねばならないとなると、独自の取材網を全国展開できない地方メディアとしては、記事掲載にあたり独自取材を尽くすことができない以上、法的責任を回避するためには通信社の配信記事の掲載を断念せざるを得ないことになりかねない。これは当該地方紙誌を購読している読者の知る権利にも影響を与えることである。

　かかる観点から、配信記事を利用している媒体のために特別の免責法理が認められるべきではないか、即ち配信サービスの抗弁の可否が問題となるのである。

　配信サービスの抗弁とは、報道機関が定評ある通信社から配信された記事を実質的な変更を加えずに掲載した場合に、その掲載記事が他人の名誉を毀損するものであったとしても、配信記事の文面上一見してその内容が真実でないと分かる場合や掲載紙自身が誤報であることを知っている等の事情があ

る場合を除き、当該他人に対する損害賠償義務を負わないとする法理をいう<sup>(注1)</sup>。

# 第2節　下級審における肯否双方の判断

　配信サービスの抗弁は、アメリカでは判例法として確立しているといわれており<sup>(注2)</sup>、かかる抗弁は、わが国でも新聞社側から主張されてきた。ただし日本では、「配信サービスの抗弁」という独自の免責法理が主張されるのではなく、「真実性・真実相当性の法理」の中の真実相当性を充たす事情として主張されてきたようである。即ち、"通信社から配信された記事を信用して掲載したのだから、当該地方メディア（掲載社）には真実相当性がある"という主張である。

　この主張に対する下級審の判断は、肯否相半ばする状況であった。

## 第1款　相当性を認めた事例

　掲載社に真実相当性を認めた裁判例としては、①東京高判1995（平成7）年3月29日<sup>(注3)</sup>、②東京高判1995（平成7）年12月25日<sup>(注4)</sup>、③東京地判1996（平成8）年8月28日<sup>(注5)</sup>が挙げられる。

　相当性を肯定する論理は3件ともほぼ共通しているが、その中で比較的詳しく論じている②の判決によると、

　「本件記事は、我国の代表的な通信社で、その配信ニュースの真実性について責任を負い、裏付け取材を不要とする前提の下に報道してよいものと評価されている共同通信社の配信ニュースに基づくものであるところ、

---

(注1)　これは、最3小判2002（平成14）年1月29日（判タ1086号96頁、判時1778号28頁）による定義である。
(注2)　篠原俊行「配信サービスの抗弁――ロス疑惑共同通信社事件」メディア判例百選192頁。
(注3)　判時1608号107頁。
(注4)　判タ923号219頁。
(注5)　判時1611号95頁。

このような報道システムは、地方の報道機関が物理的、経済的及び人的
制約を越えて世界的ないし全国的事件等を報道することを可能にするも
のであって、報道の自由に資するものである。そして、通信社が真実で
ない配信ニュースを報道機関に提供したため、地方の報道機関が事実を
誤った報道をして特定人の名誉を毀損する結果を生じさせたとしても、
そのような場合、被害者は、通信社に対し不法行為責任を追及すること
ができるものと解されるから、裏付け取材等をしなかった地方の報道機
関の不法行為責任を否定しても被害者の救済に欠けることがないといっ
てよい。」

とされている。ポイントとしては、問題となった通信社がわが国有数の通信
社であって相当程度信頼をおけるということを背景とし、配信システムが報
道の自由の保障に資するものであるとの価値評価が前面に出ている判断とい
えよう。前提として、かく解しても被害者保護にも欠けることがないという
点もふまえられている。

そして、かかる場合の真実相当性の判断の要件については、

「正確性ないし信頼性があることについて定評のある通信社の配信ニュー
スに基づいて、新聞等の報道機関が新聞記事を作成して掲載する場合、
その配信ニュース内容が社会通念上不合理なもの、あるいはその他の情
報に鑑みてこれを虚偽であると疑うべき事情がない限り、その真実性を
確認するために裏付け取材をする注意義務はないものと解すべきであり、
仮に、右配信されたニュース内容が真実に反し、特定人の名誉や信用を
害する結果となっても、報道機関には、配信ニュースが真実を伝えるも
のであると信ずるについて相当な理由があり、過失がないものというべ
きである。」

とされている。

## 第2款 相当性を否定した事例

他方、掲載社の真実相当性を否定した事例としては、①東京高判1996（平
成8）年4月26日 <sup>(注6)</sup>、②東京高判1996（平成8）年5月20日 <sup>(注7)</sup> が挙げら
れる。

相当性を否定する根拠については、①の裁判例が詳しく論じている。

第1に、当該通信社がわが国有数の通信社であるという点については、

「共同通信社が我が国有数の通信であるからといって、通常の全国紙と異なる取材システムを有しているものではなく、むしろ基本的にはこれと同様のシステムで取材して配信記事を作成しているものであって、その配信記事の内容に誤りがあり得ないということはできない。……少なくとも、共同通信社の取材体制が……全国紙のそれより優れているとまではいえない。」

という。

第2に、配信システムが報道の自由に資するという観点については、

「通信社による配信システムにおいては、通信社から配信を受ける加盟社が、自ら取材することが困難であることをカバーするため、資金を負担して通信社を構成し、その責任と協力によりこれを維持しているものであり、換言すれば、自らの利益のために、通信社を構成して利益を得ているもので、実質的に見れば自ら通信社を手足として取材をしているのと同視できる関係にあるとも言える。したがって、配信記事についてそれ以上の裏付けや独自取材が困難であることを理由に、その取材結果の誤りの責任を負担しない考え方には合理性があるとは認め難い。そして、加盟社は配信記事を掲載をするかどうかを自由に判断できる以上、右のように解したからといって、配信記事について常に独自の裏付取材を要求されるものでないことはいうまでもない」

とし、掲載社の自己責任に帰するものと断じている。

第3に、被害者保護の点については、掲載社が配信記事を掲載する際に、記事に配信元を明記する運用がなされていない現状を認定した上で、

「配信元を明確にするクレジットを付さない現状の配信記事の掲載の仕方では、配信記事の掲載により名誉毀損をされたとする者が、配信先に対して損害賠償請求訴訟を提起することは見やすい道理であり、この場合に配信先が原則として免責され、配信元に対して再訴すべきであるとす

---

(注6)　判時1608号115頁。
(注7)　判タ918号178頁。

ることは、被害者の救済に欠ける結果を招きかねない。他方、配信により掲載した新聞社が損害賠償責任を負担したとしても、共同不法行為者間の責任の問題として、場合により、通信社に求償することも可能であると考えられる。多くの場合に名誉毀損されたと主張する者は一個人である場合が多いのに比して、配信先は新聞社であることをも勘案し、不法行為法における原則的理念である公平の観点を考慮すれば、配信先につき免責することが、妥当な結果を招くとは考えにくい」
としている。

　その他、
「我が国においては、配信記事であることを明確にするクレジットを付する慣行がないことからすれば、通信社による配信システムについて明確な理解をもっている国民が多いとは考えにくいし、そして全国紙にも共通する右のような取材体制を前提とすれば、我が国においては、共同通信社の配信記事に対し、捜査機関等の公的発表と同様の程度に、その誤りのないことにつき高い信頼を勝ち得ているとは言い兼ねるものといわざるを得ない。」
「全国紙による報道記事が真実であると信頼して同内容の名誉毀損行為を行ったものが、一般的な全国紙の信頼性の高さを理由として免責されるとは考えにくいことと対比して、通信社からの配信を受けてこれを信頼して掲載したとの一事をもって、掲載社が名誉毀損の責任を負わないとするのは、公平を欠くきらいがある」
等の根拠が指摘されている。

　なお、上記①、②の裁判例のほかに東京高判1996（平成8）年11月29日 [注8]も、配信記事の掲載社につき真実相当性を否定した事例であるが、これは、掲載社側から配信サービスの抗弁のような主張がなされていなかったらしく、詳しい説示なくして、
「控訴人は、直接本件記事を執筆、作成したものではないとしても、配信契約に基づき配信してきた時事通信社作成の本件記事を受信してそのまま調査、修正等を一切せずに、控訴人発行の『陸奥新報』に掲載、発表

---

（注8）　判時1587号65頁。

したものであるから、右記事によって被控訴人の社会的評価を低下させ
たことにより被控訴人に生じた損害を賠償すべき義務がある。」
と、簡単に真実相当性が否定されている。


# 第3節　最高裁判例

　以上の下級審の裁判例で、配信サービスの抗弁に関する問題点は出そろっ
た感があり、あとは下級審で割れている判断を最高裁がどのように決するか
が焦点となっていたところ、2002（平成14）年に2つの最高裁判決が出され
た。最3小判2002（平成14）年1月29日 [注9] と、最2小判2002（平成14）年
3月8日 [注10] である。
　いずれも、上記のうち否定説を採用したものと評し得るが、その論旨も表
現も異なっていて、かつ射程範囲も限定的であり、この問題はまだ完全に判
例が固まっているとはいえない状況である。以下検討する。


## 第1款　最3小判2002（平成14）年1月29日

### 第1　事案と判旨

　これは、633頁で挙げた相当性肯定事例の東京高判1995（平成7）年3月
29日 [注11] の上告審判決である。事案は、殺人未遂事件で逮捕された被疑者が
大麻を濫用していた等の配信記事に関し、それを掲載したスポーツ新聞の責
任が問題となったものであり、第3小法廷は、概略次のように判示している。
　①　「少なくとも、本件配信記事のように、社会の関心と興味をひく私人
　　の犯罪行為やスキャンダルないしこれに関連する事実を内容とする分野
　　における報道については、通信社からの配信記事を含めて、報道が過熱

---

（注9）　判タ1086号96頁、判時1778号28頁。
（注10）　判タ1091号71頁、判時1785号38頁。
（注11）　判時1608号107頁。

する余り、取材に慎重さを欠いた真実でない内容の報道がまま見られるのであって、取材のための人的物的体制が整備され、一般的にはその報道内容に一定の信頼性を有しているとされる通信社からの配信記事であっても、我が国においては当該配信記事に摘示された事実の真実性について高い信頼性が確立しているということはできない」。

② 「したがって、現時点においては、新聞社が通信社から配信を受けて自己の発行する新聞紙に掲載した記事が上記のような報道分野のものであり、これが他人の名誉を毀損する内容を有するものである場合には、当該掲載記事が上記のような通信社から配信された記事に基づくものであるとの一事をもってしては、記事を掲載した新聞社が当該配信記事に摘示された事実に確実な資料、根拠があるものと受け止め、同事実を真実と信じたことに無理からぬものがあるとまではいえないのであって、当該新聞社に同事実を真実と信ずるについて相当の理由があるとは認められない」。

③ 「仮に、その他の報道分野の記事については、いわゆる配信サービスの抗弁、すなわち、報道機関が定評ある通信社から配信された記事を実質的な変更を加えずに掲載した場合に、その掲載記事が他人の名誉を毀損するものであったとしても、配信記事の文面上一見してその内容が真実でないと分かる場合や掲載紙自身が誤報であることを知っている等の事情がある場合を除き、当該他人に対する損害賠償義務を負わないとする法理を採用し得る余地があるとしても、私人の犯罪行為等に関する報道分野における記事については、そのような法理を認め得るための、配信記事の信頼性に関する定評という1つの重要な前提が欠けているといわなければならない。」

## 第2　判例の解釈

　この最3小判は、配信記事を掲載した掲載社の免責法理の問題を、真実性・真実相当性の法理の中の真実相当性の判断要素として吟味し、信頼できる通信社からの配信であるからといって相当性は認められない、としているものであり、基本的には、相当性を否定する前記の下級審判決の枠組みの流れにあるといえる。

しかしこの判決は第1に、当該判断の妥当範囲を「社会の関心と興味をひく私人の犯罪行為やスキャンダルないしこれに関連する事実を内容とする分野における報道」と限定しており（①）、この判決は、かかる報道に関する判断でしかない。

　またこの判決は第2に、「その他の報道分野の記事」即ち、「社会の関心と興味をひく私人の犯罪行為やスキャンダルないしこれに関連する事実を内容とする分野における報道」以外の記事については、いわゆる配信サービスの抗弁を採用し得る余地があることをほのめかしている（③）点が注目に値する。一定の場合には、真実性・真実相当性の法理の判断枠組みを離れ、配信サービスの抗弁という独自の免責法理を認める余地があることを示唆しているのである。「その他の報道分野の記事」のうちいかなる類型のものにつきいかなる要件を充たせば配信サービスの抗弁を採用し得るのかについてはいずれも全く不透明であり、また、もとよりこれは傍論なのだが、配信サービスの抗弁という独自の免責法理が肯定される余地を最高裁があえて記したという点は、銘記するに値しよう。

# 第2款　最2小判2002（平成14）年3月8日

## 第1　事案と判旨

　この件は、やはり相当性肯定事例として633頁で挙げた東京高判1995（平成7）年12月25日 (注12) の上告審判決である。事案は、前款の第3小判と同一の配信記事が問題となっているものであるが、掲載社即ち被告を異にするものであったため、別件となっているものである。

　第2小法廷は、原審で確定した事実認定を引用した上で、

「本件のような場合には、掲載記事が一般的には定評があるとされる通信社から配信された記事に基づくものであるという理由によっては、記事を掲載した新聞社において配信された記事に摘示された事実を真実と信ずるについての相当の理由があると認めることはできないというべきである」

---

(注12)　判タ923号219頁。

とした。

なおこれには、福田博・亀山継夫両裁判官の意見、北川弘治裁判官の意見、及び、梶谷玄裁判官の反対意見が付されており、そのいずれもが興味深い指摘をしている。

## 第2　判例の解釈

この判決も、配信記事を掲載した掲載社の免責法理の問題を、真実性・真実相当性の法理の枠内で決するものであるが、その妥当範囲としては、「本件のような場合」と言うのみであるため、一体いかなる事情を「本件のような場合」と言っているのかにつき明らかでなく、その射程範囲を捉えにくい。したがって多数意見についてはあまり見るべきものはないといわざるを得ない。

他方、これに付されている意見と反対意見は示唆に富む。

Ⅰ　福田博・亀山継夫両裁判官の意見

1　福田・亀山両裁判官は、共同の意見として、

「掲載記事に通信社から配信を受けた記事に基づく旨の表示（以下「クレジット」という。）が付されていない場合には、記事を掲載した新聞社は、掲載記事が通信社から配信を受けた記事に基づくものであることを理由とするいかなる抗弁も主張することができない」

と、クレジットに着目した独自の論理を展開する。

わが国では、配信記事を地方紙が掲載する場合でもクレジットを付さない場合がほとんどであるが、このような場合、地方紙を読んでも記事の責任の所在が分からない。かかる場合、名誉毀損の被害者は、当然にまず地方紙（掲載社）を被告として訴訟を提起するであろうが、仮に配信サービスの抗弁ないしそれに類似の免責法理が認められるとすると、被害者は、あらためて通信社相手に訴訟提起をし直さなければならないという負担を被る。下級審の相当性否定説はこの点を重視していたが、福田・亀山意見もかかる事態につき、「被害者に不必要な負担を掛けることになり兼ねない」と述べている。

もっとも、福田・亀山意見は、クレジットを重視する論拠としては、かような被害者の負担の点に重きを置くのではなく、クレジットを付するこ

640　第7編　名誉毀損の免責要件に関する諸問題その2　その他の免責事由

とが、報道の自由の根幹に関係し、国民の知る権利にとっても重要な意味を有するからだ、とする。

即ち、

「報道の自由は、民主主義国家において、国民が多様な情報を入手し、国政に関する的確な判断と意見を形成するために不可欠のものである……。

報道のそのような機能は、国民が、当該報道記事がいかなる社の責任によって作成されたものであるかをきちんと認識できて初めて十分に発揮される。クレジットは、そのような要請を端的に満たすものであり、その存否は、……報道の自由について高度な保障が要請される根幹にかかわっているといえる。

国民の側からみると、クレジットが付されていない報道は、客観的にみれば、記事の出所が読者に対して明確にされていないというだけではなく、通常の読者であれば、それが当該報道機関自らの責任において取材作成されたものであると受け取るのはごく自然なことであって、読者に対して誤った情報を伝えることにもなるのであり、国民の『知る権利』に十分に奉仕しているとはいい難い。」

というのである。

私は、クレジットの有無というものが、「報道の自由」や「知る権利」に対し、福田・亀山意見の主張するほどに大きな影響を与えるとは思わないので、この論理展開には若干の違和感を覚える。クレジットの重要性は、被害者の無意味な負担の回避という点にあると私は思っている。

また、福田・亀山意見は、

「一方では紙面が煩雑になるなどとの理由を述べて……クレジット表示をしないでおきながら、他方では、国民の知る権利を標榜し、記事が通信社から配信を受けたものであることを理由とする抗弁を主張するというのは、いかにもフェアでな……い」

と指摘しているが、これはもっともな指摘だと思う。

2　なお、福田・亀山意見は、クレジットを付した場合にどのような抗弁を提出できるかについては明らかにしていない。

この点、クレジットの有無は記事の表示上の問題であるのに対し、真実

相当性は行為者の主観的事情の問題であることからすると、記事の客観的な表示によって行為者の主観的事情に関わる免責事由がクリアされるというのは論理的につながりにくい。

そうだとすれば、クレジットの問題は、真実性・真実相当性の法理の問題とは別個の問題であるということになろう。

即ち、独自の免責事由を構築しない限り、クレジットの問題を抗弁事由として取り込むことはできないと思われる。

Ⅱ　北川弘治裁判官の意見

北川裁判官は、通信社に真実相当性が認められる場合に、掲載社がその相当性を援用して免責を得る余地を認める。

これは、このように解さないと、通信社が真実相当性を認められて免責される場合であっても、掲載社は、自身で何ら裏付け取材をしていないため記事の真実性を立証できず免責されないことになり、均衡を失するという価値判断を前提としている。

ただし、掲載社がかように通信社の抗弁を援用し得るためには、通信社と掲載社との間に「実質的同一性」があることを要し、その「実質的同一性」があるといい得るためには、

①　「通信社と当該新聞社相互の関係、通信社から当該新聞社への記事配信の仕組み、記事の内容の実質的変更の可否等、配信記事に関する両者の内部関係が、実質的にみて、報道主体としての同一性があるということができる程度に密接なものであること」

②　「その掲載記事が通信社から配信を受けた記事に基づくものであることが一般読者に認識できること」

が必要であるとする。

本件の配信記事については通信社に真実相当性が認められず免責の余地がなかったために問題が顕在化しなかったが、通信社に真実相当性が認められる場合には、通常の真実性・真実相当性の法理の枠内で考える限り、掲載社の免責の余地をどう考えるかにつき確かに難しい問題があり[注13]、通信社が免責されながら掲載社が免責されない余地があり得る。かかる点に着目して

---

（注13）　この点は、第4節（643頁）で取り上げる最1小判2011（平成23）年4月28日（判タ1347号89頁、判時2115号50頁）でまさに問題となった。

642　第7編　名誉毀損の免責要件に関する諸問題その2　その他の免責事由

解決方法を提案する北川意見は、極めて巧みなものであると考える。

Ⅲ　梶谷玄裁判官の反対意見

梶谷裁判官は、配信サービスの抗弁を独自の免責要件として肯定し、

「公共の利害に係り、専ら公益を図ることを目的としてされた報道に関し、定評のある通信社の構築した記事配信システムに基づいて、通信社から配信された記事を掲載した報道機関の行為は、特別に憲法21条の要請により、正当な行為とみることができ、違法性を阻却する」

とする。

掲載社に免責を認める下級審裁判例が真実性・真実相当性の法理の枠組みの中で判断していたのに対し、梶谷意見は、配信サービスの抗弁という独自の免責要件を提案するものである。その根拠として同裁判官は、「社会的な実態として長年にわたって形成された定評のある通信社の記事配信のシステムを制度として保護し、記事の配信を受けた報道機関の報道の自由及び国民の知る権利を保障することにある」という。


# 第4節　新たな判断〜最1小判2011（平成23）年4月28日

**1**　以上、配信サービスの抗弁について2002（平成14）年に出された2つの最高裁判決を見てきたが、いずれも、通信社が免責されない事例における判断であった。

他方、通信社に真実性・真実相当性の法理が成立して通信社が免責される場合、記事掲載社の責任はどうなるか。前述した2002（平成14）年最2小判における北川意見（642頁）が問題提起をしていた問題場面である。

この点がまさに問題となったのが、最1小判2011（平成23）年4月28日[注14]である。

事案は、共同通信社の配信した医療事故に関する記事が医師（原告）に対する名誉毀損にあたるとして、通信社と掲載社が訴えられたものである。

---

(注14)　判タ1347号89頁、判時2115号50頁。

**2** 判決は、通信社に真実相当性が認められるとの原審 [注15] の判断を前提として、

> 「新聞社が通信社を利用して国内及び国外の幅広いニュースを読者に提供する報道システムは、新聞社の報道内容を充実させ、ひいては国民の知る権利に奉仕するという重要な社会的意義を有し、現代における報道システムの一態様として、広く社会的に認知されているということができる。」

と、通信社を利用した報道システムが知る権利に奉仕するという積極的な意義を有することを明示した上で、

> 「上記の通信社を利用した報道システムの下では、通常は、新聞社が通信社から配信された記事の内容について裏付け取材を行うことは予定されておらず、これを行うことは現実には困難である。それにもかかわらず、記事を作成した通信社が当該記事に摘示された事実を真実と信ずるについて相当の理由があるため不法行為責任を負わない場合であっても、当該通信社から当該記事の配信を受け、これをそのまま自己の発行する新聞に掲載した新聞社のみが不法行為責任を負うこととなるとしたならば、上記システムの下における報道が萎縮し、結果的に国民の知る権利が損なわれるおそれのあることを否定することができない。」

とし、前記北川意見の前提となった価値判断を提起している。

そして判決は、以上の価値判断を前提として、

> 「そうすると、新聞社が、通信社からの配信に基づき、自己の発行する新聞に記事を掲載した場合において、少なくとも、当該通信社と当該新聞社とが、記事の取材、作成、配信及び掲載という一連の過程において、報道主体としての一体性を有すると評価することができるときは、当該新聞社は、当該通信社を取材機関として利用し、取材を代行させたものとして、当該通信社の取材を当該新聞社の取材と同視することが相当であって、当該通信社が当該配信記事に摘示された事実を真実と信ずるについて相当の理由があるのであれば、当該新聞社が当該配信記事に摘示された事実の真実性に疑いを抱くべき事実があるにもかかわらずこれを

---

（注15）　東京高判2009（平成21）年7月28日（判タ1304号98頁）。

644　第7編　名誉毀損の免責要件に関する諸問題その2　その他の免責事由

漫然と掲載したなど特段の事情のない限り、当該新聞社が自己の発行す
　　る新聞に掲載した記事に摘示された事実を真実と信ずるについても相当
　　の理由があるというべきである。」
とし、通信社が免責される場合において、通信社と「報道主体としての一
体性を有する」掲載社についても免責される余地を肯定した。そしてその
「報道主体としての一体性」の判断方法につき、

　　「通信社と新聞社とが報道主体としての一体性を有すると評価すべきか
　　否かは、通信社と新聞社との関係、通信社から新聞社への記事配信の仕
　　組み、新聞社による記事の内容の実質的変更の可否等の事情を総合考慮
　　して判断するのが相当である」
とした。

　更に、前述した福田・亀山意見（640頁）で問題となったクレジットの
関係についても言及し、

　　「以上の理は、新聞社が掲載した記事に、これが通信社からの配信に基
　　づく記事である旨の表示がない場合であっても異なるものではない。」
として、上記の免責の判断にあたってはクレジットの有無は関係ない旨を
補足している。

**3**　2002（平成14）年に相次いで出された最高裁判決は、通信社が免責され
ない場合において、通信社からの配信記事を信用していたとしても掲載社
に真実相当性が認められるわけではない旨を明らかにしたものであった。
つまり、通信社が"アウト"の場合に掲載社も"アウト"になり得るとい
うケースであった。

　これに対してこの2011（平成23）年最1小判は、通信社が免責される場
合において、掲載社が「報道主体としての一体性を有すると評価すること
ができるとき」には掲載社についても免責を認める旨を判示したものであ
る。つまり、通信社が"セーフ"の場合に掲載社も"セーフ"になり得る
状況を明らかにしたものであって、配信記事に関する掲載社の真実相当性
の判断方法につき新たな判断を示したものである。

　そしてこれは、前記の北川意見の問題意識をそのまま多数意見としたも
のといってよいと思う。

　北川意見は、「実質的にみて、報道主体としての同一性」がある場合と

する一方、2011（平成23）年最１小判は「報道主体としての一体性」を有する場合といい、両者の用語は若干異なるが、北川意見のいう「実質的」な「同一性」という表現を2011（平成23）年最１小判は端的に「一体性」と表現したものと見てよいだろう。つまりこの用語法の違いに特段の意味はないと思う。

# 第5節　　今後の展望

配信サービスの抗弁に関する日本の判例状況の概観は以上の通りである。
**1**　見ての通り、"配信サービスの抗弁"という独自の抗弁が正面から取り扱われることなく、真実性・真実相当性の法理の中の真実相当性を充たす事情という位置づけで扱われている。

しかし、2002（平成14）年に言い渡された２つの最高裁判決はいずれも、通信社の配信記事について、真実性・真実相当性の法理に関する判断として落着させつつも、配信記事であること自体から生じる独自の免責要件を認める余地がその端々に見える。

通信社がいくら定評のある報道機関であったとしても、他の新聞社よりも特に信頼できるとまでいうことは困難である。したがって、通信社が"アウト"の場合、配信記事である旨を真実性・真実相当性の法理の枠組みの中で主張している限り、掲載社が免責を得るのは難しいと思われる。

最高裁は独自の免責要件を認める余地をほのめかしているのであるから、掲載社は今後は、通信社が"アウト"の場合でも配信記事について免責を得たければ、真実性・真実相当性の法理ではなく、配信サービスの抗弁を独自の免責要件として主張して新たな判断を引き出すことが課題となろう。
**2**　他方、通信社が"セーフ"の場合において掲載社も"セーフ"になることができる場合については、2011（平成23）年最１小判の「一体性」要件の具体的な内容が今後詰められていくことになろう。

# 第2章——公正な論評の法理

　事実摘示による名誉毀損の場合の免責要件として真実性・真実相当性の法理が妥当することは第6編第1章の**1**（532頁）で述べたが、ここでは論評による名誉毀損の場合の免責要件について解説をする。

## 第1節　　判例

　英米法上、公益に関する事項についての公正な評論は免責事由になるとされており<sup>(注1)</sup>、これは一般に「公正な論評の法理」といわれている。

　英米法上の「公正な論評の法理」をそのまま採用しているわけではないが、わが国でも、2つの最高裁判決を通して、論評に関する免責法理は確立されたといえる。

**1**　1つ目は、最1小判1989（平成元）年12月21日<sup>(注2)</sup>である。同判決は、「公共の利害に関する事項について自由に批判、論評を行うことは、もとより表現の自由の行使として尊重されるべきものであり、その対象が公務員の地位における行動である場合には、右批判等により当該公務員の社会的評価が低下することがあっても、その目的が専ら公益を図るものであり、かつ、その前提としている事実が主要な点において真実であることの証明があったときは、人身攻撃に及ぶなど論評としての域を逸脱したものでない限り、名誉侵害の不法行為の違法性を欠くものという

---

（注1）　塚本重頼『英米法における名誉毀損の研究』（中央大学出版部・1988年）70頁、200頁。
（注2）　判タ731号95頁、判時1354号88頁。

べきである。」
とする。
　即ちこの判決は、

①　論評の対象が公務員の地位における行動であること
②　論評の目的が専ら公益を図るものであること
③　その前提としている事実が主要な点において真実であることの証明
　　があること
④　人身攻撃に及ぶなど論評としての域を逸脱したものでないこと

の要件を充たせば、論評による名誉毀損は免責されるとするのである。

　たとえば、「甲野太郎は、内閣総理大臣であるのに靖国神社に参拝する
なんて、憲法も知らない愚か者だ」という言論がなされたとしよう。

　ここで「愚か者」というのは、文脈に照らせば、単に甲野太郎の名誉感
情を侵害する言論というよりも、甲野の社会的評価を低下させる論評とい
えるだろう。つまり、甲野が靖国神社に参拝したという事実につき、憲法
の政教分離原則を知らないという意味で「愚か者」という否定的評価をし
て名誉を毀損した、ということである。

　言論というものは、真実を基礎にして初めて真理への到達に資するとい
う意味で、表現されていることが真実か否かは重視される。しかし、ある
事象を肯定的に評価するか否定的に評価するかは個々人の価値観の問題で
あって各人の自由に属する事柄である。したがって、そのような価値観を
表現することは、少なくとも公的言論に関する限り、できるだけ制限され
てはならない。靖国神社に参拝した甲野総理につき、「英霊を大切にして
くれる情の厚い人だ」と評することも自由であるし、前記のように否定的
に評することも自由だとすべきである。

　そこで、公的言論の自由を可及的に保障する見地から、たとえその論評
が公務員の名誉を毀損するものであっても、真実を基礎とした論評である
限り免責すべく、前記のような規範が認められるのである。したがって前
記の例の場合、（①、②と④の要件を充足することは問題ないであろうから）
甲野総理が靖国神社に参拝したという事実の真実性が証明されれば（③の
要件）、免責が認められよう。

　しかし、上記の判例の規範は、論評の対象を「公務員の地位における行

648　第7編　名誉毀損の免責要件に関する諸問題その2　その他の免責事由

動」に限定しているという意味において公的言論の保障として狭きに失する。また、前提事実の真実性の立証に成功しなければならないとされており、事実言明の場合に真実相当性で足りることと比べて論評の自由の保障が不十分であるといわざるを得ない。

**2** そこで出るべくして出たのが、最3小判1997（平成9）年9月9日[注3]である。

同判決は、

「ある事実を基礎としての意見ないし論評の表明による名誉毀損にあっては、その行為が公共の利害に関する事実に係り、かつ、その目的が専ら公益を図ることにあった場合に、右意見ないし論評の前提としている事実が重要な部分について真実であることの証明があったときには、人身攻撃に及ぶなど意見ないし論評としての域を逸脱したものでない限り、右行為は違法性を欠くものというべきである……。そして、仮に右意見ないし論評の前提としている事実が真実であることの証明がないときにも、事実を摘示しての名誉毀損における場合と対比すると、行為者において右事実を真実と信ずるについて相当の理由があれば、その故意又は過失は否定されると解するのが相当である。」

とし、免責の対象となる言論を、「公務員の地位における行動」から「公共の利害に関する事実」に拡げ、また、前提事実につき真実相当性があればよいことを明らかにした。

改めて要件として整理をすると、

① 論評が公共の利害に関する事実に係ること

② 論評の目的が専ら公益を図るものであること

③ その前提としている事実が重要な部分において真実であることの証明があるかまたは、真実と信ずるについて相当の理由があること

④ 人身攻撃に及ぶなど意見ないし論評としての域を逸脱したものでないこと

の要件を充たせば、論評による名誉毀損は免責されるとするのである。

見ての通り、この要件は、事実摘示による名誉毀損の場合の真実性・真

---

（注3）　判タ955号115頁、判時1618号52頁。

第2章　公正な論評の法理　第1節　判例　*649*

実相当性の法理と似ている。事実言明と論評との区別が必ずしも自明では
ない場合があることは152〜153頁で述べた通りであり、かように両者の
違いが微妙である以上、事実言明の場合の免責法理と論評の場合の免責法
理が大きく異なっていたら、結果の妥当性に大きな影響を与えるであろう。
両者の免責法理が似ているのは、道理にかなっているといえる。

# 第2節　　いくつかの問題点

## 第1款　事実言明と論評との区別・法的見解の表明は事実摘示か論評か

**1**　以上の通り、事実言明については真実性・真実相当性の法理、論評につ
いては公正な論評の法理と、免責要件を異にすることになるため、事実言
明と論評との区別をいかにするかが問題となるが、この点については第2
編第12章第2節第1款の**1**（149頁以下）で述べた。

　また、論評の場合にはその論評部分の"真実性"が原理的に問題となり
得ず、よってその部分の真実性の立証の負担がないことから、"事実言明
だというよりも論評だとされる方が被告側（表現者側）に有利だ"という
ことを言う人がたまにいるが、これが漠然としたイメージに基づく思い込
みに過ぎず、必ずしもそうとは限らないことは、同じ款の**3**（153頁）で
述べた。

**2**　法的見解の表明は事実摘示か論評か。この点については第2編第12章第
2節第3款（157頁以下）で述べたので参照されたい。

## 第2款　推測による名誉毀損

**1**　推測によって特定の事実を摘示する場合がある。

　その場合、推測という主観の作用を伴っていても、推測されている事項
が"事実"であるのなら、それは"事実"を摘示するものであって、"論
評"ではない。そのように考えるのが普通である。しかし、推測する"事
実"にもいろいろあり、話は単純ではない。以下の2つの例で考察をする。

650　第7編　名誉毀損の免責要件に関する諸問題その2　その他の免責事由

① 「Aがスーパーで万引きをした」と推測する場合。

② 「AがBを名誉毀損で訴えた動機が、Bの批判の封殺目的である」と推測する場合。

事実摘示か論評かの区別が「証拠等をもってその存否を決することが可能」か否かで判断されることは最2小判1998（平成10）年1月30日[注4]が明示しているところ、①で推測をしているのはAが万引きをしたかどうかである。"Aがスーパーで万引きをした"との事項が「証拠によってその存否を決することが可能」であることは論を俟たないであろう。つまりこれは"事実"が摘示されているものであり、よって、免責要件は真実性・真実相当性の法理が妥当し、「Aがスーパーで万引きした」ことの真実性や真実相当性が審査されることになる。

②の場合はどうか。②は行為の動機を推測するものであるが、行為の動機も、観念的・理論的には「事実」の問題であって評価の問題とはいえないであろう。しかし、行為の動機は人の内心に属するものであって外部からは容易に窺い知れないため、「証拠等をもってその存否を決することが可能」であるとは限らない。

東京高判2016（平成28）年1月28日[注5]では、控訴人（健康食品の社長）が被控訴人（ブロガー）を訴えた名誉毀損訴訟において、"当該訴訟の提起の動機がブロガーによる批判を封殺する目的である"旨のブログの記載が事実摘示か否かが争点となった。

判決は、

「本件訴訟を提起した控訴人……の動機も、……読み手としては、推論であると理解するものと考えられるし、また、人の内心に係る一般的な行為の動機であり、犯罪事実の存否と共に認定する刑事手続における犯罪行為の動機などとは異なり、その真否を判断できるものではない」

ことを理由として、

「本件記述……は、証拠等をもってその存否を決することが可能な他人に関する特定の事項を主張するものと理解することはできず、控訴人……の本件訴訟を提起した動機についての事実の摘示を含むものと解す

---

（注4）　判タ967号120頁、判時1631号68頁。
（注5）　公刊物未登載（東京高裁平成27年（ネ）第5147号）。

ることはできない」

とした。

　妥当な判断であろう。たとえば、上記ブロガーが、健康食品会社社長による提訴を"スラップ訴訟だ！"と言ったらそれは論評だということになったであろう。それが、"動機は批判の封殺目的だ"という表現となったら事実摘示になってしまうならば、実質的に考えても不当である[注6]。

**2**　本書も含めて、世上、"真実性・真実相当性の法理と公正な論評の法理のどちらが妥当すべきか"につき、"事実か意見か"という言い方がされるが、真に検討すべきは、"証拠等をもってその存否を決することが可能か否か"である。つまり、理論的・観念的には"事実"の範疇に属する事柄であっても、「証拠等をもってその存否を決することが可能」でなければ、"事実"を摘示するものとはいえず、その結果、真実性・真実相当性の法理は妥当しないのである。

　以上述べてきたことは、実は**1**の1998（平成10）年最2小判の判示そのままである。同最判は、

　　「表現に推論の形式が採られている場合であっても、当該記事についての一般の読者の普通の注意と読み方とを基準に、当該部分の前後の文脈や記事の公表当時に右読者が有していた知識ないし経験等も考慮すると、証拠等をもってその存否を決することが可能な他人に関する特定の事項を右推論の結果として主張するものと理解されるときには、同部分は、事実を摘示するものと見るのが相当である。」

とする。つまり、「推論の形式が採られている場合」であっても、「証拠等をもってその存否を決することが可能」であるなら事実摘示であるし、可能でないなら事実摘示ではないのである。

**3**　さて、話はもう少し続く。

　かくして、真実性・真実相当性の法理が妥当するか公正な論評の法理が妥当するかは、「証拠等をもってその存否を決することが可能」か否かによって判断されることになるが、「証拠等をもってその存否を決すること

---

（注6）　もとよりこれは、何を根拠にどのような表現で推測を述べているのかという事案ごとの判断の問題であり、一般論として"行為の動機の推測は事実摘示ではない"ということになるわけではない。

652　第7編　名誉毀損の免責要件に関する諸問題その2　その他の免責事由

が可能」か否かは、そう簡単に截然と区別できることではない。たとえば、1で挙げた動機の問題は、これまで検討してきた通り、「証拠等をもってその存否を決することが可能」な動機と、そうでない動機とがあることになるわけであり、その両者の区別が自明でないことは容易に想像がつくであろう。

　事実摘示か否かの区別について上記の最2小判は、上記引用の通り、「一般の読者の普通の注意と読み方」を基準に判断すると言うが、この事実か意見かの区別をかように一般読者基準で判断するということは果たして妥当なのであろうか。

　私は、真実性の判断における「重要な部分」か否かを一般読者基準で判断することに反対し、裁判所が"被告にどこまで立証を要求すべきか（要求してよいか）"という観点から規範的に判断すべきだと述べたが（575頁）、この事実摘示か否かの区別も同様に、裁判所が規範的に判断すべきなのではないかと私には思われてならない。

　1で挙げた2016（平成28）年東京高判は、
「意見ないし論評については、その内容の正当性や合理性を特に問うことなく、人身攻撃に及ぶなど意見ないし論評としての域を逸脱したものでない限り、名誉毀損の不法行為が成立しないものとされているのは、意見ないし論評を表明する自由が民主主義社会に不可欠な表現の自由の根幹を構成するものであることを考慮し、これを手厚く保障する趣旨によるものである……。このことに鑑みると、事実の摘示か、意見ないし論評の表明であるかの判別に当たっては、当然ながら、この趣旨に照らして検討を行うことも求められるのである。」
と判示するが、この判示はまさにかかる視点（裁判所が規範的に判断すべきだという視点）を指摘するものだといえる。

　つまり、事実か意見かの区別は、真実性・真実相当性の法理と公正な論評の法理のいずれが妥当するかの区別につながるわけであるが、その判断は、裁判所が、"この名誉毀損記事について被告に責任を問うにあたっては何についてどこまで立証を要求すべきか（要求してよいか）"という観点をふまえて規範的に行なう必要があるのではないかと思うのである。

## 第3款　論評の適切性・合理性

　公正な論評の法理は第1節の2（649頁）の通りであり、免責されるために前記の要件以上に、たとえば、論評として適切であることとか、論評として合理性があることなどは必要ではない。第1節の1（648頁）の甲野総理の例でいえば、靖国神社に参拝した甲野総理を、肯定的に評価することが合理的か否定的に評価することが合理的かは問わないということである。かかる点はまさに個々人の価値判断、評価、論評の自由に属する事柄であって、これらの点を特に束縛しないことこそ、表現の自由を保障するゆえんだからである。

　東京地判1996（平成8）年2月28日[注7]は、この点について解説している。即ち、

　　「論評は、表現行為者がその客観性正当性を証明することが必ずしも容易でなく、裁判所がこれを証拠によって決するよりは、当事者間の言論の応酬を踏まえて読者の判断にゆだねることとし、的外れな論評もその前提事実とは別にそれ自体として不法行為を構成することはないものと解するのが、表現の自由の保障に資するゆえんである。」

という。最高裁も、最1小判2004（平成16）年7月15日[注8]が、

　　「意見ないし論評については、その内容の正当性や合理性を特に問うことなく、人身攻撃に及ぶなど意見ないし論評としての域を逸脱したものでない限り、名誉毀損の不法行為が成立しないものとされているのは、意見ないし論評を表明する自由が民主主義社会に不可欠な表現の自由の根幹を構成するものであることを考慮し、これを手厚く保障する趣旨によるものである。」

と判示している。

## 第4款　裸の意見言明

### 1　前提事実に言及せずにただ否定的論評のみがなされている場合（裸の意

（注7）　判タ923号162頁、判時1570号3頁。
（注8）　判タ1163号116頁、判時1870号15頁。

見言明）、その違法性をどのように判断すべきか。たとえば、特定人について
ただ「あいつはアホだ。」とか「無能だ。」等と言う場合である。

**2**　この問題を検討するにあたっては、そもそも当該"裸の意見言明"が、
何らの前提事実をふまえずになされているのかどうかが先に検討されなけ
ればならない。

　文章上は前提事実が明記されていなくとも、文脈に照らせば当該論評に
対する前提事実が示されている（つまり黙示の前提事実がある）といえる場
合があるのであって、その場合には、その黙示の前提事実について前記の
「公正な論評の法理」を通常通りに適用すればよい。

　たとえば、安全保障関連法が国会で強行採決された翌日、一市民が甲野
総理大臣に向かって、衆人環視の中「独裁者！」と罵倒したとする。この
場合、「独裁者」との否定的論評は、前日の強行採決について政府・与党
の長である甲野を批判したものであると解釈できる。よってこの場合は黙
示の前提事実の存在が明らかであるので、その前提事実について「公正な
論評の法理」が適用されることになる。

　また、前提事実の明示がなくとも、論評の文言上、具体的な事実を前提
としていることが明らかな場合もある。たとえば、特定の政治家について
「汚職にまみれている」との論評があった場合、この論評は、当該政治家
が何らかの瀆職行為を行なっていることをその言葉自体において暗示して
いる。この場合も、そのように「汚職まみれ」と論者が評した前提事実に
ついて「公正な論評の法理」が適用されることになる。

**3**　他方、前提事実が黙示的にもその存在を認められない場合、これがまさ
に典型的な「裸の意見言明」の問題なのであるが、この場合でもなお事前
に検討すべきことがある。

　それは、黙示の前提事実すらない否定的論評の場合、そもそも対象者
（被害者・原告）の社会的評価を低下させる言明といえるのか、という問題
である。第2編第12章第1節の**5**（149頁）でいわゆる「チビ・ブス」事
件判決に関するコメントとしても少し述べたが、単なる中傷しかなされて
いない場合、対象者の社会的評価が下がるという事態はなかなか考えにく
いのである。たとえば、特定のAについて多数人の前でただ「アホ」だと
か「無能」だと言った場合、それを聞いた一般人がAについて「へぇ～、

そうなのか〜。Ａさんって、アホなのか〜。」とか「そうか〜。Ａさんは
無能なのか〜。」と印象づけられてＡに対する評価が下がるとはなかなか
思えないのである（注9）。

したがって、黙示の前提事実すらない「裸の意見言明」の場合、そもそ
も当該言明が対象者の社会的評価を低下させるものなのかどうかがきちん
と吟味されなければならない。

そして、対象者の社会的評価を低下させるものとは解されない場合は、
あとは名誉感情侵害の成否のみが問題となることになる。

**4** 以上の検討を経て、黙示の前提事実すらない「裸の意見言明」であって
かつ対象者の社会的評価を低下させると解されるものについて初めて、そ
の違法性をどう判断すべきかが問題となる。

この点、堀内明（注10）は、裸の意見言明につき、

「基礎事実を論評者側に摘示させる必要があり、これがなされないとき
……は、名誉毀損の責任を免れないことになろう」

という。黙示の前提事実すらない場合には、「基礎事実」の「摘示」がな
されないことになるのであるから、この見解によれば、当該意見言明は違
法となる。

思うに、黙示の前提事実すらない「裸の意見言明」は、何の前提事実も
なく名誉毀損をしていることになるのであるから、公正な論評の法理にお
ける“前提事実の真実性・真実相当性”を主張立証できないということに
帰するのであり、よって抗弁が成立せず、論者（被告）は不法行為責任を
免れないというべきであろう。即ち、堀内の見解に私も賛成である。

最3小判1997（平成9）年9月9日（注11）も、公正な論評の法理を判示す
る際に、

---

（注9）　山口成樹・判批・法学協会雑誌109巻11号135頁（1992年）は、前提事実の明示のない裸の
意見表明の場合、「通常人たる受け手が、表明された裸の批判・非難を名誉毀損的な客観的事
実の記述と取り違えたり、または、適〔ママ〕示されていない前提事実を表明された批判・非
難から逆に推測すること、つまりあれこれと想像すること」から、「原告の社会的評価が低下
する蓋然性は、逆に極めて高い」と言うが、「通常人たる受け手」がそのような受け止め方を
するとは、私は思わない。
（注10）　堀内明「公正な論評」竹田稔＝堀部政男編『新・裁判実務大系9　名誉・プライバシー保
護関係訴訟法』（青林書院・2001年）46頁。
（注11）　判タ955号115頁、判時1618号52頁。

「ある事実を基礎としての意見ないし論評の表明による名誉毀損にあっては、」

と切り出し、「ある事実」を基礎としていることを当然の前提としているのであり、そのような「ある事実」がないのであれば、この免責法理が妥当する余地はないのである。

　もっとも、繰り返しになるが、何の前提事実もない「裸の意見言明」の場合、対象者の社会的評価を低下させると認められるケースはかなり限定されると思われる。

**5**　「裸の意見言明」が問題となった裁判例として東京地判1990（平成2）年3月26日 (注12) がある。事案は、ロス疑惑事件の被告人となったA氏（原告）に関し、作家（被告）が週刊誌に、

　「〔A氏〕は私の見たところハングレの典型で、ハングレというのは、商売人のゴロツキに対して、半分グレているという蔑称なのだ。

　　ハングレの常として、小利口で弁が立つのだが、絵図を画いても手前勝手で、しかも急所で経費を惜しむところがある。」

等と述べた文章を寄稿・発表した事案である。

　判決はこの文章につき、「論評の基礎となる事実の指摘に欠け〔る〕」として、公正な論評の法理による免責を認める余地はないとした。正当な判断であろう。

**6**　他方、以上とは異なる見解もある。

　奥平康弘 (注13) は、

　「こうした場合には、『事実』が『真実』かどうかを問う余地はない。この種の場合には、人身攻撃・侮辱・揶揄などの有無が問題になるという形で、『論評の公正性』が検討されることにならざるを得ない」

という。即ち、黙示の前提事実すらない「裸の意見言明」の場合には前提事実の真実性・真実相当性が問題となる余地がないという状況を、「根拠なき名誉毀損」として責任追及する方向ではなく、真実性・真実相当性の立証の負担から単純に解放するという方向で解釈しているものである。

---

（注12）　判タ723号250頁、判時1343号66頁。
（注13）　奥平康弘『ジャーナリズムと法』（新世社・1997年）178頁。

五十嵐清（注14）は、

「わが国の場合、それが侮辱的言辞のときは、名誉権または名誉感情の
侵害として被害者は保護されるので……、それ以外はひろく免責を認め
てよいのではないか」

としているが、これは奥平の見解と同旨のことを述べているのであろう。
　秋山幹男ほか（注15）も、

「論評の前提事実が摘示されていなければ、真実性の証明や真実相当性
は不要〔である〕」

とする。これも前二者と同旨の見解であろう。
　しかし、これらの見解を前提とすると、事実に基づく論評の方は前提事
実の真実性・真実相当性の立証の負担を乗り越えなければ免責されないの
に対し、何の根拠もない名誉毀損論評の方がかかる立証の負担なくして免
責されることになるが、これではあまりにも均衡を失しているのではない
だろうか。

## 第5款　論評と前提事実との関連性

**1**　第3款（654頁）で述べた通り、公正な論評の法理において論評の合理
性は問われないが、論評とその前提事実との間には合理的関連性がなけれ
ばならない。この点は要件上丁寧に説示はされてはいないが、「前提とし
ている事実」という表現にその趣旨が表われているといえる（注16）。
　たとえば、次のような記事があったとしよう。

　　イ　昨日の朝、私はニュース番組をテレビで見た。
　　ロ　そのテレビ放送に出演していた乙野二郎は、日本の総理大臣の名
　　　　前を言えなかった。
　　ハ　乙野二郎はばか者だ。

---

（注14）　五十嵐清『人格権法概説』（有斐閣・2003年）72 ～ 73頁。
（注15）　秋山幹男＝近藤卓史＝秋山淳「ジャーナリストが知っておくべき名誉毀損の判断基準と判
　　　　例」Journalism 233号50頁（2009年）。
（注16）　イギリスの判例法では、論評の「公正」性の要件の問題として、「前提とした事実は真実
　　　　であるけれども、その事実が評論を裏付けるものではない場合」に公正を欠くとされている
　　　　ようである（塚本・前掲（注1）77頁）。

この記事の場合、イ・ロは事実摘示で、ハは論評である。そして、このハの論評の前提事実は、イ及びロの両方（ないしはロ）である。つまり、ハの前提事実がイのみであると解することは誤りである。なぜなら、「昨日の朝、私はニュース番組をテレビで見た」ことと「乙野二郎はばか者だ」との間には、論理的な関係がないからである。つまり、前提事実と論評との間には必ず論理的な関連性がなければならない[注17]。

　他方、論理的関連性さえあれば、あとはいかなる論評をしてもそれは論者の自由であること、前述（654頁・第3款）の通りである。即ち、イ・ロから、「乙野二郎はばか者だ」と論評することも自由であるし、また、「乙野二郎はお疲れのようで気の毒だ」と論評することも自由である。

**2**　下級審裁判例にはかかる関連性の必要性を指摘しているものがある。

　札幌地判1996（平成8）年12月20日[注18]はその一例である。原告の関係した交通死亡事故を摘示しつつ、当該死亡事故が意図的に引き起こされたかの如き表現を記した週刊誌記事につき、雑誌社側は、公正な論評であると主張した。これに対して判決は、

　　「被告が抗弁……に掲げた各事実が仮に真実であるとしても、右事実は、原告が本件事故に関し、犯罪行為等何らかの社会的非難に値する行為をしたことを合理的に推認させるものであると言うことはでき……ない」

として、公正な論評の法理による免責を認めなかった。これは、雑誌社側が主張する前提事実と論評との間に合理的関連性がないことを指摘して免責を認めなかったものだといえる。

---

（注17）　神田孝夫「論評ないし意見表明による名誉毀損と免責事由（三）・完」札幌法学16巻1号7頁（2004年）は、この公正な論評の法理につき、
　　「基礎となっている事実と論評（ないし意見表明）内容との間に合理的な関連性がある必要はないというのが判例や学説の一般的傾向である」
　とするが、そのような判例や学説を私は寡聞にして知らない。神田は本文でも脚注でも判例や学説を特段挙げていないため確認できないが、少なくともそのような見解が一般的であるということはないのではないかと私は思う。
　　もっとも、神田は自身の見解としては、
　　「両者の関連性を極度に緩やかに理解してよいとするなら、右事実を基礎としているというには相応しくない場合が生じるのではないか」
　と述べており、神田のいう「判例や学説の一般的傾向」とは一線を画している。
（注18）　判タ956号208頁、判時1626号125頁。

また、東京地判2024（令和6）年5月20日[注19]は、端的に
「前提事実たるべき事実は、当該意見論評との間に合理的関連性を有するものであることを要すると解するのが相当である」
と言う。

## 第6款　論評の類型ごとの考察

さて、第4款（654頁）と前款（658頁）の考察をふまえ、本款で、論評の様々な類型を具体例に基づいて考察してみる。

【例1】「Aは朝起きた。だからAはバカだ。」

これは、前提事実と論評との間に合理的関連性がない例である。

よって、"Aが朝起きた"との事実の真実性を立証できても公正な論評の法理は成立しない。

【例2】「A監督はあの場面で送りバントを命じた。だからAはバカだ。」

この例の場合、前提事実と論評との間に合理的関連性はある。

また、この例の前提事実自体は、Aの社会的評価を低下させない事実である（野球の監督が選手にバント策を指示することは、何ら監督の社会的評価を低下させるものではない）。

かかる前提事実からAを否定的に論評しても、それは論評者（被告）の論評の自由に属することである。

被告は、A監督が当該特定の「あの場面」で送りバントを命じた事実を立証できれば、公正な論評の法理により免責されることになる。

【例3】「Aは勤務先の売上金を横領した。だからAはバカだ。」

この例も、前提事実と論評との間に合理的関連性はある。

例2との違いは、この例3の方は、前提事実自体もAの社会的評価を低下させる事実だという点である。つまり、事実摘示部分も論評部分もいずれも名誉毀損にあたるということである。

被告は、Aが勤務先の売上金を横領した事実を立証できれば、事実摘示と論評のいずれの名誉毀損も免責される。

---

（注19）　公刊物未登載（東京地裁令和4年（ワ）第883号）。

かように前提事実自体に名誉毀損性がある場合、前提事実の部分のみだけでも名誉毀損の成否が問題となるので、その先の論評部分については、その言辞に名誉毀損性があるかとか、その言辞が論評なのか事実摘示なのかという問題は、論じる実益はあまりないことになる。

【例4】「Aはバカだ。」

これはいわゆる裸の意見言明であり、この論評の前提事実が何なのかが究明される必要がある。

第4款（654頁）で述べた通り、究明の結果、前提事実が明らかになれば、その前提事実の真実性・真実相当性が問題となる。他方、前提事実が観念できない場合、そもそも当該言辞がAの社会的評価を低下させるものなのかがきちんと検討される必要がある。


# 第7款　論評の前提事実の時的限界


**1**　公正な論評の法理において、真実性が検討されるべき"論評の前提事実"は、論評の時点で既に存在していなければならないか。換言すると、論評後に発生した事実は、論評の前提事実にはなり得ないのか。

　　たとえば、"Aは差別主義者だ"という論評（本件論評）について公正な論評の法理の適否が問題となったとする。かかるケースにおいて、本件論評後にAが差別的言動をした場合、本件論評後のその差別的言動の存在も、本件論評の前提事実になり得るのだろうか。

**2**　思うに、論評後に発生した事実は、論評時には存在していない以上、論評の前提事実にはならないであろう。存在しない事実については論評することができないからである。

　　しかし、論評後に発生した事実であっても、論評の前提事実（＝主要事実）を支える間接事実にはなるであろう。

　　**1**で挙げた例について言えば、本件論評"後"にAが差別的な言動をしていた場合、その差別的言動の存在は、論評"前"のAの差別的言動の存在を支える間接事実になるであろう。即ち、論評"前"の差別的言動の存否自体に争いがある場合に、その差別的言動があったか否かの事実認定

第2章　公正な論評の法理　第2節　いくつかの問題点　　*661*

にあたり、論評"後"の差別的言動の存在が間接事実として機能するということである。つまり、Aが年がら年中差別的的言動をしていることをもって、論評"前"の差別的言動が真実であることが立証されるわけである。

**3**　以上述べた話は、将来の事項についての論評の問題とは似て非なる話である。

（1）　たとえば、論評者（被告）が、「来月開催予定のA氏の講演会は人種差別的な内容になるだろう」という発言をしたとする。これは、Aの行なう将来の講演会の内容について「人種差別的」だという論評をしているものであるが、この言辞は、将来の事実を推測した上で、その将来の事実について論評をしていることになる。

　　かかる場合、まず、将来の事実（将来行なわれる講演の内容それ自体）を推測する部分は、事実の存否の問題であるから、論評時とは関係なく、事実審の口頭弁論終結時を基準に判断されることになる。「来月」すなわち論評時の翌月に開催される講演会は、事実審の口頭弁論終結時には既に終わっているであろうから、被告は、その講演の内容を証拠提出して事実認定に供してもらうことができるのである。

（2）　では、将来の事実を推測した上で論評をしたがその推測がはずれた場合はどうなるか。

　　たとえば、上記の講演の例で、"来月の講演会が人種差別的になる"と言われたことからAが講演の題目を講演直前にまるきり変えたために人種差別的な内容にならなかった場合である。

　　この場合、論評者（被告）は、当該論評の時点における自己の認識を前提に、"将来の講演の内容は人種差別的である"という論評の前提事実の真実性・真実相当性を主張立証してゆくことになろう。具体的には、当該論評の前のAの講演が悉く人種差別的なものであったこととか、あるいは、「来月」の講演のチラシに記載されていた講演のタイトルが人種差別的な内容であったこと等を立証してゆくことになろう。


## 第8款　論評の域──この要件をどう解釈すべきか

**1**　公正な論評の法理の要件中、「人身攻撃に及ぶなど意見ないし論評とし

ての域を逸脱したものでないこと」との要件は、論評にいわば節度を求め、「書き過ぎ」を抑えるものだと一般的に言われている。

しかし、肯否・賛否の表明は本来的に自由であるべきである。特に公的言論の場合にはその自由が保障されなければならない。かかる見地からは、上記のような要件を設けることに疑問を抱かざるを得ない[注20]。

この点、東京地判2006（平成18）年7月31日[注21]は、日本道路公団の総裁を批判した月刊誌記事について公正な論評の法理による免責を認めるにあたり、問題となった表現が攻撃的で激しいことは認めつつ、

「攻撃的な激しい表現が用いられたからといって表現の社会的相当性が欠けるものでもない。国家・社会の重要問題に関する真剣な言論において、それぞれの主張を分かり易く国民に訴えるためには、多少の攻撃的表現があっても、民事法上賠償責任を問われるようなことがあってはならないと考えられる。攻撃的表現が違法なものとして損害賠償の対象となってしまうのでは、言論が萎縮し、国民の前での分かりやすい言論の応酬、討論ができなくなってしまう。そうすると、国民に適切な判断資料が与えられず、民主政治が正常に機能しなくなってしまうおそれがある。最終的な判断は、主権者たる国民に委ねられるべきものであって、多少の激しい表現は、国務大臣任命の職である特殊法人の長の地位にあった原告としては、甘受すべきものである。」

としている。表現の自由・市民の知る権利の保障に配慮した適切な判断であるといえよう。

**2** 上記の2006（平成18）年東京地判は、日本道路公団の総裁に対する批判的な記事であったから上記のような判断になったのであろうが、論評の自由はもっと一般的に広く保障される必要があるのではなかろうか。

649〜650頁でも述べたが、公正な論評の法理は、真実性・真実相当性

---

（注20） 升田純は、弁護士に向けた講演で、この公正な論評の法理につき、
　　　　「私はこの判例には不満でありまして、『人身攻撃に及ぶなど』というところが、大体論評というのは人身攻撃に及びがちでありましてこれをもって一切違法だという具合にするのはやはりおかしいのではないか、という気がするわけです。」
　　　　と述べている（東京弁護士会弁護士研修センター運営委員会編『平成16年度秋季　弁護士研修講座』（商事法務・2005年）79頁）。同感である。
（注21）　判時1941号102頁。

第2章　公正な論評の法理　第2節　いくつかの問題点　663

の法理と要件が似ている。似ているが、両者を比べると、公正な論評の法理の方が、この"論評の域"の要件の分だけ、要件が加重されているように見える。これをどう解するべきか。

判例はこの論評の域の要件につき、「人身攻撃に及ぶなど」という例示をしているが、論評による名誉毀損は、他人の社会的評価を低下させる論評なのだから、そもそもその人の価値を貶める言説に他ならず、人身攻撃の要素を含んでいる方が普通であろう[注22]。

そうすると、"人身攻撃だから論評の域を逸脱している"などと言い出したら、論評による名誉毀損の免責の余地が著しく狭くなってしまうのではなかろうか。そもそも自由闊達な論評が許されてこそ表現の自由が保障されているといえるのである。「人身攻撃に及」んでいるか否かという例示に囚われると論評の自由は保障されない。論評の域の要件については、かかる例示に囚われない解釈をする必要がある。

**3** さて、それでは、「意見ないし論評としての域を逸脱したものでないこと」との要件をいかなる内容のものとして解釈すべきか。

この解釈の方向性は、"真実性・真実相当性の法理よりも公正な論評の法理の方が論評の域の要件の分だけ要件が加重されている"という事態を受け容れるかどうかに関わるのではなかろうか。

思うに、論評の自由を事実摘示の自由よりも制約すべきということは論理的にも価値判断的にも出てこない話であり、よって、論評の域の要件は、要件が加重されているものと捉えるべきではない。

では、論評の域の要件が付け加わっているのに、要件が加重されているわけではないということはどういうことか。

この点を検討するには、最高裁で初めて公正な論評の法理を採用したものと言われている最1小判1989（平成元）年12月21日[注23] が、公正な論評の法理のあてはめにおいて、

「主題を離れて被上告人らの人身攻撃に及ぶなど論評としての域を逸脱

---

（注22）　翻って考えるに、人身攻撃に及ばない論評であるなら、それは人の行ないに対する批判なのであって、そもそも人の社会的評価を低下させないことになる可能性が高いのではなかろうか。

（注23）　判タ731号95頁、判時1354号88頁。

しているということもできない。」

としている点が参考になる。つまりポイントは、"主題を離れているか否か"だということである。敷衍すると、「主題を離れて」いると「論評としての域を逸脱している」ことになるのであって、"人身攻撃"性は、"主題を離れているか否か"の判断要素の1つに過ぎないということである。

ここでようやく結論である。この論評の域の要件は、主題を離れているかどうかという点が検討の対象とされるべきだということなのではあるまいか。

## 第9款　論評の域——裁判例

本款では、論評の域の要件に関わる裁判例を挙げる。

### 第1　逸脱の有無について判断基準を示した裁判例

**1**　東京地判1996（平成8）年2月28日[注24]は、

「論評としての域を逸脱するか否かを判断するに当たっては、表現方法が執拗であるか、その内容がいたずらに極端な揶揄、愚弄、嘲笑、蔑視的な表現にわたっているかなど表現行為者側の事情のほか、当該論評対象の性格や置かれた立場など被論評者側の事情も考慮することを要するものというべきである。」

としている。

この東京地判は、英和辞典の記載の誤りを指摘した書籍に関する事案であるが、

「どこの馬の骨とも知れない英語学者」

「恥も外聞もないマヌケ集団」

「どういう神経をしていたらこんなメチャクチャな偽造文ができるのだろうか」

「愚かな外国語学者たちが、己の無知をお互いに長年にわたって覆い隠してきたことに起因する、この日本式英和辞典の欠陥知識のたれ流しを、

---

(注24)　判タ923号162頁、判時1570号3頁。

外国人の友人たちの力を借りながら、私はこうして告発している。○○社には、何の反省も謝罪も、『弊社に対する中傷への抗議』もしてもらわなくてよい。ただ早々に、この欠陥辞書たちといっしょに消えてなくなってくれ、とお願いしたい」

等の記載につき、論評としての域を逸脱していると判断した。(注25)

**2** 他方、大阪高判2008（平成20）年10月31日(注26)は、

「論評の公正性、それがいたずらに人を揶揄、愚弄、嘲笑し、ことさらに人身攻撃をするなど論評としての域を超えているものか否かを判断するにあたっては、使用された個々の言葉だけを取り出して論ずるのは相当でない。論者の論理、その使用された文脈のなかにおける用語、表現の必然性・相当性を十分に検討するべきである。」

とする。キーワードは「用語、表現の必然性・相当性」ということになろう。

**3** また、東京地判2009（平成21）年1月28日(注27)は、

「ある意見ないし論評が、その域を逸脱するものであるか否かについては、表現自体の相当性のほか、当該意見ないし論評の必要性の有無を総

---

(注25) この事件の控訴審判決である東京高判1996（平成8）年10月2日（判タ923号156頁）も、論評としての域を逸脱しているとの結論を維持しているが、英和辞典の正誤の争いという学術上の論争であるという点をふまえ、逸脱の有無について次のように少し詳しく判示している。
「およそ学術上の論争批判については、世上いわゆる権威が認められている学説や学者に対しても、その権威に屈することなく、率直に行われるべきものであることはいうまでもない。しかし、そのことと論争批判の相手・対象の社会的存在としての重さ、真面目さ等に応じて、それなりの節度をもってなされるべきこととは別論である。特に、辞書については、本件両辞書を含めて通常の場合相当の業績を有する学者が編者となり、多数の執筆者及び校閲者が関与し、何万語もの見出し語とそれに対する語義、用法指示、例文などを他の辞書や文献等を参照しながら選別、記述した学術的労作である。このような対象を批判するに当たっては、その表現方法や表現内容についても、それなりの節度を要求してしかるべきである。以上のような諸事情を総合考慮すると、編集方針等を批判する右部分における本書の記載は、権威への挑戦として許される過激さ、誇張の域をはるかに超え、前提として指摘する事実の一部に真実であると認められるものはあっても、全体として公正な論評としての域を逸脱するものであるといわざるを得ない。」
かように「節度」という言葉を持ち出されると、そのような概念で合法・違法の線引きをされては困るという気がするが、本件の場合、問題となった各論評はもはや主題からかけ離れた度外れた悪口雑言であるといえ、前款（662頁以下）で述べた検討ポイントであるところの「主題を離れ」たものとして、論評の域を逸脱していると言ってよいであろう。

(注26) 判時2057号24頁。

(注27) 判タ1303号221頁、判時2036号48頁。

666　第7編　名誉毀損の免責要件に関する諸問題その2　その他の免責事由

合して判断すべきである。そして、上記必要性の有無については、相手
方による過去の言動等、当該意見ないし論評が表明されるに至った経緯
を考慮して判断すべきである。」

としており、「表現自体の相当性」のほか「当該意見ないし論評の必要
性」を総合して判断するという趣旨は、2の「用語、表現の必然性・相当
性」というキーワードと同旨であろう。

## 第2　国会議員に関する論評の域について判断した事例

東京地判2007（平成19）年8月10日 [注28] は、国会議員の政治資金の管理の
仕方を批判した週刊誌の記事の名誉毀損性が問題となったものである。

判決は、

「憲法21条1項が保障する言論、出版その他一切の表現の自由は、基本的
人権のうちでも特別に重要なものであり、特に、国権の最高機関であり、
国の唯一の立法機関である国会の両議院の議員として国政に関わる国会
議員が議院における演説、討論等について院外で責任を問われない憲法
上の保障を受けているのも、議員が自由な表現によって批判され、評価
が決定される仕組の中におかれるべきことと対応しているものと解する
のが相当である。議員自身の表現の自由が最大限尊重される一方、議員
の政治的姿勢、言動等に関しては、国民の自由な論評、批判が十二分に
保障されなければならないことは、民主国家の基本中の基本である。」

と、議員の政治的姿勢や言動に対して市民が批判する自由を保障することの
重要性を指摘し、その理を、

「不法行為としての名誉毀損は、人の社会的評価に係る問題であるが、個
人の立場には様々なものがあるのであり、特に政治家、とりわけ国会議
員は、単なる公人にすぎないものではない。議員は、芸能人や犯罪被疑
者とは異なるのであり、その社会的評価は、自由な表現、批判の中で形
成されなければならないのであって、最大限の自由な論評、批判に曝さ
れなければならない。」

と、名誉毀損法理の中に位置づけた上で、

---

（注28）　判タ1257号173頁。

「このことは、議員に関する表現行為が、名誉毀損の不法行為として表現者に損害賠償責任を発生させるかどうかを検討する際にも十分考慮されなければならない点であり、また、論評としての域を逸脱していないかどうかについての判断に際しても、特に留意すべき事柄であり、いやしくも裁判所が、限定のない広範な情報の中で形成されるべき自由な政治的意見の形成過程に介入し、損害賠償の名のもとにこれを阻害することはあってならないことである。」

とし、論評の域の逸脱の有無の判断に際しても政治的意見の形成について最大限に自由を保障すべきであることを明らかにしている。

## 第3　地方自治体の首長（市長）に関する論評の域について判断した事例

大阪高判2007（平成19）年12月26日(注29) は、市長（原告）に関する週刊誌の記事の名誉毀損性が問題となったものである。

判決は、

「批判・論評の対象とされる者が、政治家であり、かつ地方公共団体の首長という地域住民の投票により選任される者である場合には、その者が公人として行った発言、行動に対する批判、論評は、民主政治の過程を正当に機能させるため必要不可欠な行為であるから、その前提となる事実が重要な部分において真実である限り、原則として自由というべきであ〔る〕」

とした上で、

「その表現自体が激しく攻撃的になることがあるとしても、対象とされた者は原則としてこれを甘受すべきであって、その論評ないし意見の表明は、意見ないし論評としての域を逸脱しない限り、不法行為を構成しないというべきである。」

という。

かように判決は、「激しく攻撃的」な論評であっても首長は「原則としてこれを甘受すべき」だと言うが、それは「意見ないし論評としての域を逸脱しない限り」という限定付きである。要するにこの判決は、論評の域を逸脱

---

（注29）　判時2004号83頁。

668　第7編　名誉毀損の免責要件に関する諸問題その2　その他の免責事由

した場合には不法行為が成立するという普通のことを言っているに過ぎない。

つまり、前段の、首長に対する批判、論評は「民主政治の過程を正当に機能させるため必要不可欠な行為である」という発想は雲散霧消している。

そして現に判決は、当該週刊誌記事が原告について「バカ市長」「そのバカさ加減に呆れ返ってしまった」「妄言を繰り返す」「『バカにつける薬』は未だ、発見されていない」と表現していることを取り上げて、論評の域を逸脱しているとの判断をした。

これらの表現は確かに品位を欠くものであるが、用いている言葉は、所詮は「バカ」という極めて幼稚で単純なものである。つまりは、批判し否定的論評を加える場合の定型句として用いている以上の意味があるとは思われない。これが論評の域を逸脱していると言われるようでは、週刊誌の記事は、"お上品な"言葉遣いしか許されなくなってしまう。これでは言論の自由はがんじがらめである。

### 第4　具体的な解釈として参考になる事例

**1**　松山地判2011（平成23）年6月29日[(注30)]は、医師（原告）の行なった生体腎移植手術につき、被告が、聴衆の沢山いる勉強会において「これ犯罪ですよ。」と言ったことが論評による名誉毀損であるとして訴えられたものである。

判決はこの発言につき、

「〔被告の〕発言の内容全体やそれがされた経緯等にも照らして考えれば、〔被告の〕発言は、もっぱら本件生体腎移植手術自体の医学的相当性に言及したものであると解することができ、上記医学的相当性の問題を離れ、原告が犯罪者であるとか、医師としての適格性を欠く者であるといった、原告個人に対する人身攻撃に及ぶなどの内容を持つものとは認められない。」

とし、論評の域を逸脱するものではないとした。

論評の文言が「これ犯罪ですよ。」というものだったとしても、文脈に照らして解釈すると原告を犯罪者呼ばわりするものとはいえないと判断し

---

(注30)　判タ1372号152頁。

たものである。

**2**　東京地判1973（昭和48）年2月24日 [注31] は、公正な論評の法理に関する最高裁判例が登場する前の事例であるが、「著しく卑俗的であって、揶揄に満ち、原告……に対する攻撃的感情をむき出しにした」表現の名誉毀損性が問題となったものである。

判決は、そのような表現のものにつき、

「それらの記述に特徴的なことは、……かえって内容的にはまことに空疎なものとなっている点である。それだけに、それらの記述は、それを読む大多数の良識ある国民に徒に嫌悪不快の念をおこさせるに止まり、ほとんど説得力を有しないものと解さざるをえず、宗教団体としての原告らの地位性格および原告らが永年にわたり築きあげてきた高度の信用からすれば、それらの記述が原告らの社会的評価を低下させるものとは到底考えることができない。」

としてそもそも名誉毀損性を認めなかった。

激しく攻撃的なものであっても、場合によっては本件のように却ってそもそも名誉毀損性が否定されるということもあることを示す事例である。

## 第10款　証明すべき前提事実の範囲

第5款（658頁）で述べた通り、公正な論評の法理においては、論評とその前提事実との間に合理的関連性がなければならない。かように関連性が要求されるため、ある論評について、具体的にいかなる事実が前提事実として立証される必要があるのかが訴訟において問題となることがある。問題となっている記事や投稿の中で前提事実が明示されていない場合などは特に問題となり得よう。

以下、極めて雑駁であるが、大まかな方向性を参考までに記すことにしたい。

**【例1】**　4月1日、刑事施設職員Aは、被収容者Bにのみ食事を配膳しな

---

（注31）　判時711号109頁。

かった。

　これは、論評ではなく事実摘示による名誉毀損である。

　"4月1日にAがBにのみ食事を配膳しなかった"事実が立証される必要がある。

【例2】　4月1日、Aは被収容者Bに対して差別をした。

　「差別をした」という論評による名誉毀損である。

　4月1日にAがBに対して行なった、論者が"差別"に該当すると考える具体的な事実が立証される必要がある。

　なお、訴訟においては、「差別をした」という言辞が事実摘示なのか論評なのかが争われることがあるが、本例のように特定の日の出来事の存否が問題となるのであれば、「差別をした」という言辞が事実摘示とされようが論評とされようが、被告が主張立証責任を負うべき事実の内容と範囲に変わりはないであろう。

【例3】　ある日、Aは被収容者に差別をした。

　「差別をした」という論評による名誉毀損であるが、例2との違いは、日付けが明示されていないことと、差別行為をした相手が特定されていないことである。

　本例は、日付けが明示されていなくとも、文脈上、ある特定の日の出来事を問題としているので、その当該特定の日の出来事が立証の対象となる。

　他方、差別行為をした相手は特定されていないので、Bに限らず、その当該特定の日に被収容者に対してなされた、論者が"差別"に該当すると考える具体的な事実が立証の対象となる。

【例4】　Aは被収容者に対して差別をした。

　本例の場合、文脈によるが、ある特定の日のことを日付けを明示せずに述べているなら、例3と同様に、当該特定の日の、論者が"差別"に該当すると考える具体的な事実が立証される必要がある。

　他方、文脈上、Aの日ごろの行ないを問題にしているのであれば、複数の差別行為が立証される必要があろう。

【例5】　Aの被収容者に対する差別は目に余った。

　本例の場合、差別行為が反復継続して行なわれていること、または相当数行なわれていることが、具体的事実をもって明らかにされる必要があろ

う。

"反復継続"していることを立証する必要があるのか"相当数"あることを立証する必要があるのかは、文脈による。

【例6】 施設におけるＡの態度は差別主義者そのものだった。

これも例5に類似するが、本例の場合には、前提事実としては、差別行為のみならず差別発言も含まれることになろう。

# 第3章——現実の悪意の法理

## 第1節　現実の悪意の法理とは

**1**　現実の悪意の法理とは、1964（昭和39）年に米国連邦最高裁が「ニューヨークタイムズ対サリバン」事件において採用した名誉毀損の免責法理であり、公務員に対する名誉毀損表現については、その表現が「現実の悪意」をもって、つまり、それが虚偽であることを知っていながらなされたものか、または虚偽か否かを気にもかけずに無視してなされたものか、それを原告（公務員）が立証しなければならない、とするものである[注1]。

**2**　「ニューヨークタイムズ対サリバン」事件とは、「マーチン・ルーサー・キングと南部における自由のための闘争を守る委員会」の名義で1960（昭和35）年3月に「ニューヨークタイムズ」（以下、「NYタイムズ」という）に掲載された意見広告に関する名誉毀損事件である。この意見広告は、アラバマ州モントゴメリー市で州当局が学生らに対して行なった弾圧のさまを例に引くなどして公民権運動への支持と募金を呼びかけるものであったが、モントゴメリー市の警察本部長であるサリバンは、同意見広告が自身の名誉を毀損するものだとして、NYタイムズと広告掲載責任者らを相手に損害賠償請求を起こした[注2]。

---

（注1）　この定義は、芦部信喜『憲法学Ⅲ・人権各論（1）〔増補版〕』（有斐閣・2000年）354頁を参考にした。

（注2）　この事件につき比較的詳しく説明された文献としては、塚本重頼『英米法における名誉毀損の研究』（中央大学出版部・1988年）298頁、奥平康弘『ジャーナリズムと法』（新世社・1997年）184頁、同『表現の自由を求めて』（岩波書店・1999年）234頁、喜田村洋一『報道被害者と報道の自由』（白水社・1999年）28頁、松井茂記『表現の自由と名誉毀損』（有斐閣・

最初に審理したアラバマ州モントゴメリー市巡回裁判所は、同意見広告の名誉毀損の成立を認め、陪審はNYタイムズに50万ドルを支払えとの評決を下した。NYタイムズは、同州最高裁に上告したが、この上告は棄却された。本件意見広告は確かにいくつかの事実の誤りを含むものであったため、アラバマ州法上は名誉毀損の成立は不可避だったといえるのである。

　舞台は連邦最高裁に移った。

　1964（昭和39）年3月、連邦最高裁は、この事件を連邦憲法修正第1条の表現の自由に関わる問題として正面から受け止め、前述の「現実の悪意の法理」を提示して、公務員の行動に関する批判的言論に関し、広く免責の余地を認めた。その根底には、「公共的な争点に関する討論は抑制されてはならない」、「自由な議論においては誤った言説は不可避であってこれもまた保護されねばならない」、「公務員の行動に関する批判的言論をする者に真実性の立証責任を負わせると、真実性の証明に失敗することを恐れるあまり『自己検閲』を招いてしまう」等の問題意識があり、法廷意見はこれらを的確に指摘したのである。

　現実の悪意は、故意ないしそれに準じる概念といえるのであり、ましてそれを公務員の側で立証しなければならないというものであるから、この判決は、公務員に関する批判的言論につきほぼ絶対的な自由を保障するものとして画期となった。なお、その後連邦最高裁は、この法理の対象範囲を、「公務員」から「公的人物」（public figures）にまで拡げ、表現の自由の保障の範囲を拡張している。[注3]

---

2013年）63頁、吉野夏己『名誉毀損訴訟と表現の自由』（成文堂・2023年）49頁などがある。

（注3）　佐伯仁志「プライヴァシーと名誉の保護（4・完）」法学協会雑誌101巻11号40頁（1984年）によれば、その後連邦最高裁は、「現実の悪意の法理」の「悪意」につき、表現者側が自らの公表内容の真実性について調査をしなかったことそれ自体では「悪意」を構成しない旨の判示をしたという。調査をしなかったという過失のみでは「現実の悪意」があったことにはならないというわけであり、公務員に対する批判的言論がここまで手厚く保障されているというのは特筆に値しよう。

674　第7編　名誉毀損の免責要件に関する諸問題その2　その他の免責事由

# 第2節　日本における議論

**1**　真実性・真実相当性の立証責任を常に発言者側が負うとすると、発言者は、自分としては確かな根拠に基づいて発言をしたとしても、真実性・真実相当性につき訴訟上立証に成功する保証はない以上、発言をする際には常に法的責任を意識せざるを得ない。かような事態は、本来自由闊達にかつ広汎に行なわれるべき公的言論を萎縮させる。現実の悪意の法理は、かような萎縮的効果に対して十分な配慮をしたものとして、極めて妥当であると思われる。

**2**　このため、わが国にもこの法理を妥当させるべきだとする見解は多い。

（1）　浦部法穂（注4）は、

> 「『公共の利害に関する事実』についての発言は自由であることが原則であり、ただ、なんの根拠もない無責任な発言によって人の名誉を侵害した場合にのみ責任を問われるべきだ」

と指摘し、

> 「自分の摘示した事実が虚偽であることを知っていながら、または虚偽か否かを全然確かめようともせずに、真実に反することを言った、というのでないかぎり、名誉毀損として責任を問われることはないものとすべきである。」

という。

（2）また、「北方ジャーナル」事件に関する最大判1986（昭和61）年6月11日（注5）において谷口正孝裁判官は、意見として、

> 「『自己検閲』を防止し、公的問題に関する討論や意思決定を可能にするためには、真実に反した言論をも許容することが必要となる」

と述べた上で、事前差止めの要件として、「現実の悪意」を要求している。即ち、

> 「その表現行為がいわゆる現実の悪意をもつてされた場合、換言すれば、表現にかかる事実が真実に反し虚偽であることを知りながらその

---

（注4）　浦部法穂『憲法学教室〔第3版〕』（日本評論社・2016年）174頁。
（注5）　判タ605号42頁、判時1194号3頁。

行為に及んだとき又は虚偽であるか否かを無謀にも無視して表現行為
　　　に踏み切つた場合」

にのみ事前差止めは認められるとする。

（3）　吉野夏己[注6]は、「少なくとも、公務員や公的人物の公的側面に関
する批判について」は現実の悪意の法理が妥当すべきだという。

　　更に吉野[注7]は、現実の悪意の法理を日本に導入する具体的な方策
を提案する。即ち、被告は、真実性・真実相当性の法理や公正な論評の
法理のほかに、「原告が公的人物であること」を抗弁として主張しうる
ものとし、「被告の行為が『現実の悪意』に基づくものであること」を
原告の主張すべき再抗弁として位置づける、というのである。

（4）　山田隆司[注8]は、現実の悪意の法理に関するアメリカの判例の検討
を背景にした上で、「社会の欲求を国家に直接媒介するという政治的な
役割を担う人々」を「絶対的公人」と名付け、絶対的公人に関する言論
については現実の悪意の法理をわが国にも導入すべきであると唱え
る[注9]。

**3**　裁判例においても、「サンケイ新聞意見広告事件」に関する仮処分事件
である東京地決1974（昭和49）年5月14日[注10]は、「政党の政策や政治的姿
勢に対する論争批判等」に関する免責要件として、

　　　「(一)これが故意にもしくは真偽についてまつたく無関心な態度で虚偽
　　　の事実を公表することによつてなされたことまたは(二)その内容や表現
　　　が著しく下品ないし侮辱・誹謗・中傷的であつて社会通念上到底是認し
　　　得ないものであることが立証されないかぎり違法と評価しえないものと
　　　解するのが相当である。」

としており、これは、現実の悪意の法理を採用したものであると言われて

---

（注6）　吉野夏己「名誉毀損的表現の憲法上の価値」岡山大学法学会雑誌56巻3・4号219頁
　　　（2007年）。
（注7）　吉野夏己「民事名誉毀損訴訟と表現の自由」岡山大学法学会雑誌71巻3・4号443頁
　　　（2022年）。
（注8）　山田隆司『公人とマス・メディア——憲法的名誉毀損法を考える』（信山社出版・2008年）。
（注9）　他に現実の悪意の法理を日本に導入すべきであるとする見解として、松井茂記『表現の自
　　　由と名誉毀損』（有斐閣・2013年）230頁、市川正人「表現の自由②——表現の自由と『人権』」
　　　判例時報臨時増刊『法曹実務にとっての近代立憲主義』（判例時報社・2017年）51頁など。
（注10）　判タ308号108頁、判時739号49頁。

いる。

　また、同事件の本案訴訟に関する東京地判1977（昭和52）年7月13日[注11] も、「政党の政策や政治的姿勢に対する論争・批判」に関する免責要件として、

　　「㈠これが故意に又は真偽について全く無関心な態度で虚偽の事実を公表することによつてなされたものであるか否か、及び㈡その内容や表現が著しく下品ないし侮辱・誹謗・中傷的であつて社会通念上到底是認し得ないものであるか否か、という二点を重要な基準とし、一見政党に対する名誉毀損が成立するが如き場合であつても、右二要件を吟味して、これらがいずれも否定された場合には該名誉毀損は結局成立しないものとするのが相当である。」

という現実の悪意の法理に類似した規範を提示している。

　しかし、この本案訴訟の上告審である最2小判1987（昭和62）年4月24日[注12] は、通常の真実性・真実相当性の法理によって免責の判断をし、現実の悪意の法理は採用しなかった。

**4**　その後、多くの訴訟でメディア側から現実の悪意の法理を採用すべきだとの主張がなされてきているが、裁判所は一貫してその主張を排斥している。

　たとえば大阪高判1989（平成元）年5月26日[注13] は、国会議員候補者に関する言論には現実の悪意の法理を採用すべきだとのメディア側の主張に対し、

　　「〔真実性・真実相当性の法理〕の要件を超えて虚偽であるかどうかを全く無視する態度で虚偽の事実を公表した場合にだけ責任を負担すると解することは、個人の名誉の保護を疎んじ、表現の自由を過大に保障する結果となってその均衡を失することとなるからして、採用し難いところである。」

としてその主張を一蹴している。

　現実の悪意の法理が真実性・真実相当性の法理よりも「名誉の保護を疎

---

（注11）　判タ350号228頁、判時857号30頁。
（注12）　判タ661号115頁、判時1261号74頁。
（注13）　判タ713号196頁。

んじ」ていることは確かであるが、それは公的言論に関わることだからである。公的言論の場合にも通常の真実性・真実相当性の法理のままでよしとするのはむしろ、表現の自由の保護を疎んじているといわざるを得ないのではなかろうか。(注14)

　東京地判2021（令和3）年12月27日(注15)及び東京高判2022（令和4）年10月27日(注16)は、国務大臣（原告）の口利き疑惑を報じた週刊誌の記事の名誉毀損性が問題となった事案の一審と二審判決である。一審の東京地裁は摘示事実の真実相当性を認めて原告の請求を棄却したが、二審は真実相当性を認めず、雑誌社に330万円の賠償を命じた。私は証拠を見ていないので正確なところはなんとも言えないが、判決を見る限り、一審と二審で結論が分かれた要因は、裁判所がメディアに要求する真実相当性のハードルの高さの違いにあったようである。つまり勝つか敗けるかは裁判所の腹一つということである。このようなことは、現実の悪意の法理が採用されていればまず起こらないことであろう。

---

(注14)　他に現実の悪意の法理を排斥する判示がなされている裁判例としては、東京地判1987（昭和62）年11月20日（判タ658号60頁、判時1258号22頁）、東京地判1996（平成8）年1月31日（判タ916号177頁、判時1565号125頁）、東京高判2001（平成13）年8月28日（判タ1070号42頁）などがある。

(注15)　公刊物未登載（東京地裁平成30年（ワ）第33181号）。

(注16)　判タ1515号50頁。

# 第4章——言論の応酬の場合の免責の法理

## 第1節　問題の所在

　世の中には随所に様々な対立があり、その対立の場では言論の応酬がなされる。その対立の大きさや発言者の人格特性などにより、時としてその言論が激烈を極め、論争の過程で相手方に対する名誉毀損に至ることがある。そのように名誉を毀損された者が、自身を守るために言論をもって応酬した場合、その応酬については、名誉毀損の免責法理上、特段の配慮が必要ではないか、というのがここでの問題である。

　自力救済は原則的に禁止されるというのが法治国家の建前であり、上記のような特段の配慮はある意味自力救済を容認することにつながるため、慎重を要するという考え方もある。

　しかし他方、言論に対しては言論をもって対応するべきであって、自力救済の原則的禁止の名の下に名誉毀損につき何でも司法的解決に委ねよというのでは、表現の自由を窮屈なものにしてしまうという懸念もある。

　かような問題意識を前提に、本章では、言論の応酬の場合の免責の余地について検討する。(注1)

---

(注1)　言論の応酬の場合の免責の法理と似て非なる概念として「対抗言論の理論」があるが、これについては第3編第1章第2節第3款（245頁）を参照されたい。

第4章　言論の応酬の場合の免責の法理　第1節　問題の所在　　679

# 第2節　　判例

**1**　応酬的言論が民法720条の正当防衛の要件を充たすのであれば、同条に基づき免責されることは問題ない。しかし同条が要件としている「防衛」は、その文言の解釈として、侵害行為が完了した後には観念し得ないとされ、同条の正当防衛が成立するのは、「侵害の危険が差し迫っている場合、現に侵害が行なわれている場合、ないしは侵害の継続している場合」のみであるとされる<sup>(注2)</sup>。

　　応酬的言論でいえば、現に名誉毀損行為がなされている最中でなければ正当防衛が成立する余地はないことになり、実際上、正当防衛が成立する余地は非常に少ない<sup>(注3)</sup>。

　　そこで、正当防衛の規定による場合以外に、応酬的言論に対して免責の余地がないかが問題となる。

**2**　この点について明確に判示したのが、最3小判1963（昭和38）年4月16日<sup>(注4)</sup>である。同判決は、

　　「自己の正当な利益を擁護するためやむをえず他人の名誉、信用を毀損するがごとき言動をなすも、かかる行為はその他人が行つた言動に対比して、その方法、内容において適当と認められる限度をこえないかぎり

---

（注2）　徳本鎮「正当防衛・緊急避難」加藤一郎編『注釈民法19　債権10』（有斐閣・1965年）332頁。

（注3）　福岡地判1990（平成2）年8月30日（判タ744号140頁、判時1384号75頁）は、先行者Aの行為に対して後行者Bが「反論書」を作成・配布してAの名誉を毀損した事案に関し、

　　　「〔後行者Bの〕『反論書』配布行為は自己の権利を防衛するための止むを得ない行為と解するのが相当であって、右行為には違法な点を認めることはできず……」

とし、正当防衛の成立を認めた。これは、先行者Aのなした、後行者Bに関する名誉毀損文書の配布、同内容の拡声器での放送、Bを被告訴人とする横領での告訴という一連の行為を、継続した違法行為と見て、それに対する「防衛」と評価したものであろう。

　　他方、東京地判1979（昭和54）年5月29日（判タ394号94頁、判時933号87頁）は、先行者Aが後行者Bの名誉を毀損する事実を新聞とテレビに告げたのに対し、後行者Bが週刊誌にAの名誉を毀損する内容を告げた、というケースにおいて、週刊誌に対するBの発言を、「防衛上已むを得ず」反論したものとして正当防衛の成立を認めた。しかしこれは、侵害行為自体は終わっている事案というべきであり、厳密には正当防衛が適用されるべき事例ではなかったように思われる。

（注4）　民集17巻3号476頁。

違法性を缺くとすべきものである」

との要件を定立した。

即ち、正当防衛の要件を充たさずとも、①「自己の正当な利益を擁護するため」、②「やむをえず」行なったものであり、かつ、③「その他人が行つた言動に対比して、その方法、内容において適当と認められる限度をこえない」場合には、違法性が阻却されるというのである。

上記③の要件は、その他人の言動との比較衡量であるので、要件の明確性に若干欠けるきらいがあり、表現の自由の保障の観点からは問題がないわけではないが、事例の蓄積によってその境界を明らかにしていくほかないであろう。

**3** 下級審裁判例としては、横浜地判1994（平成6）年2月1日[注5]が、これに似た要件を定立している。

同判決は、

「自己の正当な利益を擁護するために、やむを得ず、他人の名誉を毀損するような言辞を用いて反駁した場合、その表現内容だけを切り離して考えると相手の名誉を侵害するものであっても、そこに至った経緯に照らすと、相手の名誉を毀損するような言辞を用いたことには無理からぬ事情が存在し、かつ、相手のとった言動と対比して、その方法・内容において一般社会通念上それもまた自然の成り行きとしてやむを得ないものと考えられる限度を超えないかぎり、右の行為は違法性を欠き、名誉毀損による不法行為とはならないと解するのが相当である。」

という。

これは、最高裁の定立した要件よりも、要件が少し加重されているようにも見える。即ち、「そこに至った経緯に照らすと、相手の名誉を毀損するような言辞を用いたことには無理からぬ事情が存在し」という要件が付加されているように見える。しかしこれは、「やむを得ず」の要件を言い換えたものとも解され、実際の適用上は大きな差異はないと思われる。

**4** 上記2つの判決よりも免責の余地を広く認めている裁判例として、東京地判1972（昭和47）年5月29日[注6]がある。

---

(注5)　判時1521号100頁。
(注6)　判タ298号387頁、判時669号41頁。

判決は、

「まず相手方の批判ないし非難が先行し、その中に自分自身の名誉や近しい第三者または自己の属する機関の正当な利益を侵害する事実の摘示が存し、これに対し、その名誉ないし正当な利益を擁護するために必要な範囲を逸脱しない限度でなされた反論は、それだけを切り離して考えると相手方の名誉権を侵害する言動を含んでいても、相手方の摘示した事実が真実であり、あるいは相手方において真実と信ずるにつき相当の理由がある場合を除いて、名誉毀損または侮辱による不法行為とならないと解するのを相当とする。そして、また、当該反論が自己の名誉やその他の利益を擁護するために必要な範囲をこえているか否かは、その方法・内容につき、これに先行する相手方の言動と対比して考慮すべきものといわなければならない。」

としており、先行された侵害行為の範囲につき、自己の利益のみならず、「近しい第三者」や「自己の属する機関」の利益が侵害された場合でも可としている。

なお、この判決は、

「相手方の摘示した事実が真実であり、あるいは相手方において真実と信ずるにつき相当の理由がある場合を除いて」

としており、先行する名誉毀損行為に真実ないし真実相当性がある場合には、後行の応酬的名誉毀損行為に免責の余地がないとしている。この部分は、公共性・公益性について全く触れていないので、公共性・公益性がない先行名誉毀損でも、それが真実ないし真実相当性を有しているならば、それに対する後行の名誉毀損は応酬的言論としては免責されないということを意味しているようである。しかし、たとえ真実ないし真実相当性があっても、公共性・公益性のない違法な名誉毀損であるならば、それに対する応酬的言論は、上記の免責法理の恩恵に浴させるべきであると私は思う。

**5**　以上の裁判例とは異なり、言論の応酬の場合につき特段免責の余地を認めないものもある。京都地判1970（昭和45）年8月27日 (注7) は、

「被控訴人が控訴人の批判に対し、反駁することは言論の自由として許

---

（注7）　判タ254号184頁、判時614号81頁。

682　第7編　名誉毀損の免責要件に関する諸問題その2　その他の免責事由

容されるところである」

としながらも、

「その反駁も他人の名誉を毀損しない範囲内でのみ許される」

としている。

かかる規範は、前記**2**の1963（昭和38）年最3小判の趣旨とは相容れないように思われる。

**6**　言論の応酬のケースではないが、紛争下にある当事者の一方が自分の立場を弁明する場面で相手方に対して名誉毀損をしてしまった場合につき、違法とする範囲を限定的に解した事例として東京地判2009（平成21）年7月28日 (注8) がある。

事案は、日本教職員組合（原告）が全国的な集会を開くためにした会場予約を、プリンスホテル（被告）が一方的に取り消した上、同ホテルは、そのように会場使用を拒んだことについて弁明する説明文を自社のウェブサイト上に掲載する等したというものであり、その説明文が原告に対する名誉毀損にあたるかが問題となった。

判決は、

「紛争の一方当事者が自らの立場を弁明する内容の表現行為が名誉毀損に当たるかどうかが問題となる場合」

につき、

「通常の読者であれば、対立関係にある者の片方から一方的に発信されたものとしてその表現行為を受け取り、事実を正確に伝えるものでない可能性があることを留保するものと解され、その表現行為によって相手方当事者に対する評価を変えるとはにわかに断定できない。また、社会的耳目を引く紛争の当事者が自らの立場を弁明することは、正当な目的に出た行為というべきであ〔る〕」

ことを理由として、

「その違法性を慎重に判断する必要があるといわなければならない。」

との価値判断を示し、その価値判断を具体化するものとして、

「特に、当該表現行為の内容が事実摘示の体裁を取らず、表現行為者の

---

（注8）　判タ1313号200頁、判時2051号3頁。

意見を表明するものである場合には、相手方がその意見を事実と受け取るおそれはより小さいということができる上、紛争の当事者が当該紛争について自らの評価を表明することは、当該紛争の解決にも資すると考えられる」

ことを理由として、

「紛争の一方当事者による意見表明は、原則として相手方の社会的評価を低下させず、違法性がないというべきである。」

「他方、紛争の一方当事者が事実を摘示する場合には、その摘示が真実でなく、そのことを知り又は容易に知り得たときは、違法性があるといわなければならない。」

とし、名誉毀損が成立する場合を限定した。

　この規範部分は、控訴審の東京高判2010（平成22）年11月25日 (注9) もそのまま採用している。

---

（注9）　判タ1341号146頁、判時2107号116頁。

# 第5章——正当業務行為

　正当業務行為が違法性阻却事由となるとするのは通説であり<sup>(注1)</sup>、名誉毀損にもこの理は妥当する。即ち、ある事実の摘示が他人の名誉を毀損する場合であっても、その行為が正当業務行為として免責されることがあり得る。

　以下、類型に応じて検討をしてみる。


## 第1節　　会社による解雇事実の公表

**1**　会社がその従業員を懲戒解雇した事実と理由を社員に公表した行為の名誉毀損性が問われた事案として、東京地判1977（昭和52）年12月19日<sup>(注2)</sup>がある。

　判決は、

　「一般に、解雇、特に懲戒解雇の事実およびその理由が濫りに公表されることは、その公表の範囲が本件のごとく会社という私的集団社会内に限られるとしても、被解雇者の名誉、信用を著しく低下させる虞れがあるものであるから、その公表の許される範囲は自から限度があ〔る〕」

とした上で、

　「当該公表行為が正当業務行為……を理由としてその違法性が阻却されるためには、当該公表行為が、その具体的状況のもと、社会的にみて相

---

（注1）　徳本鎭「正当防衛・緊急避難」加藤一郎編『注釈民法19　債権10』（有斐閣・1965年）337頁、大塚直編『新注釈民法（16）債権（9）』（有斐閣・2022年）342頁、354頁〔和田真一執筆〕。
（注2）　判タ362号259頁。

当と認められる場合、すなわち、公表する側にとつて必要やむを得ない事情があり、必要最小限の表現を用い、かつ被解雇者の名誉、信用を可能な限り尊重した公表方法を用いて事実をありのままに公表した場合に限られる」

とした。

　この問題は、そもそも使用者が労働者を懲戒解雇した事実を第三者に公表することにつき業務の正当性を肯認する余地があるのかということから検討しなければならないが、使用者は、表現の自由・営業の自由・財産権等に基づき、労働者に関して第三者に情報を提供する権利を有するとするのが一般的な理解のようである(注3)。上記判示は、かような使用者の権利を前提とした上で、その権利の行使の範囲を限定したものと解されよう。

**2**　東京地判2006（平成18）年7月28日(注4)は、会社による解雇事実の公表の事例ではないがここで紹介する。事案は、日本弁理士会（被告）が会員（原告）に対して会員としての権利を1年間停止する旨の処分（本件処分）をし、かつその処分を被告が会誌（本件会誌）に掲載したことにつき、原告が、その処分の無効確認等を求めるとともに、会誌への掲載が名誉毀損にあたるとして損害賠償等を請求したものである。

　判決は、本件処分について違法は認められないとした上で、

「このような本件処分を本件会誌で公表することは、原告の名誉を毀損する不法行為には該当しない。」

と、特段の説示もなく結論だけを示した。結論には何ら問題はないが、不法行為が成立しない理由を説示する必要があろう。これは、公表の必要性と相当性の2つの観点から判断されるべきものであると思われる。

---

（注3）　小西國友「使用者による解雇事実の表明と損害賠償（三・完）」労働判例316号15頁（1979年）。

（注4）　判タ1224号303頁。

# 第2節　弁護士による第三者への通知行為

**1**　弁護士業務に関する事例として、東京地判1993（平成5）年5月25日[注5]がある。

　事案は、弁護士Aが会社の代理人として、前任の顧問弁護士Bにつき、Bが会社から顧問の地位を解任された旨を会社の取引先に通知した行為に関する事案である。BがAに対し、自己の名誉を毀損すると主張したのに対し、Aは通知の正当業務行為性を主張した。

　判決は、

　「弁護士は依頼者の依頼の趣旨に沿うよう委任された法律事務を処理することが要求されるところ、依頼者の依頼の内容が公序良俗に反する等明白に違法な場合、あるいは右依頼の内容を実現することが違法な結果を招来することにつき弁護士が悪意又は重過失であった場合等例外的な場合を除き、弁護士が依頼者の依頼により行った行為は、正当業務行為として違法性が阻却されるものと解するのが相当である。」

と、原則として依頼に基づく行為の正当業務行為性を肯定する。

　そして、名誉毀損の場合の正当業務行為の判断に関し、

　「特に、弁護士の業務の性質上、弁護士が依頼者の依頼に従い業務を行うことが、依頼者と利害の対立する立場にある者の名誉、信用に抵触することになる場合は少なくないのであり、かかる場合でも弁護士としてその任務を尽くす必要があることはいうまでもない。」

とした上で、

　「通知の必要性があったこと並びに通知の内容、手段及び方法が相当なものであると認められるときは、正当業務行為性を失わない」

とし、必要性・相当性を要件として提示した。

**2**　大阪地判2011（平成23）年5月13日[注6]は、原告が運営しているフランチャイズシステムの学習塾につき、そのフランチャイズ被害について被害者弁護団を結成しその団長を務めている弁護士（被告）が、原告のフラン

---

（注5）　判時1492号107頁。
（注6）　判時2127号64頁。

チャイジーである300名以上の者に宛てて、原告に対する訴訟提起を勧誘
する内容の文書を送付したことの名誉毀損性が問題となった事案である。
　判決は、当該勧誘文書の送付行為につき、
　　・　事件との関連性が認められること、
　　・　目的・手段ともに相当であること、
を理由に、「正当行為として違法性が阻却される」とした。
**3**　他に、弁護士の通知行為の正当業務行為性に関する裁判例として、大阪
地判1997（平成9）年7月25日 [注7] がある。
**4**　なお、訴訟における弁論等の行為の免責事由については、第6章（701
頁）で詳しく触れる。


# 第3節　　議員、大臣、首長による議会等での発言

　議員が議会や委員会でした発言が名誉毀損の問題を生じる場合、いかなる
免責の余地があるか。この問題は国会議員の場合と地方議会議員の場合とで
異なるし、また、議員個人の責任の問題のほか、国または地方自治体の国家
賠償法上の責任の問題もあるので、以下、分けて論じる。
　また併せて、国務大臣や地方自治体の首長の議会等における発言や議会の
決議についてもここで論じる。
　更に、議会や委員会における発言ではなく、対メディア等の対外的言論の
事例についても取り上げる。


## 第1款　国会議員、国務大臣

**1**　憲法51条は、国会議員につき、議院で行なった演説等について院外で責
任を問われないものとする。いわゆる議員の免責特権の保障であり、この
保障の帰結として、議員は、議院で行なった演説等の際に名誉毀損的言辞

---

（注7）　判タ964号210頁、判時1637号72頁。

688　第7編　名誉毀損の免責要件に関する諸問題その2　その他の免責事由

に及んだとしても、不法行為その他の責任を負わないこととなる。

　しかしそもそも最高裁の判例は、公務員が職務を行なうについて違法に他人に損害を与えても公務員個人はその責を負わないものとしており（注8）、よって、かかる判例の立場を前提とする限り、上記免責特権を持ち出すまでもなく、国会議員個人は名誉毀損の責任を負わないことになる。

　国会議員（被上告人Ａ）が国会の質疑等の中でした発言が名誉毀損であるとして正面から争われた事例として最3小判1997（平成9）年9月9日（注9）がある。同判決は、

> 「仮に本件発言が被上告人Ａの故意又は過失による違法な行為であるとしても、被上告人国が賠償責任を負うことがあるのは格別、公務員である被上告人Ａ個人は、上告人に対してその責任を負わないと解すべきである……。」

と伝統的な判例法理を示して議員個人に対する損害賠償請求を棄却した。

　なお、私はそもそも、国家賠償法1条の解釈として、公務員も一定の場合には個人として不法行為責任を負うべきであると考えているが（注10）、仮にそう解したとしても、国会議員には憲法51条の免責特権があるので、結局国会議員が名誉毀損の責任を負う余地はないという帰結になる。議員が議会でする演説等には可及的に自由が保障されなければならず、よってい

---

（注8）　公務員個人が責任を負わない旨判示した最高裁判決の主だったものは以下の通りである。
- 最3小判1955（昭和30）年4月19日（判時51号4頁）
- 最2小判1965（昭和40）年3月5日（最高裁判所裁判集民事78号19頁）
- 最3小判1965（昭和40）年9月28日（最高裁判所裁判集民事80号553頁）
- 最2小判1971（昭和46）年9月3日（判時645号72頁）
- 最3小判1972（昭和47）年3月21日（判タ277号138頁、判時666号50頁）
- 最3小判1977（昭和52）年10月25日（判タ355号260頁）
- 最2小判1978（昭和53）年10月20日（判タ371号43頁、判時906号3頁）

（注9）　判タ967号116頁、判時1631号57頁。

（注10）　下級審には、一定の場合に公務員の個人責任を認めた裁判例がいくつかある。主だったものは以下の通りである。
- 大阪高判1962（昭和37）年5月17日（判タ138号58頁、判時308号22頁）
- 東京地判1965（昭和40）年3月24日（判タ176号183頁、判時409号14頁）
- 東京地判1971（昭和46）年10月11日（判時644号22頁）
- 札幌地判1971（昭和46）年12月24日（判タ275号111頁、判時653号22頁）
- 福岡地久留米支判1978（昭和53）年1月27日（判時896号70頁）
- 東京地判1994（平成6）年9月6日（判タ855号125頁、判時1504号41頁）

第5章　正当業務行為　　第3節　議員、大臣、首長による議会等での発言　　689

かなる解釈のルートを辿るにしても、議員個人が責任を負わないという結論が妥当である。

**2**　かように国会議員個人が責任を負わないとしても、国会議員の議会における演説等について国が国家賠償法上の責任を負う余地はある。

この点について上記の1997（平成9）年最判は、国会議員の政治的判断を含む広範な裁量の余地を肯定し、

「国会議員が国会で行った質疑等において、個別の国民の名誉や信用を低下させる発言があったとしても、これによって当然に国家賠償法一条一項の規定にいう違法な行為があったものとして国の損害賠償責任が生ずるものではな〔い〕」

とした上で、

「当該国会議員が、その職務とはかかわりなく違法又は不当な目的をもって事実を摘示し、あるいは、虚偽であることを知りながらあえてその事実を摘示するなど、国会議員がその付与された権限の趣旨に明らかに背いてこれを行使したものと認め得るような特別の事情」

がある場合に限り国家賠償責任が肯定されるとしている。

**3**　国務大臣の発言の名誉毀損性が問題となった事例としては大阪高判2005（平成17）年11月30日 (注11) がある。

事案は、衆議院予算委員会において建設大臣（兼国土庁長官）がした答弁がある人（控訴人）に対する名誉毀損にあたるとして国家賠償請求がなされたもの（つまり、国務大臣個人に対する責任追及はされていない事例）である。

判決は、国会議員に関する1997（平成9）年最判の上記の規範を挙げた上で、

「これを国会における国務大臣としての答弁についてみるに、国務大臣には、国会や委員会において、国会議員からの政治上・行政上の質問に対して誠実に答弁すべき義務があるものの、同答弁に際して、国会議員と同様の広範な裁量があるとまではいえないし、また、憲法51条の免責特権が国務大臣としての答弁にも及ぶとも解されない」

---

(注11)　訟務月報52巻9号2776頁。

ことを理由として、

> 「国会における国務大臣としての答弁は、国会議員が国会で行った質疑等と同視し得るとまではいえない。」

とした。ただし、これに続けて、

> 「しかしながら、仮に、国務大臣が国会や委員会における国会議員からの質問に対して誠実に答弁しようとした場合において、同答弁の一部に、第三者の社会的評価を低下させるおそれのある表現が含まれていたからといって、直ちにそれが当該第三者に対する関係で職務上の法的義務違反になるとすると、国務大臣が、答弁に際して躊躇をしたり、曖昧な答弁をするなどの萎縮効果が生じるおそれを否定できず、ひいては国会や委員会における十分な質疑等が実現できない事態となることも懸念される」

ことから、

> 「国家賠償法1条1項の違法性の有無の判断にあたっては、国務大臣としての答弁についても、相応の配慮が必要というべきである。」

とし、具体的な規範は提示しなかったが「相応の配慮」が必要であるとした。

そして、「諸事情を総合考慮」する中で当該大臣には、

> 「控訴人の社会的評価を低下させることを目的としていたとか、その内容が虚偽であることを知りながらあえて発言を行ったというような事情は認められない。」

とし、加害目的の有無や"虚偽"性についての故意の有無のレベルで衡量をしており、このことから見るとこの判決は、かなり広範に免責の余地を認める趣旨のようである。


# 第2款　地方議会議員、地方自治体の首長

## 第1　はじめに

地方議会議員の場合、憲法51条のような免責特権の規定はない。

このため裁判例を見ると、地方議会における発言に関する議員個人の責任については、国家賠償法の解釈として公務員の個人責任を認めるか否かの解

釈の問題としたり、また、議員の活動を正当業務行為として免責するか否かの問題としたりしている。

　また、議会における発言ではない対外的な言論についても本款でまとめている。なにぶん事例が少ないため整理が十分でないが、参考になれば幸いである。

　更に、地方自治体の首長の発言や議会の決議の問題についてもここで触れている。

## 第2　国家賠償法の解釈として議員個人の責任を否定した裁判例

　大阪地判2006（平成18）年9月22日[注12]は、市議会議員の議会における発言につき、公権力の行使にあたる公務員の職務行為であると捉え、

> 「公権力の行使に当たる公務員が、その職務を行うについて、故意又は過失によって違法に他人に損害を与えた場合には、国又は公共団体がその被害者に対して賠償の責めに任ずるのであって、公務員個人は、民法上も国家賠償法上もその責任を負わないと解するのが相当である」

とし、公務員の個人責任を否定する判例法理によって議員個人の責任を否定した。

　熊本地判1999（平成11）年10月19日[注13]も、市議会議員の議会における発言につき同様の法理で議員個人の責任を否定している。

## 第3　正当行為として議員個人の責任を否定した事例

**1**　松山地宇和島支判1978（昭和53）年5月11日[注14]は、議会における市議会議員の名誉毀損発言について議員個人の責任が問題となった事案である。判決は、

> 「地方議会の議員の議会における発言が第三者の名誉を毀損したとしても、……法令による正当な職務行為として違法性を阻却する場合がある」

とした上で、判断手法として、

> 「それが専ら住民の利害に関する事柄につき、その利益をはかる目的を

---

（注12）　判時1959号96頁。
（注13）　判タ1102号214頁。
（注14）　判時909号87頁。

もってなされたか、当該発言により保護される法益と行為の結果侵害されるべき法益の均衡の点を含め右目的を達するための手段、方法として相当と認められるかを検討したうえ、これらの諸事情を総合勘案して決すべきものである。」

としている。

**2**　神戸地龍野支判1986（昭和61）年4月28日[注15]は、町議会議員（被告）の、議会における発言ではなく新聞記者に対する発言について議員個人の責任が問題となった事案である。判決は、被告の発言につき、

「山崎町の首長が行なう施政に対して被告が同町町議会議員として行う正当な批判、追及にほかなら〔ない〕」

とした上で、本件の具体的事情に照らすと、

「〔本件の〕事情のもとでは、その方法、内容とも町政に対する右批判活動の一部として許容される範囲内にある」

として議員の不法行為責任を否定している。

**3**　福岡地判2004（平成16）年3月25日[注16]も議会における発言の事案ではない。市議会議員のビラ配布行為について議員の責任が問題となった事案である。判決は、

「政治活動の範囲を逸脱したものとはいえず、正当行為として違法性が阻却される」

としている。

**4**　**2**や**3**のように、議員の議会における発言ではない対外的な発言の場合、それが、正当行為として違法性を阻却されるべき“議員の活動の一環として”の発言なのかの線引きが問題となる。

　この点、“議員の活動の一環として”の発言なのかどうかについても“一般読者の普通の注意と読み方”の基準（128頁参照）で判断をしてよいと思うが、裁判例としては、横浜地判2021（令和3）年12月24日[注17]がある。この件は、地方議会議員によるSNSへの投稿に関する事例であり、正当行為か否かの問題としてではなく、国賠法1条1項の適否に関する外形標準

---

（注15）　判タ623号145頁。
（注16）　判時1877号112頁。
（注17）　判時2541号45頁。

説の判断方法の問題として次の通り判示している。即ち、

「SNSにおいては、実名又は匿名、公開又は非公開（投稿者が許可した者
のみ閲覧が可能の状態）で、投稿ごとに異なる目的で、様々な内容の情
報が投稿されるところ、このようなSNSにおける投稿の複合的特徴に照
らせば、地方議会議員のSNSにおける投稿行為は、一律に職務行為に当
たらないと解すべきではな〔い〕」

とした上で、

「地方議会議員によるSNSにおける投稿が職務執行の外形を備えている
かどうかは、当該投稿の一般の読者の普通の注意と読み方を基準に、当
該SNSの性質、実名か匿名か・公開か非公開かといった当該投稿の形式、
当該投稿の目的、内容、当該投稿に使用されたアカウントの投稿履歴等
を考慮して、当該投稿が地方議会議員としての職務執行の外形を備えて
いると認められるかどうかを個別に判断すべきである。」

としている。

　つまり、国賠法1条1項の適用のある公務員の職務行為の外形を備えて
いるか否かについて、一般読者基準で判断するとしている。

## 第4　自治体の責任につき真実性・真実相当性の法理を用いた事例

　札幌地岩見沢支判2005（平成17）年4月7日[注18]は、町議会が、A議員
（原告）につき、議員辞職勧告決議をし、また同決議を町の広報誌と新聞に
掲載したのに対し、A議員が、名誉毀損を理由に同町を被告として損害賠償
と謝罪広告掲載を求めて提訴したケースである。

　判決は、通常の真実性・真実相当性の法理と公正な論評の法理を用い、結
果として町の不法行為責任を否定した。

## 第5　自治体の責任につき1997（平成9）年最判の基準を用いた事例

**1**　函館地判2016（平成28）年8月30日[注19]は、地方議会議員の議会での名
　誉毀損発言についての国賠法1条1項の違法性につき、以下の通り詳しく
　説示して、この場合にも1997（平成9）年最判の基準（690頁）が妥当する

---

（注18）　判時1918号39頁。
（注19）　判時2331号12頁。

とする。即ち、

「国会議員の国会での発言に係る名誉毀損の成否については、個別の国民の名誉又は信用を低下させる発言であったとしても、国家賠償法一条一項の規定にいう違法な行為があったものとして国の損害賠償責任が肯定されるためには、当該国会議員が、その職務とはかかわりなく違法又は不当な目的をもって事実を摘示し、あるいは、虚偽であることを知りながらあえてその事実を摘示するなど、国会議員がその付与された権限の趣旨に明らかに背いてこれを行使したものと認め得るような特別の事情があることを必要とするものとされている」

と1997（平成9）年最判の基準を明示した上で、

「国会議員は国会の構成員であり、国会は、憲法上、国権の最高機関とされ（憲法四一条）、国政の根幹に関わる広範な権能を有するものとされているのに対し、地方議会の構成員たる地方議会議員の地位は、国会議員と全く同一の憲法上の保障を受けるというものではない。」

としつつも、

「しかし、住民の間に存する多元的な意見及び諸々の利益を地域、住民の意識形成に反映させるべく、地方議会議員は、その職務又は使命としてあらゆる面から地方議会における質疑等を尽くすことが求められているものといえ、質疑等においてどのような問題を取り上げ、どのような形でこれを行うかは、地方議会議員の裁量に委ねられているものとみるべきであり、かかる面で国会議員と共通するものがあることは否定できない。そして、調査能力に限界のある議員において、ある事実が真実であると確信し得る場合でなければ地方議会の審議の場で取り上げられないとすると、実質的な議論ができなくなるおそれがあり、かかる観点から、名誉毀損の成否につき慎重な考慮が求められる場面があるものと考えられる。とはいえ、職務と無関係に個人の権利を侵害することを目的とするような行為は許されず、また、虚偽であることを知りながらあえてその事実を摘示して個人の名誉を毀損するような行為も、正当な職務行為とはいえない。」

と説示して、結論として、

「地方議会議員の地方議会での発言に係る名誉毀損の成否についても、

第5章　正当業務行為　　第3節　議員、大臣、首長による議会等での発言　695

少なくとも当該地方議会議員が、その職務とは関わりなく違法又は不当な目的をもって事実を摘示し、あるいは、虚偽であることを知りながらあえてその事実を摘示するなど、その付与された権限の趣旨に明らかに背いてこれを行使したものと認め得るような事情がある場合」

に国賠法1条1項の違法性が認められる、として1997（平成9）年最判と同様の基準を示している。

**2** 　横浜地判2021（令和3）年12月24日[注20]も、地方議会議員の議会内の発言について次の通り説示して1997（平成9）年最判の基準が妥当するとする。即ち、

「地方議会議員は、住民の間に存する多元的な意見及び諸々の利益を地域、住民の意識形成に反映させるべく、その職務又は使命としてあらゆる面から地方議会における質疑等を尽くすことが求められているものといえ、質疑等においてどのような問題を取り上げ、どのような形でこれを行うかは、地方議会議員の広範な裁量に委ねられているものとみるべきである。」

とした上で、

「もっとも、職務と無関係に個人の権利を侵害することを目的とするような行為は許されないことは当然であ〔る〕」

と述べ、その帰結として、

「このような観点から、少なくとも当該地方議会議員の当該発言が、その職務とは関わりなく違法又は不当な目的をもってされたものであるなど、その付与された権限の趣旨に明らかに背いてこれを行使したものと認め得るような特別の事情がある場合」

には国賠法1条1項の違法性が認められるとしている。

### 第6　議員個人に厳格な責任を認めた事例

692頁で述べた1999（平成11）年熊本地判の控訴審の福岡高判2000（平成12）年11月22日[注21]は、市議会議員の議会における発言につき、

「〔議員の〕発言内容などによっては、職務の執行についてなされたもの

---

（注20）　判時2541号45頁。
（注21）　判タ1102号209頁。

696　第7編　名誉毀損の免責要件に関する諸問題その2　その他の免責事由

とはいえない場合も生ずるというべきである」

として、議員が個人責任を負う場合があることを示し、

「政策論争や意見発表等の域を超え、誤った事実を披瀝するなどの行き過ぎのあるときは、地方公共団体の議会の議員は、議会内の演説や討論であっても、正当な職務行為と認められるときは別として、それが不法行為を構成する場合には、当然責任を負わねばならないと解するべきである。」

とした上で、具体的な事案における判断として一審の判断を覆し、議員個人の責任を認めた。

## 第7　検討

地方議会議員の責任について裁判例は、国会議員の責任と比べて厳しい判断をしているものが多く、第6で挙げた福岡高判に至っては、事実の誤りを「行き過ぎ」と捉えるような厳格な態度で議員の発言内容を審査し、発言内容によっては職務執行性を否定し個人責任を肯定するというのであり、これでは議員の議会活動は萎縮を免れない。[注22]

私は、地方議会議員についても、国会議員と同様の程度の免責の余地を認めるべきであると思う。

## 第8　首長の発言

1　地方自治体（町）の首長の委員会における発言の名誉毀損性が問題となった事件として、甲府地判2005（平成17）年12月27日[注23]がある。訴訟では、不法行為法上の町長の個人責任と、国家賠償法上の町の責任が問題となった。

判決は、町長個人の責任については国家賠償法上の解釈として個人責任を否定したが、町の責任については、町長の発言について通常の真実性・

---

(注22)　浜辺陽一郎『名誉毀損裁判——言論はどう裁かれるのか』（平凡社・2005年）37頁は、「国会議員だけの免責特権には疑問がある。自由闊達な議論を期待するというのであれば、むしろ憲法第51条で定める免責特権の趣旨をほかの言論にもできるだけ広く及ぼす方向で考えることが望ましい。」とする。全く同感である。

(注23)　労働判例919号31頁。

真実相当性の法理を適用して判断をした。

**2**　この事件は、町長個人の責任については一審で確定し、町の責任のみが控訴審で更に争われた。

そして控訴審の東京高判2006（平成18）年5月25日<sup>(注24)</sup>は、首長の発言に対する町の責任につき、690頁（第1款の**2**）で挙げた1997（平成9）年最判の基準の規範の紹介に続けて、

「普通地方公共団体の長は、議会、委員会において当該普通地方公共団体の事務の執行に関して誠実に説明すべき義務を負っているのであり、この説明をするに当たっては、事実に基づいてこれを行わなければならず、故意又は過失により事実に反する説明をした場合には、当該普通地方公共団体の事務の執行に関して説明責任を果たしたということはできないのみならず、そのような説明をすることは、普通地方公共団体の長の職務執行行為として違法となるといわざるを得〔ない〕」

とした上で、

「したがって、普通地方公共団体の長が上記の説明の過程で行った発言により他人の名誉を毀損するに至ったときは、これにより不法行為に基づく損害賠償責任が生ずることも否定することができないことは前記のとおりであり、このことは、上記〔1997（平成9）年最判〕が指摘するその質疑等について広範な裁量権を有する国会議員又は地方公共団体の議会の議員の場合と異なるといわざるを得ない。」

とし、1997（平成9）年最判のような広範な裁量は認めなかった。

一審判決は違法性の判断につき真実性・真実相当性の法理を採用し、控訴審判決は「故意又は過失により事実に反する説明をした場合」としており、両者に違いがあるように見えるが、議会や委員会における首長の説明に公共性・公益性があることは明らかであろうから、一審と控訴審とでは、規範の内容に実質的な差異はないと見てよいだろう。

いずれにしても、690頁（第1款の**3**）で見た、国会における国務大臣の発言に関する2005（平成17）年大阪高判よりも判断基準はかなり厳しくなっている。

---

（注24）　労働判例919号22頁。

# 第4節　その他

**1**　大阪地判2024（令和6）年2月28日 [注25] は、議会の決議の名誉毀損性が問題となった事例である。

判決は、議会につき、

「普通地方公共団体の議会は、普通地方公共団体の必置機関である上、議事機関として自律的な権能を有し、また、いわゆる住民自治の原則の下、広範な権限や権能を有するものである。このような議会の法的地位・性質や広範な権限ないし権能等に照らせば、議会が、議事機関としての権限に基づいて決議をするに当たり、どのような事項をどのような内容で行うかについては、政治的なものを含め、議会の裁量的な政策判断に委ねられているというべきである。」

とその決議の裁量判断性を指摘してその帰結として、

「そうすると、普通地方公共団体の議会の決議において、個人や法人の名誉ないし社会的評価を低下させる内容が含まれるとしても、これによって当然に国家賠償法1条1項の適用上違法ということはでき〔ない〕」

とし、その上で、

「議会が当該個人又は法人の社会的評価を低下させたりするためにあえて当該決議をしたなど、当該決議の内容が議会の議事機関としての権限を逸脱又は濫用するものであると評価することができる場合であり、かつ、当該決議に関与した議員が職務上の法的義務に違背して当該決議をしたといえる場合に限り、国家賠償法1条1項の適用上違法となる」

とした。

**2**　東京地判2011（平成23）年7月19日 [注26] も、正当業務行為の一種と捉えた判断ではないかと思われる裁判例である。

事案は、富士通（被告）の本件当時の代表取締役甲が、反社会的勢力との親交が取り沙汰されたため取締役を辞任し、その経緯等につき同社の後任の代表取締役が記者会見や株主総会で説明したところ、その親交先の

---

（注25）　判タ1522号144頁。
（注26）　判タ1370号192頁。

「反社会的勢力」にあたる者とされた会社（原告）が、会見や総会における発言が名誉毀損にあたるとして提訴されたものである。

判決は、記者会見における発言につき、

「被告富士通が企業としての説明責任を求められていた状況の下で、表現の内容及び方法については、原告らの社会的評価を低下させることのないよう慎重かつ相応の配慮がされた上で行われたものであり、相当と認められる限度を超えないものというべきである」

とし、違法な名誉毀損ではないとした。

また株主総会における発言についても、

「当時の被告富士通が株主に対する説明を求められていた状況の下で、表現の内容については、原告らの社会的評価を低下させることのないよう慎重かつ相応の配慮がされた上で行われたものであり、相当と認められる限度を超えないものというべきである」

とし、やはり違法な名誉毀損ではないとした。

この判断は、会社が企業としての説明を求められていたという"必要性"と、表現の内容及び方法の"相当性"という事情をふまえて名誉毀損の成立を否定したものであり、必要性と相当性の観点から会社の行為を一種の正当行為として違法性を阻却したものと言ってよいであろう。

# 第6章——訴訟行為における免責法理

## 第1節　弁護士または本人の訴訟行為

### 第1款　はじめに

**1**　訴訟における弁護士または本人の行為により相手方の名誉を毀損した場合には、いかなる免責法理が妥当するか。

なお、訴訟行為の問題については、111〜115頁（第2編第8章第2節3〜5）及び204頁（第2編第16章第7節第1款）で述べた通り、私は、免責要件の検討以前にそもそも名誉毀損性の判断の段階で、社会的評価の低下の有無について厳密な検討をすべきであると考えている。その点にも留意された上で以下をお読みいただきたい。

**2**　この論点については多くの裁判例があるが、そのほとんどが原則として違法性を有しないものとしている。

訴訟行為における名誉毀損が原則として違法性を有しないものとすべき理由については、古くは東京地判1956（昭和31）年11月5日[注1]が詳しく論じており、以後の裁判例も多かれ少なかれ同様の趣旨を判決において示している。上記判決は次のようにいう。

「現行の弁論主義、当事者主義を基調として運用されている民事訴訟の下において……は訴訟の進行を円滑にしてその目的を正確に達するためには、当事者が訴訟手続において自由に忌憚のない主張をつくして、訴

---

(注1)　下級裁判所民事裁判例集7巻11号3129頁。

訟資料並びに証拠資料を裁判所に提出しその判断をまつことが許される
べきであつて、そのためにはまず攻撃防禦の自由が相当な重要度を以つ
て尊重されなければならず、従つて、訴訟において争われる権利又は事
実関係〔の〕成否を決する重要な争点に関し、攻撃防禦の必要上一方の
当事者が他方の当事者について名誉を毀損するような主張または供述を
したとしても、……それが当該訴訟において遂に真実としての挙証がな
かつたからといつて……常に名誉毀損が成立するとはいい得ない。たま
たま当該訴訟において限られた証拠資料が立証を尽し得なかつたに過ぎ
ず、別に真実の立証をなし得ないとはいえないことがその第1の理由で
あり、第2には、もし、右の場合常に名誉毀損の成立を来すとすれば挙
証の結果をおそれる余り自由な攻撃防禦をためらう者の出でることもな
いとはいえないからである。」

もっともな指摘だといえる。

以下、款を改めて、違法性の判断基準に関する裁判例を見るが、そこで
は、訴訟における弁論のほか、証拠提出行為や訴訟外の交渉の場面におけ
る言論も検討の対象とされている。

## 第2款　判断基準に関する裁判例

**1**　かように訴訟行為については原則として違法性を有しないものとするの
が多くの裁判例であるが、それでは、例外的に違法性を認める判断基準は
いかに解するべきか。この点に関する裁判例は実に区々である。

（1）まず、必要性と相当性を問題とする裁判例がある。

東京地判1975（昭和50）年2月14日[注2]は、答弁書上の主張において
相手方の名誉を毀損する記載をした事例につき、「攻撃、防御方法とし
て必要性があり、相当な方法における主張であれば」社会的に相当なも
のとして許されるとした。

また、東京地判2017（平成29）年9月27日[注3]は、離婚調停に弁護士
が書面を提出した行為の違法性の判断につき、

---

（注2）　金融法務事情807号36頁。
（注3）　判タ1464号213頁、判時2379号95頁。

「本件離婚調停における活動の一環としてした行為により、相手方等の名誉等を損なうようなものがあったとしても、それが直ちに名誉毀損として不法行為を構成するものではなく、本件離婚調停における争点の判断のために必要性があり、表現方法も不当とは認められない場合には、違法性が阻却される」

とした。

1975（昭和50）年東京地判は必要性と相当性を要求しているが、2017（平成29）年東京地判の方は、後者の相当性の点については、「相当性」までは要求せず、「不当とは認められない場合」であれば違法性を阻却するとしている。

（2）　次に、関連性と相当性を要求しているものとして、東京地判2006（平成18）年9月7日[注4] が挙げられる。

この件は、陳述書の提出行為の違法性が問題となったものであるところ、判決は、

「本件陳述書の提出が正当な訴訟活動の範囲を逸脱する違法な行為に該当する場合というのは、本件訴訟の争点、審理経過に照らして本件訴訟と関連性がない場合、あるいは関連性は否定されないにせよ、本件陳述書により侵害される原告の被侵害利益の内容等も併せ考慮したとき、その提出が相当性を欠く場合と認められる場合等に限られるというべきである。」

としている。

この判決は、「限られる」といい、違法とされる範囲をあたかも限定的に解しているようだが、関連性と相当性の双方を充たさなければ違法となると言っているものである。

（1）の裁判例は必要性と相当性（または非不当性）の双方の充足を要求するものであるのに対し、この判決は、関連性と相当性の双方を要求しているのである。

（3）　続いて、関連性・必要性・相当性（非不当性）の全てを要求する一群がある。

---

（注4）　判時1970号56頁。

たとえば東京高判2004（平成16）年2月25日[注5]は、

「〔主張立証活動が〕訴訟行為と関連し、訴訟行為遂行のために必要であり、主張方法も不当とは認められない場合には、違法性が阻却される」

とする。京都地判2006（平成18）年8月31日[注6]もこれと全く同じ要件を掲げている。

東京地判1998（平成10）年11月27日[注7]は、上記基準の"主張方法の非不当性"の部分につき若干表現が異なり、「表現内容、方法、態様が適切である場合」とするが、趣旨としては同じと見てよいと思う。

以上の3つの裁判例は、関連性・必要性・相当性（非不当性）のいずれも充たさねばならないという意味で、要件としては訴訟活動に対して厳しい判断をしている部類に入るといえよう。

（4）これに対し、関連性・必要性・相当性を総合的に衡量するものがある。

東京地判2010（平成22）年5月27日[注8]は、

「訴訟活動が名誉等を毀損するものとして不法行為に当たるかどうかについては、当該訴訟活動が事件の争点と関連するかどうか、訴訟遂行のために必要であるかどうか、主張方法等が相当であるかどうかなどを考慮の上、当該訴訟活動が、正当な訴訟活動の範囲を逸脱している場合に限り、不法行為が成立する」

とし、関連性・必要性・相当性の各事情を総合衡量するものとしている。

新潟地新発田支判2007（平成19）年2月27日[注9]は、

「〔主張立証活動につき〕要証事実との関連性、その必要性、方法の相当性から見て、訴訟活動として社会的に許容される範囲を逸脱したといえるような特段の事情がない限り、その行為は違法性を有しない」

としており、関連性・必要性・相当性を相関的に衡量するように読める。

これらは、関連性・必要性・相当性の全てを充たさねばならないとす

---

（注5）　判時1856号99頁。
（注6）　判タ1224号274頁。
（注7）　判時1682号70頁。
（注8）　判時2084号23頁。
（注9）　判タ1247号248頁。

る（3）の裁判例よりも、訴訟活動に対して緩やかな判断をなし得る余地を残しているといえよう。

また、甲府地判2018（平成30）年5月15日[注10]は、証人に対する尋問の名誉毀損性が問題となったケースにおいて、

「訴訟活動において証人の名誉を毀損する行為がなされた場合においては、当該事件の争点との関連性、訴訟遂行上の必要性、その態様及び方法の相当性を総合して、正当な訴訟活動として違法性が阻却されるか否かを検討するのが相当である。」

としており、ここまでは先に挙げた2つの裁判例とほぼ同様の判断枠組みを提示しているように読めるが、同判決はかかる規範に加えて、

「正当な訴訟活動として違法性が阻却されるとは判断できない場合であっても、正当な訴訟活動であると認識・判断して行った訴訟活動については、直ちに不法行為が成立するものとして損害賠償責任を認めることは正当な訴訟活動を萎縮させるおそれもあるから、そのような認識・判断に至った事情について検討し、故意・過失の有無、違法性の程度を考慮して不法行為の成否を判断するのが相当である。」

とし、更に免責の余地を残す規範を提示している。

（5）（3）に類似したものとして、意図・必要性・相当性（非不当性）の全てを問題とする裁判例がある。

東京地判2006（平成18）年3月20日[注11]は、

「訴訟活動に名を借りて実質的に個人攻撃の意図をもって行われたものではない場合であって、かつ、争点と関連する攻撃防御のために必要であり、用いられた用語や主張立証の態様において不当であるとは認められないときには、正当な訴訟活動として行為の違法性が阻却される」

という。この判決によると、個人攻撃の意図がなく、かつ、攻撃防御上必要であり、かつ、表現が不当でないことのいずれも充たさねばならないということになって、その1つでも欠けたら免責されないことになるので、（3）と同様に要件としては弁護活動にかなり厳しいものといえ

---

（注10） 判時2424号78頁。
（注11） 判タ1244号240頁、判時1934号65頁。

る。

（6）また、意図・虚偽性・関連性ないし根拠の相応性・必要性・適切性を問題とする一群がある。

大阪高判1985（昭和60）年2月26日[注12]は、

「当初から相手方当事者の名誉を害する意図で、ことさら虚偽の事実又は当該事件と何ら関連性のない事実を主張する場合や、あるいは、そのような意図がなくとも、相応の根拠もないままに、訴訟遂行上の必要性を超えて、著しく不適切な表現内容、方法、態様で主張し、相手方の名誉を著しく害する場合などは、社会的に許容される範囲を逸脱したものとして、違法性を阻却されないというべきである。」

とする。浦和地判1994（平成6）年5月13日[注13]と水戸地判2001（平成13）年9月26日[注14]も同様の判断基準を掲げている。また東京地判1989（平成元）年4月27日[注15]もほとんど同様の基準を挙げている。

更に、

・東京地判1975（昭和50）年5月20日[注16]

・大阪地判1983（昭和58）年10月31日[注17]

・東京地判1993（平成5）年7月8日[注18]

・東京高判1997（平成9）年12月17日[注19]

・東京地判2004（平成16）年8月23日[注20]

・大阪地判2011（平成23）年5月13日[注21]

もほぼ同様と見てよいと思う。

なお、東京地立川支判2011（平成23）年4月25日[注22]は、弁護士が交渉の場面で作成した文書に関し、

---

（注12）　判時1162号73頁。
（注13）　判タ862号187頁、判時1501号52頁。
（注14）　判タ1127号188頁、判時1786号106頁。
（注15）　金融・商事判例837号39頁。
（注16）　判タ329号161頁、判時799号57頁。
（注17）　判タ519号184頁、判時1105号75頁。
（注18）　判タ824号178頁、判時1479号53頁。
（注19）　判タ1004号178頁、判時1639号50頁。
（注20）　判タ1179号261頁、判時1865号92頁。
（注21）　判時2127号64頁。
（注22）　判タ1357号147頁、判時2117号28頁。

「交渉や訴訟、調停等の法的手続における一方当事者の表明した意見に、相手方の名誉ないし名誉感情を損なうような表現にわたるものがあったとしても、相手方を害する意図で、ことさら虚偽の事実や、当該紛争と何ら関連性のない事実を主張したり、相応の根拠もないままに防御の必要性を超えて、著しく不適切な表現内容、方法、態様を用いたりするものでない限りは、正当な防御の範囲にとどまり、違法性が阻却されると解するのが相当である。」

と、同様の基準を挙げている。

（7）挙げられている要素が（4）とは異なるが、同様に総合判断で決する裁判例として、京都地判1990（平成2）年1月18日[注23]を挙げることができる。同判決は、

「当初から対立当事者側の名誉を毀損するという目的を有し、あるいはそのような意図がなくとも、主張・立証・疎明活動の表現内容・態様・方法、表現内容の真実性、主張内容との関連性、他のより名誉毀損に当たらない証拠・疎明資料による代替性等を総合判断して、社会的に許容される範囲を逸脱したことが明らかであると認められるような場合には、もはや内在的制約を越えた違法なものであって、違法性は阻却されず、不法行為責任を免れない」

とする。

また、和歌山地判2015（平成27）年1月29日[注24]は、

「弾劾……の必要性、訴訟当事者を含む関係者の地位、主張事実の真実性、根拠や表現方法を総合的に勘案して、正当な訴訟活動として許容されるか否かを判断すべきである。」

という形で総合衡量のアプローチを採用している。

前者の京都地判は、総合判断の結果、逸脱が「明白」でない限り違法とはしないものとされており、要件としては免責を比較的緩やかに認める部類に入るといえよう。

東京地判2015（平成27）年12月4日[注25]は、衡量事由として、関連

---

(注23) 判タ723号151頁、判時1349号121頁。
(注24) 判時2276号33頁。
(注25) 判時2312号106頁。

性・必要性・主張方法の相当性・真実性・真実相当性を挙げている。

東京高判2018（平成30）年10月18日（注26）も総合判断で決する裁判例である。この判決は（4）の2018（平成30）年甲府地判の控訴審判決である。同判決は、

「民事訴訟における反対尋問において証人の証言の信用性を弾劾する目的で証人の名誉を毀損する質問が行われた場合においては、当該質問によって毀損される名誉の内容や程度、質問の必要性、当該質問において摘示した事実の真実性、又は真実であると信じた相応の根拠の有無、質問の表現方法や態様の相当性を総合考慮し、正当な訴訟活動として違法性が阻却されるか否かを判断するのが相当である。」

としている。この東京高判は、（4）の2018（平成30）年甲府地判とは異なり、「正当な訴訟活動として違法性が阻却されるとは判断できない場合」における更なる免責の余地は認めておらず、現に判決の結論において、甲府地判が原告の請求を棄却したのに対し、この東京高判は原告の請求を一部認容している。

（8）真実性・真実相当性の法理と変わらない要件を挙げているものもある。東京地判1970（昭和45）年7月17日（注27）である。同判決は、

「訴訟の当事者の主張事実がたまたま他人の名誉を毀損するような内容のものであり、かつ結果的にそれが真実に合致しないものであったとしても、当該当事者において、その事実が真実なものと信じ、かつ右のごとく信ずるにつき、一応の合理的根拠ある限り、訴訟の追行上自己に有利であるとしてこれを主張することは、名誉毀損の違法性は阻却されるものと解するのが相当である。」

とする。真実相当性の部分につき、「一応の合理的根拠」としている点において要件を若干緩やかにしているようにも読めるが、真実性・真実相当性の法理と特段の違いがあるとは思えない。その意味で、訴訟活動に対して厳しい判断をしている部類であるといえるのではなかろうか。

（9）裁判例を検討している中で、最も免責の余地が広いのではないかと思われたのが、次の3件である。

---

（注26）判時2424号73頁。
（注27）判タ256号229頁、判時616号83頁。

まず東京地判1992（平成4）年8月31日[注28]は、

「その当事者において、特に故意に、しかも専ら相手方を誹謗、中傷
する目的の下に、粗暴な言辞を用いて主張を行ったような場合等特段
の事情がない限りは、原則として違法性は認められないと解するのが
相当である。」

とする。

　東京地判1998（平成10）年5月8日[注29]もこれとほぼ同様の規範を掲
げている。

　また東京地判1997（平成9）年12月25日[注30]も、

「その当事者において故意に、かつ、専ら相手方を中傷誹謗する目的
のもとに、著しく適切さを欠く非常識な表現により主張した等の特段
の事情がない限り、直ちにこれをもって名誉毀損として違法と評価す
ることは相当ではない」

とし、前二者と類似の規範を提示している。

(10)　以上のほか、以下のような判断例がある。

　①　千葉地館山支判1968（昭和43）年1月25日[注31]

　　　「虚偽の事実や、その訴訟に関係のない事実を、悪意をもって述
べ」た場合には違法であるとする。

　②　東京地判1968（昭和43）年6月20日[注32]

　　　「当事者が相手方の主張に対し自らの立場を明確強力に主張するた
め必要である場合等」には不法行為は成立しないという。

　③　東京高判1974（昭和49）年4月18日[注33]

　　　弁論が「専ら訴訟の結果を自己に有利に導こうとする熱意の余りな
されたもので、訴訟に藉口して相手方を故意に傷つける企図のもとに
行われたことが明らかなものでない限り」違法でないとする。

---

（注28）　判タ819号167頁。
（注29）　判タ989号133頁。
（注30）　判タ1011号182頁。
（注31）　判時529号65頁。
（注32）　判タ226号167頁。
（注33）　判時741号76頁。

第6章　訴訟行為における免責法理　第1節　弁護士または本人の訴訟行為　　709

④　神戸地判1981（昭和56）年10月30日［注34］

　　「故意に、粗暴な言辞を弄して、相手方を著しく中傷、誹謗するものでない限り」違法性がないとする。

⑤　東京地判1992（平成4）年7月6日［注35］

　　具体的な考慮要素は挙げず、「訴訟における正当な弁論活動と認められる限り、その違法性が阻却されるものと解すべきであり、かつ、その正当と認められる範囲は広いものと解するのが相当である。」とする。

⑥　東京地判2002（平成14）年6月17日［注36］

　　本件は、訴訟代理人の弁論と、尋問における質問内容（当該言動）の違法性が問題となったものであるところ、判決は、

　　　「当該言動の目的及びその根拠などからみて、相手方の主張ないし立場を攻撃し、自らの主張ないし立場を防御するために行われたものであれば、その言動が多分に強調あるいは誇張された表現に及んだとしても、その意図ないし目的などからもっぱら人身攻撃に及ぶなど、訴訟活動の域を逸脱したものでない限り、許容、是認されるべきものであって、違法性を欠く」

　　とした。

⑦　東京地判2015（平成27）年10月30日［注37］

　　この件では、陳述書の作成行為についての違法性の判断基準が示されている。いわく、

　　　「陳述書の作成が相手方当事者との関係で違法と評価されるためには、その記載内容が客観的な裏付けを欠く（客観的裏付けのあることを立証できない場合を含む。）というだけでは足りず、少なくとも、陳述書に記載された事実が虚偽であること、あるいは、判断等の根拠とされた資料に看過できない誤りがあり、作成者がその誤りを知り又は当然に知り得たことを要する」

---

（注34）　判タ466号148頁、判時1045号116頁。
（注35）　判タ825号199頁、判時1449号106頁。
（注36）　判タ1114号190頁。
（注37）　判時2298号58頁。

とする。

　大阪地判2018（平成30）年1月11日[注38]も、

　　「当事者等の社会的評価を低下させる事実や当事者等の名誉感情を
　　害する事実が記載された陳述書を作成し訴訟において書証として提
　　出する行為は、作成者が陳述書記載の当該事実の内容が虚偽である
　　ことを認識しつつあえてこれを記載して行った場合に限り、違法性
　　を帯びる」

　とし、上記東京地判とほぼ同旨を述べる。

**2**　以上、裁判例を見てきたが、免責の余地の広狭に差異はあれ、いずれも、
訴訟活動に対し法的責任の追及をもってその自由を制約するものである点
に変わりはない。訴訟というものは本来、自由に主張立証を戦わせて弁証
法的に真実に迫るという目的と機能を持っているものだと思う。訴訟のか
かる目的と機能に照らすと、日本の裁判例は、免責要件が厳格に過ぎるの
ではないか。

　英米法では、訴訟行為には絶対的特権が与えられ、名誉毀損の責任は問
われないという[注39]。わが国もこのような発想に近づいてほしいと思う。


# 第2節　　検察官の論告

　検察官が論告によって他人の名誉を毀損した場合、いかなる要件の下に免
責が認められるか。

　検察官は、証拠調べが終わった後、論告をしなければならないとされてお
り（刑訴法293条1項）、その内容は、刑事訴訟という構造上、被告人及び被
告人側の者の言い分に対して弾劾的になり、名誉毀損的言辞が含まれざるを
得ない。論告はそのような性質を有するものであるため、一定の免責の余地
を認めないとその適正を期することができない。そこで免責要件をいかにす
べきかが問題となるのである。

---

（注38）　判タ1455号211頁、判時2373号55頁。
（注39）　塚本重頼『英米法における名誉毀損の研究』（中央大学出版部・1988年）85頁、229頁。

この点については最高裁判例がある。最 2 小判1985（昭和60）年 5 月17日[注40]である。同判決は、

　「検察官は、事件について証拠調が終つた後、論告すなわち事実及び法律の適用についての意見の陳述をしなければならないのであるが、論告をすることは、裁判所の適正な認定判断及び刑の量定に資することを目的として検察官に与えられた訴訟上の権利であり、公共の福祉の維持と個人の基本的人権の保障とを全うしつつ、事案の真相を明らかにし、刑罰法令を適正かつ迅速に適用実現すべき刑事訴訟手続において、論告が右の目的を達成するためには、検察官に対し、必要な範囲において、自由に陳述する機会が保障されなければならないものというべきである。」

と論告の意義を述べた上で、

　「もとより、この訴訟上の権利は、誠実に行使されなければならない」

としつつ、

　「論告において第三者の名誉又は信用を害するような陳述に及ぶことがあつたとしても、その陳述が、もつぱら誹謗を目的としたり、事件と全く関係がなかつたり、あるいは明らかに自己の主観や単なる見込みに基づくものにすぎないなど論告の目的、範囲を著しく逸脱するとき、又は陳述の方法が甚しく不当であるときなど、当該陳述が訴訟上の権利の濫用にあたる特段の事情のない限り、右陳述は、正当な職務行為として違法性を阻却され、公権力の違法な行使ということはできない」

としている。

---

（注40）　判タ559号121頁、判時1156号49頁。

# 第7章——団体行動権としての免責

## 第1節　　問題の所在

　憲法28条は労働者の団体行動権を保障しており、組合活動としてのビラ配布等の言論活動によって名誉毀損が問題となるとしても、団体行動権保障の観点からの独自の免責の余地が認められている。

　本章では、免責の判断基準に関する裁判例を見ることとする。

## 第2節　　裁判例

**1**　まずは東京高判1999（平成11）年11月24日 [注1] を見る。

　事案は、労働組合が使用者の不当労働行為を訴える内容の文書を使用者の取引先に送付した行為が名誉毀損として問題とされたものである。判決は、

　　「労働組合が使用者の取引先に対して配布した要望書の内容・表現が、結果的に使用者の名誉・信用を毀損する場合であっても、表現内容の真実性、表現自体の相当性、表現活動の動機、態様、影響等一切の事情を総合し、正当な組合活動として社会通念上許容された範囲内のものであると判断される場合には、違法性が阻却される」

---

（注1）　判時1712号153頁。

として、総合衡量によって免責される余地を認めている。

**2**　次は、東京地判2005（平成17）年3月28日<sup>(注2)</sup>である。労働組合が会社を批判する内容を会社周辺にビラで配布し、またインターネットで配信したケースであり、この判決も上記東京高判と似た判断基準を定立している。

　　即ち、

　　「本件ビラ配布及びその公衆送信行為は、労働組合の組合活動の一環として行われているところ、このような場合には、本件ビラで摘示された事実が真実であるか否か、真実と信じるについて相当な理由が存在するか否か、また、表現自体は相当であるか否か、さらには、表現活動の目的、態様、影響はどうかなど一切の事情を総合し、正当な組合活動として社会通念上許容される範囲内のものであると判断される場合には、違法性が阻却される」

　　とする。

**3**　東京地判2008（平成20）年10月1日<sup>(注3)</sup>も上記**2**の裁判例と同様、組合活動の一環としてインターネット上に書き込みがなされた事案であるが、判決は、

　　「使用者に関する表現行為が名誉毀損に当たるとされる場合においては、当該表現内容が真実であり、又は真実と信ずるにつき相当の理由があり、かつ、表現自体が相当で、表現活動の目的及び態様等においても正当な場合には、……正当な組合活動として、その違法性が阻却される」

　　とした。

　　この判決は、真実（相当）性・表現の相当性・目的及び態様の正当性の要件の全てを充たすことを要求しており、上記**1**、**2**の裁判例よりも違法性が阻却される余地が限定されている。

**4**　以上の流れとは若干異なる裁判例として東京地判2007（平成19）年3月16日<sup>(注4)</sup>がある。

　　事案は、労働組合が使用者による雇い止め及び団交拒否を批判する文書を使用者の会社の前で配布した行為の名誉毀損性が問題となったものであ

---

（注2）　判タ1183号239頁、判時1894号143頁。
（注3）　判タ1288号134頁、判時2034号60頁。
（注4）　判タ1247号212頁、判時1963号147頁。

る。判決は、

① 「労働組合の組合活動としての表現行為、宣伝行動によって使用者の名誉や信用が毀損された場合であっても、当該表現行為、宣伝行動において摘示されたり、その前提とされた事実が真実であると証明された場合はもとより、真実と信じるについて相当の理由があるにおいても、それが労働組合の活動として公共性を失わない限り、違法性を阻却するものと解せられる。」

とし、また、

② 「当該表現行為、宣伝行動の必要性、相当性、動機、態様、影響など一切の事情を考慮し、その結果、当該表現行為、宣伝活動が正当な労働組合活動として社会通念上許容された範囲内のものであると判断される場合には、行為の違法性を阻却し、不法行為とならないというべきである。」

とした。

かようにこの判決は違法性が阻却される事由を2つ挙げている点が特徴的である。②は、諸事情を衡量して違法性の有無を判断するというものであって上記1、2の裁判例に類似しているが、①は、真実性・真実相当性の法理と類似の発想に因っている。

# 第8章—内部告発に関する免責事由

## 第1節　はじめに

　第7章（713頁）のような組合活動によるものではなく、労働者個人が会社の不正行為等を批判・是正・糾弾等するために会社に関する情報を対外的に発信することがある。いわゆる内部告発[注1]がその典型である。発信する内容が会社の不正行為等であるため、かかる情報発信は会社の名誉を毀損することとなり、その名誉毀損行為について労働者が懲戒処分、解雇、人事上の不利益等を受ける事態に至ることがある。

　このような懲戒処分等の責任追及の過程において、どのような免責の余地が考えられているのであろうか[注2]。

---

(注1)　島田陽一「労働者の内部告発とその法的論点」労働判例840号8頁（2003年）は、「内部告発」につき「労働者個人が職務内外を通じて得た法令違反、人の健康・安全に対する危険、環境への悪影響などについて一般に公知の事実となっていない情報を公的機関または第三者など企業外部に通報すること」と定義している。

(注2)　内部告発については、公益通報者保護法によって、一定の要件を充たす通報行為（「公益通報」）につき、解雇の無効等の法的保護が認められているが、同法の要件は限定的であり、同法の要件を充たさない情報発信行為が直ちに違法となるとは解されないので、検討をする必要がある。

716　第7編　名誉毀損の免責要件に関する諸問題その2　その他の免責事由

# 第2節　裁判例

**1**　ひと口に「内部告発」と言っても、告発先が組織内部にとどまっている
ものもあれば、マスメディア宛てに持ち込まれているものもあり、行為態
様にはかなりの幅がある。

　また、内部告発に対する組織側の対応も、懲戒処分、解雇、人事上の不
利益取扱いなどの違いがある。

　以下で裁判例を概観する。

**2**　内部告発事案に関する裁判例として方々の文献で取り上げられており先
例性が高いものとして、大阪地堺支判2003（平成15）年6月18日[注3]があ
る。

　事案は、生協職員が、一部役員の非行を問題視して、総代・理事・職員
ら500名以上に対して告発文書を送付したところ、告発で名前を挙げられ
た役員（被告）が、告発をした職員を懲戒解雇等したというものである。
解雇等された職員（原告）は、役員の行為が不法行為にあたるとして損害
賠償請求をした。

　判決は、

　「本件のようないわゆる内部告発においては、これが虚偽事実により占
　められているなど、その内容が不当である場合には、内部告発の対象と
　なった組織体等の名誉、信用等に大きな打撃を与える危険性がある一方、
　これが真実を含む場合には、そうした組織体等の運営方法等の改善の契
　機ともなりうるものであること、内部告発を行う者の人格権ないしは人
　格的利益や表現の自由等との調整の必要も存する」

とした上で、

　「内部告発の内容の根幹的部分が真実ないしは内部告発者において真実
　と信じるについて相当な理由があるか、内部告発の目的が公益性を有す
　るか、内部告発の内容自体の当該組織体等にとっての重要性、内部告発
　の手段・方法の相当性等を総合的に考慮して、当該内部告発が正当と認

---

（注3）　判タ1136号265頁。

第8章　内部告発に関する免責事由　第2節　裁判例　*717*

められた場合には、当該組織体等としては、内部告発者に対し、当該内部告発により、仮に名誉、信用等を毀損されたとしても、これを理由として懲戒解雇をすることは許されないものと解するのが相当である。」
とした。つまり、

a　告発内容の真実性・真実相当性

b　告発目的の公益性

c　告発内容自体の当該組合等にとっての重要性

d　内部告発の手段・方法の相当性

e　その他

を総合的に考慮して告発の「正当」性を判断するというのである。

　なお、cの重要性の要件は、重要であれば告発の「正当」性が肯定される方向になる、と斟酌されるものである。"重要であるが故に告発せざるを得なかった"という事情を汲むものであり、その意味では、"告発の必要性"という要件を挙げて検討してもよい事情かもしれない。

**3**　また東京地判2009(平成21)年6月12日[注4]は、財団法人の職員（原告）が理事によるパワハラ・セクハラとおぼしき言動を理事長に文書で報告したところ、同職員が解雇された事案である。

　判決は、解雇の対象となった内部告発の適法性の判断方法として、「①告発内容の真実性、②目的の正当性、③手段・方法の相当性を総合判断」することが「相当である。」とした。

　つまり、**2**の大阪地堺支判の挙げるa～eの衡量事由のうち、おおよそa・b・dから判断するものとしている。

**4**　東京地判2011（平成23）年1月28日[注5]は、学校法人（被告）の職員（原告）が、週刊誌記者の取材に応じて法人の誹謗をしたとして懲戒解雇された事案である。

　判決は、

　「本件のような内部告発事案においては、①内部告発事実（根幹的部分）が真実ないしは原告が真実と信ずるにつき相当の理由があるか否か（以下「真実ないし真実相当性」という。）、②その目的が公益性を有している

────────────────

（注4）　判タ1319号94頁、判時2066号135頁。

（注5）　労働判例1029号59頁。

718　第7編　名誉毀損の免責要件に関する諸問題その2　その他の免責事由

否か（以下「目的の公益性」という。）、そして③労働者が企業内で不正行
為の是正に努力したものの改善されないなど手段・態様が目的達成のた
めに必要かつ相当なものであるか否か（以下「手段・態様の相当性」とい
う。）などを総合考慮して、当該内部告発が正当と認められる場合には、
仮にその告発事実が誠実義務等を定めた就業規則の規定に違反する場合
であっても、その違法性は阻却され、これを理由とする懲戒解雇は『客
観的に合理的な理由』を欠くことになるものと解するのが相当である。」
とした。

　判決は衡量事由の③において「手段・態様の相当性」と名付けているが、
衡量事由としては、手段・態様の相当性のみならず「必要」性が挙げられ
ている。本件は、告発先が組織内ではなくマスメディアであったため、手
段・態様の「必要」性が衡量事由としてあえて明示され、意識されて衡量
されたのであろう。

　そして判決は、この「手段・態様の相当性」の点につき、

　　「仮に企業内に看過し難い不正行為が行われていることを察知したとし
　　ても、まず企業内部において当該不正行為の是正にむけ努力すべき」

であるとした上で、原告につき、

　　「被告学校法人の内部において、その経営改善等に向け然るべき努力を
　　しようとしないまま本件内部告発に及んだ」

として、手段・態様の相当性に欠ける、と判断している。

　この点、本件の場合にどうであったかが分からないので一般論で言えば、
組織に自浄能力がない場合や、内部で努力をしようとすると使用者から不
利益を受ける虞がある場合もあると思われ、とすれば、組織内での是正の
努力を強く要求することは相当ではないであろう。

**5**　**4**と同様にマスメディアに告発した事例として、富山地判2005（平成
　17）年2月23日 [注6] がある。この件は、従業員（原告）が、会社（被告）
　のヤミカルテルの存在を新聞社に告発して新聞記事となったところ、会社
　が原告に対し長期間に亘って人事上の不利益取扱いをしたという事案であ
　る。

---

（注6）　判タ1187号121頁、判時1889号16頁。

第8章　内部告発に関する免責事由　第2節　裁判例　　*719*

判決は、

「告発に係る事実が真実であるか、真実であると信じるに足りる合理的な理由があること、告発内容に公益性が認められ、その動機も公益を実現する目的であること、告発方法が不当とまではいえないことを総合考慮すると、原告の内部告発は正当な行為であって法的保護に値するというべきである。」

とした。

本判決は、衡量事由として、告発内容自体の公益性を検討しているが、これは、本件の告発先が組織内部ではなくマスメディアであったことをふまえたものであろう。

**6** マスメディアに告発した事例としてもう１件、岡山地判2017（平成29）年３月29日[注7]を挙げる。

この件は、公立大学法人（被告）による入試の不正の疑いを、同大学の教授（原告）が理事長に告発し、また放送局に情報提供したところ、この放送局への情報提供等について停職３か月の懲戒処分がなされたという事案である。

判決は、原告による放送局への情報提供の内容が

「公益にかかる事実であることは明らか」

であるとした上で、

「その提供する内容が真実である場合はもちろん、仮に真実と認定するに至らない場合であっても、情報提供者がこれを真実であると信じ、かつ、そのように信じるに足りる相当な理由がある場合には、その情報提供行為は違法性が阻却され、それを理由に懲戒処分を行うことは許されない」

とした。

即ち、

① 告発内容の公益性

② 告発内容の真実性・真実相当性

が認められれば違法性を阻却するものとしている。

---

（注7） 労働判例1164号54頁。

**7** 以上、裁判例を概観した。どの裁判例も、諸事情を衡量して内部告発の「正当」性を判断するものとしており、その衡量事由が裁判例によって異なっている。裁判所が衡量事由としていかなる要素を挙げるかは、結局のところ、事案によるとしか言いようがない。

畢竟、裁判所は、内部告発の「正当」性を評価するにあたりいかなる事情を検討すれば当該事案の適正な解決に資するか、ということを考えているのであろうから、事案によって、考慮する事情に違いが生じ、それがひいては、規範定立の場面で挙げる事項の違いとして現われるのであろう。

# 第9章──被害者の承諾

**1** 被害者の承諾が原則として不法行為の違法性を阻却することは通説であり<sup>(注1)</sup>、名誉毀損の場合も、被害者の承諾は違法性阻却事由となり得る。

したがって、被害者の承諾の存在が認定されれば、当該名誉毀損言論は違法性を帯びないことになる。

しかし、そもそも名誉毀損記事の掲載について真意に基づく承諾があればその後紛争にならないと思われ、訴訟において被疑者の承諾の抗弁が認められた事例に、私は接していない。

プライバシー侵害や肖像権侵害のケースでは、承諾した範囲以上の事柄を公開されたとか、撮影は承諾したが公表は承諾していない等、被害者の承諾が問題となる事例は多いが<sup>(注2)</sup>、名誉毀損の場合には被害者の承諾が問題となる事例自体がそもそも少ない。

**2** 以下、その数少ない裁判例を挙げる。

（1）東京地判2007（平成19）年5月29日<sup>(注3)</sup>は、写真雑誌「FLASH」の記事が女優杉田かおる氏の元夫（原告）の名誉を毀損するとして訴訟提起された事案である。

この訴訟で雑誌社側は、杉田氏が、原告と知り合い結婚するに至る経緯や自分たち夫婦の日常生活についてテレビ等を通じて公表し続けており、原告もそれに異議を述べないばかりか、顔を隠しながらも原告自身もテレビに出演したことがある等の事情をふまえ、原告は本件記事が公

---

（注1）　徳本鎮「正当防衛・緊急避難」加藤一郎編『注釈民法19　債権10』（有斐閣・1965年）335頁。

（注2）　プライバシー権・肖像権に関する被害者の承諾の問題については、佃克彦『プライバシー権・肖像権の法律実務〔第3版〕』（弘文堂・2020年）342頁、523頁を参照されたい。

（注3）　判タ1275号223頁。

*722　第7編　名誉毀損の免責要件に関する諸問題その2　その他の免責事由*

開されることを受忍（つまり承諾）していた、と主張した。これに対して判決は、仮に被告の主張の通りの事実関係が存在したとしても、本件記事の内容を公開することを原告が容認したことにはならない、と判示して被告の主張を排斥した。

（2）東京地判2013（平成25）年8月30日[注4]は、雑誌の連載記事で「グリコ森永事件」の犯人だとされた男性（原告）が、名誉毀損にあたるとして記事の執筆者（被告）を訴えた事案である。

被告は、原告にインタビューをした際に公表についての承諾を得たと主張したが、判決は、

> 「被告……は、原告……に対して、グリコ森永事件の犯人に関する推理を聞かせてもらいたいとしてインタビューを行った際、その発言内容を本件連載記事に用いることについて承諾を得たことは認められるものの、本件連載記事中に原告……がグリコ森永事件の犯人であると摘示することについてまで承諾を得たとは認められない。」

として、被告の主張を排斥した。

（3）熊本地玉名支判2016（平成28）年9月28日[注5]は、原告が、固定資産税等の滞納処分として玉名市から自己の所有地の差押えを受けたところ、玉名市がその土地上に、公売公告前に「不動産公売予定地」等と記載した看板（本件看板）を設置したため、その行為の違法性が問題となった事案である。

被告である玉名市は、市職員が原告に対し土地上に看板を設置することも含めて公売についての説明をし、その際に原告が異を唱えなかったとして、原告が看板設置を黙示的に承諾していたと主張した。

しかし判決は、「原告が本件看板設置を承諾していたと認めることはできない」として被告の主張を排斥した。

（4）以上3つの裁判例を見たが、いずれの場合も、そもそも被害者の承諾を主張すること自体にかなりの無理があり、したがって裁判所の判断はいずれについてももっともであると思われる。

**3** 被害者の承諾に類似する事案として、東京高判2000（平成12）年12月28

---

（注4）　判時2212号52頁。
（注5）　判時2341号120頁。

日<sup>（注6）</sup>がある。これは、週刊誌の記事につき、雑誌社側が、本人は取材に応じているから、記事内容を予見できたので社会的相当性を有する、として違法性阻却を主張した事例である。

判決は、本人が取材に基づいて雑誌に何らかの記事が掲載されることを認識していたということはいえるとしても、

「本件記事の内容を十分予見することができたことを認めるに足りる証拠はない」

として、雑誌社側の主張を排斥した。

**4**　以上、被害者の承諾の主張が排斥された事例ばかりを見てきたが、被害者の承諾と類似する概念である「危険の引受け」<sup>（注7）</sup>が認められて違法性が阻却された事例があるのでここで紹介する<sup>（注8）</sup>。

事案は、有田芳生元参議院議員（被告）による元大阪府知事・元大阪市長の橋下徹弁護士（原告）に関するツイートの名誉毀損性が問題となった事案である。

判決は、

「インターネットやテレビ番組等不特定多数の者が見聞することが可能な環境において、自分と政治的意見や信条を異にする相手方を非難するに当たり、ときに相手を蔑み、感情的又は挑発的な言辞を用いる表現手法は、これに接する不特定多数の者に対して、自己の意見等の正当性を強く印象付ける一定の効果が得られることは否定できない。しかし、反面、非難された相手方をして意見や論評の枠を超えた悪感情を抱かせるおそれがあることもまた見やすい道理である。」

とした上で、

「そうであれば、表現者が上記の表現手法をもって相手方を非難する場合には、一定の限度で、相手方から逆に名誉棄損や侮辱に当たるような表現による反論を被る危険性を自ら引き受けているものというべきであ

---

（注6）　判時1750号103頁。
（注7）　大塚直編『新注釈民法（16）債権（9）』（有斐閣・2022年）362頁〔和田真一執筆〕によれば、「危険の引受け」とは、「他人に対する危険を作り出した者であっても、その他人が危険から自らを守ることを期待されるときには、一定の場合につき、不法行為責任を免れるとする考え方」であるとされる。
（注8）　大阪地判2018（平成30）年8月8日（公刊物未登載・大阪地裁平成29年（ワ）第7547号）。

724　第7編　名誉毀損の免責要件に関する諸問題その2　その他の免責事由

る。」

との規範を定立した後、原告のそれまでの被告に対する中傷等の攻撃を
縷々認定した上で、

「原告は、インターネット上において、被告を非難するに当たり、被告
を蔑み、感情的又は挑発的な言辞を数年間にわたって繰り返し用いてき
たものというほかはない」

とし、原告が前記の「危険」を引き受けていたものとして原告の請求を棄
却した。

　事案に鑑み、なるほど適切な解決の論法だと思う。

第 **8** 編

# 要件事実

　第8編は、名誉毀損の要件事実について検討する。

　検討の進め方は、名誉毀損の真実性・真実相当性の法理など
の判例が提示する規範を要件事実化した上で、名誉権と表現の
自由を保障する観点から改善点を考察することとしたい。

　そのようにして見てみると、主張・立証責任の転換を要する
要件や、過剰であって削除されるべき要件などがあることが分
かる。

# 第1章 ―― 損害賠償請求

## 第1節　請求原因

### 第1款　本論

**1**　まずは損害賠償請求の要件事実を検討する。

　名誉毀損とは他人の社会的評価を低下させる行為であり（4頁）、名誉毀損は事実の摘示によるものに限らず、論評や意見によっても成立し得る（147頁）。

　かかる理解を前提とすると、表現行為による名誉毀損を理由とする損害賠償請求（民法709条・710条）の請求原因は、以下の通りになると思う。

【請求原因（Kg）】

① 　Xの社会的評価を低下させる可能性のある事実の摘示または意見論評をすること

② 　①の公表等によるXの社会的評価の低下

③ 　①・②についてのYの故意または過失

④ 　損害の発生及び損害額

⑤ 　②と④との因果関係

**2**　上記請求原因の①と②は、両者を合わせて「Xの社会的評価を低下させる事実の摘示または意見論評をすること」とひとつにまとめることも可能であろう。

　しかし、①の表現行為と②の公表等の行為とは、行為態様としては別個になることがあり得る。たとえば、大勢に向かって口頭で述べる場合は①

728　第8編　要件事実

と②は行為態様としても1つといえようが、予め執筆していたものを（①）後日公表する（②）場合には、①と②は別個の行為だと言い得る。

　また、①に故意があっても②には過失しかないという場合もあり得る。たとえば、自分のパソコン内に他人に関する悪口を記載していたところ、それがうっかりインターネット上に流れた場合などがそれである。

　かように名誉毀損行為は、2つの異なる態様の行為が組み合わさってなされる場合があるので、その両者を截然と区別するために、①と②を書き分けた。

**3**　上記請求原因②の「社会的評価の低下」は、いわゆる評価的要件 (注1) である。

　よってこの請求原因②について原告は、社会的評価の低下を基礎づける評価根拠事実を主張することになり、他方で被告は、その評価障害事実を主張することになる。

　たとえば、雑誌Aが「原告Xに前科がある」という事実を摘示したとする。

　前科が摘示されたという記事であれば、そのこと自体で社会的評価の低下を基礎づける評価根拠事実としては十分であろう。

　これに対して被告は、評価障害事実を主張することになる。たとえば（事案によるが）、"雑誌記事で摘示したのはXの罰金前科である。その罰金前科は、Xが基地建設反対運動をする過程で警察の弾圧によって摘発されたものであり、記事で摘示した前科は原告の正義感を徴表するものではあっても反規範的な人格を示すものではない"等と主張することによって、被告は、社会的評価の低下を争うことになる。

## 第2款　請求原因の記載上の注意

**1**　名誉毀損の請求原因の記載においては、

---

(注1)　伊藤滋夫『要件事実の基礎——裁判官による法的判断の構造〔新版〕』（有斐閣・2015年）291頁によれば、「評価的要件」とは、「個別的法律要件（ある権利又は法律関係が発生するために定められている法律要件全体を構成する個々の要件）の内容がなんらかの『評価』である要件」を言うとされている。

a　当該記事にいかなる記載がなされているか（または、当該放送でい
　　　かなる放送がなされたか）、
　　b　aの記事（または放送）によりいかなる事実が摘示されているか、
　　c　bの事実摘示によりいかに社会的評価が低下されたか、
をきちんと区別して特定することを心がけたい。

**2**　たとえば、週刊誌に「甲野太郎が万引きをした」という記事が掲載され
　たとしよう。

　　この場合、上記a～cの内容は一義的に明確であるのでさほど問題には
　ならない。即ち、「甲野太郎が万引きをした」との記載（a）によって、
　文字通り、「甲野太郎が万引きをした」という事実が摘示されており（b）、
　この事実摘示により、甲野太郎は犯罪者呼ばわりされて社会的評価をさせ
　られた（c）といえるのであって、解釈上特段の疑義はない。

　　したがって上記のような記事であれば、「雑誌社は『甲野太郎が万引き
　をした』との記事によって甲野太郎の名誉を毀損した。」と記載するだけ
　でも請求原因の特定に支障はなかろう。

**3**　しかし、「談合が噂されるA町の町長の口座に多額の入金があった」と
　いう記事の場合（a）はどうか。

　　この記事は、字面だけを見ると単に「A町の町長の口座に多額の入金が
　あった」ということを示しただけという捉え方もあり得るのであり、そう
　だとすれば名誉毀損とは無縁の記事だということになる。

　　上記の記事は、「A町の町長が談合がらみでリベートを受け取った」と
　いう事実摘示だ（b）といえて初めて名誉毀損の請求原因として意味を持
　つのであり、したがって、訴状の請求原因ではきちんと、「A町の町長の
　口座に多額の入金があった」との記事は「A町の町長が談合がらみでリベ
　ートを受け取った」との事実を摘示するものだ、という趣旨を明らかにし、
　記事の記載の問題（a）と、記事から受け取られる事実摘示の問題（b）
　とを意識して明確にする必要がある<sup>（注2）</sup>。

　　時折、この点の意識的な書き分けがあいまいで、そもそもいかなる記載

---

（注2）　このケースの場合、訴訟の場では当然のことながら、「A町の町長の口座に多額の入金が
　あった」という記載が「A町の町長が談合がらみでリベートを受け取った」との事実を摘示す
　るものと解釈できるかどうか、ということが重要な争点となる。

を問題としているのか、いかなる事実が示されたというのか、あるいは当該事実摘示の何が問題なのか等が明らかでない訴状があり、争点整理に無用の手間がかかることがある。時間の浪費を避けるためにも、前記 a ～ c については訴状上分かりやすく明確にしたい。

# 第2節　抗弁

## 第1款　真実性・真実相当性の法理

1　真実性・真実相当性の法理（531頁・第6編）は、抗弁に位置づけられる。これを要件事実として整理すると次のようになるであろう。

【請求原因】
① 　Kg①の摘示事実が公共の利害に関する事実にかかること
② 　Kg①の事実摘示が専ら公益を図る目的に出たものであること
③a　Kg①の摘示事実が重要な部分について真実であること
　b　Kg①の摘示事実が真実であると信ずるについて相当な理由があること

2　抗弁①の事実の公共性・抗弁②の目的の公益性は、評価的要件である。
　　つまり、被告側が、①の公共性・②の公益性を基礎づける評価根拠事実を主張し、原告側がその評価障害事実を主張することになる。
　　たとえば、週刊誌が大企業の社長の不倫を報じたとする。
　　かかる場合、被告である雑誌社側は、抗弁①の公共性を基礎づける事実として、「原告は○○株式会社の社長である」「原告は既婚者であり相手の女性も既婚者であり、摘示された事実は法律上不貞とされる違法行為である」というようなことを主張することになる。
　　他方原告側は、その評価障害事実として、「摘示された事実はプライベートな場での行為である」（したがって企業のリーダーとしての評価には関係がない）、「問題とされている行為は、婚姻外ではあるが対等な性関係であって、セクハラや性犯罪ではない」（したがって企業のリーダーとしての評

価には関係がない）というようなことを主張することになろう。

## 第2款　公正な論評の法理

**1**　公正な論評の法理（647頁・第7編第2章）を要件事実として整理すると次のようになる。

【抗弁】

①　Kg①の意見論評が公共の利害に関する事実にかかること

②　Kg①の意見論評の目的が専ら公益を図ることにあったこと

③a　Kg①の意見論評の前提事実が重要な部分について真実であること

　b　Kg①の意見論評の前提事実が真実であると信ずるについて相当な理由があること

④　Kg①の意見論評が意見論評としての域を逸脱していないこと

**2**　ここでは④の要件に着目したい。

　664頁でも述べたが、公正な論評の法理は、真実性・真実相当性の法理を比べると、この④の要件の分だけ、要件が加重されているように見える。

　しかし、これまた前に述べたことであるが、事実言明と論評との区別は必ずしも自明ではなく（152頁）、被告側の立証の負担にほとんど差が生じない場合もある（153頁）のであり、そのように紙一重の違いしかないにも拘らず、意見論評であるとされた途端に④の要件が加重されるというのは果たして妥当なのであろうか。

**3**　かかる問題意識もあって私は、663頁で述べた通り、この④の要件を設けることに疑問を抱いている。

　しかし最高裁の判例上この④が要件として挙げられている以上これを無視することはできないのであり、とすれば、せめて主張立証責任を論評者（被告）側に負わせないで転換すべきなのではないかと思っている。

　即ち、④は、再抗弁として、原告側が、

「Kg①の意見論評が意見論評としての域を逸脱していること」

を主張立証すべきなのではないかと思うのである。

　つまり、論評による名誉毀損が問題とされた場合に、表現者（被告）側が毎回"論評の域を逸脱していない（④）"ということを主張立証せねば

732　第8編　要件事実

ならないのは負担であるからかかる負担から解放し、名誉毀損された側（原告側）が、"論評の域を逸脱している"と主張立証すればよいということである。

かかる私見に基づいて公正な論評の法理の要件事実をあらためて整理すると、以下の通りとなる。

【抗弁】
① Kg①の意見論評が公共の利害に関する事実にかかること
② Kg①の意見論評の目的が専ら公益を図ることにあったこと
③a Kg①の意見論評の前提事実が重要な部分について真実であること
　b Kg①の意見論評の前提事実が真実であると信ずるについて相当な理由があること

【再抗弁】
① Kg①の意見論評が意見論評としての域を逸脱していること

**4** かように④の要件を再抗弁にまわすということは、公正な論評の法理の要件から、④をはずしたのと事実上同じになる。

これは即ち、無視できない"言い過ぎ"の場合にのみ、再抗弁として"論評の域"を問題とすればよいということである。

もっとも私は、公正な論評の法理におけるこの④の要件自体、不要とすべきだと思っている。

ただし、この④の要件をなくしてしまうと、"いくらなんでもそれは言い過ぎだろう"というようなひどい論評がなされた場合にどうするか、という問題が生じる。

この点は、そのようなひどい論評がなされた場合には、表現の自由の濫用として民法1条3項の権利濫用の抗弁（原告が主張するのであるから『再抗弁』ということになろう）を認めればよいと思っている。

いずれにしても、"論評の域を逸脱していない"ということを毎回毎回被告が抗弁として主張立証しなければならないという事態は、表現の自由の保護が十分でない気がしてならないのである。

# 第2章──回復処分請求

## 第1節　請求原因

**1**　民法723条の回復処分請求の請求原因事実は、以下の通りとなるであろう。

【請求原因（Kg）】

① 　Xの社会的評価を低下させる可能性のある事実の摘示または意見論評をすること

② 　①の公表等によるXの社会的評価の低下

③ 　①・②についてのYの故意または過失

④ 　損害の発生

⑤ 　②と④との因果関係

⑥ 　当該処分が名誉を回復するのに適当であること

**2**　回復処分請求の場合、回復処分の「適当」性（⑥）が要件として加わる。また、回復処分請求は損害賠償請求ではないので、損害賠償請求のKg④と比べると、「損害額」の主張立証は不要であり、「損害」の発生のみを主張立証すればよいことになる。

**3**　なお、425頁以下で述べた通り、裁判例によっては、回復処分の要件として高度の必要性や補充性を要求するものもあるが、私はそのような要件は要らないと考えている。

# 第2節　抗弁

**1**　回復処分請求に対しても、真実性・真実相当性の法理や公正な論評の法理の抗弁が妥当するが、回復処分請求に固有の抗弁として以下のものがある。

【抗弁】

①　社会的評価の低下状態が口頭弁論終結時に存在していないこと

425頁で述べた通り、回復処分請求が認められるためには、現に社会的評価の低下状態が残存していることが必要なのであり、よって、これが"残存していないこと"は抗弁となる。

これは評価的要件であるから、被告が主張立証すべきなのは、社会的評価の低下状態が口頭弁論終結時に存在していないことを基礎づける評価根拠事実である。

この抗弁の典型的な例は、被告が訂正記事を公表したとの事実であろう。

これに対して原告側は、その評価障害事実として、たとえば、その記事の内容が不十分であるとか、訂正記事を公にした時期が遅いために時機を逃しているとか、訂正記事の公表の範囲が不十分である等の事実を主張立証することになろう。

**2**　なお、この"社会的評価の低下状態"については、原告が請求原因として、「名誉毀損状態が口頭弁論終結時に現存していること」を主張立証すべきだとする見解がある(注1)。

しかしこれは、**1**で述べた通り、"現存していない"ことを抗弁とすべきであろう。理由は以下の通りである。

被告が原告の名誉を毀損した後、被告側が何もしなければ、社会的評価の低下状態は現存していることになるであろう。その結果、名誉毀損状態が"現存している"ことを原告側が主張立証しようとすると、原告は、"被告が何もしていない"ことを主張立証せねばならない。しかしこれは、"不存在"の証明（いわゆる"悪魔の証明"）にならざるを得ない。

---

(注1)　岡口基一『要件事実マニュアル　第2巻　民法2〔第7版〕』（ぎょうせい・2024年）588頁。

第2章　回復処分請求　第2節　抗弁　*735*

他方、被告の名誉毀損行為によって低下した原告の社会的評価は、被告が訂正記事を公にすることによって回復することが見込まれるのであり、よって、被告が訂正行為を公表したという行為の"存在"を被告側に主張立証させる方が、責任分配上妥当だと思うのである。

# 第3章 ── 差止請求

**1** 事前差止めの要件については、いわゆる「北方ジャーナル」事件におい
て最大判1986（昭和61）年6月11日[注1]が、
> 「その表現内容が真実でなく、又はそれが専ら公益を図る目的のもので
> ないことが明白であつて、かつ、被害者が重大にして著しく回復困難な
> 損害を被る虞があるとき」

との要件を定立しているが、この要件は、477頁で述べた通り、「公務員又
は公職選挙の候補者に対する評価、批判等の表現行為」について示された
ものであり、およそ一般的に事前差止めの要件を定立したものではない。

　かように射程範囲は「公務員又は公職選挙の候補者に対する評価、批判
等の表現行為」に限られるが、これを要件事実化すると次のようになろう。

【請求原因】
① Ｘの社会的評価を低下させる可能性のある事実の摘示もしくは意見
論評が公表等されることによりＸの社会的評価が低下する虞があるこ
とまたは公表等されたことによりＸの社会的評価が低下したこと

②a ①の表現内容が真実でないことが明白であること
　　または
　b ①の表現行為が専ら公益を図る目的のものでないことが明白であ
　　ること

③ ①の公表によりＸが重大にして著しく回復困難な損害を被る虞があ
　ること

　上記最大判は、"目的の公益性"は要件化されているものの、"事実の公
共性"については要件の中に反映されていない。その理由は、「公務員又
は公職選挙の候補者に対する評価、批判等」であること自体によって"事

---

(注1) 判タ605号42頁、判時1194号3頁。

第3章 差止請求 737

実の公共性"があることが明らかだからである。

**2** 「公務員又は公職選挙の候補者」以外の者に対する名誉毀損の場合に事前差止めの要件をいかに解すべきかについては定説がない。

「公務員又は公職選挙の候補者」以外の者に対する名誉毀損の場合にも「北方ジャーナル」事件最大判の上記の要件を妥当させる見解もあるが、**1**で述べた通り、上記最大判は、事前差止めの要件の中に"事実の公共性"が反映されていないので、「公務員又は公職選挙の候補者」以外の者について最大判の上記の要件をそのまま妥当させると、"事実の公共性"が吟味される余地がないことになり、適切ではない。

また、511頁で述べた通り、差止めの要件においては、事実の公共性の有無を問う必要はあるが、表現者の主観的目的、つまり目的の公益性を問うべきではない。

私は、事前差止めの要件は、512頁で述べた通り、「公務員又は公職選挙の候補者」であると否とを問わず、基本的に、非公共性と損害の回復困難性を中心とすべきであると考えており、他方、公益目的の有無については要件とすべきでないと思っている。

即ち、私見によれば、事前差止めの要件は、

① 当該表現が公共の利害に関する事実にあたらないことが明白であること、または、当該摘示事実が真実でないことが明白であること

② 当該表現によって被害者が重大にして著しく回復困難な損害を被るおそれが明白であること

とするのが妥当であると考えており、これを要件事実化すると以下の通りとなる。

【請求原因】

① Xの社会的評価を低下させる可能性のある事実の摘示もしくは意見論評が公表等されることによりXの社会的評価が低下する虞があることまたは公表等されたことによりXの社会的評価が低下したこと

②a ①の表現内容が公共の利害に関する事実にあたらないことが明白であること

または

b ①の摘示事実もしくは意見論評の前提事実が真実でないことが明

白であること
③　①の公表によりＸが重大にして著しく回復困難な損害を被る虞があ
　　ること

第3章　差止請求　*739*

# 事項索引

## あ

アクセスプロバイダ………………………278
浅野健一………………………299

## い

意見………………………147
「石に泳ぐ魚」事件………………………353, 490
慰謝料………………………393
慰謝料額の高額化………………………399
慰謝料請求権の一身専属性………………411
一過性………………………181, 183, 189
一般読者基準………182, 189, 211, 238, 653, 694
一般読者の普通の注意と読み方
………128, 150, 166, 292, 354, 574, 586, 653, 693
依頼者本人の責任………………………103
インターネット………………………200
引用による名誉毀損………………………160

## う

疑いの摘示………………………583
「宴のあと」事件………………………346
訴えの利益………………………529

## お

応酬的言論………………………680
桶川ストーカー殺人事件………………178

## か

外形標準説………………………137
開示を受けるべき正当理由………………287
回復処分………………………68, 416
外部的名誉………………2, 4, 25, 162, 219
外部のライター………………………83
過失………………………126, 220
甲山事件………………………351
管轄………………………230, 289
間接強制………………420, 442, 508
管理者………………………253, 262

## き

キー局………………………187
議員の免責特権………………………688
危険責任………………………28
危険の引受け………………………250, 724
帰属上の一身専属性………411, 445, 503
規範的名誉………………………5
「逆転」事件………………………539
共同不法行為………………80, 95, 99
虚名………………………5, 25
金銭賠償の原則………………………366

## け

経験則………………………137
継続的不法行為………………………385
継続犯………………………226, 385
刑法上の名誉毀損………………………219
経由プロバイダ………………………278
「月刊ペン」事件………………………536
検閲………………………472
検索サービス………………………267
検察官の論告………………………711
現実の悪意の法理………32, 37, 223, 249, 568, 673
健全に成長する権利………………………319
権利侵害の明白性………………………282
権利濫用の抗弁………………………733
言論の応酬の場合の免責の法理……………679

## こ

故意………………………126, 220
公益目的………………………560
公共性………………309, 495, 534, 554
公共の利害に関する事実………………310, 534
広告………………………191
広告主………………………191
広告媒体………………………197
行使上の一身専属性………………………412
公人………………………567

公正な論評の法理‥‥‥‥‥‥‥‥‥‥170, 647
公然‥‥‥‥‥‥‥‥‥‥‥‥‥‥‥‥108, 220
公的言論‥‥‥‥‥26, 221, 516, 533, 559, 615
高度の蓋然性‥‥‥‥‥‥‥‥‥‥‥‥‥‥590
抗弁‥‥‥‥‥‥‥‥‥‥‥‥‥‥‥‥‥‥731
国際裁判管轄‥‥‥‥‥‥‥‥‥‥‥‥‥‥233
告訴期間‥‥‥‥‥‥‥‥‥‥‥‥‥225, 385
国内裁判管轄‥‥‥‥‥‥‥‥‥‥‥‥‥‥230
故人に対する敬愛追慕の情‥‥‥‥58, 463, 507
個別的比較衡量‥‥‥‥‥‥‥‥‥‥‥‥‥212
誤報されない権利‥‥‥‥‥‥‥‥‥‥‥‥172
コンテンツプロバイダ‥‥‥‥‥‥‥‥‥‥277

### さ

財産的損害‥‥‥‥‥‥‥‥‥‥366, 372, 374
削除義務‥‥‥‥‥‥‥‥‥‥‥254, 262, 521
削除請求‥‥‥‥‥‥‥‥‥‥‥‥‥‥‥518
差止め‥‥‥‥‥‥‥‥‥‥‥‥‥‥‥‥68
雑誌‥‥‥‥‥‥‥‥‥‥‥‥‥‥‥‥‥177

### し

事実言明‥‥‥‥‥‥‥‥‥‥‥‥149, 650
事実摘示による名誉毀損‥‥‥‥‥‥‥‥147
事実的名誉‥‥‥‥‥‥‥‥‥‥‥‥‥‥5
事実報道‥‥‥‥‥‥‥‥‥‥‥‥‥‥362
死者に対する名誉毀損‥‥‥‥‥‥‥57, 463
事前差止め‥‥‥‥‥‥‥‥‥‥‥‥‥472
思想言論の自由市場‥‥‥‥‥‥‥‥‥595
思想の自由市場論‥‥‥‥‥‥‥‥‥‥34
思想・良心の自由‥‥‥‥‥‥‥‥‥‥417
執行不当‥‥‥‥‥‥‥‥‥‥‥‥‥‥419
実名報道‥‥‥‥‥‥296, 300, 305, 315
　　──されない人格的利益‥‥‥‥307, 335
社会通念上許される限度‥‥‥‥‥‥73, 164
社会的評価‥‥‥‥‥‥‥‥‥‥‥‥4, 9
　　──の低下‥‥‥‥‥‥‥‥12, 367, 379
　　──の低下の程度‥‥‥‥‥‥‥‥121
謝罪広告‥‥‥‥‥‥‥‥‥‥‥‥‥‥417
謝罪文の交付請求‥‥‥‥‥‥‥‥‥‥445
重要な部分‥‥‥‥‥‥‥‥‥‥‥‥‥572
主観的名誉‥‥‥‥‥‥‥‥‥‥‥‥‥2
取材源‥‥‥‥‥‥‥‥‥‥‥‥‥‥‥607
　　──の秘匿‥‥‥‥‥‥‥‥‥‥‥613

受忍限度論‥‥‥‥‥‥‥‥‥‥‥‥62, 215
主要な部分‥‥‥‥‥‥‥‥‥‥‥‥‥572
準拠法‥‥‥‥‥‥‥‥‥‥‥‥‥‥‥235
使用者責任‥‥‥‥‥‥‥‥‥‥‥‥‥79
状態犯‥‥‥‥‥‥‥‥‥‥‥‥‥226, 385
少年事件報道‥‥‥‥‥‥‥‥‥‥‥‥314
少年法‥‥‥‥‥‥‥‥‥‥‥‥‥‥‥314
情報提供者の責任‥‥‥‥‥‥‥‥‥‥91
消滅時効‥‥‥‥‥‥‥224, 380, 384, 505
自力救済‥‥‥‥‥‥‥‥‥‥‥‥‥‥679
人格権‥‥‥‥‥‥‥309, 322, 366, 473, 518
人権と報道に関する宣言‥‥‥‥‥‥‥299
真実性‥‥‥‥‥‥‥‥‥‥‥‥‥‥‥571
真実性・真実相当性の法理
　　‥‥27, 37, 62, 65, 66, 208, 211, 249, 532
真実相当性‥‥‥‥‥‥‥‥‥‥‥513, 571
心痛‥‥‥‥‥‥‥‥‥‥‥‥‥‥369, 379
新聞‥‥‥‥‥‥‥‥‥‥‥‥‥‥‥‥175
新聞広告掲載基準‥‥‥‥‥‥‥‥‥‥198
新聞広告倫理綱領‥‥‥‥‥‥‥‥‥‥198

### す

推測による名誉毀損‥‥‥‥‥‥‥‥‥650
推知報道‥‥‥‥‥‥‥‥‥‥317, 333, 339
スラップ訴訟‥‥‥‥‥‥‥‥‥‥‥36, 375

### せ

請求原因‥‥‥‥‥‥‥‥‥‥‥‥‥‥728
制作会社の責任‥‥‥‥‥‥‥‥‥‥‥91
精神的苦痛‥‥‥‥‥‥‥‥‥‥‥‥‥369
精神的損害‥‥‥‥‥‥‥‥‥‥‥‥‥372
成長発達権‥‥‥‥‥‥‥‥‥‥‥319, 321
正当業務行為‥‥‥‥‥‥‥‥‥‥‥‥685
正当防衛‥‥‥‥‥‥‥‥‥‥‥‥‥‥680
「絶歌」‥‥‥‥‥‥‥‥‥‥‥‥‥‥341

### そ

相関関係説‥‥‥‥‥‥‥‥‥‥‥‥‥215
「捜査一課長」事件‥‥‥‥‥‥‥‥‥351
相続性‥‥‥‥‥‥‥‥‥‥‥411, 445, 503
相当因果関係‥‥‥‥‥‥‥‥‥‥‥‥93
速報性‥‥‥‥‥‥‥‥‥‥‥‥‥180, 189
訴権の濫用‥‥‥‥‥‥‥‥‥‥‥‥‥38

| | |
|---|---|
| 訴訟行為 …………………………………… 204 | 独立当事者参加 …………………………… 266 |
| ──における免責法理 ………………… 701 | 土地管轄 …………………………………… 230 |
| 弁護士の── ……………………………… 103 | 取消広告 …………………………………… 447 |
| 訴訟物の価額 ……………………………… 465 | 取締役 ……………………………………… 86 |
| 損害 ………………………………………… 367 | |
| 損害賠償請求 ……………………………… 366 | **な** |

**た**

内部告発 …………………………………… 716
内部的名誉 …………………………… 2, 25, 162
生放送中の発言 …………………………… 184
「名もなき道を」事件 …………………… 349
成りすまし ………………………………… 17

対抗言論の理論 …………………………… 245
代替執行 …………………………… 420, 442
代表取締役 ………………………………… 86
択一的誹謗 ………………………………… 71
立川反戦ビラ事件 ………………………… 216
単純リツイート …………………………… 132
団体行動権 ………………………………… 713

**に**

日本新聞協会 ……………………………… 198
ニュース提供サービス …………………… 271

**ち**

**ね**

地方公共団体 ……………………………… 53
中間責任 …………………………………… 28
著作権 ……………………………………… 515

ネット局 …………………………………… 187

**の**

**て**

ノンフィクション ………………………… 364

定義的衡量 ………………………… 212, 511
訂正広告 …………………………………… 447
訂正放送請求 ……………………… 188, 467
提訴会見 …………………………………… 205
提訴報道 …………………………………… 588
適当な処分 ………………………………… 423
撤去請求 …………………………………… 518
テレビ ……………………………………… 180
伝播可能性 ………………………… 110, 205
伝播性の理論 ……………………………… 109

**は**

配信サービスの抗弁 ……………… 187, 632
裸の意見言明 ……………………………… 654
発行人 ……………………………………… 80
発信者情報 ………………………… 277, 280
発信者情報開示命令 ……………………… 288
発売元の責任 ……………………………… 89
判決の結論の広告 ………… 451, 460, 463, 465
反対意見 …………………………………… 34
反論文掲載請求 …………………………… 454

**と**

**ひ**

当然相続説 ………………………………… 412
同定可能性 ……………… 167, 243, 293, 339, 354
特定可能性 ……………………… 68, 293, 339
特定電気通信役務提供者 ………… 273, 278
特定電気通信役務提供者の損害賠償責任の制限
　及び発信者情報の開示に関する法律 …… 273
特定人 ……………………………………… 68
匿名報道 …………………………… 292, 305, 315
匿名報道主義 ……………………………… 298

被害者の承諾 ……………………………… 722
疋田桂一郎 ………………………………… 299
非財産的損害 ……………………… 366, 372
日々進行説 ………………………………… 387
批評的言論 ………………………………… 19
非マスメディア …………………………… 209
評価根拠事実 ……………………………… 729
評価障害事実 ……………………………… 729
評価的要件 ………………………………… 729

事項索引　743

表現の自由………26, 37, 51, 62, 66, 216, 223, 249, 472, 474, 515, 532, 534, 538, 555

## ふ

風評の摘示………581
侮辱………164, 219
不当訴訟………37
プロバイダ………200, 253, 262
プロバイダ責任制限法━━特定電気通信役務提供者の損害賠償責任の制限及び発信者情報の開示に関する法律………273

## へ

ヘイトスピーチ………71
　──を受けない利益………74
弁護士の訴訟行為………103
弁護士費用………377
編集人………82

## ほ

妨害排除請求………518
妨害予防請求………472
報償責任………28
法人………50
法人格なき団体………52
法人その他の団体………67
放送内容の確認（閲覧）請求………469
放送法………467
法的見解の表明………157
ポータルサイト………267
「北方ジャーナル」事件………473
本多勝一………298

## ま

まとめサイト………106, 160

## み

見出し………139

## む

無過失責任論………599
無形損害………51, 371

## め

名誉………2
名誉感情………2, 162
名誉感情侵害………73, 162, 242, 458, 506
名誉毀損………4
　──の個数………44
　──の判断基準………128
　引用による──………160
　刑法上の──………219
　事実摘示による──………147
　死者に対する──………57, 463
　推測による──………650
　論評による──………147, 461

## も

目的の公益性………560
モデル小説………345, 362

## や

役員の責任………85

## ゆ

有形損害………371

## よ

要件事実………728

## ら

「落日燃ゆ」事件………59

## り

立証責任の転換………32, 37, 596, 615

## る

ルポルタージュ………362

## ろ

ログイン型………278, 280
論告………711
論評………147, 650
　──による名誉毀損………147, 461

744

# 判例索引

## 1920年代
大判1923（大正12）年 6 月 4 日・大審院刑事判例集 2 巻 6 号486頁 ……………………………… 113

## 1950年代
東京地判1953（昭和28）年 4 月21日・判タ30号56頁 ………………………………………………… 465
最 3 小判1955（昭和30）年 4 月19日・判時51号 4 頁 ………………………………………………… 689
東京地判1955（昭和30）年 7 月11日・判時59号 5 頁 ………………………………………………… 582
甲府地判1956（昭和31）年 2 月 2 日・下級裁判所民事裁判例集 7 巻 2 号200頁 ………………… 230
最大判1956（昭和31）年 7 月 4 日・判タ62号83頁、判時80号 3 頁 ……………………… 417, 419
最 2 小判1956（昭和31）年 7 月20日・民集10巻 8 号1059頁 ………………………………… 128, 238
東京高判1956（昭和31）年 7 月31日・判タ61号70頁 …………………………………………………… 80
東京地判1956（昭和31）年11月 5 日・下級裁判所民事裁判例集 7 巻11号3129頁 ……………… 701
最 2 小判1956（昭和31）年11月30日・民集10巻11号1502頁 ……………………………………… 137
東京地判1957（昭和32）年12月23日・判時136号10頁 ……………………………………………… 395
宇都宮地栃木支判1958（昭和33）年 2 月28日・下級裁判所民事裁判例集 9 巻 2 号344頁 ……… 7
最 3 小判1958（昭和33）年 8 月 8 日・民集12巻12号1921頁 ………………………………… 445, 465
岐阜地判1959（昭和34）年 3 月28日・判タ89号75頁、判時182号17頁〔「白い魔魚」事件〕………… 346
最 1 小判1959（昭和34）年 5 月 7 日・刑集13巻 5 号641頁 ………………………………………… 109
東京高判1959（昭和34）年 5 月27日・判タ92号52頁 ………………………………………… 50, 582

## 1960年代
大阪地判1960（昭和35）年 3 月 7 日・判タ107号67頁 ……………………………………………… 104
最 2 小判1961（昭和36）年10月13日・刑集15巻 9 号1586頁 ……………………………… 108, 220
大阪高判1962（昭和37）年 5 月17日・判タ138号58頁、判時308号22頁 ………………………… 689
最 3 小判1962（昭和37）年 9 月 4 日・民集16巻 9 号1834頁 ………………………………………… 44
最 3 小判1963（昭和38）年 4 月16日・民集17巻 3 号476頁 ………………………………… 252, 680
大阪地判1963（昭和38）年11月19日・判タ157号82頁、判時373号36頁 ………………………… 48
大阪地判1963（昭和38）年11月21日・判タ156号179頁 …………………………………………… 189
最 1 小判1964（昭和39）年 1 月28日・判時363号10頁 ……………………………… 50, 370, 371, 581
東京地判1964（昭和39）年 9 月28日・判タ165号184頁、判時385号12頁〔「宴のあと」事件〕……… 346
東京地判1964（昭和39）年10月16日・判タ169号137頁、判時388号14頁 ……………………… 447
最 2 小判1965（昭和40）年 3 月 5 日・最高裁判所裁判集民事78号19頁 ………………………… 689
東京地判1965（昭和40）年 3 月24日・判タ176号183頁、判時409号14頁 ……………………… 689
最 3 小判1965（昭和40）年 9 月28日・最高裁判所裁判集民事80号553頁 ……………………… 689
最 1 小判1966（昭和41）年 6 月23日・判タ194号83頁、判時453号29頁 ……… 9, 28, 150, 532, 572
最大判1967（昭和42）年11月 1 日・判タ211号224頁、判時497号13頁 ………………………… 411
最 1 小決1968（昭和43）年 1 月18日・判タ218号205頁、判時510号74頁 ……………………… 581
千葉地館山支判1968（昭和43）年 1 月25日・判時529号65頁 …………………………………… 709
東京地判1968（昭和43）年 6 月20日・判タ226号167頁 …………………………………………… 709

判例索引 745

大阪地判1968(昭和43)年 7 月30日・判タ226号174頁、判時528号15頁 ……………………447
東京地判1968(昭和43)年 8 月 6 日・判タ226号131頁、判時535号80頁 ……………………440
東京地判1968(昭和43)年11月25日・判タ232号191頁、判時537号28頁 ……………………438
最 1 小判1969(昭和44)年 2 月27日・判タ232号276頁、判時548号19頁 ……………………377, 396
横浜地川崎支判1969(昭和44)年 3 月24日・労働関係民事裁判例集20巻 2 号307頁 ………440
最大判1969(昭和44)年 6 月25日・判タ236号224頁、判時559号25頁 ……………………221
東京地判1969(昭和44)年10月31日・判時582号83頁 ……………………………………118
最大判1969(昭和44)年11月26日・判タ243号107頁、判時578号 3 頁 ……………………85
東京地判1969(昭和44)年12月16日・判タ242号125頁、判時579号29頁 ……………………52
最大判1969(昭和44)年12月24日・判タ242号119頁、判時577号18頁
　〔博多駅テレビフィルム提出命令事件〕…………………………………………………335

## 1970年代

東京地判1970(昭和45)年 7 月17日・判タ256号229頁、判時616号83頁 ……………………104, 708
京都地判1970(昭和45)年 8 月27日・判タ254号184頁、判時614号81頁 ……………………682
最 2 小決1970(昭和45)年12月17日・判タ257号215頁、判時619号91頁 ……………………225
大阪地判1970(昭和45)年12月17日・交通事故民事裁判例集 3 巻 6 号1891頁 ……………381
最 2 小判1970(昭和45)年12月18日・判タ257号139頁、判時619号53頁 ……………4, 424, 445, 458
最 2 小判1971(昭和46)年 9 月 3 日・判時645号72頁 ………………………………………689
新潟地判1971(昭和46)年 9 月29日・判タ267号99頁、判時642号96頁〔新潟水俣病事件〕…………79
東京地判1971(昭和46)年10月11日・判時644号22頁 ……………………………………689
札幌地判1971(昭和46)年12月24日・判タ275号111頁、判時653号22頁 ……………………689
最 3 小判1972(昭和47)年 3 月21日・判タ277号138頁、判時666号50頁 ……………………689
東京地判1972(昭和47)年 5 月29日・判タ298号387頁、判時669号41頁 ……………………681
最 1 小判1972(昭和47)年11月16日・判時687号48頁 ……………………………………609
東京地判1973(昭和48)年 2 月24日・判時711号109頁 ……………………………………670
熊本地判1973(昭和48)年 3 月20日・判タ294号108頁、判時696号15頁〔熊本水俣病事件〕…………79
最 1 小判1973(昭和48)年 6 月 7 日・民集27巻 6 号681頁 ……………………………………93
最 2 小判1973(昭和48)年11月16日・判時633号 1 頁 ……………………………………381
長崎地判1974(昭和49)年 3 月22日・判時735号21頁 ……………………………………444
東京高判1974(昭和49)年 4 月18日・判時741号76頁 ……………………………………709
東京地決1974(昭和49)年 5 月14日・判タ308号108頁、判時739号49頁〔サンケイ新聞意見広告事件〕
………………………………………………………………………………676
東京地判1974(昭和49)年 7 月15日・判タ777号60頁 ……………………………………542
東京地判1975(昭和50)年 2 月14日・金融法務事情807号36頁 ……………………………702
東京地判1975(昭和50)年 5 月20日・判タ329号161頁、判時799号57号 ……………………706
京都地判1975(昭和50)年 7 月11日・判タ332号304頁、判時802号105頁 ……………………69
最 2 小判1975(昭和50)年10月24日・判タ328号132頁、判時792号 3 頁 ……………………590
最大判1976(昭和51)年 5 月21日・判タ336号138頁、判時814号33頁〔旭川学力テスト事件〕………319
東京高判1977(昭和52)年 5 月31日・判タ359号240頁、判時865号64頁 ……………………139
東京地判1977(昭和52)年 7 月13日・判タ350号228頁、判時857号30頁〔サンケイ新聞意見広告事件〕
………………………………………………………………………………454, 677
東京地判1977(昭和52)年 7 月19日・判時857号65頁〔「落日燃ゆ」事件〕…………………59, 62, 64, 464

746

福岡地判1977（昭和52）年10月 5 日・判タ354号140頁、判時866号21頁〔カネミ油症事件〕············79
最 3 小判1977（昭和52）年10月25日・判タ355号260頁 ··································689
東京地判1977（昭和52）年12月19日・判タ362号259頁 ··································685
福岡地久留米支判1978（昭和53）年 1 月27日・判時896号70頁 ··································689
松山地宇和島支判1978（昭和53）年 5 月11日・判時909号87頁 ··································692
東京地判1978（昭和53）年 5 月29日・判タ374号126頁、判時909号13頁 ··································197
大阪地判1978（昭和53）年 9 月25日・判タ373号89頁、判時931号89頁··································53
東京高判1978（昭和53）年 9 月28日・判タ372号85頁、判時915号62頁··································601
最 2 小判1978（昭和53）年10月20日・判タ371号43頁、判時906号 3 頁··································689
東京地判1979（昭和54）年 3 月12日・判タ380号44頁、判時919号23頁··································621
東京高判1979（昭和54）年 3 月14日・判タ387号63頁、判時918号21頁〔「落日燃ゆ」事件〕···59, 62, 64
東京地判1979（昭和54）年 5 月29日・判タ394号94頁、判時933号87頁 ··································436, 680

## 1980年代

最 1 小判1980（昭和55）年10月30日・判タ429号88頁、判時986号41頁 ··································610
札幌地判1980（昭和55）年11月 5 日・判タ429号47頁、判時1010号91頁 ··································473
最 1 小判1981（昭和56）年 4 月16日・判タ440号47頁、判時1000号25頁〔「月刊ペン」事件〕···536, 538
東京地判1981（昭和56）年 6 月30日・判タ447号93頁、判時1018号93頁 ··································544
静岡地判1981（昭和56）年 7 月17日・判タ447号104頁、判時1011号36頁 ··································58, 432
大津地判1981（昭和56）年 8 月31日・判タ453号130頁 ··································433
大阪地判1981（昭和56）年 9 月28日・判タ464号145頁、判時1022号123頁 ··································427
神戸地判1981（昭和56）年10月30日・判タ466号148頁、判時1045号116頁 ··································710
東京地判1981（昭和56）年11月 2 日・判タ457号109頁、判時1022号27頁 ··································622
名古屋地判1982（昭和57）年 1 月22日・判タ470号155頁、判時1046号93頁 ··································622
大阪地判1982（昭和57）年 3 月30日・判タ475号123頁 ··································618
大阪地堺支判1983（昭和58）年 3 月23日・判タ492号180頁、判時1071号33頁
　〔実録小説「密告」事件〕··································59, 465
長崎地判1983（昭和58）年 3 月28日・判時1121号106頁 ··································562
東京地判1983（昭和58）年 5 月26日・判タ503号82頁、判時1094号78頁 ··································59
最 1 小判1983（昭和58）年10月 6 日・判タ513号148頁、判時1099号51頁 ··································370, 412
大阪地判1983（昭和58）年10月31日・判タ519号184頁、判時1105号75頁 ··································104, 706
最 1 小決1983（昭和58）年11月 1 日・判タ515号126頁、判時1099号35頁 ··································220
東京高判1984（昭和59）年 5 月31日・判タ532号141頁、判時1125号113頁 ··································197
東京高判1984（昭和59）年 6 月28日・判タ528号85頁、判時1121号26頁 ··································622
大阪地判1984（昭和59）年 7 月23日・判タ539号368頁、判時1165号142頁 ··································601
最大判1984（昭和59）年12月12日・判タ545号69頁、判時1139号12頁 ··································472
東京地判1985（昭和60）年 1 月29日・判タ545号313頁、判時1160号97頁 ··································543
大阪高判1985（昭和60）年 2 月26日・判時1162号73頁 ··································706
東京地判1985（昭和60）年 3 月20日・判タ556号146頁 ··································427
最 2 小判1985（昭和60）年 5 月17日・判タ559号121頁、判時1156号49頁 ··································712
福岡高判1985（昭和60）年 7 月17日・判タ567号180頁 ··································562
福岡高判1985（昭和60）年 8 月14日・判時1183号99頁 ··································572, 580
東京地判1985（昭和60）年11月27日・判タ578号45頁、判時1174号34頁 ··································149

判例索引　747

神戸地龍野支判1986(昭和61)年 4 月28日・判タ623号145頁 ……………………………………693
東京地判1986(昭和61)年 5 月 6 日・判タ630号165頁、判時1223号71頁 ……………………168
最大判1986(昭和61)年 6 月11日・判タ605号42頁、判時1194号 3 頁〔「北方ジャーナル」事件〕
　…………………………………………………4, 366, 397, 473, 518, 524, 538, 675, 737
大阪高判1986(昭和61)年11月14日・判タ641号166頁、判時1223号57頁 ………………572, 578
東京地判1987(昭和62)年 2 月27日・判タ634号164頁、判時1242号76頁 ……………………539
大分地豊後高田支判1987(昭和62)年 3 月11日・判時1234号123頁 ……………………………430
最 2 小判1987(昭和62)年 4 月24日・判タ661号115頁、判時1261号74頁
　〔サンケイ新聞意見広告事件〕 ……………………………………………52, 454, 677
東京地判1987(昭和62)年10月21日・判タ652号92頁、判時1252号108頁 ……………………418
東京地判1987(昭和62)年11月20日・判タ658号60頁、判時1258号22頁 ……………………678
最 3 小判1988(昭和63)年 1 月26日・判タ671号119頁、判時1281号91頁 ………………………38
東京地判1988(昭和63)年 2 月15日・判タ671号163頁、判時1264号51頁 ……………………546
横浜地判1988(昭和63)年 5 月24日・判時1311号102頁 …………………………………………518
東京地判1988(昭和63)年 7 月25日・判時1293号105頁 …………………………………………605
東京地判1988(昭和63)年10月13日・判タ678号253頁、判時1290号48頁 ……………………484
福岡地判1988(昭和63)年11月29日・判タ697号248頁、判時1318号96頁 ……………………103
東京地判1989(平成元)年 1 月30日・判タ713号212頁、判時1328号74頁 ……………………482
東京地決1989(平成元)年 3 月24日・判タ713号94頁 ……………………………………………486
東京地判1989(平成元)年 4 月27日・金融・商事判例837号39頁 ………………………………706
大阪高判1989(平成元)年 5 月26日・判タ713号196頁 …………………………………………677
東京高判1989(平成元)年 9 月 5 日・判タ715号184頁、判時1323号37頁 ……………………563
最 3 小判1989(平成元)年 9 月19日・最高裁判所裁判集民事157号601頁 ……………………197
和歌山地新宮支判1989(平成元)年11月28日・判タ730号164頁、判時1351号79頁 ………615
最 1 小判1989(平成元)年12月21日・判タ731号95頁、判時1354号88頁 …………562, 647, 664
東京地判1989(平成元)年12月25日・判タ731号208頁 …………………………………………198
大阪地判1989(平成元)年12月27日・判時1341号53頁 ……………………………………………61

### 1990年代

京都地判1990(平成 2 )年 1 月18日・判タ723号151頁、判時1349号121頁 …………111, 446, 707
東京地判1990(平成 2 )年 1 月30日・判タ730号140頁 …………………………………………563
東京地判1990(平成 2 )年 3 月23日・判タ744号157頁、判時1373号73頁 ………………306, 608
東京地判1990(平成 2 )年 3 月26日・判タ723号250頁、判時1343号66頁 ……………………657
大阪地判1990(平成 2 )年 5 月21日・判時1359号88頁 …………………………………………426
東京地判1990(平成 2 )年 7 月16日・判時1380号116頁 …………………………………………163
東京地判1990(平成 2 )年 8 月27日・判タ751号168頁 …………………………………………190
福岡地判1990(平成 2 )年 8 月30日・判タ744号140頁、判時1384号75頁 ……………………680
名古屋高判1990(平成 2 )年12月13日・判タ758号228頁、判時1381号51頁 …………………306
東京地判1990(平成 2 )年12月20日・判タ750号208頁 …………………………………………541
京都地判1990(平成 2 )年12月20日・判タ752号188頁 …………………………………………601
東京地判1991(平成 3 )年 1 月14日・判時1378号89頁 …………………………………………142
京都地判1991(平成 3 )年 3 月26日・判タ758号239頁 …………………………………………601
東京地判1991(平成 3 )年 4 月23日・判時1385号91頁 …………………………………………404

748

東京地判1991（平成3）年9月30日・判タ771号193頁、判時1402号86頁 ……………545
浦和地判1991（平成3）年10月2日・判タ774号203頁、判時1417号103頁 …………168
東京地判1992（平成4）年1月20日・判タ791号193頁 ………………………………143
東京地判1992（平成4）年1月23日・判タ865号247頁 ………………………………116
東京地判1992（平成4）年2月25日・判タ784号84頁、判時1446号81頁 ……………454
大阪地判1992（平成4）年3月25日・判タ829号260頁 ………………………………537
東京高判1992（平成4）年3月30日・判タ804号148頁、判時1417号67頁 ……………610
高知地判1992（平成4）年3月30日・判タ788号213頁、判時1456号135頁 ……………7
東京地判1992（平成4）年7月6日・判タ825号199頁、判時1449号106頁 ……………710
東京地判1992（平成4）年7月28日・判時1452号71頁 ………………………………604
東京地判1992（平成4）年8月31日・判タ819号167頁 …………………………116, 709
東京地判1992（平成4）年9月24日・判時1474号77頁 ………………………………176
大阪地判1992（平成4）年10月23日・判時1474号108頁 ……………………………82
東京地判1992（平成4）年10月26日・民集51巻5号2019頁 …………………………177
東京地判1992（平成4）年10月27日・判時1471号127頁 ……………………………548
東京高判1992（平成4）年11月17日・判タ811号166頁 ………………………………102
東京高判1992（平成4）年11月24日・判時1445号143頁 …………………………143, 584
東京高判1992（平成4）年12月21日・判時1446号61頁 ………………………………452
東京地判1993（平成5）年1月22日・判タ851号260頁 ………………………………404
青森地判1993（平成5）年2月16日・判時1482号144頁 …………………………16, 563
東京地判1993（平成5）年5月25日・判時1492号107頁 ………………………………687
東京地判1993（平成5）年7月8日・判タ824号178頁、判時1479号53頁 ……………706
東京地判1993（平成5）年7月13日・判タ835号184頁 ………………………………622
東京高判1993（平成5）年9月27日・判タ853号245頁 …………………………133, 391
東京高判1993（平成5）年9月29日・判タ845号267頁、判時1501号109頁 …………121
東京高判1993（平成5）年9月29日・判タ853号243頁 ………………………………392
東京地判1993（平成5）年12月20日・判タ842号176頁、判時1511号105頁 …………583
横浜地判1994（平成6）年2月1日・判時1521号100頁 ………………………………681
最3小判1994（平成6）年2月8日・判タ933号90頁、判時1594号56頁〔「逆転」事件〕………335, 539
東京高判1994（平成6）年3月23日・判タ884号190頁、判時1515号86頁 ……………519
東京地判1994（平成6）年4月12日・判タ842号271頁 ………………………………295
浦和地判1994（平成6）年5月13日・判タ862号187頁、判時1501号52頁 ……………706
東京地判1994（平成6）年7月27日・判タ865号238頁、判時1533号71頁 ……………614
東京地判1994（平成6）年9月6日・判タ855号125頁、判時1504号41頁 ……………689
東京高判1994（平成6）年9月7日・判タ893号175頁、判時1517号40頁 ………………76
東京高判1994（平成6）年9月22日・判タ890号155頁、判時1536号37頁 ……………598
名古屋地判1994（平成6）年9月26日・判時1525号99頁 …………………………163, 167
東京地判1994（平成6）年11月11日・判時1531号68頁 …………………………………91
大阪地決1995（平成7）年1月26日・労働判例677号85頁 …………………………502
東京地判1995（平成7）年2月16日・判タ896号193頁、判時1546号48頁 ……………627
東京地判1995（平成7）年3月14日・判タ872号298頁、判時1552号90頁 …………421, 443
青森地判1995（平成7）年3月28日・判タ891号213頁、判時1546号88頁 ……………168
東京高判1995（平成7）年3月29日・判時1608号107頁 …………………………633, 637

判例索引　749

東京地判1995(平成 7 )年 4 月28日・判タ906号258頁、判時1558号43頁 ……………………470
東京地判1995(平成 7 )年 5 月19日・判タ883号103頁、判時1550号49頁〔「名もなき道を」事件〕
　…………………………………………………………………………………………………349
横浜地判1995(平成 7 )年 7 月10日・判タ885号124頁、判時1558号81頁 …………………………519
大阪地決1995(平成 7 )年 7 月19日・判タ903号238頁 …………………………………………………230
東京高判1995(平成 7 )年 9 月 5 日・判タ889号284頁、判時1552号59頁 …………………………388
水戸地判1995(平成 7 )年 9 月27日・判タ904号159頁、判時1573号107頁 ………………………141
大阪地判1995(平成 7 )年10月25日・判タ908号195頁、判時1574号91頁 …………………………615
東京地判1995(平成 7 )年11月17日・判タ953号222頁 …………………………………………………15
福岡高判1995(平成 7 )年12月15日・判タ912号190頁 …………………………………………………589
大阪地判1995(平成 7 )年12月19日・判タ909号74頁、判時1583号98頁〔「捜査一課長」事件〕
　………………………………………………………………………………………………89, 351
東京高判1995(平成 7 )年12月25日・判タ923号219頁 …………………………………………633, 639
東京地判1996(平成 8 )年 1 月31日・判タ916号177頁、判時1565号125頁 ………………………678
東京地判1996(平成 8 )年 2 月28日・判タ919号193頁、判時1583号84頁 …………………601, 607
東京地判1996(平成 8 )年 2 月28日・判タ923号162頁、判時1570号 3 頁 …………………654, 665
東京地判1996(平成 8 )年 2 月29日・判タ915号190頁 …………………………………………………194
東京地判1996(平成 8 )年 3 月25日・判タ935号189頁 …………………………………………………389
東京高判1996(平成 8 )年 4 月26日・判時1608号115頁 …………………………………………………634
横浜地判1996(平成 8 )年 5 月 8 日・判タ928号69頁、判時1606号68頁 …………………………616
東京高判1996(平成 8 )年 5 月20日・判タ918号178頁 …………………………………………………634
東京高判1996(平成 8 )年 6 月27日・判タ914号77頁、判時1571号30頁 …………………………470
神戸地判1996(平成 8 )年 7 月18日・判時1599号120頁 …………………………………………………609
東京地判1996(平成 8 )年 7 月30日・判タ935号166頁、判時1595号96頁 …………………195, 544
東京地判1996(平成 8 )年 7 月30日・判タ950号204頁、判時1599号106頁 ………………………615
東京地判1996(平成 8 )年 8 月28日・判時1611号95頁 …………………………………………………633
東京高判1996(平成 8 )年 9 月11日・金融・商事判例1145号12頁 …………………………………383
千葉地判1996(平成 8 )年 9 月25日・判タ944号216頁、判時1602号109頁 ………………………294
東京高判1996(平成 8 )年10月 2 日・判タ923号156頁 …………………………………………374, 666
東京高判1996(平成 8 )年11月29日・判時1587号65頁 …………………………………………………636
札幌地判1996(平成 8 )年12月20日・判タ956号208頁、判時1626号125頁 ………………………659
東京地判1996(平成 8 )年12月24日・判タ955号195頁 …………………………………………………164
東京高判1997(平成 9 )年 1 月29日・判時1597号71頁 …………………………………………………140
前橋地判1997(平成 9 )年 2 月18日・判時1630号106頁 …………………………………………………53
東京地判1997(平成 9 )年 3 月25日・判タ960号229頁 …………………………………………………563
京都地判1997(平成 9 )年 4 月17日・判タ951号214頁 …………………………………………………209
東京地判1997(平成 9 )年 4 月21日・判タ969号223頁 …………………………………………………116
東京地判1997(平成 9 )年 4 月28日・判タ967号190頁、判時1629号93頁 …………………………141
東京地判1997(平成 9 )年 5 月26日・判タ947号125頁、判時1610号22頁
　〔ニフティ「現代思想フォーラム」事件〕…………………………………………………255
最 3 小判1997(平成 9 )年 5 月27日・判タ941号128頁、判時1604号67頁
　………………………………………………………………4, 367, 379, 380, 384, 390, 393
最 3 小判1997(平成 9 )年 5 月27日・判タ942号109頁、判時1606号41頁 …………………129, 177

東京地判1997(平成9)年6月23日・判タ961号226頁 ······························69

最2小判1997(平成9)年7月11日・判タ958号93頁、判時1624号90頁 ··············398

大阪地判1997(平成9)年7月25日・判タ964号210頁、判時1637号72頁 ·············688

東京地判1997(平成9)年8月28日・判タ983号254頁 ····························502

東京地判1997(平成9)年8月29日・判タ985号225頁 ····························627

最3小判1997(平成9)年9月9日・判タ955号115頁、判時1618号52頁

················································129, 147, 150, 571, 576, 612, 649, 656

最3小判1997(平成9)年9月9日・判タ967号116頁、判時1631号57頁 ···············689

東京地判1997(平成9)年9月17日・判タ972号229頁 ···························447

大阪高判1997(平成9)年10月8日・判時1631号80頁〔「捜査一課長」事件〕 ······353, 359

東京高判1997(平成9)年12月17日・判タ1004号178頁、判時1639号50頁 ···········706

東京地判1997(平成9)年12月25日・判タ1011号182頁 ··························709

東京高判1998(平成10)年1月28日・判タ1001号183頁、判時1647号101頁 ··········192

最2小判1998(平成10)年1月30日・判タ967号120頁、判時1631号68頁 ······150, 612, 651

東京地判1998(平成10)年2月20日・判タ1009号216頁 ·························440

東京地判1998(平成10)年3月4日・判タ999号270頁 ·····················187, 545

大阪地判1998(平成10)年3月26日・判タ1003号225頁、判時1680号97頁 ···········99

東京地判1998(平成10)年3月30日・判時1652号89頁 ··························82

東京地判1998(平成10)年3月31日・判時1652号95頁 ·························615

大阪地判1998(平成10)年3月31日・判タ998号230頁、判時1655号149頁 ···········92

東京地判1998(平成10)年5月8日・判タ989号133頁 ·························709

津地判1998(平成10)年5月14日・判タ1006号218頁、判時1676号99頁 ············499

仙台高判1998(平成10)年6月26日・判タ1019号166頁、判時1672号73頁 ·······144, 298

東京地判1998(平成10)年7月10日・判タ998号220頁 ························130

東京地判1998(平成10)年7月27日・判タ991号200頁 ························122

東京地判1998(平成10)年8月24日・判タ1032号200頁 ·······················502

東京地判1998(平成10)年9月25日・判タ1004号204頁、判時1674号88頁 ·····82, 425, 437

東京高判1998(平成10)年11月16日・判時1664号63頁 ························81

東京地判1998(平成10)年11月27日・判時1682号70頁 ·····················122, 704

東京地判1999(平成11)年2月15日・判タ1023号220頁、判時1675号107頁 ··········96

東京地判1999(平成11)年3月23日・判タ1001号294頁 ·······················302

大阪地判1999(平成11)年6月9日・判時1679号54頁〔「新潮45」事件〕··············335

東京地判1999(平成11)年6月22日・判タ1014号280頁、判時1691号91頁〔「石に泳ぐ魚」事件〕

················································································76, 168, 353

東京高判1999(平成11)年6月30日・判タ1004号292頁、判時1695号77頁 ···········425

名古屋地判1999(平成11)年6月30日・判タ1060号209頁、判時1688号151頁〔「週刊文春」事件〕

························································································317, 331

東京地判1999(平成11)年7月1日・判時1694号94頁 ························509

東京地判1999(平成11)年7月19日・判タ1009号181頁 ·····················81, 94

東京地判1999(平成11)年9月24日・判タ1054号228頁、判時1707号139頁〔都立大学事件〕 ········257

東京地判1999(平成11)年10月18日・判タ1017号255頁、判時1697号114頁 ·········515

熊本地判1999(平成11)年10月19日・判タ1102号214頁 ······················692

東京高判1999(平成11)年10月21日・判タ1045号135頁 ······················619

判例索引　751

最 3 小判1999（平成11）年10月26日・判タ1016号80頁、判時1692号59頁 ……………607
新潟地判1999（平成11）年10月29日・判タ1040号232頁 ………………………………209
東京高判1999（平成11）年11月24日・判時1712号153頁 ……………………………213, 713
東京地判1999（平成11）年12月24日・判時1712号159頁 ……………………………………213

## 2000年代
東京高判2000（平成12）年 2 月23日・判タ1089号209頁 ………………………………399
大阪高判2000（平成12）年 2 月29日・判時1710号121頁〔「新潮45」事件〕…………336
東京地判2000（平成12）年 2 月29日・判タ1028号232頁、判時1715号76頁 …………516
東京高判2000（平成12）年 4 月25日・判時1724号124頁〔「脱ゴーマニズム宣言」事件〕…515
東京高判2000（平成12）年 5 月23日・判タ1063号262頁、判時1725号165頁 …………515
東京地判2000（平成12）年 5 月30日・判タ1038号154頁、判時1719号40頁 ……………38
東京地判2000（平成12）年 5 月31日・判時1733号50頁 ……………………………81, 615
名古屋高判2000（平成12）年 6 月29日・判タ1060号197頁、判時1736号35頁〔「週刊文春」事件〕
………………………………………………………………………………………317, 331
最 3 小判2000（平成12）年 7 月18日・判タ1041号141頁、判時1724号29頁 …………591
東京高判2000（平成12）年 9 月19日・判時1745号128頁 ……………………………………436
東京高判2000（平成12）年 9 月21日・判タ1094号181頁 ……………………………………216
東京地判2000（平成12）年11月13日・判タ1047号280頁、判時1736号118頁 …………446
東京地判2000（平成12）年11月13日・判タ1068号193頁 ……………………………………209
福岡高判2000（平成12）年11月22日・判タ1102号209頁 ……………………………………696
東京高判2000（平成12）年12月25日・判時1743号130頁 ……………………………………516
東京高判2000（平成12）年12月28日・判時1750号103頁 ……………………………………723
東京高判2001（平成13）年 2 月15日・判タ1061号289頁、判時1741号68頁〔「石に泳ぐ魚」事件〕
………………………………………………………168, 356, 359, 484, 491, 522
仙台地判2001（平成13）年 2 月20日・判時1756号113頁 ……………………………………209
東京地判2001（平成13）年 2 月26日・判タ1055号24頁 …………………………398, 533, 542, 546
東京地判2001（平成13）年 3 月 8 日・判タ1144号207頁 ……………………………………602
東京地判2001（平成13）年 3 月27日・判タ1055号29頁、判時1754号93頁 ……………398
東京高判2001（平成13）年 4 月11日・判時1754号89頁 ……………………………140, 448
東京地判2001（平成13）年 4 月24日・判時1767号32頁 ………………………………30, 168
浦和地判2001（平成13）年 4 月27日・判タ1068号119頁、判時1757号42頁 ……………436
東京高判2001（平成13）年 5 月15日・判タ1067号213頁、判時1752号40頁 ……………99
さいたま地判2001（平成13）年 5 月15日・判タ1063号277頁 ………………………………70
東京地判2001（平成13）年 5 月30日・判タ1085号66頁、判時1762号 6 頁 ……………622
東京地判2001（平成13）年 6 月29日・判タ1139号184頁 ………………………………………43
東京高判2001（平成13）年 7 月 5 日・判タ1070号29頁、判時1760号93頁 …………408, 533, 542, 547
大阪地判2001（平成13）年 7 月16日・判タ1106号154頁、判時1779号62頁 ……………81
東京高判2001（平成13）年 7 月18日・判タ1077号157頁、判時1761号55頁 ……………469
東京地判2001（平成13）年 7 月30日・判タ1118号182頁 ……………………………100, 453
東京地判2001（平成13）年 8 月27日・判タ1086号181頁、判時1778号90頁 ……239, 251
東京高判2001（平成13）年 8 月28日・判タ1070号42頁 ……………………………………678
東京高判2001（平成13）年 9 月 5 日・判タ1088号94頁、判時1786号80頁

752

〔ニフティ「現代思想フォーラム」事件〕‥‥‥‥‥‥‥‥‥‥‥‥‥‥‥‥‥‥‥‥‥‥‥‥‥‥‥250, 257
東京地判2001（平成13）年9月5日・判タ1070号77頁、判時1773号104頁‥‥‥‥‥‥‥15, 77, 542, 547
水戸地判2001（平成13）年9月26日・判タ1127号188頁、判時1786号106頁‥‥‥‥‥‥‥‥‥‥‥‥706
東京地八王子支判2001（平成13）年10月11日・公刊物未登載
　（東京地裁八王子支部平成12年（ワ）第2772号）‥‥‥‥‥‥‥‥‥‥‥‥‥‥‥‥‥‥‥‥‥‥‥‥‥‥55
横浜地判2001（平成13）年10月11日・判タ1109号186頁‥‥‥‥‥‥‥‥‥‥‥‥‥‥‥‥‥‥‥‥‥‥‥435
東京地判2001（平成13）年10月22日・判時1793号103頁‥‥‥‥‥‥‥‥‥‥‥‥‥‥18, 35, 76, 195
東京高判2001（平成13）年10月24日・判時1768号91頁‥‥‥‥‥‥‥‥‥‥‥‥‥‥‥‥‥‥‥439, 441
東京地判2001（平成13）年10月26日・判タ1138号153頁‥‥‥‥‥‥‥‥‥‥‥‥‥‥‥‥‥‥‥‥‥‥387
東京高判2001（平成13）年12月6日・判時1801号83頁‥‥‥‥‥‥‥‥‥‥‥‥‥‥‥‥‥‥‥‥‥‥‥‥15
東京地判2001（平成13）年12月25日・判時1792号79頁‥‥‥‥‥‥‥‥‥‥‥‥‥‥‥‥‥‥‥‥89, 441
東京高判2001（平成13）年12月26日・判タ1092号100頁、判時1778号73頁‥‥‥‥‥‥‥‥‥398, 402
最3小判2002（平成14）年1月29日・判タ1086号96頁、判時1778号28頁‥‥‥‥‥‥187, 633, 637
最3小判2002（平成14）年1月29日・判タ1086号102頁、判時1778号49頁‥‥‥‥‥‥‥‥504, 592
最3小判2002（平成14）年1月29日・判タ1086号108頁、判時1778号59頁‥‥‥‥‥‥‥‥‥‥‥383
大阪地判2002（平成14）年2月19日・判タ1109号170頁‥‥‥‥‥‥‥‥‥‥‥‥‥‥‥‥‥‥‥‥‥‥‥86
最2小判2002（平成14）年3月8日・判タ1091号71頁、判時1785号38頁‥‥‥‥‥‥‥‥‥‥‥‥‥637
仙台地判2002（平成14）年3月14日・判タ1183号253頁、判時1792号109頁‥‥‥‥‥‥‥‥‥‥‥568
大阪地判2002（平成14）年3月15日・判タ1104号86頁、判時1783号97頁‥‥‥‥‥‥‥‥‥‥‥‥623
東京高判2002（平成14）年3月28日・判時1778号79頁‥‥‥‥‥‥‥‥‥‥‥‥‥14, 193, 402, 439
新潟地高田支判2002（平成14）年3月29日・判時1797号98頁‥‥‥‥‥‥‥‥‥‥‥‥‥‥‥‥‥14, 84
東京高判2002（平成14）年5月23日・判時1798号81頁‥‥‥‥‥‥‥‥‥‥‥‥‥‥‥‥‥‥‥591, 603
東京地判2002（平成14）年6月17日・判タ1114号190頁‥‥‥‥‥‥‥‥‥‥‥‥‥‥‥‥‥‥‥‥‥‥710
京都地判2002（平成14）年6月25日・判時1799号135頁‥‥‥‥‥‥‥‥‥‥‥‥‥‥‥‥‥13, 81, 561
東京地判2002（平成14）年6月26日・判タ1110号92頁、判時1810号78頁
　〔動物病院対2ちゃんねる事件〕‥‥‥‥‥‥‥‥‥‥‥‥‥‥‥‥‥‥‥‥‥‥‥‥‥‥‥‥‥‥‥258, 264
名古屋地決2002（平成14）年7月5日・判タ1110号235頁、判時1812号123頁‥‥‥‥‥‥‥‥‥‥209
東京地判2002（平成14）年7月30日・判タ1160号173頁‥‥‥‥‥‥‥‥‥‥‥‥‥‥‥‥‥‥‥‥20, 35
最3小判2002（平成14）年9月24日・判タ1106号72頁、判時1802号60頁〔「石に泳ぐ魚」事件〕
‥‥‥‥‥‥‥‥‥‥‥‥‥‥‥‥‥‥‥‥‥‥‥‥‥‥‥‥‥‥‥‥‥‥‥‥‥‥168, 358, 477, 491
最3小判2002（平成14）年9月24日・公刊物未登載
　（最高裁平成13年（オ）第852号）〔「石に泳ぐ魚」事件〕‥‥‥‥‥‥‥‥‥‥‥‥‥‥‥‥‥‥358, 491
東京高判2002（平成14）年9月25日・判時1813号86頁‥‥‥‥‥‥‥‥‥‥‥‥‥‥‥‥‥‥‥‥‥‥‥‥9
大阪地判2002（平成14）年9月30日・判タ1144号191頁‥‥‥‥‥‥‥‥‥‥‥‥‥‥‥‥‥‥‥‥‥‥584
東京地判2002（平成14）年10月15日・判タ1160号273頁‥‥‥‥‥‥‥‥‥‥‥‥‥‥‥‥‥‥‥‥‥‥30
大分地判2002（平成14）年11月19日・判タ1139号166頁‥‥‥‥‥‥‥‥‥‥‥‥‥‥‥‥‥‥‥‥‥‥55
東京高判2002（平成14）年12月25日・判時1816号52頁〔動物病院対2ちゃんねる事件〕‥‥‥‥‥‥260
東京高判2003（平成15）年2月19日・判時1825号75頁‥‥‥‥‥‥‥‥‥‥‥‥‥‥‥‥‥‥‥‥‥‥‥54
最2小判2003（平成15）年3月14日・判タ1126号97頁、判時1825号63頁〔「週刊文春」事件〕
‥‥‥‥‥‥‥‥‥‥‥‥‥‥‥‥‥‥‥‥‥‥‥‥‥‥‥‥‥‥‥‥‥‥‥‥‥‥‥‥310, 333, 339
東京地判2003（平成15）年3月31日・判時1817号84頁‥‥‥‥‥‥‥‥‥‥‥‥‥‥‥‥‥‥‥‥‥‥‥282
大分地判2003（平成15）年5月15日・判時1826号103頁‥‥‥‥‥‥‥‥‥‥‥‥‥‥‥‥‥14, 81, 133
大阪地判2003（平成15）年5月19日・判時1839号134頁‥‥‥‥‥‥‥‥‥‥‥‥‥‥‥‥‥‥‥438, 487

判例索引　753

東京高判2003(平成15)年 5 月21日・判時1835号77頁 ································623
大阪地堺支判2003(平成15)年 6 月18日・判タ1136号265頁 ·················717
東京地判2003(平成15)年 7 月17日・判時1869号46頁〔DHC対 2 ちゃんねる事件〕·············260
東京地判2003(平成15)年 7 月25日・判タ1156号185頁 ·····················76
東京高判2003(平成15)年 7 月31日・判時1831号107頁 ···················157
東京地判2003(平成15)年 8 月22日・判時1838号83頁 ····················117
東京地判2003(平成15)年 9 月17日・判タ1152号276頁 ···················284
東京地判2003(平成15)年 9 月18日・公刊物未登載
　(東京地裁平成13年(ワ)第14083号、同14年(ワ)第4518号) ············529
横浜地判2003(平成15)年 9 月24日・判タ1153号192頁 ·····················34
最 1 小判2003(平成15)年10月16日・判タ1140号58頁、判時1845号26頁
　〔「ダイオキシン報道」事件〕·······································182
東京地判2003(平成15)年10月20日・判タ1162号192頁 ···················131
東京高判2003(平成15)年10月30日・公刊物未登載(東京高裁平成15年(ネ)第2728号) ·············45
東京地判2003(平成15)年11月28日・金融・商事判例1183号51頁 ············284
東京高判2003(平成15)年12月25日・判タ1157号175頁、判時1844号58頁 ·····170
東京地判2004(平成16)年 2 月10日・判タ1159号254頁、判時1860号86頁 ·····608
大阪高判2004(平成16)年 2 月19日・訟務月報53巻 2 号541頁 ···············624
福岡高判2004(平成16)年 2 月23日・判タ1149号224頁 ············14, 442, 445
東京高判2004(平成16)年 2 月25日・判時1856号99頁 ····················704
東京高判2004(平成16)年 3 月22日・判タ1180号248頁 ················14, 429
福岡高判2004(平成16)年 3 月25日・判時1877号112頁 ···················693
最 1 小決2004(平成16)年 4 月 8 日・判タ1151号297頁、判時1860号62頁 ·····231
大阪高判2004(平成16)年 4 月22日・判タ1169号316頁 ················225, 385
名古屋高判2004(平成16)年 5 月12日・判タ1198号220頁、判時1870号29頁〔「週刊文春」事件〕
　······························································334, 543, 558, 561
東京地判2004(平成16)年 5 月31日・判タ1175号265頁、判時1936号140頁 ····358
最 1 小判2004(平成16)年 7 月15日・判タ1163号116頁、判時1870号15頁 ·····157, 654
最 1 小判2004(平成16)年 7 月15日・公刊物未登載(最高裁平成16年(オ)第911号) ············14
東京地判2004(平成16)年 7 月26日・判タ1168号191頁、判時1886号65頁 ·····97, 101
横浜地判2004(平成16)年 8 月 4 日・判時1875号119頁 ····················98
東京地判2004(平成16)年 8 月23日・判タ1179号261頁、判時1865号92頁 ·····706
東京地判2004(平成16)年 8 月24日・判時1871号90頁 ····················136
東京地判2004(平成16)年11月24日・判タ1205号265頁 ··············7, 16, 290
最 1 小判2004(平成16)年11月25日・判タ1169号125頁、判時1880号40頁 ····468
東京地判2004(平成16)年11月25日・判タ1191号309頁、判時1910号106頁 ···193
東京地判2004(平成16)年11月29日・判タ1176号178頁、判時1883号128頁 ···501
東京地八王子支判2004(平成16)年12月16日・判タ1177号133頁、判時1892号150頁
　〔立川反戦ビラ事件〕·············································216
広島地判2004(平成16)年12月21日・判タ1203号226頁 ····················98
名古屋地判2005(平成17)年 1 月21日・判時1893号75頁 ····················17
富山地判2005(平成17)年 2 月23日・判タ1187号121頁、判時1889号16頁 ·····719
東京地判2005(平成17)年 2 月24日・判タ1186号175頁 ····················69

754

東京高判2005(平成17)年 3 月 8 日・判タ1194号228頁 ……………………………………… 14
東京地判2005(平成17)年 3 月14日・判タ1179号149頁、判時1893号54頁 ……………… 205
東京地判2005(平成17)年 3 月17日・判タ1182号226頁 ……………………………………… 154
東京地判2005(平成17)年 3 月28日・判タ1183号239頁、判時1894号143頁 ……………… 714
東京地判2005(平成17)年 3 月30日・判時1896号49頁 ……………………………………… 31, 40
東京地判2005(平成17)年 3 月31日・判タ1189号267頁 ……………………………………… 208
札幌地岩見沢支判2005(平成17)年 4 月 7 日・判時1918号39頁 …………………………… 694
東京地判2005(平成17)年 4 月19日・判タ1243号190頁、判時1905号108頁 … 195, 418, 437
東京地判2005(平成17)年 5 月13日・判タ1228号232頁 ……………………………………… 583
東京高判2005(平成17)年 5 月31日・判時1968号139頁 ……………………………………… 583
最 1 小判2005(平成17)年 6 月16日・判タ1187号157頁、判時1904号74頁 ……………… 576
東京地判2005(平成17)年 7 月27日・公刊物未登載(東京地裁平成15年(ワ)第28611号) … 453
東京地判2005(平成17)年10月13日・判時1933号94頁 ……………………………………… 23
名古屋高判2005(平成17)年10月14日・高等裁判所刑事裁判速報集(平17)270頁 ……… 315
京都地判2005(平成17)年10月18日・判時1916号122頁 …………………………………… 195
最 1 小判2005(平成17)年11月10日・判タ1203号74頁、判時1925号84頁 ……………… 168
東京地判2005(平成17)年11月11日・判タ1230号243頁 …………………………………… 615
大阪高判2005(平成17)年11月30日・訟務月報52巻 9 号2776頁 ………………………… 690
東京高判2005(平成17)年12月 9 日・判時1949号169頁〔立川反戦ビラ事件〕…………… 217
甲府地判2005(平成17)年12月27日・労働判例919号31頁 ………………………………… 697
福岡地判2006(平成18)年 3 月 7 日・判タ1252号290頁 …………………………………… 155
東京地判2006(平成18)年 3 月20日・判タ1244号240頁、判時1934号65頁 …………… 104, 705
東京地判2006(平成18)年 3 月27日・判タ1244号229頁 …………………………………… 426
東京高判2006(平成18)年 3 月29日・判タ1243号174頁 …………………………………… 584, 587
東京地判2006(平成18)年 4 月21日・判時1950号113頁 …………………………………… 425
東京地判2006(平成18)年 4 月28日・判タ1236号262頁 …………………………………… 183
東京地判2006(平成18)年 5 月23日・判タ1257号181頁、判時1961号72頁 …………… 543
東京高判2006(平成18)年 5 月25日・労働判例919号22頁 ………………………………… 698
東京地判2006(平成18)年 6 月 6 日・判時1948号100頁 …………………………………… 624
大阪高判2006(平成18)年 6 月14日・判時1950号94頁 …………………………………… 196
東京地判2006(平成18)年 6 月20日・判タ1242号233頁 …………………………………… 425, 431
大阪地判2006(平成18)年 6 月23日・判タ1222号207頁、判時1956号130頁 …………… 291
東京地判2006(平成18)年 7 月28日・判タ1224号303頁 …………………………………… 686
東京地判2006(平成18)年 7 月31日・判時1941号102頁 …………………………………… 663
東京地判2006(平成18)年 8 月29日・判タ1224号277頁 …………………………………… 95
東京高判2006(平成18)年 8 月31日・判タ1246号227頁、判時1950号76頁 …………… 206, 588
京都地判2006(平成18)年 8 月31日・判タ1224号274頁 …………………………………… 704
東京地判2006(平成18)年 9 月 7 日・判時1970号56頁 …………………………………… 703
東京地判2006(平成18)年 9 月14日・判タ1247号231頁 …………………………………… 209, 211
大阪地判2006(平成18)年 9 月22日・判時1959号96頁 …………………………………… 692
東京地判2006(平成18)年 9 月28日・判タ1250号228頁 …………………………………… 292
最 3 小決2006(平成18)年10月 3 日・判タ1228号114頁、判時1954号34頁 …………… 614
東京高判2006(平成18)年10月18日・判時1946号48頁 ……………………… 7, 130, 192, 194

判例索引　755

東京地判2006（平成18）年10月27日・判タ1248号262頁 ………………………… 184
東京地判2006（平成18）年11月7日・判タ1242号224頁 ………………………… 294
東京地判2006（平成18）年11月7日・判タ1249号156頁、判時1994号69頁 ……… 76
大阪地判2006（平成18）年12月22日・公刊物未登載 ………………………………… 177
東京地判2007（平成19）年1月17日・判タ1247号276頁、判時1987号31頁 … 84, 435
東京地判2007（平成19）年1月23日・判時1982号115頁 ………………… 135, 489
東京高判2007（平成19）年2月27日・判タ1257号164頁 ……………………… 114
新潟地新発田支判2007（平成19）年2月27日・判タ1247号248頁 ………………… 704
東京地判2007（平成19）年3月16日・判タ1247号212頁、判時1963号147頁 ……… 714
熊本地判2007（平成19）年3月23日・判タ1297号142頁 ……………………… 360
横浜地判2007（平成19）年3月30日・判時1993号97頁 ……………………… 123
東京地判2007（平成19）年4月11日・判タ1238号151頁、判時1993号24頁 … 359, 497, 514
福岡高判2007（平成19）年4月27日・判タ1252号285頁 ……………………… 155
東京地判2007（平成19）年5月29日・判タ1275号223頁 ……………………… 722
東京地判2007（平成19）年6月25日・判タ1260号301頁、判時1988号39頁 ……… 549
東京高判2007（平成19）年6月28日・判タ1279号273頁 ……………………… 123
東京地判2007（平成19）年7月24日・判タ1256号136頁 ……… 20, 210, 247, 378, 432
東京地判2007（平成19）年8月10日・判タ1257号173頁 ……………… 32, 134, 667
東京地判2007（平成19）年11月29日・判タ1297号287頁 …………………… 280
東京地判2007（平成19）年12月5日・判タ1269号226頁、判時2003号62頁 …… 102, 140
東京地判2007（平成19）年12月10日・判タ1315号190頁 …………………… 587
東京地判2007（平成19）年12月14日・判タ1318号188頁 …………………… 70
大阪高判2007（平成19）年12月26日・判時2004号83頁 …………………… 668
東京地判2008（平成20）年2月13日・判タ1283号174頁 …………………… 425
東京地判2008（平成20）年2月22日・判時2001号53頁 …………………… 57
東京地判2008（平成20）年2月29日・判タ1277号46頁、判時2009号151頁 ……… 248
那覇地判2008（平成20）年3月4日・判時2035号51頁 …………………… 609
青森地弘前支判2008（平成20）年3月27日・判時2022号126頁 …………………… 42
大阪地判2008（平成20）年3月28日・判タ1265号76頁、判時1999号3頁 …… 483, 504, 560
最2小判2008（平成20）年4月11日・判タ1289号90頁、判時2033号142頁〔立川反戦ビラ事件〕…… 216
東京地判2008（平成20）年4月22日・判タ1286号178頁、判時2010号78頁 ……… 96
福岡高判2008（平成20）年4月24日・判タ1297号130頁 …………………… 360
東京高判2008（平成20）年5月28日・判タ1297号283頁 …………………… 280
大阪地判2008（平成20）年6月26日・判タ1289号294頁、判時2033号40頁 ……… 291
東京地判2008（平成20）年9月9日・判タ1305号193頁、判時2049号40頁 ……… 284
東京地判2008（平成20）年10月1日・判タ1288号134頁、判時2034号60頁〔産能大学事件〕
　…………………………………………………………………… 252, 254, 261, 714
東京地判2008（平成20）年10月1日・判時2022号58頁 …………… 82, 191, 580
東京高判2008（平成20）年10月9日・判タ1286号170頁 …………………… 613
福岡高判那覇支判2008（平成20）年10月28日・判時2035号48頁 ………………… 310
大阪高判2008（平成20）年10月31日・判時2057号24頁 …… 483, 504, 561, 593, 666
広島高判2008（平成20）年11月6日・判時2030号26頁 ……………… 138, 142
神戸地尼崎支判2008（平成20）年11月13日・判時2035号122頁 ……… 169, 426

横浜地判2008（平成20）年11月28日・判タ1304号237頁、判時2033号52頁 ················· 184, 604
東京地判2008（平成20）年12月25日・判時2033号26頁 ························· 179, 192
大阪地判2008（平成20）年12月26日・判タ1293号185頁、判時2034号77頁 ················· 585
東京地判2009（平成21）年 1 月28日・判タ1303号221頁、判時2036号48頁 ················· 666
東京高判2009（平成21）年 1 月30日・判タ1309号91頁 ························· 249
東京地判2009（平成21）年 2 月 4 日・判タ1299号261頁、判時2033号 3 頁 ················· 87
東京高判2009（平成21）年 2 月 5 日・判時2046号85頁 ························· 13
神戸地判2009（平成21）年 2 月26日・判タ1303号190頁、判時2038号84頁 ················· 266
東京地判2009（平成21）年 3 月 5 日・判時2038号71頁 ························· 448
東京地判2009（平成21）年 3 月18日・判タ1298号182頁、判時2040号57頁 ················· 110
東京地判2009（平成21）年 3 月26日・判タ1310号87頁、判時2039号25頁 ················· 82, 448
東京地判2009（平成21）年 4 月14日・判タ1305号183頁、判時2047号136頁 ················· 185
東京地判2009（平成21）年 4 月15日・判タ1303号180頁 ························· 191
札幌地判2009（平成21）年 4 月20日・判時2055号107頁 ························· 21
東京高判2009（平成21）年 5 月13日・公刊物未登載（東京高裁平成20年（ネ）第6087号） ········· 172
東京地判2009（平成21）年 6 月12日・判タ1319号94頁、判時2066号135頁 ················· 718
東京高判2009（平成21）年 6 月17日・判時2065号50頁 ························· 215
東京高判2009（平成21）年 7 月15日・判時2057号21頁 ························· 179, 192
東京高判2009（平成21）年 7 月28日・判タ1304号98頁 ························· 644
東京地判2009（平成21）年 7 月28日・判タ1313号200頁、判時2051号 3 頁 ················· 134, 683
東京地判2009（平成21）年 8 月26日・判タ1342号202頁 ·················· 360, 425, 484, 499
東京地判2009（平成21）年 8 月28日・判タ1316号202頁 ························· 550
東京地判2009（平成21）年11月 9 日・判タ1321号149頁 ························· 77, 83
最 2 小判2009（平成21）年11月30日・判タ1331号79頁、判時2090号149頁 ················· 218

## 2010年代

東京地判2010（平成22）年 2 月17日・判タ1329号171頁、判時2079号52頁 ················· 198
大阪地判2010（平成22）年 2 月18日・判タ1339号193頁、判時2078号148頁 ················· 5, 210
最 1 小決2010（平成22）年 3 月15日・判タ1321号93頁、判時2075号160頁 ················· 249
東京高判2010（昭和22）年 3 月17日・判時2118号37頁 ························· 51, 410
最 1 小判2010（平成22）年 4 月 8 日・判タ1323号118頁、判時2079号42頁 ················· 279
最 3 小判2010（平成22）年 4 月13日・判タ1326号121頁、判時2082号59頁 ················· 164, 290
松山地判2010（平成22）年 4 月14日・判タ1334号83頁、判時2080号63頁 ················· 62, 464
東京地判2010（平成22）年 5 月27日・判時2084号23頁 ························· 704
大阪地判2010（平成22）年 5 月28日・判時2089号112頁 ························· 210
東京地判2010（平成22）年 7 月28日・判タ1362号168頁 ························· 169
東京高判2010（平成22）年 8 月26日・判時2101号39頁 ························· 274
大阪地判2010（平成22）年10月19日・判タ1361号210頁、判時2117号37頁 ············· 293, 394, 614
東京地判2010（平成22）年10月29日・判タ1359号188頁 ·················· 45, 418, 539, 544
東京高判2010（平成22）年11月25日・判タ1341号146頁、判時2107号116頁 ················· 684
東京地判2010（平成22）年11月30日・判タ1369号218頁 ························· 564
東京地判2010（平成22）年12月14日・判時2119号67頁 ························· 629
東京地判2011（平成23）年 1 月28日・労働判例1029号59頁 ························· 718

札幌地判2011(平成23)年 2 月25日・判タ1351号201頁、判時2113号122頁 ……………77, 184

東京地判2011(平成23)年 4 月22日・判タ2130号21頁 ………………………109, 240, 522

東京地立川支判2011(平成23)年 4 月25日・判タ1357号147頁、判時2117号28頁 ……………706

最 1 小判2011(平成23)年 4 月28日・判タ1347号89頁、判時2115号50頁 …………642, 643

大阪地判2011(平成23)年 5 月13日・判タ2127号64頁 ………………………687, 706

東京高判2011(平成23)年 5 月30日・判タ1357号137頁、判時2117号 6 頁 ……………105

東京地判2011(平成23)年 6 月15日・判時2123号47頁 ………………62, 65, 271

松山地判2011(平成23)年 6 月29日・判タ1372号152頁 ……………………669

東京地判2011(平成23)年 7 月19日・判タ1370号192頁 ……………………699

東京地判2011(平成23)年11月16日・判タ1388号244頁 ……………………193

東京地判2011(平成23)年11月24日・判タ1402号132頁、判時2153号109頁 ……………95

横浜地判2011(平成23)年11月24日・判時2137号90頁 ……………………13

東京地判2012(平成24)年 1 月12日・公刊物未登載(東京地裁平成22年(ワ)第8739号) ……………387

東京地判2012(平成24)年 1 月31日・判時2154号80頁 ……………………375

岐阜地判2012(平成24)年 2 月 1 日・判タ1375号106頁、判時2143号113頁 ……………626

最 2 小判2012(平成24)年 3 月23日・判タ1369号121頁、判時2147号61頁 ……………238

広島地判2012(平成24)年 5 月23日・判時2166号92頁〔「光市母子殺害事件の陥穽」事件〕

…………318, 338, 498

高知地判2012(平成24)年 7 月31日・判タ1385号181頁 ……………………41, 56

東京高判2012(平成24)年 8 月29日・判タ1407号99頁、判時2189号63頁 ……………405

大阪高判2012(平成24)年 9 月20日・判タ1406号95頁、判時2184号42頁 ……………574, 578, 617

大阪地判2012(平成24)年10月12日・判タ1387号148頁、判時2171号92頁 ……………530, 625

東京高判2012(平成24)年11月 7 日・判タ1400号372頁 ……………………302

東京地判2012(平成24)年12月19日・判時2189号71頁 ……………………579

東京地判2013(平成25)年 1 月15日・判タ1419号99頁、判時2219号59頁 ……………446

東京地判2013(平成25)年 1 月29日・判時2180号65頁 ……………………84

さいたま地熊谷支判2013(平成25)年 2 月28日・判時2181号113頁 ……………………119

横浜地判2013(平成25)年 5 月10日・判タ1402号377頁 ……………………620

広島高判2013(平成25)年 5 月30日・判時2202号28頁〔「光市母子殺害事件の陥穽」事件〕………338

東京高判2013(平成25)年 8 月23日・判時2212号33頁 ……………………166

仙台地判2013(平成25)年 8 月29日・判時2211号90頁 …………………12, 13, 561

東京地判2013(平成25)年 8 月30日・判時2212号52頁 …………295, 434, 512, 723

福岡高判2013(平成25)年 9 月26日・判タ1418号116頁、判時2208号62頁 ……………605

京都地判2013(平成25)年10月 7 日・判時2208号74頁 ……………………74, 564

東京地判2013(平成25)年10月28日・判タ1419号331頁 ……………………124, 236

東京地判2013(平成25)年11月12日・判タ1418号252頁、判時2216号81頁 ……………97

東京高判2013(平成25)年11月27日・判タ1419号84頁、判時2219号46頁 ……………433, 625

東京地判2013(平成25)年12月13日・判時2239号71頁 ……………………124

東京地判2013(平成25)年12月24日・判時2219号81頁 ……………………9, 23

東京地判2014(平成26)年 1 月15日・判タ1420号268頁、判時2215号30頁 ……………127

東京地判2014(平成26)年 3 月 4 日・判時2225号83頁 …………………78, 83, 88

盛岡地判2014(平成26)年 4 月11日・判時2232号80頁 ……………………77

最 1 小判2014(平成26)年 4 月24日・判タ1401号157頁、判時2221号35頁 ……………233

東京地判2014(平成26)年5月12日・判タ1412号210頁 …………………………………………131
東京地判2014(平成26)年5月19日・判時2254号100頁 ………………………………………118
東京高判2014(平成26)年6月26日・判時2239号64頁 …………………………………………431
東京地判2014(平成26)年7月7日・判タ1421号323頁、判時2239号82頁 ……………210, 502, 508
大阪高判2014(平成26)年7月8日・判時2232号34頁 ……………………………………………74
東京地判2014(平成26)年7月9日・判時2236号119頁 …………………………………………117
京都地判2014(平成26)年8月7日・判時2264号79頁 ……………………………………………267
最1小決2014(平成26)年9月25日・公刊物未登載
　(最高裁平成25年(オ)第1765号、同年(受)第2158号) ……………………………………339
東京地判2014(平成26)年9月26日・判時2244号55頁 ……………………………………………377
福岡地小倉支判2014(平成26)年10月16日・判時2246号72頁 …………………………………102
横浜地判2014(平成26)年10月17日・判タ1415号242頁 …………………………………………145
東京地判2014(平成26)年12月18日・判時2253号64頁 ………………………………………77, 97
東京地判2015(平成27)年1月29日・判時2285号58頁 ……………………………………………586
和歌山地判2015(平成27)年1月29日・判時2276号33頁 …………………………………………707
大阪高判2015(平成27)年2月18日・公刊物未登載(大阪高裁平成26年(ネ)第2415号) …………268
東京地判2015(平成27)年3月10日・判時2325号69頁 ……………………………………………619
東京地判2015(平成27)年3月24日・公刊物未登載(東京地裁平成25年(ワ)第1021号) …………554
大阪高判2015(平成27)年3月26日・判タ1427号80頁 ……………………………………………605
東京地判2015(平成27)年5月27日・判時2279号45頁 ……………………………441, 442, 519
大阪高決2015(平成27)年6月1日・判時2283号75頁 ……………………………………13, 203, 240
広島高松江支判2015(平成27)年6月3日・判時2268号57頁 ……………………………………429
東京地判2015(平成27)年6月24日・判時2275号87頁 ……………………………430, 542, 550, 556
東京高判2015(平成27)年6月29日・判時2287号45頁 ……………………………………………377
東京地判2015(平成27)年6月29日・判時2278号73頁 ……………………………………210, 502
東京高判2015(平成27)年7月8日・判時2285号54頁 ……………………………………………586
東京地判2015(平成27)年8月29日・判タ1200号286頁 …………………………………………284
大阪地判2015(平成27)年9月29日・判時2304号76頁 ……………………………………………159
福岡高判2015(平成27)年10月7日・公刊物未登載(福岡高裁平成26年(ネ)第855号) …………124
長野地伊那支判2015(平成27)年10月28日・判時2291号84頁 ………………………………40, 214
東京地判2015(平成27)年10月30日・判時2298号58頁 …………………………………………710
東京高判2015(平成27)年11月18日・判時2325号61頁 …………………………………………619
東京地判2015(平成27)年12月4日・判時2312号106頁 …………………………………………707
最1小判2016(平成28)年1月21日・判タ1422号68頁、判時2305号13頁 …………………………184
東京高判2016(平成28)年1月28日・公刊物未登載(東京高裁平成27年(ネ)第5147号) …………651
東京地立川支判2016(平成28)年2月5日・判時2323号130頁 ……………………………………13
最1小判2016(平成28)年3月10日・判タ1424号110頁、判時2297号40頁 ……………………235
福島地いわき支判2016(平成28)年3月30日・判時2333号83頁 …………………………………156
横浜地川崎支決2016(平成28)年6月2日・判タ1428号86頁、判時2296号14頁 …………………74
東京高決2016(平成28)年7月12日・判タ1429号112頁、判時2318号24頁 ………………270, 525
函館地判2016(平成28)年8月30日・判時2331号12頁 ……………………………………………694
東京地判2016(平成28)年9月28日・判タ1440号213頁 ……………………………………………98
熊本地玉名支判2016(平成28)年9月28日・判時2341号120頁 …………………………209, 723

判例索引　759

静岡地沼津支判2016（平成28）年 9 月29日・判時2332号83頁 ················································ 209
東京地判2016（平成28）年11月30日・判タ1438号186頁 ················································ 235
仙台高判2016（平成28）年12月 7 日・判時2333号78頁 ················································ 156
東京地判2016（平成28）年12月16日・判時2384号39頁 ···································· 374, 520
最 3 小決2017（平成29）年 1 月31日・判タ1434号48頁、判時2328号10頁 ··············· 270, 526
岡山地判2017（平成29）年 3 月29日・労働判例1164号54頁 ················································ 720
大阪地判2017（平成29）年 6 月29日・判タ1446号226頁 ················································ 293
大阪地判2017（平成29）年 8 月30日・判タ1445号202頁、判時2364号58頁 ········· 16, 238, 376
東京地判2017（平成29）年 9 月27日・判タ1464号213頁、判時2379号95頁 ··············· 111, 702
大阪地判2017（平成29）年11月16日・判時2372号59頁 ···································· 106, 160
東京高判2017（平成29）年11月22日・判タ1453号103頁、判時2384号30頁 ··············· 375, 520
大阪地判2018（平成30）年 1 月11日・判タ1455号211頁、判時2373号55頁 ················ 711
東京地判2018（平成30）年 1 月31日・判時2391号18頁 ···································· 527, 543
東京地決2018（平成30）年 4 月26日・判時2416号21頁 ················································ 238
甲府地判2018（平成30）年 5 月15日・判時2424号78頁 ················································ 705
大阪地判2018（平成30）年 7 月26日・判時2452号51頁 ················································ 527
大阪地判2018（平成30）年 8 月 8 日・公刊物未登録（大阪地裁平成29年（ワ）第7547号）··········· 250, 724
東京高判2018（平成30）年 8 月23日・判時2391号14頁 ···································· 478, 528
東京地判2018（平成30）年 9 月11日・労働判例1195号28頁 ················································ 206
大阪地判2018（平成30）年 9 月20日・判タ1457号163頁 ···································· 239, 250
最大決2018（平成30）年10月17日・判タ1456号39頁、判時2391号 5 頁 ················ 239
東京高判2018（平成30）年10月18日・判時2424号73頁 ················································ 708
那覇地判2018（平成30）年12月11日・判時2425号75頁 ················································ 426
東京地判2019（平成31）年 2 月13日・判時2437号40頁 ···························· 429, 449, 519
大阪高判2019（令和元）年 5 月24日・判タ1465号62頁、判時2452号43頁 ················ 527
東京地判2019（令和元）年 6 月26日・判タ1479号217頁 ················································ 606
大阪高判2019（令和元）年 9 月12日・判タ1471号121頁、判時2434号41頁 ··············· 132
千葉地松戸支判2019（令和元）年 9 月19日・判時2437号78頁 ·········································· 42
福岡地判2019（令和元）年 9 月26日・判時2444号44頁 ···································· 165, 243
東京高判2019（令和元）年11月27日・判時2437号26頁 ···························· 441, 449, 519
東京高判2019（令和元）年11月28日・労働判例1215号 5 頁 ················································ 206
東京地判2019（令和元）年11月29日・判タ1480号249頁 ················································ 404
東京地判2019（令和元）年12月 2 日・判タ1495号119頁 ················································ 159
千葉地決2019（令和元）年12月 3 日・判時2470号53頁 ················································ 528
大阪地堺支決2019（令和元）年12月27日・判時2465・2466合併号67頁 ··············· 125, 239

## 2020年代

東京高判2020（令和 2 ）年 1 月23日・判タ1490号109頁 ················································ 376
徳島地判2020（令和 2 ）年 2 月17日・判時2464号51頁 ················································ 524
大阪地判2020（令和 2 ）年 2 月28日・判時2504号91頁 ················································ 210
東京地判2020（令和 2 ）年 3 月19日・公刊物未登録（東京地裁令和元年（ワ）第14308号）··········· 286
大阪高判2020（令和 2 ）年 6 月23日・判タ1495号127頁 ················································ 132
大阪地堺支判2020（令和 2 ）年 7 月 2 日・労働判例1227号38頁 ······································· 74

東京高判2020（令和２）年７月22日・判タ1495号111頁 ……………………………………159, 197, 561

大阪高判2020（令和２）年９月10日・判時2504号88頁 ………………………………………………210

名古屋地判2020（令和２）年10月１日・判タ1494号162頁 ………………………………………………377

水戸地判2020（令和２）年11月４日・判時2497号73頁 …………………………………………………376

東京高判2020（令和２）年11月11日・判タ1481号64頁 …………………………………………………285

東京地判2020（令和２）年11月20日・判タ1485号195頁 …………………………………………………433

東京高判2020（令和２）年12月９日・判タ1481号70頁 …………………………………………………286

東京地判2021（令和３）年３月５日・判タ1491号191頁 …………………………………………………125

東京地判2021（令和３）年３月16日・判タ1490号216頁 ……………………………………………239, 376

宮崎地都城支判2021（令和３）年４月16日・判時2528号78頁 …………………………………………551

東京地判2021（令和３）年９月１日・公刊物未登載

　（東京地裁平成30年（ワ）第24721号、同31年（ワ）第667号）………………………91, 105, 184, 441

東京地判2021（令和３）年10月27日・公刊物未登載（東京地裁平成30年（ワ）第30560号）…………611

大阪高判2021（令和３）年11月18日・労働判例1281号58頁 ……………………………………………75

東京地判2021（令和３）年11月30日・判タ1521号99頁 …………………………………………………170

横浜地判2021（令和３）年12月24日・判時2541号45頁 ……………………………………137, 693, 696

東京地判2021（令和３）年12月27日・公刊物未登載（東京地裁平成30年（ワ）第33181号）…………678

東京高判2022（令和４）年６月３日・公刊物未登載（東京高裁令和３年（ネ）第4284号）

　……………………………………………………………………………………………………91, 105, 184

最２小判2022（令和４）年６月24日・判タ1507号49頁、判時2561・2562合併号63頁 ………………311

大阪地判2022（令和４）年８月31日・判タ1501号202頁、判時2564号24頁 ……………………………243

大阪地決2022（令和４）年９月26日・判タ1505号189頁、判時2560号74頁 …………………………119, 477

東京高判2022（令和４）年10月20日・判タ1511号138頁 ………………………………………………169

東京高判2022（令和４）年10月25日・判タ1512号87頁 …………………………………………………611

東京高判2022（令和４）年10月27日・判タ1515号50頁 …………………………………………………678

東京地判2022（令和４）年10月28日・判タ1513号232頁、判時2555号15頁 ……………………………562

東京高判2022（令和４）年11月10日・判タ1521号81頁 …………………………………………………170

東京地判2023（令和５）年１月17日・判タ1514号204頁 ……………………………………………431, 520

大阪地判2023（令和５）年３月２日・判タ1509号148頁 …………………………………………………12

東京地判2023（令和５）年３月24日・判タ1522号209頁、判時2599号60頁 ……………………………184

東京地判2023（令和５）年３月29日・判タ1521号201頁 ……………………………………………272, 275

福岡地判2023（令和５）年４月14日・公刊物未登載（福岡地裁令和４年（ワ）第577号、同年第1705号）

　……………………………………………………………………………………………………………501

東京地判2023（令和５）年10月16日・判タ1521号188頁 ……………………………………………85, 433

大阪地判2024（令和６）年２月28日・判タ1522号144頁 …………………………………………………699

東京地判2024（令和６）年５月20日・公刊物未登載（東京地裁令和４年（ワ）第883号）………………660

東京地判2024（令和６）年９月26日・公刊物未登載（東京地裁令和５年（ワ）第70388号）……………517

判例索引　761

## 【著者紹介】

# 佃　克彦 (つくだ　かつひこ)

1964年　東京生まれ
1987年　早稲田大学法学部卒業
1993年　弁護士登録（東京弁護士会）

主な役職歴
　日本弁護士連合会人権擁護委員会副委員長
　東京弁護士会綱紀委員会委員長
　法科大学院非常勤講師（公法・情報法）
　最高裁判所司法研修所上席教官
　東京弁護士会人権擁護委員会委員長

現　在
　日本弁護士連合会人権擁護委員会人権と報道に関する特別部会委員

著　書
　『はじめて読む憲法の判例』（共著・一橋出版・1998年）
　『現代ジャーナリズム事典』（分担執筆、三省堂・2014年）
　『プライバシー権・肖像権の法律実務〔第3版〕』（弘文堂・2020年）
　『憲法訴訟の実務と学説』（分担執筆・日本評論社・2023年）

## 名誉毀損の法律実務〔第4版〕

2005（平成17）年2月28日　初　版1刷発行
2008（平成20）年10月31日　第2版1刷発行
2017（平成29）年6月30日　第3版1刷発行
2025（令和7）年3月15日　第4版1刷発行

著　者　佃　　克彦
発行者　鯉　渕　友　南
発行所　株式会社　弘文堂　　101-0062　東京都千代田区神田駿河台1の7
　　　　　　　　　　　　　　　TEL03(3294)4801　　　振替00120-6-53909
　　　　　　　　　　　　　　　https://www.koubundou.co.jp

装　幀　青山修作
印　刷　大盛印刷
製　本　井上製本所

© 2025 Katsuhiko Tsukuda. Printed in Japan

JCOPY　〈(社)出版者著作権管理機構　委託出版物〉
本書の無断複写は著作権法上での例外を除き禁じられています。複写される場合は、
そのつど事前に、出版者著作権管理機構（電話 03-5244-5088、FAX 03-5244-5089、
e-mail：info@jcopy.or.jp）の許諾を得てください。
また本書を代行業者等の第三者に依頼してスキャンやデジタル化することは、たとえ
個人や家庭内での利用であっても一切認められておりません。

ISBN978-4-335-36027-5

| 法律実務を | 弘文堂の『法律実務』 |
| 正しく理解するために—— | |

## 名誉毀損の法律実務【第4版】
弁護士 佃　克彦◉著

■名誉毀損の訴訟実務のすべてが1冊に。
名誉毀損訴訟に精通する弁護士による決定版。重要判例を網羅、各論点に対する学説や実務の原則等も詳説。ネット時代に完全対応した最新版。　**6,800円**

## プライバシー権・肖像権の法律実務【第3版】
弁護士 佃　克彦◉著

■プライバシー権・肖像権の最新実務が1冊に。
表現の自由とのバランスがとれたプライバシー権・肖像権の保護の仕方を探る。最新かつ重要な判例および学説をふまえて詳説した決定版。　**5,600円**

## 税務訴訟の法律実務【第2版】
青山学院大学教授
弁護士 木山泰嗣◉著

■税務訴訟実務のすべてが1冊に。
税務訴訟に必要な民事訴訟、行政訴訟の基礎知識から判例・学説、訴訟実務の実際までを詳細に解説。第34回日税研究賞「奨励賞」受賞。　**3,700円**

## 雇用と解雇の法律実務
弁護士 岡芹健夫◉著

■正しく雇い、正しく解雇するために。
雇用関係の始まりから終わりまで、その間の人事も含め、雇用する側とされる側との間に起こる様々な法律問題を重要判例を軸に解説。　**3,800円**

## 交通事故損害賠償法【第3版】
弁護士 北河隆之◉著

■「交通事故法」のすべてを1冊に。
重要論点・最新判例を網羅、豊富な図表、具体例に加え、債権法改正等にも言及。「交通事故法」の全体像を、実務と理論の両面からとらえた決定版。　**5,400円**

## 逐条解説自動車損害賠償保障法【第3版】
弁護士 北河隆之　　裁判官 中西茂　　学者 小賀野晶一
損害保険料率算出機構 八島宏平◉著

■最新かつコンパクトな自賠法の逐条解説書、新版。
自動車事故損害賠償の実務と研究のために、法改正および判例の蓄積をふまえ、関連する最高裁判例を網羅した、必携必備のコンメンタール。　**3,800円**

＊価格(税抜)は、2025年2月現在のものです。